实用俄汉联合军事演习缩略语词典

ПРИКЛАДНОЙ РУССКО-КИТАЙСКИЙ АББРЕВИАТУРНЫЙ СЛОВАРЬ ДЛЯ СОВМЕСТНЫХ ВОЕННЫХ УЧЕНИЙ

易绵竹 主编

国防工業出版社

·北京·

内容简介

本词典以上合组织框架下联演联训材料为基础，并参照与军演有关的其他缩略语词典编纂而成，共收录30000余词条。词典立足于上合组织成员国之间的联合军演、联合训练，同时面向该组织以外的其他联合军事行动。词典收录了俄罗斯联邦武装力量最新组织机构名称的缩略语，内容丰富，词条量大。本词典的出版将填补我国工具书中无联演联训俄汉专用缩略语词典的空白，不仅适用于联演联训的翻译保障人员，同时也可为军校学生和部队科研人员提供参考。

图书在版编目（CIP）数据

实用俄汉联合军事演习缩略语词典 / 易绵竹等主编
．一北京：国防工业出版社，2021.8
ISBN 978-7-118-12412-5

Ⅰ．①实…　Ⅱ．①易…　Ⅲ．①联合演习－军事演习－缩略语－词典－俄、汉　Ⅳ．①E112-61

中国版本图书馆 CIP 数据核字（2021）第 130794 号

※

国防工業出版社 出版发行
（北京市海淀区紫竹院南路 23 号　邮政编码 100048）
三河市腾飞印务有限公司印刷
新华书店经售
*
开本 710×1000　1/16　印张 33　字数 930 千字
2021 年 8 月第 1 版第 1 次印刷　印数 1—1500 册　定价 88.00 元

国防书店：(010) 88540777　　发行邮购：(010) 88540776
发行传真：(010) 88540775　　发行业务：(010) 88540717

编审委员会

前　言

2001年6月15日，中国、俄罗斯、哈萨克斯坦、吉尔吉斯斯坦、塔吉克斯坦、乌兹别克斯坦六国元首宣布成立上海合作组织。近20年来，该组织成员国多次举行联合军事行动，已形成联演联训机制。然而，由于各国语言文化和军事理论以及装备、训法、战法的不同，参演参训指挥机关和部队必须依靠译员才能真正实现联合与协同，因此，翻译保障工作是整个联演联训活动的重要组成部分。近年来，在新军事变革背景下各成员国军事理论、武器装备不断更新，在翻译保障工作中经常会遇到大量难以查证的军事缩略语，由此导致参演参训人员在活动中沟通不畅、协同不佳的现象时有发生，在一定程度上为联演联训活动的顺利展开造成不利影响。鉴此，编纂一本内容丰富、便于查询、现实指导作用强的俄汉军事缩略语词典，必将为联演联训的翻译保障工作带来极大的便利。

随着现代俄语分析化和简约化趋势的显著增强，作为军事外交和军事技术合作等领域各种新概念和新知识的核心载体，军事缩略语大量涌现并广泛使用，在处理包含大量缩略语的军事素材中，往往存在对术语概念理解不一致、翻译不准确乃至译出多门等混乱现象，从而影响了翻译的效率和质量。正是出于上述考虑，我们会同一批多次参加联演联训的同志，利用手中多年积累的联演材料和相关数据编纂了这部词典。

本词典遵循通用和专用相结合的原则，以上合组织框架下联演联训材料为基础，并参照与其有关的其他缩略语词典编纂而成，共收录30000余词条。该词典立足于上合组织成员国之间的联合军演、联合训练，同时面向该组织以外的其他联合军事行动，内容丰富，词条量大。本词典的出版将填补我国工具书中无联演联训俄汉专用缩略语词典的空白，它不仅适用于联演联训的翻译保障人员，同时也可为军校学生和部队科研人员提供参考借鉴。

本书编写过程中，得到了各级机关、院校及相关领域专家的大力支持，在此一并表示衷心的感谢！由于时间仓促，加之本词典涉及专业广泛而编者水平又有限，尽管已经通过多种途径向相关专家请教并请他们审阅，但错漏之处仍在所难免，在此诚恳地希望得到同志们的批评指正！

《实用俄汉联合军事演习缩略语词典》编委会

2021年6月

凡　　例

缩略语（包括来源于其他语种的俄语音译缩略语）立目。

约缩略语基本上都附有相应的俄语全称及其汉语译文，排列

吾，俄语全称，汉语译文。

a义的同一缩略语分别立目，如：

льная огнемётная рота　独立喷火器连

д оперативного реагирования　快速反应（部）队

система автоматической стабилизации　自动稳定系统

САС　смешанное авиационное соединение　混合航空兵兵团

САС　специальная авиадесантная служба　特种空降勤务

4. 来源于其他语种的俄语音译缩略语，除附有俄语全称（或俄语的解释性译文）、汉语译文和注释外，在可能的情况下，加注原文全称和缩略语。

5. 本词典按组成缩略语的俄语字母顺序排列，如：

СББ　скоростная бомбардировочная бригада　快速轰炸航空兵旅

СБГ　состояние боевой готовности　战备状况，战斗准备状况

6. 缩略语的俄语字母完全相同的，按以下情况处理：

1）有俄语全称的，按全称第一单词的字母顺序排列，不论缩略语的字母是大写、小写或带有其他符号，如：

А　азимут　方位角；方位

А　аккумулятор　蓄电池，电瓶，蓄能装置

А　ампер　安（培）(电流强度单位）

А　анод　阳极、屏极

А-72　автомобильный бензин　汽车用汽油

2）全称第一单词完全相同的，按第二单词的字母次序排列，以下类推，如：

АБС　автоматизированная банковская система　自动化银行系统

АБС　автоматическое беспилотное средство　自动化无人驾驶兵器

7. 语法修辞标注略语和专业分类标注略语置在汉语解释的前面。

目　　录

A

A азимут 方位角；方位
A аккумулятор 蓄电池，电瓶，蓄能装置
A ампер 安（培）(电流强度单位）
A анод 阳极、屏极
A антенна 天线
A аэродинамический 空气动力的
A-72 автомобильный бензин 汽车用汽油
а.е.в. атомная единица веса 原子量单位
A.З.С. автомат защиты сети 网络自动保护装置
A/Вб ампер на вебер 安培 / 韦伯
а/д аэродром 飞机场
а/к авиакомпания 航空公司
а/к автоколонна 汽车车队，汽车纵队
а/кг ампер на килограмм 安培 / 千克
а/л атомный ледокол 核动力破冰船
A/м ампер на метр 安培 / 米
а/нп артиллерийский наблюдательный пункт 〈测〉炮兵观察所
а/о автономная область 自治州
а/о автономный округ 自治区
а/п аэропорт 航空站，飞机场
а/парк автопарк 汽车停车场
А2П3 прицеп трехтонный 3 吨拖车
A-3 тип надувной лодки 橡皮艇型号
A-5 тип автопилота 自动驾驶仪型号
AA авиакрылья 空军联队
AA артиллерийская авиация 炮兵校射飞机
AA автоматический аэростат 自动气球
AA аккумуляторный автомобиль 蓄电池车，电瓶车
AA Алма-Ата 阿拉木图（哈萨克斯坦城市）
AA амплитудный анализатор 振幅分析器
AA апериодическая антенна 非调谐天线
AA аппаратура автоматизации 自动化装置（设备）
AA армейская авиация 陆军航空兵
AA армейская артиллерия 集团军属炮兵
AA артиллерийская академия (имени Ф.Э. Дзержинского) 捷尔任斯基炮兵学院
ААБ агитационная авиационная бомба 航空宣传弹
ААБ армейская артиллерийская база 集团军属炮兵基地
ААБр армейская артиллерийская бригада 集团军炮兵旅
AAB авиационное артиллерийс-кое вооружение 航空火炮
ААВПККУ алма-атинское выс-шее пограничное Краснозна-менное командное училище 阿尔泰高等红旗边防指挥学校
AABC аппарат атомно-водород-ной сварки 原子氢氧焊接机
AABTC армейский автомобиль-ный склад 集团军汽车库
AAГ автоматизированный аэро-зольный генера-тор 自动气溶胶发生器
AAГ автомобильный аэрозоль-ный генератор 汽车气溶胶发生器
AAГ армейская артиллерийская группа 集团军炮兵群
AAГ армейский авиационный госпиталь 陆航医院
аад армейская артиллерийская дивизия 集团军炮兵师
ААД аэростат автоматический дрейфующий 自动漂浮气球
AAE авиационный астрономичес-кий ежегодник 航空天文年鉴
ААИ амплитудный анализатор импульсов 脉冲振幅分析器
AAK аппаратура автоматичес-кой коммутации 自动交换机
AAM автоматическая анодная модуляция 阳极自动调制
AAM армейская артиллерийс-кая мастерская 集团军炮兵修理所
AAH Академия артиллерийских наук 炮兵科学院
ААНП американская ассоциация начальников полиций 美国警察局长联席会议

A

ААО Алма-Атинская область 阿拉木图州

ААО артиллерийский авиацио-нный отряд 炮兵校射航空兵中队

ААОР аппаратура автоматичес-кого обнаружения радиомик-рофонов 无线话筒自动探测装置

ААП административный аппа-рат президента 总统办公厅

ААП аппаратура автоматичес-кого пеленгования 自动测向机

аап армейский авиационный полк 陆军航空兵团

аап армейский артиллерийский полк 集团军炮兵团

ААП информационное агентс-тво Австралийского Союза (Остроэлиан Ассошиэйтед Пресс) 澳大利亚联合新闻社

ААПТрез армейский артилле-рийский противотанковый резерв 集团军反坦克炮兵预备队

ААПЭ агрегат аэродромный передвижной электрический 场站移动式发电机组

ААР автоматическая аварийная разгрузка 自动紧急卸载

ААР адаптивная антенная реше-тка 自适应天线阵

ААРМ армейская артиллерий-ская ремонтная мастерская 集团军炮兵修理所

ААРСУ автономное автомати-ческое разведывательно-сигнальное устройство 自主式自动信号侦察设备

ААРЧ аварийная автоматичес-кая регулировка частоты 频率应急自动调节

ААС армейский артиллерийский склад 集团军军械库

ААСО Азиатская-Африканская субрегиональная организа-ция 亚非区域性组织

ААСС авиационная аварийно-спасательная служба 航空抢险救生勤务

ААСС асинхронная адресная система связи 异步寻址通信系统

ААССН акустическая активная система самонаведения 主动式声响自引导系统

ААСУ авиационная атомная силовая установка 航空核动力装置

ААт абсолютная атмосфера 绝对大气压

ААТ антенна акустического типа 声学天线

ААТУ аэродромная аварийная тормозная установка 机场紧急制动装置

ААУ авиационная артиллерийская установка 航空炮装置

ААШП автокомпенсация актив-ных шумовых помех 有源噪声干扰自动补偿

ААЭ артиллерийская авиационная эскадрилья 炮兵校射航空兵大队

аб авиабаза, авиационная база 空军基地，航空基地

АБ авиационная безопасность 航空安全

АБ авиационная бомба 航空炸弹，航弹

аб авиационная бригада 航空兵旅

аб автобатальон 汽车营

АБ автобензин 汽车汽油

АБ автоблокировка 自动联锁（装置），自动闭塞（装置）

АБ агитационная бомба 宣传弹

АБ административный блок 行政单元

АБ аккумуляторная батарея 蓄电池（组）

АБ акустическая база 声测基线

АБ антенный блок 天线组，天线系统，天线装置

АБ антибиотик 抗生素，抗菌素

АБ армейская база 集团军基地

АБ артиллерийская база 炮兵基地

аб артиллерийская бригада 炮兵旅

АБ артиллерийский баромет-ранероид 炮兵膜盒气压计

АБ артиллерия батальона 营属炮兵

АБ асфальтобетон 沥青混凝土

АБ атомная бомба 核弹

АБ батарея анодная 阳极干电池

АБу автобронетанковое упра-вление 汽车装甲坦克局

абатр артиллерийская батарея 炮兵连

Абб артиллерийская база бое-припасов 炮兵弹药基地

аббр автобронебригада 装甲汽车旅

АБВ автомат балансировки на висении （直升机）悬停自动平衡装置

абв артиллерийская база воору-жения 炮兵军械基地

АБВБ артиллерийская база во-оружения и боеприпасов 炮兵武器弹药基地

АБД автоматизированная база данных 自动化数据库

абд автомобильный броневой дивизион 汽车装甲营

АБД автономная база данных 自主式数据库

АБД администратор банка данных 数据库管理员

АБД админисетратор базы данных 数据储备库管理员

АБЗ авиационный боезапас 航空弹药储备

АБЗ автобензозаправщик 加油车

АБИ агентство по безопасности и информации (служба) 安全与信息署（局）

АБИБ авиационная база истребителей и бомбардировщиков 歼击机和轰炸机航空基地

АБИМВ автобронетанковые и механизированные войска 装甲坦克与机械化兵

АБК авиационный боевой ком-плект 航空弹药基数

АБЛ -- ABL 语言（计算机语言，英文 ABL 的音译）

АБМ артиллерийская боевая ма-шина 炮兵战斗车

АБМ артиллерия большой мощ-ности 大威力火炮，大威力炮兵

АБМК атомная бомба малого калибра 小型核弹

АБН автомат боковой наводки 自动侧瞄仪

АБО автомат боковых отклонений 自动侧偏仪

Абон авиационная бригада особого назначения 航空兵特别任务旅

абон артиллерийская бригада особого назначения 炮兵特别任务旅

АБОП академия проблем без-опасности, обороны и правопорядка 安全、国防与法制问题研究院

АБП авиационная бетонная площадка 航空兵混凝土起降场

абп автомобильный полк 汽车团

абп автомобильный броневой полк 装甲汽车团

АБП агрегат бесперебойного питания 不间断供电装置

АБР авиационная баллистическая ракета 航空弹道导弹，机载弹道导弹

абр автоброневая рота 装甲汽车连

АБР автоматизированное бюро ремонта 自动化修理所

АБР автоматический бес-контактный рулевой 无接触自动操舵仪，无触点自动舵

АБр БМ артиллерийская бригада большой мощности 大威力炮兵旅

абриб авиационная бригада истребителей и бомбарди-ровщиков 歼击轰炸航空兵旅

Абрмо армейская бригада мате-риального обеспечения 集团军物资保障旅

АБрР артиллерийская бригада резерва 预备队炮兵旅

абс. абсолютный 绝对的

АБС абсолютный биимупульсный сигнал 绝对双脉冲信号

АБС авиационные бомбовые средства 航空炸弹兵器，航空炸弹

АБС авиационный баллистиче-ский снаряд 航空弹道炮弹

АБС автомат бесшовный свароч-ный 自动无缝焊接机

АБС автоматизированная банко-вская система 自动化银行系统

АБС автоматическая буйковая станция 自动浮标站

АБС автоматическое беспилот-ное средство 自动化无人驾驶兵器

АБС автономная буйковая стан-ция 自主式浮标站

АБС анализатор боковых полос 侧频带分析仪

абс. выс. абсолютная высота 绝对高度

абс. ед. абсолютная единица 绝对单位

абс.ЭЕ абсолютная электро-статическая единица 绝对静电单位

абс.ЭЕ абсолютная электро-магнитная единица 绝对电磁单位

абсв. абсолютный вес 绝对重量

АБСП авиационные бомбарди-ровочные сред-ства поражения 航空兵轰炸毁伤兵器

АБСРЛДН авиабаза самолетов радиолокационного дозора и наведения 雷达巡逻与引导飞机航空基地

АБСУ автоматизированная борто-вая система управления 机载自动化指挥控制系统，机上自动操纵系统

АБСУ автоматическая бортовая система управления 机载自动指挥控制系统

АБСУФ автоматическая борто-вая система управления и форсажа 机上自动操纵和加力系统

АБТ автоброневой трактор 装甲拖拉机

АбТ автобронетанковая техника 装甲坦克技术装备

АБТ автобронетанковые 装甲坦克的

АБТ Администрация по безо-пасности на транс-порте МВБ США （美国）国土安全部运输安全厅

АБТВ автобронетанковые вой-ска 装甲兵，装甲部队

АБТВ Академия бронетанковых войск 装甲兵学院

АБТЗ автобронетанковое отде-ление запасных частей 装甲坦克备件班

АБТИ автобронетанковое иму-щество 汽车装甲坦克器材

АБТМ автобронетанковая мас-терская 汽车装甲坦克修理所

АБТС автобронетанковое снаб-жение 装甲坦克供给

АБТФ Архангельская база тра-лового флота (ра-нее АТФ) 阿尔汉格尔斯克扫雷舰队基地（前阿尔汉格尔斯克扫雷舰队）

АБУ автоматическое блокиру-ющее устройство 自动闭塞装置

АБХВБ артиллерийская база хранения вооружения и боеприпасов 炮兵武器和弹药储存基地

АБХВТ артиллерийская база хранения вооруже-ния и техники 炮兵武器和技术装备储存基地

АБХЗ атомная, бактерио-логическая и химическая защита 核、细菌和化学防护；核生化防护

АБЦ автобензоцистерна （汽）油槽（罐）车

АБШ автомобильное базовое шасси 汽车底盘

ав а-в ампер-виток 安（培）匝（数）

АВ аварийный выключатель 应急开关

АВ авария 故障；сигнал аварии 故障信号

АВ авианосец 航空母舰

АВ авиаторпеда высокого мета-ния 高空投掷航空鱼雷

АВ авиационное вооружение 航空军械，航空武器，航空装备

АВ авиационный взрыватель 航空炸弹引信

АВ авиационный винт (авиавинт) 飞机螺旋桨

ав авиация; авиационный 航空兵；航空兵的，航空的

АВ авизо 航空急报

АВ автомат времени 自动定时装置

АВ автомат выключения 自动断路器

АВ автомат высоты 自动高度仪

АВ автомобильные войска 汽车兵

АВ адрес вставки 插入地址

АВ адрес выдачи 发送地址

АВ акустическая волна 声波

АВ амплитуда волны 波幅

АВ амплитудный выравниватель 振幅均衡器

АВ арктический воздух 北极空气

АВ армейская винтовка 军用步枪

АВ астрономическое время 天文时间

АВ атмосферный воздух 大气

АВ заряженный поливкой авиа-цией 飞机喷洒沾染的

Ав точка встречи 命中点；弹着点

Ав ПВО авиация противо-воздушной обороны 防空航空兵

ав/м ампервиток на метр 安（培）匝（数）/米

АВ-1 тип авиационного взры-вателя 航空炸弹引信型号

АВ-5а бюллетень погоды для пилотов 〈航〉飞行天气报告

АВАД армейская военно-автомобильная дорога 集团军军用道路
АВАКС самолет дальнего радиоэлектронного обнару-жения 机载预警和控制系统
АВАКС система воздушного обнаружения и наведения 空中侦察与引导系统
аванг авангардный 前卫的，先锋（队）的
Авар. аварийный 应急，遇险
АВАРПРМ аварийный приемник 应急接收机
АВАРТОРМОЗ аварийный тор-моз 应急制动装置
АВАТ Аппарат военного атташе 武官处，武官机构
АВАТУ Ачинское военное авиационно-техническое училище 阿钦斯克军事航空技术学校
АВБ аварийно-восстанови-тельная бригада 应急抢修队
АВБ агентство внутренней безопасности (служба контр-разведки). Польша 国内安全局（波兰反间谍机构）
АВБД ОВД и ВВ Ассоциация ветеранов боевых действий органов внутренних дел и внутренних войск (МВД РФ)（俄罗斯联邦内务部）内务机关和内卫军作战老战士协会
АВВ авианосец вертолетный 直升机航空母舰
АВВ автоводовоз 运水汽车
АВВАУ Актюбинское высшее военное авиационное учили-ще Министерства обороны Республики Казахстан имени Талгата Бигельдинова 哈萨克斯坦国防部阿克秋宾斯克塔尔加特·比格利吉诺夫高等军事航空学校
АВВАУЛ Армавирское высшее военное авиационное учили-ще летчиков 阿尔马维尔高等空军学校
АВВДА авост временной диа-граммы арифметического устройства 运算器时序故障停机
АВВП аппарат вертикального взлета и посадки 垂直起降机，垂直起降装置
АВВС Академия Военно-воздушных сил 空军学院
АВВСПВО армия ВВС и ПВО 空军和防空集团军，空防集团军
АВВУ Алматинское высшее военное училище 阿拉木图高级军事学校
АВВЦС аппаратура ввода-вывода цифровых сигналов 数字信号输入输出装置
АвГ авиационная группа 航空兵群
АВГР авиагруппа 机群；（美、英）空军大队
АВД аварийное выключение двигателя 发动机紧急关闭
АВД автомат выключения двигателя 发动机自动开关
АВДВ авиация воздушно-десант-ных войск 空降兵飞机
АВЗ аппарат воспроизведения звука 放音机
авиа авиапочта 航空邮递
АвиаВНИТО авиационное все-союзное научное инженерно-техническое общество 全苏航空工程技术协会
авиагавань авиационная гавань 航空港
Авиаглавснаб Главное управ-ление снабжения авиации 航空器材供给总局
авиагоризонт авиационный горизонт 航空地平仪
авиагорючее авиационное гор-ючее 航空燃料
авиадивизия авиационная диви-зия 航空兵师，空军师
авиадизель авиационный ди-зель 航空柴油发动机
авиадиспетчер авиационный диспетчер 航空调度员，飞行调度员
авиазвено авиационное звено 飞行中队，航空兵中队；（美英军）空军小队
авиазент авиационный брезент 航空用帆布
авиаимущество авиационное имущество 航空器材
авиаинженер авиационный инженер 航空工程师
авиакамера авиационная камера 航空摄影机
авиакатастрофа авиационная катастрофа 航空事故，空难
авиакорпус авиационный кор-пус 航空兵军
авиалиния авиационная линия 航空线路，航线

A

авиамагистраль авиационный магистраль 航空干线

авиаматериал авиационный материал 航空材料

авиаметеостанция авиационная метеорологическая станция 航空气象站

авиаметеослужба авиационная метеорологическая служба 航空气象局，航空气象勤务

авиамотор авиационный мотор 航空发动机

авиамоторист авиационный моторист 航空机械兵

авианалет воздушный налет 航空兵袭击，空袭

авиаопрыскивание авиацион-ное опрыскивание 飞机喷雾

авиапарк авиационный парк 停机坪；飞机总量；航空兵器材基地

авиаподразделение авиацион-ное подразделение 飞行分队，航空兵分队

авиаполе летное поле 飞行场

авиаполк авиационный полк 航空兵团

авиапром авиационная промы-шленность 航空工业

авиапулемет авиационный пу-лемет 航空机枪

авиаработник авиационный работник 航空工作人员

авиаразведка авиационная разведка 航空侦察

авиаремонт авиационный ре-монт 飞机修理

авиасвязь авиационная связь 航空通信

авиасекстант авиационный сек-стант 航空六分仪

авиастанция авиационная стан-ция воздушной медицинской помощи 航空医疗救护站

авиасъемка авиационная съем-ка 空中摄影，航空测量

авиатехника авиационная тех-ника 航空技术

авиатранспорт авиационный транспорт 航空运输

авиаустановка авиационная установка 航空装置

авиахимбомба авиационная химическая бомба 航空毒气炸弹，航空化学炸弹

авиачасть авиационная часть 空军部队

авиашкола авиационная школа 航空学校

авиаштаб авиационный штаб 航空兵参谋部

авиот, авиаотряд авиационный отряд 飞行中队

АВК авиационная касса 航空照相暗盒

АВК авиационная кассета 航空子母弹

АВК авиационный воздушный компрессор 航空用空气压缩机

АВК автоматический волюм-контроль 自动音量控制

АВК автоматический вызывной концентратор 自动呼叫集线器

АВК аппаратура встроенного контроля 内装式监测设备

АВК аэровокзальный комплекс 航站大楼，航站候机大楼，候机中心

АВК Гвардейское авиационное крыло 近卫航空兵联队

АВКМ авост коммутатора 转换器故障停机

АВКОПА авост кода операции, поступивший в А 进入运算器的操作码故障停机（信号）

АВКР авиационный крейсер 远程轰炸机

АВКФ авост конфигуратора 配置器故障停机

АвЛ авианосец легкий 轻型航空母舰

Авл авлакоген 台沟

АВЛ автоматическое выклю-чение лазера 激光自动开关

АВЛ армейский ветеринарный лазарет 集团军兽医所

АВМ авианосец многоцелевой 多用途航空母舰

АВМ автоматическая вычис-лительная машина 自动计算机

АВМ автономный воздушный морской (аппарат) 水肺（潜水员用的氧气筒）

АВМ аналоговая вычислитель-ная машина 模拟计算机

АВМА авианосец многоцелевой атомный 多用途核动力航空母舰

АВН Агентство военных новостей 军事新闻社

АВН академия военных наук 军事科学院

АВН аппарат высокого напря-жения 高压装置

АВНОР авост нормализации 规格化故障停机

АВО авиационный войлок 航空用毛毡

АВО ампервольтметр 万用表

АВО аппарат воздушного охла-ждения 空气冷却装置

АВО/Р аппаратура временного объединения/раз-деления (каналов) 时分（信道）合 / 分路器，时分（信道）合 / 分路设备

АВОЗУ сигнал аварии опера-тивного запоминающего устройства 操作存储器故障信号

АВОКУ Алма-Атинское высшее общевойсковое командное училище 阿拉木图高等合成指挥学校

АВОР авост адаптера 适配器

АВОСТ аварийный останов 故障停机；应急停机

АВОЧ авост очереди 次序故障停机

АВП абсолютная высота полета 绝对飞行高度

АВП аварийное подразделение 应急分队

АВП авианосец противо-лодочный 反潜航母

АВП автомат времени пуска 自动定时启动装置

АВП автомобиль высокой про-ходимости 高速越野汽车

АВП автомобильный полк 汽车团

АВП автопилот 自动驾驶仪

АВП антенна верхнего питания 上馈天线

АВП аппарат на воздушной подушке 气垫飞行器；气垫车；气垫船

АВПК авиационный военно-промышленный комплекс 航空军事工业综合体

АВПКУ Алматинское высшее пограничное ко-мандное училище 阿拉木图高等边防指挥学校

АВПУГ авиационная поисково-ударная группа 航空兵搜索突击群

АВР авиационные рантовые (часы) 航空时钟

АВР авиационный резерв 航空兵预备队

АВР автомат включения резерва 备用电源自动开关

АВР автоматический ввод резерва 备用电源自动合闸

АВР академия внешней раз-ведки 对外情报学院

АВР аппаратура временного разделения 时分设备

аврд авангард 先遣队，前卫

АВРЖ сигнал аварии по режиму 状态故障信号

АВРК авост режима 状态故障停机

АВРК асинхронное временное разделение каналов 异步时分信道

АВРЛ автономный вторичный радиолокатор 自主式二次雷达

АВРМ автомобильная ремонт-ная мастерская 汽车修理厂，汽车修理车

АВТР авиатранспорт 航空运输；空中运输工具

автр автомобильная рота 汽车连

АВРТ автоматическое включе-ние резервного трансформа-тора 备用变压器自动合闸

АВРЧМ авиационные рантовые часы модерни-зированные 改进型航空时钟

АВС аварийно-восстановитель-ная служба 抢修勤务

АВС автомат воздушной стрель-бы 空中射击自动装置；空中射击自动控制机构

АВС автоматическая винтовка Симонова 西蒙诺夫自动步枪

АВС автоматическое вхождение в связь 自动通联

АВС агентство воздушных со-общений 空中交通代理处

АВС амплитуда выходного сиг-нала 信号输出振幅

АВС антенно-волноводная сис-тема 波导天线系统

АВС аппаратура видеосвязи 视频通信设备

АВС аппаратура высокочастот-ной связи 高频通信设备

АВС армейский вещевой склад 集团军被服库

АВС атомно-водородная сварка 氢原子焊接

АВСБ сигнал аварии собствен-ной 自身故障信号

АВСБ собственный авост модуля 模块自身故障停机

АВСВР антенно-волноводная система визирования ракеты 导弹瞄准天线波导系统

АВСК авиасклад 航空器材库

АВСК аппаратура внутренней связи и коммутации 内部通信与交换机

АВСЦ антенно-волноводная система цели 目标

A

天线波导系统

АВТ авианосец тяжелый 重型航空母舰

АВТ автомат выработки тревог 自动报警器

АВТ автоматическая винтовка Токарева 托卡列夫式自动步枪

АВТ автоматическая выработка тревог 自动报警装置

АВТ аналоговая вычислительная техника 模拟计算技术

АВТ ассоциация по вычисли-тельной технике 计算机技术协会

авт. автоматика 自动装置

авт автоматический огонь 自动射击

АВТБ ПГ автомобильный батальон подвоза горючего 燃料运送汽车营

автбз автобаза 汽车基地

автбр автомобильная бригада 汽车旅；汽车队

автв автомобильный взвод 汽车排

АвтДп автомобильное депо 汽车库

авто. автомобиль 汽车

авто автомобильное отделение 汽车班

автоарм автомобильное управ-ление армии 集团军汽车管理局

автоарм автомобильный отдел армии 集团军汽车处

автоб автотранспортный баталь-он 汽车运输营

автоблок автоматическая блоки-ровка 自动闭塞；自动闭锁装置，自动锁定装置

автоброн штаб военных брони-рованных автомобилей 装甲汽车兵参谋部

автоброневик бронированный автомобиль 装甲汽车

автобронь управление воен-ными частями бронирован-ных автомобилей 装甲汽车兵部

автобрпрт автомобильная бри-гада подвоза ракетного топ-лива 导弹推进剂输送汽车旅

автоколонна автомобильная колонна 汽车纵队；汽车队；机械化纵队

автоконтроль автоматический контроль 自动控制器

АВТОМАТ II автомат включе-ния режим подготовки ракет 接通导弹准备状态（电源）的自动装置

автоматвинтовка автоматиче-ская винтовка 自动步枪

автомехвойска автомеханиче-ские войска 汽车机械化兵

автомотополк моторизирован-ный полк на автомобильном транспорте 汽车摩托化团

АВТОН ВКЛ автономное вклю-чение 自主接通（电源）

автопрокладчик автоматиче-ский прокладчик 〈海〉航迹自绘仪

авторота автомобильная рота 汽车连

автосанрот автомобильная са-нитарная рота 卫生汽车连

автослужба автомобильная слу-жба; автотранспортная слу-жба 汽车勤务，车管部门；汽车运输勤务

автосредство автотранспортное средство 汽车运输工具

авточасть автомобильная часть 汽车部队

автоштурман автоматический штурман 自动领航仪

АВТР авианосец транспортный 运输航空母舰

АВТР авиатранспорт 航空运输，空运工具

АВТР автотранспорт 汽车运输

автрв автомобильная рота под-воза воды 运水汽车连

АвтРЗ автомобильный ремонт-ный завод 汽车修理厂

АВТРП автомобильная рота подвоза 汽车运输连

автррт автомобильная рота под-воза ракетного топлива 导弹推进剂输送连

АВТС автоматическая внутри-областная телефонная связь 州内自动电话通信

АВТС армейская военно-теле-графная станция 集团军军用电报站

автсб автомобильный санитар-ный батальон 卫生汽车营

автсп автомобильный санитар-ный полк 卫生汽车团

авту автотракторное управление 汽车拖拉机管理局

автур автоматический уровне-мер 自动液面计

АВУ абонентское высокочастот-ное уплотнение 用户高频复用

АВУ авианосец ударный 攻击型航母

АВУ автоматический включа-тель управления 自控开关

АВУ аналоговое вычислитель-ное устройство 模拟计算装置

АВУ антенна верхних углов 高角天线

АВУ антенно-волноводное уст-ройство 波导天线设备

АВУ аппаратура ввода углов 角度装定设备

АВУ аппаратура вторичного уплотнения 二次复用设备

АВУ аппаратура высокочастот-ного уплотнения 高频复用设备

АВУ автоматическое выравнива-ние усиления 自动增益均衡

АВУГ авиационная ударная группа 航空兵突击群

АВУК автоматическое выравни-вание усиления каналов 信道放大自动均衡

АВФ автоматическое выравни-вание фазы 相位自动均衡

АВЦ автоводоцистерна 运水车，水罐车

АВШ авиационный взрыватель штурмовика 强击机航空炸弹引信

АГ авиагородок 航空城，航站（机场）居住区，机场营房区

АГ авиационная группировка 航空兵集团

АГ авиационный госпиталь 空军医院

АГ автогенератор 自激振荡器

АГ автогрейдер 自动平路机

АГ автоматический гранатомет 自动投弹筒，自动火箭筒

АГ агентурная группа 谍报组

АГ агентурная разведка 谍报侦察；情报机构

АГ аналитическая группа 分析专家组，分析群

АГ антенная головка 天线端帽，天线端头

АГ армейская группа 集团军级集群

АГ артиллерийская группа 炮兵群

АГ артиллерийский гирокомпас 炮兵陀螺罗盘

АГ атомный генератор 原子振荡器

АГА авиационная группа армии 集团军航空兵群

АГАв армейская группировка авиации 陆军航空兵集团

АГБ авиагоризонт бомбардиров-щика 轰炸机航空地平仪

АГВ автодегазатор горячим воз-духом 热气消毒车

АГВ автоустановка для дегаза-ции горячим воз-духом 热气消毒自动装置

АГВ акустико-гравитационная волна 声－重力波

АГВТП автомобиль газо-водя-ного тушения по-жаров 水－汽综合消防车

АГГС аппарат громкоговорящей связи 扬声通信设备

АГД авиационный горизонт дис-танционный 远距航空地平仪

агд агентурное донесение 谍报

АГД агентурные данные 谍报；谍报侦察数据

АГД азимутный гиродатчик 方位陀螺仪

АГДД артиллерийская группа дальнего действия 远程炮兵群

АГДТ авиационная головная дистанционная трубка 方位陀螺传感器

АГДТ авиационная головная дистанционная трубка 航空弹头定时信管，航空弹头定时引信

Агенштаба Академия генераль-ного штаба 总参谋部军事学院

АГЗ Академия гражданской за-щиты (Мини-стерства чрезвы-чайных ситуаций РФ) 民防学院（俄罗斯紧急情况部所属）

АГЗС автомобильная газозапра-вочная станция 汽车加气站

АГИ авиагоризонт истребителя 歼击机航空地平仪

агипрогруппа агитационно-пропагадная группа 宣传组

агит агитация 骚动，宣传鼓动

A

агитка агитационный листок 传单

агитпроп агитация и пропаган-да 宣传鼓动

АГК авиагоризонт комбиниро-ванный 组合型航空地平仪

АГК авиационная группа кор-пуса 军属航空兵群

АГК комбинированный авиаго-ризонт 组合式航空地平仪

АГЛР армейский госпиталь для лечения легкораненых 陆军轻伤医院，集团军轻伤医院

АГМ авиационный головной взрыватель мгновенного действия 航空炸弹弹头瞬发引信

АГМС авиационная гидроме-теорологическая служба 航空水文气象勤务

АГО автогрузовой отряд 载重汽车队

АГОН авиагруппа особого наз-начения 特别任务航空联队

АГП авиагоризонт пикирующий 俯冲航空地平仪

АГП авиационный головной переменный взрыватель 航空炸弹弹头可变引信

АГП авиационный горизонт пневматический 气动航空地平仪

АГП автомат гашения поля 自动消磁器

АГП автоматическое гашение поля 自动消磁

АгП агрегат питания 电源机组；供电机组；供电装置

АГП агрегат гарантированного питания 保证供电设备，保证供电机

АГПП артиллерийская группа поддержки пехоты 步兵支援炮兵群

агр автогруженная рота 车载连

АГР автогрузовая рота 载重汽车连

АГР артиллерийская группа раз-рушения 破坏炮兵群

АГР резервный авиагоризонт 备用航空地平仪

АГРА армейская группа реакти-вной артиллерии 集团军火箭炮兵群

АГРА армейская группировка реактивной артиллерии 集团军火箭炮集团

АГРГК Авиационная группа резерва главного командова-ния 统帅部预备队航空兵群

АГС авиационная гидроакусти-ческая станция 航空水声站

АГС автоматизированная газо-аналитическая система 自动化气体分析系统

АГС автоматическая городская (телефонная) станция 城市自动电话站；城市自动电话交换机

АГС автоматический гранатомет станковый 固定式自动榴弹发射器

АГС аккумуляторно-генератор-ная станция 蓄电发电站

АГС акустическая головка само-наведения 声响自导头

АГС альтернативная граждан-ская служба 替代性民役

АГС артиллерийская громко-говорящая связь 炮兵扬声通信；〈海〉枪炮部门扬声通信

АГС-17 автоматический гранатомет санковый 固定式自动榴弹发射器 –17

авиаГСМ, АГСМ авиационные горюче-смазочные материалы 航空燃滑油料

АГТД авиационный газотурбинный двигатель 燃气涡轮航空发动机

АГТУ атомная газотурбинная установка 核燃气涡轮装置

АД авиадесант, авиадесантный 空降兵，空降兵的

АД автодушевая установка 淋浴车，沐浴设备

АД автомат давления 自动调压器

АД автомат Дегтярева 杰格佳廖夫式冲锋枪

АД адаптер 适配器

АД азимут-дальность 方位（角）距离

АД аккумулятор давления 蓄压器

АД амортизатор демпфированный 缓冲器，减震器

АД амплитудное детектирование 振幅检波

АД амплитудный демодулятор 振幅解调器

АД амплитудный детектор 振幅检波器

АД амплитудный дискриминатор 波幅鉴别器，振幅鉴别器

АД анодный детектор 阳极检波器

АД анодный дроссель 正极抗流圈

АД аппаратура документирования 记录设备

АД артериальное давление 动脉压力

АД артиллерийская дивизия 炮兵师

АД артиллерийский дивизион 炮兵营

АД артиллерия дивизии 师属炮兵

АД асинхронный двигатель 异步电动机

ад РВГК артиллерийская дивизия резерва Верховного Главного командования 最高统帅部预备队炮兵师

ад ОсН авиационная дивизия особого назначения 特别任务航空兵师

ад СРЛДН авиационная дивизия самолета радиолокационного дозора и наведения 雷达巡逻与引导航空兵师

АДА автомобильная дорога армии 集团军汽车道路，集团军汽车路

АДА автомобильные дороги и аэродромы 公路和机场

АДАМО административный департамент Аппарата Министерства обороны 国防部行政司

АДБ(адбр) авиационно-десантная бригада 空降兵旅，空降旅

АДБр авиадесантная бригада 空降兵旅

АДВ авиадесантные войска 空降兵

АДВ активно действующее вещество 活性物质

АДГ аварийный дизель-генератор 应急柴油发电机

АДГ авиационный дозирующий генератор 航空剂量发生器；航空配量发电机

АДГВП автомобиль для дегазации горячим воздухом паром 热汽消毒汽车

АДГК авиадесантный гвардейский корпус 近卫空降兵军

АДД аварийно-дегазационный душ 应急消毒淋浴（器）

АДД авиадесантная дивизия 空降兵师

АДД авиадесантный дивизион 空降营

АДД авиация дальнего действия 远程航空兵

АДД артиллерия дальнего действия 远射炮兵，远战炮兵

АДДД авиационная дивизия дальнего действия 远程航空兵师

АДДК авиационный дегазационно-дезактивационный комплект 航空消毒和洗消综合体装置

АДЗ авиационный донный замедленный взрыватель 航空炸弹弹底延时引信

АДИ автоматический дымоизве-щатель 自动烟雾报警器

АДИБ авиационная дивизия истребителей-бомбардировщиков 歼击轰炸航空兵师

АДИКМ адаптивная диффе-ренциальная импульсно-кодовая модуляция 自适应微分脉冲编码调制

АДК авиационный дегазацион-ный комплекс 机上消毒装置，航空消毒系统

АДК адаптивный делта-кодек 自适应增量编码器

АДК аппаратура дистанционных команд 遥控指令设备

АДК артиллерийский дегаза-ционный комплект 火炮消毒盒

АДМ автодегазационная маши-на 自动消毒车

АДМ автомобильная разливоч-ная дегазационная машина 喷洒消毒（汽）车，喷洒兵器消毒（汽）车

АДМ адаптивная дельта-модуляция 自适应增量调制

Адм. адмирал 海军上将；海军将官

АДН автоматическая дистан-ционная наводка 自动远距离瞄准

АДН автоматическая дистан-ционная настройка 自动遥控调谐

АДН ОМ артиллерийский дивизион особой мощности 特别威力炮兵营

АДН БМ артиллерийский дивизион большой мощности 大威力炮兵营

АДО авиадесантный отряд 空降兵中队

АДО авиационно-десантное оборудование 空降兵装备

АДП авиационный десантный (авиадесантный) полк 空降团

АДП авиационный донный переменный взрыватель 航空炸弹弹底可变引信

АДП автомат дальности и плотности 距离和密

度自动调节器

АДП автомат дополнительного параллакса 补充视差自动装置

АДП автоматизированный дис-петчерский пункт 自动化调度站

АДП автоустановка для дегаза-ции паром 蒸汽消毒汽车

АДП артиллерийская дивизия прорыва 突破炮兵师

АДП аэродромно-диспетчерский пункт 机场调度室

АДП аэродромный диспетчер-ский пункт 机场调度站

АДР автоматическое дисковое реле 自动凸轮继电器

АДР аэродинамическое реле 空气动力继电器

АДРИ автоматическое дисковое реле с импуль-сатором 盘式自动脉冲继电器

АДРПГК автоматическое диско-вое реле с пре-дохранитель-ной группой контактов 盘式自动接触群保险继电器

АДС аварийно-диспетчерская служба 应急（紧急）调度勤务

АДС авиадиспетческая служба 飞行调度勤务，航空调度勤务

АДС автоматизированная диалоговая система 自动化对讲系统

АДС адаптер дистанционной связи 远距通信转接器，远距通信适配器

АДС амфибийно-десантное соединение 两栖登陆兵团

АДС аппаратура дальней связи 远程通信设备

АДС аргоно-дуговая сварка 氩弧焊接

АДС аэродромная диспетчерская служба 机场调度勤务，（航）站调（度室）

АДТ автомат дозировки топлива 自动定量燃料加注器

АДУ аварийная двигательная установка 应急发动装置

АДУ автодезактивационная установка 消除沾染汽车

АДУ автомат давления, унифицированный 统一自动压力器

АДУ автоматизация диспетчерского управления 调度控制自动化

АДУ автомобиль дымоудаления 驱烟雾汽车，消烟汽车

АДУ автомобильная душевая установка 沐浴汽车

АДУ аппарат дистанционного управления 远距控制装置，遥控装置

АДУ аппаратура дистанционного управления 遥控操纵装置，遥控车

АДУ душевая установка на автомобиле 淋浴汽车（装在汽车上的淋浴装置）

АДУК адресный условный код 地址代码

АДУК аппаратура дополнительного уплотнения канала 补充波道复用装置

адхозотдел административно-хозяйственный отдел 行政经济管理处，总务处

адхозупр административно-хозяйственное управление 行政经济管理部，总务局

АДЦ аэроузловой диспетчерский центр 航空枢纽调度中心

АЕ астрономическая единица 天文单位

АЕД астрономическая единица длины 天文长度单位

АЕМ а.е.м. атомная единица массы 原子质量单位

АЗ аварийная защита 应急保险设备，应急保险装置（核）

АЗ аварийный запас 应急储备，应急储备品

АЗ авиабомба зажигательная 航空燃烧弹

АЗ автозаправщик 加注（汽）车，加油（汽）车

АЗ автозахват 自动俘获（目标），自动捕捉（目标）

АЗ автомат загрузки 自动装料机

АЗ автомат запуска 自动起动机

АЗ автомат заряжания （坦克）自动装弹机；自动装填机

АЗ автомат защиты 应急保险装置

АЗ автоматический запросчик 自动应答器

АЗ автоматический запуск 自动起动

АЗ азотирование 氮化

АЗ активная зона 活跃区

АЗ аналитическая зависимость 解析式

АЗ антенна задняя 后置天线

АЗ аэрозольная завеса 气溶胶幕，烟雾幕

АЗ аэростат заграждения 拦阻气球

АЗАГ армейская зенитная артиллерийская группа 集团军高炮群

АЗАП адрес записи 记录地址

АЗАП армейский зенитный артиллерийский полк 集团军高炮团

АЗВФ Азовская военная флотилия 亚速海区舰队

АЗД агрегатная зарядная динамомашина 充电发电机组

АЗДС аккумуляторная зарядная дизельная электростанция 蓄能充电柴油（机）发电站

АЗЕНАД армейская зенитная артиллерийская дивизия 集团军高炮师

АЗЕНРАД армейская зенитно-ракетная артиллерийская дивизия 集团军防空导弹炮兵师

АЗИ антенна зенитного излучения 大仰角辐射天线

АЗИК авиационная защитная искусственная кожа 飞行防护人造革

АЗКЛС аппарат защиты и коммутации линий связи 通信线路和转换装置

АЗМЛ аппарат для записи на магнитную ленту 磁带记录装置

АЗО авиазенитная оборона 对空防御；航空高射防御

АЗО автоматический запрос ошибок 误差自动问询机

АЗО армейский заградительный отряд 集团军设障队

АЗО артиллерийский заградительный огонь 炮兵拦阻射击

АЗОС аэродромная зарядная станция противопо-жарных систем самолетов 飞机消防系统机场充电站

АЗОУ автоматическое загрузочно-ориентирующее устройство 自动定向装载装置

АЗП автозапросы повторения 自动请求重复

АЗП автомат зашиты от перенапряжения 防过压自动保护电门；自动断路开关

АЗП автомат защиты от перенапряжения стартергенератора в самолете 飞机起动发电机过压自动保护器型号（例如：АЗП-8）

АЗП автоматическая зенитная пушка 自动高射炮

АЗП автоматический заход на посадку 自动进场，自动着舰（航母）

АЗП автоматический зенитный прицел 自动高射瞄准器

АЗП автоматическое закрепление пеленгов 自动测向定位

АЗП аппарат защиты от помеха 防干扰装置，抗干扰机

АЗП армейский запасный полк 集团军后备团

АЗП артиллерийский зенитный полк 高射炮兵团

АЗП-57 артиллерийский зенитный прицел 57-мм зенитного орудия 57 毫米口径高射炮瞄准器

АЗПП автоматический запрос повторной передачи 自动重复传输请求

АЗР автомат защиты разрывной 爆炸防护设备自动装置

АЗР автомат защиты реле 继电器自动保护装置

АЗР автомат разрывной защиты 切断式自动保护电门

АЗС авиазвено связи 航空兵通信中队

АЗС авиационные защитные средства 航空防护装备

АЗС авиационные зенитные средства 航空高射兵器

АЗС автозаправочная станция 汽车加油站

АЗС автоматическая зарядная станция 自动充电站，自动充氧站

АЗС автоматическая защита сети 线路自动保护

АЗС автоматический захват и сопровождение 〈雷〉自动捕捉跟踪

АЗС аккумуляторная зарядная станция 充电站

АЗСКТ автозаправочная станция контейнерного типа 集装箱式汽车加油站

АЗССК аппаратура заправочных систем стартового комплекса 发射系统加注设备

азтрб армейская зенитно-техническая ракетная база 集团军防空导弹技术基地

азтрб зенитная техническая ракетная база армии 集团军防空导弹技术基地

АЗТС автоматическая зоновая телефонная связь 区域自动电话通信

АЗУ аппаратура защиты и управления 保护和控制设备

АЗШ автоматический заградитель шума 自动噪声抑制器

АИ абонентский искатель 用户选择器

АИ авиационный институт 航空学院，飞行学院

АИ автоматизированное изготовление 计算机辅助制造

АИ автомобильная инспекция 汽车检查；汽车检查处

АИ адресная информация 地址信息

АИ адресный интервал 地址间隔

АИ акустический индикатор （鱼雷攻击目标时的）音响指示器

АИ амплитуда импульса 脉冲幅度

АИ амплитудная избирательность 振幅选择

АИ амплитудный индикатор 振幅显示器

АИ анализатор импульсов 脉冲分析器

АИ аналоговая информация 模拟信息

АИ армейско-инженерно-саперная бригада 集团军工程工兵旅

АИ международная ассоциация идентификации (преступников) 国际（犯罪）鉴定联合会（英文 AI 的音译）

АИАА американский институт астронавтов и астронавтики 美国航天员与航天技术学院

АИАС адаптер интерфейса асинхронной связи 同步通信接口适配器

АИБ армейский инженерный батальон 集团军工程兵营

АИГ алюмо-итриевый гранат 钇石榴石

АИД аппарат для искусственного дыхания 人工呼吸设备

АИДП автоматизированный информационно-диспетчерский пункт 自动化信息调度台

АИДСН астро-инерциально-доплеровская система навигации 多普勒天文惯性导航系统

АИИ Агентство иностранной информации 外情署，国外情报署

АИК автоматизированный измерительный комплекс 自动测量综合体

АИК аппарат искусственного кровообращения 人工血液循环器

АИКМ адаптивная импульсная кодовая модуляция 自适应脉冲编码调制

АИМ амплитудно-импульсная модуляция 振幅脉冲调制

АИМ артиллерийский исторический музей 炮兵历史博物馆

АИМ-ЧМ амплитудно-импульсная и частотная модуляция 脉冲振幅及频率调制

АИП автоматический измерительный прибор 自动测量仪

АИП аппаратура индивидуального преобразования 独立（线路信号）转换设备，独立（线路信号）生成设备

АИПП анализатор импульсных помех и перерывов 脉冲干扰和间断分析器

АИПС автоматизированная информационно-поисковая система 自动化信息检索系统，自动情报检索系统

АИПС автоматизированная информационно-прогнозирующая система 自动化信息预测系统

АИПС автоматическая идентификация подвижного состава 机动车辆自动鉴别（系统）

АИПТАП армейский истребительный противотанковый артиллерийский полк 集团军反坦克歼击炮兵团

АИР автоматизированная инструментальная разведка 自动化仪器侦察

АИР автономный искровой разрядник (электрошок) 自主式火花放电器

а-ир арабо-иранский 阿拉伯伊朗的

АИР Арабская Исламская Республика 阿拉伯伊斯兰共和国

АИР артиллерийская инструментальная разведка 炮兵仪器侦察

АИРБ армейская инженерная ремонтная база 集团军工程修理基地

АИРП артиллерийский инструментально-разведывательный пост 炮兵仪器侦察哨

АиРЭ автоматика и радиоэлектроника 自动学和无线电电子学

АИС автоматизированная информационная система 自动化信息系统

АИС автоматическая ионосферная станция 电离层自动观测站

АИС администратор информационных систем 信息系统管理员

АИС армейский инженерный склад 集团军工程仓库

АИС армейский интендантский склад 集团军军需仓库

аисбр армейская инженерно-саперная бригада 集团军工程工兵旅

АИСК абсолютная инерциальная система координат 绝对惯性坐标系统

АИСН астроинерциальная система навигации 天文惯性导航系统

АИСНТ автономный измеритель скорости и направления течении 流速、流向自动测量仪

АИСС автоматизированная информационно-справочная система 自动化信息查询系统

АИСт автоматическая информационная станция 自动信息站

АИТТН аппарат для испытания трансформаторов тока и напряжения 电流和电压互感器试验装置

АИУ акустическая измерительная установка 声测装置

АИУС автоматизированная информационно-управляющая система 自动化信息控制系统

АИЭЭ автономный источник электрической энергии 自主电源

айком аймачный комитет 区委员会

аймисполком аймачный исполнительный комитет 区执行委员会

аймуправление аймачное управление 区管理局

АК абонентский комплекс 用户系统

АК абонентский комплект 用户装置，用户设备

АК аварийная кнопка 应急按钮

АК авиакорпус 航空兵军，空军军

АК авиационная комендатура 航空警备处

АК авиационный комплекс 航空综合设施；航空综合机构；航空综合体

АК авиационный компрессор 航空用（空气）压缩机

АК автоколлиматор 自动视准仪，自动直望远镜

АК автокомпенсатор 自动补偿仪

АК автокомпенсация 自动补偿

АК автомат Калашникова (стрелковое оружие) 卡拉什尼科夫自动步枪（轻武器）

АК автомат курса 航向安定器，航向自动操纵仪

АК автомобильный кран 汽车起重机

АК адаптер канал 转接器通路

АК адаптивные кодеки 自适应编码

АК адрес команды 指令地址

АК азотная кислота 硝酸

АК активный канал 主动信道

АК алгоритм квантования 量化算法

АК амплитуда колебания 振幅

АК амплитудный канал 振幅通道

АК амплитудный компаратор 振幅比较器

АК амплитудный корректор 振幅校正器，振幅调节器

АК антенный контур 天线回路，天线电路

АК антенный коммутатор 天线转换器

АК аппаратный контейнер 设备舱，仪器舱

АК арендованный канал 租赁信道

АК армейский корпус 军，步兵军

АК артиллерийский кабельтов 炮链

АК артиллерийский компас 炮兵罗盘

АК артиллерийский комплекс 火炮综合体

АК артиллерийский круг 炮兵分划盘

АК Артиллерия корпуса 军属炮兵

АК астрономический компас 天文罗盘

АК аэроклуб 航空俱乐部

A

АК РЛДН авиационный комплекс радиолокационного дозора и наблюдения 雷达巡逻与侦察航空综合体，空军预警飞机

АК(-) артиллерийский целлулоидный круг 炮兵透明分划盘型号（例如 АК-3）

АК-47 автомат Калашникова образца 1947 года 1947 式卡拉什尼科夫自动步枪

АКА авиационно-космический аппарат 航空航天器，航空航天装置

АКА артиллерийский катер 炮艇

акад. академия, академический 科学院；研究院；学院；科学院的；教学的

АКАФУ автоматическая качающаяся аэрофотоустановка 自摇式航空摄影机座架，自摇式摄影仪座架

АКБ аккумуляторная кислотная батарея 酸性蓄电池

АКБР армейский корпус быстрого развертывания 快速展开陆军军

АКБУ авиационный комплекс боевого управления 战斗指挥航空综合体

АКВФ Амурская Краснознаменная военная флотилия 红旗阿穆尔河区舰队

АКВФ Астрахано-Каспийская военная флотилия 阿斯特拉罕里海区舰队

АКДА автоматическая контрольно-диагностическая аппаратура 自动监控－诊断设备

АКДС автомобильная кислорододобывающая станция 制氧车

АКДС аппаратура командно-диспетчерской связи 指挥调度通信设备

АКЗС автомобильная кислородно-зарядная станция 充氧车

АКЗС аэродромная контрольно-заправочная станция 机场加油检查站

АКИ автоматический контроль избирательности 选择性自动控制

АКК авиационно-космический комплекс 航空航天综合体

АКК адаптер《канал-канал》“信道－信道”适配器

АКЛС автоматический контроль линии связи 通信线路自动检查

АКМ авиационный карбюратор модернизированный 新型航空汽化器

АКМ автоколлекторная модуляция 自动整流调制

АКМ автомат Калашникова модернизированный 改型卡拉什尼科夫自动步枪

АКМС автомат Калашникова модернизированный со складывающимся прикладом (стрелковое оружие) 改型折叠式卡拉什尼科夫自动步枪（轻武器）

АКМСЛ автомат Калашникова модернизированный со складывающимся прикладом и ложементом для прицела ночного видения 带折叠式枪托和夜视瞄准仪的改型卡拉什尼科夫自动步枪

АКН авиационный комплекс навигационный 航空导航系统

АКН Агентство по контролю за распространением наркотиков 麻醉品扩散监察机构（塔吉克斯坦）

АКН Агентство по контролю наркотиков по борьбе с наркотрафиком 禁毒监督署

АКН анодный кадмиево-никелевый аккумулятор 阳极镉镍蓄电池

АКНО армейская контрнаступательная операция 集团军级反攻战役

АКО армейское командование 集团军司令部，集团军首长

АКОИ автоматизированный комплекс обработки информации 信息自动化处理系统

АКОС аппаратура командно-оперативной связи 作战指挥通信设备

АКП авиационная карта погоды 航空气象图

АКП авиационная кормовая пушка 机尾炮

АКП авиационно-космическое предприятие 航空航天企业

АКП авиационный комплекс пожаротушения 飞机灭火设备，航空灭火系统

АКП автокомпенсатор активных помех 主动干扰自动补偿器

АКП автокомпенсатор помех 自动干扰对消机，

自动干扰补偿器

АКП автомат коротких посылок 短信号自动发射器

АКП автоматизированный командный пункт 自动化基本指挥所

АКП автоматический контрольный пункт 自动化检查站

АКП аппаратура комплексной проверки 综合检查设备

АКП артиллерийский корпус прорыва 突破炮兵军

АКПА аппаратура контрольно-проверочная автоматическая 自动检测设备

АКПБ автоматизированный командный пункт батальона 营自动化基本指挥所

АКПМ аэродромная комбинированная поливомоечная машина 机场综合喷洒洗涤车

АКПП автоматизированный командный пункт полка 团自动化基本指挥所

АКПП автоматическая коробка перемены передач 自动变速箱

АКПР аппаратура контроля и проверки регистров 寄存器控制检查仪

АКПС авиационно-космический поиск и спасение 航空航天搜寻与救生

АКПТ автоматический компенсатор переменного тока 交流电自动补偿器

АКР авиазенитный крейсер 对空射击巡航（飞）机

АКР авиационная крылатая ракета 航空巡航导弹

акр авиационное крыло 空军联队

АКР авиационное крыло (подразделение авиации США) 飞行中队（美国空军分队）

АКР авиационный ракетный комплекс 航空导弹综合体

АКР артиллерийский крейсер 火炮巡洋舰

АКРЛДН авиационный комплекс радиолокационного дозора и наведения 航空雷达巡逻和引导综合体

АКС авиакомпрессорная станция 航空空气压缩站

АКС авиационно-космическая система 航空航天系统

АКС автокомпенсационная система 自动补偿系统，自动平衡系统

АКС автомат Калашникова со складывающимся прикладом 折叠式卡拉什尼科夫自动步枪

АКС автоматизированная картографическая система 自动化绘图系统

АКС автоматизированный комплекс связи 自动化通信综合体

АКС автоматическая компрессорная станция 自动空气压缩站

АКС автомобильная кислородная станция 氧气车，汽车氧气站

АКС автомобильная компрессорная станция 空气压缩车

АКС анализатор кода станции 电台密码分析器，电台信号分析器

АКС аналоговый коммутатор сигналов 信号模拟转换器

АКС аппаратура контроля стрельбы 射击检查仪器

АКС аэродромная компрессорная станция 机场空气压缩站

АКС(-) авиационная компрессорная станция 航空空气压缩车（例如：АКС-2）

АКС(У) автомат Калашникова складной (укороченный) 卡拉什尼科夫折叠式（短）自动步枪

АКСД автоматический корабельный сигнализатор дыма 舰船自动发烟信号器

АКСУ автомат Калашникова со складывающимся прикладом укороченный 卡拉什尼科夫折叠式短自动步枪

АКСЯС авиационный компонент стратегических ядерных сил 战略核力量航空兵，空军战略核力量

акт активист 积极分子

акт активная часть 主动部分，活跃部分

Акт Актюбинская область 阿克纠宾斯克州

АКТК аппаратура контроля телефонных каналов 话路检查装置

АКТС автоматическая коробка торпедной

стрельбы （鱼雷）自动射击箱

АКУ авиационное катапультное устройство 飞机弹射装置，航空弹射装置

АКУ автоматическое контрольное устройство 自动检查装置

АКУ унифицированная аппаратура каналообразования 信道生成标准设备

АКУКС артиллерийские курсы усовершенствования командного состава 炮兵指挥人员进修班

АКУП автоматизированный комплекс управления помехи 干扰控制自动化系统

АКУП-1 наземный комплекс управления станциями помех 地面干扰台控制综合体型号

АКУСП автоматизированный комплекс управления станциями помех 干扰站自动化控制综合体

АКФ автокорреляционная функция 自相关函数

АКЦ автоматический коммутационный центр 自动交换中心

АКЦ акустический контроль цементирования 混凝土浇注硬化检查表面声监控

АКЧ автоматический контроль частоты 频率自动控制

АКЧ автоматический контроль чувствительности 灵敏度自动控制

АЛ абонентская линия 用户线（路）

АЛ автолаборатория 化验车

АЛ автомобильная лаборатория 汽车实验室

АЛ автомобильный лифт (автолифт) 汽车式升降梯

АЛ артиллерийский летчик 炮兵校射飞行员

АЛ артиллерийский летчик-наблюдатель 炮兵观察飞行员

а/л атомный ледокол 核动力破冰船

АЛА Алматы 阿拉木图（航空站代码，哈萨克斯坦城市）

АЛБ арифметико-логический блок 运算逻辑单元，运算器，运算部件

АЛВК авиационная льная ткань высшей крепости 航空用高强度麻布

АЛП астрономическая линия положения 天文位置线

АЛТ аппаратура линейного тракта 线路通道设备

АЛТ ассоциация летного состава России 俄罗斯飞行员协会

АЛТ атомно-лучевая трубка 原子束管

АЛУ арифметическо-логическое устройство 逻辑运算器，算术逻辑电路

АЛФ активный лестничный фильтр 有源梯形滤波器

альп альпийский 高山的，山地的

АМ авиационный двигатель конструкции Микулина 米库林航空发动机

АМ автоматический миномет 自动迫击炮

АМ адекватность модели 模型的相符性

АМ азимут магнитный 磁方位角

АМ азимутный механизм 方位机构

АМ акселерометр малогабаритный 小型加速计

АМ амплитудная манипуляция 振幅键控

АМ амплитудная модуляция 调幅

АМ амплитудный максимум 振幅最大值

АМ амплитудный модулятор 调幅器

АМ анализ местности 地形分析

АМ антенна мачта 天线塔，桅杆天线

АМ антенная мина 触线水雷

АМ аппарат-матка 〈信〉母机

АМ аэродром морской авиации 海军航空兵机场

АМ аэродром морской постоянный 海军永备机场

АМ аэрозольная маскировка 气溶胶伪装

АМНПО авиационный музей Научно-производственного объединения (имени С.А. Лавочкина) 航空科研生产联合体博物馆

ам.пат. американский патент 美国专利

АМТС автоматизированное материально-техническое снабжение 自动化物资技术保障

Амб амбулатория 救护所；诊疗所，门诊所

амб артиллерийская метеорологическая батарея 炮兵气象连

АМБ аэрометеорологическое бюро 航空气象局

АМВ автоматическое многократное включение 自动复接

АМВ артиллерийский метеорологический взвод 炮兵气象排

АМВД аэромобильный воздушный десант 空中机动空降兵

АМГ авианосная многоцелевая группа (США) 多用途航空母舰群（美国）

АМГ авиационное масло для гидросистемы 航空液压油

АМГ(-) авиационное масло гидравлическое 航空液压设备滑油

АМГС авиаметеостанция гражданской информации 民航气象站

АМГТС автоматическая междугородная телефонная связь 自动长途电话通信

АМД авиационная мина донная 航空沉底水雷

АМД адаптер монохромного дисплея 单色显示适配器

АМД аэромобильная дивизия 空中机动师

АМДБП амплитудная модуляция с двумя боковыми полосами 双边带调幅

АМЗ автомат механизированной заправки 机械化自动加油机

АМЗ автоматическая магнитная запись 自动磁带记录

АМЗ аппаратура магнитной записи 电磁记录仪器

АМИ амплитудная модуляция импульсов 脉冲调幅

амиб армейский моторизированный инженерный батальон 集团军摩托化工程营

амит армейская мастерская измерительной техники 集团军测量设备修理所

АМК авиационный мгновенный капсюль 航空瞬发雷管

АМК автомотоклуб 汽车摩托车俱乐部

АМК аналоговый матричный кристалл 模拟矩阵晶体

АМК аэродромный многоцелевой кондиционер 机场多用途调节器

АМЛ атомная многоцелевая лодка 多用途核潜艇

АМЛ-1 автоматическая мишенная установка (легкая) 轻型自动靶装置

АММ аэромагнитометр 航空磁力仪

АМНТК авиамоторный научно-технический комплекс 航空发动机科学技术综合体

АМО анодно-механическая обработка 阳极机械加工；电加工

АМО архив министерства обороны 国防部档案馆

АМО аэродром материального обеспечения 物资保障机场

АМОВД аэродром материального обеспечения воздушного десанта 空降兵物资保障机场

амостб армейский мостовой батальон 集团军桥梁营

АМП авиация морской пехоты 海军陆战队航空兵

амп. амперметр 安培表

АМП амплитудно-модуляционный приемник 调幅接收机

АМП артиллерийский метеорологический планшет 炮兵气象图版

АМП артиллерийский метеорологический пост 炮兵气象站

АМП артиллерийский минометный полк 炮兵迫击炮团

АМП аэрометеорологический пункт 航空气象观察所

Ампл амплитуда 振幅，幅度

АМПП автоматический малолитражный проявительный прибор 小型自动显影器

амп-ч ампер-час 安培 / 小时

АМС авиаметеорологическая станция 航空气象站，航空气象台

АМС авианосное многоцелевое соединение 多用途航空母舰编队

АМС авиационная метеорологическая служба 航空气象勤务；航空气象室

АМС авиационная метеорологическая сводка 航空气象通报，航空气象综合报告

АМС автоматическая межпланетная станция 自动星际站

АМС амплитудное мгновенное сравнение 波幅瞬间比较

АМС артиллерийская метеорологическая служба (станция) 炮兵气象勤务部门（站），炮兵气象勤务

АМС аэрометеорологическая станция 航空气象站

амсв аэрометеорологическая сводка 航空气象通报

АМСГ Авиаметеорологическая станция гидрометеослужбы 水文气象局航空气象台（站）

АМСГ авиационная метеорологическая станция Гражданского воздушного флота 民用航空气象台（站）

АМТС автоматическая междугородная телефонная станция 自动长（途电）话局；长（途电）话自动交换台

АМТУ технические условия авиационного материала 航空材料技术规格

АМУ анализ метеорологических условий 气象条件分析

АМУ антенно-мачтовое устройство 塔式天线装置

АМУР автоматическая машина управления и регистрации 自动控制记录机

Амурбаза База Амурской речной флотилии 阿穆尔河区舰队基地

АмфГ амфибийная группа 两栖兵力集群，两栖兵力群

АМЦ авиационный метеорологический центр 航空气象中心

АМЦН автомобиль многоцелевого назначения 多用途汽车

АМШП амплитудно-модулированная шумовая помеха 调幅噪声干扰

АМЭЭ акустомагнитоэлектрический эффект 声磁电效应

АН авианаводчик 空军引导兵；航空兵引导员

АН авиационная нормаль 航空规格

АН авиационно-нефтяной (дизель) 航空柴油机

АН авиационный наводчик (авианаводчик) 航空引导员；引导机

АН автоматическая наладка 自动调整

АН автоматическая настройка 自动调谐

АН автоматический нониус 自动游标

АН автономная наладка 机内调整，自主调整

АН агрегат насосный 泵组

АН академия наук 科学院

АН аэростат наблюдения 观察气球，观测气球

АН разведка с аэростата наблюдения 观察气球侦察

АН самолет конструкции О. К .Антонова 安东诺夫设计的飞机

АНА автоматическая настройка антенны 天线自动调谐

АНА армянская национальная армия 亚美尼亚国民军

АНА Афганская национальная армия 阿富汗国民军

анал анализ 分析，化验，解析

анал аналог 模拟；相似；模拟装置

Аналог. аналоговый 模拟的

АНБ Агентство национальной безопасности (США) （美）国家安全局

АНБО Академия национальной безопасности и обороны 国家安全和国防研究院

АНБС автономная навигационно-бомбардировочная система 自导轰炸系统

АНВ «Армия народной войны» （印）《人民战争军》

АНВ агрегат непосредственного впрыска 直接喷入器

АНДЭ агрегат низковольтного динамо с электродвигателем 低压直流发动机组

АНЖ Андижан 安集延（航空港代号，乌兹别克斯坦城市）

АНЗ аварийный неприкосновенный запас 航空应急储备

АНЗ аэронавигационный запас 航行储备

АНИ аэронавигационная информация 空中领航信息

АНИИ артиллерийский научно-исследовательский институт 炮兵研究所

АНИМИ артиллерийский научно-исследовательский морской институт　海军炮兵科学研究所

АНИС　американский национальный институт стандартов　美国国家标准信息研究所

АНИСИ　авиационный научно-исследовательский санитарный институт　航空卫生保健科学研究所

АНК　автоматизированный навигационный комплекс　自动化导航系统

АНК　автоматическая настройка контуров　回路自动调谐

АНКА　автоматическая настройка контуров по амплитуде　回路自动振幅调整

АНКА　артиллерийский наблюдатель корректировочной авиации　校射飞机炮兵观察员

АНО　авиационный навигационный огонь, аэронавигационный огонь　航空导航灯

АНО　армейская наступательная операция　集团军级进攻战役

АНО　армия народного ополчения　民兵，后备军

АНО　Армия Национального Освобождения　民族解放军

АНО　астронавигационный огонь　天文导航灯

АНП　анализатор направлений и приоритетов　传输方向及优先等级分析器

АнП　антенный пост　天线部位

АНП артиллерийский наблюдательный пункт　炮兵观察所〈测绘〉

АНП　артиллерия непосредственной поддержки　直接支援炮兵

АНПП　артиллерия непосредственной поддержки пехоты　直接支援步兵的炮兵

АНПС　автономная навигационно-прицельная система　自主导航－瞄准系统

АНР　аппаратура нелинейной радиолокации　非线性雷达

АНС　аппаратура низкочастотной связи　低频通信设备

АНС　астронавигационная система　天文导航系统

АНС　аэронавигационная служба　领航勤务；领航勤务部门

ант　антенна, антенный　天线；天线的

АНТ　аппарат низкочастотной терапии　低频诊疗仪

АНТ　общее название самолетов, разработанных под руководством А.Н. Туполева. Позже-ТУ　“图”系列飞机的统称

АНТ　катер конструкции Туполева　图波列夫设计的汽艇

АНТ-11　грузовой планер Антонова　安东诺夫载重滑翔机

АНТО　Авиационное научно-техническое общество　航空科学技术协会

АНТО　аппаратура навигации, топопривязки и ориентирования　导航、地形连测及定向设备

АНУ　автоматическое навигационное устройство　自动航行设备

АНУ　антенна нижних углов　小仰角天线

АнУ　антенное устройство　天线装置

АНФ　автоматическая настройка фильтров　自动调谐滤波器

АО　авиабомба (авиационная бомба) осколочная　空投杀伤爆破炸弹

АО　авиабомба осколочная　航空杀伤爆破炸弹

АО　авиационная осколочная (бомба)　航空杀伤弹

АО　авиационное оборудование　航空设备

АО　авиационное отделение　航空班；航空科

АО　автоматический оптимизатор　〈计〉自寻最佳点装置

АО　автоматическое оружие　自动武器

АО　автомобиль-общежитие　宿营车

АО　автономность объекта　目标的自给力、目标的续航能力

АО　агрегатный отсек　机组舱

АО　адрес обмена　交换地址

АО　Акмолинская область　阿克莫拉州

АО　анализ ошибок (погрешностей)　误差分析

АО　астроориентатор　（船舶、飞机的）自动天文定位装置

АО　аэродром оперативный　作战机场，作业机场

АО　аэродромное обслуживание　机场养护，外场维护

АО　аэродромный отдел　场站处

АОМВД архивный отдел МВД 内务部档案处

АО отметка азимута 方位标记

АОАК авиационный отряд артиллерийского корпуса 炮兵军航空中队

АОБ авиаосколочная бомба 航空杀伤（炸）弹

АОВ аналоговый оптический вычислитель 光（学）模拟计算机

АО "ВЖДО" Военизированная железнодорожная охрана (ВЖДО) Казахстана 哈萨克斯坦铁路军事化安保股份公司

АОВС авиационный отряд воздушной съемки 航测队

АОД авиационная ткань для оклейки древесины 航空用蒙布

АОД автоматическая обработка данных 数据自动处理

АОД агентурно-оперативная деятельность 谍报侦察工作

АОД акустооптический дефлектор 声光偏转器

АОИ алгоритм обработки информации 信息处理算法

АОИ Армия обороны Израиля 以色列国防军

АОИО Американское общество по исследованию операций 美国运筹学会

АОК армия освобождения Косово 科索沃解放军

АОКД аппаратура окончания канала данных (DCE) 数据信道终端设备

АОКК авиационный отряд кавалерийского корпуса 骑兵军航空中队

АОЛ аварийное открытие люков 应急打开舱门

АОЛТ аппаратура оконечного линейного тракта 线路终端设备

АОМ агентурно-оперативное мероприятие 谍报侦察措施

АОМ акустооптический модулятор 声光调制器

АОМ=МОА морской оперативный аэродром 海军作战机场

АОН авиация общего назначения 通用航空

АОН авиация особого назначения 特别任务航空兵

АОН автоматическое определение номера 自动编号

АОН армия особого назначения 特别任务集团军

АОН артиллерия особого назначения 特别任务炮兵

АОО армейская оборонительная операция 集团军级防御战役

АОО аэродромное осветительное оборудование 机场照明设备

АООН авиационный отряд особого назначения 特别任务航空中队

АООС активная отрицательная обратная связь 有效负反馈

АОП абсолютно отрицательная проводимость 绝对负电导

АОП акустооптический процессор 声光处理机

АОП аппаратура оперативного переключения 操作开关设备

АОП армия освобождения Палестины 巴勒斯坦解放军

АОПС автоматическое обнаружение полезных сигналов 有效信号自动探测

АОПЦТ аппаратура образования первичных цифровых трактов 初始数字信道生成设备

АОР армейский оборонительный рубеж 集团军防御地线，集团军防线

АОРЛ аэродромный обзорный радиолокатор 机场观测雷达

АОРЛИ алгоритм обработки радиолокационной информации 雷达信息处理算法

АОС автомат одновременного сбрасывания （飞机）自动同时投掷装置

АОС автомат одновременного сброса 自动同时投弹装置

АОС автоматизированная обучающая система 自动化教学系统

АОС автоматический обогрев стекол 玻璃自动加温

АОС акустическая обратная связь 声响反馈

АОС анализ ответных сигналов 应答信号分析

АОС анализатор ответных сигналов 应答信号分析器

АОС антенна с обработкой сигнала 信号处理天线

АОС аппаратура обеспечивающего судна 保障船设备

АОСР Арктический океанский стратегический район 北冰洋战略区

АОТ антенна оптического типа 光学型天线

АОТС автоматизированная обучающе-тренажерная система 自动化教学训练系统

АОУ авиационный отряд усиления 加强航空中队

АОУ аппаратура отображения и управления 显示控制设备

АОФМ амплитудная и относительная фазовая модуляция 振幅及相对相位调制

АОХБ авиационная осколочно-химическая бомба 航空化学杀伤炸弹

АОЧ автоматика ограничения частоты 频率限制自动装置

АОШ аппаратная оперативного штаба 作战参谋部机房，作战参谋部机电室

АОШР армейская отдельная штрафная рота 集团军属独立惩戒连

АП абонентская панель 用户配线板

АП абонентский пункт 用户终端

АП авианосец поддержки 支援航母

АП авиационная поддержка 航空兵支援，航空火力支援

АП авиационное происшествие 飞行事故

АП автомат перезарядки 自动（复）装弹器

АП автоматизированное проектирование 计算机辅助设计

АП автоматизированное производство 自动化生产

АП автоматическая подстройка 自动微调，自动频率控制

АП автоматический перевод 自动翻译；自动转换

АП автоматический переключатель 自动转换开关

АП автоматический пробоотборник 自动取样器

АП автоматическое программирование 自动程序设计

АП автомобиль перевязки 包扎车

АП автономный поиск 自主搜索

АП автопрокладка(курса) 航线自动绘算

АП автопрокладчик 航迹自绘仪

АП автопускач 自动启动装置

АП агент пользователя 用户代理

АП азимутальный привод 方位角转动装置

АП аккумуляторный пробник 蓄电池电压检验器

АП активная помеха 有源干扰，主动干扰

АП акустическая помеха 声响干扰

АП акустический приемник 声响接收器

АП алгоритм поиска 搜索算法

АП алгоритм программирования 程序设计算法

АП аммонит предохранительный 安全（硝铵）炸药

АП амплитуда помех 干扰幅度

АП амплитудная приставка 比幅附加器

АП аналоговый процессор 模拟式处理机

АП антенная панель 天线控制板

АП антенное полотно, антенный пост 天线列；天线部位

АП антенный переключатель 天线转换开关，天线转换器

АП аппаратное прерывание 硬件中断

АП аппаратура преобразования(сопряжения) 转换（匹配）设备

АП арочная податливая крепь 拱形弹性支架

АП артиллерийская подготовка 炮火准备

АП артиллерийский парк 炮场

АП артиллерийский полигон 炮兵射击场，炮兵靶场

АП артиллерийский полк 炮兵团

АП артиллерия полка 团（直）属炮兵

АП артиллерия прорыва 突破炮兵

АП ассоциативная память 相关存储器

АП астрономический пункт 天文点

АП атмосферная радиопомеха 大气无线电干扰，天电干扰

АП атмосферная помеха 大气层干扰，天电干扰

АПР аномальное поглощение радиоволн 电波反

常吸收

ап ОсН авиационный полк особого назначения 特别任务航空兵团

АП/АИ автоматизированное проектирование и изготовление 自动化设计与制造

АП-2 тип аппарата разведки реки 河流侦察仪器型号

АП-7 тип метеобаллистического поправочника в артиллерийских и ракетных подразделениях 导弹炮兵分队弹道气象修正器型号

АПВ авиация поддержки войск 军队支援航空兵

АПА авиационный электропусковой агрегат 航空用电动启动机

АПА автоматический подводный аппарат 水下自动仪器

АПА автоматический пусковой агрегат 自动起动装置

АПА агрегат питания аэродромный 机场供电装置，机场电源车

АПА аэродромная пусковая автомашина 机场起动车，地面起动车

АПА аэродромный подвижный агрегат 机场电源车

АПАБр армейская пушечная артиллерийская бригада 集团军加农炮兵旅

АПАП армейский пешечный артиллерийский полк 集团军加农炮兵团

АПБ авиационная передовая база 航空兵前进基地

АПБ авиационное проектное бюро 航空设计局

АПБ армейская подвижная база 集团军移动基地

апб артиллерийский пулеметный батальон 机炮营

АПБМ артиллерийский полк большой мощности 大威力炮兵团

АПБНБ артиллерийский подвижный бронированный наблюдательный пункт 移动式炮兵装甲观察所

АПБО артиллерийский полк береговой обороны 岸防炮兵团

АПБОП академия проблем безопасности, обороны и правопорядка РФ 俄罗斯安全、国防和法律秩序学院

АПВ авиационная поддержка войск 对军队的航空火力支援

АПВ автомат повторного включения 自动重接仪

АПВ автоматическое повторное включение 自动重合闸，自动重接

АПВ антенна поверхностных волн 表面波天线

АПВО армия противовоздушной обороны 防空集团军

АПВРД атомный прямоточный воздушно-реактивный двигатель 原子冲压式空气喷气发动机

АПГ авианосная противолодочная группа 舰载反潜机群

АПГ агрегат питания генератора 发电机供电装置

АПГ армейский передвижной госпиталь 集团军移动医院

АПГ армейский полевой госпиталь 集团军野战医院

АПД абонентский проводной доступ 有线用户接入

АПД автомат пуска двигателя 发动机自动启动装置

АПД автоматическая панель двигателя 发动机自动控制板

АПД анализ полетных данных 飞行数据分析

АПД аппаратура передачи данных 数据传输装置

АПД артиллерийский парковый дивизион 军械仓库营

АПДА авиационный полк дальней авиации 远程航空兵团

АПДА автономный подводный дыхательный аппарат 自主潜水呼吸器

АПД-ВК аппаратура передачи данных высокоскоростных каналов 高速信道数据传输设备

АПДД авиационный полк дальнего действия 远程航空兵团

АПДД артиллерийский полк дальнего действия 远程炮兵团

АПДИ авиационный полк дальних истребителей

远程歼击航空兵团

АПДРЦ автоматизированный передающий радиоцентр 自动化无线电发射中心

АПДС автоматизированная прогнозно-диагностическая система 自动化预检系统

АПД-СК аппаратура передачи данных среднескоростных каналов 中速信道数据传输设备

АПер автоматический передатчик 自动发射机

АПЗ аварийный пищевой запас 应急食品储备

АПЗ автоматическая противопожарная защита 自动防火防爆防护

АПЗ аэростат противовоздушного заграждения 防空拦阻气球

АПЗР аппаратура помехозащищенной радиосвязи 无线电抗干扰设备

АПИ авиационное подвесное изделие 航空悬挂件

АПИ алгоритм обработки пеленговой информации 测向信息处理算法

АПИБ авиационный полк истребителей-бомбардировщиков 战斗轰炸机团，歼击轰炸机航空兵团

АПК абонентский полукомплект 用户半套设备

АПК аварийный посадочный комплекс 全套紧急降落设备

АПК автоматический переключатель каналов 信道自动转换开关

АПК автоматический преобразователь координат 坐标自动换算器

АПК автомобильная параформалиновая (дезинфекционная) камера 灭菌消毒汽车，消毒汽车

АПК акустическое поле корабля 舰船声场

АПК аппаратный контроль 硬件检查

АПК аппаратура комплексной проверки 成套检查设备

АПК атомный подводный крейсер 核潜艇

АПК параформалиновая камера на автомобильном ходу 福尔马林蒸汽消毒汽车

АПЛ авиаподогревательная лампа 航空加温灯

АПЛ атомная подводная лодка 核动力潜艇

АПЛК авиационно-противолодочный комплекс 航空反潜综合体

АПЛО авиация противолодочной обороны 对潜防御航空兵

АПМ авиационное поисковый магнитометр 航空搜索磁力仪

АПМ антенно-передающий модуль 发射天线模块

АпМ Аппарат Министерства 部办公室（厅）

АПМ арматура подсвета малогабаритная 小型照明器具，小型照明灯具

АПМ автомобильная передвижная мастерская 流动修理车

АПН аппарат для порошкового напыления 干粉灭火器

АПН аппаратура приборного наведения 仪器制导装置

АПН аппаратура программного наведения 程序导引仪

АПН арматура подсвета низковольтная 低压照明设备，低压照明灯具

АПНБ Агентство планирования национальной безопасности 国家安全计划署

АПНБ Ассоциация поддержки национальной безопасности 维护国家安全联合会（哈）

АПНП артиллерийский подвижный наблюдательный пункт 移动式炮兵观察所

АПО анализ помеховой обстановки 干扰情况分析

АПО аппаратура предварительной обработки 预处理设备，预处理机

АПОА автоматизированный пост секторного обнаружения и анализа 分段侦察与分析自动化站

АПОИ алгоритм предварительной обработки информации 信息预处理算法

АПОИ алгоритм первичной обработки информации 信息初期处理算法

АПОКИ алгоритм приема и обработки координатной информации 坐标信息接收与处理算法

АПОС анализ пачки ответных сигналов 应答信号群分析

АПОС анализатор пачки ответных сигналов 应

答信号群分析器

АПП авиационная посадочная площадка 飞机降落场，着陆场

АПП автомат анализа пассивных помех 被动干扰自动分析仪

АПП автоматический переключатель-пускатель 自动启动转换开关

АПП автоматический повторный пуск 自动重复起动

АПП автоматический приемо-пеленгатор 自动测向接收机

АПП автоматический приемо-передающий 自动收发的

АПП автономный прибор потопления 自主沉雷器

АПП анализ переходных процессов 瞬态分析

АПП антенна переменного профиля 可变截面天线

Апп. аппарат 机器，仪器，器械，装置；机关，机构

АПП аппарат переключения преобразователей 变流器转换装置

АПП аптечка первой помощи 急救药箱，急救包

АПП армейский пересыльный (пересылочный) пункт 集团军邮件转运站

АПП артиллерийская поддержка пехоты 步兵炮火支援

АПП артиллерийский полк прорыва 突破炮兵团

АПП артиллерия поддержки пехоты 支援步兵的炮兵

АПП аэродромный прожектор посадки 机场着陆探照灯

АппА=АА аппарат абонента 用户电话机

АППАР. аппаратура 设备

АППВО артиллерийский полк противовоздушной обороны 防空炮兵团，高炮团

АППИ автоматизированный пункт приема информации 自动化信息接收站

АППКПР аппаратура предстартовой подготовки, контроля и пуска ракет 导弹发射前准备、检查和发射装置

АППЛО авиационный полк противолодочной обороны 反潜航空兵团

АППУ автоматизированное приемно-передающее устройство 自动化接收发射装置

АППУ атомная паро-производящая установка 核能蒸发装置

АППУГ авианосная противолодочная поисково-ударная группа 航空母舰反潜搜索突击群

АПР аварийный подрыв ракеты 导弹应急引爆，导弹防险引爆

АПР авиационная противолодочная ракета 航空反潜导弹

АПР анализатор плотностей распределения 密度分布分析器

апр артиллерийская пулеметная рота 机（枪）炮（兵）连

АПРИ аномальное поглощение радиоволн в ионосфере 电离层中无线电波的异常吸收

АПРИМ автомобильная подвижная ремонтная инженерная мастерская 流动工程修理车

АПРИМ армейская походно-ремонтная инженерная мастерская 集团军移动工程修理所

АПРК атомный подводный ракетный крейсер 导弹核潜艇

АПРЛКО активно-пассивный радиолокационный комплекс обнаружения 有源－无源探测雷达

АПРН армия предупреждения о ракетном нападении 导弹袭击预警集团军

АПРО агентство противоракетной обороны (Министерства обороны США) （美国国防部）反导防御局

АПРТБ армейская подвижная ракетно-техническая база 集团军机动导弹技术基地

апртб подвижная ремонтно-техническая база армии 集团军移动技术修理站

АПРТрез артиллерийский противотанковый резерв 反坦克炮兵预备队

АПС аварийно-предупредительная сигнализация 紧急预警信号系统

АПС аварийно-предупредительная система 紧急

预警系统

АПС авиационная приводная станция 导航台

АПС авиационный полк связи 空军通信团

АПС автомат подачи сигналов 信号显示自动装置

АПС автомат подводной стрельбы 水下射击自动计算仪

АПС автомат подводный специальный 水下专用自动步枪

АПС автомат прерывистой сигнализации 自动断续信号设备

АПС автомат противообледенительной системы 自动防结冰装置

АПС автоматическая посылка сигналов 信号自动发送

АПС автоматический переключатель смесителя 自动混频器转换开关

АПС автоматический пистолет Стечкина 斯捷奇金自动手枪

АПС автомобильная прожекторная станция 探照灯车

АПС агент передачи сообщений 消息传输代理

АПС аналоговый перемножитель сигналов 模拟信号增益器

АПС аппаратура питания и сигнализации 供电和信号装置

АПС аппаратура подводного слежения 水下跟踪设备，水下跟踪仪器

АПС аппаратура преобразования сигнала 信号转换设备

АПС армейский полк связи 集团军通信团

АПС армейский продовольственный склад 集团军给养库

АПС автомат прерывистой сигнализация 自动断续报警器

АПСРГК авиационный полк связи резерва главного командования 统帅部预备队通信航空兵团

АПСВ аппарат предотвращения столкновений в воздухе 空中防撞设备

АПСНСО американская программа создания нового стрелкового оружия 美国新型轻武器研制计划

АПТ автоматизированный переприем телеграмм 自动化电报转发

АПТ артиллерия поддержки танков 支援坦克的炮兵

АПТР артиллерийский противотанковый район 炮兵防坦克地域

АПУ авиационная пусковая установка 航空发射装置，机载发射装置

АПУ авиационное пусковое устройство 机载发射装置

АПУ авиационный пункт управления 航空控制站，航空操纵所，航空指挥所

АПУ автодушевая пароэлеваторная установка 蒸汽淋浴汽车

АПУ автоколлимационный прибор для проверки угловых мер 角度检查自动视准器

АПУ автоматическая пусковая установка 自动发射装置

АПУ автоматический переключатель усиления 自动增益转换开关

АПУ автоматическое предохранительное устройство 自动保护装置，自动安全装置

АПУ автомобильный прицеп универсальный 通用拖车

АПУ антенно-поворотное устройство 天线旋转装置

АПУА автономный пост управления артустановкой 火炮自主控制台

АПУВ авиационный пневматический универсальный взрыватель 航空气动通用引信

АПУГ авианосная поисково-ударная группа 航空母舰搜索突击群

АПУГ авианосная противолодочная ударная группа (США) （美国）航母反潜突击群

АПУИВ автоматизированная подсистема управления инженерных войск 工程兵自动化指挥子系统

АПУР автоматизированный пункт управления роты 连自动化指挥站

АПУС аппаратура повременного учета стоимости 定时计价器

АПФ автоматическая подстройка фазы 相位自动微调

АПФ автоматический переключатель фильтрации 自动滤波转换开关

АПФ автоподстройка фазы 相位自动调谐，自动调相

АПФ Амурская пограничная флотилия 阿穆尔河边防区舰队

АПХ амплитудно-периодичная характеристика 振幅周期特性

АПЧ автоматическая подстройка частоты 自动频率微调

АПЧ автоподстройка частоты 频率自动调谐，自动调频

АПЧГ автоматическая подстройка частоты гетеродина 本机振荡（器）自动频率微调

АПЧК автоматическая подстройка частоты клистрона 速调管频率自动微调

АПЧК автоподстройка чувствительности клистрона 速调管灵敏度自动微调

АПЧМ автоматическая подстройка частоты магнетрона 磁控管频率自动微调

АПЧС авиационные подразделения, части, соединения 航空兵分队、部队兵团

АПЧФ автоматическая подстройка частоты и фазы 频率和相位自动微调

АПЧФ аппаратура подстроек частоты и фазы 频率和相位微调设备

АПШ автономный пневмошлем 自动充气头盔

АР аварийный радиомаяк 应急无线电信标，应急无线电指向标

АР авиарегистр 飞机注册局，飞机登记局

АР автоматизированная разработка 自动化分析

АР автоматический регулятор 自动调整器，自动控制器

АР автоматический руль 自动舵

АР автоматическое регулирование 自动调节

АР автономный режим 自主状态

АР автономный регистратор 自主记录器，自控式记录器

ар авторота 汽车连

АР Агентство разведки (служба внешней разведки) Польши 情报局（波兰对外情报部门）

АР адресная работа 盘查验证

АР активный руль 活动舵

АР амплитуда развертки 扫描幅度

АР амплитудное распределение 振幅分配，振幅选择

АР антенная рашетка 天线阵

АР артиллерийская разведка 炮兵侦察

АР артиллерийский резерв 炮兵预备队

АР артиллерия разрушения 破坏炮兵

Ар. арьергард （陆军或海军的）后卫

АР-1 автопоезд-рефрижератор 冷藏车型号

АР-5 тип рефрижераторов на ЗИС-5 吉斯牌冷藏车型号

АРА автоматический подвижной агрегат 机场移动装置

АРА автоматический регулятор амплитуды 自动振幅调整器

арад армейский разведывательный артиллерийский дивизион 集团军侦察炮兵营

АРБ аварийный радиобуй 应急无线电浮标

АРБ авиационная ремонтная база 航空器材修理基地

АРБ авторемонтная база 汽车修理基地

АРБ аэрокосмический банк (данных) 航空航天数据库

арбр армейская ракетная бригада 集团军导弹旅

АРВ автоматический распределитель вызовов 自动寻呼分配器

АРВ автоматический регулятор влажности 湿度自动调节器

АРВ автоматический регулятор возбуждения 励磁自动调节器

арв авторемонтный взвод 汽车修理排

АРВБ армейская ремонтная восстановленная база 集团军修理修复基地

арвб армейский ремонтно-восстановительный батальон 集团军修理营

АРВБ ремонтно-восстановительная база армии 集团军修复基地

АРВГК артиллерия резерва верховного главнокомандования 最高统帅部预备队炮兵

арвр авторемонтно-восстанови-тельная рота 汽车修复连

АРВСН академия ракетных войск стратегического назначения 战略导弹兵学院

АРГ автоматический регулятор громкости 自动音量控制器

АРГ активная радиолокационная головка самонаведения 主动雷达制导头，主动无线定位制导头

АРГ артиллерийская разведывательная группа 炮兵侦察群，炮兵侦察组

АРГК авиация Резерва Главного командования 统帅部预备队航空兵

АРГК артиллерийский резерв главного командования 统帅部炮兵预备队

АРГК артиллерия резерва главного командования 统帅部预备队炮兵

АРД абонентский радиодоступ 用户无线接入

АРД антенна расширенного диапазона волн 扩展波段天线

ард артиллерийский разведывательный дивизион 炮兵侦察营

АРД асинхронный режим доставки 异步传输模式

АРД атомный ракетный двигатель 核原料火箭发动机

АРД атомный реактивный двигатель 原子喷气发动机

аремб авторемонтный батальон 汽车修理营

АРЖК аэродромный резервуар жидкого кислорода 机场液态氧储存罐

АРЖК(-) аэродромный резервуар для хранения жидкого кислорода 机场液氧储存器（例如：АРЖК-1）

АРЗ авиационный ремонтный завод 空军修理厂

АРЗ автомат регулирования загрузки ручки управления самолета 飞机操纵杆负荷自动调节器

АРИ Агентство русской информации 俄罗斯通讯社

АРИВ автоматический регистратор-измеритель ветра 自动测风记录仪

АРИЛ аэродромная радиоизмерительная лаборатория 机场无线电测量室

АРИП Атлантический ракетный испытательный полигон 大西洋导弹试验场

АРК авиационный радиокомпас 航空无线电罗盘

АРК авиационный робототехнический комплекс 飞机降落自动机综合设备

АРК автомат раскрыва крыла 机翼打开自动设备

АРК автомат раскрывания крыла 机翼自动打开器

АРК автоматизированный радиоконтроль 自动化无线电监测

АРК автоматическая регулировка контрастности 对比度自动调整

АРК автоматический радиокомпас 自动无线罗盘

АРК автоматический радиокомпас, авторадиокомпас 自动无线电罗盘，无线电自动罗盘

АРК автоматический радиолокационный комплекс 自动雷达

АРК автономный регламентный контроль 自主式定期检查

АРК автономный ручной контроль 自主式手控检查

АРК авторадиокомпас 无线电自动罗盘

АРК адаптивное распределение каналов 自适应信道分配

АРК активный радиоканал 常用无线电信道

АРК акустоэлектронный радиокомпонент 声电无线电组成部分

АРК аппаратура регламентного контроля 定时检查仪

АРК аппаратура резервирования каналов 备用信道设备

АРК аэродромный радиолокационный комплекс 机场雷达综合体

АРК автоматический радиокомпас 自动无线电罗盘

арком армейский комиссар 集团军政委

АРКП авиационная и ракетно-космическая про-

A

мышленность 航空与航天火箭工业

АРКП авиационный ракетный комплекс перехвата 航空导弹截击综合体

АРЛС активная радиолокационная система 主动式雷达系统

АРЛС активная радиолокационная станция 主动式雷达站

АРЛС артиллерийская радиолокационная станция 炮兵雷达

Арм. армированный 装甲的，铠装的

АРМ авиаремонтная мастерская 飞机修理厂；空军修理所

АРМ автоматизированное рабочее место 自动化工作台

АРМ автоматическая регулировка мощности 功率自动调节

АРМ авторемонтная мастерская 汽车修理所

АРМ активно-реактивная мина 火箭增程迫击炮弹

АРМ армейская ремонтная мастерская 集团军修理所

арм. армейское (арго) 军用（行话）

АРМ артиллерийская ремонтная мастерская 军械修理所，修械所

Арм.Гр армейская группа 集团军级集群

АРМА артиллерийская ремонтная мастерская армии 集团军军械修理所

армврач армейский врач 军医

АРМД артиллерийская ремонтная мастерская дивизии 师军械修理所

АРМДС автоматизированное рабочее место дежурного по связи 通信值班员自动化工作台

АрменТА Телеграфное агентство Армении 亚美尼通讯社

армком армейский комитет 集团军委员会

АРМО автоматизированное рабочее место обучаемого 学员用自动化工作台

АРМП артиллерийская ремонтная мастерская полка 团军械修理所

АРМС автоматическая радиометеорологическая станция 自动无线电气象台

АРМС автоматическая радио-метеостанция 自动无线电气象站

АРМС автоматическая радиометрическая станция 自动辐射测量站

АРМУ автокод ряда машин Урал “乌拉尔”车辆系列自动代码

АРМУ армейская рота медицинского усиления 集团军卫生加强连

АРН автомат регулирования напряжения 压力自动调谐器

АРН автоматический регулятор напряжения 自动电压调节器，自动调压器

АРН автоматическое регулирование напряжения 压力自动调谐

АРНС астро-радионавигационная система 天文无线电导航系统

АРО автоматическая регулировка освещенности 照明度自动调节

АРО авторемонтное отделение 汽车修理班

АРП аварийно-ремонтный пункт 紧急修理站

АРП авиаремонтное подразделение 航空修理分队

арп авиационный радиополк 航空兵雷达团

АРП автоматический радиопеленгатор 自动无线电测向仪，自动无线电定向台

АРП автоматический регистратор простоев 间歇自动记录器

АРП автоматическое радиопеленгование 自动无线电测向

АРП аппаратура радиопротиводействия 电子对抗设备

АРП аппаратура ручного пеленгования 手动测向仪

АРП(-) тип автоматического радиопеленгатора 自动无线电测向仪型号，自动无线电定向仪型号（例如：АРП-6）

АРПД армейский ракетно-перевозочный дивизион 集团军导弹输送营

АРПК авиационно-ракетный противоспутниковый комплекс 航空导弹反卫星综合体

АРПЛ атомная ракетная подводная лодка 导弹

核潜艇

АРР авторемонтная рота 汽车修理连

АРС абонентская радиостанция 用户无线电台

АРС авиарота связи 航空通信连

АРС авиационная радиостанция 航空电台

АРС автоматический радиоэлектронный секретарь 无线电电子自动记录器

АРС автоматическое регулирование скорости 自动调速

АРС автомобильная разливочная станция 喷洒汽车

АРС автономный рабочий снаряд 自行导弹

АРС авторазливочная станция 喷洒车

АРС авторемонтная станция 汽车修理站

АРС авторемонтное снабжение 汽车修理器材供应

АРС активно-реактивный снаряд 动力火箭弹

АРС анализ разведывательных сведений (данных) 侦察情报分析

АРС армейская дорога снабжения 集团军供给道路

арс арсенал 军械库，军火库

АРС стержень автоматического регулирования 自动控制棒

АРС тип радиостанции 无线电台型号（例如：АРС-2）

Арс-В арсенал вооружения 武器库

АРСО автоматическое распознавание слуховых образов 听觉形象自动识别

АРСОВ авторазвоз стойких отравляющих веществ 持久性毒剂汽车分运

АРСОМ артиллерийская радиолокационная станция обнаружения минометов 迫击炮侦察雷达

арсРВСН арсенал РВСН 战略导弹兵武器库

АРСС амортизационная ракетно-стартовая система 导弹起动缓冲系统

АрсХО арсенал химического оружия 化学武器库

АРТ авиационная и ракетная техника 航空与火箭技术装备

АРТ автомат распределения топлива 燃料自动分配器

АРТ артиллерийский склад вооружения 军械库

арт., артилл. артиллерия; артиллерийский 炮兵，火炮；炮兵的，火炮的

АРТА артиллерийская радиотехническая академия 炮兵无线电技术学院

артак артиллерийская академия 炮兵学院

АРТ-Б артиллерийский склад боеприпасов 炮兵弹药库

АртВ артиллерийская вышка 炮兵射击瞭望台

артвзвод артиллерийский взвод 炮兵排

артвоенпорт артиллерия военного порта 军港炮兵

артехник артиллерийский техник 炮兵技术员，火炮技师

АртИИ артиллерийский инженерный институт 炮兵工程学院

АРТМ автоматическое регулирование температуры масла 油温自动调控

АРТН артиллерийское наблюдение 炮兵观察

артнаб артиллерийский наблюдатель 炮兵观察员

артоборона артиллерийская оборона 炮兵防御

артобработка обстрел какой-либо цели артиллерийским огнем 炮击某一目标

артобстрел артиллерийский обстрел 炮击

артогонь артиллерийский огонь 炮兵火力，炮兵射击

АРТП автоматический радиотехнический пост 自动雷达站；自动无线电技术站

АртПК артиллерия поддержки конницы 支援骑兵的炮兵

артприм артиллерия приморская 濒海炮兵

АРТПС алматинская радиотелевизионная передающая станция 阿拉木图广播电视转播台

АРТРЗ артиллерийский ремонтный завод 炮兵修理工厂

АРТС автоматическая радиотелефонная связь 自动无线电话通信

артсклад артиллерийский склад 弹药库

артспец артиллерийский специалист 炮兵专家

артсух сухопутная артиллерия 陆军炮兵

арттех артиллерийско-технический 炮兵技术的

арттехшкола артиллерийская техническая школа 炮兵技术学校

артуп артиллерийское управление 军械部（局）

артуч артиллерийское училище 炮兵学校

артхимобстрел артиллерийский обстрел химическими снарядами 炮兵化学弹射击，化学弹射击

артхимснаряд артиллерийский химический снаряд 化学炮弹，毒气（炮）弹

артчасть артиллерийская воинская часть 炮兵部队

АРУ автомат регулирования управления 自动控制调整器

АРУ автоматика регулирования управления самолетом 飞机控制自动调整装置

АРУ автоматическая регулировка уровня 自动水平调整

АРУ автоматическая регулировка усиления 自动增益控制，增益自调

АРУ автоматический регулятор усиления 自动增益调整器

АРУФПС арктическое региональное управление Федеральной пограничной службы РФ 俄联邦边防局北极分局

АРУГ автоматическая регулировка усиления по глубине 深度自动增益控制

АРУГУ администрация регионального уровня государственного управления 地区级国家管理机关

АРУфОШ авиационное регулируемое ультрафиолетовое освещение шкалы 可调式航空刻度盘紫外线照明（航）

АРУФОШ арматура ультрафиолетового освещения шкалы 刻度盘紫外线照明设备

АРФ автоматическая регулировка фазы 自动相位调整，相位自调

АРФ Асеановский региональный форум 东南亚国家联盟地区论坛

АРФ Региональный форум АСЕАН по безопасности 东盟地区安全论坛

АРФМ активно-реактивная фугасная мина 火箭增程爆破弹

АРЧ автоматическая регулировка частоты 频率自动调整

АРЧ автоматическая регулировка чувствительности 灵敏度自动控制

АРЧ автоматический регулятор чувствительности 灵敏度自动控制器

АРЧ автоматическое регулирование частоты 自动调频，频率自动控制

АРЧ автоматическое регулирование чувствительности 灵敏度自动调制

АРЧ автоматическое регулирование чувствительности в радио 无线电灵敏度自动控制，无线电灵敏度自动调整

АРЧ Агентство по распределению частот 频率分配机构（哈萨克斯坦）

АРЧК автоматическая регулировка частоты клистрона 速（度）调（制）管频率自动调整

АРЧМ автоматическое регулирование частоты и мощности 频率和功率自动调整

АРШП автоматическая регулировка усиления ширины полосы пропускания 频率宽度自动控制，通带宽度增益自动控制

АРЩ аварийный распределительный щит 应急配电板

АРЭ авиационная радиоэскадрилья 航空兵无线电通信大队

АРЭ армейская разведывательная эскадрилья 集团军侦察航空兵大队

АРЯ автоматическая регулировка яркости 亮度自动调整

АС Архивная служба ВС РФ 俄联邦武装力量档案局

АС аварийная ситуация 紧急情况

АС авария самолета 飞机失事

АС авиационная свеча 航空火花塞电嘴

АС авиационные силы 航空兵力

АС авиационная радиостанция, авиарадиостанция 航空无线电台

АС автомат сброса (ложных целей) （假目标）

自动投放器

АС автомат сопла 喷口自动调节器

АС автомат специальный (Стрелковое оружие) 专用自动步枪（轻武器）

АС автоматизированная система 自动化系统

АС автоматизированный склад 自动化仓库

АС автоматическая синхронизация 自动同步

АС автоматическая система 自动系统

АС автоматическая станция 自动站

АС автоматическое сопровождение 自动跟踪

АС автоматическое сопровождение цели 自动跟踪目标，目标自动跟踪

АС автоспуск 自动击发杆

АС агентурная сеть 特情组织；特情网

АС адаптер связи 通信转接器

АС администрация связи 通信行政管理机关

АС адъютант старший (начальник штаба батальона-дивизиона) 主任副官（营参谋长）

АС активное самонаведение 主动自导引

АС амплитудный селектор 振幅选择器

АС амплитудный спектр 振幅谱

АС анализатор спектра 频谱分析仪

АС аналоговая система 模拟系统

АС аналоговый сигнал 模拟信号

АС антенная система 天线系统

АС антенное сооружение 天线设施

АС аппарат связи 通信设备

АС аппарат-спасатель 救生器

АС аппаратура сопряжения 跟踪装置（设备）

АС аппаратурная связь 设备连接

АС армейский сборник (журнал Министерства обороны РФ) 军队文集（俄联邦国防部杂志）

АС артиллерийская стрельба 炮兵射击

АС артиллерия сопровождения 随伴炮兵

АС астронавигационная система 天文导航系统

АС атомная станция 核电站

АС аттенюатор ступенчатый 阶式衰减器

АС аэродром сухопутноавиации 陆军航空兵机场

АС аэродром сухопутный 陆航机场

АС аэродромная служба 机场勤务

АС и ДНР аварийно-спасательные и другие неотложные работы 抢险救生和其他应急工作

АСПВО адаптивность системы ПВО 防空系统的适应性

АС постоянный сухопутный аэродром 永备陆航机场

АС тип автоматического стабилизатора 自动稳定器型号

а-с а-сек ампер-секунда 安（培）/ 秒

АС МСПВ автоматизированная система машиносчитываемых паспортов и виз 护照和签证机器识别自动化系统

АС РСС администрация связи Регионального содружества в области связи 通信领域地区性合作通信管理机关

АС-1 тип аттенюатора 衰减器型号

АСА аварийно-спасательный автомобиль 抢险救生汽车

АСА аварийно-спасательный аппарат 抢险救生设备

АСА аккумулятор самолетный адсорбированный 飞机用吸附性蓄电池

АСА антенна с синтезированной апертурой 合成口径天线

АСА аэродром санитарной авиации 卫生航空兵机场

АСАГ армейская специальная артиллерийская группа 集团军特种炮兵群

АСАП армейский смешанный авиаполк 集团军混合航空兵团

АСБ аварийно-спасательный буй 应急救生浮标，防险救生浮标

АСБ аварийный сброс баков 油箱应急投放

АСБ автоматизированная система бронирования 装甲自动化系统

АСБ автосанитарный батальон 汽车卫生营

асб апостильб 阿普熙提（亮度单位）

АСБ армейская служба безопасности 军队安全勤务

АСБ артиллерийский склад боеприпасов 军械弹药库

АСБР аварийный бомбосбрасыватель, аварий-

A

ный сбрасыватель(бомбовой) 应急投弹器

АСБР аварийный сбрасыватель 应急投放器

АСБТИ армейский склад бронетанкового имущества 集团军装甲器材库

АСБУ автоматизированная система боевого управления 战斗指挥自动化系统

АСВ авиасанитарный взвод 航空救护排

АСВ авиация сухопутных войск 陆军航空兵

асв автомобильно-санитарный взвод 卫生汽车排

АСВИ алгоритм сопряжения с внешними источниками 与外部情报源联通算法

АСВиО автоматизированная система управления войсками и оружием 军队指挥和武器控制自动化系统

АСВМ астатический вольтметр 无定向伏特计

АСГ аварийно-спасательная группа 抢险救生小组

АСГ армейский склад горючего 集团军油库

АСГС автоматизированная система государственной статистики 国家统计自动化系统

АСД автоматический сигнализатор дефектов 故障自动信号器

АСД автоматический съем данных (автосъем данных) 数据自动录取

АСД автоматическое сопровождение по дальности 远距自动跟踪

АСДК автоматизированная система диспетчерского контроля 自动化调度监督系统

АСДУ автоматизированная система диспетчерского управления 调度自动化系统

АСЕАН Ассоциация стран Юго-восточной Азии 东南亚国家联盟

АСЕВ аппаратура синхронизации и единого времени 同步及统一时间设备

АСЖ авиационный спасательный жилет 航空救生衣，航空救生背心

АСИ авиационная система индикации 航空显示系统

АСИ автоматическое считывание информации 信息自动读取

АСИ амплитудный селектор импульсов 脉冲幅度选择器

АСИО автоматизированная система информационного обеспечения 自动信息保障系统，自动信息支持系统

АСИО автоматизированная система информационного обслуживания 信息服务自动化系统

АСИО СНГ автоматизированная система информационного обмена между государствами-участниками СНГ 独联体成员国间信息交换自动化系统

АСИРДП автоматическая система интервального регулирования движения поездов （铁路）车辆运行区间调度自动化系统

АСК автоматическая система для контроля 自动检测系统

АСК автоматический сигнализатор контакта 接触自动信号装置

АСК аппаратура согласования команд 指令匹配设备

АСК армейский спортивный клуб 集团军体育运动俱乐部

АСКИО автоматическая система контроля и измерения объектов 目标自动监测系统

АСКИС автоматизированная система контроля и слежения 监控与跟踪自动化系统

АСКОД автоматизированная система коллективной обработки данных 数据集中处理自动化系统

АСКОИ американский стандартный код для обмена информацией 美国标准信息交换码

АСКР автоматизированная система контроля и регулирования 控制调节自动化系统

АСКР автоматический сигнализатор критических режимов 临界状态自动信号器

АСКР агрегатные средства контроля и регулирования 控制调节组合设备

АСКС автоматический сигнализатор критической скорости 临界速度自动信号器

АСЛ автомат самоликвидации 自毁装置

АСМ аварийно-спасательная машина 抢险救生车

АСМ автоматическая станция мониторинга 自动监控站

АСМ асинхронный мотор 异步电动机，感应电动机

АСМБД автоматизированная система моделирования боевых действий 战斗行动模拟自动化系统

АСМБО автоматизированная система моделирования боевой обстановки 战斗情况模拟自动化系统

АСМП автомобиль скорой медицинской помощи 医疗急救车

АСН автоматическое сопровождение по направлению 方向自动跟踪

АСН автомобиль бронированный специального назначения 特种装甲汽车

АСН аппаратура спутниковой навигации 卫星导航设备，卫星导航装置

АСН-1 система автоматизированного налива (нефтепродуктов) 自动化注油系统

АСНС авиационная спутниковая навигационная система 航空卫星导航系统

АСО аварийно-спасательное обеспечение 抢险救生保障

АСО аварийно-спасательный отдел 防险救生处

АСО аварийно-спасательный отряд 抢险救生队

АСО авиасанитарный отряд 航空卫生队

АСО авиастроительное объединение 航空建设联合企业

АСО автомат сброса отражателей (РЭБ самолетов, вертолетов) 反射体自动投放器（飞机、直升机无线电电子斗争）

АСО автоматизированная система обработки изображений 图像处理自动化系统

АСО автоматическое стрельбищное оборудование 自动靶场设备

АСО автомобиль связи и освещения 通信和照明汽车

АСОБВ автоматизированная система обеспечения боевого вылета 战斗出动保障自动化系统

АСОВЭ ассоциация по стандартам в области видеоэлектроники 电子声像标准协会

АСОД автоматизированная система обработки данных 数据处理自动化系统

АСОИ автоматизированная система обработки информации 信息处理自动化系统

АСОС автоматизированная система охранной сигнализации 警卫信号自动化系统

АСОТО автоматизированная система оперативно-технического обслуживания 技术保养自动化系统

АСОУ автоматизированная система организационного управления 组织指挥自动化系统

АСП аварийная связь передатчика 发射机应急通信

АСП аварийно-спасательная партия 抢险救生队，抢救队，救助队

асп авиасанитарный полк 航空卫生团

АСП авиационный самолетный прицел 〈航〉机载瞄准具

АСП авиационный стрелковый прицел 航空射击瞄准具

АСП автокомпенсационный стробоскопический преобразователь 自动补偿式频闪观察变换器

АСП автоматизированная станция помех 自动化干扰站

АСП автоматический стрелковый прицеп 射击自动瞄准具

АСП аналоговая система передачи 模拟传输系统

АСП артиллерийская стрелковая подготовка 炮兵射击训练；炮火射击准备

АСП артиллерийский сигнальный пост 炮兵信号台

АСПВ авиационное стрелково-пушечное вооружение 航空射击军械

АСПД аппаратура съема, передачи и отображения данных воздушной обстановки 空情资料摄影、传送和标示装置

АСПИ автоматизированная система переработки информации 信息再处理自动化系统

АСПОИ автоматизированная система первичной обработки информации 信息预处理自动化系统

АСПОИ автономная система полуавтоматической обработки информации 信息半自动处理

自主系统

АСПОН автоматизированная система профилактических осмотров населения 居民预防性检验自动化系统

АСПр автоматическая система перестыковки 自动重新对接系统

АСПР асинхронный преобразователь приема 接收异步转换器

АСПС автоматическая система подготовки старта 起飞自动准备系统

АСПС автоматическая система подготовки старта космического летательного аппарата 航天器起飞自动准备系统

АСПУ автоматизированная си-стема программного управ-ления 程序控制自动化系统

АСПТР аварийно-спасательные и подводно-технические работы 抢险救援和水下技术工作

АСПЭО армейский санитарно-противоэпидемический отряд 集团军卫生防疫队

АСР аварийно-спасательные работы 抢险救生作业

АСР авиационная служба радионавигации 航空兵无线电导航部门，航空导航勤务

аср авиационная санитарная рота 航空兵医疗救护连

АСР автоматизированная система расчетов 计算自动化系统

АСР автоматизированная система регулирования 调节自动化系统

АСР армейская санитарная рота 集团军卫生连

АСРЛО автономная система радиолокационного опознавания 自主式雷达识别系统

АСС аварийно-спасательная служба 抢险救生勤务；抢险救生部门

АСС авиационный самолет-снаряд 空射巡航导弹

АСС автоматизированная система связи 通信自动化系统

АСС автоматическое сопровождение по скорости 速度自动跟踪

АСС автомобильный сотовый сигнализатор (система сигнализации，оповещающая через сотовый телефон) 汽车蜂窝信号器（通过蜂窝电话通知的信号系统）

АСС автономная спутниковая сеть 自主卫星网

АСС автосигнальная связь 自动信号通信

АСС адресная система связи 通信地址系统

АСС аппаратура спутниковой связи 卫星通信设备

АСС армейская социальная служба 集团军社会部

АСС армейский склад связи 集团军通信器材库

АССГА аварийно-спасательная служба Гражданской авиации 民航抢险救援部门

АССД автоматизированная система сбора данных 数据收集自动化系统

АССн атомный самолет-снаряд 核巡航导弹

АССОИ автоматизированная система сбора и обработки информации 信息收集处理自动化系统

АССОП автоматизированная система связи общего пользования 通用通信自动化系统

АС-СФ автоматическое сопровождение цели с устраненной неоднозначностью по дальности 消除距离非单值性目标自动跟踪

АСТ авиационный стандарт 航空标准

АСТ агрегат синхронный тяговый 同步牵引机组

АСТ артиллерийская стереотруба 炮队镜

АСТ артиллерийское сопровождение танков 坦克的炮火伴随

АСТ артиллерия сопровождение танков 伴随坦克炮兵

АСТК армейский склад топографических карт 集团军地图库

АСТК Артиллерийско-стрелково-тактический комитет 炮兵射击战术委员会

АСТТ агрегатный комплекс средств телемеханической техники 遥控技术装备组件

АСУ аварийно-спасательное управление 抢险救生局

АСУ аварийно-спасательное устройство 抢险救生装置

АСУ авиадесантная самоходно-артиллерийская

установка 空降自行火炮

АСУ автоматическая система управления 指挥自动化系统

АСУ автоматический синхронизатор универсальный 通用自动同步器

АСУ автоматическое сопровождение по углу 角度自动跟踪

АСУ автономная силовая установка 自主式动力装置

АСУ адресное сигнальное устройство 地址信号装置

АСУ антенно-согласующее устройство 天线匹配器，天线匹配装置

АСУ артиллерийская самоходная установка 自行火炮

АСУ атомная силовая установка 核动力装置

АСУ атомная судовая установка 船舶核动力装置

АСУБС автоматизированная система управления боевыми средствами 兵器控制自动化系统

АСУТ автоматизированная система управления тылом 后勤指挥自动化系统

АСУТП автоматизированная система управления технологическими процессами 技术工艺控制自动化系统

АСУ ВД автоматизированная система управления воздушными движением 空中交通管制自动化系统

АСУ ВС автоматизированная система управления всеми Вооруженными Силами страны 国家武装力量指挥自动化系统

АСУКК ассенизационно-санитарное устройство космического корабля 宇宙飞船清洁与救护装置

АСУБД автоматизированная система управления боевыми действиями 战斗行动指挥自动化系统

АСУВ автоматизированная система управления войсками 军队指挥自动化系统

АСУВ ПВО автоматизированная система управления войсками ПВО 防空兵指挥自动化系统

АСУВС автоматизированная система управления военной связью 军事通信指挥自动化系统

АСУНО автоматизированная система управления наведением и огнем 引导与火力控制自动化系统

АСУО автоматизированная система управления огнем 火力控制自动化系统

АСУО автоматизированная система управления оружием 武器控制自动化系统

АСУП автоматизированная система управления полетом 飞行管制自动化系统

АСУПС автоматизированная система управления пограничными станциями 边防站管理自动化系统

АСУР автоматизированная система управления разведкой 侦察指挥自动化系统

АСУР автоматизированная система управления регионом 地区管理自动化系统

АСУР автоматическая система управления ракетами 导弹自动控制系统

АСУРК автоматизированная система управления ракетными комплексами 导弹控制自动化系统

АСУС автоматизированная система управления связью 通信指挥自动化系统

АСУСВ автоматизированная система управления самолетами и вертолетами 飞机、直升机指挥自动化系统

АСУ СН автоматическая система управления специального назначения 特种任务指挥自动化系统

АСУТ автоматизированная система управления тылом 后勤指挥自动化系统

АСУФ автоматизированная система управления силами флота 海军兵力指挥自动化系统

АСФ абсолютная стабильность фазы 相位绝对稳定度

АСФУ антенное согласующее фильтрующее устройство 天线匹配滤波装置

АСЦА аппаратура сопряжения цифровых и аналоговых (систем) 数字与模拟系统联接设备

АСЦН автоматическое сопровождение цели по направлению （按）方向自动跟踪目标

АСЦУ автономные средства целеуказания 自主式目标指示设备

АСЧ автоматическая стабилизация частоты 频率自稳定

АСЧ автономная стабилизация частоты 自主频率稳定

АСШ аварийный сбрасыватель штурмана 领航员紧急投弹器

АСШ авиационный справочник штурмана 领航员航空手册

АСЭГ армейский сортировочный эвакуационный госпиталь 集团军分类后送医院

АСЯС авиационные стратегические ядерные силы 空中战略核力量，空军战略核力量

АТ абонентское телеграфирование 用户通报

АТ абсолютная топография 绝对地形

АТ авиационная торпеда 航空鱼雷，空投鱼雷

АТ адаптер терминальный 终端转接器，终端接合器

АТ акустический трал 声扫雷器

АТ аммотол с тротиловой пробкой 带梯恩梯药柱的阿马托（炸药）

АТ амплитудное телеграфирование 等幅电报

АТ анализ трафика 业务分析

АТ антиторпеда 反鱼雷

АТ армейский телеграф 集团军电报站

АТ армейский тыл 集团军后勤

АТ артиллерийский тягач 火炮牵引车

ат. атмосфера 大气压

АТ атомная торпеда 核鱼雷

АТ аттенюатор 衰减器

АТ аэродинамическая труба 〈空〉风洞

АТ аэрологический теодолит 高空气象经纬仪

АТ и В авиационная техника и вооружение 航空兵技术装备与武器

ат. атм. атмосфера 大气；大气压

ат.% атомный процент 原子百分数，原子浓度

ат.н. атомный номер 原子序数

АТА аппаратура технического анализа 技术分析仪器

АТБ авиационная тыловая база 航空兵后勤基地

атб авиационно-технический батальон 航空技术（保障）营

АТБ автотранспортная база 汽车运输基地

АТБ аэродромный технический батальон 机场技术（保障）营

атбг автотранспортный батальон ГАЗ 嘎斯汽车运输营

атбз автотранспортный батальон ЗИС 吉斯汽车运输营

атбр авиационно-техническая бригада 航空技术（保障）队

атбр автотранспортная бригада 汽车运输旅

атбр артиллерийско-техническая бригада 炮兵技术旅

атв автотранспортный взвод 汽车运输排

АТВ артиллерийско-техническое вооружение 火炮技术装备

АТВ аттенюатор волновода 波导衰减器

АТВН авиационная техника военного назначения 军事航空技术；军用航空技术装备

АТГ артиллерийская техническая группа 炮兵技术组，炮兵技术群

АТД авиатранспортная дивизия 运输航空兵师

АТД авиационная техническая дивизия 航空技术保障师

АТД аэродромная техническая дивизия 机场技术（保障）师

АТЕМ Молдавское телеграфное агентство 摩尔多瓦通讯社

АТехБ авиационно-техническая база 航空技术基地

атехп авиационно-технический полк 航空技术（保障）团

атехр авиационно-техническая рота 航空技术（保障）连

АТЗ автотопливозаправщик 燃料加注车，加油车

АТИ авиатехническое имущество 航空技术器材

АТИ автотракторное имущество 汽车拖拉机器材

АТИ автотранспортная инспекция 汽车运输检查局

АТИ Академия телекоммуникаций и информации 远程通信与信息技术工程学院

АТИ аппаратура телеизмерений 遥测装置

АтИ атмосфера избыточная 计示大气压，余压

АТИМ авиационный теплоизоляционный материал 航空隔热材料

АТК авиатранспортная колонна 航空运输纵队

АТК автоматический телеграфный коммутатор 自动电报交换机

АТК автономный тестовый контроль 脱机检验

АТК адаптивное трансформное кодирование 自适应传输编码

АТК антитеррористическая коалиция 反恐联盟

АТК аппаратный тестовый контроль 硬件检验

АТК аэродромно-техническая команда 机场技术（保障）队

АТК ВВС авиационный технический комитет ВВС 空军航空技术委员会

АТК РК Агентство таможенного контроля Республики Казахстан 哈萨克斯坦共和国海关监督署

АТКМС автоматизированный телефонный комплект местной связи 地方通信自动化电话全套设备

АТ-Л артиллерийский тягач легкого типа 轻型火炮牵引车

АТМ акустический трансформатор 声响变压器

атм. атмосфера, атмосферный 大气压，大气压的

АТМЗ автотопливомаслозаправщик 燃料润滑油加注车，燃滑油料加注车

АТМС автоматическая телеизмерительная метеостанция 自动遥测气象站

АТН Агентство телевизионных новостей 电视新闻社

АТНТК Автотракторный научно-технический комитет 汽车拖拉机科学技术委员会

АТО авиатранспортный отряд 航空运输队

АТО автоматический танковый огнемет 坦克自动喷火器

АТО автомобильное техническое обслуживание 汽车技术保养

АТО аэродромно-техническое обеспечение 机场技术保障

АТО аэродромно-техническое обслуживание 机场技术保养

АТОН (магнитный) азимут основного направления 基准方向（磁）方位角

АТО-УМ аппарат технического обеспечения универсального модульного типа 通用模数技术保障器

АТП автоматический тренировочный парашют 自动训练伞

АТП аварийно-транспортная помощь 交通事故救援

атп автотранспортный полк 汽车运输团

АТП артиллерийский тягач полубронированный 半装甲炮兵牵引车

АТ-П тип гусеничного артиллерийского тягача 履带式火炮牵引车型号

АТР авиационная техническая рота 航空技术（保障）连，场务连

АТР автоматическая телефонная радиостанция 自动话报无线电电台

АТР Азиатско-Тихоокеанский район 亚太地区

АТР аппарат телеграфный ручной 手提式电报机

атр аэродромно-техническая рота 机场技术（保障）连

АТРМ автотракторная ремонтная мастерская 汽车拖拉机修理所

АТС аварийно-техническая служба 应急技术勤务

АТС авиатранспортная станция 航空运输站

АТС авиационная телекоммуникационная система 航空长途通信系统

АТС авиационная транспортная система 航空运输系统

АТС авиационно-техническая служба 航空技术（保障）勤务

АТС авиационно-техническое снабжение 航空技术器材供应

АТС авиационный технический склад 航空技术器材仓库

АТС автоматическая телефонная станция 自动电话站，自动电话交换机

АТС автоматическая торпедная стрельба 自动

A

鱼雷发射

АТС автотракторная служба 汽车拖拉机勤务部门

АТС автотранспортная служба 汽车运输勤务；汽车运输部门

АТС адаптивная телеизмерительная система 自适应遥测系统

АТС аппаратура технической связи 技术通信设备

АТС артиллерийская топографическая служба 炮兵测地勤务

АТС аэронавигационная телекоммуникационная сеть 场站远距通信导航网

АТС, АТ-С артиллерийский тягач средний 中型火炮牵引车

АТСв аппаратура телекодовой связи 遥码通信设备

АТСК авиационно-технические средства корабля 舰载航空技术设备

АТСР авиатранспортная санитарная рота 航空运输卫生连

АТТ автомобильная транспортная техника 汽车运输技术装备；汽车

АТ-Т артиллерийский тягач тяжелый 重型火炮牵引车

АТУ аварийная тормозная установка 应急拦阻装置

АТУ авиационное техническое училище 航空技术学校

АТУ антенна телевизионная унифицированная 通用电视天线

АТУ аппаратура телеуправления 遥控装置

АТУ аэродромная тормозная установка 机场制动装置

АТУКК автоматизированный телеграфный узел коммутации каналов 自动信道转换电报枢纽

АТФ авиационно-техническая фирма 航空技术公司

АТФ архангельский траловый флот 阿尔汉格尔斯克扫雷舰队

АТЦ автомобильная топливная цистерна 油罐汽车，油槽汽车

АТЦ Антитеррористический центр 反恐怖中心

АТЦ СНГ Антитеррористический центр СНГ 独联体反恐中心

АТЧ армейская топографическая часть 集团军测绘部队

АТЧ аэродромно-техническая часть 机场技术（保障）部门

АТЭ авиационно-техническая эскадрилья 航空技术大队

АТЭ автотранспортное электрооборудование 汽车运输电气设备

АТЭС Азиатско-Тихоокеанское экономическое сотрудничество 亚洲和太平洋经济合作（组织），亚太经济合作（组织）

АУ авиационное управление 航空管制，航空兵指挥

АУ автомат увода 偏移自动调节器

АУ автоматическое управление 自动控制

АУ автономное управление 自律式控制，自身式控制，自主控制

АУ агент управления 管理代理

АУ активированный уголь 活性碳

АУ активный участок (траектории ракеты, космического корабля с работающим двигателем)（导弹、太空飞行器弹道）主动段

АУ алгоритм управления 控制算法

АУ амплитудный указатель 振荡指示器

АУ анализирующее устройство 分析器

АУ антикоррозионная установка 防锈蚀装置

АУ аппаратура уплотнения 复用设备

АУ арифметическое устройство в вычислительных машинах 电子计算机运算装置，运算器

АУ артиллерийская установка 火炮，火炮装置

АУ аэродромный узел 机场枢纽

АУ сорт веретенного масла для смазки артиллерийских оружий 火炮润滑用锭子油种类

АУ ВМФ артиллерийское управление военно-морского флота 海军军械部，海军军械局

АУАСП автомат углов атаки и сигнализации перегрузок 攻击角和过载报警自动指示器

АУВ автоматизация управления войсками 军队指挥自动化

АУВ автоматизированное управление войсками 自动化军队指挥

АУВ автоматический установщик взрывателей 〈炮〉引信自动测合机，自动定装机

АУВД автоматизированное управление воздушным движением 空中交通自动化管制

АУВПС армейское управление военно-полевого строительства 集团军战地建筑工程部

АУГ авианосная ударная группа (США) 航母突击群（美国）

АУГН аппаратура управления головкой наведения 引导头控制装置

АУД автомат управления дальностью 距离自动控制器，射程自动控制器

АУД аэродромный участок дороги 机场路段

АУДН аппаратура управления диаграммой направленности 天线方向图控制设备

АУЗ автоматическое управление записью 记录自动控制器

АУК автоматический учебный класс 自动化教室

АУК азимутально-угломерное кольцо 方位角分划环，方位测角环

АУЛ артиллерийский учебный лагерь 炮兵训练营地

АУМПТ аварийное управление мощностью паровой турбины 蒸汽涡轮功率应急控制

АУОС автоматическая универсальная орбитальная станция （卫星）通用自动轨道站

АУПП автоматическое управление приемом и передачей 〈无〉自动收发控制

АУпр аппаратура управления 控制设备

АУР авиационная управляемая ракета 航空导弹

АУРС автономно-управляемый реактивный снаряд 自主控制导弹，自导导弹

АУС авианосное ударное соединение 航空母舰突击编队

АУС автоматическое устройство сопровождение 自动跟踪装置

АУС аппарат управления соплом 喷管控制装置

АУС артиллерийское учебное судно 炮兵训练船

АУТ автоматический установщик трубки 〈炮〉自动引信测合机

АУТ активный участок траектории 弹道主动段；轨迹主动段

АУУ аэростатное удерживающее устройство 高空气球夹紧装置；高空气球锁定装置

АФ авиабомба фугасная 航空爆破（炸）弹

АФ авиафоторазведка 航空摄影侦察，航空照相侦察

АФ авиационный фугас 航空地雷，航空水雷

АФ Амурская флотилия 阿穆尔河区舰队

АФ аномальная фотопроводимость 反常光电导

АФ антиградиент функции 函数的反梯度

АФ атмосферный фронт 大气锋

АФ атомный фугас 核地（水）雷

АФ аэродинамический фокус (центр давления) 空气动力中心

АФ аэрофинишер （飞机着陆的）拦阻装置

АФ фугасная авиабомба 航空爆破炸弹

АФ-70 название зимней консистентной смазки стрелкового оружия 轻武器冬用润滑油的名称

АФА аэрофотоаппарат 航空摄影机，航空照相机

АФА, АФА-33 типы аэрофотоаппарата 航空摄影机型号，航空照相机型号

АФА-Б аэрофотоаппарат бомбардировщика 轰炸机航空摄影机

АФА-И аэрофотоаппарат истребителя 歼击机航空摄影机

АФАР активная фазированная антенная решетка 有源相控天线阵，有源相控阵天线

АФБ Агентство федеральной безопасности 联邦安全署

АФВ автоматический фидерный выключатель 自动馈线开关

АФД амплитудно-фазовый детектор 振幅相位检波器

АФК автоматический функциональный контроль 自动功能检查

АФК автономный функциональный контроль 自主功能检测

АФК амплитудно-фазовая конверсия 幅相变换

АФК и ТР аппаратура функционального контроля и тренировки операторов 功能检测和操作员训练设备

АФМ амплитудно-фазовая модуляция 调幅调相

АФМ амплитудно-фазовая манипуляция 幅相键控

АФМР антиферромагнитный резонанс 抗磁铁共振

АФОЛС аппаратура формирования и обработки линейного сигнала 线性信号生成与处理设备

АФОС автоматическая фотоэлектронная охранная сигнализация 自动光电保护信号装置

АФП Агентство франс пресс 法新社

АФР амплитудно-фазовое распределение 幅相分配

АФС автофильтровальная станция 自动滤水站，水自动过滤器

АФС антенно-фидерная система 天线馈电系统

АФС аппаратура формирования сигналов 信号生成器

АФС артиллерийская фотограмметрическая служба 炮兵摄影测量勤务

АФС аэрофотослужба 航空摄影勤务

АФС аэрофотоснимок 航空摄影照片，航片

АФС аэрофотосъемка 航空摄影；航空摄影测量

АФСС аппаратура формализованной служебной связи 格式化勤务通信设备

АФСУ аналоговое фазосдвигающее устройство 模拟式移相器

АФТ антенно-фидерный трак 天线馈线系统

АФТ антенно-фидерный тракт 天线馈电通道

АФУ антенно-фидерное устройство 天线－馈线设备

АФУ аэрофотоустановка 航空摄影机座架

АФХ амплитудно-фазовая характеристика 幅相特性

АФЧХ амплитудно-фазовая частотная характеристика 振幅相位频率特性

АХ амплитудная характеристика 振幅特性

АХ апериодический характер 非周期特性

АХБ авиахимбомба 航空化学（炸）弹，航空毒气（炸）弹

АХИ автомобиль-дегазатор для хлорной извести 漂白粉消毒车

АХО автохирургический отряд 外科手术流动车队

АХОВ аварийные химически опасные вещества (при выбросах в условиях чрезвычайных ситуаций) 危险性化学物资（紧急情况下抛投）

АХП авиахимическая подготовка 航空化学训练

АХП авиационная хлопчатобумажная парусина 航空用棉纺帆布

АХП автомобиль химического пенного пожаротушения 化学泡沫消防车

АХР авиационно-химическая работа 航空化学作业

АХС армейский химический склад 集团军化学仓库

АХЧ административно-хозяйственная часть 行政事务管理部门

АЦ автоматизированное целеуказание 自动化目标指示

АЦ автомобильная цистерна 槽罐车

АЦ автоцистерна 油罐车，油槽车；运水车；液体消毒车

ац. Административный центр 行政中心

АЦ аналого-цифровой 模－数的

АЦАК аналого-цифро-аналоговый комплекс 模－数－模转换设备

АЦВК аналого-цифровой вычислительный комплекс 模拟数字计算综合体

АЦВМ автоматическая цифровая вычислительная машина 自动数字计算机

АЦВМ аналого-цифровая вычислительная машина 模拟－数字计算机

АЦВС аналого-цифровая вычислительная система 模拟－数字计算系统

АЦВТ аналого-цифровая вычислительная техника 模拟数字计算技术

АЦГ адаптер цветной графики 彩色图形适配器（显示器）

АЦД алфавитно-цифровой дисплей 字母数字显示器

АЦД аналого-цифровой децибелметр 模–数分贝表

АЦК алфавитно-цифровая клавиатура 字母–数字键盘

АЦМ автоцистерна механизированная 3800- литровая 3800 升机械油槽汽车

АЦН агрегат центрального наддува 〈航发〉中心增压装置

АЦНА авиационные центробежные насосные агрегаты 航空离心泵组

АЦП автоцистерна прицепная 有拖车的油槽汽车

АЦП аналогово-цифровой преобразователь 模–数转换器

АЦП аналого-цифровое преобразование 模拟数字转换

АЦП аналого-цифровой процессор 模拟数字处理机

АЦП/ЦАП аналого-цифровой/цифро-аналоговый преобразователь 模数/数模转换器

АЦПТ автомобильная цистерна-прицеп для топлива 燃料罐车

АЦПУ алфавитно-цифровое печатающее устройство 字母数字打印机

АЦПУ аналого-цифровое печатающее устройство 模数打印设备，模数印刷

АЦР алгоритм целераспределения 目标分配算法

АЦРБ армейская центральная ремонтная база 集团军中心修理基地

АЦРМ армейская центральная ремонтная мастерская 集团军中心修理所

АЦРП алгоритм целераспределения пеленгов 按测向方向进行目标分配算法

АЦРУ автоматическое цифровое регистрирующее устройство 自动数字记录装置

АЦС аналого-цифровая связь 模数通信

АЦТ автомобильная цистерна для топлива 燃料罐（汽）车

АЦТК аппаратура цифрового транзита каналов 数字信道转发设备

АЦТКК аппаратура цифрового транзита и коммутации каналов 数字式转发与信道交换设备

АЦУ автоматизированный центр управления 自动化管理中心

АЦУ алгоритм целеуказания 目标指示算法

АЧ авиационные часы 航空时钟，航空表

АЧ авиачасть 空军部队，航空兵部队

АЧ автоматизированное черчение 自动绘图

АЧ адрес чисел 数地址

а-ч **а/ч** ампер час 安（培）/（小）时

АЧИ амплитудно-частотные искажения 振幅频率失真

АЧМ амплитудно-частотная модуляция 振幅频率调制

АЧМП амплитудно-частотно-модулированная помеха 振幅调频干扰

АЧМШП амплитудно-частотно-модулированная шумовая помеха 调幅调频噪声干扰

АЧО аппаратура частотного обеспечения 频率保障装置

АЧР автоматическая частотная разгрузка 自动频率卸载

АЧС амплитудно-частотный спектр 幅度频谱

АЧУ авиачасть усиления 航空兵加强部队

АЧХ авиационные часы-хронометр 航空表，航空精密时钟

АЧХ амплитудно-частотная характеристика 幅频特性曲线，振幅频率特性

АШ авиадвигатель конструкции А.. Д.Швецова 什维佐夫设计的航空发动机

АШ автоштурман 〈空〉自动领航仪

АШ адресная шина 地址总线

АШ антенные штыри 天线杆

АШ-73 ТК, АШ-82 типы авиадвигателей конструкции А. Д. Швецова 什维佐夫设计的航空发动机型号

АШБ армейский штрафной батальон 集团军惩戒营

АШЛ автоматическая швартовная лебедка 自动系泊绞车

АШП автомат шагового поиска 自动步进搜索器

АШП активная шумовая помеха 有源噪声干扰，有源杂波干扰

АШП антенна шунтов ого питания 并联馈电天线

АШПРД аппаратура шифрования передачи речи и данных 语音和数据传输加密设备

АШС авиационный штурманский справочник 航空领航员手册

АШС антенна штыревая самолетная 飞机拉杆天线

АЩ аппаратный щит 仪器板

АЩАФА артиллерийский щелевой аэрофотоаппарат 炮兵缝隙式航空摄影机

АЭ авиационная эскадрилья 航空兵大队（空军），飞行中队（民航）

АЭ акустическая эмиссия 声控发射

АЭ антенный элемент 天线元件

АЭ атомная энергия 核能

аэ РЭБ авиационная эскадрилья радиоэлектронной борьбы 无线电电子斗争航空兵大队

аэ СРЛДН авиационная эскадрилья самолетов радиолокационного дозора и наведения 雷达巡逻与引导航空兵大队

АЭ-1 тип армейской электростанции передвижной 军用发电车型号

АэВ аэромобильные войска 空中机动力量

аэв ПЛО авиаэскадрилья вертолетов противолодочной обороны 反潜直升机大队

АЭГ армейский эвакуационный госпиталь 集团军后送医院

АЭДД авиационная эскадрилья дальнего действия 远程航空兵大队

АЭИБ авиаэскадрилья истребителей-бомбардировщиков 歼击－轰炸航空兵大队，歼轰机大队

аэидд авиационная эскадрилья истребителей дальнего действия 远程歼击航空兵大队

АЭП армейский эвакуационный приемник 集团军后送收容所

АЭП аэродромный эвакоприемник 机场后送收容所

АЭПЛО авиационная эскадрилья противолодочной обороны 反潜航空兵大队

АЭР аэродромная эксплуатационная рота 机场养护连

а эр аэростат 气球，浮升器

АЭРА аэроэлектроразведка 空中电子侦察

АэрВ аэродром выгрузки 卸载机场

Аэро-Мк аэромаяк 航空灯塔

АэрП аэродром погрузки 装载机场

аэс авиационная эскадра 航空兵飞行中队

АЭС авиационная эскадрилья связи 通信航空兵大队

АЭС автоматическая электросвязь 自动化电信

АЭС автомобильная электростанция 车载发电站，发电车

АЭС автономная электростанция 自主发电站

АЭС атомная электростанция 核电站

аэср авиационная эскадрилья службы расследования 侦察航空兵大队

аэсу авиационная эскадрилья связи и управления 通信与指挥航空兵大队

АЭТК аэродромная техническая команда 机场技术保养队

АЭТР авиационная эскадрилья тактической разведки 战术侦察航空兵大队

АЭУ атомная энергетическая установка 核动力装置

АЭЭ акустоэлектрический эффект 电声效应

АЮЛ Армия Южного Ливана 南黎巴嫩军队

АЯ аккумуляторные ямы 蓄电池舱

АЯ алгоритмический язык 算法语言

АЯМ Амуро-Якутская магистраль 阿穆尔－雅库茨克（公路）干线

Б

Б база 基地，观炮距离，基线长（无线电导航点间的距离）

Б бакан, бакен 浮标，河标

б Бактерия 〈生〉细菌

Б балка 山沟，长形凹地，小山谷（测绘用语）

б бар 巴（压力单位）

б барн 靶恩（核子有效截面单位，等于 10^{-24} 厘米）

Б батальон 营，大队

Б батальонный пункт боевого питания 营弹药库

Б батарея 〈炮〉炮兵连；炮垒，炮台

б башня 塔；炮塔

б бел 贝尔（声强单位）

Б бензин 汽油

Б бензин авиационный 航空汽油

Б бинокль 望远镜

б битый 击溃的

Б бланкирование 消隐，遮蔽

Б блиндаж (на схемах) 避弹所，掩蔽部（标图用语）

Б боевой 作战的，战斗的

б бомба 炸弹

Б бомбардировщик 轰炸机

Б бомэ 玻美（度）

Б бронебойный 穿甲的

Б броневой 装甲的

Б Бухта 海港，海湾

Б оперативно-боевые документы, приказания и донесения 作战文书、指示和报告

Б ГАС береговая гидроакустическая станция 海岸声纳

б СпН батальон специального назначения 特种任务营，特务营

б. борт 舷

б.кал большая калория 大卡，千卡

б.т.е. БТЕ Б.Т. Е. британская тепловая единица 英国热量单位

б/в боевой вылет 〈空〉战斗出动

б/д боевые действия 战斗行动，作战

б/н без номера 无号码

б/о безоткатное орудие 无坐力炮

б/о безоткатный 无后坐力的，无反冲力的

б/п боевая подготовка 战斗训练

б/п боеприпасы 弹药

б РиРЭБ батальон разведки и РЭБ 侦察与无线电电子斗争营

Б-13 тип 130-мм пушки на самоходно-артиллерийской установке СУ-100у 苏 –100 型 130 毫米自行加农炮

Б-31 тип ручного электродинамического фонаря 手提电灯；电力手提信号灯的型号

Б-32 бронебойная зажигательная пуля 穿甲燃烧弹

БА авиация базовая 基地航空兵

БА батальонная артиллерия 营炮兵

БА блок абонента 用户单元

БА буксируемая антенна 拖曳式天线

БА базовый адрес 基础地址

БА батальонная артиллерия 营（直）属炮兵

БА батарея автоматическая 自动炮连

БА башенная антенна 塔式天线

БА береговая артиллерия 海岸炮兵，岸炮

БА блок аппаратуры 设备组件

БА боковой авангард 侧卫

БА бомбардировочная авиация 轰炸航空兵

БАБ бронебойная авиационная бомба 航空穿甲弹

БАВ биологически активное вещество 生物活性物质

БАВ большой автомобиль водоплавающий 大型水陆两用汽车

БАГАС барьерная гидроакустическая станция 壁垒式声纳

багр бомбардировочная авиационная группа 轰炸航空兵集群

БАД биологические активные добавки (микроэлементы и витамины предусмотренные в рационе военнослужащих) 生物活性添加剂（军人食品中添加的微量元素和维他命）

БАд бомбардировочная авиадивизия 轰炸航空兵师

БАЗ командир базы 基地指挥员

базком базовый комитет 基地委员会

БАИ блок автоматики и измерения 自动控制和测量部件

БАИ бюро авиационной информации 空军信息中心

БАК беспилотный авиационный комплекс 无

Б

人驾驶飞行综合体

БАК бесшумный автоматный комплекс 无声自动控制装置；无声自动枪

БАК блок абонентского кросса 用户终端装置

БАК блок адреса команды 指令地址部件

БАК бомбардировочное авиационное командование 轰炸航空兵司令部

БАК боевое авиационное командование 航空兵作战司令部，空军司令部

БАК бомбардировочный авиакорпус 轰炸航空兵军

балл баллистика 弹道学，射击学，发射特性

БАМ Байкало-Амурская магистраль 贝加尔－阿穆尔（铁路）干线

БАНО бортовой аэронавигационный огонь 〈空〉机上航行灯，机翼航行灯

БАНС бортовая автономная навигационная система 机载自主导航系统

БАО батальон аэродромного обслуживания 机场勤务营

БАО батальон авиационного обслуживание 航空勤务营

БАО батальон аэродромной охраны 机场警卫营

бап ближний бомбардировочный авиаполк 近程轰炸航空兵团

БАП блок аварийного переключения 应急转换开关

БАП блок аварийного питания 应急供电装置

бап бомбардировочный авиаполк 轰炸航空兵团

бап(р) бомбардировочный авиаполк реактивный 喷气式轰炸航空兵团

БАПВ быстродействующее автоматическое повторное включение 快速自动重合闸

БАПС быстродействующая автоматическая противопожарная система 快速自动消防系统

БАПЧК быстродействующая автоматическая подстройка частоты клистрона 速调管频率快速自动微调

бар батарея артиллерийской разведки 炮兵侦察连

БАРЗ бронеавтомобильный ремонтный завод 装甲汽车修理厂

БАРМ большой автодорожный разборный мост 大型装配式公路桥

БАРС беспроводная аэростатная радиосеть 无线球载天线电网

БАРС боевая армейская система рукопашного боя 集团军白刃作战法

БАрт береговая артиллерия 海岸炮兵；岸炮

БАРУ быстродействующая автоматическая регулировка усиления 快速自动增益控制

БАС батарея аккумуляторная сухая 干式蓄电池组

БАС батарея анодная сухая 阳极干电池组

БАС башенный автомат стрельбы 炮塔射击自动计算仪

БАС беспилотная авиационная система 无人驾驶飞行系统

БАС блок автоматика самолетный 飞机自动装置部件

БАС блок автоматической синхронизации 自动同步部件

БАС блок анализа сигналов 信号分析部件

БАС блок асинхронное согласования 异步复接单元，异步匹配单元

БАС бомбардировочное авиационное соединение 轰炸航空兵兵团

БАСБП бортовая активная система безопасности полетов 机上主动式飞行安全系统

БАСО береговой аварийно-спасательный отряд 海岸抢险救护队

БАСпд блок асинхронного согласования передачи 异步匹配发送单元

БАСпд блок асинхронное согласования на стороне передачи 发送端异步复接单元，发送端异步匹配单元

БАСпр блок асинхронного согласования приема 异步匹配接收单元

БАСпр блок асинхронного согласования на стороне приема 接收端异步复接单元，接收端异步匹配单元

БАСТ британский аттестационный совет по телекоммуникациям 英国电信认证委员会

бат. батальон 营，大队

бат батарея 炮兵连

БАТ балансный автотрансформатор 平衡自耦变压器

БАТ боевая авиационная техника 航空兵战斗技术装备

БАТ большой автономный траулер 续航拖网渔船

БАТ большой артиллерийский тягач 重型炮兵牵引车

БАТ буксируемый акустический трал 拖曳式声响扫雷具

БАТ бульдозерный артиллерийский тягач 推进式炮兵牵引车

БатаСАУ батарея самоходно-артиллерийских установок 自行火炮连

батбаш батарея башенная 炮塔炮兵连

баткат батарея противокатерная 防艇炮兵连

БАТО батальон аэродромно-технического обеспечения 机场技术保障营，机场技术维护营

бато батальон аэродромно-технического обслуживания 机场技术维护连

батр б/о батарея безотказных орудий 无坐力炮连

батр ЗСУ батарея зенитных самоходных установок 自行高炮连

батр ПТУР батарея противотанковых управляемых ракет 反坦克导弹连

батр ПТУРС батарея противотанковых управляемых реактивных снарядов 反坦克导弹连

батр с/о батарея самодвижущихся орудий 自行火炮连

батрир батарея инструментальной разведки 仪器侦察连

батрит батарея истребителей танков 反坦克炮兵连

батрор батарея оптической разведки 光测连，光学仪器侦察连

батррлр батарея радиолокационной разведки 雷达侦察连

батррtр батарея радиотехнической разведки 无线电技术侦察连

батру батарея управления 指挥连

батрурлр батарея управления и радиолокационной разведки 指挥和雷达侦察连

батс батарея стационарная 固定炮兵连

БАУ блок автоматика управления 自动控制装置部件，自动控制装置组件

БАУ блок автоматики и управления 自动化与控制组件

БАФ блок антенных фильтров 天线滤波器部件

БАЦС блок аналого-цифрового сопряжения 模数接口单元

БАЭ ближняя бомбардировочная авиаэскадрилья 近程轰炸航空兵大队

БАЭ бомбардировочная авиационная эскадрилья 轰炸航空兵大队

БАЭ(р) бомбардировочная авиаэскадрилья реактивная 喷气式轰炸航空兵大队

Баэр базовый аэродром 基本机场

ББ базовый блок 基本部件

ББ батальонная база 营基地（空军地勤部队）

ББ башенная батарея 炮塔炮兵连，炮塔（中队）

ББ береговая база 海岸基地

ББ ближний бомбардировщик 近程轰炸机

ББ блок безопасности 安全部件

ББ боевой блок 战斗部，弹头

ББ бортовой будильник 机载闹钟

ББ бронебашенная батарея 装甲炮塔炮兵连

ББИН боевой блок индивидуального наведения 单一制导战斗部

ББА ближняя бомбардировочная авиация 近程轰炸航空兵

ББАД ближнебомбардировочная авиадивизия 近程轰炸航空兵师

ББАП ближнебомбардировочный авиационный полк 近程轰炸航空兵团

ББВ боевое бактериологическое вещество 细菌战剂

ББВ боевое биологические вещества 生物战剂

Ббетр батальон бетонных работ 混凝土作业营

ББМ боевая бронированная машина 装甲战斗车

Б

ББО база береговой обороны 岸防基地

ББО батарея береговой обороны 海岸防御炮兵连

ББО броненосец береговой обороны 海岸防御装甲舰

ББП блок бесперебойного питания 不间断电源，连续供电装置

ББП Бюллетень боевой подготовки 战斗训练通报

ББПЛ береговая база подводных лодок 潜艇岸上基地，潜艇海军基地

ББПМ Балтийский батальон по поддержанию мира 波罗的海维和营

ббпп ближнебомбардировочный пикирующий полк 近程俯冲轰炸航空兵团

ббс ближнебомбардировочное соединение 近程轰炸（航空兵）兵团

ББС боевое биологическое средство 生物武器，生物战剂，细菌武器

ББС буксирно-баржевый состав 拖驳船队

ББУ бомбоубежище 防空洞，防空掩蔽部

ББХМ батальон боевых химических машин 化学战斗车辆营

БХУХО безопасность хранения и уничтожения химического оружия 化学武器保管和销毁安全

ББЧ ближнебомбардировочная часть 近程轰炸部队

ББЭ ближнебомбардировочная (авиационная) эскадрилья 近程轰炸航空兵大队

БВ база вооружения 军械库，武器装备基地

БВ баллистический вычислитель 弹道计算器

БВ барометрический высотомер 气压高度表

БВ батальон выздоравливающих 康复营

БВ бензовоз 汽油运输车，汽油运输船

БВ Береговые войска 海岸部队，岸防部队

БВ биологическая война 生物战

БВ блок ввода 输入装置

БВ блок водителя 驾驶单元

БВ блокировка вызова 呼叫阻塞

БВ боевая вертушка 战斗直升机

БВ боевые возможности 战斗能力

БВ большие высоты 高空

БВ бункер вентилируемый 通风舱

БВ буфер выдачи 发送缓冲器

БВ быстродействующий выключатель 速动开关

БВ РХБЗ база войск РХБЗ “三防”兵基地，辐射化学和生物防护兵基地

БВА Белорусская военная академия 白俄罗斯军事学院

БВАК блок выработки адресов команд 指令地址处理部件

БВБ бактериальный возбудитель болезни 细菌致病源

БВБ ближний воздушный бой 近距空战

БВВ батальон внутренних войск 内卫部队营，内卫军营，内卫营

БВВ блок ввода-вывода 输入输出部件

БВВ бризантные взрывчатые вещества 烈性炸药

БВВАУЛ Балашовское высшее военное авиационное училище летчиков 巴拉绍夫高等空军飞行员学校

БВВАУЛ Барнаульское высшее военное авиационное училище летчиков 巴尔瑙尔高等空军飞行员学校

БВВД баллон воздуха высокого давления 高压气瓶

БВВУ Бишкекское высшее военное училище 比什凯克高等军事学校

БВГ блок возбудителя гетеродина 激励器，本机振荡器单元

БВГПЧ блок возбудителя гетеродина и преобразователя частоты 激励器，本机振荡器和频率合成器单元

БВД баллон высокого давления 高压瓶

БВД блок ввода данных 数据输入部件

БВД блок выдачи данных 数据输出器

БВЗ блок включения и защиты 接入与保护器

БВИ блок выборки информации 信息选择部件

БВИЦК блок выдачи информации для цифрового кодирования 数码信息输出单元

БВК базовый вычислительный комплекс 基本计算机系统

БВК блок включения контакторов 接触器接通组件

БВК блок выработки команд 指令处理器

БВК большая вертикальная катапульта 大型垂直弹射装置

БВК бюро военных комиссаров 军事委员会

БВК(БиБиСи) британская вещательная корпорация 英国 BBC 广播公司

БВКСП быстровскрывающийся клапан системы пожаро-гнетушения 灭火系统快速启动阀

БВМ большая вычислительная машина 大型计算机

БВМ бортовая вычислительная машина 机上计算机；（卫星）舷侧计算机

БВМ быстродействующая вычислительная машина 高速计算机

БВМБ балтийская военно-морская база 波罗的海海军基地

БВМИ Балтийский военно-морской институт 波罗的海海军专科学院

БВН блок выборки номера 号码选择部件

БВНП береговой выносной наблюдательный пост 海岸前出观察哨

БВНП береговой выносной наблюдательный пункт 海岸前出观察站

БВО блок выделения ошибки 误差鉴别部件

БВОКУ Бакинское высшее общевойсковое командное училище 巴库高等合同指挥学校

БВП база восстановления и питания 修复与供给基地

БВП блок выброса помех 干扰施放部件；施扰器

БВП блок выпрямителя питания 电源整流器部件

бвп боевой вертолетный полк 战斗直升机团

БВП боевой воздушный патруль 空中战斗巡逻

БВПП бетонированная взлетно-посадочная полоса 混凝土起降跑道

БВПП блок взлетно-посадочной полосы 起降跑道部分

БВППК блок ввода постоянных и переменных коэффициентов 常量及变量输入装置

БВР бортовой видеорегистратор 机（车、舰）载视频记录仪

БВС бланкирование выходов сигнала 信号输出消隐

БВС блок ввода и сигнализации 输入和信号部件

БВС блок внутренней связи 内部通信部件

БВС бортовая вычислительная сеть 机载计算机网络

БВС бортовая вычислительная система 机（车、舰）载计算系统

БВСС блок выделения синхросигнала 同步信号分配器

БВУ блок выходного усилителя 输出放大器组件

БВФ Беломорский военный флот 白海舰队

БВЦ береговой вычислительный центр 海岸计算中心

БВЦК блок выдачи цифрового кода 数码传输部件

БВЧ блок высокой частоты 高频部件

БГ база горючего 油料基地；燃料基地

БГ балансировка гальванометров 电流计平衡

бг баллистический гальванометр 冲击电流计

БГ блок генераторов 振荡器部分

БГ боевая группа 战斗群

БГ боевая группировка 战斗部署

БГ боевая готовность 战斗准备，战备

БГ боевой газ 军用瓦斯，毒气

БГ боевой гребень 防界线；诱导棱

БГ боеголовка 弹头，战斗部

БГ буксируемая гаубица 牵引式榴弹炮

БГ СВ боевая группа сухопутных войск 陆军战斗群

БГА буксируемая гидроакустическая антенна 拖曳声纳换能器

БГАС береговая гидроакустическая станция 海岸声纳站

БГАС буксируемая гидроакустическая станция 拖曳声纳站

БГВ база горючего вещества 燃料基地

БГВК береговой гидрокомпрессионный водолазный комплекс 海岸液压式潜水综合体

БГВК боевой гидрокомпрессионный водолазный

Б

костюм 抗水压战斗潜水服

БГГ ближняя гарантированная граница 近保证界限

БГГ ближняя граница гарантированной зоны поражения 毁伤保证区近界线

БГГН боеголовка точечного наведения 点制导弹头

БГЗ блок генератора знаков 信号发生装置

БГЗП ближняя граница зоны поражения 毁伤区近界

БГИН боеголовка индивидуального наведения 单一制导弹头，分导弹头

БГИС большая гибридная интегральная смеха 大规模混合集成电路

БГК блокинг-генератор кадров 扫描间歇振荡器

БГМС базовая гидрометеостанция 基础水文气象站

БГР-ТБА Бухарский газоносный район – Ташкент-Бишкек-Алматы 布哈拉天然气产地–"塔什干–比什凯克–阿拉木图"天然气主管道

БГС базовая графическая система 基本图示系统

БГС блокинг-генератор строк 行扫描间歇振荡器

БГСМ база горюче-смазочных материалов 油料基地，燃滑油料基地

БГТН боеголовка точного наведения 精确制导弹头

БГЧ боевая головная часть 战斗部

БД база данных 数据库

БД балансный демодулятор 平衡解调器

БД балансовый детектор (в радиолокационной технике) （雷达技术设备）平衡检波器

БД балочный держатель 梁式炸弹架

БД безопасность движения 行驶安全

БД ближнее действие 近程行动

БД блок дальности 测距部分，测距装置

БД боевой дозор 战斗巡逻队；战斗巡逻

БД боевая дружина 战斗义勇队

БД боевое дежурство 战斗值班

БД боевое действие 战斗行动，作战行动

БД боевое донесение 战斗报告

БД боевые документы 战斗文书

БД боковой дозор 侧翼巡逻，侧翼巡逻组

БД большое давление(клейме на дне капсюльной втулки) 〈炮〉大压力（底火上的印记）

БД бомбодержатель 飞机的挂弹架，持弹器

БД бортовая документация 随机（技术）说明书

БД связь быстродействующая связь 快速通信

БД-501А сельсин-датчик гирокомпасов 〈无〉陀螺罗盘传感器同步机

БДБ быстроходная десантная баржа 快速登陆驳船

БДГ блок демпфирующих гироскопов 阻尼陀螺组

БДД безопасность дорожного движения 道路交通安全

БДЗ балочный держатель замковый 梁式炸弹钩架

БДЗ быстродействующая защита 快速防护

БДИ блок дополнительной информации 补充信息单元

БДИС база данных интеллектуальной сети 智能网数据库

БДК банно-дезинфекционный корпус 消毒洗浴室

БДК бесконечно длинный кабель 无限长电缆

БДК боевые десантные корабли 战斗登陆舰

БДК большой десантный корабль 大型登陆舰

БДМ батальон дегазации местности 地面消毒营

БДМ боевая дозорная машина 战斗巡逻车

БДО батальон дегазации обмундирования 制服消毒营

БДОС базовая дисковая операционная система 基本磁盘操作系统

БДОС батальон дегазации обмундирования и снаряжения 制服和装备消毒营

БДП банно-дезинфекционный поезд 沐浴消毒列车

БДП блок дистанционного питания 远距供电部件

БДП-4 полевая разборная банно-дезинфекционная прачечная установка 野战可拆卸沐浴消毒洗衣装置

БДПИ блок дискретного преобразования информации 信息离散变换组合

БДПУ банно-дезинфекционно-прачечная установка 沐浴灭菌洗衣设备

БДС батальон дальней связи 远程通讯营

БДС блок динамической связи 动态通信装置

БДС блок дистанционной сигнализации 远距离信号设备部件

БДУ база данных управления 管理数据库

БДУ блок дистанционного управления 摇控部分

БДШ большая дымовая шашка 大型发烟罐

БДШ быстроходная дежурная шлюпка 值勤快艇

БЕ Бериев (в маркировке самолетов) 别－（别利耶夫设计的飞机型号）

БЕ боевые единоборства 一对一格斗

БЕ-6 тип самолета военного морского флота (Бериев-6) 别利耶夫（海军飞机型号）

БеАД береговой артиллерийский дивизион 海岸炮兵营

БЕЛ.ФР белорусский фронт 白俄罗斯方面军

БеП беспламенный порох 无烟火药

БЕПО броневой поезд 装甲列车

БЕР берег 海岸

бер берег; береговой 岸；岸上的，沿岸的，岸边的

беск бесконечный 无限的，无止境的

Бет бетонированный 混凝土浇注的

БЕТАБ бетонобойная авиационная бомба 航空混凝土炸弹，混凝土穿透空投炸弹

БЖ батарея железнодорожная 铁道炮兵连

БЖ боевая живучесть 战斗生命力，〈舰〉耐攻击力

БЖ борьба за живучесть корабля 舰艇损管

БЖ бронежилет 防弹背心

БЖД безопасность жизнедеятельности (предмет учебного курса Гражданской обороны) 生命安全（人防班课程）

БЖД безопасность жизнедеятельности человека 人生命活动的安全

БЖК бронежилет-куртка 防弹衣

БЖРД блочный жидкостной ракетный двигатель 直立式液体燃料导弹发动机

БЖРК боевой железнодорожный ракетный комплекс 铁路导弹作战综合体

БЖС борьба за живучесть судна 舰船损管

БЖСН бронежилет скрытного ношения 隐形防弹衣

БЗ бактериологическое заражение 细菌沾染，细菌感染，细菌传染

БЗ балансное затухание 平衡衰耗

бз батальон засечки 交会营

бз батарея зенитная 高炮连

БЗ безъядерная зона 无核区

БЗ бензозаправщик 汽油加注车

БЗ биологическое заражение 生物沾染，生物感染，生物传染

БЗ бленкер занятости 占线指示器

БЗ ближняя задача 当前任务

БЗ блок записи 记录部件

БЗ блок защиты 保护部件；〈电〉保险丝座，熔断器座

БЗ блок зональный 区域单元；区段

БЗ боевой запас 战斗储备品，弹药量

БЗ боевой заряд 战斗装药

БЗ боезапас 弹药，弹药储备

БЗ боезаряд 装药，战斗装药

БЗ боковая застава 侧方尖兵

БЗ бон заградительный （港口的）防御拦障

БЗ бортовой запросчик 机载询问机

БЗ бронебойно-зажигательная (пуля) 穿甲燃烧（弹）

БЗ бронезажигательный (снаряд, патрон) 装甲燃烧弹

БЗАД батарея зенитного артиллерийского дивизиона 高炮营属连

БЗВ боевые зажигательные вещества 军用燃烧剂

БЗГ блок знакогенераторов 符号发生器

БЗЖ борьба за живучесть (на подводной лодке) 〈潜〉抗损，损管

БЗК блок запоминания команд 指令存储器

БЗК боевой защитный комплект (составная часть боевой индивидуальной экипировки воен-

Б

нослужащих) 战斗防护系统（单兵防火力杀伤综合体的组成部分）

БЗК быстрозапорный клапан 速关阀

БЗКТ брянский завод колесных тягачей 布良斯克轮式牵引车制造厂

БЗмР батарея звукометрической разведки 声测侦察连

БЗО боевое зарядное отделение （鱼雷）战雷头

БЗП батальонный заправочный пункт (горючим) 营燃料加注站

БЗП бензозаправочный пункт 汽油加注站

бЗП бланк защиты приемника 接收机防护闭锁

бзр батальон зачески и разведки 侦测营，交会侦察营

бзр батарея засечки и разведки （防化部队的）交会与侦察连

бзр батарея звукометрической разведки 声测侦察连

БЗС береговая звукоулавливающая станция 海岸搜音站

БЗС блок звуковой сигнализации 声音信号部件

БЗС бронебойно-зажигательный снаряд 穿甲燃烧弹

БЗТП бронебойно-зажигательный трассирующий патрон 曳光穿甲燃烧弹

БЗТС бронебойно-зажигательный трассирующий снаряд 曳光穿甲燃烧弹

БЗУ бортовое запоминающее устройство 机载记忆装置，机载存储设备

БЗУ буферное запоминающее устройство 缓冲存储器，中间存储器

БЗУ быстродействующее запоминающее устройство 高速读写装置

БЗУ быстрозапорное устройство 速关装置

БЗУКА бортовое запоминающее устройство космического аппарата 航天器数据存储装置

БЗУПЧ блок запоминающих устройств подавляемых частот 干扰频率存贮模块

БЗФ бронебойно-зажигательная фосфорная (пуля) 黄磷穿甲燃烧弹

БЗФС бронебойно-зажигательный фосфорный снаряд 黄磷穿甲燃烧弹

БИ безопасность информации 信息安全

БИ бинокль-искатель （高身炮）指挥镜；搜索望远镜（海）

БИ бинокулярный искатель （高射炮）指挥镜；〈海〉搜索望远镜

БИ бланкирующий импульс 消隐脉冲

БИ блок индикации 显示部件，显示器

БИ блок интеграторов 集成器模块

БИ блок интерфейсный 接口部件，接口块

БИ блок исполнительный 执行部件，执行单元

БИ блокирующий импульс 封闭脉冲，阻塞脉冲

БИ бортовая информация 机上信息

БИ бортовой инженер (бортинженер) 随航工程师，随机工程师

БИ-8 бинокль инфракрасный 红外线望远镜

БИА блок измерения азимута 方位测量组件，测角器件

БИА бомбардировочно-истребительная авиация 轰炸歼击航空兵

БИАВС бортовая информационно-аналитическая вычислительная система 机载信息分析计算系统

БИАД блок измерения азимута и дальности 方位和距离测量组件

БИБ бюро информации и безопасности 信息和安全局（署）

БИВ блок индикатора вспомогательный 辅助指示器部件，副显示器

БИВ блок интервалов времени 时间间隔单元

БИД блок измерения дальности 测距部件

БИДА блок импульсно-дальномерной аппаратуры 脉冲测距部件

БИ-ЗЕТ отравляющее вещество психогенного действия (BZ) 神经性毒剂

БИК балансный искусственный кабель 仿真平衡电缆

БИК боевой истинный курс 战斗真航向

бим батальон инженерных машин 工程机械营

БИМ большая интегральная микросхема 微型大规模集成电路

БИМ бронированная инженерная машина 装甲工程车

БИНС бесплатформенная инерциальная навигационная система 无平台惯性导航系统

био биологическое оружие 生物武器，细菌武器

БИО блок индикаций отклонения 误差指示器

БИО бюро Исследований и Опытов 研究试验室

биогр биография; биографический 履历；传记；履历的；传记的

БИП бесперебойный источник питания 不间断电源

БИП бинарная импульсная последовательность 二进制脉冲序列

БИП боевая и политическая подготовка 战斗和政治训练，战斗和政治素养

БИП боевой информационный пост 作战情报室，作战情报站，战斗情报战位

БИП бортовой источник питания 机载电源

БИП бюро инвентаризации приборов 仪器清点室

биптап батарея истребительного противотанкового артиллерийского полка 反坦克歼击炮兵团的炮兵连

БИС большая интегральная система 大规模集成系统

БИС большая интегральная схема 大规模集成电路

БИС бортовая информационная система 机载情报系统

БИС борьба в информационной сфере 信息领域斗争

БИСН бесплатформенная инерциальная система наведения 无平台惯性制导系统

БИСП боеприпасы и инженерные средства поражения 弹药和工程摧毁器材

БИТ база измерительной техники 测量器材基地

БИТС блок информационно-технического сопряжения 信息技术匹配模块

БИТС бортовая информационная телеметрическая система 机载信息遥测系统

БИУ блок интерфейсных устройств 接口装置部件

БИУС боевая информационно-управляющая система 作战情报指挥系统，作战信息指挥系统

БИУС бортовая информационно-управляющая система 机载信息控制系统

БИЦ боевой информационный центр 作战情报中心

БИЧ самолет конструкции Б И Черановского 切拉诺夫斯基设计的重型货机型号

БИШ Бишкек 比什凯克（航空站代码；吉尔吉斯斯坦城市）

БИЭП бортовые источники электрического питания 机上电源，船上电源

БК балансный контур 平衡电路

БК баллистический коэффициент 弹道系数

БК биполярный код(или код с чередованием полярности импульсов) 双极码（或极脉冲交替码）

БК ближний конец 近端

БК блок кодирования 编码部件；译码部件；译码器

БК блок кольцевания 〈电〉联通装置，环接部件

БК блок коммуникации 交换组件

БК блок коммутатора 交换机部件

БК блок коммутации 转换组件

БК блок контроля 监控组件，检查组件

БК блокирующая кнопка 断电按钮

БК блок-контакт 闭锁触点

БК боевая кнопка 射击按钮，轰炸按钮

БК боевое командование 作战司令部（北大西洋公约组织）

БК боевой комитет 战斗委员会

БК боевой комплект (боекомплект) 弹药基数

БК боевой корабль 战斗舰艇

БК боевой курс 战斗航向

БК больничный коллектор （民防系统的）医院收容站

БК бортовая качка 横摇

БК бортовой коммутатор 机用转换器

БК- тип планеров конструкции Б Карвелиса 卡尔韦利斯设计的滑翔机型号

БК ПРД бортовой коммутатор передатчика 机

载发报机转换器，机载发射转换器

БК ПРМ бортовой коммутатор приемника 机上收报机转换器

БК ПРМ ПЛ бортовой коммутатор приемника пеленга 机上测向接收机转换器

БК-5 блок сигнализации (радиометрической аппаратуры)（辐射仪）信号部分，信号设备型号

БКА блок коммутации абонентов 用户交换单元

БКА броневой катер 装甲艇

БКБИЭ базовый комплект боевой индивидуальной экипировки 全套单兵基本战斗装备

БКБОП бюро по координации борьбы с организованной преступностью (при МВД РФ) 打击有组织犯罪行动协调局（俄联邦内务部）

БКБОП бюро по координации борьбы с организованной преступностью СНГ 独联体打击有组织犯罪协调局

БКБОП Бюро по координации борьбы с оргпреступностью 打击团伙犯罪协调局

БКВ блок коммутации возбудителей 激励器切换模块

БКВ блок контроля вводов 输入监控组件

БКВ Быково 贝科沃（航空站代码；俄罗斯城市）

БКВП-3 биполярный код высокой плотности 3-го порядка 三阶高密度双极码

БКВРД бескомпрессорный воздушно-реактивный двигатель 无压缩器式喷气发动机

БКД блок канального доступа 信道接口单元

БКД блок коммутации датчиков 传感器转换部件

БКДП батарейный командно-дальномерный пост 炮兵连测距指挥所

БКИ блок контроля изоляции 绝缘检测部件

БКИО биржа коммерческого информационного обмена 商业信息交换处

БКИП блок контроля источников питания 电源控制器

БКК блок коммутации каналов 通道转换部件

БКК боевой компасный курс 〈空〉战斗罗（盘）航向

БКК быстрая коммутация каналов 信道快速交换

БККР блок коммутации каналов радио 无线电频道转换装置

БККС блок коммутации каналов связи 通信信道转换装置

БКЛ большая надувная лодка 大型橡皮艇

БКЛА беспилотный крылатый летательный аппарат 无人驾驶有翼飞行器

БКН блок коррекции напряжения 电压校正部件

БКН бортовая карта неба 机用星座图，领航星图

БКН бортовой навигационный комплекс 机载全套导航综合体

БКН-Ю бортовая карта неба южного полушария 机上南半球星图

БкО бактериологическое оружие (биологическое) 细菌武器（生物武器）

БКО бортовой комплекс обороны 机上综合防御设备

БКОВР бригада кораблей охраны водного района 水域警卫舰支队

БКП батальонный командный пункт 营指挥所

БКП батарейный командный пункт 炮兵连指挥所

БКП безопасность космических полетов 宇航飞行安全

БКП береговой командный пункт 岸上指挥所

БКП блок кодирующих преобразователей 编码变换器部件

БКП боевой контрольный пункт 军事检查站，军检站

БКП боковой командный пункт 翼侧指挥所

БКП большая космическая платформа 大型空间站，大型空间平台

БКП бронекавалерийский полк 装甲骑兵团

БКП быстрая коммутация пакетов 包快速交换

БКП быстрый коммутатор пакетов 分组高速交换机

БКПЗ бортовая конструктивная подводная защита 船上水下防护构件

БКПУ бортовое командно-программное устройство 机上指令程序装置

БкР бактериологическая разведка 细菌侦察

БКР блок коммутации режимов 工作制式转换器

БКР блок контроля и решения 检查与计算部件

БКР бригада крейсеров 巡洋舰支队

БКРЗ блок кадровой радиотелеметрической записи 无线电遥测记录器；无线电遥测摄影机

БКС блок коммутации и синхронизации 变换与同步部件

БКС блок коммутации и сопряжения 交换与跟踪单元

БКС блок коммутации сигналов 信号交换模块

БКС блок корректуры скорости 速度校正仪

БКС боевая космическая система 航天作战系统，太空作战系统

БКС боевая космическая станция 作战空间站

БКС бортовая кабельная сеть 机上电缆网

БКС бронебойно-кумулятивный снаряд 聚能装药穿甲弹，空心装药穿甲弹

БКС кабельная система(ракеты) （导弹）电缆系统

БКСО бортовой комплект специальной обработки 机上特种处理设备，机上成套专用作业工具

БКУ блок контроля и управления 检查控制仪

БКУ блочно-комплектные устройства 成组配套装置，成套组合装置，组合机

БКУ бортовой комплекс управления 机上控制综合体

БКУ бортовой контур управления 〈航〉机上控制回路

БКЧ буксирно-кабельная часть(трала) （扫雷具）拖曳电缆部分

БЛ базовый лазарет 基地医疗所

БЛ балансная линия 平衡线路

БЛ батальонная летучка 营抢修车

бл блок 组件，部件，器件

БЛ блок логики 逻辑单元，逻辑部件，逻辑块

бл блокировка 闭锁，闭塞

БЛ бомба логическая 逻辑炸弹

БЛ бомбовая лебедка 绞弹机，炸弹挂钩

БЛ бортовая лебедка 〈直〉机上绞车

бл.п. блок-пост （铁路）闭塞信号所

БЛА БД беспилотные летательные аппараты ближнего действия 近程无人机

БЛА беспилотный летательный аппарат 无人机

БЛА БПП беспилотные летательные аппараты большой продолжительности полета 大航程无人机

БЛА МСД беспилотные летательные аппараты малой и средней дальности 短程和中程无人机

БЛК блок линейной коммутации 线性交换装置

БЛКУ блок линейных комплектов универсальных 通用线路设备

БлНП ближний наблюдательный пункт 近距观察所

БЛО батальон легких огнеметов 轻型喷火器营

БЛОЖ батарея ложная 假发射阵地，假炮（兵）阵地

БлП блокировка пуска 发射连锁装置

бл-п блокпост 〈测〉闭塞信号所

БЛС блок линейного стыка 线路连接部件

БМ «Братья-мусульмане» Радикальная исламская организация “穆斯林兄弟”伊斯兰激进组织

БМ балансная модуляция 平衡调制

БМ балансный модулятор 平衡调制器

БМ батальонный миномет 营属迫击炮

БМ бензиномер механический 机械式汽油计量表

БМ бинокулярный микроскоп 双筒显微镜

БМ ближний маркер 〈无〉近指点标

БМ боевая машина 战斗车辆，战车

БМ боевая машина(самоходная многозарядная пусковая установка реактивной артиллерии) 战斗车辆（自行式多种装填火箭炮发射架）

БМ боевой модуль 作战舱

БМ большая мощность 大威力

БМ бортоьой манипулятор 机上控制器，机上操纵器

БМ булыжная мостовая (дорога) 卵石桥（路）

БМ-24 тип 220-мм реактивной артиллерийской установки 220毫米火箭炮型号

БМА бортовая медицинская аппаратура 机（舰）载医疗救护设备

БМАБ береговая морская авиационная база 海军航空兵岸上基地

Б

БМБ бомбомет 掷弹炮

БМВ биметаллический волновод 双金属波导管

БМВБ Беломорская военно-морская база 白海海军基地

БМГ блок мотор-генератора 电动发动机组，电动发动机部件

БМД блок местных датчиков 局部发送器组件

БМД боевая машина десанта 伞兵战斗车

БМД боевая машина десантная 空降兵战车，登陆战车

БМД боевая машина десантника 登陆兵战车；空降兵战车

БМД бомбомет-миномет дальнобойный 远射迫击炮

БМД быстроходный многоцелевой двигатель 高速多用途发动机

БМИ большой инструментальный микроскоп 大型工具显微镜

БМК базовый матричный кристалл 基本矩阵晶体

БМК блок магнитной коррекции 磁修正部件

БМК боевой магнитный курс 〈空〉战斗磁航向

БМК бронированный морской катер 海上装甲艇

БМК буксирно-моторный катер 牵引摩托艇

БМК быстроходный моторный катер 快速摩托艇

БМК-90, БМК-150 типы бускирномоторных катеров 牵引摩托艇型号

БМЛ батальонный медицинский пункт 营救护所，营医务所

БМЛ блок магнитных лент 磁带装置

БМО батальон материального обеспечения 物资保障营

БМО боевая машина огнеметчика 喷火兵战斗车

БМО бронированный морской охотник 装甲猎潜艇

БМО быстроходный малый охотник за подводными лодками 小型高速猎潜艇

бмп батальон морской пехоты 海军陆战营

бмп батальон моторизированной пехоты 摩托化步兵营

бмп батальон подводных мостов 水下桥梁营

БМП бензомотопомпа 汽油摩托泵，汽油机泵

БМП ближний маркерный пункт 近距信标（发射）台，近距指点标台

БМП блок микропроцессора 微处理器单元

БМП боевая машина пехоты 步兵战斗车辆，步战车

БМП боевая машина помпа 军用抽水机

БМП боевой медицинский пост 战时医疗站（点）

БМП бронетранспортная машина пехоты 步兵装甲输送车

БМП бронированные машины 装甲车

БМП буксируемый минный планер 牵引式携雷滑翔机

БМПТ боевая машина поддержки танков 支援坦克战车

БМПУ блок микропрограммного управления 微程序控制块

БМПУ боевой магнитный путевой угол 战斗磁航迹角（指鱼雷射击）

БМР бесконтактное магнитное реле 无触点磁力继电器

БМР бронированная машина разминирования 装甲扫雷车

БМРА боевая машина реактивной артиллерии 火箭炮战车

БМ-РЛС бортовая метеоРЛС (радиолокационная станция) 机载气象雷达

БМРМ ближний маркерный радиомаяк 近程无线电信标台，近距无线电指点标

БМС блок мультиплексоров связи 通信多路复用器部件

БМТ артиллерийская буссоль Михайловского-Турова 米哈伊洛夫斯基－图罗夫式炮兵方向盘

БМТ бинокулярная морская труба 双筒航海望远镜

БМТ бульдозер малогабаритный трюмный 小型舱底推土机

БМТ тип буссоли(буссоль монокулярная телескопическая) 单筒望远镜方向盘

БМТВ боевая машина с тяжелым вооружением 重武器战车

БМТВ бронированная машина с тяжелым вооружением 重武器装甲车

БМУ блок местного управления 局部控制部件

БМУ быстродействующий магнитный усилитель 快速磁放大器

БМУС батальон мобильных узлов связи 机动通信枢纽营

БМУСП батальон мобильных узлов связи и привязки 机动通信枢纽与连接营

БН биологическое нападение(сигнал ГО) 生物袭击（民防信号）

БН блок настройки 调谐器

БН боевое назначение 战斗用途；战斗使命

БН боевое нападение 战斗进攻

БН боевой несекретный(противогаз) 战斗通用的（防毒面具）

БН боевой номер 战斗号码，战斗代号卡

БННК бензиновый нагнетательный насос коловратный 旋板式汽油增压泵

БНА Болгарская Народная Армия 保加利亚人民军

БНБ Бюро Национальной Безопасности 国家安全局

БнГ Бронегруппа 装甲群

БНД （德语 BND) Бундеснахрихтендинст (Федеральная служба наблюдения) 联邦情报局

БНД служба внешней разведки ФРГ 联邦德国对外情报局

БНЗ боевая неподвижная застава 固定战斗哨位

БНЗ боковая неподвижная застава 停留的侧方尖兵

БНК базовая несущая конструкция 基本支撑结构

БНК блок настройки контура 回路调谐组件

БНК боевой надводный корабль 水面作战舰

БНК тип топливоподкачивающего насоса в танковом двигателе 坦克发动机低压燃油泵型号

БНК ОК боевые надводные корабли основных классов 主战水面舰艇

БНП батарейный наблюдательный пункт 炮兵连观察所

БНП береговой наблюдательный пункт 海岸观察哨

БНП боевой наблюдательный пункт 战斗观察所

БНП боковой наблюдательный пункт 侧方观察所

БНП буй нейтральной плавучести 中和浮力浮标

БНПБ боевой наблюдательный пункт батальона 营战斗观察所

БНПД боевой наблюдательный пункт дивизиона 炮兵营战斗观察所

БНПД боковой наблюдательный пункт дивизиона 炮兵营侧方观察所

БНПП боевой наблюдательный пункт полка 团战斗观察所

БНС батарея накальная сухая 灯丝干电池

БНТИ бюро научно-технической информации 科技情报局

БНУ блок нагрузки усилителя 放大器负载部分

БНЭ безынерционный нелинейный элемент 无惯性非线性元件

БО банный отряд 沐浴队

БО батальон обслуживания 勤务营

бо батальон огнеметов 喷火器营

БО батальонный обоз 营辎重队

БО бензообогреватель 汽油加温器，汽油预热器

БО береговая оборона 海岸防御

БО береговая охрана 海岸警卫；海岸警卫队

БО береговое охранение 海岸警戒

БО ближний объект 近目标

БО блок обработки 处理部件

БО блок обслуживания 维护组件

БО блок объединения 组合部件

БО блок опознания 识别部件

БО блок орудий 火炮掩体，火炮工事

БО блок осциллоскопа 示波器部件

БО боевая обстановка 战斗情况

БО боевая организация 战斗组织

БО боевое охранение 战斗警戒

БО боковое отклонение 侧偏，方向侧偏

БО боковой отряд 侧方支队

Б

БО большой охотник(за подводными лодками) 大型猎潜舰

БО бортовое оборудование 舰载设备；机载设备

БО бортовое оружие （机、舰载）武器

БО бытовой отсек 生活舱

БО(БЗ) Биологическое оружие (заражение) 生物武器（生物沾染）

БОБМ береговая оборона Балтийского моря 波罗的海海岸防御

БОБР береговая оборона Балтийского района 波罗的海地区海岸防御

БОВ боевые отравляющие вещества 战斗毒剂，军用毒剂

БОВ боеприпасы объемного взрыва 云爆弹药

БОВР бригада охраны водного района 水警区支队

БОД блок обработки данных 数据处理单元

БОД боеприпас объемно-детонирующего действия 烈性云爆弹药

боеголовка боевая головка 战斗部（火箭）

боепит боевое питание 弹药补给，弹药补充

боеучасток боевой участок 战斗地段

БОЗ быстро-открывающийся замок （降落伞）速开锁

БОК блок обслуживающих комплектов 全套服务设备

Бок боковая 侧边的，侧面的

Бока боевой катер 战斗快艇

БОКА быстроходный охранитель корабельный акустический 舰艇快速声响自卫具

БОКМ береговая оборона Каспийского моря 里海海岸防御

бол болото 〈地〉沼泽，泥潭

БОЛТ блок оборудования линейного тракта 线路设备单元

БОМ блок ограничения мощности 功率限制器部件

боме бомэ. Боме, Бома 波美（液体浓度单位）

БОН батальон особого назначения 特别任务营

БОН бригада особого назначения 特种任务旅

БОН РВГК бригада особого назначения резерва Верховного Главнокомандования 最高统帅部预备队特别任务旅

боо батальон охраны и обслуживания 警卫勤务连

БОП бланкирование опознаванием 识别消隐

БОП блок оперативного питания 操作供电组件

БОПУ боевой ортодромический путевой угол 大圆航线战斗航迹角

БОР безоткатное орудие 无后坐力炮

БОР блок обработки результатов 结果处理单元

БОР беспилотный орбитальный ракетоплан 无人驾驶轨道火箭（推进）飞机

БОС береговая оборона Севера 北方海岸防御

БОС береговой отряд сопровождения 〈海〉沿岸护送队

БОС береговые оборонительные сооружения 岸防工事

БОС Бит-ориентированные сообщения 比特定向通信

БОС блок обработки сигнала 信号处理部件

БОС блок обратной связи 反馈部件，回授部件

БОС боевые одиночные стрельбы 实弹单发射击

БОС боевые осветительные средства 战斗照明器材

БОТ блок ограничителя тока 电流限制器，限流器

БОТ бортовой ответчик 机（舰）载应答器

БОУ блок операционного усилителя 运算放大器组件，运算放大部件

БОУС блок основных усилителей 信号主放大器部件

бохАТИ база охранения автотехнического имущества 汽车技术器材存储基地

бохз батальон охраны и химической защиты 警卫和防化营

БОЧ блок опорной частоты 基频单元

БОЧМ береговая оборона черного моря 黑海海岸防御

БОЭС блок обработки эхо-сигналов 回波信号处理装置

БП баллистический преобразователь 弹道诸元换算器

БП батальонный пост 营站，营哨

БП батарея полевая 野战炮兵连

БП безусловный переход прямой 无条件直接转移

БП бинокль призменный 棱镜望远镜

бп бланкирование приемника 接收机消隐

БП ближний поиск 近区搜索

БП ближняя приводная радиостанция 近距导航台，近距归航台

БП блок памяти 存贮部件

БП блок переключения 转换组件

БП блок питания 电源组件

БП боевое подразделение 战斗分队

БП боевое пространство 战斗空间

БП боевой порядок 战斗队形

БП боевой пост 战斗部位，战位；战斗岗位

БП боевой приказ 战斗命令

БП боевой путь 战斗航迹，战斗航路；战斗道路

БП боевые потери 战斗损失

БП боковая полоса 旁带，边（频）带

БП боковое перемещение (корабля) （船舶的）横移量，横移率

БП боковой прибор 侧方仪器

БП большой проектор 大型投影仪，大型幻灯机

БП бомбардировочный полк 轰炸机团

БП бортпроводник 航空乘务员，机上乘务员

БП бортовое питание 机上电源；车载电源；弹上电源

БП бортпроводница 女航空乘务员

БП брашпиль паровой 蒸汽卧式锚机

БП бронебойная пуля 穿甲子弹

БП бронзовый провод 青铜（导）线

БП буквопечатание 电传打字

БП буквопечатающий канал 电传打字信道

БП буквопечающий 印字的

БП буксируемая пушка 牵引炮

БП буферная память 缓冲存储器

БП бюро погоды 气象局

БП бюро прогнозов 天气预报局

БПсвязь буквопечатающая связь 电传打字通信

БП- типы боевых припасов(гаубичный кумулятивный снаряд) 炮弹型号（榴弹炮聚能爆破弹）

БПА базовая патрульная авиация 基地巡逻航空兵

БПА боевая патрульная авиация 战斗巡逻航空兵

БПА быстродействующий переключатель антенны 天线快速转换装置

БПАЦ блок преобразования «аналог-цифра» 模拟 / 数字转换部件

БПБ батальонный пункт боевого питания 营弹药所

БПБ боковая полоса безопасности 侧方安全带

БПБ буксируемая пушка-гаубица 牵引式榴弹加农炮

БПБР боевое подразделение быстрого реагирования 快速反应战斗分队

БПВ база питания и восстановления 供给与修复基地

БПВ базовый приемовозбудитель 基本接收激励器

бпв батальон полевого водоснабжения 野战给水营

БПВ блок приемовозбудителя 接收激励器组件

БПВЛ название провода (проволоки) 导线、电线名称

БПВУ базовый приемовозбудитель ультракоротковолновый 超短波基本接收激励器

БПВЧ блок питания высокочастотный 高频电源部分

БПГ блок питания генераторный 电源组件

БПГ боевая подвижная группа 机动战斗群

БПД беспроводный доступ 无线接入

БПД блок передачи 发射单元

БПД блок приема данных 数据接收设备

БПД блок программного датчика 程序发送器

БПДО банно-прачечное и дезинфекционное обеспечение 沐浴洗衣消毒保障

БПДП банно-прачечно-дезинфекционный поезд 沐浴洗衣消毒列车

БПДУ банно-прачечно-дезинфекционная установка 淋浴洗衣消毒装置

БПЗ боковая полевая застава 侧方野战尖兵

Б

БПИ без потери информации 无信息丢失

БПИС блок памяти информационных сигналов 信息信号存贮单元

БПИиСС блок памяти информационных и служебных сигналов 信息及勤务信号存贮单元

БПК банно-прачечные комбинаты 沐浴洗衣综合服务企业

БПК банно-прачечный контейнер 沐浴洗衣方仓

БПК боевой противолодочный корабль 反潜战斗舰

БПК большой противолодочный корабль 大型反潜舰

БПК бригада противолодочных кораблей 反潜舰支队

БПКА блок преобразования код-аналог 密码模拟变换部件

БПКН блок преобразования в код носителя 载码变换部件

БПКТС Блок преобразования и коммутации телевизионных сигналов 视频信号转换器

БПЛ бригада подводных лодок 潜艇支队

БПЛА базовая противолодочная авиация 基地反潜航空兵

БПЛС базовый противолодочный самолет 基地反潜飞机

БПМ батальонный пункт медицинской помощи 营救护所

БПМ боевой пловец-минер 战斗泅水水雷手，水雷手蛙人

БПМ бронированная патрульная машина 装甲巡逻车

БПМ тип присасывающей мины 粘着地雷型号

БПН блок питания накала 灯丝电源组

БПНК бензиновый перекачивающий насос коловратный 回转式输油泵，曲柄回转泵

БПО базовое программное обеспечение 基本程序保障，基础软件

бпо банно-прачечный отряд 沐浴洗衣队

БПО банно-прачечный поезд 沐浴洗衣列车

БПОВ банно-прачечное обслуживание войск 军队沐浴－洗衣服务

БПП батальонный пункт питания 营给养站

БПП блок переключения питания 电源转换部件

БПП блок преобразования приема 接收转换单元

БПП блок прерывания программ 程序中断部件

БПП блок приемника/ передатчика 接收机 / 发射机模块

БПП блок приоритетных прерываний 优先中断组件

БПП блок прямого преобразователя 直接变换器部件

БПП большая продолжительность полета 长续航时间

БПП бомбардировочный пикирующий полк 俯冲轰炸机团

БППМН береговой пост противоминного наблюдения 海岸反（水）雷观察哨

БПР блок приема 接收单元

Бпр боевое применение 战斗使用

БПР боевой пуск ракеты 导弹战斗发射

БПР большой пулковский радиотелескоп 大型普尔科沃电子望远镜，普尔科沃天文台大型电子望远镜

БПР бортовой радиопеленгатор 机载无线电测向仪，舰载无线电测向仪

БПРМ ближний приводной радиомаркер 近距无线电导航信标

БПРП батарея питания рулевого привода 转舵装置供电电池组

БПРПО База по производству и ремонту полигонного оборудования 靶场设备生产维修基地

БПРУ блок программного и ручного управления 程序控制和人工操纵部件

БПС батальонный пункт снабжения 营补给区，营供给站

БПС бензоперекачивающая станция 油泵汽车，输油站

БПС блок посадочных сигналов 着陆信号装置

БПС блок преобразования сигналов 信号变换装置

БПС блок проводной связи 有线通信组件

БПС боевой пеленг сближения 接敌作战方位

БПС бронебойный подкалиберный снаряд 次口径穿甲弹，超速穿甲弹

БПСС блок памяти служебных сигналов 勤务信号存贮单元

БПТ батальон поддержки танков 坦克支援营

БПТ батарея поддержки танков 坦克支援炮兵连

БПТ боевая психическая травма 战斗心理创伤

БПТ боевое применение торпеды 鱼雷战斗使用

БПТР балансный переходный трансформатор 平稳过渡变压器

БПТС бронебойный подкалиберный трассирующий снаряд 超速穿甲曳光弹

БПТУ батальонный противотанковый узел 营反坦克枢纽部

БПТУ блок программного управления и телеуправления 程序控制和遥控部件

БПУ блок приборов управления 控制仪器组件

БПУ блок программного управления 程序控制单元

БПУ боевой путевой угол 〈空〉战斗航迹角

БПУ бортовое приемное устройство 机（舰）上接收装置；弹上接收装置

БПУАО береговой пост управления артиллерийским огнем 炮兵射击海岸指挥所

БПУ-м большая поляризационная установка модернизированная 改进的大型极化设备

БПУС блок предварительных усилителей 信号前置放大器部件

БПФ блок полосовых фильтров 带通滤波器部件

БПФ быстрое преобразование Фурье 快速傅立叶变换

БПХД батальон продовольственно-хозяйствен-ного довольствия 食品物资供应营

БПХД батальонный пункт хозяйственного довольствия 营供养站

БПЦ блок поиска целей 目标搜索装置

БПЦ боковое перемещение цели 目标横移率

БПЦ буквопечатающий циркуляр 电传打字通报

БПЦА блок преобразования цифра-аналог 数字–模拟变换部件

БПЦФ бинокль призменный с центральной фокусировкой 棱镜中心聚焦望远镜

БПЧ блок преобразователя частоты 变频器单元

БПЧ блок промежуточной частоты 中频部件

БПШЦФ бинокль, призменный, широкоугольный, с Центральной фокусировкой 棱镜式广角中心聚焦望远镜

БПЭ боевой эшелон парка 车场战斗梯队

БР база развертывания 展开基地，备用机场

БР баллистическая разведка 弹道侦察

БР баллистическая ракета 弹道导弹；弹道火箭

БР батальонная радиостанция 营无线电台

БР батальонный район 营地域

БР береговая радиостанция 海岸电台

БР бесконтактное реле 无触点式继电器

БР биологическая разведка 生物侦察

БР ближняя разведка 纵深侦察，抵近侦察

БР блок распределения 分配器

БР блок регистрация 记录装置，记录器

БР блок регистров 寄存器组件

БР блок резервирования 备件箱

БР блок реле 继电器部件，继电器组件

БР блок реле агрегата 发电机组继电器组合

БР блокировочное реле 断路继电器

БР боевая работа 战斗操作

БР боевая разведка 战斗侦察

БР боевой режим 战斗工况，战斗模式，战斗制式

БР боевой режим работы 战斗操作模式

БР боковой разъезд 侧翼侦察组（群）

БР бортовой регистратор 机上记录器

БР бортрадист 机上报务员，随机报务员

БР бригада 旅；（海军）支队；队

Бр брод 浅滩，徒涉场

БР бронебойно-разрывной 穿甲爆破的

БР бронебойно-разрывной (боеприпас) 穿甲爆破弹

БР броненосец 装甲舰

бр бронированный 预留的，指定用途的；装甲的，加护套的

бр броня 壳；装甲，铠装

БР красные бригады 红色旅（意大利的恐怖组织）

Б

Бр к брод конный 〈测〉骑兵徒涉场

БР ОРСЗО бригада огнеметных реактивных систем залпового огня 齐射火箭炮旅

Бр ПС бригадный пункт снабжения 旅供给站

Бр/х барак (хозяйствен) 板房；临时兵营

БР-2 тип 152-мм пушка на самоходно-артиллерийской установке 152 毫米自行加农炮

БРА береговая ракетная артиллерия 海岸导弹炮兵

БрАБ бронебойная авиабомба 航空穿甲炸弹

БРАБ(ДС) бронебойная авиационная бомба с дополнительной скоростью 附加速度航空穿甲（炸）弹

БРАБр береговая реактивно-артиллерийская бригада 海岸火箭炮兵旅

БРАВ береговые ракетно-артиллерийские войска 海岸导弹炮兵

Бразм батальон разминирования 扫雷营，扫雷大队

БрАКа бригада артиллерийских катеров 炮艇支队

БРАС береговая радионавигационная система 海岸无线电导航系统

БРАС береговая радионавигационная станция 海岸无线电导航台

БРАТ база резерва авиационной техники 空军技术装备储备基地

БРАТБТиИ база ремонта автомобильной техники, бронетанковой техники и имущества 汽车与装甲技术装备和物资维修基地

БРБ береговая реактивная батарея 海岸火箭炮连

БРБД баллистическая ракета ближнего действия 近程弹道导弹

БРБД баллистическая ракета большой дальности 远程弹道导弹

БРВ боевое радиоактивное вещество (чаще вещества) 放射性战剂（常用复数）

БРВЗ баллистическая ракета класса «Воздух-земля» “空－地”弹道导弹

БРГ блок регенератора 再生器部件

БРг буферный регистр 缓冲寄存器

БРД боевой разведывательный дозор 战斗侦察群

брд броне-дивизия 装甲师

БРД бустерный ракетный двигатель 增压火箭发动机

БрДК бригада десантных кораблей 登陆舰支队

БРДМ боевая разведывательная дозорная машина 战斗侦察巡逻车

БРДМ бронированная разведывательная дозорная машина 装甲侦察巡逻车

БРДМхр боевая разведывательная дозорная машина химической разведки 化学侦察战斗巡逻车

брдн береговой ракетный дивизион 海岸导弹营

БРДС береговая радиолокационная станция 海岸雷达

БРЛ бортовая радиолокационная станция 机车雷达站

БРЗА бытовая радиомеханическая звукоусилительная аппаратура 民用电声放大设备

БРЗК большой разведывательный корабль 大型侦察舰

бривоз воздухоплавательная бригада 飞行旅；浮空飞行队

бриг бригадный 旅的；队的；（海军）支队的

бригадмил бригада содействия милиции 民警协助队

бригинж бригадный инженер 旅工程兵主任

бригком бригадный комиссар 队（组）政委，旅政治委员级，旅政委

бризол битумно-резиновый гидроизоляционный материал 沥青橡胶防水材料，防水油毡

БРиРЭБ батальон разведки и радиоэлектронной борьбы 侦察和无线电电子斗争营

БРК баллистическая радио-корректировка 弹道无线电校正

БРК боевой ракетный комплекс 导弹装置，导弹综合发射场

БРК боковая радиокоррекция 无线电横偏校正

БРК большая разность координат 大坐标差

БРК большой ракетный корабль 大型导弹舰

БРК бригада разнородных кораблей 多兵种舰艇支队

БРК бригада ракетных катеров 导弹艇支队

БРК бригада ракетных кораблей 导弹舰支队

БРК бригада речных кораблей 内河舰艇支队

БрКОВР бригада кораблей охраны водного района 水警区舰艇支队

БРЛП бортовой радиолокационный прицел 机载（舰载）雷达瞄准具

БРЛС береговая радиолокационная система 海岸雷达系统

БРЛС бортовая радиолокационная станция 海岸雷达站

БРМ биметаллический регулятор мощности 双金属功率调节器

БРМ блок регистров маркеров 标记寄存器组件

БРМ блок регулирования мощности 功率调整部件

БРМ боевая разведывательная машина 战斗侦察车

БРМ боевая ремонтная мастерская 战斗修理所

БРМ бронированная разведывательная машина 装甲侦察车

БРМД баллистическая ракета «земля-земля» малой дальности 短程地对地弹道导弹

БРМД боевая разведывательная машина десанта 空降兵战斗侦察车；登陆兵战斗侦察车

Брмо бригада материального обеспечения 物资保障旅

БРМП бригада морской пехоты 海军陆战旅

БРМП бригадный медицинский пункт 旅救护所

БРН блок регулирования напряжения 压力调谐器

БРН бортовая радиоаппаратура наведения 弹上无线电导引仪

БРНБ баллистическая ракета наземного базирования 陆基弹道导弹

БрНК бригада надводных кораблей 水面舰艇支队

БРНТ ближняя радионавигационная точка 近距无线电导航点

БРО ВР бригада охраны водного района 水警区警卫支队

БРО батальонный район обороны 营防御地域

БРО береговой разведывательный отряд 海岸侦察队

БРО блок регистров отображения 显示器组件

БРО(-) типы планеров конструкции В И Ошикиниса 奥什基尼斯设计的滑翔机型号（例如：БРО-7, БРО-10, БРО-12）

БрОН бригада особого назначения (Внутренних войск МВД РФ) 特别任务旅（俄内务部内卫军）

бронебашня бронированная башня 装甲炮塔

бронедрезина бронированная дрезина 装甲轨道车

бронеколпак броневой колпак 防弹头盔，装甲头盔

бронелокомотив бронированный локомотив 装甲机车

бронеотряд бронированный отряд 装甲支队

бронестекло бронированное стекло 防弹玻璃

бронетехника бронетанковая техника 装甲坦克技术装备

бронетранспортер бронированный автомобиль для транспорта пехоты 步兵装甲运输车

бронечасть воинская часть, снабженная бронированными средствами 装甲兵部队

БРОП бригадный обменный пункт 旅交换所

Броспер бронированное средство передвижения 装甲移动工具，装甲移动车

брп береговой ракетный полк 海岸导弹团

БРП ближний радиомаркерный пункт 近距无线电信标台

БРПБ боеголовкой ракетно-пусковой бомбардировщик 导弹（弹头）发射轰炸机

брПВО бригада ПВО 防空旅

БРПЛ баллистическая ракета подводной лодки 潜艇弹道导弹，潜射弹道导弹

БрПМП бригадный пункт медицинской помощи 旅卫生所

БРПО батальон реактивных пехотных огнеметов 步兵喷火器营

БРПС блок радиопроводной связи 无线有线通信部件

Б

БРПСК бригада пограничных сторожевых кораблей 边防护卫舰支队

брр батальон радиоразведки 无线电侦察营

БРР блок ремонтных работ 修理工作组件

БрРАК бригада ракетно-артиллерийских кораблей 导弹 – 火炮舰艇支队

БрРемК бригада ремонтируемых кораблей 在修舰艇支队

БрРК бригада разведывательных кораблей 侦察舰艇支队

БРРО береговой радиоразведывательный отряд 海岸无线电侦察队

БрРСЗО бригада ракетных систем залпового огня 齐射火箭炮兵旅

БРРЭБ бригада радиоэлектронной борьбы 无线电电子对抗大队

БРС база резерва самолетов 飞机储备基地

БРС базовая радиостанция 基地电台

БРС баллистический ракетный снаряд 弹道导弹

БРС беспилотный разведывательный самолет 无人驾驶侦察飞机

БРС бортовая радиоаппаратура сопровождения 机（舰）载无线电跟踪设备

брс бригада связи 通信旅

БРСД баллистическая ракета средней дальности 中程弹道导弹

брсн бригада специального назначения 特种任务旅

брсо бригада судов обеспечения 保障船支队

брсремк бригада строящихся и ремонтируемых кораблей 在建在修舰艇支队

брсремпл бригада строящихся и ремонтируемых подводных лодок 在建在修潜艇支队

брсс бригада спасательных судов 救援船队

брссо Бригада Силы специальной операции 特种任务旅

бртбр бронетанковая бригада 装甲坦克旅，装甲旅

БртД бронетанковая дивизия США 美国装甲坦克师，装甲兵师

БРТК бортовой радиотехнический комплекс 机（舰）载无线电技术综合体

БРТК бортовой ретрансляционный комплекс 机（舰）上转报综合体

БрТКа бригада торпедных катеров 鱼雷艇支队

брто батарея реактивного технического обеспечения 火箭技术保障连

бртп бронетанковый полк 装甲坦克团，装甲团

бртр батальон радиотехнической разведки 无线电技术侦察营

БРТР бортовой ретранслятор 机载转发器

бртр бронетанковая рота 装甲坦克连，装甲连

бртр бронетранспортер 装甲输送车

бртро бригада тяжелых реактивных огнеметов 重型火焰喷射器支队

БРТС биорадиотелеметрическая система 生物无线电遥测系统

бртщ бригада тральщиков 扫雷舰支队

БРУ блок ручного управления 手动控制组件

БРУ боковая ручка управления 侧方操纵杆

БРу-1 БРу-3 блок стабилизаторов усиления (фотоэлектрический умножитель) （光电倍增管的）稳压器部件

брурем бригада учебных и ремонтируемых кораблей 教导舰与在修舰支队

брхбз батальон радиационной, химической и бактериологической защиты 辐射、化学及细菌防护营

брхв база ремонта и хранения вооружения 武器装备修理与储存基地

брхр батальон радиационной и химической разведки 辐射和化学侦察营

брхсс база ремонта и хранения средств связи 通信器材修理与储存基地

брхт база ремонта и хранения техники 技术装备修理与储存基地

БРЦ боевой разведывательный центр 战斗侦察中心

БРЧ бесконтактный регулятор частоты 无触点频率调节器

БРЭ биологический рентген-эквивалент 生物伦琴当量

БРЭА бортовая радиоэлектронная аппаратура 机载无线电电子仪器

БРЭБ батальон радиоэлектронной борьбы 无线电电子斗争营

БРЭК бортовой радиоэлектронный комплекс 机（舰）载无线电电子综合体

БРЭМ боевая ремонтно-эвакуационная машина 战斗修理后送车

брэм бригада эскадренных миноносцев 驱逐舰支队

БРЭМ бронированная ремонтно -эвакуационная машина 装甲修理抢救车

БРЭМ бронированная эвакуационная машина 装甲后送车

БРЭО бортовое радиоэлектронное оборудование 机载无线电电子设备；弹上无线电电子设备

БРЭСП борьба с радиоэлектронными средствами противника 对敌无线电电子兵器斗争

БС базовая станция 基站

БС байт состояний 状态字节

БС бактериальное (бактериологическое) средство 细菌战剂，细菌武器

БС балластное сопротивление 稳流电阻

бс батальон связи 通信营

БС бегущая волна 行波

БС безопасность связи 通信安全

БС бесконтактный сельсин-приемник 无触点自动同步接收机

БС беспилотный самолет 无人机

БС бесцелевое состояние 无间隙状态

БС биологическая станция 生物站

БС биологическое средство 生物武器，生物战剂

БС биометрический считыватель 生物测量读数计

БС блок синхронизации 同步控制组件

БС блок сопряжения 匹配装置，接口部件

БС блок сравнения 比较单元，比较部件

БС блок управления стрелой 指针操纵部件

БС блокировочная станция 〈无〉自报信号台，自动信息台

БС блок-схема 框图，简草图，流程图

БС боевая служба 战斗勤务

БС боевая способность 战斗能力，战斗力

БС боевая стрельба 战斗射击，实弹射击

БС боевое соприкосновение 战斗接触

БС боевое средство 战斗兵器

БС боевой самолет 战斗机

БС боевой секрет 战斗潜伏哨

БС боевой сектор 战斗扇面

БС боевой состав 战斗编成

БС большая система 大系统

БС бортовая сеть 机载（星载、弹载）网络

БС бортовая система 机载系统

БС бригада содействия 协助队，支援队

БС бронебойный снаряд 穿甲弹

БС бронестекло 防弹玻璃

БСА бортовая спецаппаратура （飞机、航天器）专用设备

бсау батальон самоходных артиллерийских установок 自行火炮营

бсау батальон связи и автоматизированного управления 通信和自动化指挥营

БСБУ борьба с системами боевого управления 战斗指挥体系对抗，攻击破坏战斗指挥系统

БСВ бесшумная снайперская винтовка 无声狙击步枪

БСВ блок службы времени 报时部件

БСВ боевая стрельба взвода 排实弹射击

БСВ/В базовая система ввода/вывода 基本输入 / 输出系统

БСВН беспилотные средства воздушного нападения 无人驾驶空袭兵器

БСГ база снабжения горячим 油料供应基地

бсз ГО батальон специализированной защиты гражданской обороны 民防特种防护营

БСИ бинокль со стабилизацией изображения 图像稳定望远镜

БСИ Бюро стратегической информации 战略情报局

бск батальон специального контроля 特种检查营

БСК батарея статических конденсаторов 静电电容器电池组

Б

БСК бесшумный снайперский комплекс 无声狙击综合体

БСК блок сопряжения с каналами 信道连接装置

БСКВ бортовая система курса и вертикали 机载航向与垂直仪

БСКД бортовая система контроля двигателя 机载发动机检查系统

БСЛПЗК большая саперная лопатк, покрашенная зеленой краской 〈军队俗语〉绿色油漆大工兵铲

БСЛС базовые станции локальной сети 局域网基站

БСм балансий смеситель 平衡混频器

БСМ блок сложения мощности 功率合成器

БСМ блок счетчиков моточасов 发动机工作小时计数器

БСМП бригада специализированной медицинской помощи 专业医疗救护队

БСМЭ бюро судебно-медицинской экспертизы 法医检验室

БСН батиметрическая система наблюдения 水深测量观测系统

БСН береговая система наблюдения 海岸观察系统

БСН блок сигнализации неисправностей 无效信号部分，纠错信号装置

БСН блок сравнения напряжений 电压比部件

бсо батальон специальных операций 特种作战营

БСО блок контроля за состоянием оборудования 设备监控器，设备检查器

БСО блок синхронного объединения 同步复接单元，同步合路单元

БсО блоке с ошибками 错误单元

БСО боевая стрельба отделений 班实弹射击

БСОТ броневая скрывающаяся огневая точка 装甲隐蔽发射点

БСП библиотека стандартных программ 标准程序库

БСП блок стабилизированного питания 稳定馈电部件

БСП боевая и спортивная подготовка 战斗和体育训练；战斗和体育素养

БСП боевая стартовая позиция 战斗发射阵地

БСП бомбардировочное средство поражения 轰炸毁伤兵器

БСП бомбовые средства поражения 炸弹毁伤武器

БСП Борисполь 鲍利斯波尔（航空站代码；乌克兰城市）

БСП бортовая система питания 机载（船载）电源系统

БСП быстродействующий самопишущий прибор 快速自动记录仪

БСП быстросменный патрон 速换夹头，速换卡盘，速换夹具

БСПД базовая сеть передачи данных 数据传输基地网

БСПД блок синхронной передачи данных 同步数据传输单元

БСПДИ беспроводная сеть передачи информации 无线信息传输网

БСПИ Блок сопряжения и преобразования информации 接口和信息转换器

бспк батальон связи подземного кабеля 地下电缆通信营

БСПК блок сравнения и предельного крена 〈航〉临界坡度和比较仪

бср батарея световой разведки 光测连

БСР беспилотный самолет-разведчик 无人侦察机

БСР блок строчной развертки 水平扫描装置，行扫描部分

БСРК бригада сторожевых ракетных кораблей 护卫导弹舰支队

БСРЛС бортовая самолетная радиолокационная станция 飞机雷达，机载雷达

бсрто батальон связи и радиотехнического обеспечения 通信和无线电技术保障营

БСС баллистический стратегический снаряд 战略弹道导弹

БСС блок сетевой синхронизации 网络同步部件

БСС боевой сигнальный свод 战斗信号简语

БСС бортовая сеть связи 机载通信网

БСТ база снабжения тыла 后勤供应基地

БСТ большая стереотруба 大型炮队镜

БСТ большой субмиллиметровый телескоп 大型亚毫米望远镜

БСТ бортовой субмиллиметровый телескоп 机载亚毫米望远镜

БСТН бомба сверхточного наведения 精确制导炸弹

БСУ бортовая система управления 控制系统（机舰载）

БСУ борьба с системами управления 指挥体系对抗

БСУ бесконтактная станция управления 无触点操纵台

БСУ бортовая система управления 机（舰）载控制系统

БСУО бортовая система управления огнем 机载火控系统；舰载火控系统

БСУП бесстрелочный указатель пилота 无指针飞行指示仪

бсхзрв база снабжения и хранения зенитно-ракетного вооружения 防空导弹武器装备供应与储存基地

БСЧ блок сдвиг частот 移频装置

БСЧ блок сетки частот 频率网组件

БСЧ блок синхронной частоты 同步频率部件

БСЭС бассейновая санитарно-эпидемиолог-ическая станция （流域）区域卫生防疫站

БТ баржевой трал 驳船扫雷器

БТ бинокулярная трубка 双目镜筒

БТ биполярный транзистор 双极晶体管

БТ боевая техника 技术兵器，战斗技术装备

БТ боевая тревога 战斗警报

БТ буксирный теплоход 内燃机拖船

БТ быстроходные (колесно-гусеничные) средние танки （轮式－履带式）中型高速坦克

БТ быстроходный танк 高速坦克

БТА большой телескоп азимутальный 大型方位仪

БТА большой телескоп альтазимутальный 大型地平经纬度望远镜

бтб береговая техническая база 海岸技术装备基地

бтбат бронетанковый батальон 装甲坦克营

БТВ бронетанковое вооружение 装甲坦克装备（军事课程）

БТВТ бронетанковое вооружение и техника 装甲坦克武器和技术装备

бтг батальонная тактическая группа 营战术群

БТЗУ бесконтактное телезащитное устройство 无触点电流保护组

БтИ бронетанковое имущество 装甲坦克器材

БТИ бюро технической информации 技术情报处，技术情报室

БТК бортовая телевизионная камера 机载电视摄像机

БТК бронетанковый корпус 装甲坦克军

БТК бюро технического контроля 技术检验室

БТКА большой торпедный катер 大型鱼雷艇

БТКУКС бронетанковые курсы усовершенствования командного состава 装甲坦克指挥人员进修班

бтм батальон тепловых машин 热机营（热空气加温车营）

БТМ бронетанковая мастерская 装甲坦克修理所

БТМ быстроходная траншейная машина 快速挖壕机

БТН блок тональной нейтрализации 音频中和部件

БТО база технического обслуживания 技术维护基地，技术保养基地

бто батальон технического обслуживания 保养营，技术保养营

БТО береговое техническое обслуживание 海岸技术维护；岸上技术维护

БТОТ батальон танковых огневых точек 坦克火力点营

БТОФ база технического обслуживания флота 海军技术维护基地，舰队技术保养基地

БТП батарейная тележка-податчик 电瓶输送车

БТП батарейная тележка-податчик 炮连输送车

бтпо батальон тяжелых пехотных огнеметов 重型步兵喷火器营

бтр батарея топографической разведки 测地连

БТР бескольевый тканевый резервуар 无骨架胶布水袋

БТР бронетанковый резерв 装甲坦克兵预备队

БТР-60, БТР-60П типы бронетранспортеров 装甲运输车型号

БТРГК бронетанковые части резерва главного командования 统帅部预备队装甲坦克部队

БТРГК бронетанковый резерв Главного командования 总司令部装甲坦克预备队

бтрз бронетанковый ремонтный завод 装甲坦克修理工厂

БТРО батальон тяжелых реактивных огнеметов 重型喷火器营

БТР-П бронетранспортер плавающий 水陆两用装甲输送车

БТРхр бронетранспортер химической разведки 化学侦察装甲输送车

БТС баллистический тактический снаряд 战术弹道导弹

бтс батальон тропосферной связи 散射通信营，对流层通信营

БТС беспузырная торпедная стрельба 无泡鱼雷射击

БТС бортовая тепловизионная система 机载热（红外）接收系统，机载热视系统

БТС бронетанковая служба 装甲坦克勤务（部门）

БТС бронированный тягач средний 中型装甲牵引车

БТСВВ бюро технического сотрудничества по военному вооружению ВМФ 海军军事装备技术合作局

бтт батальон тяжелых танков 重型坦克营

БТТК блок телефонных телеграфных каналов 电话电报信道组件

БТУ батальонное тактическое учение 营战术演习

БТУ блок телеуправления 摇控部件

БТУ бульдозер танковый универсальный 通用坦克推土机

БТУ бульдозерное танковое устройство 坦克式推土机

БТФ база тралового флота 扫雷舰队基地

БТФ блок телефонный 电话组件

БТЩ базовый тральщик 沿海扫雷舰，基地扫雷艇

БТЩ быстроходный тральщик 快速扫雷舰

БТЭ батарея топливных элементов 燃料电池

БУ балансные усилители 平衡放大器

БУ бомбометная установка 深水炸弹发射装置

бу батальон управления 指挥营

БУ блистерная установка （飞机）两侧射击装置

БУ блок управления 控制组件，控制部件

БУ блокирующее устройство 联锁装置

БУ боевое управление 战斗指挥，作战指挥

БУ боевой устав 战斗条令

БУ боковое уклонение 〈空〉侧偏，侧倾，偏航量

БУ бортовое устройство 机载装置

БУ бустерная установка 液压助力器

БУ бучильная установка 服装装具消毒装置

БУ ПРД блок управления передатчиком 发射机控制组件

БУС блок управления скопом 示波器控制部件

БУА боевой устав авиации 航空兵战斗条令

БУА боевой устав артиллерии 炮兵战斗条令

БУАК блок управления антенным коммутатором 天线交换控制器

БУАР батарея управления и артиллерийской разведки 指挥与炮兵侦察连

БУБМВ Боевой устав бронетанковых и механизированных войск 装甲兵和机械化兵战斗条令

БУВА Боевой устав бомбадировочной авиации 轰炸航空兵战斗条令

БУВВС Боевой устав Военно-Воздушных Сил 空军战斗条令

БУВМС Боевой устав военно-морских сил 海军战斗条令（外）

БУГ боковое уклонение в градусах 侧偏度数

БУГП Боевой устав горнострелковых подразделений 山地步兵分队战斗条令

буд будка 棚，亭；岗楼；百叶箱

БУЗА Боевой устав зенитной артиллерии 高射炮兵战斗条令

БУИА Боевой устав истребительной авиации 歼击航空兵战斗条令

БУИМ блок управления исполнительными механизмами 执行机构控制部件

БУК блок уплотнения каналов 信道复用组件，信道压缩组件

БУК блок управления камерой 摄像机控制部件

БУК Боевой устав конницы 骑兵战斗条令

БУК буксир 〈海〉拖船

БУК буксирный катер 小型拖船

БУК буферный усилительный каскад 缓冲放大器

БУКС блок управления, коммутации и сопряжения 控制、转换和接口组件

БУМ блок усиления мощности 功率放大组件，功率增益器

БУМ боевой устав механизированных частей 机械化部队战斗条令

БУМ большее усиление мощности(переносных радиостанции) 便携式电台功率放大器

БУМС боевое упражнение морских сил 海上兵力战斗练习

БУН блок установки нуля 置“0”装置

БУО блок управления облучением 照射控制部件

БУО блок управления осцилло-копомы 示波器控件部件

БУП Бассейновое Управление Пути 区域航道管理

БУП блок управления преобразователем 转换器控制部件

БУП блок управления приводами 传动装置控制组件

БУП блок управления пуском 发射控制组件

БУП Боевой устав пехоты 步兵战斗条令

БУПО боевой устав пожарной охраны 消防战斗条令

БУР безопасный угол расхождения 安全误差角

БУР береговой укрепленный район 海岸筑垒地域，海岸设防区

БУР блок управления ракетами 火箭控制组件，导弹控制组件

БУРП боевой угол разворота прицела 〈空〉瞄准具战斗旋转角

БУС базовое учение соединений 兵团基地演习；(舰艇) 编队基地演习

БУС без установления соединения 无接续

БУС блок управления сигнализацией 信号控制装置；信号控制块

БУС блок управляющей системы 控件系统组件

БУС бортовая управляющая система 机（舰）载指挥控制系统

БУС бортовой узел связи 机载通信枢纽

БУС буферная усилительная ступень 减震放大级，缓冲放大级

Бф Балтийский флот 波罗的海舰队

БФ балансный фильтр 平衡滤波器

БФ бандформирование 非法武装，暴徒组织

БФ батарея фотоэлектрическая 光电电池组

БФ Беломорская флотилия 白海区舰队

БФ блок фильтров 滤波器部件

БФ булевая функция 布尔函数

БФ инициалы на погонах военнослужащих Балтийского флота 波罗的海舰队军人肩章上的字母

БФК блок фильтрации и коммутации 滤波和转换组件

БФК блок формирования кода 编码器，编码装置

БФК блок формирования команд 指令生成装置

БФКП береговой флагманский командный пункт (舰艇的) 岸上总指挥所

БФО блок с фоновыми ошибками 带有错误背景的单元

БФО блокировка форсажа по оборотам 转速加力闭锁

БФОЛС блок формирования и обработки линейного сигнала 线性信号生成与处理装置

БФР боевая фотографическая разведка 战斗摄影侦察

БФС блок формирователей входных сигналов

输入信号生成器

БФУС блок формирования управляющего сигнала 控制信号生成组件

БФФ Федеральное ведомство по охране Конституции (контрразведка ФРГ) 联邦护法委员会(德国反侦察机构)(英文 BFF 的音译)

БФЭ Балтийский флотский экипаж 波罗的海舰队艇员

бхаб база хранения авиационных боеприпасов 航空弹药储存基地

бхавт база хранения автомобильной техники 汽车技术装备储存基地

бхат база хранения авиационной техники 空军技术装备储存基地

бхб база хранения боеприпасов 弹药储存基地

БХБ бинарные химические боеприпасы 二元化学弹

БХВТ база хранения вооружений и военной техники 武器与军事技术装备储存基地，武器装备储存基地

бхвт база хранения вооружения и техники 武器装备储存基地

бхз батальон химической защиты 防化营

БХИ база хранения имущества 物资储存基地

БХЛ тип горелки для сварки металлов 金属焊接焊枪型号

БХМ боевая химическая машина 布毒车辆，化学战斗车辆

БХП блок хранения программ 程序贮存单元

БХП боевой химический пост 化学战斗部位(哨)

бхрт база хранения ракетной техники 导弹技术装备储存基地

бхрбпла база хранения и ремонта беспилотных летательных аппаратов 无人驾驶飞行器储存修理基地

БХРВВТИ база хранения и ремонта вооружения, военной техники и имущества 武器、军事技术装备和物资维修储存基地

БХРВиБ база хранения ракетного вооружения и боеприпасов 导弹武器与弹药储存基地

бхрр батальон химической и радиационной разведки 化学与辐射侦察营

БХРР батальон химрадиационной разведки 化学辐射侦察营

БХС боевое химическое средство 化学武器，化学战剂

бхсс база хранения средств связи 通信器材储存基地

бхтс база хранения техники связи 通信技术装备储存基地

бхэ база хранения экранопланов 气垫飞行器储存基地

БЦ баллистическая цель 弹道目标，弹道中心

БЦ барражирующая цель 巡逻目标

БЦ бензоцистерна 汽油罐；油罐车，油槽车

БЦ береговая цель 岸上目标，海岸目标

БЦ беспилотная цель 无人驾驶目标

БЦ бесшумная цель 无声目标

БЦ боевой цикл 发火周转

БЦ большая цель 大型目标

БЦ борт цели 目标船舷

БЦ буссоль цели 目标磁针方位角

БЦВ бортовой цифровой вычислитель 机载数字计算器

БЦВК бортовой цифровой вычислительный комплекс 机载数字计算综合设备

БЦВМ бортовая цифровая вычислительная машина 机载数字计算机

БЦВС блок цепей внутренней связи 内部通信线路部件

БЦВС бортовая цифровая вычислительная система 机载数字计算系统

БЦВУ бортовое цифровое вычислительное устройство 机载数字计算设备

БЦДС блок цепей дальней связи 远程通信链部件

БЦИ блок цифровых индикаторов 数字显示器部件

БЦИ буквенно-цифровая информация 字母–数字信息

БЦК бюро Центрального Комитета 中央局，中央委员会执行局

БЦЛ борт цели левой 左目标船舷

БЦНАКУ баллистический центр наземного автоматизированного комплекса управления 地面弹道自动化控制中心

БЦС блок цифровых сигналов 数字信号单元，数字信号设备

БЦС буквенно-цифровое сообщение 字母－数字通信

БЦСВ блок цифровых сигналов взаимодействия 互作用数字信号部分

БЦТО база центрального технического обслуживания 中央技术保养基地

БЦУ боевое целеуказание 战斗目标指示

БЧ боевая часть 战斗部，（导弹）弹头

БЧ боевая часть (подразделение корабля) 战斗部队（舰艇分队）

БЧ боевая часть ракеты 导弹战斗部

БЧ-1 Боевая часть первая(штурманская) 第一战斗部门（领航战斗部门）

БЧ-2 Боевая часть вторая(артиллерийская) 第二战斗部门（枪炮战斗部门）

БЧ-2 ракетная (акетно-артиллерийская, артиллерийская) боевая часть 导弹（导弹枪炮、枪炮）战斗部门

БЧ-3 Боевая часть третья(минноторпедная) 第三战斗部门（水鱼雷战斗部门）

БЧ-3 минно-торпедная боевая часть 水鱼雷战斗部门

БЧ-4 боевая часть наблюдения связи 观察通信战斗部门

БЧ-4 боевая часть связи 战斗通信部门

БЧ-4 Боевая часть четвертая(наблюдения и связи) 第四战斗部门（观通战斗部门）

БЧ-5 Боевая часть пятая(электромеханическая) 第五战斗部门（机电战斗部门）

БЧ-5 электромеханическая боевая часть 电子机械战斗部门

БЧ-6 Боевая часть шестая(авиационная) 第六战斗部门（航空战斗部门）

БЧ-7 боевая часть 7-химическая защита 防化战斗部门

БЧ-7 радиотехническая боевая часть 无线电技术战斗部门，无线电技术战斗部队

БЧР блок частотных развязок 频率去耦器

БЧС боевой численный состав 战斗人员编成

БШ белое шоссе 白色碎石路

БШ бикфордов шнур 导火索，缓燃导火索

БШ Бикфордовский шнур 安全导火索，延燃导火索，俾式导火索

БШВ бортовая шкала времени 机上时间刻度盘，机上时间度标

БШПС береговая шумопеленгаторная станция 海岸噪声测向站

БШПС боевая шумопеленгаторная станция 军用声波定位站

БШУ бомбоштурмовой удар 轰炸突击

БШФ блок шинных формирователей 总线型成器组合

БЩ Ответ на запрос 询问应答信号（雷达信标的）

БЩ батарейный щит 电池接线板

БЩП батарейный щит переключений 电池转接连线板

БЭ бензиномер электрический 电动（汽油）油量表

БЭ блох эталонов 标准部件，标准块

БЭ боевая эффективность 战斗效能

БЭ боевой элемент 子弹头

Бэв биллион электрон-вольт 十亿电子伏特，10^9电子伏特

БЭВМ бортовая электронно-вычислительная машина 机（舰）载电子计算机

БЭК боевая эксплуатация кораблей 舰艇的战斗运行

БЭМТ баржевой электромагнитный трал 驳船电磁扫雷具

бэо батальон энергетического обеспечения 动力保障营

БЭП блок электропитания 电源装置，电源部件

Бэр биологический эквивалент рентгена 生物伦琴当量，雷姆

БЭРМ бронеэвакоремонтная машина 装甲后送

Б

修理车

БЭРНК береговая электрорадионавигационная камера 海岸无线电电子导航室

БЭС бортовая экспертная система 机载鉴定系统

БЭСОТ бензиномер электрический с сигнализацией остатка топлива 带剩油警告灯的汽油电子油量表

БЭСК боевая эксплуатация системы кораблей 舰艇系统的战斗运行

БЭСМ большая электронно-счетная машина 大型电子计算机

БЭСМ быстродействующая электронная счетная машина 高速电子计算机

БЭСЭ бесконтактная электронная система зажигания 无接触电子点火系统

бэт батальон эвакуации танков 坦克后送营

БЭТИ банк эталонной технической информации 标准技术信息库

БЯ бистабильная ячейка 〈信〉双稳单元

В

В вертикальная (поляризация) 垂直（极化）

В взвод 排

В взрыв 爆炸

В взрыватель 引信，信管

В включатель 开关；断路器

В водитель (на схемах и условных обозначениях) 司机（用于图表和图标的标识）

В военный 战争的；军事的，军用的；军人的；战时的

В воздушный 空军的；航空的，飞行的，空中的

В войсковой 军队的，部队的，队属的

В вольт 伏（特）

В восток 东，东方，东部

в восток；восточный 东的，东方的，东部的

В выдача 发送

В высокий разрыв 高空爆炸；高空炸点

В выстрел раздельного гильзового заряжения 药分装式炮弹

в/б военный билет 军人身份证，兵役证

В и ВТ вооружение и военная техника 武器和军事技术装备

В ПВО СВ войска противовоздушной обороны Сухопутных войск 陆军防空兵，陆军防空部队

в.в высоковольтный 高电压的

В/В ввод-вывод 输入－输出

в/в.пс высоковольтная подстанция 高压变电站

в.и.д временно исполняющий должность 职务代理，临时代理

в/м вольт на метр 伏 / 米

в/о взрывоопасный 有爆炸危险的，易爆的

в/п военнопленные 战俘，俘虏

в/с военнослужащий 现役军人

в. с. водяной столб 水柱

в.ч войсковая часть 部队

В.Ч.З. высокочастотная закалка 高频淬火

В-2 танковый дизель-мотор 坦克柴油发电机型号

В-2 тип турбовинтового пассажирского вертолета Миля 米尔设计的涡轮螺旋桨旅客直升机型号

В2-Ф3 тип противорадиолокационной маскировки металлических дверей и стен 金属门和金属墙的反雷达伪装种类

В-75, В-750М типы ракет《 земля-воздух 》 “地对空”导弹型号

В-8 тип турбовинтового большого вертолета 涡轮螺旋桨大型直升机型号

ВА вакуумный агрегат 真空装置

ВА веерная антенна 〈无〉扇形天线

ВА военная академия 军事学院

ВА Военная академия имени М.В. Фрунзе 伏龙芝军事学院

ВА воздушная армия 空军集团军

ВА воздушная атака 空中攻击，空中袭击

ВА войсковая авиация 部队航空兵，队属航空兵

ВА волновая атака 毒波攻击

ва вольт-ампер 伏（特）安（培）

ВА вольтамперметр 伏（特）安（培）计，电压电流两用表

ВА вольтмиллиамперметр 伏特毫安表

ВА ВГК ВТА воздушная армия Верховного

Главного Командования военно-транспортной авиации　最高统帅部运输航空兵集团军

ВА ВГК СН　воздушная армия Верховного Главного Командования стратегического назначения　最高统帅部战略空军集团军

ВАА　Военная артиллерийская академия имени М.И. Калинина　加里宁炮兵（军事）学院

ВАБ　вакуумная авиационная бомба　真空（航空）炸弹，真空航弹

ВАБ　выключатель автоматический быстродействующий　速动式自动开关

ВАБТВ　Военная академия бронетанковых войск имени Р.Я. Малиновского　马林诺夫斯基装甲兵军事学院

ВАБТВ　Военная ордена Ленина академия бронетанковых войск　列宁勋章装甲兵军事学院

ВАБТМВКА　Военная академия бронетанковых и механизированных войск Красной Армии　红军装甲坦克与机械化兵军事学院

ВАВКО　Военная академия воздушно космической обороны　空天防御军事学院

ВАВПВО　Военная академия войсковой ПВО　队属防空军事学院

ВавтИ　Военный автомобильный институт　汽车军事专科学院

ВавтУ　Военный автомобильный университет　汽车军事大学

ВАГ　винтовочная агитационная граната　宣传用枪榴弹

ВАГШ　Военная академия Генерального штаба　总参军事学院

ВАД　военно-автомобильная дорога　军用公路

ВАД　воздушный аккумулятор давления　（喷气式发动机的）空气蓄压器

в-ад　вице-адмирал　海军中将

ВАДФ　вспомогательная автомобильная дорога фронта　前线辅助公路

ВАЗ　виброакустическая защита　振动声防护

ВАЗ　Волжский автомобильный завод　伏尔加汽车厂

ВАЗ　встроенный агрегат заправки(самолета)　（飞机）内装式加油设备

ВАИ　Военный авиационный институт　军事航空学院

ВАИ　Военный автомобильный институт, г. Рязань　梁赞汽车学院

ВАИ　военная автомобильная инспекция　军车监察局，军车监理

ВАИИ　Военный авиационный инженерный институт　航空兵工程专科军事学院

ВАИУ　Военное авиационное инженерное училище　空军工程军事学校

ВАИУ　высшее артиллерийское инженерное училище　高级炮兵工程学校

ВАК　Высшая аттестационная комиссия　最高学位评定委员会

ВАК　высшие академические курсы　高级进修班

ВАКА　Военная артиллерийская командная академия　炮兵指挥军事学院

ВАКИУ　высшее артиллерийское и командно-инженерное училище　高级炮兵指挥工程学校

ВАКСС　взаимосвязанная автоматизированная комплексная система связи　协调一致的自动化综合通信系统

ВАКУ　высшее артиллерийское командное училище　高级炮兵指挥学校

ВАММ　Военная академия механизации и моторизации　机械化和摩托化军事学院

ВАН　вестник Академии наук　科学院通报

ВАН　винтовой артезианский насос　螺旋式自流水泵

ВАО　высокоактивные отходы　强放射性废料

ВАП　вертолетный авиаполк　直升机航空兵团

ВАП　винтовочно-артиллерийский полигон(в Кантимировской танковой дивизии)　（坎基米洛夫坦克师的）步枪炮兵射击靶场

ВАП　внутренняя аддитивная помеха　内部附加干扰

ВАП　Волго-Ахтубинская пойма　〈地〉伏尔加－阿赫图巴河泛区，伏尔加－阿赫图巴河滩地

ВАП　выливной авиационный прибор　飞机喷洒器

ВАПС　Высший академический военно-педагогический совет　高等院校军事教育委员会

вар　вар　乏（无功伏安）

вар　вариметр　升降速度表；气压测量器

ВАР　вариометр　可变电感器；升降速度表

вар　киловар　千乏，无功千伏安

ВАРВСН　Военная академия РВСН　战略导弹兵军事学院

варз　военный авторемонтный завод　军车修理厂

ВАртУ　Военный артиллерийский университет　炮兵军事大学

ВАРУ　временная автоматическая регулировка усиления　时间自动增益调节

ВАРХБЗ　Военная академия радиационной, химической и биологической защиты　辐射化学和生物防护军事学院

ВАРЭМ　войсковая авторемонтная эксплуатационная мастерская　队属汽车保养修理所，队属汽车保养修理车

ВАС　Военная академия связи　通信军事学院

ВАС　высоты и азимуты светил　天体高度与方位角

ВАСО　военно-автомобильный санитарный отряд　军事卫生汽车队

ВАСПАС　Всероссийская ассоциация спасательных передвижных аварийных служб　全俄流动防险救生勤务协会

ВАСУ　военно-воздушные силы Украины　乌克兰空军

ВАТ　военная автомобильная техника　军用汽车（技术）；军车

ВАТ　военно-автомобильный транспорт　军用汽车运输

ВАТ　военно-артиллерийский транспорт　军队炮兵运输工具

ВАТ　военный автомобильный транспорт　军事汽车运输

ВАТ　военный атташе　武官

ВАТИ　военная автотракторная инспекция　军用汽车拖拉机检查局

ВАТИ　Военно-автотранспортная инспекция　军车运输监察局

ВАТС　Военная авиатранспортная служба　军事空运局

ВАТС　Военная академия тыла и снабжения　后勤与供应军事学院

ВАТТ　Военная академия тыла и транспорта　后勤和运输军事学院

ВАТУ　Военный авиационно-технический университет　军事航空技术大学

ВАУ　военное авиационное училище　军事航空学校

ВАУГВФ　Высшее авиационное училище Гражданского Воздушного Флота　民航高等航空学校

ВАФ　Военная академия им Фрунзе　伏龙芝军事学院

ВАФН　воздушная армия фронтового назначения　前线空军集团军

ВАХ　вольт-амперная характеристика　伏安特性

ВАХЗ　Военная академия химической защиты　军事防化学院

ВАШКС　Военно-артиллерийская школа стрельбы　军事炮兵射击学校

ВАШЛ　военная авиационная школа летчиков　空军飞行员学校

ВАШП　военная авиационная школа пилотов　空军飞行员学校

ВАШПОЛ　Военно-авиационная школа первоначального обучения летчиков　空军飞行员初级教练学校

ВАЭ　вертолетная авиационная эскадрилья　直升机航空大队

ВАЭ　волноводный вывод энергии　电源线波导管

вб　вебер　韦（伯）(磁通量单位）

ВБ　водолазный бот　潜水工作艇

ВБ　водяной бачок　水罐

ВБ　военная база　军事基地

ВБ　воздушного базирования　空中部署（的），空基（的）

ВБ　встречный бой　遭遇战斗

ВБ　выключатель безопасности　安全开关

ВБ　выпрямительный блок　整流部件

ВБ　выходной блок　输出部件，输出装置

ВБ вычислительный блок 计算模块

ВБВГ выходной блок возбудителя гетеродина 激励器，本地震荡器输出单元，激励振荡器输出端

ВБД внешняя база данных 外部数据库

ВБК визир береговой артиллерии командирский 岸炮指挥镜

ВБМ воздушная боевая машина 空中战车（指飞机、直升机）

ВБО вероятное боковое отклонение 可能的侧偏差，概略侧偏差

ВБО войска береговой обороны 岸防部队，岸防兵

ВБП верхняя боковая полоса 上边频带

вбп взвод боевого питания 弹药排

ВБР выносной блок резервирования 外置备件箱

ВБР ЗРК вероятность безотказной работы зенитного ракетного комплекса 防空导弹系统无故障操作概率

вбртр взвод бронетранспортеров 装甲运输车排

ВБТРФ Владивостокская база тралового и рефрижераторного флота 符拉迪沃斯托克拖网和冷藏船队基地

ВБУ вращающееся бесконтактное устройство 回转式非接触装置

ВБШ воспламенитель бикфордова шнура 俾氏导火索点火具

ВВ «Военный вестник» 《军事通报》(刊物)

ВВ весло вальковое (для спасательной лодки) 角柄桨（救生艇专用）

ВВ взрывная волна 爆炸波

ВВ взрывчатые вещества 爆炸物，炸药

ВВ внутренние войска (МВД России) 内卫军（俄内务部所属）

ВВ внутричетверочное влияние 四组内干扰

ВВ военное ведомство 军事部门，军事当局

ВВ воздушный взрыв 空中爆炸

ВВ воздушный винт 空气螺旋桨

ВВ возмущающее воздействие 扰动作用；激励作用

ВВ вспомогательные войска 辅助部队

ВВ выдержка времени 时滞，延时

ВВ высокий воздушный (взрыв) 高空爆炸

ВВ тип пороха военного времени 战时火药型号

в-в воздух-воздух 空对空（导弹）

ВВ-1 визир Васильева 瓦西里耶夫式瞄准镜

ВВА вертикально взлетающая амфибия 垂直起降水陆两用飞机

ВВА Военно-воздушная академия имени Ю.А. Гагарина 加加林空军学院

ВВА Высшая военная академия 高级军事学院

ВВАИИ Воронежский военный авиационный инженерный институт 沃洛涅日空军工程专科学院

ВВАИУ высшее военное авиационное инженерное училище 空军高等工程学校

ВВАИУРЭ Высшее военное авиационное инженерное училище радиоэлектроники 空军高等电子工程学校

ВВАКИУ Высшее военное автомобильное командно-инженерное училище 高等汽车军事指挥工程学校

ВВАКУ Высшее военное артиллерийское командное училище 高等炮兵指挥军事学校

ВВАС Временный военный административный совет 临时军事行政委员会，临时军管会

ВВАУ высшее военно-авиационное училище 高等军事航空学校

ВВАУЛШ Высшее военное авиационное училище летчиков-штурманов 空军高等飞行员－领航员学校

ВВАУШ Высшее военное авиационное училище штурманов 空军高等领航员学校

ВВБ военно-воздушная база 空军基地

ВВВ водонаполненное взрывчатое вещество 充水炸弹，充水爆炸物

ВВВ водосодержащие взрывчатые вещества 含水炸药，含水爆炸物

ВВВШ высшая военно -воздушная школа 空军高等学校

ВВГ военно-временный госпиталь 临时军医院

ВВГ вторичное временное группообразование

二次时分群路生成，二次群时分多路复用

ВВГМИ Высший военный гидрометеорологический институт 高等军事水文气象专科学院

ВВД воздух высокого давления 高压空气

ВВД воздуховод высокого давления 高压输气管

ВВДКУ высшее воздушно-десантное командное училище 高等空降兵指挥学校

ВВИ Высшая военная инспекция 最高军事检察机关

ВВИА военно-воздушная инженерная академия 空军工程学院

ВВИА Военно-воздушная инженерная академия имени Н Е Жуковского 茹科夫斯基空军工程学院

ВВИАУ Высшее военное инженерное авиационное училище 航空兵高等工程学校

ВВИКА Военно-воздушная инженерная ордена Ленина Краснознаменная академия им Н Е Жуковского 列宁勋章红旗茹科夫斯基空军工程学院

ВВИМУ Владивостокское высшее инженерное мореходное училище 符拉迪沃斯托克高级航海工程学校

ВВИСУ Высшее военное инженерное строительное училище 高等军事工程建筑学校

ВВИУ Высшее военное инженерное училище 高等军事工程学校

ВВИУС высшее военное инженерное училище связи 高等军事通信工程学校

ВВК военно-врачебная комиссия 军人健康鉴定委员会

ВВК Высший военный колледж (США) 高级军事学院（美国）

ВВКИУ высшее военное командно-инженерное училище 高等军事工程指挥学校

ВВКО войска воздушно-космической обороны 空天防御兵

ВВКУ Высшее военное командное училище 高等军事指挥学校

ВВКУС высшее военное командное училище связи 高等军事通信指挥学校

ВВКФЭП военно-врачебная комиссия фронтового эвакуационного пункта 前线后送站军事医疗委员会

ВВЛ высоковольтная линия 高压线路

ВВМГУ высшее военно-морское гидрографическое училище 海军高等水道测量学校

ВВМИОЛУ Высшее военно-морское инженерное ордена Ленина училище имени Ф Э Дзержинского 列宁勋章捷尔任斯基海军高等工程学校

ВВМИРТУ Высшее военно-морское инженерное радиотехническое училище 海军高等无线电技术工程学校

ВВМИУ Высшее военно-морское инженерное училище 海军高等工程学校

ВВМУ высшее военно-морское училище 海军高等学校

ВВМУЗ высшее военно-морское учебное заведение 高等海军院校

ВВМУПП Высшее военно-морское училище подводного плавания 海军高等潜航学校

ВВМУСиР Высшее военно-морское училище связи и радиолокации 海军高等通信与雷达学校

ВВМУФ Высшее Военно-морское ордена Ленина и Ушакова Краснознаменного училище имени Фрунзе 列宁勋章和乌沙科夫勋章红旗伏龙芝海军高等学校

ВВНЗ высшее военно-научное заведение 高级军事科研机构

ВВНОС войска воздушного наблюдения, оповещения и связи 空情观察、报知与通信兵

ВВО Вахтерская военизированная охрана 警卫队

ВВО военизированное внутреннее охранение 内部（军事化）警卫

ВВО вооруженная вахтерская охрана 武装值班警卫，武装值班警卫队

ВВО Восточный военный округ 东部军区

ВВО всевысотный обнаружитель 全高度探测仪

в-вод волновод 波导（管）

ВВОО Всеармейское военно-охотничье общество 全军军事狩猎协会

ВВОР войска внутренней охраны республики 共和国内卫部队

ВВП вертикальные взлет и посадка 垂直起降

ВВП Владимир Владимирович Путин 普京

ВВП всеобщая воинская повинность 普遍义务兵役制

ВВП всеобщая воинская подготовка 普遍军事训练

ВВП высшая вневойсковая подготовка 高等军外训练

ВВП высшая военная подготовка 高级军事训练

ВВПИ Высший военно-педагогический институт 高等军事师范学院

ВВПОУ высшее военно-профессиональное образовательное учреждение 高等军事职业教育机构

ВВПУ высшее военно-политическое училище 高等军政学校

ВВРС военно-воздушные разведывательные силы 空军侦察兵力

ВВРС Высший военно-революционный совет 最高革命军事委员会

ВВС вид вооруженных сил 军种

ВВС военная воздухоплавательная станция 军用浮空站

ВВС военно-ветеринарная служба 军事兽医勤务（部门）

ВВС военно-воздушные силы 空军

ВВС войска внутренней служба 内部勤务部队

ВВС вспомогательные военные суда 军用辅助船

ВВС высоковольтная сеть 高压电网

ВВС Высший военный совет 最高军事委员会

ВВС БМ военно-воздушные силы Балтийского моря 波罗的海空军

ВВС ВО военно-воздушные силы военного округа 军区空军

ВВСД военная и военно-санитарная дисциплины 军事和军事卫生科目

ввсп взвод связи с пехотой 〈炮〉与步兵联络排

ВВСП временный военно-санитарный поезд 临时军用卫生专列

ВВС Сиб военно-воздушные силы Сибири 西伯利亚空军

ВВСТ вооружения, военная и специальная техника 武器与专用军事技术装备

ВВСФ военно-воздушные силы фронта 方面军空军

ВВТ-Д тип образцового гетеродинного частотомера 标准差频式频率计型号

ВВУ вводно-выводное устройство 输入/输出设备

ВВУ высоковольтное выпрямительное устройство 高压整流器，高压整流器，高压整流装置

ВВУ высоковольтное устройство 高压装置，高压设备

ВВУ высшее военное училище 高等军事学校

ВВУТ высшее военное училище тыла 高等军事后勤学校

ВВФ Вестник Военного флота(журнал) 《海军通报》

ВВФ Волжская военная флотилия 伏尔加河区舰队

ВВФ высоковольтный фидер 高压馈（电）线

ВВФУ Высшее военное финансовое училище 高等军事财经学校

ВВФХШ высшая военная финансово-хозяйственная школа 高等军事财务管理学校

ВВЧ весьма высокая частота 甚高频

ВВЧК Временная чрезвычайная комиссия 临时紧急委员会

ВВЭ военно-воздушная эскадрилья 空军大队

ВВЭ военно-врачебная экспертиза 军人健康鉴定

ВГ вибратор горизонтальный 水平偶极子

ВГ вибрационный гальванометр 振动式检流计

ВГ винтовочный гранатомет 枪榴弹筒

ВГ водогрейка 烧水器

ВГ военный городок 兵营，军营

ВГ военный госпиталь 军队医院

ВГ временное группообразование 时分群路生成

ВГ вспомогательный генератор 辅助发电机；辅助振荡器

ВГ вспомогательный гетеродин 辅助振荡器

ВГ вторичная группа 二次群

ВГ вычислительный гальванометр 计算式检流计

ВГ(-) типы взрывного горючего в ракете 导弹推进燃料型号

ВГ-1-Б тип выпрямителя газотронкого для зарядки батареи 热阴极充气管充电整流器型号

ВГАС вертолетная гидроакустическая станция 直升机声纳站

ВГБ военно-госпитальная база 军医院基地

ВГД вибратор горизонтальный диапазонный 水平波段振荡器

ВГД винтовочная граната Дьяконова 季亚科诺夫枪榴弹

ВГИ входящий групповой искатель （电话）入局选组器

ВГК Верховное главнокомандование 最高统帅部

ВГК ОВС НАТО Верховное главное командование Объединенных военных сил НАТО 北约联合军事力量最高统帅部

ВГМ военные гусеничные машины 履带式军用汽车

ВГМО Волгоградский государственный музей обороны 国立伏尔加格勒国防博物馆

ВГО военно-географическое описание 兵要地志

ВГО войска гражданской обороны 民防部队

ВГОММИ Военно-геодезическое отделение Московского межевого института 莫斯科测量学院军事大地测量系

ВГПИ всесоюзный государственный проектный институт 全苏国家设计院

вгпт взвод гусеничных плавающих транспортеров 履带式两栖装甲输送排

ВГР военно-географический район 军事地理区

ВГРП вспомогательная группа радиопомех 辅助干扰组

ВГС военизированный горноспасательный отряд 军事化矿区救护大队

ВГС военно-гражданское сотрудничество 军民合作

ВГС вторичный групповой сигнал 二次群信号

ВГСВ военизированный горноспасательный взвод 军事化矿区救护排

ВГС ВС Военно-геральдическая служба ВС РФ 武装力量军事徽章局

ВГСО военизированный горноспасательный отряд 军事化山地救生队

ВГССРПРН высокоорбитальная группировка спутниковой системы раннего предупреждения о ракетном нападения 高轨道导弹袭击早期预警轨道集团

ВГСЧ военизированная горноспасательная часть 军事化矿区救护队

ВГТ вторичный групповой тракт 二次群通道，二次群信道

ВГТРК Всероссийский государственная телерадиокомпания 俄罗斯国家电视广播公司

ВГУ Военно-географическое управление 军事测绘局

вт-ч ватт-час 瓦（特）小时

ВД Варшавский договор 华沙条约，华约

ВД Варшавский Договор о дружбе, сотрудничестве и взаимной помощи 华沙友好合作互助条约

ВД ввод данных 数据输入

ВД ведомость дистанций 距离报表，射程报表

ВД вертолетный дозор 直升机巡逻

ВД водометный движитель 喷水式推进器

ВД военная доктрина 军事学说

ВД военная дорога 军用道路

ВД военный дирижер (на схемах и условных обозначениях) 军乐队长（用于图表和图例标识）

ВД воздушное движение 空中交通

ВД восточная долгота 东经

ВД временная диаграмма 时序图

ВД временный детектор 时隙检测器

ВД вспомогательный диапазон 辅波段，辅助频段

ВД выдача данных 数据发送

ВД высотомер двухстрелочный 双指针高度表

Вд срединное(вероятное)отклонение по дальности 距离中间（公算）偏差

ВД-17, ВД-20 приборы для измерения воздушного давления самолета 飞机空气压力测定器型号

ВДА Военно-дипломатическая академия 军事外交学院

вда воздушно-десантная армия 空降集团军

вдан воздухоплавательный дивизион аэростатов наблюдения 空中观察气球营

вдб военно-дорожный батальон 军用道路工程营

ВДВ Воздушно-десантные войска 空降兵

ВДВП высшая допризывная подготовка 应征前的高等级训练

ВДГ вибратор диапазонный горизонтальный 宽带水平偶极子

ВДД Воздушно-десантные дивизии 空降师

ВДЗ встроенная динамическая защита 嵌入式动态保护装置

ВДК воздушно-десантный комплекс 空降兵装备综合体

вдк воздушно-десантный корпус 空降军

вдкс взвод дозиметрического контроля и связи 剂量检查与通信排

вдкч водокачки 水塔，水泵房，抽水站

вдм взвод дегазации местности 地面消毒排

ВДМ взрывательный дистанционный механизм 遥控爆炸物（用于标志）

ВДМ военно-дорожный материал 军用道路材料

ВДМ-Т тип взрывательного дистанционного механизма 摇控爆炸机构型号

вдо взвод дегазации обмундирования 服装消毒排

ВДО военно-дорожный отряд 军用道路工程大队

ВДО военный дом отдыха 军人疗养院，军人休养所

вдо воздушно-десантный отряд 空降队，空降兵中队

вдос взвод дегазации обмундирования и снаряжения 服装及装具消毒排

ВДП верхний допустимый предел 上极限，容许上限，上容许度

ВДП воздушно-десантная подготовка 空降训练

ВДП воздушно-допризывная подготовка 应征前的空中训练

ВДП возимый дегазационный прибор 车载消毒器；携运消毒器

ВДП НАТО Военно-дипломатическое представительство НАТО в России 北约驻俄罗斯军事外交代表处

ВДПО Всероссийское добровольное пожарное общество 全俄消防志愿者协会

ВДР воздушно-десантная рота 空降兵连

ВДР волноводно-диэлектрический резонатор 波导－介质共振器

ВДРК вспомогательная движительно-рулевая колонка 辅助推进装置，辅助推进驾驶柱

ВДРФ военная доктрина Российской Федерации 俄联邦军事学说

ВДС видио-детекторный сигнал 视频检波信号

ВДС водород-донорская система 供氢系统

ВДС воздушно-десантная служба 空降兵局；空降勤务

ВДС Воздушный дежурный самолет 空中值班飞机

ВДС высокодисперсная система 高度分散系统

ВДТ вольтодобавочный трансформатор 升压变压器

ВДУ водяное дозирующее устройство 水定量装置

ВДУ Военно-дирижерский университет 军乐队指挥大学

ВДУ Военно-дорожное управление 军用道路工程部；军用道路管理部（局）

ВДУ выносная двигательная установка 外置式发动机

вдхр водохранилище 水库

ВДЭУ ветродизель-электрическая установка 风力柴油发电机

верт вертикальновзлетающие аппараты 垂直起飞装置

ВЕРТ вертикальный 垂直的

верт вертолет 直升飞机

ВЕСТ ведомственный стандарт 部（级）标（准），部颁标准

веч. вечер 晚间

вещ вещевой 装放东西的，被服的

ВЖД вспомогательная железная дорога 备用铁路

ВЖПП военно-железнодорожный продовольственный пункт 军用铁路粮站

ВЖПП военный железнодорожный продовольственный пункт 军事铁路给养站

ВЗ Воздух 空袭

ВЗ верхняя зона 上区

вз взамен 代替，替换

вз взвод засечки 交会（测定）排

вз взвод засечки (целей) （目标）标定排

ВЗ вибрационный замыкатель 振动开闭器

ВЗ внешний запуск 外部启动

ВЗ водостойкая зимняя (смазка) 冬用耐水润滑油

ВЗ военный завод 军工厂

ВЗ воздухозаправщик 充气车

ВЗ волноводный замыкатель 波导管闭合器

ВЗ выставочный зал 展厅

в-з Воздух-Земля 空对地（导弹）

ВЗА воздушный зонд атмосферный 空中大气层探测器

ВЗА войска зенитной артиллерии 高炮兵，防空炮兵

ВЗА войсковая зенитная артиллерия 队属高炮部队

ВЗА высотный зонд атмосферный 高空大气探测器

взак взвод заготовки конструкций 构件制作排

ВЗАФ воздушный зонд астрофизический 空中天文物理探测器

взв ГСП взвод гусеничных самоходных паромов 履带式自行门桥排

Взв САУ взвод самоходно-артиллерийской установки 自行火炮排

взвод ПТУРС взвод противотанковых управляемых реактивных снарядов 反坦克火箭排

ВЗГ ведомый задающий генератор 从动发送振荡器

ВЗГ вторичный задающий генератор 二次发送振荡器

ВЗД взрыватель замедленного действия 延期引信

ВЗЛА вертикальная зигзагообразная логопериодическая антенна 垂直之字形对数周期天线

ВЗОИ взаимный обмен информацией 信息交换，互换信息

взор взвод оптической разведки 光测排，光测仪器，侦察排

взп взвод зенитных пулеметов 高射机枪排

ВЗПС внутризоновая первичная сеть 区内一次网

ВзПУ воздушный пункт управления 空中指挥所

взр взвод звуковой разведки 声测排

взр взвод звукометрической разведки 声测（侦察）排

взр взвод разведки 侦察排

взр взвод звуковой разведки 声测排，音响侦察排

ВзР воздушная разведка 空中侦察

ВЗРК высокоподвижный зенитный ракетный комплекс 高度机动的防空导弹系统

ВЗРКУ Высшее зенитно-ракетное командное училище 高等防空导弹指挥学校

взрывпакет взрывной пакет 爆破包

взрывснаряд взрывной снаряд 炸弹

ВЗРЭБ вертолетное звено радиоэлектронной борьбы 无线电电子对抗直升机中队

ВЗС внутризоновая связь 区内通信

ВЗС Всероссийский земский союз 全俄地方自治联合会

ВзС сжатый воздух 压缩空气

ВЗСТИ взаимозаменяемость, стандартизация, технические измерения 相互转换、标准化和技术测量（一门学科）

ВЗУ внешнее запоминающее устройство 外部存贮器，外存

ВЗУ воздухозаборное устройство (на подводной лодке) （潜艇）进气装置，供气装置

ВЗУ входное запоминающее устройство 输入存储器

ВЗУ входное защитное устройство 输入保护装置

ВЗУ высокоинформативное запоминающее устройство 高信息量存储器

ВЗУ высшее звено управления 上级指挥，上级指挥机关

ВЗУ выходное запоминающее устройство 输出存储器

ВИ видимое излучение 可见辐射

ВИ внеполосное излучение 带外辐射

ВИ военная инспекция 军事检查；军事检查机关

ВИ военное имущество 军事财产

ВИ военный институт 军事专业学院；军事研究所

ВИ временная избирательность 时间选择

ВИ вторичная информация 二次信息

ВИ вторичное излучение 二次辐射

ВИ входная информация 输入信息

ВИ выдача индекса 变址发送

ВИ выдача информации 信息发送

ВИ КНБ Рказ Военный институт Комитета национальной безопасности Республики Казахстан 哈萨克斯坦国家安全委员会军事研究所

ВИ РВ Военный институт ракетных войск 导弹兵专科军事学院

ВИ СВО Военного института Сил воздушной обороны РК 哈萨克斯坦空中防御力量专科军事学院

ВИА Военно-инженерная академия 军事工程学院

ВИА военно-исторический архив 军事历史档案

ВИАВУ военно-инженерное авиационное высшее училище 空军高等军事工程学校

виб вибродатчик 振动传感器

Вибр вибрация 振荡

ВИВ величина измерения высоты (воздушной цели) （空中目标）高度测量值

ВиВТ вооружение и военная техника 武器及军事技术装备

ВИГ Вооруженная исламская группа 伊斯兰武装团伙

ВИД Вооруженное исламское движение 伊斯兰武装运动

видео-КД видеокомпатдиск VCD 视频激光磁盘

ВИДМ высокоинформативная дельта-модуляция 大信息增量调制

ВИЖ «Военно-исторический» журнал 军事历史杂志

виз виза 签证

ВИИ военно-инженерная инспекция 军事工程检查机构（处）

ВИИАМ Всесоюзный исследовательский институт авиационных материалов 全苏航空材料研究所

ВИИРЭ Военный инженерный институт радиоэлектроники 无线电电子工程专科军事学院

ВИИРЭС Военно-инженерный институт радиоэлектроники и связи 无线电电子技术和通信军事工程专科学院

ВИИЯ Военный институт иностранных языков 外国语专科军事学院

ВИИЯ МО РК Военного института иностранных языков Министерства обороны Республики Казахстан 哈萨克斯坦国防部外国语军事专科学院

ВИК высшие инженерные курсы 高级工程培训班

ВИКА Военно-инженерная космическая академия 军事航天工程学院

ВИКА Военно-инженерная краснознаменная академия 红旗军事工程学院

ВИКА Военная инженерно-космическая академия имени А Ф Можайского 莫扎伊斯基军事航天工程学院

ВИКО выносной индикатор кругового обзора 外置环视显示器，平面位置分显示器

ВИКУ Военный инженерный космический университет 军事航天工程大学

вим взвод инженерных машин 工程车排

ВИМ винтовочный искатель мин 步枪式探雷器

ВИМ временная импульсная модуляция 时间脉冲调制

ВИМ высокочастотный искатель мин 高频探雷器

ВИМ(-) тип моноискателей 单目探测器型号（例如：ВИМ-203, ВИМ-625）

ВИМО Военный институт Министерства обороны 国防部军事研究所

ВИН величина изменения направления 〈炮〉方向改变量，向变率

ВИНИТИ всесоюзный институт научной и технической информации 全苏科技情报研究所

B

ВИНК Военно-историческая научная комиссия 军事历史科学委员会

ВИНТПОЛИГОН винтовочный полигон 步枪射击场

B

ВИП величина изменения пеленга 方位改变量，位变率（炮）

ВИП величина изменения постоянная 常变量

ВИП Восточный испытательный полигон(США)（美）东部试验（靶）场

ВИП вспомогательный источник питания 辅助电源

ВИП вторичный источник питания 二次电源，再生电源

ВИПВ КНБ РК Военный институт пограничных войск Комитета национальной безопасности Республики Казахстан 哈萨克斯坦国家安全委员会边防军专科军事学院

ВИПС Военный институт правительственной связи 政府通信专科军事学院

ВИР величина изменения расстояния 〈炮〉距离改变量，距变率

ВИРА ПВО военно-инженерная радиотехническая академия противовоздушной обороны (имени Л.А. Говорова) 防空兵无线电技术工程学院

ВИРВ военный институт ракетных войск 导弹兵专科军事学院

ВИРт величина изменения расстояния в результате движения танка 坦克运动的距离改变量

ВИРТУ Высшее инженерное радиотехническое училище 高等无线电技术工程学校

ВИРУС Военный институт разведки управления и связи 指挥侦察和通信专科军事学院(1994年前为基辅高等防空无线电技术工程学校)

ВИРХБЗ Военный институт радиационной, химической и биологической защиты 辐射、化学、生物防护专科军事学院

ВИРЦ величина изменения расстояния цели 目标距离改变量，目标距离变化率

ВИРЭ Военный институт радиоэлектроники 无线电电子技术专科军事学院

ВИС военно-инженерный склад 军事工程器材仓库

ВИС вычислитель инерциальной системы 惯性系统计算机，惰性系统计算机

ВИС информационная система ГСОУ 全球作战控制系统之信息系统（英文缩写 WIS 的音译）

ВИСВ Военный институт сухопутного войска 陆军军事专科学院

ВИСИ Военный инженерно-строительный институт 建筑工程专科军事学院

ВИСКУ Высшее военное инженерное строительное (краснознаменное) училище имени генерала армии А Н Комаровского 科马罗夫斯基大将高等军事建筑工程学校

ВиСПР воспитательная и социально-правовая работа 教育和社会法律工作

ВИСР возможности информационных средств радиолокации 雷达信息设备的能力

ВИСРВ Военный институт связи ракетных войск 导弹兵通信专科军事学院

ВИТ военно-инженерная техника 军事工程技术；军事工程技术装备

ВИТ воздушный истребитель танков 反坦克歼击机

ВИТ возимый индивидуальный терминал 车载单兵终端

ВИТ временно-импульсная телеграфия 脉冲时间调制电报，脉码调制电报

ВИТУ Военный инженерно технический университет 军事工程技术大学

ВИТУ Военный инженерно-технический университет, г. С.-Петербург 圣彼得堡军事工程技术大学

Виу Военно-инженерное управление 军事工程部

ВИУ Военно-инженерное училище 军事工程学校，工程兵学校

ВИУ Военно-инженерный университет, г. Москва 莫斯科军事工程大学

ВИУ военно-интендантское управление 军需部

ВИУ встроенный интерфейс устройств 内置设备接口

ВИФК Военный институт физической культуры 军事体育专科学院

ВИЦ воздухоплавательный исследовательский центр 浮空研究中心

ВИЧ вирус иммунодефицита человека 人体免疫缺乏病毒

ВИШ винт изменяемого шага 〈空〉变距桨

ВК вакуумная камера 真空室

ВК ведомый корабль 从舰

ВК величина корректировки 校正量

ВК весло кормовое (для спасательной шлюпки) 船尾桨，舵桨（救生舢板用）

ВК ветвь контура 电路支路，分支电路

ВК взвод кабельный 电缆引入线

ВК Видеоконтроллер 视频记录设备控制盒

ВК видеоконференция 电视会议

ВК визирная колонка 瞄准柱

ВК винтомоторный комплекс 螺旋桨发动机组

ВК виртуальный канал 虚拟信道，潜在信道

ВК виртуальный контейнер 虚容器

ВК включатель концевой 终端开关

ВК водолазный колокол 潜水工作箱

ВК водолазный кран 潜水工作（起重）船

ВК военная комендатура 军事代表办事处

ВК Военная консерватория 军事音乐学院

ВК военная контрразведка 军事反间谍机构，军队保卫工作，战时反间谍

ВК военный код 军用代码；军用密语

ВК военный комендант 警备长

ВК военный комиссар 军事委员；政（治）委（员）

ВК военный комиссариат, военкомат 兵役委员会，兵役局

ВК вокодер 声码器，声频译码器

ВК вокодерные кодеки 声码器编码，声频译码器编码

ВК вооруженный конфликт 武装冲突

ВК восстанавливающий контур 恢复电路

ВК врачебная комиссия 健康鉴定委员会；医务鉴定委员会

ВК временная коммутация 时隙交换

ВК временной код 时间代码，时标码

ВК временный код 临时代码

ВК вспомогательный курс 备用航线；辅助教程

ВК встроенный контроль 内检

ВК вторичный канал 二次信道；二次电路

ВК входная коробка 进线盒

ВК входной каскад 输入级

ВК выдача кода 码发送

Вк выключатель 开关

ВК выключатель конечный 终点开关

ВК выключатель консервации 油封开关

ВК выключатель коррекции 校正开关

ВК высококачественный 高质量的

ВК высотный костюм 高空飞行服

ВК выходной каскад 输出级

ВК вычислительный комплекс 计算系统

ВК кормовое весло(спасательной шлюпки) （救生艇）船尾桨

ВК пор военный комендант порта 港口军事代表

ВК РЛД воздушный комплекс радиолокационная дозора 空中雷达巡逻综合体

ВК(-) авиационные двигатели Климова 克利莫夫设计的飞机发动机型号

ВК(-) типы самолетных двигателей 飞机发动机型号

ВКА воздушно-космический аппарат 航空航天器

ВКА ПВО Военная командная академия противовоздушной обороны 防空兵学院

ВКАВПВО Военная командная академия войск противовоздушной обороны 防空军军事指挥学院

ВКАС Военная краснознаменная академия связи 红旗军事通信学院

ВКВП вертикальный и короткий взлет и посадка 垂直短距起降

ВКВФ Волжско-каспийская военная флотилия 伏尔加河－里海区舰队

ВКД военная канатная дорога 军用索道

ВКДИ входящий комплект дальнего искания 来电选择装置

ВКЕАП военный комитет Евро-Атлантического

B

партнерства 欧洲大西洋伙伴关系军事委员会

ВКЖУ военный комендант железнодорожного участка 铁路段军代表

ВКЗ вертикальный космический зонд 垂直升空空间器

ВКИУ Военное командно-инженерное училище 军事工程指挥学校

ВКК Военная квалификационная комиссия 军事鉴定委员会

ВКК воздушно-космический корабль 宇宙飞船

ВКК высотный компенсирующий костюм 高空补偿服

ВККА военный комиссар Красной Армии 红军政委

ВККА военный комиссариат Красной Армии 红军兵役局

ВКЛ АС ЗАХВ Включение автоматического сопровождения на этапе захвата 在俘获阶段接通自动跟踪

ВКЛСС высоковольтные кабельные линии сигнализации связи 通信信号用高压电缆线路

ВКМТ Всеобъемлющая конвенция по международному терроризму 《打击国际恐怖主义全面公约》

ВКН воздушно-космическое нападение 空天袭击，空中太空袭击

ВКНО воздушно-космическая наступательная операция 空天进攻战役

ВКНП воздушно-космическое нападение противника 敌方空天袭击

ВКО военно-картографический отдел 军事制图处

ВКО военно-кооперативный отдел 军人合作社管理处

ВКО воздушно-космическая оборона (США) (美) 航空航天防御，空天防御

ВКО воздушно-космическая операция 空中–太空战役，空天战役

ВКО воздушно-космическая оборона 空天防御兵

ВКО Восточно-Казахстанской области 东哈萨克斯坦州

ВКОС высшие курсы офицерского состава 高等军官训练班

ВКП видеоконтрольное приемное устройство 视频控制接收装置

ВКП военно-космическое пространство 军事外层空间

ВКП военный картографический поезд 军用制图列车

ВКП вспомогательный командный пункт 辅助指挥所

ВКП выносной командный пункт 前出指挥所，外置指挥所

ВКП вышестоящий командный пункт 上级指挥所

ВКПМ войсковой комплект пенной маскировки 部队泡沫伪装全套设备

ВКПП ветеринарный контрольно-пропускной пост 兽医检查站

ВКПР военный комендант погрузочного района 装载区军事代表

ВКПС военный комендант пристани (порта) снабжения 供应码头（港口）军事代表

ВКР взлет с коротким разбегом 短滑跑起飞

ВКР видовая космическая разведка 太空侦察

ВКР внешняя контрразведка. (Служба внешней разведки РФ.) 对外反侦察，对外反情报（俄罗斯对外情报局）

ВКР вспомогательный крейсер 辅助巡洋舰

ВКР второй капитальный ремонт 二次大修

ВКР вынужденное комбинационное рассеяние 受激复合散射

ВКРП военный комендант распорядительного порта 调度港军事代表

ВКРС военный комендант распорядительной станции 调度站军事代表

ВКС внешняя кабельная сеть 外设电缆网

ВКС военная конвойная стража 军事护送警卫部队

ВКС военно-космические силы 军事航天力量，航天部队，太空部队

ВКС воздушно-кислородное снаряжение 空中

氧气装备，空中供氧装备

ВКС воздушно-компрессорная станция 空气压缩站

ВКС воздушно-космический самолет 空天飞机

ВКС Всесоюзный комитет стандартов 全苏标准委员会

ВКС вторая космическая скорость 第二宇宙速度

ВКС Высший колледж связи 高级通信学院

ВКС РФ Военно-космические силы Российской Федерации 俄联邦航天兵

ВКСС военный комендант станции снабжения 供应站军代表

ВКТ волноводно-коаксиальные тракты 同轴波导系统

ВКУ видеоконтрольное устройство 视频控制装置

ВКУ вод военный комендант на водном участке (отделении) 水路段（分局）军代表

ВКУ вращающееся контактное устройство 回转接触装置

ВКУ Всемирный конгресс Уйгуров 世界维吾尔代表大会

ВКУМО Военный Краснознаменный университет Министерства обороны 国防部红旗军事大学

ВКФ взаимнокорреляционная функция 互相关函数

вкцувс военный комиссар центрального управления военных сообщений 中央军事交通部政治委员

ВКЧ военно-картографическая часть 军事测绘部队

ВКЭ вагон с комплектующими элементами 补充兵员运载车辆

ВЛ ватерлиния 水线

ВЛ ветеринарный лазарет 兽医所

ВЛ винтовочный легкий (порох для пули) 轻弹步枪药

ВЛ военный лазарет （小规模的）军医院，军队医务所

ВЛ воздушная линия 〈空〉架空线（路）〈信、电〉；航线

ВЛ войсковой лазарет 部队医疗所

ВЛ вызывная лампочка 呼叫灯

вл. влажность 湿度

Владбаза Владивосточная морская база 符拉迪沃斯托克海军基地

ВЛД ветеринарный лазарет дивизии 师兽医院

ВЛЗ Вторая линия защиты 第二防线

ВЛК врачебно-летная комиссия 空勤人员健康鉴定委员会

ВЛК врачебно-летный контроль 空勤人员健康检查

ВЛО вольтметр ламповый образцовый 标准电子管伏特表

ВЛП весение-летний период 春夏季

ВЛПШ высшая летно-планерная школа 高等飞行滑翔学校

ВЛС воздушная линия связи 架空通信线路

ВЛС волноводная линия связи 通信波导线路

ВЛС выдвижная лампа самолетная 飞机伸缩灯

ВЛС выключатель лампа сигнализации 信号灯开关

ВЛТ высокочастотный лучевой тетрод 高频集射四极管

ВЛТ-2 ламповый вольтметр 电子管伏特表型号

ВЛТШ военно-летная техническая школа 军事飞行技术学校

ВЛТШ Высшая летная техническая школа 高等飞行技术学校

ВЛУ вольтметр ламповый универсальный 通用伏特计

ВЛЭ врачебно-летная экспертиза 空勤人员健康鉴定

ВМ «Военная мысль» 《军事思想》杂志

ВМ взрывчатые материалы 爆炸材料、炸药

ВМ видеомагнитофон 磁带录像机

ВМ висячий мост 吊桥

ВМ водолазный морской(бот) 海上潜水作业艇

ВМ военное министерство 军事部

ВМ Военное министерство СССР 苏联军事部

ВМ временный механизм 计时装置，定时机构

ВМ выпрямительный мостик 整流电桥

B

ВМ вычислительная машина 计算机

ВМ микровыключатель 微动开关，微动电门

ВМА Военно-медицинская академия 军事医学院

ВМА военно-морская академия 海军学院

ВМАК военно-морские академические курсы 海军进修班

ВМАКВ Военно-морская академия кораблестроения и вооружения 海军造船与装备学院

ВМАУ Военно-морское авиационное училище 海军航空兵学校

ВМБ военно-морская база 海军基地

ВМГ винтомоторная группа 〈飞〉螺旋桨发动机组

ВМГ военно-морской госпиталь 海军医院

ВМГ войсковая маневренная группа 部队机动群

ВМГУ военно-морское гидрографическое училище 海军水道测量学校

вмдб военный механизированный дорожный батальон 机械化筑路营

ВМЖ «Военно-медицинский» журнал 《军事医学》杂志

ВМЖК водолазный морской жилой комплекс 水下生活舱

ВМЗ водомаслозаправщик 水油加注车

ВМИ военно-морская инспекция 海军检查机关

ВМИ Военно-морской институт 海军专科学院；海军研究所

ВМИ ФПС военно-медицинский институт Федеральной пограничной службы РФ 俄联邦边防局军事医专科学院

ВМИИ Военно-морской инженерный институт, г. Пушкин 普希金海军工程专科学院

вминт взвод минных тралов 扫雷器排

ВМИРЭ Военно-морской институт радиоэлектроники 海军无线电电子技术专科学院

ВМИУ Военно-морское инженерное училище 海军工程学校

ВМИЧ военно-морская инженерная часть 海军工程部队

ВМК военно-морская крепость 海军要塞

ВМК военно-морской клуб 海军俱乐部

ВМК высшее морское командование 海军最高司令部

вмкг военно-морской клинический госпиталь 海军临床医院

ВММ военно-медицинский музей 医学博物馆

ВММА Военно-морская медицинская академия 海军医学院

ВМНО Военно-морское научное общество 海军科学协会

вмо взвод материального обеспечения 物资保障排

ВМО военно-мобилизационный отдел 军事动员处

ВМО военно-морское отделение 海军科

ВМО военно-мостовой отряд 军用桥梁工程队

ВМО всемирная метеорологическая организация 世界气象组织

ВМОЛА Военно-морская ордена Ленина академия 列宁勋章海军学院

ВМОР Владивостокский морской оборонительный район 符拉迪沃斯托克海防区

вмп взвод морской пехоты 海军陆战排

ВМП военно-морская почта 海军邮政

ВМП возможные материальные потери 可能的物质损耗

ВМП временный медицинский пункт 临时医疗所，临时救护所

ВМПО военно-морское почтовое отделение 海军邮政支局

ВМПП волноводно-микрополосковый переход 波导（管）微带转接

ВМПС военно-морская почтовая станция 海军邮政局，海军邮站

ВМПУ военно-морское подготовительное училище 海军预备学校

ВМПУ Военно-морское политическое училище 海军政治学校

ВМР военно-морской район (деление морского театра военных действий на зоны ответственности флота Японии) （日本）海军责任区

ВМС блок-модуль судна 舰船立体模型

ВМС винтомоторные сани 螺旋桨雪橇

ВМС военно-морские силы 海军（外）

ВМС временной механизм старта 起飞定时机构，发射计时装置

ВМСС военно-морской свод сигналов 海军信号简语

ВМСУ Военно-Морские Силы Украины 乌克兰海军

ВМТ в.м.т. внутренняя мертвая точка 内死点

ВМТ в.м.т. верхняя мертвая точка 上死点

ВМТ(-) типы резонансных волномеров 谐振式波长计的种类（如：ВМТ-1，ВМТ-10）

ВМТС военно-морская транспортная служба 海军运输勤务（部门）

ВМУ БО Военно-морское училище береговой обороны 海军岸防学校

вму взвод мостоукладчиков 架桥车排

ВМУ визуальные метеорологические условия 目视气象条件

ВМУ винтомоторная установка 〈空〉螺旋桨发电机装置

ВМУ Военно-медицинское управление 军事卫生局

ВМУ военно-медицинское учреждение 军事医疗机关

ВМУ военно-морские учения 海军演习

ВМУ Военно-морское училище 海军学校

ВМУ вынесенный модуль управления 提取控制模块

ВМУ ФПС Военно-медицинское управление Федеральной пограничной службы РФ 俄联邦边防军卫生局

ВМУЗ военно-морские учебные заведения 海军教育机构，海军院校

ВМУК военно-морской учебный комбинат 海军联合学校

ВМУС Военно-морское училище связи 海军通信学校

ВМФ Военно-морской флот 海军

ВМФ РФ Военно-морской флот Российской Федерации 俄联邦海军

ВМФУ военно-морское фельдшерское училище 海军助理军医学校

ВМЦ военно-мемориальный центр (при Генеральном штабе Вооруженных Сил РФ) （俄联邦武装力量总参部）军事纪念中心

ВМЭС военно-морские экспедиционные силы 海军勘测部队

ВН вакуумный насос 真空泵

ВН вертикальная наводка 高低瞄准

ВН вертикальное наведение 垂直引导

ВН взрыв наземный 地面爆炸

ВН водяной насос 水泵

ВН воздушная навигация 空中领航，空中导航

ВН войсковой наряд 部队执勤组

ВН выбиратель направлений 方向选择器

ВН выключатель нагрузки 负载开关

ВН выравниватель нагрузки 负载均衡器

ВНА всенаправленная антенна 全方向性天线，全向天线

ВНАР воздушное наблюдение и разведка 空中观察和侦察

ВНВ время набора высоты 〈空〉爬高时间

ВНГО высота нижней границы облачности 云底高度

ВНД воздух низкого давления 低压空气

Внеш.упл. внешнее уплотнение 外部复用

внешт внештатный 编制以外的，编外的

ВНЗ вращательно-наклонное зондирование 旋转倾斜探测

ВНК Военно-научный комитет ВС РФ 俄联邦武装力量军事科学委员会

ВНК военно-научный кружок 军事科学小组

ВНК войсковой наряд контролеров 部队检察员执勤组

ВНК временная наблюдательная комиссия 临时观察委员会

ВНО военно-научное общество 军事科学协会

ВНО воздушная наступательная операция 空军进攻战役；空中进攻战役

ВНО воздушно-наземная операция 空地一体作战

ВНО войска наземной обороны 地面防御部队

B

ВНО воздушное наблюдение, оповещение и связь 对空情报（对空监视、通报及通信联络）

ВНОС войска наблюдения, оповещения и связи 监视通报及通信联络部队

ВНОС служба воздушного наблюдения, оповещения и связи 空情观察、报告与通信勤务

ВНОСП пост ВНОС 对空情报哨

ВНП взводный наблюдательный пункт 排观察哨

ВНП визуальный наблюдательный пост 目视观察哨

ВНП военно-научный потенциал 军事科学潜力

ВНП временный наблюдательный пункт 临时观察所

ВНП вспомогательный наблюдательный пункт 辅助观察所

ВНП выносной наблюдательный пост 前出观察哨

ВНП выносные наблюдательные посты (в радиолокации) （雷达）遥控观察哨

ВНРО воздушно-наземные разведывательные органы 空地侦察机关

ВНТИЦ Всесоюзный научно-технический информационный центр 全苏科学技术情报中心

ВНТК Вертолетный научно-технический комплект имени Н. И. Камова 卡莫夫直升机科技综合体

ВНУ воздушно-направляющее устройство 空中导向装置

ВНУС внутренняя служба 内务；内务勤务

ВНУС войска внутренней службы 内部勤务部队

ВНУП вспомогательный необслуживаемый усилительный пункт 辅助非维护增音站，辅助免维护放大站

ВНЧ весьма низкая частота 甚低频

ВО вероятное отклонение 概率误差，公算偏差

ВО вертикальное оперение 垂直尾翼

ВО вертолетный отряд 直升机队

ВО верхнее отклонение 上偏差，上极限

ВО водяной отсек 水舱

ВО военная организация 军事组织

ВО военный округ 军区

Во военный оркестр 军乐队

ВО воздухоохладитель 空气冷却器

ВО воздушная оборона 防空

ВО воздушный объект 空中目标

ВО возможное отклонение 可能偏差

ВО войсковая операция 部队作战，部队行动

ВО вооруженная охрана 武装保卫，武装警卫

ВО время ожидании 等待时间

ВО вспомогательное оборудование 辅助设备

ВО вторичная обмотка 副线圈，次级线圈

ВО устройство термостабилизации 空调器

ВОАШ высшая офицерская артиллерийская школа 高等炮兵军官学校，高等军械军官学校

воб взвод обеспечения 保障排

ВОБ вычислительное отделение батареи 炮连计算班

вобт взвод обработки боевой техники 战斗技术装备处理（洗消）排

ВОВ Великая Отечественная война 伟大卫国战争

вовбт взвод обработки вооружения и боевой техники 武器与技术装备处理（消毒）排

ВОВВ Всероссийское общество ветеранов войны 全俄老战士协会

ВОГ взрывоопасный газ 易爆气体，易爆炸瓦斯

ВОГ винтовочная осколочная граната 杀伤枪榴弹

ВОГ военно-оперативная группа 军事作战组，军事行动组

ВОГ войска внутренней обороны города 城市内卫部队

ВОГО вертолетный отряд гражданской обороны 民防直升机中队

ВОГПУ Военный отдел Главного политического управления 政治总局军事部

вод. водитель 司机

Вод водолей 淡水船

ВОД вычислительное отделение дивизиона 炮兵营计算班

ВодБ водонапорная башня 水塔

воен. -леч военный лечебный 军事医疗的

воен. -мед военно-медицинский 军事医学的，军医的

воен. -мор военно-морской 海军的

воен. пер военный переводчик 军事翻译

военвоздух военное воздухоплавание 军事浮空飞行

Воендор Управление военными железными дорогами 军用铁路管理局

военжелшкола военно-железнодорожная школа 军事铁路学校

воензак военнослужащий заключенный 被监禁的军人

воениздат военное издательство 军事出版社

военкор военный корабль 军舰

военкор военный корреспондент 军事记者，随军记者

военлет военный летчик 军事飞行员，军用飞机驾驶员

Военмех Военно-механический институт 军事机械学院

Военмин Военный министр 陆军部长

военмор военный моряк 海军士兵，水兵

военморлет военно-морской летчик 海军飞行员

Военмормин Минное управление ВМФ 海军布雷局

военморспец военно-морской специалист 海军军事专家

военмортоп Топографическое управление ВМФ 海军测绘局

военмрпорт военно-морской порт 军港

военмузшкола военно-музыкальная школа 军乐学校

военорг военный организатор 部队基层负责人（指班、排、连长等）

воен-полит военно-политический 军事政治的

военполитпрос военное и политическое просвещение 军事及政治教育

военпред военный представитель 军代表

военпродбюро военно-продовольственное бюро 军粮局

военрук военный руководитель 军事指导员，军事教官

военсан военно-санитарный 军事卫生的

военсекция военная секция 军事组

военслед следователь по военными делам 军事检查员

военспец военный специалист 军事专家

военспецстрой военное специальное строительство 特种军事建设

военстрой военное строительство 军事建筑

ВОЕНТЕХ 《Военная техника》(国防部下属)“军事技术”武器装备销售公司

воентехник военный техник 军事技术员

военторг военная торговля 军事贸易，军品贸易

воентраг военно-транспортный агент 军事运输代表

военупр военно-политическое управление 军事政治部

военхозотдел военно-хозяйственный отдел 军需处

Возб возбудитель 激励器

ВОИ воздушная оборонная инициатива 空中防御倡议，空中防御计划

ВОИТ волоконно-оптический измеритель температуры 光纤测温计

ВОИШ высшая офицерская инженерная школа 工程兵军官高级学校

ВОК войска ответного контрудара 回击性反突击军队

ВОК волоконно-оптический кабель 光缆

ВОК временная объединенная комендатура 临时联合警备司令部

ВОК Высшие офицерские классы 高级军官专科学校

ВОК сигнал "внешний объект кончил" “外部对象结束”信号

ВОКС волоконно-оптическая кабельная система 光缆系统

ВОКУ Высшее войсковое командное училище 部队高级指挥学校

ВОКУ Высшее общевойсковое командное училище 合同指挥高级学校

B

ВОКУКССВ высшие офицерские курсы усовершенствования командного состава сухопутных войск 陆军高级指挥员军官进修班

волн волновой 波的，激波的

ВОЛП волоконно-оптическая линия передачи 光缆传输线路

ВОЛС волоконно-оптическая линия связи 光纤通信线路

ВОЛУ вольтметр-омметр ламповый универсальный 电子管万能伏特欧姆表

ВОМЗ Волгоградский оптико-механический завод 伏尔加格勒光纤设备厂

ВОН войска особого назначения 特遣部队；特种兵

ВОО военно-оперативный отдел 作战处

ВОО воздушная оборонительная операция 空中防御战役

ВОО вооруженный оперативный отряд 武（装）工（作）队

воор вооружение 武装

вооруж вооруженный 武装的

ВОП вертолет огневой поддержки 火力支援直升机

ВОП взводный опорный пункт 排支撑点；排据点

ВОП взрывоопасный предмет 易燃易爆品

ВОП взрывоопасный(е) предмет(ы) 危险性爆炸物

ВОП вид опознания 识别种类

ВОП визир ориентирования панорамный 全景定位瞄准镜

ВОП воздушная огневая подготовка 空中火力准备

ВОП временная огневая позиция 临时发射阵地

ВОП вспомогательная обмотка подмагничивания 辅助磁化绕组

ВОП выжидательная огневая позиция 待机发射阵地

ВОР величина отклонения взрыва 炸点（距目标）偏差量

ВОР величина отклонения разрыва (от цели) 炸点（距目标）偏差量

ВОР внутренняя охрана республики 共和国内卫

ВОР всенаправленный азимутальный радиомаяк 全向无线电方位指向标

ВОРЛ вторичный обзорный радиолокатор 二次监视雷达，二次观察雷达

ВОРОНЕЖ ФР Воронежский фронт 沃罗涅日方面军

ВОС взаимодействие открытых систем 开放系统的相互作用

ВОС взаимосвязь открытых систем 开放系统的互联

ВОС внутриобластная связь 州内通信

ВОС военно-оркестровая служба 军乐勤务部门

ВОС военные сообщения 军事交通

ВОС воздушная огневая система (сухопутных войск) （陆军的）空中火力体系

ВОС волоконно-оптическая связь 光纤通信

ВОС волоконно-оптическая сеть 光纤网

ВОС волоконно-оптическая система 光纤系统

ВОС выделитель ортогонального сигнала 正交信号分离器

ВОС модуль взаимосвязи открытых систем 开放系统互联模数

воскл военный склад 军用仓库

ВОС ВС Военно-оркестровая служба ВС 武装力量军乐勤务部门

ВОСО служба военных сообщений 军事交通勤务；军事交通部门

ВОСП волоконно-оптическая система передачи 光纤传输系统

ВОСПИ волоконно-оптическая система передачи информации 光纤信息传输系统

ВОСС волоконно-оптическая система связи 光纤通信系统

вост восточнее 以东

вост восточный 东方的，东部的

ВОТ войска обороны территории 国土防御军队

ВОТ волоконно-оптическая техника 光纤技术

ВОТ временно оккупированная территория 暂时沦陷区

вотех военный техникум 军事技术学校

ВОУ волоконно-оптический усилитель 光纤放大器

ВОУ высокообогащенный уран 高浓缩铀

ВОУЯО высокообогащенный уран-компонент ядерного оружия 高浓缩铀－核武器原料

ВОФУ военно-финансовое управление 军事财务部

вохз взвод охраны и химической защиты 警卫和防化排

ВОХИМУ военно-химическое управление 军事化学局

ВОХП военная охрана промышленности 工业的军事警卫

ВОХП вооруженная (военизированная) охрана (предприятий) промышленности 对工业企业的武装警卫

ВОХР внутренняя охрана 内部警卫，内卫

ВОХР военизированная охрана 军事化警卫

ВОЦУ взвод обнаружения и целеуказания 探测和目标指示排

ВОШ ПВО Высшая офицерская школа противовоздушной обороны 高等防空军官学校

ВП ведущий поясок 弹带；（降落伞）引导带

ВП величина поправок 修正量

ВП вертикальная плоскость 垂直平面

ВП вертикальная поляризация 垂直偏振，垂直极化

ВП вертолетный полк 直升机团

ВП верхняя палуба (корабля, судна) （舰、船的）上层甲板

ВП ветеринарный пост 兽医站

ВП вибропреобразователъ 振动式变流机

ВП виртуальная память 虚拟存贮器

ВП включение принудительное 强制接通

ВП вневойсковая подготовка 军外训练

ВП внешняя память 外部存储器

ВП водный пункт 供水站

ВП водный путь 水路，航道

ВП военная подготовка 军事训练（教学课程）

ВП военная полиция 宪兵队

ВП военная почта 军邮

ВП военная приемка 军事验收

ВП Военная прокуратура 军事检察院

ВП военное положение 战时状态

ВП военное представительство 军事代表

ВП военный пост 军事哨所

ВП военный прокурор 军事检察员

ВП воздушная подушка 气垫

ВП воздушное перебазирование 空中转场

ВП воздушный перехватчик 空中截击（飞）机

ВП воздушный подслушиватель 空中截听器

вп воздушный поезд 空中列车

ВП воздушный противник 空中敌人

ВП воинский поезд 军运列车，军列

ВП войска противника 敌军

ВП Войска Польские 波兰军队

ВП волноводный переключатель 波导转换开关

ВП волноводный переход 波导转换（接头）

ВП временной предохранитель 时间保险器

ВП временные правила 暂行规程

ВП время полета 飞行时间

ВП вспомогательный блок питания 辅助电源组合

ВП вспомогательный прибор 辅助仪表

ВП выгрузочная порт 卸载港

ВП выгрузочная пристань 卸载码头，卸货码头

ВП выжидательная позиция 待机阵地

ВП вызывной прибор 呼叫仪器

ВП выключатель пуска 起动开关

ВП выносной пункт 前出指挥所；外置台（站）

ВП выпрямитель полупроводниковый 半导体整流器

ВП высокая плотность 高密度

ВП высокая проницаемость 高磁导率

ВП высота полета 飞行高度

ВП вычислительный процесс 计算过程

ВП вычислительный пункт 计算站

ВПА водолазный подводный аппарат 潜水设备，潜水器

ВПА Военно-политическая академия 军事政治学院，军政学院

B

ВПА военно-почтовое агентство 军邮办事处

ВПАГ военный полевой авиационный госпиталь 空军野战医院

впад впадина 盆地，海沟

ВПАК военно-политические академические курсы 军事政治培训研修班

ВПАН воздушный передовой авиационный наводчик 空军前进引导员

ВПАТ Военно-политическая академия им Толмачева 托尔马乔夫军事政治学院

впб взвод боевого питания дивизиона 〈炮〉营弹药排

впб взвод противодиверсионной борьбы 反破坏排

ВПБ взводный пункт боепитания 排弹药补给点

ВПБ военно-почтовая база 军邮站，军邮基地

ВПБО война с применением бактериологического оружия 使用细菌武器的战争

ВПВ верхний предел концентрации взрывоопасных веществ 易爆品浓度上限

ВПВ взвод полевого водоснабжения 野战给水排

ВПВ воздушно-посадочные войска 机降兵，机降部队

ВПВО Военная прокуратура военного округа 军区军事检察院

вПВО войсковая противовоздушная оборона 队属防空

ВПГ Военная прокуратура гарнизона 卫戍区军事检察院

ВПГ винтовочная противотанковая граната 反坦克枪榴弹

ВПГ военный полевой госпиталь 军队野战医院

ВПГ войсковой подвижный госпиталь 军队移动医院

ВПД взлетно-посадочная дорожка 起飞着陆跑道，起降跑道

ВПД воинские перевозочные документы 部队运输凭证，部队运输票据，军运票据

ВПД воинский перевозочный документ 军运票据

ВПДТ временная площадка дегазации транспорта 运输工具临时消毒场

ВПЖ водопровод пожарный 消防水道

ВПЖД военно-полевая железная дорога 军用野战铁路

ВПЗ волна пространственного заряда 空间电荷波

ВПИ всепогодный истребитель 全天候歼击机

ВПИГ военный полевой инфекционный госпиталь 野战传染病医院

ВПК бортовой подводный комплект (набор продуктов питания для экипажей подводных лодок) 舰载潜水综合设备（可为潜艇乘员提供食品等）

ВПК военизированная пожарная команда 军事化消防队

ВПК военно-полевая кухня 军用野战炊车

ВПК военно-полевой кабель 军用电缆

ВПК военно-политическая консультация 军事政治磋商

ВПК Военно-промышленный комитет СССР 苏联军事工业委员会

ВПК военно-промышленный комплекс 军事工业综合体

ВПК вспомогательная пожарная команда 辅助消防队

ВПК встречнопересекающиеся курсы 迎击交叉航向，迎向交叉航向

ВПК вынесенный пункт концентрации 外置集线器

ВПКС время пересечения кильватерного следа 穿越尾流时间

ВПКУ Высшее пограничное командное училище 高等边防指挥学校

ВПЛ винт с поворотными лопастями 转动叶片螺旋桨

ВПЛ временно перемещенные лица 临时难民

ВПЛР временный пункт лечения раненых 伤员临时医治所

ВПЛРГ военный полевой госпиталь для легкораненых 野战轻伤医院

ВПМ взвод подводных мостов 水下桥梁排

ВПМ военно-почтовый мешок 军邮袋

ВПМ военно-прикладное многоборье 军事实用全能项目

ВПМПГ военный полевой многопрофильный госпиталь 战地综合医院

ВПН вспомогательный пост наблюдения 辅助观察哨

ВПН вспомогательный пункт наведения 辅助引导站

ВПО Ведомство президентской охраны РФ 俄联邦总统警卫局

ВПО военно-политическая обстановка 军事政治情况，军政情况

ВПО Военно-потребительское общество 军事消费者协会

ВПО войска пограничной охраны 边防警卫部队

ВПОГ военный полевой ожоговой госпиталь 战地烧伤医院

ВПОМП война с применением оружия массового поражения 使用大规模杀伤性武器的战争

ВПОСП война с применением обычных средств поражения 使用常规毁伤兵器的战争

ВПП взводный патронный пункт 排弹药所

ВПП взлетно-посадочная площадка 起飞着陆场，起降平台

ВПП взлетно-посадочная полоса 起飞着陆跑道，跑道

ВПП военно-продовольственный пункт 军事给养站

ВПП воздушно-пенное пожаротушение 空气泡沫灭火

ВПП воинский подъездной путь 军事专用线路

ВПП войсковой перевязочный пункт 队属包扎所

ВПП вспомогательный пеленгаторный пункт 辅助测向站

ВПП выносной пограничный пост 前出边防哨

ВПП выносной приемный пункт 前出收容所；前出接收站

ВПП(Г) взлетно-посадочная грунтовая полоса 土（质）跑道，土质起飞着陆跑道

ВППИП взлетно-посадочная полоса с искусственным покрытием 人工铺设的起降跑道

ВППП военно-прикладная полоса препятствий 军事实用障碍物地带

ВППС военно-полевая почтовая станция 野战军邮站

впр взвод полевого ремонта 野战修理排

ВПР военно-политическое руководство 军事政治领导人

ВПР временный перегрузочный район 临时换装地域

ВПР высота принятия решения 决断高度

ВПРВСН Военная прокуратура Ракетных войск стратегического назначения 战略导弹兵军事检察院

ВПС военно-почтовая служба 军邮勤务，军邮勤务部门

ВПС военно-почтовая станция 军邮站

ВПС войска правительственной связи 政府通信兵

ВПС время простоя судна 船舶停航时间

ВПС выносной пост связи 遥控通信台，外设通信台

ВПС высокочастотный пост связи 高频通信哨

ВПС-М выносной пульт связи модернизированный 改进型移动式通信操作台

ВПСП военно-почтовый сортировочный пункт 军邮分拣所

ВПТ военно-полевая терапия 野战内科学

ВПТС высшая пожарно-техническая служба 高级消防技术勤务

ВПТбГ военно-полевой туберкулезный госпиталь 野战结核病医院

ВПТИ Всесоюзный проектно-технологический институт 全苏工艺设计研究院

ВПТрГ военный полевой травматологический госпиталь 野战外伤医院

ВПТС внутрипроизводственная телефонная связь 生产部门内部电话通信，内线电话

ВПТУР взвод противотанковых управляемых ракет 防坦克导弹排

ВПУ вертикальная пусковая установка 垂直发射装置

ВПУ взлетно-посадочные устройства 起飞－着陆装置

B

ВПУ видеоприемное устройство 视频接收机

ВПУ внешний пульт управления 外控制板

ВПУ внутреннее переговорное устройство 〈航〉内部通话设备

ВПУ военно-пехотное училище 步兵学校，步校

ВПУ военно-политические условия 军事政治条件

ВПУ военно-политическое училище 军事政治学校

ВПУ временный пост управления 临时指挥哨；临时操纵台

ВПУ временный пункт управления 临时指挥所

ВПУ вспомогательный пункт управления 辅助操纵点，辅助指挥所

ВПУ выносное передающее устройство 便携式（移动式）发射设备

ВПУ выносной пункт управления 前出指挥所；外置遥控台

ВПУ высокочастотное приемное устройство 高频接收设备

ВПУАО вынесенный пункт управления артиллерийским огнем 炮兵射击前出指挥所

ВПФ взрыватель полевых фугасов 野战地雷引信

ВПФ военная прокуратура флота (флотилии) 舰队（区舰队）军事检察院

ВПФ временная переключательная функция 时间开关函数

ВПХ взлетно-посадочная характеристика 起飞着陆性能

ВПХГ военный полевой хирургический госпиталь 野战外科医院

ВПХО война с применением химического оружия 使用化学武器的战争

ВПХР войсковой прибор химической разведки 军用化学侦察仪，军队侦毒仪

ВПШ винт постоянного шага 定距螺旋桨

ВПШГ вертолетная поисковая штурмовая группа 直升机搜索突击群

ВПЭ воздухоплавательная эскадрилья 浮空飞行大队

ВПЯО война с применением ядерного оружия 使用核武器的战争

ВР «Воин России»(журнал Министерства обороны РФ) （俄联邦国防部主办）《俄罗斯军人》杂志

ВР вагон-ресторан 餐车

ВР вертикальный руль (на подводной лодке) 〈潜〉方向舵，垂直舵

ВР виртуальная реальность 虚拟现实

ВР воздушный редуктор 空气减压器；（坦克）空气调节开关

ВР воздушный режим 航空制度

ВР воздушный резервуар 〈鱼雷〉气舱；〈炮〉储气筒

ВР войсковая разведка 部队侦察，队属侦察

ВР воспитательная работа 教育工作

ВР время регулирования 调节时间，调整时间

ВР временной различитель 时间鉴别器

Вр. время 时间

ВР вспомогательный реактор 辅助反应堆

ВР вызывное реле 振铃继电器，呼叫继电器

ВР выключающее реле 断路继电器，切断继电器

ВР вынесенный ретранслятор 前出转播器

ВР высотная ракета 高空火箭

ВР тип вилочного разъема 插销头，插销接头型号

В—Р передача информации из блока В в Р 从变换器向适配器的信息转输

ВРА военно-транспортная авиация 军事运输航空兵

Вразм взвод разминирования 扫雷排，扫雷排

ВРАЩ вращение 旋转

ВРБ вероятный рубеж бомбардирования 可能投弹线；可能轰炸线

ВРБУ временный боевой устав 暂行战斗条令

ВРВ вероятное рассеивание по высоте 〈炮〉可能射高散布

ВРГ важная радиограмма 要报；急电

ВРГ внеочередная радиограмма 特急电报

ВрД вероятное отклонение разрывов по дальности 炸点距离公算偏差

ВРД вероятное рассеивание по дальности 〈炮〉可能射程散布

ВРД военный разведывательный дозор 军事侦察群

ВРД воздушно-реактивный двигатель 空气喷气发动机，喷气式发动机

ВРД вспомогательная рулежная дорожка 〈空〉辅助滑行道

ВРД вспомогательный ракетный двигатель 辅助火箭发动机

ВРД вычислитель разрешенной дальности 允许距离计算器

ВРЗ вертолетное радиозвено 直升机无线电（通信）分队

ВРЗ выходное реле защиты (линии) （线路）维护输出继电器

врид к-ра временно-исполняющий должность командира 临时代理指挥员职务

вриднач временно-исполняющий должность начальника 临时代理首长，临时代理……长

вридначканц временно-исполняющий должность начальника канцелярии 临时代理办公室主任

вридначморс временно-исполняющий должность начальника военно-морских сил 海军临时代理首长

вридначморштабресп временно-исполняющий должность начальника штаба военно-морских сил республики 共和国海军临时代理参谋长

врио временно-исполняющий обязанности 临时代理人

ВРИО КВЧ временно-исполняющий обязанности командира войсковой части 临时代理部队长

ВРИО НШ Временно-исполняющий обязанности начальника штаба 代理参谋长

ВРИО СПНШ временно-исполняющий обязанности старшего помощника начальника штаба 临时代理参谋长高级助理

ВРК военно-революционный комитет 革命军事委员会

ВРК временное разделение каналов 时分信道

ВРК всеволновой радиокомпаратор 全波无线电比较器

ВРК выдача разовой команды 发送一次性指令

ВРК команда выдачи разовой команды 一次性指令发送命令

ВРКО войска ракетно-космической обороны 航天导弹防御兵，太空导弹防御兵

ВРЛ вторичный радиолокатор 二次雷达

ВРМ всенаправленный радиомаяк 全向无线电信标

ВРМ всепогодный радиомаяк 全天候无线电信标，全天候无线电指向标

ВРМ марка секторного (всенаправленного) радиомаяка 扇射式无向性无线电信标台牌号

ВРМТ вспомогательный регулировочный механизм телеуправления 辅助遥控调整装置

ВРО воздушный разведывательный отряд 空中侦察队，空中侦察支队

ВРО войсковой ремонтный орган 部队修理机构，队属修理机构

ВРП вероятный рубеж пуска 可能发射地区

врп вертолетный радиополк 直升机无线电（通信）团

ВРП верхний рычаг подкоса 支柱上操纵杆

ВРП визуальный радиопеленгатор 目视无线电测向仪，目视无线电定向台

ВРП воздушный ретрансляционный пункт 空中转发站

ВРП временный розыскной патруль 临时搜索巡逻队

ВРП вынесенный ретрансляционный пункт 前出中继站

Врполус временный полевой устав 暂行野战条令

ВРР взвод радиоразведки 无线电侦察排

ВРР воздушная радиоразведка 空中无线电侦察

ВРРМ воздушный радиационная разведка местности 空中辐射地形侦察

ВРС водолазная рабочая система 潜水作业系统

ВРС военная роботизированная система 军用机器人系统

ВРС временное разделение сигналов 时分信号

ВРСГТС внутрирайонная связь городских телефонных сетей 市区电话通信网

врто взвод ракетно-технического обеспечения 导弹技术保障排

врто взвод ракетно-технического обучения 导弹技术教练排

ВРТР взвод радиотехнической разведки 无线电技术侦察排

ВРТУ Вильнюсское радиотехническое училище 维尔纽斯无线电技术学校

ВРУ внутрирайонный узел 区内中心局，区内汇接局

ВРУ временная регулировка усиления 时间增益控制

ВРУ входное распредительное устройство 输入配电装置

ВРУ ЯМ взвод разведки и уничтожения ядерных мин 核地雷侦察与销毁排

ВРУС вспомогательный ретрансляционный узел связи 辅助转报通信枢纽

ВРФ военно-речная флотилия 江河区舰队

врхбз взвод радиационной, химической и биологической защиты 辐射化学生物防护排

врхбз взвод радиационный, химической и бактериологической защиты 辐射、化学和细菌防护排

ВРХБЗ Войска радиационной，химической и биологической защиты 辐射、化学和生物防护兵

врхр взвод радиационной и химической разведки 辐射和化学侦察排

ВРХРМ воздушная радиационная и химическая разведка местности 空中地形辐射和化学侦察

ВРЧ верхняя радиационная часть 上辐射部分

ВРШ винт регулируемого шага 〈海〉(飞行）调距螺旋桨

ВРШ высшая разведывательная школа 高级侦察学校

ВРЭ вертолетная радиоэскадрилья 直升机无线电大队

ВРЭ воздушная разведывательная эскадрилья 空中侦察大队

ВС ввод силовой 电源接口

ВС вводная стойка 〈信〉引入架，进线架

ВС вертикальная скорость 垂直速度

ВС взвод связи 通信排

ВС взлетная ступень 〈空〉起飞线，上升阶段

ВС взрывное средство 爆破方法，爆破方式；【复】爆破器材

ВС виртуальные соединения 虚连接

ВС внутренняя служба 内务，内部勤务

ВС водолазное судно 潜水作业船

ВС военный советник 军事顾问

ВС военный суд 军事法院

ВС воздушная скорость 空速

ВС воздушное судно 飞行器，航空器，飞艇，飞船

ВС воздушные силы 空军

ВС войска связи 通信兵

ВС войсковое соединение 兵团

ВС войсковой снаряд 部队装备

ВС волоконный световод 纤维光导；光纤

ВС Вооруженные силы 武装力量

ВС ворошиловский стрелок 伏罗希洛夫射手

ВС временная станция 临时站（台）

ВС временный сдвиг 时隙位移

ВС вспомогательное судно 辅助船

ВС выбитый скачок 冲击波

ВС выгрузочная станция 卸载站

ВС выпрямитель сетевой 电网整流器

ВС выпрямительный столб 整流片堆

ВС высота снижения 〈空〉下降高度

ВС высотный сигнализатор 高度信号指示器

ВС вычислительная сеть 计算网

ВС Руз Вооруженные Силы Республики Узбекистан 乌兹别克斯坦武装力量

в-с в-сек вольт-секунда 伏 / 秒

ВСТ весьма срочная телеграмма 加急电报

ВСАК временная система автоматического контроля 自动控制计时系统，时间自动控制系统

ВСАК встроенная система автоматического контроля 内置式自动检测系统

ВСАУ выпрямительная селеновая аккумуляторная установка 硒整流蓄电池装置

ВСБ врачебно-сестринская бригада 医护队

всб военно-строительный батальон 军事建筑工程营

ВСБ всеобъемлющая система безопасности 全面安全体系

ВСБК взвод сборки конструкций 装配排

ВСБр военно-строительная бригада 军事工程建设队

ВСВ военно-санитарное ведомство 军事卫生部门

ВСВ восток-северо-восток 东北偏东

ВСВ время снижения высоты 高度降低时间

ВСВ время снижения с высоты 下降时间

ВСВВС Военный совет Военно-Воздушных Сил 空军军事委员会

ВСГ верхняя строительная горизонталь 上基准水平线

ВСГ-3М тип селенового выпрямителя 硒整流器型号

ВСД воздуховод среднего давления 中等压力输气管

ВСД МВД Военно-следственный департамент МВД 内务部军事侦讯司

всеобуч всеобщее военное обучение 普遍军事训练

Всероглавштаб Всероссийский главный штаб 全俄参谋本部

ВСЗАБ выпрямитель селеновый для зарядки аккумуляторных батарей 蓄电池充电用硒整流器

ВСИ войсковое средство измерений 野战检测手段

ВСК взвод связи с конницей 骑兵通信排

ВСК военно-спортивный комплекс 军事体育综合训练中心；军体训练综合体

ВСК военно-страховая компания 军事保险公司

ВСК всплывающая спасательная камера 救生浮箱，漂浮救生舱

ВСК встроенная система контроля 内装式监控系统

ВСК выделение синхрокода 同步码鉴别

ВСК выделенный сигнальный канал 专用信道

ВСК вынесенный сигнальный канал 外置信号信道，（向外）延伸信号信道

ВСКП вспомогательный стартовый командный пункт 辅助起飞线塔台，辅助起飞线指挥所

ВСКП выносной стартовый командный пункт 前出起飞指挥所

ВСЛ военно-санитарная летучка (поезд) 军用卫生流动（列）车

ВСлС военная служба сообщений 军事交通部门

ВСМ вторичный синхронный мультиплексор 二次同步复用器，二次同步复用设备

ВСМИ военные средства массовой информации 军队新闻媒体，军方新闻媒体

ВСН взвод снабжения 供给排，供应排

ВСН войска специального назначения (США)（美）特种部队，特种兵

ВСНБ высший совет национальной безопасности 国家最高安全委员会

ВСНТ высокоскоростной наземный транспорт 高速地面运输，高速地面运输工具

ВСНХ Высший совет народного хозяйства 最高国民经济委员会

всо взвод специальной обработки 特别处理排

ВСО военно-санитарный отдел 军事卫生处

ВСО военно-следственный орган 军事侦查机关

ВСО военно-строительная организация 军用建筑机构

ВСО военно-строительный отдел 军事建筑处

ВСО военно-строительный отряд 军事建筑大队

ВСО вторичная сеть освещения 次级照明电路

ВСО выделение сигнала ошибки 错误信号抽样

всовт взвод специальной обработки вооружения и техники 武器技术装备特别处理排

ВСОК высшие специальные офицерские классы 高级专业军官学校

ВСОН водолазное снаряжение особого назначения 特殊渡水装具

ВСОН вспомогательное судно особого назначения 特殊辅助船只

ВСОУ воздушная система оповещения и управления 空情通报与指挥系统

ВСП взвод стрелковой подготовки 射击训练排，轻武器训练排

ВСП военно-санитарный поезд 军用卫生列车

ВСП военно-строительный полк 军事建筑工程团

ВСП воздушная система передачи 架空明线传输系统

ВСП воздушно-стрелковая подготовка 空中射击训练

ВСП временный санитарный поезд 临时卫生列车

ВСП всемирная служба погоды 世界天气服务

ВС-П тип блокирующего прибора в цепи электропуска танковой пушки 坦克炮电动发射电路保险盒

ВСПД высокоскоростная система передачи данных 数据高速传送系统，诸元高速传送系统

ВСППИ военно-социологическое, психологическое и правовое исследование 军人社会、心理和法律研究

ВСПС вспомогательные силы 辅助兵力

ВСПЭО военно-санитарный противоэпидемический отряд 军事卫生防疫队

ВСР взвод специальной разведки 专业侦察排

вср военно-строительная рота 军事建筑连；军事线种架设连

ВСР военно-строительный район 军事建筑区

ВСР воздушный стрелок-радист 空中射击通信员，空中通信话务员

ВСРФ Вооруженные силы Российской Федерации 俄罗斯联邦武装力量

ВСС блок сравнения скорости 速度比较装置

ВСС взаимоувязанная сеть связи 通信互联网络，互联通信网

ВСС винтовка снайперская специальная 专用阻击步枪

ВСС внутристанционный стык 站内接口，电台内接口

ВСС военно-санитарная служба 军事卫生勤务

ВСС воздушно-стрелковая служба 空中射击勤务

ВСС возможность средств связи 通信设备性能

ВСС врачебно-санитарная служба 医疗卫生勤务

ВСС высокостабильное сопротивление 高稳定电阻

ВСС вычислительная система самолетовождения 飞机自动驾驶计算系统

ВСС РФ взаимоувязанная сеть связи Российской Федерации 俄联邦互联通信网

ВССВ войска и силы Северо-востока 东北军队集群

ВССКА взлетная ступень спускаемых космических аппаратов 航天飞行器上升级

ВСТ ведомая станция （遥码通信系统）从属台

ВСУ внешнее синхронизирующее устройство 外部同步装置

ВСУ внешние сигналы управления 外部控制信号

ВСУ военно-строительный участок 军事建筑地段

ВСУ возможность средств управления 指挥设备性能

ВСУ Вооруженные силы Украины 乌克兰武装力量

ВСУ всплывающее спасательное устройство (на подводной лодке) 〈潜〉上浮救生设备

ВСУ вспомогательная силовая установка (на самолете) 〈飞〉辅助动力装置

ВСУ вышестоящее средство управления 上级指挥工具；上级指挥手段

ВСУМСБ Военно-санитарное управление морских сил Балтийского моря 波罗的海海军军事卫生部

ВСХОР взвод сбора и хирургической обработки легкораненых 轻伤员收容和外科处理排

ВСШ Высшая следственная школа 高级侦查学校

ВТ ватт 瓦（特）(功率单位)

ВТ вертикальное табулирование 垂直制表符

ВТ винтовочный порох для тяжелой пули 重弹步枪药

ВТ ВО военный трибунал военного округа 军区军事法庭

ВТ военная техника 军事技术，军事技术装备

ВТ военная тревога 军事警报

ВТ военный трибунал 军事法庭

ВТ воздушная торпеда 冷气鱼雷；空发鱼雷

ВТ воздушная трасса 空中航线

ВТ воздушная тревога 空袭警报

ВТ воздушный транспорт 空中运输，空运；空中运输工具

ВТ вращающийся трансформатор 旋转变压器

ВТ вспомогательная точка 辅助点

ВТ высокочастотное телефонирование 载波通话

ВТ выходной трансформатор 输出变压器

ВТ вычислительная техника 计算技术

ВТФ военный трибунал флота (флотилии) 舰队（区舰队）军事法庭

вт/гц ватт/герц 瓦（特）/ 赫（兹）

ВТА видеотелефонный аппарат 电视电话机

ВТА Военно-техническая академия 军事技术学院

ВТА выносной телефонный аппарат 便携式电话机

ВТАБ высокоточный артиллерийский боеприпас 精确制导炮弹，高精度炮弹

ВТАБр военно-транспортная авиационная бригада 军事运输航空兵旅

ВТАГ военно-транспортная авиационная группа 运输航空兵机群

ВТАД военно-транспортная авиационная дивизия 军事运输航空兵师

ВТАК военно-транспортное авиационное командование (США) （美）军事空运司令部

втап военно-транспортный авиаполк 运输航空兵团

ВТАЭ военно-транспортная авиационная эскадрилья 军事运输航空兵大队

ВТБ внешний топливный бак 外储（油）箱，外挂油箱

ВТБ высокоточный боеприпас 精确制导弹药，高精度弹药

ВТГ военный трибунал гарнизона 警备区军事法庭

ВТГВ военный трибунал группы войск 军队集群军事法庭

ВТГИ Военный топографический институт 军事测绘专科学院

ВТД военно-топографическое депо 军用地形测绘器材仓库

ВТД военно-топографическое донесение 军用地形测绘报告

ВТД военный тактические данные 战术诸元

ВТД высокотемпературный дефект 高温缺陷，高温损伤

ВТИ внешне траекторные измерения 外轨道测量，外轨迹测量

ВТИ военно-техническое имущество 军事技术器材，军事技术物资

ВТИ военно-транспортный институт 军事运输专科学院；军事运输研究所

ВТИ склад военно-технического имущества 军事技术器材仓库

ВТИ-4 тип воздухоочистителя в танках 坦克空气滤清器型号

ВТИз Военно-техническое издательство МО 国防部军事技术出版社

ВТИП Восточно-Туркестанская Исламская партия 东突厥斯坦伊斯兰党

ВТИУ высшее танковое инженерное училище 高级坦克工程学校

ВТК военно-техническая комиссия 军事技术委员会

ВТК высокотехнологичный комплекс 高技术设备

ВТКК военно-технический кадетский корпус 军事技术武备学校

ВТКУ высшее танковое командное училище 高级坦克指挥学校

втм взвод тепловых машин 热机排

втмм взвод тяжелых механизированных мостов 重型机械化桥梁排

ВТН визир точного наведения 瞄准器

ВТН вспомогательная точка наводи 〈炮〉辅助瞄准点

ВТН выносная точка наводки 外部瞄准点

ВТНК Восточно-Туркестанский (Уйгурстанский) национальный конгресс 东突民族代表大会

ВТНОС воздушное и танковое наблюдение, оповещение и связь 对空和对坦克观察、报告和通信联络

вто взвод технического обеспечения 技术保障排

ВТО Военно-топографическое управление ГШ ВС РФ 俄联邦武装力量总参军事测绘局

ВТО взрывотехнический отдел 爆炸技术处

ВТО военно-техническое описание 军事技术说明书

ВТО высокотемпературная обработка 高温处理

ВТО высокоточное оружие 精确制导武器，高精度武器

ВТОТ взвод танковых огневых точек 坦克发射点排

втп военно-техническая подготовка 军事技术训练；军事技术素养

ВТП военно-техническая политика 军事技术政策

ВТП вспомогательная точка прицеливания 辅助瞄准点

ВТП вынесенная (вспомогательная) точка прицеливания 外伸（辅助）瞄准点

ВТП выносная точка прицеливания 移动瞄准点；瞄准点的移动

ВТП выносной туманный пост 避雾所

ВТР взвод топографической разведки 测地排

ВТР военный транспорт 军事运输；军事运输工具

ВТРД винтовой турбо-реактивный двигатель 螺旋桨式涡轮喷气发动机

ВТС внедорожные транспортные средства 非道路运输工具

ВТС военно-телеграфная станция 军用电报站

ВТС военно-телефонная станция 军用（有线）电报站

ВТС военно-техническая система 军事技术系统

ВТС военно-технические связи 军事技术通信

ВТС военно-технический склад 军用器材库

ВТС военно-техническое снабжение 军事技术器材供应

ВТС военно-техническое сотрудничество 军事技术合作

ВТС военно-техническое средство 军事技术器材，军事技术装备

ВТС военно-топографическая служба 军事测绘勤务，军事测地勤务

ВТС военно-транспортная служба 军事运输勤务

ВТС военно-транспортный самолет 军用运输机

ВТС воздушный трансформатор связи 空中转报机

ВТС вызов объекта телесигнализации 远距信号目标呼叫，读出远距信号目标

ВТС ЗСА военно-техническое сотрудничество с зарубежными странами и армиями 与外国、外军军事技术合作

вт-сек ватт-секунда 瓦（特）/ 秒

ВТСП высокотемпературная сверхпроводимость 高温超导性

ВТСП высокоточное средство поражения 精确制导武器，高精度毁伤武器

ВТСС вспомогательные технические средства и системы 辅助技术设备与系统

ВтСС вторичная сеть связи 二次通信网

ВТУ ведомственные технические условия 部定技术规程

ВТУ военно-техническое управление 军事技术局，军事技术部

ВТУ Военно-топографическое управление ГШ ВС РФ 俄联邦武装力量总参军事测绘局

ВТУ военно-транспортный университет 军事交通大学

ВТУ временные технические условия 暂行技术规程

ВТУ ГШ военно-топографическое управление Генерального штаба 总参测绘局

ВТУ ЖВ РФ Военно-транспортный университет железнодорожных войск РФ 俄联邦铁道兵军事交通大学

ВТУЖДВ Военно-транспортный университет железнодорожных войск 铁道兵运输大学

втуз высшее техническое учебное заведение 高等技术院校

ВТУЭ временные технические эксплуатации 暂行技术操作规程

ВТФ связь видеотелефонная связь 可视电话通信

ВТЧ выделение тактовой частоты 位同步信号分离器，线路频率信号分离器

ВТЩ вертолет-тральщик 扫雷直升机

ВТЭК врачебно-трудовая экспертная комиссия 劳动力医务鉴定委员会

ВУ вентильная установка 活门装置

ВУ вертикальный угол 垂直角，高低角

ВУ верхний уровень 高电平

ВУ взвод управления 指挥排

ВУ взрывательное устройство 爆炸装置

ВУ видеоусилитель 视频放大器

ВУ внешнее управление 外部控制

ВУ внешнее устройство 外部设备，外围设备，外设

ВУ военное училище 军事学校

ВУ военный устав 军事条令

ВУ вспомогательный усилитель 辅助装置

ВУ выдвижные устройства 移动设备

ВУ выпрямительное устройство 整流器，整流装置

ВУ высота укрытия 〈炮〉遮蔽高

ВУ выходной усилитель 输出放大器

ВУ выходящий узел 前出枢纽

ВУ вычислительное устройство 计算机，计算装置

ВУ вычитающее устройство 扣除设备，减法装置

ВУ ПВО Военный университет противовоздушной обороны 防空兵大学

ВУ РХБЗ Военный университет радиационной, химической и биологической защиты, г. Москва 军事辐射化学生物防护大学“三防”大学

ВУА военно-учетный архив 军事统计档案室

вуб взвод управления батареи 炮兵连指挥排

ВУВ взрывная ударная волна 爆炸激波，爆炸冲击波

ВУВ воздушные ударные волны 空中冲击波

ВУВ ПВО Военный университет войсковой противовоздушной обороны 队属防空兵大学

ВУВВ Военный устав внутренних войск 内务部队条令，内卫军条令

ВУВВ Временный устав внутренних войск 内卫部队暂行条令，内卫军暂行条令

ВУД взвод управления дивизиона 炮兵营指挥排

ВУЗ военно-учебное заведение 军事院校

ВУК временное уплотнение каналов 时分复用信道，时间压缩信道

ВУК Всемирный Уйгурский конгресс 世维会

ВУК вычислитель угловых координат 角坐标计算器

вум взвод управляемого минирования 操纵布雷排

ВУМ выходной усилитель магнитный 输出磁放大器

ВУН вспомогательный угол наводки 〈炮〉辅助瞄准角

ВУО взаимодействие удаленных объектов 远端设施的相互协调

ВУОРС вычислительное устройство оптимизации режима системы 系统状态最佳化计算装置

ВУП военно-учебный пункт 军事训练所

ВУП военный устав пехоты 步兵军事条令

ВУП вспомогательный усилительный пункт 辅助增音站，辅助放大站

ВУПВО Военный университет ПВО 防空军（兵）大学

вурлр взвод управления и радиолокационной разведки 指挥和雷达侦察排

ВУРС воздушный управляемый реактивный снаряд 空中制导火箭弹

ВУС взаимоувязанная связь 互联通信网，互联网通信

ВУС военное училище связи 军事通信学校

ВУС военно-учетная специальность 军人专业统计编码

ВУС военно-учетный стол 军事统计处

ВУС Военный университет связи, г. С.-Петербург 圣彼得堡军事通信大学

ВУС вспомогательная усилительная станция 辅助增音站

ВУС вспомогательный узел связи 辅助通信枢纽

ВУСП временное устройство слепой посадки 临时盲目降落设备

B

ВУСТ вспомогательный узел связи тыла 后勤辅助通信枢纽

ВУСУ выдача условных сигналов управления 发送约定控制信号

ВУТ военное училище тыла 军事后勤学校

ВУТУ встроенное учебно-тренировочное устройство 内置式教练仪

ВФ военная флотилия 区舰队

ВФ воздушная фотография 空中照相

ВФ воздушное фотографирование 空中摄影，空中照相

ВФ вспомогательный фильтр 辅助滤波器

ВФ вспомогательный флот 辅助舰队

ВФ ПВО восточный фронт противовоздушной обороны 东部防空前线，东部防空方面军

ВФАР вертикальная фазированная решетка 垂直相控阵天线

ВФО военно-финансовый отдел 军事财务处

ВФС возимая фильтрационная станция (полевое водоснабжение) 车载过滤站（野战供水装备）

ВФС волноводные и фидерные системы в радиолокационных станциях 雷达站波导馈电系统

ВФС выделитель фронтов сигналов 信号前沿鉴别器

ВФЭУ Военный финансово-экономический университет 军事财经大学

ВХ военное хозяйство 军需

Вх вход 输入（端），引入（端），入口

ВХА Военная химическая академия 化学兵学院

ВХБЗ взвод радиационной, химической и биологической защиты 辐射、化学和生物防护排

ВХЗ взвод химической защиты 化学防护排，防化排

ВХВ и СЗ вооружение химических войск и средства защиты 防化兵装备与防护器材

ВХД вещевое хозяйственное довольствие 被服给养供给

ВХЗ взвод химической защиты 防化排

ВХК военно-химический комплекс 军事化学综合体，军用化学综合体

ВХО военно-химическая оборона 军事化学防御，军事防化

ВХР воздушная и химическая разведка 空中和化学侦察

ВХР войсковая химическая разведка 队属化学侦察

ВХРР взвод химической и радиационной разведки 化学和辐射侦察排

ВХС военно-химическая служба 军事化学勤务

ВХС военно-хозяйственное снабжение 军需供应

ВХУ военно-химическая учеба 军事化学训练

ВХУ военно-хозяйсвтенное училище 军需学校

ВЦ входная цепь 输入电路

ВЦ выдача целого 整数发送

ВЦ высота цели 目标高度，目标高程

ВЦ выходная цепь 输出电路

ВЦ вычислительный центр 计算机中心

ВЦИК Всероссийский Центральный Исполнительный Комитет 全俄中央执行委员会

ВЦК вторичный цифровой канал (DS2) 二次数字通信信道，二次数字通信群路

ВЦН визир центральной наводки 〈炮〉中央瞄准指挥镜

ВЦОФК высшие центральные офицерские курсы 中央高等军官培训班

ВЦП вторичный цифровой поток 二次群数字信号流

ВЦС вторичный цифровой сигнал 二次群数字信号

ВЦСП вторичная цифровая система передачи 二次群数字传输系统

ВЦТ вторичный цифровой тракт 二次群数字通道

ВЦУ визир целеуказания 〈炮〉目标指示瞄准仪

ВЦУ внешнее целеуказание 外部目标指示

ВЦУз визир целеуказания зенитного 对空目标指示瞄准仪

ВЦУП воздушный центр управления пуском 空中发射指挥中心

ВЧ верхняя частота 上频

ВЧ вращающаяся часть 旋回部分

ВЧ выключатель частоты 频率转换器

ВЧ высокая частота; высокочастотный 高频，

高频的

ВЧБС высокочастотное боевое средство 高频兵器

ВЧГ высокочастотное гнездо 高频插孔

ВЧЗ включение частого запуска 部分触发接通

ВЧИМ высокочастотная импульсная модуляция 高频脉冲调剂

ВЧК Войска всероссийской чрезвычайной комиссии 全俄紧急状态委员会部队

ВЧМ возбудитель частотной манипуляции 键控频率激励器

ВЧП высокочастотное подмагничивание 高频磁化

ВЧП высокочастотный пост 高频室

ВЧПДТС высокочастотная поездная диспетчерская телефонная связь 火车调度高频电话通信

ВЧПП полевая почта войсковой части 部队野战邮政

ВЧР вибрационное частотное реле 振动频率继电器

ВЧР высокочастотный разъем 高频接头

ВЧС виртуальные частные сети 个人虚拟网

ВЧС высокочастотная связь 高频通信，载波通信

ВЧТ высокочастотный тракт 高频通道

ВЧТТС высокочастотная телефонно-телеграфная связь 高频电话－电报通信

ВЧУ высокочастотная установка 高频装置，载波机

ВЧФ высокочастотный фильтр 高频滤波机

ВЧХ временная частотная характеристика 时间频率特征

ВЧХ высотно-частотная характеристика 高频特性

ВШ воспламенитель шнура 导火索点火具

ВШ вызывной штепсель 呼叫插塞

ВШ вышестоящий штаб 上级参谋部

ВШ КГБ высшая школа комитета государственной безопасности 克格勃高级学校，国家安全委员会高级学校

ВШБр воздушно-штурмовая бригада 强击航空兵旅，空中突击旅

ВШД воздушно-штурмовая дивизия 强击航空兵师，空中突击师

ВШК Военно-штабной комитет(ООН) （联合国）军事参谋团

ВШМ Высшая школа милиции 高等警察学校

ВШП всемирный шифр продукта 世界通用产品标识码

ВШП встречно-штыревой преобразователь 插销回应转换结构（晶体）

Вшпр военная школа прапорщиков 准尉学校

ВШР вид штепсельного разъема 插塞接头种类

ВШТГ воздушно-штурмовая бригадная тактическая группа 空中突击旅战术群

ВЩ вводной щиток 引入线接线板，进线板

ВЫБ выборка 选择，取样

Выбр выбранный 选定的

Выз вызов 呼叫（信号）

выкл. выключение 切断（电源）；выключено（电源）切断

ВЫП выполнение 完成，执行

ВЫП КР выполнение критерия 执行标准

выс высота 高，高度，高地

Выстрел высшее стрелковые курсы 高等射击训练班

вых. выход 出口，输出，输出端

ВЫХД выход дешифратора 译码输出

выш вышина 高度；高地

ВЭ вертолетная эскадрилья 直升机飞行大队

Вэ военная энциклопедия 军事百科全书

ВЭ воздушный эшелон 空中梯队

ВЭ РЭБ вертолетная эскадрилья радиоэлектронной борьбы 直升机无线电电子战大队

ВЭА военно-экономический анализ 军事经济分析

ВЭА военно-электрическая академия 军事电子学院

ВЭАС Военная электротехническая академия связи 通信电子技术学院

вэз взвод электрозаграждений 电气障碍物排

ВЭЛС врачебная экспертиза летного состава 空勤人员医务鉴定

ВЭМ вертолетный электрометеорограф 直升机电子气象计

ВЭО военно-эксплуатационное отделение 军（事）管（理）分局

ВЭО высокоэллиптическая орбита 高椭圆轨道

ВЭП войсковой эвакуационный пункт 部队后送站

ВЭП вспомогательный эвакуационный пункт 辅助后送站

ВЭП вторичная электронная проводимость 二次电子电导率

ВЭПУАЗО векторный электрический прибор управления артиллерийским зенитным огнем 高射炮射击电动矢量指挥仪

ВЭРХР вертолетная эскадрилья радиационной и химической разведки 直升机辐射与化学侦察大队

ВЭС вертолетная эскадрилья связи 直升机通信大队

ВЭТА военная электротехническая академия 军事电子技术学院

ВЭУ военно-эксплуатационное управление 军管局

ВЭУ вторично-электронный умножитель 二次发射电子倍增器

ВЭУ высокоэкономичный усилитель 高效率放大器

ВЭЧ вторичный эталон частоты 频率副标准

ВЮА военно-юридическая академия 军事司法学院

ВЯ авиационная пушка Волкова и Ярцева 沃尔科夫和亚尔采夫（设计的）航空机关炮

ВЯ входной язык 输入语言

ВЯВ всеобщая ядерная война 全面核战争

ВЯЛ верховая якорная линия 上流投锚线

ВЯХ вольт-яркостная характеристика 电压－亮度特征

Г

Г генератор 发电机；振荡器；发生器

Г генераторный (триод) 发射三极管，振荡三级管

Г гетеродин 本机振荡器，差额振荡器

г гига 千兆，十亿

г год 年

Г горизонтальная (поляризация) 水平（极化）

г грамм 克

г группа 群，组

Г групповой 集群的，集团的

г –м генерал-майор 少将

Г.к главное командование(войск направления) 方向军队总司令部

г.о горизонтальное оперение 水平尾翼

г/л генерал-лейтенант 中将

г/л гидролокация 水声定位

г/л грамм на литр 克 / 升

г/м грамм на метр 克 / 米

г/мм грамм на миллиметр 克 / 毫米

г/н государственный номер 国家编号

Гн группа наблюдения 监视组

г/о городское отделение 〈信〉市分局

г/о горы открыты 〈航〉山体裸露（山区航空战能见度程度）

г/ор. орудийная постройка для гаубицы 榴弹炮工事

г/п грузоподъемность 载重量，起重量

г/с грамм в секунду 克 / 秒

ГА гармонический анализ 谐波分析

ГА гаубично-артиллерийский 榴弹炮兵的

га гектар 公顷

ГА генераторный автомат 发电机组

ГА гидроаэродром 水上飞机场

ГА гидростатический аппарат （鱼雷）定深器；（水雷）水压仪

ГА гироазимут 方位仪

ГА глубоководный аппарат 深水装置，深潜器

ГА горная артиллерия 山地炮兵，山炮

ГА гражданская авиация 民航

ГА-1П гироагрегат(самолетный) （飞机的）陀螺机构，陀螺联动器，陀螺附件

габ гаубичная артиллерийская батарея 榴弹炮炮兵连

габ горная артиллерийская батарея 山地炮兵连

ГАБ группа административных блоков 管理单元组

ГАБр гаубичная артиллерийская бригада 榴弹炮炮兵旅

ГАБТУ главное автобронетанковое управление 汽车与坦克装甲总局

гав гаубичный артиллерийский взвод 榴弹炮炮兵排

ГАВБ главная авиационная база 主要航空基地

ГАВС Гуманитарная академия Вооруженных Сил 武装力量人文学院

ГАГ гироазимут горизонт 陀螺方位水平仪

ГАГ гидроакустическая группа 水声组

ГАГ гидроакустический горизонт 方位水平陀螺仪

гад гаубичная артиллерийская дивизия 榴弹炮炮兵师

ГАДи гаубичный артиллерийский дивизион 榴弹炮炮兵营

ГАДР Госагентство по делам религий （吉尔吉斯斯坦）国家宗教事务署

газик автомобиль ГАЗ 【口】嘎斯牌汽车

ГАИ государственная автомобильная инспекция 内务部国家汽车检查局

ГАИС гидроакустическая информационная система 水声信息系统

ГАК гидроакустический комплекс 综合声纳站，水声系统

ГАК гироазимут компас 陀方位罗盘

ГАК гироскопический артиллерийский курсоуказатель 陀螺炮兵航向指示器

ГАКБ КНР государственное аэрокосмическое бюро Китайской Народной Республики 中华人民共和国国家航天局（中国机构名，不冠国号）

ГАЛ групповая абонентская линия 群路用户线

ГАМ (GAM) авиационная ракета 机载导弹，航空导弹

ГАМ гидроакустический маяк 水声信标

ГАМС гидроавиаметеорологическая служба 航空气象水文勤务，航空气象水文局

ГАМС главная авиаметеорологическая станция 航空气象总站

ГАМС Гражданская авиаметеорологическая станция 民用航空气象站

ГАМЦ главный авиаметеоцентр 总航空气象中心

ГАНС гидроакустическая навигационная система 水声导航系统

ГАО гидроакустическая обстановка 水声情况

ГАО главная астрономическая обсерватория 总天文台

ГАОР Государственный архив Октябрьской революции 国家十月革命档案（馆）

гап гаубичный артиллерийский полк 榴弹炮兵团

гап гвардейский авиационный полк 近卫航空兵团

ГАП гидроакустический пеленгатор 水声测向仪

ГАП главный артиллерийский полигон 炮兵主训练场

гапбм гаубичный артиллерийский полк большой мощности 大威力榴弹炮兵团

Гарант. гарантированный 有保障的

гарн гарнизон 军营，驻军，卫戍区

гарн. гарнизонный 军营的，驻军的，卫戍区的

ГАРО название прибора-солидоплнагнетателя для смазки танка 坦克润滑用黄油枪名称

ГАРС главный артиллерийский склад 总军械库，炮兵总仓库

гарс головной артиллерийский склад 先头军械库

ГАРС группа автомобильных радиостанций 汽车电台大队

ГАС гидроакустическая система 水声系统

ГАС гидроакустическая станция 水声站，声纳站

ГАС гидроакустические средства 水声器材，声纳器材

ГАС главный авиационный склад 航空器材总库

ГАС головной авиасклад 先头航空器材库

ГАС система газового анализа 气体分析系统

ГАСМ гидроакустическая станция миноискания 水声探雷站

ГАСС гидроакустическая система связи 水声通

信系统

ГАТ гиперзвуковая аэродинамическая труба 〈空〉特超声速风洞

г-атом грамм-атом 克原子

ГАТС городская автоматическая телефонная станция 市自动电话局

ГАТС городские АТС 城市自动电话站

ГАУ гидроакустические условия 水声条件

ГАУ Главное административное управление (Федерального агентства правительственной связи и информации РФ) (俄联邦政府通讯与信息联邦署) 行政管理总局

ГАУ Главное автобронетанковое управление Минобороны России 俄联邦国防部汽车装甲坦克总局

ГАУ глобальная асимптотическая устойчивость 全球渐近稳定性

гауб гаубица 榴弹炮

гаубдивизион гаубичный дивизион 榴弹炮营

ГАХС головной армейский химический склад 集团军先头化学仓库

ГАЦУ главный автоматизированный центр управления 自动化指挥总中心

ГАШ генератор акустических шумов 声波噪声发生器

ГАЭ авиаэскадрилья гидросамолетов 水上（飞机）航空兵飞行大队

ГБ гидробак 液压油箱

Гб гильберт 吉伯（磁通势单位）

ГБ гироблок 陀螺组件（陀螺盒）

ГБ главная база 〈海〉主要基地

ГБ главная база флота (флотилии) 舰队（区舰队）基地

ГБ главный бал 主压载

ГБ главный балласт 主压线

ГБ глубинная бомба 深水炸弹

гб горный батальон 山地营

ГБ госпитальная база 医院基地

ГБ государственная безопасность 国家安全

ГБА госпитальная база армии 集团军医院基地

ГБАО Горно-Бадахшанская автономная область 戈尔诺－巴达赫尚自治州

ГББ главная береговая база 主要海岸基地

ГБИП главный боевой информационный пост 战斗情报总哨，主战斗情报室，主战斗情报部位

ГБО гипербарическая оксигенация （超）高压输氧

ГБОППО группа по борьбе с организованной преступностью полицейского отдела 公安处同有组织犯罪斗争组

ГБП гидравлический банник Пономарева 〈炮〉波诺马廖夫水压洗膛杆

ГБП групповой боевой пост 中心战（斗部）位

ГБПДГ гарнизонная банно-прачечная дезинфекционная группа 驻防军沐浴洗衣消毒组

ГБПДП гарнизонный банно-прачечно-дезинфекционный пункт 驻军沐浴洗衣消毒站

ГБР гиббереллин 赤霉素

ГБР группа быстрого реагирования 快速反应集群，快速反应小组

ГБТУ главное бронетанковое управление 装甲兵总局

ГБТУ МО Главное бронетанковое управление Министерства обороны 国防部装甲兵总局

ГБУ группа боевого управления 战斗指挥组

ГБУА группа боевого управления авиацией 航空兵作战指挥组

ГБФ госпитальная база флота 舰队医院基地

гв. гвардия; гвардейский 近卫军；近卫军的；近卫的

ГВ гвардия 近卫军

ГВ гетеродинный волномер 外差波长计

ГВ гидровертикаль 垂直陀螺仪

ГВ гидростатический взрыватель （深水炸弹的）水压引信

ГВ головной взрыватель 弹头引信，头部引信

ГВ горизонт воды 水平面，水位

ГВ гранатометный взвод 火箭筒排

ГВ гребной винт 螺旋桨

гв. ап гвардейский артиллерийский полк 近卫炮兵团

гв. мбр гвардейская механизированная бригада

近卫机械化旅

гв. мд гвардейская механизированная дивизия 近卫机械化师

гв. мд гвардейский минометный дивизион 近卫迫击炮营

гв. минбр гвардейская минометная бригада 近卫迫击炮旅

гв. минп гвардейский минометный полк 近卫迫击炮团

гв. сбр гвардейская стрелковая бригада 近卫步兵旅

гв. сд гвардейская стрелковая дивизия 近卫步兵师

гв. ск гвардейский стрелковый корпус 近卫步兵军

гв. сп гвардейский стрелковый полк 近卫步兵团

гв.минд гвардейская минометная дивизия 近卫迫击炮兵师

ГвА гвардейская армия 近卫集团军

ГвАд гвардейский артиллерийский дивизион 近卫炮兵营

гвардивизия гвардейская дивизия 近卫师

гвардполк гвардейский полк 近卫团

ГВБ горизонт верхнего бьефа 上游水位

ГВБ групповой воздушный бой 编队空战

ГВВ горизонт высоких вод 高水位

гввдд гвардейская воздушно-десантная дивизия 近卫空降师

ГВВУ главное военно-ветеринарное управление 兽医总局

ГВГ гарнизонный военный госпиталь 卫戍区医院，驻军医院，警备区医院

гвгабр гвардейская гаубично-артиллерийская бригада 近卫榴弹炮兵旅

ГВДБр гвардейская воздушно-десантная бригада 近卫空降兵旅

гвдп гвардейский воздушно-десантный полк 近卫空降兵团

гвдсд гвардейская воздушно-десантная стрелковая дивизия 近卫空降步兵师

ГВДСН группа видеодокументирования специального назначения (Внутренних войск МВД РФ) （俄罗斯内务部内卫军）特种摄像组

ГВЗ групповое время задержки 〈无〉波群延迟时间

ГВЗ групповое время запаздывания 群时延

ГВИ генеральная военная инспекция (вооруженных Сил Украины) 检查总局（乌克兰军队）

ГВИ МО главная военная инспекция Министерства обороны (РФ) （俄联邦）国防部监察总局

гвиап гвардейский истребительный авиаполк 近卫歼击航空兵团

ГВИИ главная военно-инженерная инспекция 军事工程检查总局

ГВИП Государственная военная инспекция при президенте(РФ) （俄联邦）总统下属国家军事检查机关

ГВИС главный военно-инженерный склад 军事工程器材总库

ГВИУ главное военно-инженерное управление 军事工程总局

ГВК гармонические вокодерные кодеки 谐波声码器编码，谐波声频译码器编码

ГВК гармонический вокодер 谐波声码器

ГВК главный военный контроль 军事总检查

ГВК горно-кавалерийские войска 山地骑兵

ГВК городской военный комиссариат 市军事委员会

ГВЛ грузовая ватерлиния 载重水线，满载水线

ГВМ габаритно-весомый макет 外形重量模型（弹）

ГВМ главная вычислительная машина 主计算机

ГВМБ главная военно-морская база 海军主要基地

ГВМЗ головной взрыватель мембранный с замедлением 延期膜片弹头引信

гвминд гвардейский минометная дивизия 近卫迫击炮师

ГВМСУ главное военно-морское судное управление 海军船舶总局

ГВМУ главное военно-медицинское управление

Г

军事医疗总局

ГВО головной восстановительный отряд 先头抢修部队

ГВП главная военная прокуратура 军事总检察院

ГВП главный военный порт 主要军港

ГВП групповое время прохождения 波群通过时间

гвпабр гвардейский пушечно-артиллерийская бригада 近卫炮兵旅

ГВПВС генеральная военная прокуратура Вооруженных сил 武装力量总检察院

ГВПЗ главные вертикальные противопожарные зоны （对空拦阻射击）垂直火网主防火带

ГВПМ горно-выочный полковой миномет 山地驮载团（直）属迫击炮

ГВПП грунтовая взлетно-посадочная полоса 土跑道，土质起飞降落地带

ГВПУ Главное военно-политическое управление Вооруженных Сил Российской Федерации 俄罗斯联邦武装力量军事政治总局

ГВР графика высокого разрешения 高清晰度图形

ГВС гарнизонный военный суд 卫戍区法院

ГВС генератор вызывного сигнала 被呼信号发生器

ГВС гибридная вычислительная система 混合计算机

ГВС главный военный советник 首席军事顾问

ГВС глубоководная водолазная система 深水潜水系统

ГВСУ главное военно-строительное управление 军事工程总局

ГВСУ Главное военно-судное управление 军事法院管理总局

гВт гектоватт 百瓦（特）

ГВт гигаватт 千兆瓦（特）

ГвТА Гвардейская танковая армия 近卫坦克集团军

ГВТУ главное военно-техническое управление 军事技术总局

гВт-ч гектоватт-час 百瓦（特）小时

ГВт-ч гигаватт-час 千兆瓦（特）小时

ГВФ гражданский воздушный флот 民用航空

ГВХУ главное военно-химическое управление 军事化学总局

ГВХУ главное военно-хозяйственное управление 军需总部

ГВЦ главный вычислительный центр 总计算中心

ГВЧ генератор высокой частоты 高频振荡器

ГГ газогенератор 气体发生器，煤气发生器，煤气发生炉

ГГ генератор гармоник 谐波振荡器

ГГ главный генератор 主发生器

ГГ глубоководный гидростат 深水水压仪

гг. годы 年代

гг. города 城市

гг горы 山区，山地

гг. господа 先生们，诸位先生

ГГ грейдер гидравлический 液压平路机

ГГ громкоговоритель 扬声器

гг. гектограмм 百克

ГГАП газотурбинный агрегат питания 燃气涡轮发电机组

ГГИ главный генератор импульсов 主脉冲发生器

ГГИ государственный гидрологический институт 国家水文研究所

ГГК гирогоризонтокомпас 水平陀螺罗经

ГГО головной обтекатель （火箭）头部整流罩

ГГР группа глубинной разведки 纵深侦察组

ГГС государственная геодезическая сеть 国家大地网

ГГС громкоговорящая связь 扬声通信，广播通信

ГГц генри-герц 亨利－兆赫

ГГц гигагерц 千兆赫（兹），十亿赫（兹）

ГД германиевый диод 锗二极管

ГД гетеродиод 异质结二极管

ГД гибкий диск 软盘

ГД головной дозор 前方侦察群，先头巡逻组

ГД голографический дефлектор 全息偏转器

ГД гравийная дорога 砾石路

ГД гравитационный детектор 重力探测器

ГД графический дисплей 图形显示单元（显示器）

ГД грубая дальность 粗略距离

ГД главный судовой двигатель 船用主发动机

ГД горизонтальная дальность 水平距离

ГД громкоговоритель динамический 电动扬声器

ГДБАП гвардейский дальнебомбардировочный авиаполк 近卫远程轰炸航空兵团

ГДВ газово-диэлектрический волновод 气体－介电波导管

ГДВЦ В и ВТ государственный демонстрационно-выставочный центр вооружения и военной техники 国家武器与军事技术装备展览中心

ГДГ генератор на диоде Ганна 耿氏二极管振荡器

ГДК групповой дегазационный комплект 集团消毒药箱

ГДК групповой декодер 群路解码器

ГДК групповой комплект для дезактивации автомобилей 集团汽车消毒药箱

ГДЛ газодинамическая лаборатория 气体动力实验室

ГДМ головная дозорная машина 先头侦察车，先头搜索车

ГДО гарнизонный Дом Офицеров 卫戍区军官之家

ГДПК гидродинамическое поле корабля 舰船流体动力场，舰船水压场

ГДС генератор дискретных сигналов 离散信号发生器

ГДУ гироскопический датчик угла 陀螺仪角度传感器

ГДУВВ главное продовольственное управление военного ведомства 陆军部粮食总局

ген генерал 将军

ген генеральный 总的

ген. а. генерал армии （俄罗斯）大将

ген. -ад генерал-адъютант 将军（级）副官，高级副官

ген. –губ. генерал-губернатор 总督

ген.–м.ав-и генерал-майор авиации 航空兵少将

ген. -п генерал-полковник 上将

генкварверх генерал-квартирмейстер при штабе верховного главнокомандующего （十月革命前）最高统帅部军务总监

генкварсовет Совет при генерал-квартирмейстере 总军需官下属委员会

генсражение генеральное сражение 总决战

Генштаб генеральный штаб 总参谋部

ГЗ генератор зарядки 充电发电机

ГЗ головная застава 前方尖兵

ГЗ граница зоны 区域界线

ГЗ группа заграждения 障碍设置组

ГЗ группа задержания 拦阻组

ГЗ группа захвата 截获组

ГЗАП главный зенитный артиллерийский полк 主力高射炮兵团

ГЗАС группа засекреченной связи 加密通信组

ГЗИ головка захвата инфракрасная 红外截获弹头

ГЗМ головка захвата манипулятора 操纵器截获弹头

ГЗРДН группа зенитно-ракетных дивизионов 防空火箭营群

ГЗТ гарантированный запас топлива 安全燃料储存量

ГЗУ грозащитное устройство 避雷装置

ГЗУ грозозащитная установка 避雷器，避雷装置

ГИ групповой искатель 选组器

ГИ гасящий импульс 消隐脉冲，熄灭脉冲

ГИ генератор импульсов 平滑脉冲

ГИ главный импульс 主脉冲

ГИ главный интендант 总军需官

ГИ группа информации 情报组

ГИ импульсный генератор 脉冲发生器

ГИ-6Б, ГИ-8 генераторный триод 振荡三极管型号

ГИВ генератор импульсов времени 时间脉冲发生器

ГИВА главный инженер воздушной армии 空军集团军工程主任

ГИВС групповой искатель входящего сообщения 来话选组器

ГИД генератор исходных данных 参考数据发生器，基准数据发生器

Гидро-п/п, гидро-пп гидропосадочная площадка

水上降落场

ГИК генератор импульсов коммутации 开关脉冲发生器

ГИК генератор импульсов контроля 基准脉冲发生器

ГИН генератор импульсных напряжений 脉冲电压发生器

ГИН генератор индивидуальной несущей 单载波发生器

г-ион грамм-ион 克离子

ГИОТ государственный институт охраны труда 国家劳动保护研究所

ГИП государственный испытательный полигон 国家试验场

ГИП графический интерфейс пользователя 图形用户界面

ГИПМА главный испытательный полигон морской артиллерии 海军炮兵总实验场

ГИРД группа по изучению реактивного движения 反作用运动研究小组，反作用力研究组

ГИС генератор испытательных сигналов 试验信号发生器

ГИС географическая информационная система 地理信息系统

ГИС геоинформационная система 地理测绘信息系统

ГИС гибридные интегральные схемы 混合集成电路

ГИС глобальный информационный сервер 全球信息服务

ГИС(-) генератор сдвинутых импульсов 移位脉冲发生器（如ГИС-2）

ГиСу гидрографическое судно 水（道）测（量）船

ГИТ генератор импульсных токов 脉冲电流发生器，脉冲电流震荡器

ГИУ главное интендантское управление 军需总局

ГИУ главное информационное управление 情报总局，信息总局

ГИЦ главный информационный центр(МВД РФ)（俄联邦内务部）总情报中心

ГИЭЧ генератор импульсов эталонной частоты 标准频率发生器

ГК ВМФ главное командование Военно-Морским Флотом РФ （俄联邦）海军总司令部

ГК ВС Главнокомандующий Вооруженными Силами 武装力量总司令

ГК ВСКН Главное командование войск Северо-Кавказского направления 北高加索方向总司令部

ГК газовый клапан 乙炔阀

ГК гальваноударный колпак 〈水雷〉触角

ГК гармонический корректор 谐波校正器

ГК гарнизонная комендатура 卫戍区警卫

ГК гарнизонный караул 卫戍区卫兵队

ГК генеральный курс 主航向

ГК генератор кварцевый 晶体振荡器

ГК генератор компенсирующих сигналов 补偿信号发生器

ГК генератор контрольный 检查振荡器

ГК герметическая кабина 气密封座舱

ГК гирокомпас 陀螺罗盘，回转罗经

ГК главный калибр 〈炮〉主炮，大口径

ГК главная квартира 大本营（侦察）

ГК главная команда 主令

ГК главное командование 总司令部，总统帅部

ГК главнокомандующий 总司令，总指挥官

ГК группа кадров 干部组，骨干组

ГК групповой кодер 群路编码器

ГК ВВС Главное командование Военно-воздушных сил 空军总司令部

ГК ОВС Главное командование Объединенных вооруженных сил 联合武装力量总司令部

ГК ПВ главное командование пограничных войск 边防军总指挥部，边防军总司令部

ГК СВ главное командование сухопутных войск 陆军总司令部，陆军总部

ГКА главнокомандующий артиллерией 炮兵总司令

г-кал грамм-калория 克卡

ГКАТ государственный комитет по авиационной технике 国家航空技术委员会

ГКВТП государственный комитет российской федерации по военно-технической политикес 俄罗斯联邦国家军事技术政策委员会

ГКД горно-кавалерийская дивизия 山地骑兵师

ГКДП главный командно-диспетчерский пункт(аэропорта) （航空站）总指挥调度室，（航空站）总指挥调度塔台

ГКИ галактическое космическое излучение 银河宇宙辐射

ГКИ генератор калиброванных импульсов 标准脉冲发生器

ГКИ генератор кодовых импульсов 电码脉冲发生器

ГКИ генератор коротких импульсов 窄脉冲发生器

ГКК генератор контрольного канала 检测电路振荡器

ГКК геодезический космический комплекс 空间测地综合设施

ГКК главный кислородный клапан 氧气主活门

ГККС группа кораблей контрслежения 反跟踪舰群

ГКНС группа кораблей непосредственного слежения 直接跟踪舰群

ГКО Государственный Комитет Обороны 国防委员会

ГКО группа каналообразования 信道生成组

ГКО группа компьютерного обучения 计算机教学组

ГКОП группа координации огневой поддержки 火力支援协调小组

ГКОТ Государственный комитет по оборонной технике 国家国防技术委员会

ГКП главный командный пункт 总指挥所；〈海〉舰指挥所

ГКП главный контрольный(командный) пункт 主要检查点（位置报告点），总检查站

ГКП горный кавалерийский полк 山地骑兵团

ГКП(-) гопкалитовый корабельный патрон 舰船用霍加拉特盒（防毒面具的）

ГКП-4 гидрокомбинезон(подводника) （潜水员用）潜水衣

ГКПК главный командный пункт корабля 舰艇总指挥所，舰艇指挥所

ГКПП государственный контрольно-пропускной пункт 国家通行检查站

ГКР генератор кадровой развертки （电视机）帧扫描发生器

ГКС генератор контрольного сигнала 检查信号发生器

ГКС гидроакустический канал связи 水声通信信道

ГКС глобальная компьютерная сеть 全球（电子）计算机网

ГКУ гибридный коммутационный узел 混合交换枢纽

ГКУ гирокурсоуказатель 陀螺航向指示仪

ГКУ главное контрольное управление （俄联邦总统下属）总监察局

ГКУ главное курортное управление 疗养区管理总局

ГКУ группа комплексного урегулирования 综合导调组

ГКУ группа кризисного управления 应急指挥小组

ГКЦПС главный координационный центр поиска и спасения 总搜寻和救生协调中心

ГКЧ генератор контрольной частоты 导频振荡器

ГКЧП государственный комитет чрезвычайного положения 国家紧急状态委员会 (1991 年 8 月）

ГКЧС главное командование чрезвычайной ситуации 紧急情况总指挥部

ГКЧС Государственный комитет по чрезвычайным ситуациям 国家紧急情况委员会

ГКЧС государственный комитет РФ по делам гражданской обороны, чрезвычайных ситуаций и ликвидации последствий стихийных бедствий 俄联邦民防、紧急状态和消除自然灾害后果国家委员会

гл гектолитр 百升

ГЛ гидроакустические лаги 水声测程仪，水声速度计

гл глазомер 目测，目测力

Гл упр главное управление 总局，总部

Главвоендор главное управление военными железными дорогами 军用铁路管理总局

Главвоендор главное управление военных дорог 军用道路总局

Главвоенпорт главное управление военными портами 军港管理总局

Главвоенторгопр главное управление торговых предприятий для военнослужащих 军队商业企业管理总局，军人服务社管理总局

Главвоздухфлот Главное управление воздушного флота 空军总部

Главковерх верховный главнокомандующий 最高统帅

главкомпорт главнокомандующий портом 港口司令

главкомпорт главный комендант порта 港口总军事代表

главнач главноначальствующий 总指挥，总司令

Главнефтесбыт главное управление по сбыту, и транспорту нефти и нефтепродуктов 石油和石油产品销售运输总局

Главнефтеснаб главное управление по транспорту и снабжению нефтью и нефтепродуктами 石油和石油产品运输供应总局

ГлавПУ главное политическое управление 政治总局

ГлавПУ ВМФ главное политическое управление Военно-Морского флота 海军政治总局

Главснабпродарм главное управление по снабжению продовольствием армии и флота 陆海军给养供应总局

главстаршина главный старшина 海军上士

Главтмупр главное таможенное управление 海关总署，海关总局

ГЛАВТУ главное автомобильное управление 汽车管理总局

Главупрвсевобуч главное управление всеобщего военного обучения 普遍军事训练总局

Главштаб главный штаб 总参谋本部

ГЛИН генератор линейно изменяющегося напряжения 线路电压调节振荡器

ГЛИТ генератор линейно изменяющегося тока 线路电流调节振荡器

ГЛИЦ государственный летно-испытательный центр 国家飞行实验中心

ГЛОНАС глобальная навигационная система (космическая). Россия 全球（航天）导航系统，“格洛纳斯”全球卫星定位系统

ГЛОНАСС глобальная навигационная спутниковая система 全球卫星导航系统

ГЛОП горизонт летне-осеннего паводка 夏秋洪水位

ГЛП гидролокатор препятствий 障碍物水声测位仪

ГЛР госпиталь для лечения легкораненых 轻伤治疗医院

ГЛС гидролокационная станция 声呐站

ГЛСМ гидролокационная станция миноискания 水雷探测声呐站

ГЛЦ гидролокационная цель 声呐目标

гм гектометр 百米

ГМ гирмомотор 陀螺马达（内环）

ГМ гиромотор 陀螺电动机

ГМ главная машина （船上的）主机

ГМ граница магазина 堆栈边界

ГМ групповой модулятор 群调制器

ГМ ДУС гиромотор датчика угловых скоростей АП （弹上）自动驾驶仪角速度传感器陀螺电动机

ГМА государственный мобилизационный акт 国家动员法令

ГМВ генератор меток времени 时标发生器

ГМВ генератор метровых волн 米波发生器

ГМВ горизонт меженной воды 正常水位

ГМЗ группа минирования и заграждений 布雷及障碍设置组（群）

ГМЗ гусеничный минный заградитель 履带式布雷车

гмиап гвардейский минно-торпедный авиаполк 近卫水鱼雷航空兵团

ГМИК государственный музей истории космонавтики 国家航天历史博物馆

ГМК гвардейский механизированный корпус 近卫机械化军

ГМК генератор механических колебаний 机械振荡发生器

ГМК гиромагнитный компас 陀螺磁罗盘，回传磁罗经

ГМЛИР генераторная модуляторная лампа для импульсной работы 脉冲调制振荡管

ГМН генератор модулирующих напряжений 调制电压产生器

ГМОА гидрометеообеспечение авиации 航空兵水文气象保障

г-мол грамм-молекула 克分子

ГМП государственное машиностроительное предприятие 国营机械制造厂

ГМПСС глобальная мобильная персональная спутниковая связь 移动式全球个人卫星通信

ГМС гидрометеорологическая служба 水文气象勤务，水文气象勤务部门

ГМС группа материального снабжения 物资供应组

ГМС ВМФ гидрометеорологическая служба Военно-морского флота 海军水文气象勤务

ГМС ВС Гидрометеорологическая служба ВС РФ 俄联邦武装力量水文气象局

ГМСТ(ГМСт) гидрометеорологическая станция 水文气象站

ГМУ групповой модуляционный усилитель 群调幅放大器

ГМЧ гаубично-моторизованная часть 摩托化榴弹炮部队

ГМЧ гвардейская минометная часть 近卫火箭炮部队

ГМШ главный морской штаб 海军参谋本部，海军总部

гн гарнизонный наряд 卫戍区执勤队

Гн генри 亨（利）(电感单位）

ГН гнездо 插孔

ГН горизонтальное наведение 水平瞄准

ГН грубый нониус 粗游标

ГнА гнездо абонента 用户电话插孔

ГНБ горизонт нижнего бьефа 下游水位

ГНВ горизонт низких вод 低水位

ГНИАП главный научно-исследовательский артиллерийский полигон 炮兵科学试验总射击场

ГНИИИ ВМ МО Государственный научно-исследовательский испытательный институт военной медицины Министерства оборон 国防部军事医学科学实验所

ГНИИЭ государственный научно-исследовательский институт электролиза 国家电解科学研究所

ГННЧ генератор напряжения низкой частоты 低频电压发生器

ГнО гнездо оператора 操作员电话插孔

ГНП гидроакустический имитационный патрон 水声模拟弹

ГНПД генератор налавинно-пролетных диодов 崩越二极管振荡器

ГНПП государственное научно-производственное предприятие 国家科研企业

ГНР группа немедленного реагирования 快速反应小组（集群）

ГНС газонаполнительная станция 充气站

ГНС гироскопическая навигационная система 陀螺导航系统

ГНС главный начальник снабжения 供给主任

ГНС глобальная навигационная система 全球导航系统

ГНЧ генератор несущей частоты 载频震荡器

ГНЧ генератор низкой частоты 低频震荡器

ГО гарантированное опознавание 保证识别

ГО генераторное оборудование 振荡器设备

ГО гидростатическое отделение 〈鱼雷〉定深舱

ГО гильзоогвод 退壳槽

ГО главная обмотка 主线圈

ГО головной отряд 前队

ГО государственная оборона 国防

ГО государственная охрана 国家警卫队

ГО гражданская оборона 民防

ГО гранатометное отделение 火箭筒班

Г

Г

ГО грубый отсчет 概略读数，粗读

ГО и ЧС гражданская оборона и чрезвычайная ситуация (система) 民防与紧急情况（系统）

ГО сигнал гарантированного опознавания 可保证识别的信号

ГОА глубоководный обитаемый аппарат 深水载人舱

ГОАБ головное отделение армейской базы 集团军基地先头分库

ГОВД городской отдел внутренних дел 市内务处

ГОВИ глобальный обмен военной информацией 全球军事信息交换

ГОВМС Гидрографический отдел Военно-Морских Сил 海军水道测量局

ГОГУ главная оперативная группа управления 指挥机关总作战组

ГОИ генератор одиночных импульсов 单脉冲发生器

ГОИ государственный оптический институт 国家光学研究所

ГОИ группа обработки информации 信息处理组

ГОЛ глубоководная океанографическая лебедка 深水海洋绞车

гол головка 头部；弹头；机关

ГОЛС голубиная станция 信鸽站

ГОМ генератор отбора мощности 功率选择发电机

ГОМ городской отдел милиции 市民警局

ГОМЗ государственный оптико-механический завод 国家光学机械厂

ГОМУ Главное организационно-мобилизационное управление ГШ ВС РФ 俄联邦武装力量总参组织动员总局

ГОМУ ГШ ВС КР Главного организационно-мобилизационного управления Главного штаба Вооруженных Сил Кыргызской Республики 吉尔吉斯斯坦共和国武装力量参谋本部组织动员总局

ГОН гараж особого назначения (службы охраны президента) 特种车库（总统警卫局使用）

ГОН генератор опорного напряжения 基准电压发生器

ГОН герметический оптический нактоуз 水密光学传导罗经

ГОП городские отряды полиции 市警察队

ГОПАБ головное отделение полевой армейской базы 集团军野战基地先头分站

ГОпр генераторное оборудование приема 接收震荡设备

ГОПЭП головное отделение полевого эвакуационного пункта 野战后送先头分站

ГОР. горизонт 水平线

ГОР горизонтально 水平

ГОР горизонтальный 水平的

гор. ад. горно-артиллерийский дивизион 山地炮兵营

гор. ап. горно-артиллерийский полк 山地炮兵团

горвоенкомат городской военный комиссариат 市兵役委员会，市兵役局

ГОС главные оборонительные силы 主要防御力量，防御主力

ГОС гнездо оконечного соединения 终端连接插孔

ГОС госпитальное судно 医院船

ГОС группа общественных связей (региональных подразделений силовых министерств) 公共联系组（强力部门的地区派出单位），公共事务部

Госавианадзор РК Государственная авиационная инспекция Республики Казахстан по надзору за безопасностью полетов воздушных судов гражданской авиации и экспериментальной авиации 哈萨克斯坦共和国国家民用航空器和实验航空器飞行安全监督航空检查局

Госавианадзор РУ Государственная инспекция Республики Узбекистан по надзору за безопасностью полетов 乌兹别克斯坦共和国国家飞行安全监督检查局

Госавиарегистр РК Государственный авиационный регистр Республики Казахстан 哈萨克斯坦共和国航空注册（登记）局

госавтоинспектор государственный автомобильный инспектор　国家汽车检查员

Госавтоинспекция　Государственная автомобильная инспекция　国家汽车执照检查局

Госдума　Государственная Дума（俄罗斯）国家杜马

госдумовец　депутат государственной думы【口】国家杜马议员

госзапасы　государственные запасы　国家储备

ГосМКБ　государственное машиностроительное конструкторское бюро　国家机器制造设计局

ГОСНИИАС　государственный научно-исследовательский институт авиационных систем　国家航空系统科研所

ГОСО　группа оценки системы оружия　武器系统评定组

Госплан　Государственный плановый комитет　国家计划委员会

ГОСТ　государственный стандарт　国家标准

ГОТ　генератор опорного тока　基准电流发生器

ГОТ　генератор основного тона　基音振荡器

ГОТ., Гот.　готовность　准备状态；готов 准备

ГОТ. ДИСТ. ВКЛ.　сигнал готовности к дистанционному включению　遥控接通（电源）准备状态信号

Готов. к БР　готовность к боевой работе　战斗工作准备状态

Готов. к ДУ　готовность к дистанционному управлению　遥控准备状态

Готш　генеральное отшествие　总东西距

ГОУ　Главное оперативное управление ГШ ВС РФ　俄联邦武装力量总参谋部作战总局

ГОУВТ　Государственный орган управления воздушным транспортом　空中运输指挥机构

ГОФТИ　Государственный физико-технический институт　国家物理技术研究所

ГОЦ　Главный объединенный центр　总联合中心

ГОЧ　генератор опорной частоты　基准频率震荡器

гоэс　гвардейский отдельный эскадрон связи　近卫独立骑兵通信连

ГОЭС　гидростабилизированная оптико-электронная система　加氢稳定光学电子系统

ГП　газетный полос　报纸版面

ГП　генеральный план　总计划

ГП　гетеродинный преобразователь　外差转换器

ГП　гетеропереход　导质结

ГП　гидростатический предохранитель　水压保险器，水压保险装置

ГП　главная петля　主回线

ГП　главный пост　总站，总哨

ГП　голосовая почта　语音信箱

ГП　горизонтальная плоскость　水平面

ГП　горная пушка　山炮

ГП　государственная принадлежность　国籍

ГП　готовность к передаче　传输准备完毕

ГП　готовность к приему　接收准备完毕

ГП　гражданский противогаз　民用防毒面具

ГП　гранатомет подствольный　枪挂式榴弹发射器

ГП　группа направления　方向组

ГП　группа прикрытия　掩护组，掩护群，掩护队

ГП　группа прорыва　突破组（群）

гп　группа пуска　发射组

ГП　гусеничный прицеп　履带式挂车，履带式拖车

ГП ВНОС　главный пост воздушного наблюдения, оповещения и связи　对空情报总站（总哨）

ГП и ВР　группа правопорядка и внутренней разведки（纳伦州内务局的）法制和对内侦察小组

гпз　гектопьеза　平方巴，百皮兹

ГПа　генри-паскаль　亨（利）— 帕（斯卡）

ГПа　гигапаскаль　千兆帕

ГПА　группа полевой артиллерии　野战炮兵群

ГПБ　горно-пехотный батальон　山地步兵营

ГПБА　гидроакустическая пассивная буксируемая антенна（潜艇上的）水声寄生拖曳天线

ГПВ　государственная программа вооружений　国家武器装备规划

ГПВНАР　главный пост внутреннего наблюдения и разведки　国内观察与侦察总站

ГПВНаР　главный пост воздушного наблюдения и разведки　对空监视和侦察总站

ГПВО　«Готов к противовоздушной обороне»　防空卫国制

ГПВРД гиперзвуковой прямоточный воздушно-реактивный двигатель 高超音速冲压式空气喷气发动机

ГПВХО готов к противовоздушной и химической обороне 防空防化卫国制

ГПГП ООН группа поддержки гражданской полиции ООН 联合国民事警察支助组

ГПД генератор главного диапазона 主波段震荡器

ГПД генератор плавного диапазона 连续波段振荡器

ГПД гидроакустическое подавление 水声压制

ГПД головной походный дозор 行军先头巡逻

гпд горно-пехотная дивизия 山地步兵师

ГПД гранатомет для постановки дымзавесы 烟幕施放掷弹筒

ГПЗ гидроперезарядка 液压再装填

ГПЗ головная походная застава 前方尖兵

ГПЗ группа подходных заграждений 行军障碍设置组

ГПИ генератор прямоугольных импульсов 矩形脉冲发生器

ГПиКОП группы планирования и координации огневого поражения 火力杀伤计划和协调组

ГПК Генеральный пограничный комитет 总边防委员会

ГПК гидроакустическое поле корабля 舰船水声场

ГПК гидропневмоклапан 液压气动活门

ГПК гирополукомпас 陀螺半罗盘，陀螺方向仪

ГПК главный пусковой клапан 主启动阀

ГПМП главный пункт медицинской помощи 医疗总站

ГПН генератор пилообразного напряжения 锯齿电压发生器，锯齿波发生器

ГПНС головной пост наблюдения и связи 先头观察通信哨

ГПО главная полоса обороны 主要防御地带

ГПО государственная пограничная охрана 国家边防警卫；国家边防警卫部队

ГПО государственная политическая охрана 国家政治保安部

ГПОП группа планирования огневого поражения 火力毁伤计划拟制组

ГПОЯП группа планирования огневого и ядерного поражения 火力和核毁伤计划拟制组

ГПП главный перевязочный пункт 总绷扎所

ГПП горнопехотный полк 山地步兵团

ГПП группа подготовки и пуска 准备与发射组

ГПР главное пусковое реле 主启动继电器

ГПР главный пеленг развертывания 主展开方位

гпр горно-пеходная рота 山地步兵连

ГПРРМ главный пункт радиорелейных магистралей 无线接力干线总站

ГПС головной продовольственный склад 先头给养库

ГПС городская первичная сеть 城市一次网

ГПС гравитационный подводный снаряд 重力深水炸弹

ГПС градиент поля смещения 偏转场梯度

ГПС граф потока сигналов 信号流图表

ГПСД главный пункт сбора донесений 情报收集总站

ГПСП генератор псевдослучайной последовательности 伪随机序列振荡器

ГПТ генератор пилообразного тока 锯齿波电流发生器

ГПТ генератор постоянного тока 直流发电机

ГПТ гусеничный плавающий транспортер 水陆两用履带式输送车

ГПТП гидропневмотокопереход 液气电转换

ГПУ главное полицейское управление Япония 日本总警察厅

ГПУ главный пост управления 〈海〉主引导站；总指挥部位

ГПУ главный пульт управления 主控台

ГПУ-2 громкоговорящее переговорное устройство 扬声器通话装置

ГПУН главный пункт управления и наведения 总指挥与引导站

ГПФ групповой полосовой фильтр 群路带通虑波器

ГПХО «Готов к противохимической обороне»

防化学卫国制

ГПЦО головной пункт централизованной охраны 先头集中警卫站

ГПЧ групповой преобразователь частоты 群变频器

ГПЭГ головной полевой эвакуационный госпиталь 先头野战后送医院

ГПЭНМ группы противодействия экстремизму и незаконной миграции 打击极端主义和毒品越境小组

ГПЭП головной полевой эвакопункт 先头野战后送站

ГР гальванометрическое реле 电流计式继电器

ГР глобальная ракета 环球火箭，远程（战略）导弹

ГР горная рота 山地连

ГР группа разграждения 障碍排除组

ГР групповая 集群的，成组的；集群目标

г-р грамм-рентген 克伦琴

гр СпН группа специального назначения 特战组

Гр. Пр. группо-проблесковый(огонь) 联闪光

Гр.дм групповой демодулятор 群调解器

г-рад грамм-рад 克拉德（辐射积分吸收剂量单位）

град. градус 度

ГРазм группа разминирования 排雷组

ГРАУ Главное ракетно-артиллерийское управление Минобороны России 俄罗斯国防部军械总局

ГРБ головная ремонтная база 先头修理基地

ГРБ головная ремонтная бригада 先头修理队

ГРВЗ Группа российских войск в Закавказье 俄罗斯驻外高加索军队集群

ГРВК городской районный военный комиссариат 城市区兵役局

ГРД газовый реактивный двигатель 燃气喷气发动机

ГРД генеральная разность долгот 总经差

ГРД гибкий рабочий день 弹性工作日，灵活工作日

ГРД гибридный ракетный двигатель 混合火箭发动机

ГРД гидрореактивный двигатель 液体（燃料）喷气发动机

гр-ка группировка 分类，分组；集团；部署

ГРКР гвардейский ракетный крейсер 近卫导弹巡洋舰

ГРЛ газовый руль （导弹）燃气舵

ГРМ глиссадный радиомаяк 下滑（无线电）信标

ГрО групповое оборудование 群路设备

ГРП глиссадный радиоприемник 下滑信标接收机

ГРП группа радиопомех 无线电干扰组

ГРП группа разведки пути 道路侦察组

ГРП группа руководства полетом 飞行指挥组

ГРПЗ государственный Рязанский приборостроительный завод 梁赞国家仪器仪表制造厂

ГрПК гравитационное поле корабля 舰船重力场

ГРР глубоководный регулятор режима 深水发射方式调整器

ГРР группа радиоразведки 无线电侦察组

ГРС генератор речевого спектр 音频振荡器

ГРС гидравлический регулятор скорости 液压调速器

ГРС главная руководящая станция 总指挥台，主台（通信网络中的）

ГРС голографическая радиолокационная станция 全息雷达站

ГРТП ПВО главный радиотехнический пост противовоздушной обороны 防空雷达总站

ГРТС городская радиотрансляционная сеть 城市无线电转播网

ГРУ глава районной управы 区参议会议长

ГРУ Главное разведывательное управление 情报总局

ГРУ главное распределительное устройство 〈电〉总配电装置

ГРУ группа радиочастотного управления 无线电频谱管理组

ГРУ ВС РК Главное разведывательное управление Вооруженных Сил Республики Казахстан 哈萨克斯坦武装力量情报总局

ГрузТАГ Грузинское телеграфное агентство 格鲁吉亚通讯社

ГРУС главный ретрансляционный узел связи 主转播通信枢纽

ГРХР группа радиационной и химической разведки 辐射和化学侦察组

ГРЦ государственный ракетный центр 国家火箭中心

ГрЦ групповая цель 集群目标

ГРШ генеральная разность широт 总纬差

ГРЩ главный распределительный щит 主配电板

ГРЭБ группа радиоэлектронной борьбы 电子站组

ГС гармонический состав 谐波组成，谐波成分

ГС гасительное сопротивление 降压电阻，熄弧电阻

гс гаусс 高斯（磁通量密度单位）

ГС генератор самолетный 飞机发电机

ГС генератор сдвига 位移信号发生器

ГС гетероструктура 复合结构，杂结构

ГС гидрографическая служба 水道测量勤务

ГС гидросамолет 水上飞机

ГС гиростабилизатор 陀螺稳定器

ГС главные силы 主力

ГС глобальная сеть 广域网，全球网

ГС головка самонаведения 自导弹头，自寻的头，自动导引头

ГС головная станция 主站，前端站

ГС головной склад 先头仓库

ГС голосовое сопровождение 解说

ГС группа самозащиты 自卫队，自卫小组

ГС группа содействия 协同组，支援组

ГС групповой радиосигнал 无线信号群

ГС групповой сигнал 群路信号

ГС(-) типы генераторов сигналов 信号发生器型号（例如：ГС-6, ГС-10, ГС-23）

ГСАБат гаубичная самоходная артиллерийская батарея 自行榴弹炮兵连

ГСАДи гаубичный самоходный артиллерийский дивизион 自行榴弹炮兵营

ГСАП глубоководный спасательный аппарат 深水救生装置

ГСБ гидросамолет-бомбардировщик 水上轰炸机

гсб горнострелковый батальон 山地步兵营

гсбр горно-стрелковая бригада 山地步兵旅

ГСБС гарнизонный склад боеснабжения 卫戍区弹药供给仓库

ГСВ генератор сигналов взаимодействия 互用信号发生器，协同信号发生器

ГСВ генератор сигналов высокочастотный 高频信号发生器

ГСВ Гринвичское среднее время 格林威治平时

ГСВ группа стратегических вопросов 战略问题小组

гсва главная смешанная военная авиационная база 混合军用航空总基地

ГСВЧ генератор сверхвысокой частоты 超高频振荡器

ГСВЧ государственная служба времени и частоты 时间、频率国家服务台，国家授时授频台

ГСГ головной склад горючего 先头油库

ГСГА государственная служба гражданской авиации 国家民航部门

гсго группировка сил гражданской обороны 民防力量兵力集团

гсд горно-стрелковая дивизия 山地步兵师

ГС-Д тип генератора сигналов дециметрового (диапазона) 分米波段信号发生器型号

ГСИ генератор счетных импульсов 计数脉冲发生器

ГСИОО глобальная система информации и оперативного оповещения 全球信息和预警系统

ГСК генератор сигналов комбинированный 混合信号发生器

ГСК главный стопорный клапан 主停气阀

ГСК горно-стрелковый корпус 山地步兵军

ГСК Государственный следственный комитет 国家侦查委员会

ГСК-2 тип генератора сигналов 信号发生器型号

ГСЛ групповые соединительные линии 群路连接线

ГСМ горюче-смазочные материалы 油料，燃滑油料

г-см грамм-сантиметр 克厘米

ГСН глобальная система наблюдения 全球观测系统

ГСНОП глобальная система навигации и определения положения 全球导航与定位系统

ГСО геостационарная орбита 地球同步轨道

ГСО группа сторожевой охраны 前哨警戒组

ГСОД глобальная система обработки данных 全球数据处理系统

ГСОУ глобальная система оперативного управления 全球作战指挥系统

ГСП газосигнализатор полевой 野战毒气报警器

ГСП гидравлическая силовая передача 液压动力传动装置

ГСИ государственная система обеспечения единства измерений 国家统一测量标准系统

ГСП групповой сборный пункт 分批集合站

ГСП гусеничный самоходный паром 履带式自行门桥

ГСПИ генератор селекторных пусковых импульсов 选择触发脉冲发生器

ГСПУ главное судоподъемное устройство 主船舶升降机

ГСР генератор срочной развертки 横向扫描振荡器，线扫描振荡器

ГСР генератор строчной развертки 行扫描发生器

ГСР гиперзвуковой самолет-разгонщик 超音速助推火箭飞机

ГСС АМ генератор стандартного сигнала с амплитудной модуляцией 调幅标准信号发生器

ГСС генератор случайных сигналов 随机信号发生器

ГСС генератор стандартных сигналов 标准信号发生器

ГСС генератор строчных синхроимпульсов 行同步脉冲发生器

ГСС головной склад связи 先头通信器材库

ГСС городская служба спасения 城市救援部门

ГСС государственная система стандартизации 国家标准化体系

ГСС тип генератора стандартного сигнала 标准信号发生器型号

ГССЧМ генератор стандартного сигнала с частотной модуляцией 调频标准信号发生器

ГСТ генератор стабильного тока 稳流电源，恒电源

ГСТ гибкий стальной трос 软钢索

ГСТ глобальная система телесвязи 全球远程通信系统

ГСТО гарнизонная станция технического обслуживания 驻军技术保养站，卫戍区技术保养站

ГСТС генератор ступенчатого сигнала 级跃信号发生器

ГСУ главная станция управления 主控站

ГСУ главное строительное управление 建设工程总局

ГСФ голографический согласованный фильтр 全息匹配滤光镜

ГСЦ генератор сигналов цифровой 数字信号发生器

ГСЧ генератор стабильной частоты 稳定频率发生器

ГСЧ горноспасательная часть 山地抢险救援部队，矿山救护队

ГТ взрыватель головной тротиловый 弹头梯恩梯引信

ГТ газовая турбина 燃气轮机

ГТ горизонтальное табулирование 水平制表符

ГТС гусеничный тягач средний 中型履带式牵引车

ГТ телефонный голый 电话裸线

ГТА газотурбинный агрегат 燃气涡轮发电机

ГТАП гаубичный тяжелый артиллерийский полк 重榴弹炮兵团

ГТВ генератор тонального вызова 音频振铃振荡器

ГТД грузовая таможенная декларация 货物报关单

ГТЖ гидротормозная жидкость 液压制动液，液压刹车油

ГТЗ государственное техническое задание 国家技术课题

ГТЗА главный турбозубчатый агрегат 齿轮传

动式主汽轮机

ГТИ генератор тактовых импульсов 脉冲振荡器

ГТК глубокий трубчатый колодец 深管井

ГТК горизонткомпас 水平陀螺仪

ГТМ гальванотермомагнитный 电热磁的

ГТН группа тактического назначения 战术任务组，战术使命群

ГТОС городское телеграфное отделение связи 市通信有线电报班

ГТП гибкий токопровод 柔性连线

ГТП группа технической помощи 技术支援组

ГТПА группа тяжелой полевой артиллерии 重野战炮兵群

ГТПЭ группа технической помощи и эвакуации 技术援助和后送队

ГТР группа технической разведки 技术侦察小组（群）

гтр гужевая транспортная рота 马车（运输）连

ГТС гнездо транзитного соединения 转（话）接（续）插孔

ГТС голографическая телевизионная система 全息电视系统

ГТС городская телефонная сеть 市话网

ГТС городская телефонная станция 市电话站

ГТС городская трансляционная сеть 市中继线，市转播网

ГТСУ газотурбинная силовая установка 燃气动力装置

ГТТ гусеничный тяжелый тягач 履带式重型牵引车

ГТУ ВМФ Главное техническое управление Военно-Морского Флота 海军技术总局

ГТУ газотурбинная установка 燃气涡轮装置

ГТУ главное телефонное управление 电话总局

ГУ Главное управление ГШ ВС РФ 俄联邦武装力量总参情报总局

ГУ газоубежище 防毒掩蔽部，避毒所

ГУ генератор ультразвука 超声发生器

ГУ гидрографическое управление 水（道）测（量）局

ГУ гидроусилитель 液压增压器，（飞机）液压助力器

ГУ глубокий уровень 深能级

ГУ головка установочная 设定头

ГУ государственное учреждение 国家机关

ГУ группа управления 控制组

ГУ группа усиления 加强组

ГУ групповой усилитель 群放大器

ГУ АСУ и РЭБ Главное управление автоматической системы управления и радиоэлектронный борьбы 自动化指挥系统与无线电电子斗争总局

ГУ ВД грунтовой участок военной дороги 军用道路土质地段

ГУ ВМС Гидрографическое управление военно-морских сил 海军海道测量部（外）

ГУ ГВФ главное управление Гражданского воздушного флота 民航总局

ГУ МВС Главное управление международного военного сотрудничества (Министерства обороны РФ) 俄联邦国防部国际军事合作总局

ГУ ПВО главное управление противовоздушной обороны 防空总局

ГУ спецвойск Главное управление Специальных войск 特种兵总局

ГУ-50 тип многоэлектродной лампы 多极管型号

ГУА группа управления авиацией 航空兵指挥组

ГУАМС главное управление аэрометеорологической службы 航空气象（勤务）总局

ГУАО группа управления артиллерийским огнем （舰炮）指挥组

ГУАП главное управление авиационной промышленности 航空工业总局

ГУАС главное управление авиационной связи 航空通信总局

ГУАС Главное управление аэродромного строительства 机场建筑总局

ГУБП Главное управление боевой подготовки ВС РФ 俄联邦武装力量战斗训练总局

ГУБЭП Главное управление по борьбе с экономической преступностью (МВД РФ) （俄联邦内务部）打击经济犯罪总局

ГУВ генератор ударного возбуждения 冲击激

励振荡器

ГУВ главное управление вооружения ВС РФ 俄联邦武装力量装备总局

ГУБТМВ 〈史〉装甲兵和机械化兵总局

ГУВБ Главное управление военного бюджета и финансирования Министерства обороны 国防部军事预算和拨款总局

ГУВД Главное управление внутренних дел 内务总局

ГУВД грунтовый участок военной дороги 军用道路土路段

ГУГАК Главное управление гражданской авиации Китая 中国民航总局

ГУГБ главное управление государственной безопасности 国家安全总局

ГУГВФ Главное управление Гражданского Воздушного Флота 民用航空总局

ГУГК Главное управление геодезии и картографии 大地测量与制图总局

ГУГПС Главное управление государственной противопожарной службы 国家消防总局

ГУДС группа управления действующей связью 通信指挥组

ГУИ генератор управляющего импульса 控制脉冲振荡器

ГУИАС главное управление инженерной авиационной службы 航空工程总局

ГУИиС главное управление информатизации и связи 信息化与通信总局

ГУИН государственное управление исполнения наказаний 国家执行处罚局

ГУИС главное управление информации и связи 信息与通信总局

ГУК Главное управление кадров Минобороны России 俄罗斯国防部干部总局

ГУК Главное управление кораблестроения 造船总局

ГУКНД Главное управление контрольной и надзорной деятельности Министерства обороны Российской Федерации 俄罗斯联邦国防部监督和监察总局

ГУЛКХ Главное управление линейно-кабельного хозяйства 电缆线路设备总局

ГУМВС Главное управление международного военного сотрудничества Министерства обороны (РФ) （俄联邦）国防部国际军事合作总局

ГУМП ВС РК Главное управление международных программ вооруженных сил Казахстана 哈武装力量国际规划总局

ГУМТО главное управление материально-технического обеспечения 物资技术保障总局

ГУМТО ВС РК Главное управление материально-технического обеспечения Вооруженных Сил Республики Казахстан 哈萨克斯坦武装力量物资技术保障总局

ГУМТТС главное управление междугородной телеграфной и телефонной связи 长途电话电报总局

ГУН генератор управляемого напряжения 控制电压发生器

ГУНЖВ Главное управление начальника Железнодорожных войск Минобороны России 俄罗斯国防部铁道兵主任局

ГУНЗБП Главное управление по надзору за безопасностью полетов государственной авиации 国家航空飞行安全监督总局

ГУНИДТ Главное управление научно-исследовательской деятельности и технологического сопровождения передовых технологий (инновационных исследований) Минобороны России 俄罗斯国防部科研和先进工艺跟踪（创新研究）总局

ГУНиО Главное управление навигации и океанографии (Военно-Морского Флота РФ) 导航与海洋地理总局

ГУНП главное управление по налоговым преступлениям 税务犯罪总局

ГУОВиВТ ВС РК Главного управления обеспечения вооружением и военной техникой Вооруженных Сил Республики Казахстан 哈萨克斯坦武装力量武器和军事技术保障总局

ГУОО главное управление особых отделов 特

别处管理总局

ГУОП главное управление охраны президента 总统警卫总局

ГУОП главное управление по борьбе с организованной преступностью 打击有组织犯罪总局

ГУОШ группа управления объединенных штабов 联合参谋部指挥组

ГУП главный упорный подшипник 主推力轴承

ГУП головка управления полетами 飞行控制头部位

ГУП группа управления полетами 飞行控制组

ГУПВ главное управление пограничных войск 边防军总局

ГУПВО главное управление пограничной и внутренней охраны 边境保卫和内部警卫总局

ГУПК ВС РК Главноное управление подготовки кадров за рубежом Вооруженных Сил Республики Казахстан 哈萨克斯坦武装力量干部境外培训总局

ГУПО главное управление пограничной охраны 边防警卫总局

ГУПП ВМФ главное управление политической пропаганды Военно-Морского Флота 海军政治宣传总局

ГУПП Главное управление политической пропаганды 政治宣传总局

ГУПРК Главное управление подготовки и распределения кадров （俄国防部）干部培训与调配总局

ГУПС главное управление правительственной связи 政府通信总局

ГУПС главное управление продовольственного снабжения 给养供应总局

ГУР главное управление разведки 侦察总局，情报总局

ГУРВО главное управление ракетного войскового оборудования 导弹部队装备总局

ГУРВО главное управление ракетного вооружения 导弹装备总局

ГУРВС главное управление радиовещательных станций 无线电广播电台管理总局

ГУРРС главное управление радиоэлектронной разведки средств связи 通信手段无线电电子侦察总局

ГУРС главное управление радиосвязи 无线电通信总局

ГУРТ главное управление ремонта танков 坦克修理总局

ГУС гарнизонный узел связи 卫戍区通信枢纽

ГУС Главное управление связи ВС РФ 俄联邦武装力量通信总局

ГУС главное управление судоремонта 船舶修理总局

ГУС главный узел связи 通信总枢纽部

ГУС государственный ученый совет 国家学术委员会

ГУСА главное управление снабжения армии 军队供应总局

ГУСБ главное управление собственной безопасности 个人安全总局

ГУСВ главное управление службы войск 武装力量部队勤务总局

ГУСВ главное управление специальных войск 特种兵管理总局

ГУСИ генератор узких строб-импульсов 窄波门脉冲发生器

ГУСК главное управление по сотрудничеству и кооперации 合作与协作总局

ГУСМ главное управление стратегической маскировки 战略伪装总局

ГУСМП главное управление Северного морского пути 北方海上航路总局

ГУСМФ главное управление Северного Морского Флота 北方舰队总部

ГУСРВ главное управление строительства и расквартирования войск 部队营房与建设总局

ГУСС главное управление специального строительства 特种建设总局

ГУТ главное управление тыла 总后勤部

ГУТ гусеничный универсальный тягач 履带式万能牵引车

ГУТ МО СССР Главное управление торговли

Министерства обороны СССР 苏联国防部贸易总局

ГУТ ПС КНБ Главное управление тыла пограничной службы комитета национальной безопасности（哈萨克斯坦）国家安全委员会边防局后勤总局

ГУТС главное управление по тыловой службе 总后勤部，后勤总局

ГУУР СКМ МВД РФ Главное управление уголовного розыска службы криминальной милиции МВД РФ 俄联邦内务部刑警侦查总局

ГУФИВП главное управление формирования частей и военной подготовки 部队编成和军事训练总局

ГУХВ главное управление химических войск 化学兵总局

ГУЧ генератор ультразвуковой частоты 超声频率发生器

Гушосдор главное управление шоссейных дорог 公路总局

ГУЭВВТ главное управление эксплуатации вооружения и военной техники 武器及军事装备使用总局

ГФ госпиталь флота (флотилии) 舰队医院，(区舰队）医院

ГФ гребенчатый фильтр (гребенка фильтров) 梳状波波器

ГФЗ группа физической защиты 生理保护组

ГФИ МО РК Главная финансовая инспекция Министерства обороны РК 哈萨克斯坦国防部财政监察总局

ГФС государственная фельдъегерская служба 国家机要邮政局

ГФУ-1 тип генератора 振荡器型号

ГХИ генератор хаотических импульсов 随机脉冲产生器

ГХИ Государственная хлебная инспекция 国家粮食检查局

ГХР газоанализатор химический ручной 手提式化学气体分析仪，手提式化学毒气检测仪

гц герц 赫兹（频率单位）

гц главная цепь 主电路，主回路

ГЦ головная цель 领头目标

ГЦА государства Центральной Азии 中亚国家

ГЦКР гранецентрированная кубическая решетка 面心立方系晶格

ГЦМП государственный центральный межвидовой полигон 国家跨军种中央靶场

ГЦМП Государственный центральный морской полигон 国家海上中央靶场

ГЦОРИ главный центр обработки радиолокационной информации 空情处理中心，总雷达信息处理中心

ГЦП генератор сигналов цветных полос 彩色条纹信号发生器，彩色带信号发生器

ГЦП Государственный центральный полигон 国家中央靶场

ГЦПО Главный центр переподготовки офицеров 军官培训总中心

ГЦТЭ государственный центр технической эксплуатации 国家技术开发中心

ГЦУ группа целеуказания 目标指示组

ГЦУВД главный центр управления воздушным движением 空中交通指挥总中心

ГЧ БР головная часть баллистической ракеты 弹道导弹弹头

ГЧ гарнизонная часть 卫戍部队

ГЧ головная часть 弹头；先头部队

ГШ генератор шума 噪声发生器

ГШ гермошлем 加压头盔，密封头盔

ГШ марка стрелкового, зенитного и авиационного вооружения систем 步兵、高炮与航空兵器标号

ГШ Генеральный штаб 总参谋部

ГШВ гидрографическо-штурманское вооружение 水道测量航海装备，航海水测装备

ГШ ВС РФ Генеральный Штаб Вооруженных Сил Российской Федерации 俄联邦武装力量总参谋部

ГШН генератор шума низкочастотный 低频噪音发生器

ГШП генератор шумовых помех 噪声干扰发

生器

ГШС генератор шумового спектра 噪音频谱发生器

ГШСИ генератор широких строб-импульсов 宽波门脉冲发生器

ГЩУ главный щит управления 主操作盘，主控制板

ГЭ глобальный экстремум 最大极值

ГЭ голографический экран 全息板，全息屏

ГЭВ генератор электромагнитных волн 电磁波振荡器

ГЭД гребной электродвигатель 螺旋电动机

г-экв грамм-эквивалент 克当量

ГЭЛ глубоководный эхолот 深水回声探测仪

ГЭМО Государственная экспертиза Минобороны России 俄联邦国防部国家鉴定委员会

ГЭН генератор эталонного напряжения 标准电压振荡器

ГЭП главный эвакуационный пункт 总后送站

ГЭП головной эвакуационный пункт 先头后送站

ГЭП головной этап 先头兵站

ГЭП головной эшелон парка 纵列先头梯队

ГЭС гидроэлектростанции 水力发电站，水电站

ГЭТ государственный электротехнический трест 国家电工技术托拉斯

ГЭТ-С гусеничный эвакуационный тягач, средний 中型履带式后送牵引车

ГЭУ генератор с электронным управлением 电阻脉冲发生器

ГЭУ главная энергетическая установка 主动力装置

ГЭХП головной эшелон химического парка 化学纵列先头梯队

ГЯ гидроакустическое явление 水声现象

ГЯП группа ядерного планирования 核计划小组

ГЯП группа ядерных поставщиков 核供应集团

ГЯРД газовый ядерный реактивный двигатель 核喷气发动机

Д

Д давление 压力；压

д. дальний 远的，远距离的，长途的

Д дальномер 测距仪

Д дальность стрельбы 射程，射（击）距离

Д датчик 发送器，传感器，发报机

Д двигатель 发动机

Д демодулятор 调解器，检波器

д. день 白天，日，日子

Д день начала операции 战役开始日

Д десантный корабль 登陆舰

Д детектор 检波器

д деци- 十分之一（十进制计算单位的前缀）

Д дешифратор 判读器，译码器

д диаметр 直径；口径；横断面

Д дивизион （炮兵、骑兵、坦克兵的）营；（舰艇部队的）大队

Д дивизионный 师的；炮兵营的；（舰艇）大队的；（舰艇）总队的

Д дивизионный штурман 大队航海业务长

д дивизия 师；（舰艇部队的）总队

Д диод 二极管

Д директива 训令；指令；说明书

Д диск 磁盘

Д дискретизатор 抽样器，抽样设备，离散设备

Д дифферент 纵倾

Д длинная волна 长波

Д дозор 巡逻；巡逻组，巡逻队；侦察群

д. документ 文书；文件，文献；单据，证件

д долгота 经度；〈天〉黄经

Д допуск 公差，容差，容限；出入证

Д дроссель 节流门，节气门；油门；扼流圈；喷嘴挡板阀

Д дублекс 双工

Д дуплексер 双工机

Д дымовой (снаряд) 发烟（炮）弹，烟幕弹

Д дымоход 烟囱，烟道

Д подводная лодка «Декабрист»; серия подводных лодок «Декабристы» “十二月党人”潜艇；“十二月党人”系列潜艇

Д сокращенное название серии первых подводных лодок советской постройки 苏制初级潜艇系列的简称

Д срединное отклонение по дальности 距离中间（公算）偏差

Д условное обозначение дня начала боевой операции (войны) 战役开始的标志

д.а. дискретный автомат 断续自动机，数字式自动装置

д. в. н. доктор военных наук 军事科学博士，军事学博士

д. н. диаметр наружный 外径

Д откл дальность отключена 距离（标线）切断

д. с. диаметр средний 中径，平均直径

Д-1 дистанционный взрыватель 定时引信型号

Д1, Д2, Д3 день операции первый, второй, третий 战役第一日、第二日、第三日

Д2 дивизионный артиллерист〈海〉师直属炮兵

Д-25-С тип 122-мм самоходной пушки 122 毫米自行火炮型号

Д-3 парашют (десантный) 降落伞型号

Д-4 4 天

Д-44 дивизионная 85-мм пушка 师属 85 毫米加农炮型号

Д-49 тип дальномера 测距仪型号

Д-7 тип усилителя постоянного тока 直流放大器型号

ДА авиационный пулемет, сконструированный Дегтяревым 杰格佳廖夫式航空机枪

ДА дальномер артиллерийский 炮兵测距仪

ДА дальняя артиллерия 远程炮兵

ДА детерминированный автомат 自动测量装置

да дециграмм 分克

ДА дизельный агрегат 柴油发电机组，柴油机组

ДА диперекись ацетона (взрывчатое вещество) 过氧丙酮（炸药）

ДА дипольная антенна 偶极天线

ДА директорная антенна 波导式天线，八木天线

ДА дополнительная аппаратура 附加设备

ДА дымообразующая аппаратура 发烟器；烟雾施放器

ДА дыхательный аппарат 呼吸器

ДА ФПС департамент авиации Федеральной пограничной службы РФ 联邦边防部航空兵局

ДАА Департамент Азии и Африки 亚非司

ДАБ дымовая авиабомба, дымовая авиационная бомба 航空烟幕炸弹

ДАБВ А МИД РК Департамент Азии, Ближнего Востока и Африки МИД РК 哈萨克斯坦外交部亚洲、中东、非洲司

ДАВ диалогово-вычислительный комплекс 对话计算机

ДАВТ двигатель асинхронный взрывозащищенный тяговый 异步防爆牵引发动机

ДАГ держатель авиационных гранат 航空榴弹架

ДАГ дивизионная артиллерийская группа 师炮兵群

ДАЗИ директорат анализа и защиты инфраструктуры 基础设施分析与保护局

ДАГК МО Департамент аудита государственных контрактов Министерства обороны Российской Федерации 俄联国防部国家合同审计司

даир дивизион артиллерийской инструментальной разведки 炮兵仪器侦察营

ДАК дешифратор адресов кодов 电码地址解码器

дак дивизия артиллерийских кораблей 炮舰总队

ДАК-Б дистанционный астрокомпас бомбардировщика 轰炸机遥控天文罗盘

ДАК-ДБ дистанционный астрокомпас бомбардировщика дальнего действия 远程轰炸机遥控天文罗盘

ДАК-И дистанционный астрокомпас истребителя 歼击机遥控天文罗盘

дал декалитр 十升

Дальвоенпроект Дальневосточная военная проектная контора 远东军事规划处

ДАМ динамическая амплитудная модуляция 动态调幅

ДАМ дискретная амплитудная модуляция 不连续调幅，键控调幅

ДАН доклады Академии наук 科学院报告

ДАП двигатель авиационный поршневой 活塞式航空发动机

ДАП дивизионный артиллерийский полк 师属炮兵团

дап дивизия авиационной поддержки 空中支援师

ДАП дымовой авиационный прибор 航空发烟器，飞机用烟幕器

ДАП дымообразующий авиационный прибор 航空发烟器，飞机用发烟器

ДАПР двухантенный пассивный ретранслятор 无源双天线转播发射机

ДАР дальний арктический разведчик (самолет) 北极远程侦察机

ДАРК ПКО доорбитальный авиационно-ракетный комплекс ПКО 前轨道航空导弹太空防御综合体

ДАРМ дивизионная авиаремонтная мастерская 师航空修理厂

ДАРМ дивизионная авторемонтная мастерская 师汽车修理所

ДАРМ дивизионная артиллерийская ремонтная мастерская 师军械修理所

Дармия Дальневосточная армия 远东军

ДАРМС дрейфующая автоматическая радиометеорологическая станция 漂浮自动无线电气象站

ДАС дальняя автоматическая связь 长途自动通信

ДАС дивизионный артиллерийский склад 师军械库

ДАС дискретная автоматическая система 断续自动系统，数字式自动系统

ДАТ дизельное арктическое топливо 柴油机寒极燃料，北方用柴油

ДАТС дальняя автоматическая телефонная связь 自动长途电话通信

ДАТС дорожная автоматическая телефонная связь 公路自动电话通信

ДАУ двухстороннее авиационное учение 航空兵对抗演习

ДАУ дистанционноавтоматическое управление 远程自动控制，自动遥控

ДАУ дистанционное автоматизированное управление 自动遥控

ДБ Дальневосточное бюро 远东局

Дб дальность батареи 炮目距离

ДБ двухмоторный бомбардировщик 双发动机轰炸机

ДБ дежурный по батальону 营值班员

дБ децибел 分贝（音量单位）

ДБ диспетчерское бюро 调度室

ДБ дисциплинарный батальон 惩戒营

ДБ добавка (к питанию) （食品）添加剂

ДБ дымовая бомба 发烟弹，烟幕弹

ДБ дымовой батальон 发烟营，烟幕施放营

ДБ-3 двухмоторного бомбардировщика конструкции Ильюшина 伊柳辛设计的双发动机轰炸机型号

ДБА дальняя бомбардировачная авиация 远程轰炸航空兵

ДБА ГК дальнебомбардировочная авиация Главного командования 统帅部远程轰炸航空兵

ДББ дальнебомбардировочная авиабригада 远程轰炸航空兵旅

ДБАД дальнебомбардировочная авиационная дивизия 远程轰炸航空兵师

ДБАК дальнебомбардировочный авиакорпус 远程轰炸航空兵军

ДБАЭ=дбаэ дальнебомбардировочная авиационная эскадрилья 远程轰炸航空兵大队

дбаэ ДБАЭ дальнебомбардировочная авиаэскадрилья 远程轰炸航空兵大队

ДББС дальнебойный баллистический снаряд 远程弹道火箭弹

ДБВ данные о баллистическом ветре 弹道风诸元，弹道风数据

ДБВ держатель бомбардировочного вооружения 轰炸武器挂架

ДбГ деблокирующая группа 解除封锁群，打破封锁群

ДБЛ длинная базисная линия 长基线

ДБО дальность беглого огня 急射距

ДБО департамент базового обеспечения 基础

保障司

ДБО дивизия береговой обороны 海岸防御师，岸防师

дбп дальнебомбардировочный авиационный полк 远程轰炸航空兵团

ДБП дальнебомбардировочный полк 远程轰炸团

ДБП дальность боевого применения 战斗使用距离，战斗距离

ДБП двухбоковая полоса 双边带

ДБП двухбоковая полосная система 〈无〉双边带系统

ДБПиСВ Департамент боевой подготовки и службы войск 作战训练与部队勤务司

ДБР дальняя беспилотная разведка 远程无人驾驶飞机侦察

ДБр дорожная бригада 道路旅

дбр дымовая бригада 烟幕施放旅，发烟旅

дбс дальнебомбардировочное соединение 远程轰炸兵团

дбс дальнебомбардировочное авиационное соединение 远程轰炸航空兵兵团

ДБС дальняя бомбардировочная система 远程轰炸系统

ДБС дальноебойный баллистический снаряд 远程弹道导弹

ДБС долговременное боевое сооружение 永备战斗工事

ДБСП дежурная боевая смена пуска 发射战斗值班

ДБТ Департамент по борьбе с терроризмом 反恐司

ДБШ диод с барьером Шоттки 肖特基势垒二极管

ДВ Дальний Восток 远东

Дв дальность прямого выстрела 〈箭〉直射距离

ДВ датчик ветра 风速风向传感器

ДВ датчик высоты 高度传感器

дв двор〈测〉场，场地

ДВ дебит воды 涌水量，水流量

ДВ десант воздушный 空降兵，空降人员

ДВ десантный взвод 空降排

ДВ диаметр внутренний 内径

ДВ диэлектрический волновод 介质波导管

ДВ длинноволновый 〈无〉长波的

ДВ длинные волны 〈无〉长波

ДВ дымовой взвод 发烟排，烟幕施放排

ДВ дымообразующие вещества 发烟剂，烟幕剂

ДВ дымоотравляющее вещество (чаще-вещества) 毒烟剂（常用复数），毒气

ДВ РУ ФПС дальневосточное региональное управление Федеральной пограничной службы РФ 俄联邦边防局远东地区局

Дв. Сопр. Движение Сопротивления 抵抗运动

ДВАУ Дальневосточное военное автомобильное училище 远东军事汽车学校

ДВБ дальний воздушный бой 远距空战

ДВБ дальний высотный бомбардировщик 远程高空轰炸机

ДВБР Департамент по вопросам безопасности и разоружения 安全及裁军司

ДВВ датчик внешних возмущений (подводного аппарата) （潜水装置的）外来扰动传感器

ДВВ датчик внешних возмущений (подводный) 外来扰动传感器（水下）

ДВВ детонирующие взрывчатые вещества 起爆炸药

ДВВ дивизия внутренних войск 内卫师

ДВВ дробящие взрывчатые вещества 高能炸药，破坏药，烈性炸药

ДВВАКИУ Дальневосточное высшее военное автомобильное командно-инженерное училище 远东高级军事汽车指挥工程学校

ДВВС директорат ВВС 空军管理机构

ДВД Движение за восстановление демократии 恢复民主运动（巴基斯坦）

ДВД департамент внутренних дел 内务司

ДВЖД дальневосточная железная дорога 远东铁路局

ДВЗ дистанционный ввод заданий 遥控任务输入，远程业务输入

ДВИ дальневосточный военный институт 远东军事学院

ДВИ датчик стандартных временных импульсов 标准时间脉冲发生器

ДВИ МО Департамент военного имущества Минобороны России 俄联邦国防部军用物资司

ДВК дистнационное включение 遥控接通（电源）

ДВК Дом военной книги, г. Москва 莫斯科军事书店

ДВКА десантно-высадочный катер 登陆艇

ДВКД десантно-вертолетный корабль-док 直升机船坞登陆舰

ДВН десантный вертолетоносец 登陆直升机母舰

ДВО динамичная воздушная обстановка 动态空情

ДВО дополнительные виды обслуживания 辅助类服务

ДВОиН Департамент военного образования и науки 军事教育与科学司

ДВОКУ Дальневосточное высшее общевойсковое командное училище 远东高等合同指挥学校

ДВП двухполосный сигнал 双频带信号

ДВП диск с высокой плотностью 高密度盘

ДВП дымный взрывной порох 发烟炸药

ДВП МВД Департамент военной полиции министерства внутренних дел 内务部军事警察司

ДВПО дивизионное военно-потребительское общество 师军人消费合作社

ДВПР Департамент воспитательной и психологической работы 教育和心理工作司

ДВРМ дивизионная вещевая ремонтная мастерская 师被服装具修理所

ДВРП двухканальный визуальный радиопеленгатор 双波道视觉测向仪

ДВРУ Дальневосточное региональное управление 远东地区局

ДВС датчик вертикальной скорости 垂直速度传感器

ДВС датчик воздушной скорости 空速传感仪

ДВС двигатель внутреннего сгорания 内燃机

ДВС Движение вооруженных сил 武装部队运动

ДВС дегазатор вакуумный самовсасывающий 自吸式真空除气器，自吸式真空消毒器

ДВС департамент воздушных сообщений 空中交通厅（司）

ДВС десантно-высадочное средство 登陆器材

ДВС децентрализованная вакуумная система 分散真空系统

ДВС дивизионный вещевой склад 师被服仓库

ДВТ дающий вращающийся трансформатор 旋转式供电变压器

ДВТ Департамент воздушного транспорта 空运司

ДВТО Дом военно-технического обучения 军事技术训练馆

ДВТр десантный войсковой транспорт 登陆运输工具和空降运输工具

ДВТС дивизионная военно-телеграфная станция 师属军用电报站

ДВТУ Дальневосточное танковое училище 远东坦克学校

ДВТУ Дунайское военно-транспортное управление 多瑙河军事运输管理局

ДВУ дальномерно-визирное устройство 激光测距仪，测距仪

ДВУ дополнительные виды услуг 辅助类业务

ДВФ дистанционное включение фазирования 遥控接通调相

ДВФКА МО Департамент ведомственного финансового контроля и аудита Министерства обороны Российской Федерации 俄罗斯联邦国防部部门财务监督和审计司

ДВЭА МО Департамент военно-экономического анализа Министерства обороны Российской Федерации 俄罗斯联邦国防部军事经济分析司

ДГ дальняя граница 远端界线

ДГ дальняя граница гарантированной зоны поражения 杀伤保证区远端界限

ДГ дальняя граница зоны поражения 杀伤区远端界限

ДГ датчик горизонта 水平传感器，地平传感器

ДГ двигатель-генератор 电动发电机

ДГ демпфирующий гироскоп 阻尼陀螺仪

ДГ дивизионный госпиталь 师医院

ДГ дизель-генератор 柴油发电机

ДГБ Департамент государственной безопасности 国家安全厅

ДГГ дальняя гарантированная граница 远端保证界限

ДГД дисковод гибких дисков 软盘驱动器

ДГЗ МО Департамент государственных закупок Минобороны России 俄罗斯国家国防采购司

ДГЗС дезактивиционно-дегазационное судно 消除放射性与消毒舰

ДГЛ доплеровские гидроакустические лаги 多普勒水声计程仪

ДГМК дистанционный гиромагнитный компас 〈航〉遥控陀螺磁罗盘，远距陀螺磁罗盘

ДГП дополнительный главный пост 补充主哨位

ДГПС Департамент государственной противопожарной службы 国家消防局

ДГС двойная гетероструктура 双重复合结构，双重杂结构

ДГТр десантный грузовой транспорт 登陆物资运输船

ДГТС двухсторонняя групповая телефонная связь 会议双向电话通信，会议电话

ДГУ дизель-генераторная установка 柴油发电设备

ДГШ дежурная группа штаба 参谋部值班组

ДГШ директива Генерального штаба 总参谋部训令

ДД дальнее действие 远战

ДД денежное довольствие 薪金、津贴

ДД дивизион движения (на подводной лодке) (潜艇上的) 动力大队

ДД динамический диапазон 动态范围，动态带

ДД дифференциальный дальномер 差动测距仪

ДДА дезинфекционно-душевая автомобильная установка 车式消毒淋浴装置

ДДА душевой дезинфекционный автомобиль 喷淋式消毒车

ДДВ денежное довольствие военнослужащих 军人津贴

ДДЕТ двухполосной детектор 双频带检波器

ДДИ дальномер двойного изображения 双像测距仪

ДДК датчик дифференто-крена 横倾与纵倾传感器

ДДК двигательно-движительный комплекс 发动机推进系统

ДДЛ деревянная десантная лодка 木制登陆艇

ДДК дивизион десантных кораблей 登陆舰大队

ДДН детектирование данных и несущей 数据载波检测

ДДО диаграмма динамической устойчивости (судна) (船舶) 动稳度曲线图

ДДО дополнительное дегазационное отделение 辅助消毒组

ДДО АО Департамент по делам обороны Атырауской области 阿特劳州防务司

ДДО ВКО Департамент по делам обороны по Восточно-Казахстанской области 东哈萨克斯坦州防务司

ДДП датчик дистанционный плавный 远距离平稳发送器

ДДП двойной диод-пентод 双二极－五极管

ДДП дезинфекционно-душевой прицеп 消毒淋浴拖车

ДДП деревянный десантный парк 木制登陆舟桥纵列

ДДП дополнительный датчик пути 补充路程传感器

ДДС датчик дистанционный ступенчатый 远程分级发送器

ДДС дорожно-диспетчерская связь 道路调度通信

ДДТ двойной диод-триод 双二极－三极管

ДДУ дезинфекционно-душевая установка 喷淋式消毒装置

ДДЧ двоично-десятичное число 二－十进制

дегенверх дежурный генерал при штабе верховного главнокомандующего 最高统帅部值班将军

деж. дежурный 值班的，值班员

дежком дежурный комендант 值班警备长，值班指挥长；值班军事代表；值班（卫戍、警备、城防、要塞）司令

дежоперот дежурный оперативного отдела 作战处值班员

дез дезинформация 虚假情报

дезкамера дезинфекционная камера 灭菌室，消毒室

дезлаборатория дезинфекционная лаборатория 灭菌试验室，消毒试验室

ДЕЗО дезинфекционный отряд 消毒队，灭菌队

дезпоезд дезинфекционный поезд 灭菌列车，消毒列车

дезсредство дезинфекционное средство 消毒器材，消毒剂

дезстанция дезинфекционная станция 消毒站

Дел. деление 划分；刻度

Дел. делитель 分配器，分压器

демилит. демилитаризованный 非军事化的

ДесВС десантно-высадочные средства 登陆上陆工具

ДЕС обозначение десанта 登陆作战路线标志

дес. десант 登陆兵；空降兵

дес. десантный 登陆的；空降的

ДЕСО десантый отряд 登陆队

ДесОН десантоопасное направление 登陆威胁方向

ДесП десантная переправа 登陆渡口

деспб десантно-переправочный батальон 登陆渡河营

деспр десантно-переправочная рота 登陆渡河连

ДесПС десантно-переправочные средства 登陆渡河器材

ДесТС десантные транспортные средства 登陆运输器材，登陆运输工具

ДЕТ детекторная головка 检波头

дет.черт. детальный чертеж 零件图，详图

Дж «Дежурство» (обозначение в листе нарядов по кораблю) "值班"(舰上值勤登记用语标志)

ДЖ дегазационная жидкость 消毒液

дж джоуль 焦耳

ДЖ дирижабль 飞艇

ДЖО и УЖФ МО Департамент жилищного обеспечения и управления жилищным фондом Минобороны России 俄联邦国防部住房保障和住房基金管理司

ДЖРАО долговременно живущие радиоактивные отходы 长期辐射的放射性废料

ДЗ дальнейшая задача 后续任务

ДЗ дизельное зимнее (топливо) 冬季用柴油

ДЗ динамическая защита (активная броня) 动力保护，动力防护（主动装甲）

ДЗ дистанционное зондирование 遥感，遥感技术，远距离探测

ДЗ досмотровая запись 预审记录

ДЗ дымовая завеса 烟幕

ДЗАГ дивизионная зенитная артиллерийская группа 师高射炮兵群

ДЗАО дальняя зона акустической освещенности 会聚区，远距离亮区

ДЗВ дымовая завеса воздушная 空中烟幕

ДЗН дымовая завеса наземная 地面烟幕

ДЗИ дополнительный зондирующий импульс 辅助探测脉冲

ДЗК дозорный корабль 巡逻舰

ДЗОМП директорат защиты от оружия массового поражения (Министерства внутренней безопасности США)（美国国土安全部）大规模毁伤性武器防护局

ДЗОС дерево-земляное оборонительное сооружение 土木防御工事

ДЗОС дерево-земляное огневое сооружение 土木发射工事，土木射击工事

ДЗОС долговременная зенитная оборонительная система 永久式对空防御系统

ДЗОТ дерево-земляная огневая точка 土木火力点

ДЗП директорный заход на посадку 导向进入着陆

ДЗП дивизионный заправочный пункт 师加油站

ДЗС дежурный по зоне связи 通信区值班员

ДЗСИ длительность зондирующего сигнала / импульса 探测信号 / 脉冲长度

ДЗУ динамическое запоминающее устройство 动态存储器

ДЗУ диодное запоминающее устройство 二极

管存储单元

ДЗУ долговременное запоминающее устройство 长期存储器

ДЗУ дымовое защитное устройство 防烟装置

ДЗЦ дизель замкнутого цикла 闭循环柴油机

ДИ дальний истребитель 远程歼击机

ДИ дальность исчисления 计算距离，开始距离

ДИ данные испытания 试验数据

ДИ датчик импульсов 脉冲传感器

ДИ датчик индукционный 感应式传感器

ДИ двухместный истребитель 双座歼击机

ДИ дивизионный инженер (дивинженер) 师工程兵主任

ДИ динамическая инерционность 动惯性

ДИ дискретная информация 离散信号，离散信息

ДИ дополнительный источник 补充电源

ДИ достоверность информации 信息的可靠性

диагр. диаграмма 图，曲线图

ДиАКа дивизион артиллерийских катеров 炮艇大队

ДИАП дальнеистребительный авиационный полк 远程歼击机航空兵团

ДИАП. диапозон 范围；波段

диаэ авиационная эскадрилья дальних истребителей 远程歼击机航空兵大队

диварт дивизионная артиллерия 师属炮兵

диввpач дивизионный врач 师医务主任

дивком дивизионный комиссар 师政委

дивинт дивизионный интендант 师军需主任

дивперотряд дивизионный передовой отряд 师先遣支队

дивсторкат дивизион сторожевых катеров 护卫艇大队

ДИВТ Движение за исламское возрождение Таджикистана 塔吉克斯坦伊斯兰复兴运动

дивэминцев дивизион эскадренных миноносцев 驱逐舰大队

ДИЗ дизельный 柴油机的

ДИЗО дисциплинарный изолятор 惩戒禁闭室

ДИИ дешифрация исходной информации 原始信息判读

ДИК дистанционный индукционный компас 远距离感应罗盘

ДИК-46 тип дистанционного индукционного компаса в самолете 飞机的远距离感应罗盘型号

ДИКОВР дивизион катеров охраны водного района 水警区快艇大队

диквп дивизион кораблей на воздушной подушке 气垫船大队

ДИКМ дифференциальная импульсно-кодовая модуляция 差动脉码调制

дикр дивизия крейсеров 巡洋舰总队

ДИЛОС диалоговая информационно-логическая система 对话式信息逻辑系统

ДИМ дистанционный индукционный манометр 远距感应压力计

ДИМ дистанционный индукционный миноискатель 遥感探雷器

ДИМ дифференциальный искатель мин 外差探雷器

ДИМ дифференциальный миноискатель 外差式探雷器

ДИМ длительно-импульсная модуляция 脉冲宽幅调制

ДИМ дорожный индукционный миноискатель 道路感应探雷器

ДИМ импульсная модуляция по длительности 脉冲宽度调制

ДИМК Департамент информации и массовых коммуникаций Минобороны России 俄罗斯国防部信息与大众传媒司

ДиМП дивизия морской пехоты 海军陆战师

динамсар динамитный сарай 黄色炸药库

дин-см дина-сантиметр 达因 / 厘米

ДИО Департамент инженерного обеспечения 工程保障局

ДиОВР дивизия охраны водного района 水区警戒总队，水警区总队

ДИОФ дезинфекционно-инструкторский отряд фронта 方面军消毒教导队

ДиПК дивизия противолодочных кораблей 反潜舰艇总队

дипкарточка дипломатическая карточка 外交官证

ДиПЛ=дипл дивизия подводных лодок 潜艇总队

ДИПС документальная информационно-поисковая система 资料情报收集系统

ДИР дисковое исполнительное реле 凸轮执行继电器

ДиРК дивизия ракетных кораблей 导弹舰艇总队

ДИС датчик измерительного сигнала 测量信号发送器

ДИС доплеровская инерциальная система 多普勒惯性系统

ДИ САУ дивизион самоходно-артиллерийских установок 自行火炮营

ДИСКР. дискриминатор 鉴别器，鉴频器

ДИС МО Департамент информационных систем Министерства обороны Российской Федерации 俄罗斯联邦国防部信息系统司

ДИСК. ЗАХВ. дискриминатор захвата 截获鉴频器

ДИСС доплеровский измеритель скорости и сноса 多普勒地速及偏流测量仪

ДИСТ. дистанционный 遥控的

ДИСТ. УПР. дистанционное управление 遥控

ДИСУС доплеровский измеритель скорости и угла сноса 多普勒速度和偏航角测量仪

дисц. дисциплинарный 纪律的，惩戒的

ДИТ дополнительная инструкция по транспортированию 运输补充规则

ДИТКА дивизион торпедных катеров 鱼雷艇大队

дитщ дивизион тральщиков 扫雷舰大队

ДИУС датчик-измеритель угловой скорости 角速度传感测量器

диф. дифференциал 微分；差速器，差动器；дифференциальный 微分的；差动的

диф. диффузионный 扩散的

ДК дальний конец 远端

Дк дальность командира 指挥员目测距离

ДК датчик курса 航向传感器

ДК двигатель компрессора 空气压缩发动机，压缩机发动机

ДК двойной (разный) кабель 双（不同的）缆

ДК двойной кабель 双股电缆

ДК двухкабельный 双缆的

ДК двухканальный компенсатор 双通道补偿器

ДК двухсторонний контраст 双向对比

ДК девиация компаса 罗经自差，罗差，罗盘偏差角

ДК дегазационый комплект 消毒药箱，消毒盒

ДК дежурный канал 值班信道

ДК декодер 译码器，解码器，判读器；译码员

ДК декомпрессионная камера 减压室，减压舱

ДК Департамент кадров 干部司

ДК десантный корабль 登陆舰

ДК дискретный канал 离散信道

ДК диспетчерский контроль 调度监督

ДК дифференциальный каскад 差分级联

ДК догонный курс 追击航向

ДК дозиметрический контроль 剂量检查

ДК дренажная катушка 排流线圈

ДК дроссельный клапан 节流活门，节气阀

ДК пулемет Дегтярева крупнокалиберный 杰格佳廖夫式大口径机枪

Дк расстояние до предмета, снятое с карты 〈海图上目标距离

д-к диэлектрик 电介质，介质

ДК-2 донный взрыватель 弹底引信

ДКА дом Красной Армии 红军之家

ДКБ Договор о коллективной безопасности 集体安全条约

ДКБ дорожно-комендантский батальон 道路警备营

ДКБВ датчик коэффициента бегущей волны 行波系数传感器

ДКБр дорожно-комендантская бригада 道路警备旅

ДКБС Договор о коллективной безопасности стран СНГ 独联体集体安全条约

ДКБФ Дважды Краснознаменный Балтийский флот 两次荣获红旗勋章的波罗的海舰队

ДКВ дегазационный комплект для вооружений

武器装备消毒车

див дивизия 师，（同级军舰的）总队

ДКВ Донское казачье войско 顿河哥萨克部队

ДКВ комплект дезактивации, дегазации и дезинфекции вооружения и боевой техники 武器和战斗技术装备消除放射性沾染，消毒灭菌设备

ДКВП десантный корабль на воздушной подушке 气垫登陆艇

дкг декаграмм 十克

ДКГМК дистанционный катерный гиромагнитный компас 舰用远距陀螺磁罗盘

ДКД десантный корабль-док 船坞登陆舰

ДКИ документ контроля интерфейсов 接口检查文件

ДКИМ дифференциальная кодово-импульсная модуляция 微分脉码调制

ДКИП двухуровневый код с инверсией посылок 反转双极性码

ДККП дивизия контроля космического пространства (противоракетная оборона) 宇宙空间监测师（反导防御）

ДКЛ дивизион канонерских лодок 炮舰大队

ДКЛС дежурный по кабельной линии связи 通信电缆线路值班员

ДКМ датчик кода Морзе 莫尔斯电码发送器，莫尔斯电码发报机

дкм декаметр 十米

ДКМВ декаметровые волны 十米波

ДК МО Департамент культуры Минобороны России 俄罗斯国防部文化司

ДКНБ Департамент Комитета национальной безопасности 国家安全委员会下属司

ДКНБ ЮКО департамент Комитета национальной безопасности южной казахстанской области 哈萨克斯坦国家安全委员会南哈州安全司

ДКО дежурный комендант охраны 值班警备司令

ДКОВР дивизия кораблей охраны водного района 水警区舰艇总队

ДКОИ двоичный код обмена информацией 信息交换二进制码

ДКП двухканальный переключатель 双通路转换器

ДКП дезинфекционная камера на прицепе 消毒挂车

ДКП дезинфекционная камера передвижения 移动式（流动）消毒室

ДКП дивизионный командный пункт 师基本指挥所；营基本指挥所

ДКП дискретное косинусное преобразование 离散余弦变换

ДКП дистанционный командный пункт 遥控指挥所

ДКП дополнительный командный пункт 补充指挥所，增补指挥所

дкп дорожно-комендантский полк 道路警备团

ДКП командный пункт командира дивизии 师长基本指挥所

ДКП командный пункт командира дивизиона 营长指挥所

ДКП пехотно-десантный корабль 步兵登陆舰

ДКП-50 дозиметрический командирский прибор 剂量探测指挥仪

ДКПП дежурный контрольно-пропускной пункт 值班检查站

ДКПП диспетчерский контрольно-пропускной пункт 调度检查站

дкр дорожно-комендантская рота 道路警备连

ДКР дорожно-комендантский район 道路警戒区

ДКР ракетно-десантный корабль 导弹登陆舰

ДКС дальняя космическая связь 远程航天通信

ДКС данные космической связи 卫星通信资料，卫星通信数据

ДКС десантный корабль средний 中型登陆舰

ДКС документы кодированной связи 密码通信文件

ДКС дорожно-комендантская служба 道路警备勤务

ДКС-2 тип полупроводникового диода 半导体二极管型号

ДКСЛ двухсторонний комплект соединительных линий 双向中继线成套设备

ДКТ датчик критических углов 临界角传感器

Д

ДКТ дегазационный комплект для транспорта 运输车辆消毒盒；运输工具消毒盒

ДКТ танкодесантный корабль 坦克登陆舰

ДКУ датчик курсового угла 航向角传感器

ДКУ декодирующее устройство 译码器

ДКУ демодуляционный канальный узел 电路解调器

ДКУ дискретное корректирующее устройство 断续式校正装置，数字式校正装置

ДКУ дистанционное контрольное устройство 遥控监视装置，遥控检查装置

ДКУ дорожно-комендантский участок 道路警备地段

ДКЦ дальность командир-цель 观目距离

ДКША директива Генерального штаба 总参谋部训令

ДКШУ дивизионное командно-штабное учение 师首长参谋部演习

Дл дальность наблюдения с левого пункта 左观观目距离

ДЛ дивизионный лазарет 师医疗所

ДЛ дизельное летнее (топливо) 夏季用柴油

дл. длина 长度，长

ДЛ-10 десантная лодка 登陆舟，登陆艇

ДЛЗ дисперсионная линия задержки 色散延迟线

ДЛЗ диспетчерская линия задержки 调度延迟线

Длит. длительность 持续时间；(脉冲) 宽度

ДЛП деревянный легкий (понтонно-мостовой) парк 轻型木质舟桥纵列

ДЛРСМД договор о ликвидации ракет средней и малой дальности (1987 г.) 销毁中短程导弹条约

ДЛУ датчик линейных ускорений 线性加速度传感器

ДЛФ двухлучевой фильтр 双射束滤波器

ДЛЧМ дискретная линейная частотная модуляция 离散线性频率调制

дм³ кубический дециметр 立方分米

ДМ действительное место (самолета) (飞机的) 实际位置

ДМ делитель мощности 功率分配器

ДМ дельта-модуляция 增量调制〈无〉

ДМ деревянный мост 木桥

ДМ десант морской 登陆兵

ДМ деформирующая маска 变形遮障

дм дециметр 分米

ДМ дисплей многоцветный 彩色显示器

ДМ дистанционный манипулятор 遥控器

ДМ дозорная машина 搜索车，侦察车

ДМ донная мина 沉底水雷

ДМ дымовая маскировка 烟幕伪装

ДМ дымовая машина 发烟机，烟幕施放车

ДМ дымовая мина 烟幕弹；发烟迫击炮弹

ДМ дымовая (шашка) 发烟罐，烟雾筒

дм дюйм 英寸

ДМ радиомаяк дальнего маркера 远距无线电信标台

дм сб децимиллистильб 10-4 熙提

ДМ-11 дымовая малая шашка 小型发烟罐

ДМ-11 нейтральная дымовая шашка 中性发烟罐，无毒发烟罐

дм² квадратный дециметр 平方分米

ДМА дифференциальный миллиамперметр 差动毫安表

дмбр десантно-морская бригада 海军登陆旅；海军陆战旅

ДМВ декретное московское время 莫斯科法定时间

ДМЗ демилитаризованная зона (между Корейской Народно-Демократической Республикой и Республикой Корея) (与朝鲜韩国间的) 非军事区

ДМИК дельта модуляция с инерционным компандированием 惯性音频信号变换式增量调制

Дмин дистанционное минирование 远距离布雷

ДМК десантный метеорологический комплект 空降气象设备

ДМК дешифратор микрокоманд 微指令译码器

ДМКВМ дальний маркерный коротковолновый маяк 远程短波信标台

дмквт децимикроватт 十分之一微瓦

ДМКР дальний маркерный коротковолновый радиомаяк 远距短波无线电信标台

ДММК дельта модуляция мгновенным компандированием　瞬时音频信号变换式增量调制

ДМО　Департамент морской охраны (Япония)（日）海上保安厅

ДМО　десантно-медицинский отряд　登陆医疗队

ДМО　десантный медицинский отряд　空降医疗队

ДМО　дорожно-мостовой отряд　道路桥梁队

ДМО ФПС　департамент морской охраны Федеральной пограничной службы РФ　俄联邦联邦边防局海防司

ДМП　дальний маркерный пункт　远距信标发射台

ДМП　двигатель мягкой посадки　软着陆发动机

ДМП　демультиплексор　分路器

ДМП　деревянный мостовой парк　木制舟桥纵列

ДМП　дивизионный медицинский пункт　师医疗站，师救护所

ДМПИ　дельта-модуляция с повышенной информативностью　高信息量增量调制

ДМПК　дивизион малых противолодочных кораблей　小型反潜舰大队

ДМР　дифференциальное минимальное реле　逆功率继电器，回程功率继电器

ДМРМ　дальний маркерный радиомаяк　远距无线电信标台

ДМС　Департамент международного сотрудничества　国际合作司

ДМС　дешифратор максимальной скорости　极速译码器，最大速度译码器

ДМС　дирекционный магнитный угол　磁坐标方位角

ДМС　дистанционная метеорологическая станция　遥测气象站，远距气象站

ДМС　дорожная мина Скорина　斯科林道路地雷

ДМС АМО РК　Департамент международного сотрудничества Аппарата Министра обороны РК　哈萨克斯坦国防部长办公厅国际合作司

ДМТ　двигатель малой тяги　小推力发动机

ДМТОиВ　Департамент материально-технического обеспечения и вооружения　物资技术保障及武器装备司

ДМТР　дорожно-мобильная твердотопливная ракета　道路机动式固体燃料导弹

ДМХ　дымовая машина химическая　化学烟幕车

ДМХ-5　дымовая малая хлоридная шашка　小型氢化物发烟罐

ДМЦК　дельта модуляция с цифровым компандированием　数字音频信号变换式增量调制

ДН　дальность наблюдения　观察距离，观测距离

ДН движение неприсоединения　不结盟运动

ДН　делитель напряжения　电压分配器，分压器

ДН　диаграмма направленности　方向图

ДН　диапазон настройки антенны　天线调谐区

дн　дина　达因（力的单位）

ДН　дульная насадка　枪口塞

дн ПВО ВП　дивизион противовоздушной обороны воинских поездов　军运列车防空营

ДНА　диаграмма направленности антенны　天线方向图

ДНА　Доплеровский навигационный автомат　多普勒自动导航设备

ДНБ　дискриминатор нулевых биений　零差鉴别器，零拍鉴别器

ДНВ　Департамент по вопросам новых вызовов и угроз(МИД РФ)（俄联邦外交部）新挑战和威胁司

ДНД　добровольная народная дружина　人民志愿纠察队

ДнДК　дивизион десантных катеров　登陆艇大队

днеп　деципепер〈无线电〉分奈贝（十分之一奈贝）

ДНЕП　дневной полет　日间飞行

ДНЗ　диод с накоплением заряда　集电二极管

ДНИ　датчик навигационный информации〈空〉领航通报发送机，导航信息发送器

ДНК　дезоксирибонуклеиновая кислота　脱氧核糖核酸

днк　дивизия надводных кораблей　水面舰艇总队

ДНЛ　десантная надувная лодка　橡皮登陆艇，橡皮登陆舟

ДНМ-15　тип дефектоскопа для цветных материалов　有色材料探伤器型号

ДНМ-500　тип дефектоскопа для жаропрочных сплавов　耐热合金探伤器型号

днпк дивизион надводных кораблей 水面舰艇大队

ДНО двигатель насоса охлаждения 冷却泵电机

ДНО дивизия народного ополчения 民兵师

ДНП дополнительный наблюдательный пункт 辅助观察所，增补观察所

днпл дивизион подводных лодок 潜艇大队

днплк дивизион противолодочных кораблей 反潜舰大队

днпск дивизион пограничных сторожевых кораблей 边防护卫舰大队

днрак дивизион ракетно-артиллерийских кораблей 导弹火炮舰大队

днрзк дивизион разведывательных кораблей 侦察舰大队

днрка дивизион ракетных катеров 导弹艇大队

днрчк дивизион речных кораблей 江河舰艇大队

ДНС доплеровская навигационная система 多普勒导航系统

ДНТ дирекция наблюдения за территорией (служба контрразведки) Франции 法国领土监察处（反侦察部门）

ДНЧС данные нестабильности частоты ствола (ретранслятора) 转发器频率失稳数据

ДО дальний огонь 远距离射击

ДО двигательный отсек 发动机舱，动力舱

ДО дегазационное отделение 消毒组

ДО дежурный оперативный 作战值班员

ДО дежурный отряд 值勤支队

ДО дежурный офицер 值班军官

ДО действующий отряд 作战队；行动队

ДО десантная операция 登陆战役，空降战役

ДО десантный отряд 登陆队

ДО дефектообразование 缺陷形成

ДО диаметр отверстия 孔径

ДО дивизионный обоз 师辎重队

ДО дипольные отражатели 偶极反射器

ДО дистанционная обработка （数据）远程处理

ДО дозорное отделение (танк) 坦克巡逻班

ДО дозорный отряд 巡逻队

ДО доклад об обстановке 情况报告

ДО Дом офицеров 军官之家

ДО дорожный отряд 道路队

До Н Движ до начала движения （导弹）运动前（的信号）

доб. добавление; добавочный 补充，增加；补充的，额外的

Доброфлот Добровольный флот 支援船队

ДОВР дивизион ОВР 水警区大队

ДОВС дивизионный обозно-вещевой склад 师辎重被服仓库

ДОВСЕ договор об обычных вооруженных силах в Европе 欧洲常规武装力量条约

ДОВСЕ Договор об ограничении вооруженных сил в Европе 欧洲限制武装力量条约

ДОГБТ директорат охраны границ и безопасности на транспорте (Министерства внутренней безопасности США) 边境警卫与运输安全署（美国国土安全部）

ДОГОЗ МО Департамент Министерства обороны Российской Федерации по обеспечению государственного оборонного заказа 俄联邦国防部国防订货保障司

ДОД датчик остаточного давления 剩余压力传感器

ДОДН однозначная дальность 单值距离

ДОЗВ воздушный дозор 空中巡逻

ДОЗВ дозорный воздушный отряд 空中巡逻队

ДОЗК дозор корабельный 舰艇巡逻

ДОЗПЛ дозор подводных лодок 潜水艇巡逻

ДОИ детектор огибающих импульсов 脉冲包络检波器

докл. доклад 报告；通报

ДОЛ доплеровское обострение луча 多普勒光强化

ДОМ МО РК Департамант организационно-мобилизационный Министерства обороны Республики Казахстан 哈萨克斯坦共和国国防部组织动员司

домзак дом заключения 看守所，监狱，关押所

ДОМР Департамент организационно-мобилизационного развертывания 组织动员展开司

ДОН дальнее обнаружение и наведение 远程探测与引导

ДОН дальнее огневое нападение 远距离火力袭击

ДОН дивизия особого назначения 特别师

ДОН договор по открытому небу 开放天空条约

ДОП дело оперативной проверки 业务调查行动

ДОП Департамент оперативного планирования 作战计划司

ДОП дивизионный обменный пункт 师交换站

Доп. до поиска 搜索前

ДОП долговременный опорный пункт 永备支撑点

доп. дополнение; дополненный; дополнительный 补充，附加；补充的，附加的

ДОП сеть данных общего пользования 通用数据网

Доп арт дивизионный обменный пункт артиллерийский 师军械交换所

допвох дивизионный обменный пункт военного хозяйства 师军需交换所

допинформация дополнительная информация 补充信息

доппаек дополнительный паек 补充口粮

ДОР дело оперативной разработки 业务分析行动

ДОРГО Департамент оперативного реагирования и гражданской обороны 作战反应及民防司（哈紧急状态署）

дорв дорожный взвод 道路排

дорр дорожная рота 道路连

дорсб дорожно-строительный батальон 道路建设营

дорсбр дорожно-строительная бригада 道路建筑旅

ДОРЧ диапазон оперативных рабочих частот 业务工作频段

ДОС датчик обратной связи 反馈传感器，回授传感器

ДОС двухполюсники с отрицательным сопротивлением 负电阻二端网路

ДОС диаграммо-образующая схема 曲线图；电路图

ДОС дивизионный объединенный склад 师综合仓库

ДОС динамическое отрицательное сопротивление 动态负阻

ДОС дисковая операционная система 磁盘操作系统

ДОС долговременная орбитальная станция 永久轨道站

ДОС долговременное оборонительное сооружение 永备防御工事

ДОС долговременное огневое сооружение 永备发射工事

ДОС (-) тип стеклянной фибры для помех в радиолокаторе 雷达干扰玻璃丝型号

ДОСААФ добровольное общество содействия армии, авиации и флоту 支援陆海空军志愿协会

ДОСАБ дневная ориентирная светящаяся авиационная бомба 昼间示位照明航空炸弹

ДОСАВ добровольное общество содействия авиации 支援空军志愿协会

ДОСПК дисковая операционная система для персональных компьютеров 个人计算机磁盘操作系统

ДОСТ дальность открытия следа торпеды 鱼雷显迹距离

дост. доставка 送到，传送

ДОТ действующий отряд кораблей Балтийского флота 波罗的海舰队作战舰艇中队（1919 年）

дот дивизия охраны тыла 后方警卫师

ДОТ долговременная оборонительная точка 永备防御点

ДОТ долговременная огневая точка 永备发射点，永久火力点

ДОУ датчик ориентировочной установки 定向装置发送器

ДОУ дело оперативного учета 业务清点行动

ДОУ дистилляционная опресняющая установка 蒸馏去盐造水装置

ДОФ Дом офицеров флота 海军军官之家

ДОФМ двухкратная относительная фазовая мо-

Д

дуляция 双重相对相位调制

ДОФТ двойная относительная фазовая телеграфия 双工相对相位报

ДОЧ делитель опорных частот 基频分频器

ДОШ ВС РУ директива Объединенного штаба Вооруженных Сил Республики Узбекистан 乌兹别克斯坦武装力量联合参谋部训令（指示）

ДП дальномер пехотный 步兵测距仪

ДП дальномерный пост 〈海〉测距哨；测距部位

ДП дальность наблюдения с правого пункта 右观观目距离

ДП дальность полета （飞机）航程；（导弹）射程

Дп дальность прицельная 表尺距离，瞄准距离

ДП двигатель поршневой (поршневой двигатель) 活塞式发动机

ДП девиационный пеленгатор 罗差定向台

ДП дегазационная площадка 消毒场

ДП дегазационный прибор 消毒器

ДП дегазационный пункт 消毒所，消毒站

ДП Дегтярева пехотный пулемет 杰格佳廖夫式步兵用机枪

ДП дежурный по полку 团值班员

ДП дежурный прием 值班收信〈无〉

ДП действительное поражение 有效杀伤

ДП действующий Председатель 轮值主席

ДП десантный плашкоут 登陆驳船

ДП детский противогаз 儿童防毒面具

ДП диаметральная плоскость (корабля или судна)（舰船的）中线面，中纵剖面

ДП дивизионная пушка 师属加农炮

ДП динамическое преобразование 动态变换

ДП динамическое программирование 动态规则

ДП диспетчер памяти 管理单元存贮器

ДП диспетчерский полукомплект 调度端板

ДП диспетчерский пульт 调度台

ДП дистанционное питание 远距供电

ДП дистанционный переключатель 遥控转换开关

ДП дистанционный предохранитель 遥控保护装置

ДП дистанционный прибор 遥控指示表，远距离指示仪表

ДП дифракционный преобразователь 衍射变换器

ДП дифференциальный признак 差动特征，微分特征

ДП диэлектрическая постоянная 介电常数，电容率

ДП дозиметрический прибор 剂量探测仪器

ДП документы противника 敌方资料

ДП долгосрочная память 永久性存储器

ДП дополнение к поправке (на оставшееся расстояние)（未飞途程的）补充修正量

ДП дополнительная поправка 补充修正量

ДП-1 тип противопехотного фугаса 防步兵地雷型号

ДПА Движение в поддержку армии 支援军队运动，拥军运动

ДПБС дистанционно пилотируемый боевой самолет 遥控作战飞机

ДПВ двойной пиковый вольтметр 双峰值伏特表

ДПВ дистанционный переключатель волн 遥控波道转换开关

ДПВ диэлектрический полосковый волновод 电介质条状线波导管

ДПВО дивизия противовоздушной обороны 防空师

ДПВРД дозвуковой прямоточный воздушно-реактивный двигатель 亚声速冲压式空气喷气发动机

ДПГ дивизионный полевой госпиталь 师野战医院

ДПГП дополнительный патрон к гражданскому противогазу 民用防毒面具附加盒

ДПД дегазационное подразделение дивизии 师消毒分队

ДПД диаграмма потока данных 数据流曲线图

ДПД добровольная пожарная дружина 志愿消防队

ДПЖ датчик потока жидкости 液体流量传感器

ДПИ датчик первичной информации 初始信息

发送器

ДПИ дымовой пожарный извещатель 烟雾火灾报警器

ДПК дальняя поддержка конницы 对骑兵的远距离支援

ДПК дивизион пограничных кораблей 边防巡逻舰大队

ДПК дивизионный партийный комитет 师党委

ДПК дистанционная передача команд 指令远距传送，远距传送指令

ДПК дистанционный пневматический компас 遥控气动罗盘，远距气动罗盘

ДПК корабельный дегазационный прибор 舰船消毒器

ДПКО дивизия противокосмической обороны 太空防御师

ДПКОВ МО Департамент планирования и координации обустройства войск (сил) Минобороны России 俄罗斯国防部军队设施计划和协调司

ДПЛ дизельная подводная лодка 柴油动力潜艇

ДПЛ дизель-электрическая подводная лодка 柴油机电动潜艇，常规潜艇

ДПЛ док плавучий 浮船坞

ДПЛА дистанционно-пилотируемый летательный аппарат 遥控飞行器

ДПЛРБ дизельная подводная лодка с баллистическими ракетами 弹道导弹柴油动力潜艇

ДПЛРК дизельная подводная лодка с крылатыми ракетами 巡航导弹柴油动力潜艇

ДПЛТ дизельная подводная лодка с ракетно-торпедным вооружением 火箭鱼雷柴油动力潜艇

ДПМ двухполосная модуляция 双频带调制

ДПМ Дегтярева пехотный модернизированный (пулемет) 杰格廖夫式步兵用改进型机枪

ДПМ дивизионный пункт медицинской помощи 师救护所

ДПМ доврачебный пункт медицинской помощи （民防系统）救护所

ДПМ долговременная противопехотная мина 永备防步兵地雷

ДПМУ дневные простые метеорологические условия 日间简单气象条件

ДПНК дежурный помощник наряда контролеров 检察员值勤组副值班员

ДПНК дежурный помощник начальника колонии 营（院）长值班助手

ДПНУС дежурный помощник начальника узла связи 通信枢纽主任值班助理

ДПО двигатель причаливания и ориентации 系留定向发动机

ДПО дивизионный перевязочный отряд 师包扎队

ДПО дипольные отражатели 偶极反射器

ДПО дистанционный поиск и отключение (поврежденных участков линий связи) （通讯线路故障地段）远距搜索和切断

ДПО добровольное пожарное общество 自愿消防者协会

ДПОДС диспетчерский пункт объединенной диспетчерской службы 联合调度站

ДПОР датчик предельных отклонений рулей 方向舵极限偏转度传感器

ДПП дальняя поддержка пехоты 对步兵的远距离支援

ДПП Департамент пограничной полиции 边防警务厅

ДПП дивизионный перегрузочный пункт 师转运站

ДПП дискретный полупроводниковый прибор 半导体分立器件

ДПП диспетчерский пункт подхода 〈空〉进场调度站

ДПП долгосрочный прогноз погоды 长期天气预报

ДППз диаметр плоской поражаемой зоны обстрела 平面对空杀伤界直径

ДПРМ дальний приводной радиомаркер 远距引导无线电指点标，远距无线电导航指点标

ДПРМ дальний приводной радиомаяк 〈航〉远距引导（无线电）信标台

ДПРМ дальняя приводная радиостанция с маркером 设指点标的远距导航台

ДПР МО РФ Департамент психологической работы Министерства обороны Российской Федерации 俄联邦国防部心理工作司

ДПРН дивизия предупреждения о ракетном нападении 导弹袭击预警师

дпро дивизия противоракетной обороны 反导防御师

ДПРО Договор по противоракетной обороне 反导条约

ДПРП дальний приводной радиопункт 远距无线电导航台

ДПРС дальняя приводная радиостанция 远距导航台

ДПС датчик пожарной сигнализации〈空〉火警信号发送器，火警信号传感器

ДПС датчик противопожарной системы 消防系统传感器

ДПС двухперекидная схема 双触发器电路

ДПС двухполосная служебная связь 双频带业务通信

ДПС дежурно-постовая служба 值班岗哨勤务

ДПС дежурный по пункту сбора донесений 情报收发站值班员，报告收发站值班员

ДПС дежурный по станции 值班站长

ДПС дезопромывочная станция 洗消站

ДПС дивизионный передовой склад 师先头仓库

ДПС дивизионный продовольственный склад 师给养库

ДПС дивизионный пункт снабжения 师供给站

ДПС диспетчерская связь 调度通信

ДПС дорожно-патрульная служба 道路巡逻勤务

ДПС дорожно-постовая служба 路哨勤务，道路检查勤务

дпск дивизия пограничных сторожевых кораблей 边防护卫舰总队

ДПСЛ дивизионный пункт сбора легкораненых 师轻伤员收容所

ДПСП диспетчерский пункт системы посадки 着陆系统调度室

ДПСП диспетчерский пункт слепой посадки 盲降着陆调度站

ДПТ дальнобойная планирующая торпеда 远射鱼雷，远射滑行鱼雷

ДПТ двигатель постоянного тока 直流电动机

ДПТ дивизионная переговорная таблица 师通话代码表

ДПТР диоптр 照准镜；瞄准孔；观察镜

дптр диоптрия 光度，屈光度

ДПУ датчки продольных ускорений 纵向加速度传感器

ДПУ дежурный по пункту управления 指挥所值班员，操纵室值班员

ДПУ диспетчерский пункт управления 指挥调度所

ДПУ дистанционный пульт управления 远距操纵台，远距指挥所

ДПУ Договорно-правовое управление 条约法律局

ДПУ дополнительная пусковая установка 辅助发射装置

ДПФ (общероссийское)движение поддержки флота （全俄）支援海军运动

ДПФ дискретное преобразование Фурье 离散傅立叶变换

ДПХ дивизионная полевая хлебопекарня 师野战面包房

ДПЦ дальность«позиция-цель» 炮目距离

ДПЦ двойной предельный цикл 双极限循环

ДПЦ двухсекционный полуприцеп-цистерна 双节油槽半挂车

ДПЦН дающий прибор центральной наводки 中央瞄准器

ДПЧ дежурный по части 部队值班员

ДПЧ дискриминатор промежуточной частоты 中频鉴频器

ДПЭС дизельная передвижная электростанция 移动式柴油发电站

ДР датчик рассогласования 误差传感器，失调传感器

ДР датчик расхода 流量传感器

ДР датчик реостатный 变阻传感器，变阻发送器

ДР девиация радиочастоты 无线电频率偏移

ДР дежурный по роте 连值班员

ДР дежурный радист 值班报务员

ДР дежурный режим работы 值班工作状态

ДР диаграмма рассеяния 散射图

ДР диапазон радиоволн 无线电波段

ДР дивизионный резерв 师预备队

ДР диэлектрический резонатор 介质共振器

ДР дымовая рота 烟幕施放连，发烟连

Др расстояние, измеренное радиолокатором 〈海〉雷达测距

дра десантная рота автоматически 自动枪登陆连，冲锋枪登陆连

драк дивизия ракетно-артиллерийских кораблей 导弹火炮舰总队

ДРАП дальнеразведывательный авиационный полк 远程侦察航空兵团

драция дежурная радиостанция 值班电台

ДРАЭ дальняя разведывательная авиаэскадрилья 远程侦察机大队

ДРГ диверсионно-разветывательная группа 破坏侦察组；特工小组

ДРД дифференциальное реле давления 差动压力继电器

ДРК движительно-рулевой комплекс 推进与操作舵综合体

ДРК диапазон радиокомпаса 无线电罗盘范围

ДРК дивизион разнородных кораблей 多兵种舰艇大队

ДРК-1 дистанционный радиокоротковолновой передатчик 遥控短波无线电发射机型号

ДРКП дивизия разведки космического пространства 太空侦察师

ДРЛ диспетчерский радиолокатор 调度雷达

ДРЛО дальнее радиолокационное обнаружение 远程雷达探测；远程雷达警戒

ДРЛО и У дальнее радиолокационное обнаружение и управление 远程雷达探测和指挥，预警指挥

ДРЛО самолеты дальнего радиолокационного обнаружения 预警机

ДРЛОиУ дальнее радиолокационное обнаружение и управление 远程雷达探测和指挥

ДРЛОиУ системы дальнего радиолокационного обнаружения и управления (airborne warning and control system) 远程雷达预警和指挥系统

ДРМ дальний радиомаркер 远距无线电指点标

ДРМ дорожно-ремонтная мастерская 道路修理所

ДРНС дальномерная радионавигационная система 测距无线电导航系统

ДРНТ дальняя радионавигационная точка 远距无线电导航点

ДРО действующий род оружия 现役武器种类

ДРО дипольный радиоотражатель 偶极无线电反射器

ДРП дальний радиомаркерный пункт 〈航〉远距无线电指点标台，远距无线电信标台

ДРП двухимпульсный регулятор питания 双脉冲给水调节器

ДРП двухкоординатный регистрирующий прибор 双坐标记录仪

ДРП диалоговая рабочая последовательность（辅助）工作对话系列

ДРП динамо ручного привода 手提发电机

ДРП динамореактивная пушка 动力火箭炮

ДРП дорожно-ремонтный пункт 养路段

дрпксн дивизия ракетных подводных крейсеров стратегического назначения 战略导弹潜艇总队

ДРРЛС дежурный по радиорелейной линии связи 无线接力通信线路值班员，无线中继通信线路值班员

ДРРПС дежурный по радиорелейной и проводной связи 无线电中继和有线通信值班员

ДРРС дежурный по радиорелейной связи 无线电中继通信值班员

ДРС двигатель регулятора скорости 调速发电机

ДРС дежурный по радиосвязи 无线电通信值班员

ДРС дирекция радиосвязи 无线电通信管理处

ДРС домовая распределительная сеть 家庭（电视信号）分配网

ДРСЗО дивизион ракетного снаряда залпного огня 齐射火箭炮兵营

ДРТ датчик реактивного тока 无功电流传感器

ДРТ датчик регулятора температуры 温度调节传感器

ДРТС дальняя радиотрансляционная связь 长途无线电中继通信

ДРТС дирекция радиотрансляционной сети 有线广播网管理处，无线电转播网管理处

ДРУ дистанционная регулировка усиления 遥控增益

ДРУС Длинноволновый рентгеновский универсальный спектрометр 长波 X 射线通用光谱仪

ДРХР дозор радиационной и химической разведки 辐射与化学侦察群

ДРЧС директорат реагирования на чрезвычайные ситуации (Министерства внутренней безопасности США) 美国国土安全部紧急情况快速反应局（署）

ДРЭ дальнеразведывательная эскадрилья 〈空〉远距离侦察大队

ДС дальняя связь 远距通信

ДС датчик сигналов 信号传感器

ДС датчик силы 力传送器

ДС датчик скорости 速度传感器

ДС датчик счетчика 计数器传感器

ДС двигатель синхронный 同步电动机

ДС движительная система 推进系统，推进装置

ДС двоичный сигнал 二进制信号

ДС двухчастотный симплекс 双频单工

ДС Дегтярева станковый пулемет 杰格佳廖夫式重机枪

ДС дежурная служба 值班勤务

ДС дежурная смена 值勤班；当班人员

ДС дежурный по связи 〈军〉通信值班员

ДС дежурный связи 值班通信员

ДС деловой Совет 实业家委员会

ДС десантное судно 登陆船，登陆舰

ДС детектор средних значений 平均值检测器

ДС децентрализованная сигнализация 分离（散）式信令系统

ДС дешифровочный стереоскоп 判读立体镜

ДС дизельное специальное (топливо) 特种柴油

ДС дискретная система 离散系统，离散装置

ДС дискретное сообщение 离散信号，离散消息

ДС дискретный сигнал 离散信号

ДС диспетчерская служба 调度室，调度科

ДС дистанция сближений 接近距离

ДС дистанция стрельбы 射击距离

ДС дифсистема 合成（分路）系统，合（分）路器

ДС дифференциальная система 差动系统

ДС долговременное сооружение 永备工事

ДС достоверность сведений 消息的可靠性

ДС дуговая сварка 电弧焊

ДС дымовой снаряд 发烟弹，烟幕弹

ДС дымовые средства 发烟剂

ДС стереоскопический дальномер 立体测距仪

ДС док сухой 干船坞

дсб дивизионный склад боеприпасов 师弹药库

ДСВКНШ Департамент специальных войск Комитета начальников штабов （哈）参谋长委员会特种兵司

ДСВТИ дивизионный склад военно-технического имущества 师军事技术器材库

ДСВЧ дискриминатор сверхвысокой частоты 特高频鉴别器

ДСГ дивизионный склад горючего 师油库

ДС-ГК двухосновная соль гипохлорита кальция (дегазирующее средство) 次氯酸钙合二氢氧化钙

ДСГ МО Департамент социальных гарантий Министерства обороны Российской Федерации 俄罗斯联邦国防部社会保障司

ДСД дифференциальный сигнализатор давления 差动压力信号器

ДСДП дивизионный санитарно-дегазационный пункт 师卫生消毒站

ДСКБП дискретный симметричный канал без памяти 离散平衡无存储信道

ДСКНШ Департамент связи Комитета начальников штабов 参谋长委员会通信司

ДСКС система оборонной спутниковой связи (США) （美国）国防卫星通信系统

ДСЛ десантная складная лодка 折叠式登陆艇，折叠式登陆舟

ДСМ дельта сигма модуляция 西格马函数增量调制器

ДС МО Департамент строительства Минобороны России 俄罗斯国防部建设司

ДСМУ дневные сложные метеорологические условия 白天复杂气象条件

ДСН датчик скоростного напора 速压头传感器

ДСН длиннобазисная система навигации 长基线导航系统

ДЗН дымовая завеса нейтральная 中性烟幕；无毒烟幕

ДСНГ Департамент по делам СНГ 独联体事务司

ДСО датчик сигнала ошибки 误差信号传感器

ДСО Департамент по связям с общественностью и средствами массовой информации 公共关系与新闻媒体司

ДСО детектор сигнала ошибки 误差信号检波器

ДСО добровольное спортивное общество 志愿体育协会

ДСП дегазационный сумочный прибор 手提式消毒器

ДСП дегазирующий силикагелевый пакет 硅胶消毒包

ДСП диспетчерская служба подхода 〈空〉进场调度勤务

ДСП для служебного пользования 办公用

ДСП древесно-слоистый пластик 叠层胶木板，胶合板

ДСП-25, ДСП-30 типы саперных дальномеров 工兵测距仪型号

ДСПВ дивизионный сборный пункт военнопленных 师战俘收容所

ДСПР МО РК Департамент социальной и психологической работы МО РК 哈萨克斯坦国防部社会与心理工作司

ДВСПР КНШ департамент по воспитательной и социально-правовой работе комитет начальников штабов 参谋长委员会教育与社会法律事务司

ДСРА двойная согнутая ромбическая антенна 偶极曲折菱形天线

ДСРС диспетчерская система радиосвязи 无线电通信调度系统

ДСС двоично симметричный сигнал 二进制对称信号

ДСС дежурные силы и средства 值班兵力兵器

ДСС дискретные (кодовые) системы связи 断续（电码）通信系统

ДССА дивизион связи смешанной авиации 混合航空兵通信大队

ДССВА дистанция слежения сигнала на включение аппаратуры 接通装置信号跟踪距离

ДСТ дальномер саперный типовой 工兵标准测距仪

ДСТ двигатель на самовоспламеняющемся топливе 自燃燃油发动机

ДСТМ деаэратор судовой термомеханический 船用热力机械除氧器

ДСУ датчик сельсинный поплавковый универсальный 通用浮子式自动同步传感器

ДСУ датчик сигнализации углов 角度信号传感器，角度信号发送器

ДСУ диагностическая сцинтилляционная установка 闪烁预检装置

ДСХ дымовой снаряд химический 化学烟幕弹

ДСЧ датчик случайных чисел 随机数转换器

ДСЭП дивизионный сортировочно-эвакуационный пункт 师分类后送站

ДТ датчик тахометра 转速表传感器

ДТ датчик тока тяговых электродвигателей 牵引电动机电流传感器

ДТ Движение «Талибан» “塔利班”运动

ДТ Дегтярева танковый (пулемет) 杰格佳廖夫式坦克机枪

ДТ диаметр тактический 战术直径

ДТ дизельное топливо 柴油

ДТ дизельный трактор 柴油拖拉机

ДТ динамическая траектория 动力学弹道

ДТ динамическое торможение 动力制动

ДТ дифференциальный трансформатор 差分变压器，差分互感器

ДТ дульный тормоз 枪口制退器，炮口制退器

ДТ ФПС департамент тыла Федеральной пограничной службы РФ 俄罗斯联邦边防局后勤司

ДТА десантно-транспортная авиация 空降运输航空兵

ДТВ дальность точки визирования 观察点距离，瞄准点距离

ДТГ диверсионно-террористическая группа 恐怖破坏组

ДТД десантный транспорт-док 登陆运输舰船坞，坞式登陆运输舰

ДТД десантный транспортный (корабль) док 运输登陆舰船坞

ДТК датчик текущих координат 动点坐标传感器

ДтКО детектор канала основного 主通道检波器

ДтКП детектор канала подавления 抑制通道传感器

ДТЛС диодно-транзисторные логические схемы 氧化半导体逻辑电路

ДТМ Дегтярева танковый модернизированный (пулемет) 杰格佳廖夫式改进型坦克机枪

ДТО дефект термообработки 热处理缺陷

ДТО МО Департамент транспортного обеспечения Минобороны России 俄罗斯国防部运输保障司

ДТП дорожно-транспортное происшествие 道路交通事故

ДТПУ дополнительная транспортная пусковая установка 辅助运输发射装置

ДТр десантный транспорт 登陆输送；登陆运输船

ДТРД двухконтурный турбореактивный двигатель 双涵道涡轮喷气发动机

ДТРДФК двухконтурный турбореактивный двигатель с форсажной камерой 带加力燃烧室的双涵道涡轮喷气发动机

ДТРЛС дежурный по тропосферной линии связи 散射通信线路值班员，对流层通信线路值班员

ДТС дорожно-транспортная ситуация 道路运输情况

ДТС дорожно-транспортная служба 道路运输勤务

ДТС-ГК двретретиосновная соль гипохлорита кальция (дегазирующее средство) 三次氯酸钙合二氢氧化钙（消毒剂）

ДТУ Дегтярева танковый усовершенствованный пулемет 杰格佳廖夫式改进型坦克机枪

ДТЧ двухтональное частотное телеграфирование 双音频频率通报

ДТЧМ двухтактный частотный модулятор 二冲程频率调幅器

Ду дальность до укрытия 炮遮距离，遮蔽物距离

ДУ датчик угла 角度传感器

ДУ двигатель управления 控制电动机

ДУ двигательная установка 发动机装置，动力装置

ДУ дейдвудное устройство (на судне) （船上的）尾轴管装置

Ду деление угломера 方向分划，密位

ДУ дефект упаковки 堆垛层错

ДУ диаметр условный 公称直径，假定直径

ДУ дизельная установка 柴油设备

ДУ динамическое управление 动态控制

ДУ дирекционный угол 坐标方位角，基准方向角

ДУ дискретное устройство 断续式装置

ДУ диспетчерский узел 调度中心

ДУ диспетчерское управление 调度，调配，遥控，远距离控制

ДУ дистанционный указатель 远距指示器

ДУ дисциплинарный устав 纪律条令

ДУ дифференциальное устройство 差动装置

ДУ дифференциальный усилитель 差分放大器，对数放大器

ДУ доковая установка 船坞设备

ДУ домовой усилитель 家庭用放大器

ДУ дополнительный угол (углу азимута) （方位角的）补角，余角

ДУ дорожный участок 公路段

ДУ САС двигательная установка системы аварийного спасания 紧急求援系统动力装置

ДУ-2 дроссельный усилитель 扼流圈（耦合）放大器

ДУА датчик углов атаки 迎角传感器，迎角传

感器

ДУАС датчик углов атаки и скольжения 迎角和侧滑角传感器

ДУВД диспетчер управления воздушным движением 飞行调度员

ДУВМ дискретная управляющая вычислительная машина 离散控制计算机

ДУВС дисциплинарный устав Вооруженных Сил 武装力量纪律条令

ДУК дальномерно-угломерный комплект 全套测距测角设备

ДУК дифференциальный усилитель касад 差分级联放大器

ДУК допустимый уровень качества 可达到的质量水平

ДУКК дистанционно-управляемые коммутаторы каналов 信道遥控交换机

ДУМ Духовное управление мусульман 穆斯林宗教局

ДУМЕР Духовное управление мусульман Европейского региона России 俄罗斯欧洲地区穆斯林宗教局

ДУМЕС Духовное управление мусульман европейской части СНГ и Сибири 独联体欧洲部分及西伯利亚穆斯林宗教局

ДУМК Духовное управление мусульман Казахстана 哈萨克斯坦穆斯林宗教局

ДУМК Духовное управление мусульман Кыргызстана 吉尔吉斯斯坦穆斯林宗教局

ДУМП дистанционно установленное минное поле 远距离布雷场

ДУП датчик угла прецессии 进动角发送器

ДУП дистанционный указатель положения 远距位置指示器

ДУПТВ дифференциальное устройство приемника тонального вызова 音频振铃接收器差动装置

ДУС датчик угловых скоростей 角速度传感器

ДУС двухканальный усилитель сигналов 信号双波道放大器

ДУС дежурный по узлу связи 通信枢纽值班员

ДУС дополнительный угол сноса 〈空〉偏差余角，偏流补角

ДУСМ датчик угловых скоростей малогабаритный 小体积角速度发送器

ДУС-Р датчик угловой скорости по каналу рыскания 偏航通道角速度传感器

ДУС-Т датчик угловой скорости по каналу тангажа 俯仰通道角速度传感器

ДФ датчик фазы 相位传感器

ДФ девиация фазы 相位偏移

дф диафильм 幻灯片

ДФ дифференциальная фаза 微分相位；差动相位

ДФ длинноволновой фонон 长波声子

ДФ Днепровская военная флотилия 第聂伯河区舰队

ДФ донской фронт 顿河方面军

ДФ Дунайская военная флотилия 多瑙河区舰队

ДФВ дискретный фазовращатель 分立移相器

ДФМ дискретная фазовая модуляция 不连续调相，键控调相

ДФМГОЗ МО Департамент финансового мониторинга государственного оборонного заказа Минобороны России 俄罗斯国家国防订货财务监控司

ДФО динамическая фазовая ошибка 动态相位误差

ДФО МО Департамент финансового обеспечения Минобороны России 俄罗斯国防部财务保障司

ДФОП демократический фронт освобождения Палестины 巴勒斯坦民主解放阵线

ДФП динамическая функциональная проверка 动态功能检测

ДФП МО Департамент финансового планирования Министерства обороны Российской Федерации 俄联邦国防部财务预算司

ДФС долговременное фортификационное сооружение 永备筑城工事

ДХ дискриминационная характеристика 鉴别特征

ДХО дезинфекционно-химическое оборудование

化学消毒设备

ДХП дивизионная хлебопекарня 师面包房

ДХР дистанционная химическая разведка 远程化学侦察

ДЦ дальность до цели 距目标的距离

ДЦ датчик цвета 色彩传感器

ДЦ двоичная цифра 二进制数

ДЦ дециметровая волна 分米波

ДЦ диаметр циркуляции 旋回直径

ДЦ динамический цикл 动态循环

ДЦ дифференцирующая цепь 微分电路

ДЦ документационный центр 文献中心

ДЦ (П) пристрелянная дальность до цели 目标射击成果距离

ДЦ (Т) топографическая дальность до цели 目标图上距离

ДЦВ дециметровая волна 〈无〉分米波

Дци исчисленная дальность до цели 目标计算距离，目标开始距离

ДЦКОС дежурный по центру космической связи 航天通信中心值班员

ДЦМ дискретная цепь Маркова 马尔科夫离散链

ДЦМТ дерево целей матричного типа 矩阵型目标树

ДЦН датчик центральной наводки 中央瞄准发送器

ДЦП дискретно-цифровой преобразователь 分立式数字变换器

ДЧ БОП дежурная часть по борьбе с организованной преступностью 打击有组织犯罪值班部队

ДЧ ГИБДД дежурная часть Государственной инспекции по безопасности дорожного движения 国家道路安全监察值班部队

ДЧ датчик частоты 频率传感器

ДЧ дежурная часть 值班部队

ДЧ делитель частоты 分频器

ДЧ дневная частота 日频

ДЧ доплеровская частота 多普勒频率

ДЧМ дискретная частотная модуляция 不连续调频，键控调频

ДЧМ дискретный частотно-модулированный сигнал 离散频率调制信号

ДЧТ двойная частотная телеграфия 双频报

ДЧТ двойное частотное телеграфирование 双频通报

ДЧТ двухканальное частотное телеграфирование 双路频率（无线电）通报

ДЧХ дистанционно-частотная характеристика 遥频特性

ДШ дежурный по штабу 司令部值班员

ДШ детонирующий шнур 爆炸导火索，导爆索

ДШ дешифратор (кода) 译码器，解码器，判读器

ДШ диод Шоттки 肖特基二极管

ДШБ десантно-штурмовой батальон 空降突击营，登陆强击营

ДШБ Душанбе 杜尚别（航空站代码；塔吉克斯坦首都）

дшбр десантно-штурмовая бригада 登陆强击旅

ДШБр МС десантно-штурмовая бригада мобильных сил 机动力量空降突击旅

ДШВ десантно-штурмовой взвод 空降突击排

ДШГ десантно-штурмовая группа 登陆强击群

ДШД десантно-штурмовые дивизии 空降突击师

дшд десантно-штурмовая дивизия 登陆强击师

ДШЗ десантно-штурмовая застава 边防突击空降小队

ДШИ декадно-шаговый искатель 〈通信〉十进位步进制选择器

ДШК десантно-штурмовой корабль 突击登陆舰

ДШК Дегтярева и Шпагина крупнокалиберный пулемет 德什卡大口径机枪

ДШКМ Дегтярева и Шпагина крупнокалиберный модернизированный (пулемет) 改进型德什卡－什帕金大口径机枪

ДШКНК дешифратор кода номера канала 通道代码译码器

ДШКОП дешифратор кода операции 操作码译码器

ДШКТ Дегтярева и Шпагина крупно-калиберный танковый (пулемет) 杰格佳廖夫－什帕金大口径坦克机枪

ДШМГ десантно-штурмовая маневренная группа 空降突击机动群

Дшмз десантно-штурмовая механизированная застава 机械化空降突击边防小队

ДШО дешифратор ошибок 误差判读器，错误判读器

ДШОК дивизионное штабное отделение карт 师参谋部地图科

дшп десантно-штурмовой полк 空降突击团；登陆强击团

ДШП дымный шнуровой порох 有引火线的发烟火药

дшр десантно-штурмовая рота 登陆突击连

ДШУ дымовая шашка учебная 教练用发烟罐

ДЩ диспетчерский щит 调度盘，调度板

дымприбор дымовой прибор 发烟器

ДЭ двоичный элемент 双态元件，二值元件

ДЭ двустабильный элемент 双稳元件

ДЭ дизель-электровоз 柴油电动机车

ДЭ дифференцирующий элемент 差动元件，微分元件

ДЭ дозовой эквивалент 剂量当量

ДЭ дополнительный элемент 补充电池

ДЭБ дорожно-эксплуатационный батальон 道路维护营，养路营

ДЭБ ФСБ департамент экономической безопасности Федеральной службы безопасности РФ 俄联邦联邦安全局经济安全司

ДЭМЧЗ дипольное электромагнитное частотное зондирование 偶极子电磁频率探测

ДЭМШ дистанционный электрический микрофон шлемофона 远距离电动头盔送话器

ДЭП деформационная электронная плотность 变形电子密度

ДЭП дивизионный этапный пункт 师兵站

ДЭП дизель-электрический привод 柴油机电子传动装置

ДЭП дорожно-эксплуатационный полк 道路维护团

ДЭС дизельная электростанция 柴油发电站，电源车

ДЭС и ОКУ Департамент эксплуатационного содержания и обеспечения коммунальными услугами воинских частей и организаций Минобороны России 俄罗斯国防部机关和部队公共设施使用维护与保障司

ДЭУ дизельная энергическая установка 柴油（机）动力装置

ДЭФ дискретная экспоненциальная функция 离散指数函数

ДЭХ дихлорэтан (дезинфицирующее средство) 二氯乙烷消毒剂

ДЭЧЗ дипольное электрическое частотное зондирование 偶极子电频探测

ДЯ дальномер ящичный 匣式测距仪

Е

е. дл. единица длины 长度单位

е. е. единица емкости 容量单位

е. п. единица площади 面积单位

е. ч. единица частоты 频率单位

Е-166 тип реактивного самолета 喷气式飞机型号

Е-66, Е-66А типы самолетов с турбореактивным двигателем 涡轮喷气发动机飞机型号

ЕААП Европейский альянс агентств печати 欧洲新闻社联盟

ЕАГ Евразийская группа 欧亚集团

ЕАИС единая автоматизированная информационная система 统一自动化信息系统

ЕАН Агентство «Европейско-Азиатские новости» “欧亚新闻社”

ЕАН Екатеринбургское агентство новостей 叶卡捷琳堡新闻社

ЕАНТК Евроазиатский нефтетранспортний коридор 欧亚石油运输走廊

ЕАПК европейская ассоциация производителей компьютеров 欧洲计算机制造协会

ЕАПСС Единая авиационная поисково-спасательная служба 统一空中搜索救生局

ЕАРЛС единая автоматизированная радиолокационная станция 统一自动化雷达站

ЕАСК Единая автоматизированная система контроля 统一自动化监控系统

ЕАСП евроатлантическое стратегическое партнерство 北大西洋战略伙伴

ЕАСС единая автоматизированная сеть связи 统一自动化通信网

ЕАСС единая автоматизированная система связи 统一自动化通信系统

ЕАСС единая автоматическая система 统一自动化系统

ЕАЯЭ Европейское агентство ядерной энергии 欧洲核能机构

ЕВ единица веса 重量单位

евр. европейский 欧洲的

ЕврАзЭС Евразийское экономическое сообщество 欧亚经济共同体（包括俄罗斯、白俄罗斯、哈萨克斯坦、吉尔吉斯斯坦和塔吉克斯坦）

ЕВРОАЗЭС СНГ Евро-Азиатский экономический союз стран СНГ 独联体国家欧亚经济联盟

Евросоюз Европейский Союз 欧盟

ЕВС единая высоковольтная сеть 统一高压电网

ЕВС единая высоковольтная система 统一高压系统

ЕВС единая вычислительная система 统一计算系统

ЕВСБР европейские вооруженные силы быстрого реагирования 欧洲快反武装力量

ЕГА-10 эхолот 〈海〉回声测深仪；回声探测器

ЕГРСП Единая государственная радиомаячная система посадки 〈空〉国家统一无线电信标着陆系统

ЕГСВЦ единая государственная сеть вычислительных центров 国家统一计算中心网

ЕГСД единая государственная система делопроизводства 国家统一公文处理系统

ЕД единица действия 作用单位

ед. единица 单位，单元

ед. изм (ер). единица измерения 度量单位，计量单位，测量单位，测试单位

ед. хр. единица хранения 存储单元，存储装置

ЕДЛО Европейская организация по разработке ракетоносителей 欧洲运载火箭研制组织

еж. еженедельный 每周的

еждн. ежедневный 每日的，每天的

ежег. ежегодный 每年的，一年一度的

ежекв. ежеквартальный 每季度的，按季度的

ежемес. ежемесячный 每月的，按月的

еженед. еженедельная 周报，周刊

ежесут. ежесуточный 每昼夜的

ЕИ единичный интервал 单位时隙

ЕИ единый интерфейс 统一接口

ЕИБ Европейский инвестиционный банк 欧洲投资银行

ЕИВС единая измерительная вычислительная система 统一测量计算系统

ЕИИ Европейская информационная инфраструктура 欧洲信息机构

ЕИП единое информационное пространство 统一信息空间

ЕИС единая информационная система 统一信息系统

ЕИСОИ единая интегрированная система обмена информацией 统一集成信息交换系统

ЕИУС единая информационно-управляющая система 统一信息管理系统

ЕК Енисейский кряж 叶尼塞山脉

ЕКА Европейское космическое агентство 欧洲航天局，欧洲空间局

ЕКИС единая космическая навигационная система 统一航天导航系统，统一空间导航系统，统一卫星导航系统

ЕКК европейская консультационная комиссия 欧洲咨询委员会

ЕКПС единый классификатор предметов снабжения (ВС РФ) （俄联邦武装力量）给养统一标准分类目录

ЕКПЧ Европейская конвенция по правам человека 欧盟人权公约

ЕКСС Европейская конфедерация стрелкового спорта 欧洲射击运动联合会

ЕКСУДС единая комплексная система управления движением судов 船舶航行统一综合管理

系统

ЕКТС Единая контейнерная транспортная система 统一集装箱运输系统

ЕКУП единый комплект универсальных приспособлений(для ремонтной мастерской) （修配厂用）统一的成套万能工具

емк. емкость 容量；容器，电容（量），容积

ЕНСС единая национальная система связи 国家统一通信系统

ЕО единица объема 容积单位，体积单位

ЕО ежедневное обслуживание 每日保养，例行保养

ЕО ежедневное техническое обслуживание 每日技术保养，例行技术保养

ЕО ежедневный осмотр 每日检查，每日查看

ЕО ежемесячное обслуживание 每月保养

ЕОИ Европейская оборонная инициатива 欧洲防务倡议

ЕОС Европейский оборонный союз 欧洲防御（务）联盟

ЕОС Европейское оборонительное сообщество 欧洲防务集团，欧洲防御共同体

ЕПБО Европейская политика безопасности и обороны 欧洲安全及防御政策

ЕПБО Европейская политика общей обороны 欧洲共同防御政策

ЕПД Европейская политика добрососедства 欧洲睦邻政策

ЕПП единая полоса препятствий 统一障碍带

ЕПРО Европейская противоракетная оборона 欧洲导弹防御

ЕПС Европейская политика соседства 欧洲邻国政策

ЕРБ единые расчетные боеприпасы 统一计算的弹药

ЕРЛП единое радиолокационное поле 统一雷达场

ЕРС ПВО единая региональная система ПВО -составная часть Объединенной системы противовоздушной обороны стран 统一区域防空系统（国土联合防空系统的组成部分）

ЕРЭ естественный радиоактивный элемент 天然放射性元素

ЕС единая система 统一系统

ЕС ПВО единая система противовоздушной обороны 统一防空系统

ЕС ЭВМ единая система электронных вычислительных машин 统一电子计算机系统

ЕСВД единая система взаимодействия 统一的协同系统

ЕСВОП Единая система выявления и оценки масштабов и последствий применения оружия массового поражения 大规模毁伤性武器使用规模及后果统一查证与评估系统

ЕСВУ екатеринбургское суворовское военное училище 叶卡捷琳堡苏沃洛夫军事学校

ЕСДЭС единая система документальной электросвязи 统一文电系统

ЕСЗКС единая система защиты от коррозии и старения 防腐防老化统一标准系统

ЕСКД единая система конструкторской документации 结构设计文件统一标准系统

ЕСКК единая система классификации и кодирования 统一分类与编码系统

ЕСОБ Единая система обеспечения безопасности 统一安全保障体系

ЕСОВ ежегодное совещание по оценке выполнения 任务完成情况评估年会

ЕСОпв Единая система оповещения 统一报知系统

ЕСОпз Единая система опознавания 统一识别系统

ЕСПВО единая система противовоздушной обороны 统一防空体系

ЕСС единая система связи 统一通信系统

ЕСС АЦ единая система связи аналого-цифровой 统一模拟数字通信系统

ЕССС единая система спутниковой связи 统一卫星通信系统

ЕСТД единая система технологической документации 工艺文件统一标准系统

ЕСТО единая система тылового обеспечения

统一后勤保障系统

ЕСТПП единая система технологической подготовки производства 生产工艺准备统一标准系统

ЕСУВД единая система управления воздушным движением 统一空中交通指挥系统

ЕСЦУ единая система целеуказания 统一目标指示系统

ЕТВ европейский театр войны 欧洲战场

ЕТМС единая аналоговая телеметрическая система 统一模拟遥测装置

ЕТМС единая телеметрическая система 统一遥测装置

ЕТН единая типовая норма 统一标准定额

ЕТО ежедневное техническое обслужение 装备日维护

ЕТО ежесменное техническое обслуживание (машин) 每班技术维护（机器、汽车等）

ЕТП единый технологический процесс 统一工艺流程

ЕТС единая транспортная система 统一交通运输系统

ЕТТТ единые тактико-технические требования 统一战术技术要求

ЕУ ежедневный уход 每日保养，例行保养

ЕУИ единый ударный истребитель 统一攻击歼击机（美、荷、挪威联合研制）

еф ефрейтор 上等兵

ЕШПТ европейский шифр предметов торговли 欧洲商品代号

ЕЭ единичный элемент 单位要素

ЕЭС единая электроэнергетическая система 统一电力系统

ЕЭС единая энергетическая система 统一动力系统

ЕЯО Европейское ядерное общество 欧洲核协会

Ж

ж желтый 黄色的

ж. житель 居民

ж. жидкость 液体，流体

ж. в. живой вес 毛重

ж. д. железная дорога 铁路

ж. ст. железнодорожная станция 火车站

Ж-1 тип прямоточно-воздушно-реактивной ракеты 冲压喷气式火箭型号

Ж-2 тактическая ракета для подводных лодок 潜艇战术导弹型号

Ж-2 тип турбореактивной ракеты 涡轮喷气式发动机的火箭型号

Ж-3 тактическая ракета《земля-земля》 地对地战术导弹型号

Ж-3 тип сверхзвуковой ракеты 超音速火箭型号

ЖА жидкий азот 液态氮

ЖАД жидкостный аккумулятор давления 液体蓄压器，液压气瓶

ЖАЗ жидкостная аварийная система (на АЭС)（核电站）液体应急系统，液体抢险系统

ЖАТС железнодорожная автоматическая телефонная станция 铁路自动电话局

ЖБ жандармский батальон 宪兵营

ЖБ железобетон 钢筋混凝土；железобетонный 钢筋混凝土的

ЖБД журнал боевых действий 作战行动记录簿，战斗行动日志

ЖБИ железобетонные изделия 钢筋混凝土制品

ЖБК железобетонные конструкции 钢筋混凝土结构

ЖБМ железобетонный мост 钢筋混凝土桥梁

ЖБП журнал боевой подготовки 战斗训练日志

ЖВ жидкий водород 液态氢

ЖВВИМИ жидкое взрывчатое вещество, изготовляемое на месте использования 就地制造液态炸药

ЖВО жизненно важные органы 重要器官；重要机构

ЖВОН железнодорожные войска особого назначения 特别铁道兵

ЖВРД жидкостный воздушно-реактивный двигатель 液体（燃料）空气喷气发动机

ЖВС жидкая взрывчатая смесь 液体混合炸药

ЖД жилой дом 住宅楼，住房

ждб железнодорожный батальон 铁道兵营

ждбр железнодорожная бригада 铁道兵旅

ждбс железнодорожный батальон связи 铁道通信营

ЖДВ железнодорожные войска 铁道兵

ЖДВ РФ Железнодорожные войска Российской Федерации 俄罗斯联邦铁道兵

ждк железнодорожный корпус 铁道兵军

ждп железнодорожный полк 铁道兵团

ждр железнодорожная рота 铁道兵连

ждрб железнодорожный ремонтный батальон 铁道修复营，铁道抢修营

ждрс железнодорожная рота связи 铁道通信连

ждстройб железнодорожный строительный батальон 铁道工兵营

ЖДУЗ железнодорожный узел 铁路枢纽；铁路枢纽站

ЖДЧ железнодорожная часть 铁道兵部队

Желдорзапчасть контора железнодорожных запасных частей 铁道兵后备部队管理处

ЖЗУ жидкостное зажигательное устройство 液体点火装置

ЖИГ железо-иттриевый гранат 钇铁石榴石

жилотдел жилищный отдел 房管处

ЖК железнодорожный контейнер 铁路集装箱

ЖК жидкий кислород 液态氧

ЖК жидкий кристалл ; жидкокристаллический 液晶；液晶的

ЖК Жогорку Кенеша （吉尔吉斯斯坦）议会

ЖКИ жидкокристаллический индикатор 液晶显示器

ЖКМ жидкокристаллический монитор 液晶显示屏

ЖКП живучесть командных пунктов 指挥所生存能力

ЖКП жидкостный кислородный прибор 液体氧装置

ЖКСА живучесть комплексов средств автоматизации 自动化系统生存能力

ЖЛС живучесть линий связи 通信线路寿命

ЖМ железный мост 铁桥

ЖМВВ жидкое метательное взрывчатое вещество 液体抛射（炸）药，液态发射（炸）药

ЖМГ жидкометаллическое горючее 液态金属燃料

ЖМГР реактор с жидкометаллическим горючим 液态金属燃料反应堆

ЖМП жидкостный маяниковый переключатель 液体摆动转换开关

ЖМПУ железнодорожная мобильная пусковая установка 铁路机动发射装置

ЖМР жидкометаллический реактор 液态金属反应器

ЖМТ жидкометаллический теплоноситель 液态金属载热剂，液态金属冷却剂

жопс женский отдельный полк связи 独立女子通信团

жп жандармский полк 宪兵团

ЖП жилое помещение 住房

жр жандармская рота 宪兵连

ЖР железнодорожная радиостанция 铁路（无线）电台

ЖР-2 типы железнодорожных радиостанций 铁路无线电台型号

ЖРД жидкостный ракетный двигатель 液体燃料火箭发动机

ЖРДМТ жидкостный ракетный двигатель малой тяги 小推力液体火箭发动机

ЖРДУ жидкостная реактивно-двигательная установка 液体燃料喷气发动机（装置）

ЖРО жидкие радиоактивные отходы 液体辐射性废料

ЖРС жидкостной реактивный снаряд 液体（燃料）火箭弹

ЖРТ жидкое ракетное топливо 液体导弹燃料

ЖРТКВУ житомирское радиотехническое Краснознаменное военное училище 红旗日托米尔斯克军事无线电技术学校

ЖС живая сила 有生力量

ЖСОС живая сила и огневые средства 有生力

Ж

量与火器

ЖС ПВО живучесть системы ПВО 防空系统生存能力

ЖС танк живая сила в танках 坦克内有生力量

ЖС тр живая сила в траншеях 坑道内有生力量

ЖСбл живая сила в блиндажах 掩蔽部内有生力量

ЖСН жилет спасательный надувной 充气救生衣

ЖТ жидкое топливо 液体燃料

ЖТПС жировой торпедный прибор следности 〈鱼雷〉油液示迹器

ЖУИ журнал учета информации 情报登记簿，资料登记簿

ЖУПОС журнал учета подготовки оперативного состава 作战人员训练登记簿

ЖЦ жизненный цикл 生命周期

ЖЦИ жизненный цикл изделий (срок службы) 产品生命周期（使用期限）

ЖЭК жилищно-эксплуатационная контора 住宅维护管理处，房管处

ЖЭС железнодорожная электростанция 铁路发电站

ЖЯРД жидкофазный ядерный ракетный двигатель 液态相核能导弹发动机

З

З заградительный 阻挡的

З зажигательная (пуля) 燃烧弹

З зажигательный 点火的

З закрытый 关闭的，遮蔽的，隐蔽的

З заложение 平距；〈测〉坡度

з/н заместитель начальника по лагерю 营地副主任

з/ч запасные части 备件

З запрос 询问

З заряд 电荷；充电；装填量

З заряжающий 装填手

З засада 设伏，伏击；伏兵；埋伏哨

З. застава 哨所，关卡

з. звено （链的）一环；环节；航空中队

з/в звено-вылет 〈航〉中队出动（次数）

З зенитный 高射的，对空（射击）的

З зимнее(топливо) 冬季用（燃料、燃油）

З зимний 冬季的，冬天的

З. з зона заграждения 障碍区

З-15-4 тип прожектора 探照灯型号

З-1п запасной парашют 备份伞，副伞型号

ЗА завод артиллерийский, минный и торпедный 枪炮、地（水）雷及鱼雷制造厂

ЗА замкнутая антенна 闭路天线

ЗА запасной аэродром 备降机场，备用机场

ЗА зарядный агрегат 充电机组

ЗА зенитная артиллерия 高射炮兵

ЗА зеркальная антенна 反射天线

ЗА зрительный анализатор 视觉分析器

ЗА ПВО зенитная артиллерия противовоздушной обороны 防空高射炮兵

Зааррет. заарретирование 止动，锁定

ЗАБ ЖД забайкальская железная дорога 外贝加尔铁路

ЗАБ забайкальская железная дорога 后贝加尔铁路

ЗАБ зажигательная авиабомба 燃烧航空炸弹，航空燃烧炸弹

ЗАБ запасная авиабригада 后备航空旅

Заб РУ Забайкальское региональное управление Федеральной пограничной службы РФ 俄联邦联邦边防局后贝加尔地区局

ЗабПО Забайкальский пограничный округ 后贝加尔边防区

Забф Забайкальский фронт 外贝加尔方面军

ЗАВ зенитный артиллерийский взвод 高射炮兵排

завбазой заведующий базой 基地主任

Заввоенжелдорпродпунктом заведующий военно-железнодорожным продовольственным пунктом 军用铁路给养站主任

Завгар заведующий гаражом 车库主任

завдел заведующий делами 办公室主任

завинт заведующий интендантской частью 军需部门主任

завинформот заведующий информационным отделом 情报部部长；情报处处长

завкадрами заведующий кадрами；заведующий отделом кадров 干部处处长，干部科科长

завканц заведующий канцелярией 办公厅主任

заворужием заведующий оружейным складом 军械仓库主任

завотделением заведующий отделением 科长；股长；所长；组长；室主任

завотделом заведующий отделом 处长；科长

завпрод заведующий продовольственной частью 给养主任

заврадио заведующий радиостанцией 无线电电台台长

завсектором заведующий сектором 局长；处长

завсклад заведующий складом 仓库主任

завтео заведующий техническим отделом 技术处处长

ЗАВТС зенитная артиллерия внутренней территории страны 国土防空高射炮兵

завхим заведующий химической службой 化学勤务主任

завхоз заведующий хозяйственной частью 总务主任

ЗАГ зенитная артиллерийская группа 高射炮兵群

загр заправочная авиационная группа 空中加油机群

загр. заграждение 障碍，障碍物

загрбат заградительный батальон 阻击营，障碍设置营

загрогонь заградительный огонь 拦阻射击；障碍灯

загрот заградительный отряд 障碍设置队

загтрал отряд заграждения и траления 布雷和扫雷队

ЗАД зенитная артиллерийская дивизия 高射炮兵师

зад зенитный артиллерийский дивизион 高射炮兵营

задн зенитно-артиллерийский дивизион 高炮营

Заком заместитель комиссара 副政治委员

закр заправочное авиационное крыло 空中加油联队

ЗакФ Закавказкий Фронт 外高加索方面军

зал. залив 海湾

замком заместитель командира 副指挥员，副……长

замком заместитель коменданта 卫戍副司令，副警备长

замкомвзвода заместитель командира взвода 副排长

замкомпоморде заместитель комиссара по морским делам 负责海军事务的副政委

замкомпомордел заместитель командующего по морским делам 负责海军事务的副司令员

замминистра заместитель министра 副部长

замначштаба заместитель начальника штаба 副参谋长

замобо заведующий мобилизационным отделом 动员处处长

ЗАМП зенитно-артиллерийский метеорологический пост 高射炮兵气象哨

ЗАМП зенитно-артиллерийский метеорологический пункт 高射炮兵气象观测所

замполит заместитель командира по политической части 政治副职（泛称）

замполит заместитель начальника по политической части 政治部副主任

Зампотех заместитель по технической части 主管技术装备的副…长

зампотыл заместитель по тылу 后勤副职

ЗАМС зенитная артиллерийская метеорологическая станция 高射炮兵气象站

ЗАМЦ зональный авиаметеорологический центр 地域航空气象中心

ЗАНМ зенитная артиллерия нормальной мощности 常规威力高射炮兵

ЗАО НК КТЖ закрытое акционерное общество Национальная компания Казахстан (темир жолы) “哈萨克斯坦铁路”有限股份公司

ЗАОН зенитная артиллерия особого назначения 特别高射炮兵

З

ЗАОР «За отличную оборонную работу» (нагрудный знак) “国防突出贡献”勋章

зап запасной авиаполк 后备航空兵团

зап запасной артиллерийский полк 后备炮兵团

зап запасный 备用的

зап. ап запасный артиллерийский полк 预备炮兵团

зап. западный 西部的，西方的

зап. запасной 备用的；后备的；预备役的；后备队的

ЗАП. запуск 触发

запардив запасная артиллерия дивизии 师后备炮兵

запартарм запасная артиллерия армии 集团军后备炮兵

запасн запасной, запасный 预备役的，后备的

ЗАПМ зенитная артиллерия повышенной мощности 大威力高射炮

запострой заместитель командира полка по строевой части 负责队列的副团长

ЗапППз Запасная площадка приземления 备用降落场

Запр. Заправка 加油

Запр. запрет 禁止（信号）

запэскадрон запасный эскадрон 后备连；后备骑兵连

ЗАР запасная армия республики 共和国后备军

зар. ящик зарядный ящик 弹药箱，装弹箱；弹药车

ЗАРГК зенитная артиллерийская резерва главного командования 统帅部预备队高射炮兵

ЗАС засекреченная автоматическая связь 自动加密通信

ЗАС засекречивающая аппаратура связи 加密通信设备

ЗАС засекречивающий 加密的

ЗАС зенитный автомат стрельбы 对空射击自动计算仪

засанча заведующий санитарной частью 卫生部门主任

ЗАСУ зенитная артиллерийская самоходная установка 自行高射火炮

ЗАУ зенитная артиллерийская установка 高射火炮

зах. заход （航行的）进入

ЗАХВ. захват 截获

зб заградительный батальон 阻击营

ЗБ заградительная батарея 拦阻（炮兵）连

ЗБ зажигательная бомба 燃烧炸弹

ЗБ зажигательный бак 燃烧筒

ЗБ земляной бур 土钻，地钻

ЗБ зона безопасности 安全区，安全地带

ЗББ запасная береговая база 备用海岸基地

ЗБВ зона боевого воздействия 战斗活动空域，作战地幅

ЗБЗ «За боевые заслуги» (медаль) “战斗功勋”奖章

ЗБЗ зона бактериального заражения 细菌沾染区域

ЗБЗ зона бактериологического заражения 细菌沾染区域，染菌区

ЗБЗ зона биологического заражения 生物沾染区域

ЗБК затухание на ближний конец 近端衰减，近端衰耗

ЗБО заднее багажное отделение 后行李舱

ЗБО застава боевого обеспечения в пограничных войсках 边防军战斗保障小队

ЗБП заглушка блока питания 电源组合的堵盖

ЗБР зона боевого развертывания 战斗展开地幅

збрхбз запасной батальон войск радиоактивного, химического, бактериологического заражения 防辐射、防化学和防生物沾染兵后备营

ЗБС заградитель боносетевой 布网舰，栅网舰

ЗБС звукоулавливающая береговая станция 海岸搜音站

ЗВ завод взрывчатых веществ 炸药厂

ЗВ зажигательное вещество (чаще-вещества) 燃烧剂，纵火剂（常用复数）

ЗВ запасная волна 备用波长

ЗВ запуск в воздухе 空中发射，空中启动，空基发射

ЗВ защита войск (комплекс мероприятий для ослабления воздействия на войска оружия массового поражения) 军队防护（为降低大规模毁伤性武器对军队杀伤采取的措施）

ЗВ защитник от соседних взрывов 相邻爆炸护板

ЗВ звуковое вещание 无线电广播，声音广播

ЗВ звукопоглощающая винтовка 无声步枪，消声步枪

зв зенитный взвод 防空排

ЗВ зимняя ватерлиния 冬季水线

ЗВ зона видимости 能见范围，探测范围

ЗВ зона влияния 影响区；作用区

ЗВ РЛС Э запрет на выход РЛС в эфир 禁止雷达开机

з-в земля-воздух 地对空（导弹）

ЗВА задатчик выпуска антенны 天线伸出指示器

ЗВВ зенитный визир вертикальный 高低对空瞄准镜

ЗВГ горизонтальный зенитный визир 方向对空瞄准镜

ЗВД «За верность долгу» (ведомственная медаль МВД РФ) "忠诚"奖章（俄联邦内务部）

ЗВЗ «За военные заслуги» (орден РФ) "军事功勋"勋章（俄联邦）

ЗВКП зональный воздушный командный пункт 区域空中指挥所

ЗВО западный военный округ 西部军区

ЗВО «Зарубежное военное обозрение» 《外国军事评论》杂志

Звод заведующий водным транспортом 水运主任

ЗВП зона взлета и посадки 起降区

ЗВП зона воздушного подхода 进近空域

ЗВПП заведующий военно-продовольственным пунктом 军用给养站主任

ЗВПП заведующий военно-продуктовым пунктом 食品军供站主任

ЗВР зенитный ракетный взвод 防空导弹排

ЗВС звуковещательная станция 喊话站

ЗВС звукоулавливающая станция 搜音站

звтка звено торпедных катеров 鱼雷艇中队

звукобаза звукометрическая база 声测基地

звукомаскировка звуковая маскировка 声响伪装

звукопост звукометрический пост 声测哨

ЗГ запирающий генератор 主控振荡器

ЗГ запись групповая 成组记录

ЗГ затающий генератор 固定频率振荡器，起始振荡器

ЗГ звуковой генератор 声频振荡器

ЗГ РЛС загоризонтная РЛС 超视距雷达（站）

ЗГА замкнутая группа абонентов 特定用户群

ЗГВ Западная группа войск 西部军队集群

ЗГИ заведующий генератор импульсов 脉冲主振发生器

ЗГН задатчик графика нагрузки 负载曲线指示器

ЗГП замкнутая группа пользователей 闭路用户群

ЗГРЛС загоризонтная радиолокационная станция 超视距雷达，超地平线雷达站

ЗГС задатчик графика связи 通信图表指示器

ЗГС зенитная горная система 山地防空系统

ЗГУ зенитная горная установка 山地防空装备

ЗГЦУ загоризонтное целеуказание 超地平线目标指示

ЗГШ звуковой генератор шума 噪声发生器

ЗД западная долгота 西径

ЗД зарядный дроссель 充电抗流圈

ЗД зенитный дальномер 对空测距仪

ЗДК затухание на дальний конец 远端衰减，远端衰耗

ЗДМ закон действующих масс 质量作用定律

ЗДН заграждения дорожного направления 道路障碍物

ЗДН зенитный дальномер нерасстраивающийся 不失调对空测距仪

ЗДН зенитный дивизион 高射炮营

ЗДП зажигательно-дымовой патрон 燃烧烟幕弹

ЗДП зажигательный дымовой патрон 燃烧发烟弹

зем. земля 接地；地球；大地

зенпуль зенитно-пулеметный 高射机枪的

зенпульрота зенитная пулеметная рота 高射机枪连

зенрабр зенитная ракетная бригада 防空导弹旅

З

зенрад зенитный ракетный дивизион 防空导弹营

зенрадн зенитный ракетный артиллерийский дивизион 防空导弹炮兵营

зенрап зенитный ракетный артиллерийский полк 防空导弹炮兵团

зенрап зенитный ракетный полк 防空导弹团

ЗенРЛП зенитный радиолокационный пост 对空雷达哨

ЗЕС западноевропейский союз 西欧联盟

ЗЖО зажигательное оружие 喷火兵器

ЗЖР защита животных и растений (служба Гражданской обороны) 动植物保护

ЗЖС зажигательные средства 纵火器材，燃烧器材

ЗЗ запретная зона 禁地，禁区

з-з земля-земля 地对地

ЗЗК замаска для танков, преодолевающих реку 坦克渡河密封油灰

ЗЗО зона зенитного огня 对空射界

ЗЗРУ зенитно-ракетная установка 防空导弹装置

ЗЗС «Закрыть защитные сооружения» (сигнал) “关闭掩盖防护工事”(信号)

ЗЗС закрыть защитные сооружения 关闭防护设备(空袭警报)

ЗЗЦ зона захвата цели 〈雷〉目标截获区

ЗИ запаздывание импульса 脉冲延迟

Зи запросчик информации 情报询问机

ЗИ запускающий импульс 触发脉冲

ЗИ защита информации 信息保护

ЗИ зона ионизации 电离区

ЗИ зондирующий импульс 探测脉冲

ЗИБ звено истребителей бомбардировщиков 歼击轰炸机中队

ЗИВ значащий интервал времени 作用时隙

ЗИГВЧ запуск импульсного генератора высокой частоты 高频脉冲发生器

ЗИЗ зона инженерных заграждений 工程障碍地带

ЗИО звукоизолирующее ограждение 隔音屏障

ЗИП запасное имущество и приборы 备用物资与仪器仪表

ЗИП запасное имущество и принадлежности 备件及附件

ЗИП запасной инженерный полк 工程兵后备团

ЗИП запасные изделия и принадлежности 备用品及附件

ЗИП запасные инструменты и приспособления 备用工具和设备

ЗИП запасные части, инструменты и принадлежности 备件、工具和附件

ЗИП запасный инструментальный прибор 备用工具

ЗИП запчасть, инструмент и принадлежности 全套设备；配件

ЗИП У заданный истинный путевой угол 预定真航迹角

ЗИПУ заданный истинный путевой угол 设定真航迹角

ЗИРД заданный истинный радиопеленг 预定天线电真方位

ЗИРС запуск индикатора ручного сопровождения 起动手控跟踪指示器

ЗИРС зенитная инженерно-ракетная служба 对空导弹工程勤务

ЗИС Московский автомобильный завод имени Сталина; автомобиль этого завода 吉斯(莫斯科斯大林汽车制造厂以及该厂生产的汽车)

ЗИС-20С тип двигателя катера 汽艇发动机型号

ЗИС-32 грузовой колесный вездеход 轮式越野载重汽车

ЗИС-5 тип 57-мм танковый пушки 57 毫米坦克炮型号

ЗК задатчик курса 航向指标

ЗК заместитель командира 副指挥员

ЗК запаздывание команды 指令延误

ЗК запирающие катушки 封闭线圈

ЗК запирающий клапан 闭气阀,〈鱼雷〉锁气阀

ЗК запирающий кран 锁气阀

ЗК заряд кумулятивный розничный 零散空心装药

ЗК защитный колпак (导弹的)保护盖

ЗК звукоподводный канал 水下声道

ЗК зоновые кабели 区域内电缆

ЗКБ знак контроля блока 单元检测标志

ЗКБр заместитель командира бригады 副旅长

ЗКВ заместитель командира по вооружению 装备副职，负责装备的副指挥员

ЗКВ заместитель командующего по вооружению 负责装备的副司令员，装备副司令

ЗКВР заместитель командира по воспитательной работе 负责教育工作的副职，主管教育工作的副……长

ЗКВТ заведующий комендатурой водного транспорта 水运军事代表办事处主任

ЗКД заместитель командира дивизии 副师长

ЗКДВ заместитель командира дивизии по вооружению 主管装备的副师长

ЗКДС заместитель командира дежурной смены 值勤队副队长

ЗКДТ заместитель командира дивизии по тылу 主管后勤的副师长

ЗКЖДУ заведующий комендатурой железнодорожного участка 铁路区段军事代表办事处主任

ЗКЗ задняя крышка закрыта 后盖关闭

ЗКИП западный космический испытательный полигон (США) 美国西部空间试验场

ЗКНП запасный командирский наблюдательный пункт 备用指挥观察所

ЗКО задняя крышка открыта 后盖打开

ЗКО зона кратковременного ожидания 短时待机空域

ЗКП заглубленный командный пункт 地下指挥所

ЗКП заместитель командира полка 副团长

зкп запасной командный пункт 备用指挥所

ЗКП запасный командный пункт корабля 舰艇预备指挥所

ЗКП-ПХЛ запасной комплект пополнения полевых химических лабораторий 野外化学实验室的全部补充备品

ЗКП ТПУ запасной командный пункт тылового пункта управления 后方指挥所备用基本指挥所

ЗКПВ заместитель командира полка по вооружению 主管装备的副团长

ЗКП-ПХР запасной комплект пополнения приборов химической разведки 化学侦察仪器全套补充备品

ЗКПТ заместитель командира полка по тылу 主管后勤的副团长

ЗКПУ заданный компасный путевой угол 预定罗盘航迹角

ЗКР заместитель командира роты 副连长

ЗКС заведующий комендатурой станции 车站军事代表处主任

ЗКС защитно-караульная служба 卫队；哨兵；保镖

ЗКСК заместитель командира соединения кораблей 舰艇编队副指挥员

ЗКТ заместитель командира по тылу (на схемах и условных обозначениях) 主管后勤的副职（图表上标识用）

ЗКТ заместитель командующего по тылу 后勤副司令员

ЗКТ заместитель командира по тылу 负责后勤工作的副职，主管后勤工作的副……长

ЗКТП замок контейнера тормозного парашюта 减速伞伞包快卸锁

ЗКТЧ заместитель командира по технической части (на схемах и условных обозначениях) 技术部队副职

ЗКЦ запасной командный центр 预备指挥中心

ЗКЧ заместитель командира части 副部队长，部队副指挥员

ЗКЧВР заместитель командира части по воспитательной работе 部队负责教育工作的副职

ЗЛ заливочная станция 注油站

ЗЛБЭ звено легкобомбардировочной эскадрильи 轻型轰炸机中队

ЗЛП заданная линия пути 预定航迹线

ЗЛП запасный лыжный полк 后备滑雪团

ЗЛПД звуковая линия пристрелянных дальностей 声频试射距离线

ЗМ забортный мотор 舷外挂发动机

ЗМ заградитель минный 布雷舰

ЗМ заряжающая машина 装填车

З

ЗМ значащий момент 作用时刻

ЗМЗ «За морские заслуги» (орден РФ) （俄联邦）“海军功勋”勋章

ЗМИ тип навигационного секстанта 航海六份仪型号

ЗМК заданный магнитный курс 预备磁航向

ЗМОВР заместитель МО по воспитательной работе 负责教育工作的国防部副部长

ЗМОМС заместитель МО по международным связям 负责国际交流的国防部副部长

ЗМООиВ заместитель МО по оснащению и вооружению 负责装备和武器的国防部副部长

ЗМОТиКС заместитель МО по тылу и капитальному строительству 负责后勤和基本建设的国防部副部长

ЗМПВР запасной морской погрузочно-выгрузочный район 海岸备用装卸地域

ЗМПР запасной морской перегрузочный район 海上备用转载地域

ЗМПУ заданный магнитный путевой угол 预定磁航迹角

ЗМРП заданный магнитный радиопеленг 预定无线电磁方位

ЗМС запасы материальных средств 物资储备

ЗМС звукометрическая станция 声测站

ЗМС зона малых скоростей 低速地域

ЗМУ заблаговременное минное устройство 地雷预敷设备

ЗН заградитель надводный 水面布雷舰

ЗН запрос новизны 新信号查询，新闻查询

ЗН защита населения 居民防护

ЗН зона наблюдения 观察区域，探测范围

ЗН зона нечувствительности 非灵敏区

знбатр зенитная ракетная батарея 地空导弹连

ЗНГШ заместитель начальника генерального штаба 副总参谋长

ЗНЗ заместитель начальника заставы 副哨长；副小队长

ЗНОШ заместитель-начальник ОШ 联合参谋部副参谋长

ЗНП запасной наблюдательный пункт 预备观察所

ЗНСЕ значащая сигнальная единица 有用信号单元

ЗНУ задатчик нагрузки усилителя 放大器负载指示器

ЗНУ заместитель начальника управления 副部（局）长

ЗО замысел операции 作战企图，战役企图

ЗО зарядное отделение 鱼雷雷头

ЗО защитная одежда 防护服

ЗО зенитная оборона 防空，高炮防御

ЗО зенитное орудие 高射炮

зо зенитное отделение 防空班

ЗО зона обнаружения 观察地带

ЗО зоны ответственности 责任区

ЗОВ законы и обычаи войны 战争法则与惯例

ЗОВ зона ограничения вооружений 武器限制区

ЗОВС закон об обязательной военной службе 义务兵役法

ЗОГ запрет отображения группы знаков 禁止符号组显示

ЗОЗА заградительный огонь зенитной артиллерии 高射炮拦阻射击

ЗОКВСБ западное оперативное командование Вооруженных Сил Белоруссии 白俄罗斯武装力量西部战役司令部

ЗОЛ заградительный огонь линзовый 透镜式障碍灯

ЗОЛ защитные огни летные （防空袭）防护灯

ЗОМЗ замедлитель опускания масляного золотничка 滑油滑阀延迟器

ЗОМП защита от оружия массового поражения 对大规模毁伤性武器的防护

ЗоН Заявление о намерениях 意向声明

Зона ПЛО зона противолодочного обеспечения 防潜保障水域

Зонд. зондирование 探测

Зонд. ЦС Доп. Зондирование центра сектора до поиска 搜索前扇形区中心探测

ЗОП закрытая огневая позиция 遮蔽式发射阵地

ЗОП запасная огневая позиция 预备发射阵地

ЗОРД закон об оперативно-розыскной деятельности 侦查行动法

зорр зенитно-прожекторная рота 对空探照灯连

ЗОС запаздывание отраженного сигнала 反射信号的延迟

ЗОС зарядно-осветительная станция 照明充电站

ЗОС защитное огневое средство 防护火器

ЗОС земное обеспечение самолетовождения 地面导航保障

ЗОС зенитная осветительная служба 对空照射勤务

ЗОС зенитное огневое средство 高射火器

ЗОС зона ожидания сигнала 信号等待区域

ЗОТ земляная огневая точка 土质发射点

ЗОТК западное оперативно-тактическое командование ВВС и ПВО Белоруссии (г. Барановичи) 白俄罗斯空军西部空防战役战术司令部（巴拉诺维奇市）

ЗОУ защитное отключающее устройство 保护开关装置

ЗП заградитель подводный 潜水布雷舰

ЗП заданий прицел 后部瞄准具

ЗП задний прицеп 后拖车

ЗП зажигательное приспособление 点火器

ЗП замыкание и переключение 接通，转换

ЗП запальный патрон 点火管

ЗП запасный полк 后备团

ЗП запасный пункт (командный) 预备指挥所，预指

ЗП заправочный пункт 加油站

ЗП звуковая программа 声音广播节目，有声节目

ЗП звукоулавливатель полевой 野战测音器

ЗП звукоулавливающий пост 测音哨

ЗП земная поверхность 地表面，地表

ЗП зенитный прицел 高射瞄准具

ЗП зенитный прожектор 对空探照灯

ЗП зенитный пулемет 高射机枪

ЗП зеркало с подсветкой 照明镜

ЗП значащая позиция 作用态

ЗП зона поражения 杀伤区域，杀伤范围

ЗП зона проникновения 渗透带，渗入带

ЗПВ завоевание превосходства в воздухе 夺取空中优势，夺取制空权

зпдрц защищенный передающий радиоцентр 保护性无线电中心发射台

ЗПП забрасываемый передатчик помех 抛投式干扰机

зпп зенитно-пулеметный полк 高射机枪团

ЗППО заградительный противотанковый переносный огонь 反坦克转移拦阻射击

ЗППШ защитный противопульный шлем 防弹头盔

ЗПР запасной позиционный район 备用阵地区域

ЗПР запасный позиционный район 预备阵地区

ЗПР зенитная противовоздушная ракета 防空导弹

ЗПР зона пеленга радиолокатора 雷达定位范围

ЗПР станция звуковой подводной связи 水下音响通信站

ЗПрБ зенитно-прожекторная батальон 对空探照灯营

ЗПРК зенитный пушечно-ракетный комплекс 防空火箭炮综合体

зпрп зенитно-прожекторный полк 对空探照灯兵团

Зпрхбз запасной полк радиационной, химической и бактериологической защиты 辐射、化学、细菌防护后备团，核生化防护后备团

ЗПС задняя полусфера 后半球，后半面，后半圆

ЗПС звуковая подводная связь 水下声波通信

ЗПСЕ заполняющая сигнальная единица 满载信号单位

ЗПТ зоны приграничной торговли 边境贸易区

ЗПУ заданный путевой угол 预定航迹角

ЗПУ задняя пулеметная установка 后置机枪

ЗПУ-1 зенитно-пулеметная установка с одним пулеметом 单管高射机枪

ЗПУ-2 зенитно-пулеметная установка с двумя пулеметами 双管高射机枪

ЗПУ-4 зенитно-пулеметная установка с четырьмя пулеметами 四管高射机枪

З

ЗПУО запасной пост управления огнем 备用射击指挥部位，备用火控部位

ЗПУР запасной пост управления рулем 备用操舵部位，备用操舵台

ЗПФП Зона племен федерального подчинения Пакистана 巴基斯坦联邦直辖部落地区

ЗПЧ запасная частота 备用频率

ЗПЧ заранее подготовленная частота 预设频率

ЗПЧ защита от понижения частоты 防降频装置

ЗПЧ звукоподводная часть 水下声波（传送）部分

ЗР закорачивающее реле 短路继电器

ЗР замыкающее реле 闭锁继电器，锁定继电器

ЗР запасный район 预备地域

ЗР запуск развертки 扫描启动

ЗР звуковая разведка 声测，声响侦察

ЗР звукометрическая разведка 声测侦察；声波探测，声波测量勘探

ЗР зона разведдоступности 可侦察范围

ЗРАБатр зенитная ракетно-артиллерийская батарея 防空导弹－高射炮兵连

зрав завод по ремонту ракетно-артиллерийского вооружения 导弹与炮兵装备修理工厂，军械修理工厂

ЗРАГ зенитная ракетно-артиллерийская группа 防空导弹－高射炮兵群

ЗРАД зенитная ракетно-артиллерийская дивизия 防空导弹－高射炮兵师

ЗРАДн зенитный ракетно-артиллерийский дивизион 防空导弹－高射炮兵营

ЗРАК зенитный ракетно-артиллерийский комплекс 防空导弹－高射炮兵综合体

ЗРАОСО Западный региональный аэромобильный оперативно-спасательный отряд 西部地区空中机动救生队（哈萨克斯坦）

Зрбатр зенитная ракетная батарея 防空导弹连

зрв завод по ремонту вооружения 装备修理工厂

ЗРВ зенитно-ракетные войска 防空导弹兵

ЗРВ зона радиовидимости 无线电能见度范围

ЗРВ зона радиолокационной видимости 雷达视距区，雷达有效探测范围

зрвти завод по ремонту военно-технического имущества 军事技术器材修理工厂

зрд зенитно-ракетная дивизия 防空导弹师

ЗРЗ зона радиоактивного заражения 放射性沾染区域

ЗРИПВО Зенитно-ракетный институт ПВО 防空导弹学院

ЗРИС зенитная ракетно-инженерная служба 防空导弹工程勤务

ЗРК зарядно-распределительная коробка 充电配电箱

ЗРК зенитный ракетный комплекс 防空导弹综合体

ЗРК БД зенитный ракетный комплекс ближнего действия 近程防空导弹综合体

ЗРК ДД зенитный ракетный комплекс дальнего действия 远程防空导弹综合体

ЗРК ПВО СВ зенитно-ракетные комплексы противовоздушной обороны Сухопутных войск 陆军防空导弹综合体

ЗРК СД зенитный ракетный комплекс средней дальности 中程防空导弹综合体

ЗРК СО зенитный ракетный комплекс самообороны 自卫防空导弹综合体

ЗРЛС загоризонтная радиолокационная станция 超视距雷达

ЗРМ зона режимных мероприятий 特别管理区

ЗРО запросчик радиолокационного опознавания 敌我识别雷达问询机

ЗРО зенитная ракетная оборона 防空导弹防御体系

ЗРО зенитное ракетное отделение 防空导弹班

ЗРО зенитно-ракетная оборона 对空导弹防御

ЗРО зенитный ракетный огонь 防空导弹火力

ЗРП заданный радиопеленг 给定的无线电方位

ЗРП закрытый радиолокационный пост 隐蔽雷达站

ЗРП заместитель руководителя полетов 飞行副指挥员

ЗРПДн зенитно-ракетный погребной дивизион 防空导弹仓库营

ЗРПК зенитный ракетно-пушечный комплекс

防空导弹火炮综合体

ЗРПК БД зенитный ракетно-пушечный комплекс ближнего действия 近程防空导弹火炮综合体

ЗРРБ зона режима радиационной безопасности 辐射安全区

ЗРРВ закономерность распространения радиоволн 无线电波传播规律

ЗРС земная радиостанция 地面无线电台

ЗРС зенитная ракетная система 防空导弹系统

ЗРС зенитно-ракетное средство 防空导弹兵器

ЗРС ДД зенитная ракетная система дальнего действия 远程防空导弹系统

ЗРС МД зенитная ракетная система малой дальности 短程防空导弹系统

ЗРС СД зенитная ракетная система средней дальности 中程防空导弹系统

ЗРТБ зенитная ракетно-техническая база 防空导弹技术基地

ЗРУ закрытое распределительное устройство 室内配电设备

ЗРУ западное региональное управление 西部地区管理局

ЗРУ запасные части и ремонтные устройства 备件和修理设备

ЗРУ зарядно-разрядное устройство 充电放电设备

ЗРУ зарядно-распределительное устройство 充电配电设备

ЗРЩ зарядно-распределительный щит 充电配电盘

ЗС завод судостроительный 造船厂

ЗС заградитель сетевой 布网舰

ЗС замедляющая система 延时系统，减速系统

ЗС запальный стакан 引火筒，引爆管，传爆筒

ЗС зарядная сеть 充电网络

ЗС засекреченная связь 保密通信

ЗС звонок сигнальный 信号铃，警铃

ЗС звуковое сопровождение 伴音

ЗС звуковой сигнал 声纳信号；音频信号

ЗС земная станция 地面站

ЗС зенитные средства 防空兵器

ЗС зона связи 通信区域

ЗС зондирующий сигнал 探测信号

З-С земля-самолет 地面－飞机

зсав зенитный самоходно-артиллерийский взвод 防空自行火炮排

ЗСБ защитные системы безопасности 安全防护系统

зсбр запасная стрелковая бригада 后备步兵旅

зсд запасная стрелковая дивизия 后备步兵师

ЗСЖ заправщик спецжидкостями 特种液加注车

ЗСЗ запад-северо-запад；западный-северо-западный 西北偏西；西北偏西的

ЗСИ знакосинтезирующий индикатор 综合标志指示器

ЗСК зенитный ствольный комплекс 防空炮身综合装备

ЗСЛ заказно-соединительная линия 〈信〉挂号中继线

ЗСН закрытая система нумерации 封闭式编号系统

ЗСО завершающая санитарная обработка 最终卫生处理，完善卫生处理

ЗСО закон случайных ошибок 随机误差律

ЗСО запросчик системы опознавания 识别系统询问机

зсп запасной стрелковый полк 后备步兵团

зсп запасной стрелковый порт 步兵预备港

ЗСР зона строгого режима 禁区

ЗСС земная станция слежения 地面跟踪站

ЗСУ зенитная самоходная установка 自行高射炮

Зт задающий ток 额定电流

ЗТ знаковое табло 标记显示器

зтб запасный танковый батальон 后备坦克营

ЗТБ звено тяжелых бомбардировщиков 重型轰炸机中队

ЗТВД Западный театр военных действий 西部战区

ЗТН запальная трубка Норденшельта 纳氏点火管

ЗТН запасная точка наводки 预备瞄准点

ЗТО зона территориальной обороны 国土防御区域

З

ЗТП замок тормозного парашюта 减速伞快卸锁

зтп запасный танковый полк 后备坦克团

ЗТПУ зенитная турельная пулеметная установка 旋转式高射机枪

ЗТР зона тактического развертывания 战术展开地幅，战术展开地域

ЗТС запас текущего снабжения 日常供应储备

ЗТС зенитная артиллерийская система 高射炮系统

ЗТШ зеркальный телескоп Шайна 沙英反射望运镜

ЗУ загрузочное устройство 装载设备

ЗУ задатчик угла 角度给定器

ЗУ задающее устройство （自动控制系统）的给定装置

ЗУ запальное устройство 点火装置，引火装置

ЗУ запоминающее устройство 存储设备

ЗУ зараженный участок 污染区，沾染区

ЗУ защитное устройство (радиовзрывателя) （雷达引信）保护装置

ЗУ звукоулавливатель 测音器，搜音器，声波定位器

ЗУ зеркальный угломер 镜式角度计，测角镜

ЗУК заданный угол карты 图上预定航迹角

ЗУК запоминающее устройство команд 指令存贮器

ЗУК звездный указатель курса 恒星航向指示器

ЗУК корабельное зарядное устройство 舰用充电装置

ЗУМ зараженный участок местности 沾染地段

ЗУМ зуммер 蜂音器，蜂鸣器

ЗУН запоминающее устройство новизны 新信号存储器

ЗУОЗ западный участок отрядов завесы 屏障分队西地段

ЗУОР зенитное управляемое оружие 防空导弹武器

ЗУПВ запоминающее устройство с произвольной выборкой 随机存储器

ЗУПД запоминающее устройство прямого доступа 直接存取存储器

ЗУПЧ запоминающее устройство подавляемых частот 压制频率存储器

ЗУР запусковая установка ракет 导弹发射装置

ЗУР зона усиленного режима 强化管制区

ЗУРБ (Д) зенитная управляемая ракета ближнего действия 近程防空导弹

ЗУР-Д зенитная управляемая ракета дальнего действия 远程防空导弹

ЗУР-М зенитная управляемая ракета малых высот 低空防空导弹

ЗУРП зенитная управляемая ракета-перехватчик 防空拦截导弹

ЗУРС зенитный управляемый ракетный снаряд 防空制导炸弹

ЗУР-С зенитная управляемая ракета средней дальности 中程防空导弹

ЗУС запасной узел связи 备用通信枢纽

ЗУСД запоминающее устройство со сменными дисками 可更换存储设备

ЗУТ зона укрепленных точек 筑垒地域

ЗФ заграждающий фильтр 阻塞滤波器

ЗФ земляной фильтр (в газоубежище) （防毒掩蔽部的）滤毒坑

ЗФ западный фронт 西方面军

ЗФК защитный фильтрующий комплект (для защиты от отравляющих веществ) 全套防护过滤装置（用于防毒）

ЗФО защитная фильтрующая одежда 过滤防御衣

ЗХ задний ход 倒车，倒转，回程

ЗХЗ зона химического заражения 化学沾染区域，染毒区

ЗХМ зона химической маскировки 化学伪装区域

зхп запасный химический полк 后备防化团

ЗЦКП запасный центральный командный пункт 预备（备用）中央指挥所

ЗЦУ зона целеуказания 目标指示区

ЗЦУ зональный центр управления 区域管理中心

ЗЦУВД зональный центр управления воздушным движением 地区空中交通管制中心

ЗЧ задающая частота 主振频率

ЗЧП запасные части и принадлежности 备件和

附件

ЗШ защитный шлем 防护帽，安全帽，防护头盔

ЗШП запасной штурманский пост 备用领航哨

ЗЭЛ запись электронным лучом 电子射线记录

ЗЭЛТ запоминающая электроннолучевая трубка 电子束存储器

ЗЭМ замыкатель электромеханический 电气机械闭合器

ЗЭРАО зона эффективного ракетно-артиллерийского огня 导弹炮兵有效射程区域，导弹炮兵有效火力范围

ЗЭЦ закон электрических цепей 电路定律

ЗЯП занятие на ящике с песком 沙盘作业

И

И игнитрон 引燃管

И измерение 测量

И имитостойкий 反敌机模拟我机应答（信号）状态

И импульс 脉冲

И индекс 指标，指数；代号

И инженерная разведка 工程侦察

И инструкция 守则，细则；说明书

И инструментарий 全部工具，全套器具

И интегратор 积分器，积分仪；积分电路

И интендантская служба 军需勤务；军需部门

И интерфейс 界面、接口

И истребитель 歼击机

И истребитель одноместный 单座歼击机

И тип детекторной секции 检波器部件型号

И КУРСА импульс курса 航向脉冲

И СЕВЕР импульс СЕВЕР“真北”脉冲

И. Д. исполняющий должности 代理职务

и. л. с. индикаторная лошадиная сила 示功马力，指示马力

и. л. с. ч. индикаторная лошадиная сила в час 指示马力小时，示功马力小时

и. о. исполняющий обязанности (например: и. о. командира) 代理……职务的，代……的

и/с интендантской службы 军需勤务的

ИА изотропная антенна 各向等辐射天线

ИА инспектор артиллерии 炮兵监察员

ИА искусственная антенна 〈无〉仿真天线

ИА истинный азимут 真方位角

ИА истинный азимут светила 天体真方位角

ИА истребительная авиация 歼击航空兵，战斗机

ИАБ имитационная авиационная бомба 模拟（航空）炸弹

ИАБ инженерно-авиационный батальон 航空工程兵营

ИАБ инженерно-автомобильный батальон 汽车工兵营

ИАБ инженерно-аэродромный батальон 机场工程营

ИАБ истребительная авиационная бригада 歼击航空兵旅

ИАВВС испытательный аэродром Военно-Воздушных Сил 空军试验机场

ИАВВС истребительная авиация военно-воздушных сил 空军歼击航空兵

ИАГр истребительная авиационная группа 歼击机群

ИАД истребительная авиационная дивизия 歼击航空兵师

ИАК истребительное авиационное крыло （美英空军）歼击机联队

ИАК истребительный авиационный корпус 歼击航空兵军

ИАМ институт авиационного моторостроения 航空发动机研究所

ИАМ институт авиационной медицины 航空医学院，航空医学研究所

ИАО информационно-аналитический отдел 信息分析处，情报分析处

ИАО МО информационно-аналитический отдел Министерства обороны РФ 俄联邦国防部情报分析处

ИАП идеальный активный преобразователь 理想有源转换器

И

ИАП индикатор автономного поиска 自主搜索显示器

иап истребительный авиационный полк 歼击航空兵团

иап ПВО истребительный авиационный полк противовоздушной обороны 防空歼击航空兵团

ИАП(р) реактивный истребительный авиаполк 喷气式歼击航空兵团

ИАПВО истребительная авиация противовоздушной обороны 防空歼击航空兵

ИАПО Иркутское авиационное промышленное объединение 伊尔库茨克航空工业联合企业

ИАРУ импульсная автоматическая регулировка усиления 脉冲增益自动控制

ИАС импульсная автоматическая система 脉冲自动系统

ИАС импульсно-аналоговый сигнал 脉冲模拟信号

ИАС инженерно-авиационная служба 航空工程勤务

ИАС интегрирующий авиасекстант 集成式航空六分仪

ИАС истребительное авиационное соединение 歼击航空兵兵团

ИАС-1, ИАС-1м типы интегрирующего авиационного секстанта 航空积算六分仪型号

ИАСУ интегрированные автоматизированные системы управления 自动化综合控制系统

ИАТКр истребительное авиатактическое крыло 战术歼击机联队

ИАУ истребительное авиаучилище 歼击机航空学校

ИАЦ информационно-аналитический центр 情报分析中心

ИАЭ истребительная авиационная эскадрилья 歼击航空兵大队

ИАЭ ПВО Истребительная авиационная эскадрилья противовоздушной обороны 防空歼击航空兵大队

ИАЭ (р) реактивная истребительная авиаэскадрилья 喷气式歼击航空兵大队

ИАэС инженерно-аэродромная служба 机场工程勤务

ИБ имитатор борта 导弹模拟器

ИБ индикаторный барабан 侦检筒

ИБ индукторный бленкер 振铃指示器

ИБ инженерный батальон 工程营

ИБ информационная база 情报基地

ИБ информационная борьба 信息战，信息战争

ИБ исполнительный блок 执行部件

ИБ испытательный блок 试验部件

ИБ истребитель-бомбардировщик 歼击轰炸机

ИБ истребительная бригада 歼击旅

ИБ истребительный батальон 歼击营

ИБА истребительно-бомбардировочная авиация 歼击轰炸航空兵，战斗轰炸机

ИБАКР истребительно-бомбардировочное авиакрыло 歼击轰炸空军联队

ибап истребительно-бомбардировочный авиаполк 歼击轰炸航空兵团

ИБАЭ истребительно-бомбардировочная авиаэскадрилья 歼击轰炸航空兵大队

ИБЗ инженерный батальон заграждения 障碍设置工程营

ИБК интегрированный бортовой комплекс 机载一体化罗盘

ИБК информационная база классификации 分类情报基地

ИБМ-305, ИБМ-705 типы электронных вычислительных машин 电子计算机型号

ИБН испытательный блок напряжения 电压试验部件

ибопу инженерный батальон оборудования пунктов управления 指挥所构筑工程营

ИБП инженерный боеприпас 工程战斗器材

ИБР импульсный быстрый реактор 脉冲快速反应堆

ибр инженерная бригада 工程旅

ибр инженерная бригада разграждения 排障工程旅

ИБРазг инженерный батальон разграждения 障碍排除工程营

ИбрЗ инженерная бригада заграждения 设障工程旅

иброн инженерная бригада особого назначения 特种工程旅

ИбрШР инженерная бригада штурма и разграждения 强击和障碍排除工程旅

ИБРЭК информационно-боевой радиоэлектронный комплекс 战斗情报与无线电电子综合体

ибс инженерный батальон специальный 特种工程营

ибсм инженерный батальон специального минирования 特种布雷工程营

ибум инженерный батальон управляемого минирования 可控布雷工程营

ибшр инженерный батальон штурма и разграждения 突击和排障工程营

ИВ и.в. искатель вызовов 寻线器，选线器

ИВ измеритель видимости 能见度测定器

ИВ измеритель времени 计时器

ИВ импульс включенный 接通脉冲

ИВ индикатор высоты 高度指示器

ИВ инерционный взрыватель 惯性引信

ИВ Инженерные войска 工程兵

ИВАИИ Иркутский военный авиационный инженерный институт 伊尔库茨克军事航空工程专科学院

ИВАТУ Иркутское военное авиационное техническое училище 伊尔库茨克军事航空技术学校

ИВБ инструкция по воздушному бою 空战细则

ИВВАИИ Иркутский высший военный авиационно-инженерный институт (ранее：ИВАТУ，ИВВАИУ) 伊尔库茨克高等军事航空工程专科学院（以前为：伊尔库茨克军事航空技术学校、伊尔库茨克高等军事航空工程学校）

ИВВС Инспекция военно-воздушных сил 空军检查局

ИВДВ Институт воздушно-десантных войск 空降兵专科学院

ивз инженерный взвод заграждений 障碍工程排

ИВИ израильская военная индустрия (фирма, производящая оружие) 以色列军事工业（武器生产商）

ИВИ импульс выдачи информации 信息发送脉冲

ИВИ институт военной истории 军事历史专科学院，军事历史研究所

ИВК идентификатор виртуального канала 虚链路标识符

ИВК информационно-вычислительный комплекс 信息与计算综合设备

ИВК ионосферный волновой канал 电离层波导（通路）

ИВО имитатор визуальной ориентировки 飞行目视情况模拟

ИВО индикатор воздушной обстановки 空情显示器

ИВП идентификатор виртуального пути 虚电路标识符

ИВП использование воздушного пространства 空域利用；领空利用

ИВП импульсный выпрямитель питания 脉冲电流整流器

ИВП использование воздушного пространства (технология, правила и система организации) 领空利用

ИВП истинная высота полета 真（实）飞行高度

ИВПИП изменение высоты попадания при изменении прицела на одно деление 表尺变换一刻度时弹着高度改变量

ИВПП искусственная взлетно-посадочная полоса 人工起飞降落跑道

ИВР информационно-вычислительная работа 情报计算工作，信息计算工作

ИВС изолятор внутреннего содержания 内部监禁隔离室

ИВС изолятор временного содержания 临时监禁隔离室

ИВС ионосферно-волновая служба 电离层电波勤务

ИВС истинная воздушная скорость 实际空速，真空速

ивтап инструкторский военно-транспортный авиаполк 军事运输教练航空兵团

И

ИВТАЭ инструкторская военно-транспортная авиаэскадрилья 军事运输航空兵教导大队

ИВУ интеграция высокого уровня 大规模集成，高度集成

ИВУ интерпретатор вида услуги 服务类型解释

ИВУ информационно-вычислительное устройство 信息－计算设备

ИВФ ирегулярные вооруженные формирования 非正规队伍

ИВЦ информационно-вычислительный центр 信息计算中心

ИВЧА интерфейс взаимодействия человека с аппаратурой 人－机交互界面

И

ИГ излучение на гармониках 谐波辐射

ИГ измерительный генератор 测试振荡器

ИГ инфекционный госпиталь 传染病医院

ИГ-300 измерительный гетеродин 测试振荡器（型号）

ИГВ измеритель группового времени 波群时间测量计

ИгЗ интегрирующее звено 积分单元，积分环节

ИГН имитационная граната нейтрального дыма 无毒烟模拟手榴弹

ИГн испытательное гнездо 测试塞孔

ИГО индикатор горизонтальной обстановки 水平状态指示器

ИГП изображение газетных полос 报纸版面图片

ИГР инженерная разведывательная группа 工程兵侦察组

ИГТ импульсный генератор танков 坦克脉冲发生器

ИД идентификатор 识别器；鉴别器

ИД измерение дистанции 距离测量

ИД индикатор дальности 距离指示器，距离显示器

ид истребительная дивизия противотанковых ружей 反坦克地线歼击师

ИД исходные данные 初始数据

ИДА индивидуальный дыхательный аппарат 个人呼吸器

ИДА инжекторный дегазационный аппарат 喷射消毒器

идб инженерно-дорожный батальон 道路工程营

ИДВ индикатор дальности видимости 视距指示器

ИДД измеритель динамических деформаций 动态变形测试仪

ИДИ индикация длины информации 信息长度标示

ИДК идентификационная карта 标识卡

ИДК индивидуальный дегазационный комплект “个人消毒盒，个人消毒箱”

идмб инженерный дорожно-мостостроительный батальон 道路桥梁建筑工程营

ИДМБр инженерная дорожно-мостостроительная бригада 道路桥梁建筑工程旅

идмп инженерный дорожно-мостостроительный полк 道路桥梁建筑工程团

идорбр инженерно-дорожная бригада 道路工程旅

идорв инженерно-дорожный взвод 工程道路排

идорп инженерно-дорожный полк 道路工程团

ИДП индивидуальный дегазационный пакет 个人消毒包

ИДППИУП изменение дальности падения при изменении угла прицеливания на 1 тысячную 高度变换一密位时的弹着距离改变量

идр инженерно-дорожная рота 道路工程连

ИДРЦУ исходные данные для расчета целеуказаний 目标指示计算用原始数据

ИДС импульсно-доплеровская система 脉冲多普勒系统

ИДС исходные данные для стрельбы 射击开始诸元

ИДСН инерциально-доплеровская система навигации 多普勒惯性导航系统

ИДУВП индукционный датчик угла внутреннего подвеса 内环感应角传感器

ИДУК индикация дефекта удаленного конца 远端故障指示

ИДЦ индикация движущихся целей 活动目标显示器

ИЖБ Ижевское бескурковое ружье 伊热夫斯克无板机枪

ИЖТ искусственное жидкое топливо 人造液体燃料

ИЗ изменение знака 符号改变

ИЗ импульс записи 记录脉冲

ИЗ импульс запрета 禁止脉冲

ИЗ импульс запроса 询问脉冲

ИЗ индивидуальный зонд (миноискатель) 单个探测器（探雷器）

ИЗ инерционное звено 惯性单元，惯性环节，延迟单元

ИЗ искусственная зелень 人造绿荫

изл. излучение 辐射；射线

ИЗЛС индивидуальная защита летного состава 飞行员个人防护

ИЗМ индивидуальная защитная маска 个人防护面罩

ИЗН источник запирающего напряжения 截止电压电源

ИЗО изоляционно-пропускной пункт 隔离消毒站

ИЗП импульс запуска передатчика 发射机的触发脉冲

ИЗП информация записи 写入信息

ИЗП источник запасного питания 备用电源

ИИ информационный импульс 信息脉冲

ИИ инфракрасное излучение 红外线辐射

ИИ искусственный интеллект 人工智能

ИИ источник излучения 辐射源，放射源

иивп инструкторско-исследовательский вертолетный полк 直升机研究教导团

ИИВЭ инструкторско-исследовательская вертолетная эскадрилья 直升机研究教导大队

ИИД индикатор истинного движения 真实运动指示器

ИИИ источник ионизирующих излучений 电离辐射源

ИИИЛ изопланарная интегральная инжекционная логика 等平面集成注入逻辑

ИИЛ импульсный измеритель линий 线路脉冲测量仪

ИИЛ интегральная инжекционная логика 集成注入逻辑

ИИЛС интегральная инжекционная логическая схема 注入式集成逻辑电路

иип инженерно-испытательный полигон 工程试验靶场

ИИС измерительная информационная система 测量信息系统

ИИС импульс исходного состояния 初始状态脉冲

ИИС информационно-измерительная система 测量信息系统

иисап исследовательско-инструкторский смешанный авиаполк 研究教导混合航空兵团

ИИТ измерительно-информационная техника 测量信息技术

ИИТС измеритель искажений телеграфных сигналов 电报信号失真测量仪

ИИУ инженерно-испытательное управление 试验工程管理

ИИХ измеритель импульсных характеристик 脉冲特性曲线测量器

ИИЭР институт инженеров по электротехнике и радиоэлектронике 电气及电子工程师学会（美国）

ИК избежание конфликтов 避免冲突

ИК излучающая катушка 辐射线圈

ИК измерительный канал 测量信道

ИК измерительный комплекс 全套测量设备

ИК импульсный контакт 脉冲触点

ИК индикатор кислородный 氧气示流器

ИК индикатор командира 指挥员显示器

ИК индукционная катушка 感应线圈

ИК инструментальный контроль 工具检查

ИК интерфейс канальный 〈信〉信道接口

ИК интерфейская карта 接口卡；接口电路板

ИК инфракрасная (система) 红外（系统），红外线的

ИК инфракрасный 红外（的）

ИК ионизационная камера 电离室

ИК Исполнительный Комитет 执行委员会

ИК истинный курс 真航向

ИК оборудование инфракрасного оборудования 红外线设备

ИК СНГ исполнительный комитет СНГ 独联体执行委员会

ИКА инфракрасная аппаратура 红外装置

ИКАО международная организация гражданской авиации 国际民航组织（英文 ICAO 的缩写）

ИКВ инерциальная курсовертикаль 惯性航线垂直仪

ИКВ инфракрасная вертикаль 红外线垂直仪

ИК-ВК информационный комплекс вертикали и курса 垂直和航向信息综合体

ИК-ВСП Информационный комплекс высотно-скоростных параметров 高度－速度信息参数综合体

ИКГСН инфракрасная головка самонаведения 红外线自动制导弹头

ИКД испытатель кристаллических детекторов 晶体检波器试验器

ИКДИ исходящий комплект дальнего искания 去话长途选择装置

ИКИ институт космических исследований Российской академии наук 俄罗斯科学院太空空间研究所

ИКК измерительный комплекс космодрома 航天发射场测试系统

ИКК индикатор контрольного канала 检测电路指示器

ИКК информация коренного канала 主信道信息

ИКЛ инфракрасная лампа 红外灯

ИКЛ инфракрасная ловушка 红外诱饵

ИКЛ инфракрасные лучи 红外线

ИКЛ-5 испытатель кабельных линий 电缆线路试验器

ИКМ импульсно-кодовая модуляция 脉冲编码调制

ИКММ индикатор кода маркерного маяка 信标电码指示灯

ИКН интегральный компаратор напряжений 集成电压比较器

ИКО изготовитель комплектного оборудования 成套设备制造商

ИКО измеритель коэффициента ошибок 误码率测量器

ИКО индикатор кругового обзора (в радиолокаторе) （雷达的）平面位置显示器，环视显示器，环形扫描显示器

ИКО интенсивность катастрофических отказов 严重故障率

ИКОПЗ испытательная комиссия Охтенского порохового завода 奥赫塔火药工厂试验委员会

ИКОС индикатор кругового обзора и сопровождения 圆周扫描及跟踪显示器

ИКОЦ индикатор кругового обзора и целеуказания 环形扫描和目标指示显示器

ИКС инфракрасное стекло 红外线玻璃（光学）

ИКСЛ информатор критического состояния летчика 飞行人员极限状况通报器

ИКТ информационно-коммуникационная технология 信息通信技术

ИКУ индикатор курсового угла 航向角指示器

ИКУР истинный курсовой угол самолета на радиостанцию 飞机无线电台真航迹角

ИКФ импульс коммутации фильтра 滤波器转换脉冲

ИКЧ индикатор контрольной частоты 导频指示器，领频显示器

ИЛ измерительная линия 测量线

ИЛ индикаторная лампочка 指示灯

ИЛ инфракрасные ловушки 红外线捕捉器

ИЛ искусственная линия 仿真线

ИЛ- типы самолетов Ильюшина 伊尔－（指伊柳辛设计的飞机型号）

ИЛ-10 испытатель ламп 电子管测试计

илс идеальная лошадиная сила 理想马力

ИЛС инструментальная летно-посадочная система (система посадки по приборам) 仪表起飞着陆系统

ИМ Извещения мореплавателям 航路通告

ИМ измеритель модуляций 调制系数表

ИМ имитационная мина 模拟地雷，演习地雷

ИМ импульсная модуляция 脉冲调制

ИМ интендантская мастерская 军需品修理所

ИМ исполнительный механизм 执行机制

ИМ исполнительный мотор 执行电动机

ИМ истребитель многоместный 多座歼击机

ИМ (-) тип измерительного усилителя 测量放大器型号

ИМ-82, ИМ-100 типы имитационных мин 模拟地雷型号

ИМАС международные стандарты по разминированию 国际排雷标准

ИМасБ инженерный маскировочный батальон 工程伪装营

ИМасР инженерная маскировочная рота 工程伪装连

имб инженерно-мостостроительный батальон 架桥工程营

ИМГО Извещения мореплавателям гидрографических отделов флота 舰队水道测量处航路通告

ИМД измеритель мощности дозы 剂量率仪

ИМД измеритель мощности дозы облучения (рентгемметр) 照射剂量检查仪

ИМИТ. имитатор 模拟器

ИМК извещатель магнитоконтактный 磁接触报警器

ИМК интерфейсный мультиплексный канал 多路接口信道

ИМКС интерфейс малых компьютерных систем 微型计算机系统接口

ИМО международная морская организация 国际海洋组织

Имоств инженерно-мостостроительный взвод 架桥工程排

ИМП импульсное магнитное поле 脉冲磁场

ИМП инициальный магнитный пункт 脉冲调制发射机

Имп. импульсная 脉冲的

имп/сек/ импульсов в секунду 秒脉冲微

ИМР инженерная машина разграждения 工程排障车

ИМР инженерно-мостостроительная рота 架桥工程连

ИМРВ интеллектуальный мультиплексор с разделением времени 智能化时分多路复用

ИМРК интегральный магнитный радиокомпонент 集成磁性无线电元件

ИМС интегральная микросхема 集成电路

ИМС ионосферно-магнитная служба 电离层地磁勤务

ИМУ интеграция малого уровня 小规模集成电路

ИН измеритель направления 测向仪

ИН измеритель напряжения 电压测量计

ИН индивидуальное наведение 单个制导

ИН инфракрасный детектор 红外线检波器

ИН искатель направления 方向探测器

ИН источник напряжения 电压源

ИНБ и СИ институт национальной безопасности и стратегических исследований 国家安全与战略研究所

ИНВ импульс начала выдачи вычислений 计算发射起始脉冲

ИНД импульс начала развертки дальности 测距扫描起始脉冲

ИНД. индикатор 显示器

ИНД. индикация 显示

ИНДО сигнал индикации нуля 零标志

инжп инженерный парк 工程器材库

ИНЖП инженерный полк 工程兵团

инжрез инженерный резерв 工程兵预备队

инжсклад склад инженерного имущества 工程器材仓库

инжтехот инженерно-технический отдел 工程技术处

инжтр инженерно-танковая рота 工程坦克连

ИНЖУ инженерное управление 工程指挥

ИНЗ импульс начала зондирования 探测起始脉冲

ИНЗН импульс начала знака 符号起始脉冲

ИНИ игра с неполной информацией 与非完全信息的博弈

ИНИ измеритель нелинейных искажений 非线性失真测量计

ИНИ-10, ИНИ-11 типы измерителей нелиней-

И

ных искажений 非线性失真测量计型号

ИНК импульс начала кода 码起始脉冲

ИНК импульс начала контроля 检查起始脉冲

ИНК индикатор навигационный космический 航天导航指示器，空间导航指示器

ИНМАРСАТ Международная организация морской спутниковой связи 国际海事卫星通信组织（英文 INMARSAT 的音译）

ИНО индикатор навигационной обстановки 导航情况指示器

ИНО Иностранный отдел (служба внешней разведки НКВД) 外国处（对外情报部门）

ИНО ОГПУ Иностранный отдел Объединенного государственного политического управления (орган внешней разведки) 国家综合政治局外国处（对外情报机构）

ИНОФ импульс начала опроса фильтров 滤波器询问起始脉冲

ИНП измеритель напряженности поля 场强计，场强测量计

ИНП Инженерный наблюдательный пост 工程观察哨

ИНП инженерный наблюдательный пункт 工程观察所

ИНП инженерный наблюдательный пункт (пост) 工程观察站（哨）

ИНППО импульс начала программы приемника обзора 搜索接收机程序起始脉冲

инпрс инспектор проводной связи 有线通信检查员

ИНР импульс начала работы 工作起始脉冲

ИНРпер импульс начала работы передатчика 发射机工程起始脉冲

ИНРР импульс начала работы развертки 扫描起始脉冲

ИНС импульс начала слова 字起始脉冲

ИНС инерциальная навигационная система 惯性导航系统

ИНС инерционная нелинейная система 非线性惯性系统

ИНС инспектор связи 通信检查员

инспарм инспектор армии 集团军监察员

инспартарм инспектор артиллерии армии 集团军炮兵监察员

инспвоздух инспектор военновоздушного флота 空军监察员

инспех инспектор пехоты 步兵监察员

ИНСР импульс начала сигнала ракеты 导弹信号起始脉冲

инстр. Инструктор 指导员

инстр. Инструкция 守则，细则，说明书

ИНТ интендант 军需员

ИНТ интендантский 军需的

ИНТ интендантское отделение 军需科

Инт., скл. интендантский склад 军需仓库

ИНТЕЛСАТ международные связные спутники глобальной космической связи 全球太空通信国际通信卫星（英文 INTELSAT 的音译）

ИНТЕРПОЛ Международная криминальная полиция 国际刑警（英文 INTERPOL 的音译）

ИНТЕРПОЛ Международная организация уголовной полиции 国际刑事警察组织

ИНУН источник напряжения, управляемый напряжением 控压电压源

ИНУТ источник напряжения, управляемый током 控流电压源

ИНФ. информация 信息

Инф. П информация пеленгатора （无线电）测向仪信息

ИНФАГО информационно-агентурный отдел 谍报处

инфагреопк информационно-агентурно-регистрационный отдел и политический контроль 情报调查与政治监察处

ИНФО информационный отдел 情报处

информот информационное отделение 情报科

информупр информационное управление 情报局

информцентр информационный центр 信息中心；情报中心

инфорслужба информационная служба 情报勤务；情报部门

ИНФ-П информация на прием 接受的信息

ИНЦ импульс начала цикла 循环起始脉冲

ИО импульс обмена 交换脉冲

ИО импульс обнаружения 发现脉冲

ИО импульс обращений 寻址脉冲，访问脉冲

ИО индивидуальное оборудование 单路设备，终端设备

ИО индивидуальное опознавание 单个识别；сигнал индивидуального опознавания 单个识别信号

ИО инженерное обеспечение 工程保障

ИО информационная операция 信息作战

ИО информационное обеспечение 情报保障

ИО информационное оружие 信息武器

ИО исполнительный орган 执行机构

ИО испытательное оборудование 试验设备，测试设备

ИО испытуемый образец 试验标本，试样，试件

ИО (-) импульсный осциллограф 脉冲示波器型号

ИОВ ионизированная область взрыва 爆炸电离区

ИОИ институт оборонных исследований США 美国国防研究所

ИОКИ индийская организация космических исследований 印度空间研究机构

ИОКК импульс опроса контрольного кода 检验码询问脉冲

ИОНХА ионосферная характеристика 电离层特性曲线

ИОП индикатор отклонения пеленга 方向偏差指示器

ИОП истинный обратный пеленг 真反方位

ИОС инвертор отрицательного сопротивления 负电阻逆变器

ИОС информационная обратная связь 信息反馈

ИОСШ измерение отношения сигнал/шум 信噪比测量

ИОТОД информационное обеспечение техники и операторской деятельности 技术与业务活动的信息保障

ИОУ интегральный операционный усилитель 集成运算放大器

ИОУК индикация ошибки удаленного конца 远端错误指示

ИОФ Международная федерация ориентирования 国际定向越野运动联盟（英文 IOF 的音译）

ИОХ импульс обратного хода 回程脉冲

ИОЦ импульс опознавания цвета 辨色脉冲

ИП иерархический принцип 层次性原则，分层原则

ИП измеритель помех 干扰测定器

ИП измерительная пластинка 测量板，测量片

ИП измерительный преобразователь 测量转换器，测量变换器

ИП измерительный прибор 测量仪表

ИП измерительный приемник 测量接收机

ИП измерительный пункт 测量站

ИП изолирующий противогаз 隔离式防毒面具

ИП импульсная помеха 脉冲干扰

ИП импульсные переносчики 脉冲载波

ИП импульсные позиции 脉冲极性

ИП инвариантность признаков 特征不变性

ИП индивидуальный приемник 单个接收机

ИП индикатор пилота 驾驶指示器，操纵指示器

ИП индикатор потока 流量指示器

ИП индикатор потребителя 用户标示

ИП инерционный предохранитель 惯性保险器

ИП интернет протокол 因特网协议

ИП интернетовские посиделки 因特网语音聊天（中继）

ИП инфопоследовательность 信息程序

ИП информационная производительность 信息流量

ИП информационная процедура 信息过程

ИП информационное поражение 信息毁伤

ИП информационный поток 信息量，信息流

ИП информационный процесс 信息流程

ИП информационный пункт 信息点，信息站

ИП искатель повреждений 故障寻找器

ИП исполнительный привод 执行传动机构

ИП исполнительный пункт 执行端，执行点

ИП испытательный полигон 实验场，实验区，

实验靶场

ИП истинный пеленг 真方位

ИП истоковый повторитель 源跟随器，源转发器

ИП источник помехи 噪声源

ИП источник питания 供电电源

ИП источник питания электроэнергии 电源

ИП источник помех 干扰源

ИП истребитель с пушкой 机关炮歼击机

ИП истребительный полк 歼击机团，战斗机团

ИП исходная позиция 出发阵地，出发位置

ИП исходное положение 出发地位，出发位置

ИП исходный пункт 出发点

ИП исчезновение порядка 次序消失

ИП-12 М измеритель помех, модернизированный 改进型干扰测定器

ИПА изолирующий подводный аппарат 隔绝式潜水具

ИПА импульс питания для автогенератора 自动电源供电脉冲

ИПА-3 тип индивидуального плавательного (подводного аппарата) 单人潜水具

ИПАР имитатор приводной аэродромной радиостанции 机场无线台导航模拟台

ИПАР индикатор приводной аэродромной радиостанции 机场引导无线电台显示器

ипб инженерно-позиционной батальон 阵地工程营

ипбр инженерно-понтонная бригада 工程浮桥旅

ИПВ измерительно-пристрелочный взвод 试射测量排

ИПВ инструментальная поправка высотомера 高度表仪表校正量，高度表校正标

ИПВ источник повторных вызовов 重复寻呼源

ИПГ измерительно-преобразовательная головка 测量传感器，测量变换器探头

ИПГБО исследовательская программа по гражданской биологической обороне 国民生化防护研究规划

ИПД инжекционно-пролетный диод 注入渡越时间二极管

ИПЗ измеритель переходного затухания 串音衰耗测试器

ИПИ игра с полной информацией 完全信息博奕

ИПК индивидуальный плавательный комбинезон 个人泅水衣

ИПК исполнительный пункт контроля 检查站

ИПЛ-48 испытательный набор линейной связи 通信线路试验全套设备

ИПМ измеритель проходящей мощности 传输功率测量仪

ИПМ исходная программная модель 源流程模型

ИПМ исходный пункт маршрута 航线起点

ИПМД индексно-последовательный метод доступа （数据库）索引顺序

ИПН исходное положение для наступления 进攻出发位置

ИПН исходный пункт наведения 〈航〉引导起点

ИПО истинный пеленг ориентира 地标真方位

ипозбр инженерно-позиционная бригада 阵地工程旅

ипозр инженерно-позиционная рота 阵地工程连

ИПОИ интервал передачи обратной информации 反馈信息传送间隔

ИПОМ исходный пункт обратного маршрута 〈空〉返航起点

ИПП индивидуальный перевязочный пакет 个人包扎包

ИПП индивидуальный противохимический пакет 个人防化包

ИПП индикатор поиска и пуска 搜索和起动显示器

ипп инженерно-позиционный полк 阵地工程团

ИПП инструкция по производству полетов 飞行细则

ИПП интерфейс прикладного программирования 应用程序接口

ИПП информационно-психологическое противоборство 信息心理对抗

ИПП (-) типы индивидуальных противохимических пакетов 个人防毒药包型号

ИППГ инфекционный полевой подвижной госпиталь 传染病野战流动医院

ИППГ инфекционный полевой подвижный госпиталь 野战移动式传染病医院

ИППИ интервал передачи прямой информации 直接信息传送间隔

ИППК информационно-прицельный приборный комплекс 信息瞄准仪综合体

Ипр импульс привязки 连测脉冲

ИПР индикатор полярного растра 极性光栅显示器

ИПР индикатор прямоугольного растра 直角光栅显示器

ИПР инженерный подводный разведчик 水下工程侦察兵

ИПР истинный пеленг радионавигационной точки 无线电导航点真方位

ИПР истинный пеленг радиостанции 无线电台方位

ИПРЛУ исполнительный прибор радиолинейного управления 无线电线路管理执行仪

ИПС изменение потока сообщений 信息流变化

ИПС индивидуальный пакет для спецобработки (для дегазации) 个人专门处理包（消毒用）

ИПС информационно-поисковая система 信息搜索系统

ИПС истинный пеленг самолета 飞机真方位

ИПСА изолирующий подводносухопутный аппарат 水陆两用隔绝式面具

ИПСА индивидуальный плавательный (подводный) спасательный аппарат 单人潜水救生器

ИПСВ измеритель полных сопротивлений волноводный 波导阻抗测定器

ИПСКС использование пропускной способности каналов связи 使用信道通信容量

ИПСП интегральная полупроводниковая схема памяти 半导体集成电路存储器

ИПТА истребительно-противотанковая артиллерия 反坦克歼击炮兵

иптаб истребительная противотанковая артиллерийская батарея 反坦克歼击炮兵连

иптаб истребительно-противотанковый батальон 反坦克歼击营

ИПТАБр истребительная противотанковая артиллерийская бригада 反坦克歼击炮兵旅

иптад истребительно-противотанковая артиллерийская дивизия 反坦克歼击炮兵师

иптад истребительно-противотанковый артиллерийский дивизион 反坦克歼击炮兵营

иптап истребительно-противотанковый артиллерийский полк 反坦克歼击炮团

иптбатр истребительно-противотанковая батарея 反坦克歼击炮连

ИПТО истребительно-противотанковое орудие 反坦克歼击炮

иптп истребительный противотанковый полк 反坦克歼击团

ИПУ истинный путевой угол 真航迹角

ИПУ интегрированный пульт управления 综合操纵台

ИПУС индикация под уровнем сведения 下层信息指示

ИПФ индуцированная примесная фотопроводимость 杂质感应光电导

ИПФ интерференционно-поляризованный фильтр 极化干扰滤波器

ИПХЗ индивидуальная противохимическая защита 个人化学防护

ИПЦ индикатор подвижных целей 活动目标显示器

ИПЯ информационно-поисковый язык 信息检索语言，情报检索语言

ИР излучательная рекомбинация 辐射复合

ИР импульс разрешения 允许脉冲

ИР импульсное реле 脉冲继电器

ИР индексный регистр 索引寄存器

ИР индикатор резонанса 谐振指示器

ИР инерционный размыкатель 惯性断路器

ИР инженерно-технический работник 工程技术人员

ИР исключающее реле 清除继电器

ИР исполнительное реле 执行继电器

ИР испытатель радиоламп 电子管测试员

ИР исследовательский реактор 研究用反应堆

ИР исходный рубеж 出发地域

ИРБ инженерно-ремонтная база 工程修理基地

ИРБД изоляция района боевых действий 隔离作战区

ИРВ инженерно-разведывательный взвод 工程侦察排

ИРГ инженерно-разведывательная группа 工程侦察组

ИРГ информационно-расчетная группа 信息－计算小组

ИРГК инженерный резерв главного командования 统帅部工程兵预备队

ИРД изотопный ракетный двигатель 同位素导弹发动机

ИРД инженерный разведывательный дозор 工程侦察巡逻

ИРД исходный район десантирования 登陆出发地域

иремб инженерный ремонтный батальон 工程修理营

иремр инженерно-ремонтная рота 工程修理连

ирзаг инженерная рота заграждения 设障工程连

ИРИ избирательное распределение информации 信息选择性分布

ИРИ институт радиоинженеров 无线电工程师学会

ИРИ источник радиоизлучения 无线电辐射源

ИРК инструментораздаточная кладовая 工具发放库

ИРК испытатель радиокомпаса 无线电罗盘试验器

ИРКУ истинный радиокурсовой угол 真无线电航角

ИРМ инженерная ремонтная мастерская 工程修理车间

ИРН источник регулируемого напряжения 可调电压电源

ИРО инструкционно-ревизионный отдел 检查指导处

ИРОПУ инженерная рота оборудования пунктов управления 控制站设备工程连

ИРП информационный регистр памяти 信息存储寄存器

ИРП исскуственные радиационные поясы 人造辐射带

ИРП истинный радиопеленг 无线电真方位

ИРПА институт радиовещательного приема и акустики 无线电广播收音和声学研究所

ИРПР интерфейс радиальный параллельный 径向并联接口

ИРПС интерфейс радиальный последовательный 径向串联接口

ирпу инженерная рота пункта управления 指挥所工程连

ирр инженерно-разведывательная рота 工程侦察连

irразг инженерная рота разграждения 排障工程连

ИРРЦ информационный радиоразведывательный центр 无线电侦察情报中心

ИРС инженерно-ракетная служба 火箭工程勤务

ИРС информационно-расчетная система 信息计算系统

ирсм инженерная рота специального минирования 特种地雷布设工程连

ирум инженерная рота управляемого минирования 可控布雷工程连

ИРЧ инженерная разведка части 部队工程侦察

ИРЭ Институт радиотехники и электроники 无线电技术及电子学研究所

ирэр инженерная ремонтно-эвакуационная рота 工程修理后送连

ИС «Иосиф Сталин» тяжелый танк “斯大林”重型坦克

ИС известительное сообщение 通报

ИС измеритель сопротивления 电阻测量器

ИС измерительная система 测量系统

ИС изолирующий состав 防锈剂

ИС импульс сборса 消除脉冲

ИС импульс сдвига 移位脉冲

ИС импульс синхронизации 同步脉冲

ИС импульс строя 行脉冲

ИС импульс считывания 读数脉冲

ИС индикатор сети 网络标示

ИС индикатор сигнала 信号显示器

ИС инерционное сопровождение 惯性跟踪

ИС инженерная служба (войск) 工程部门

ИС инженерный склад 工程仓库

ИС интеллектуальная сеть 智能网

ИС информационная система 信息系统

ИС информационная среда 信息环境

ИС информационный сигнал 制导信号

ИС искусственный спутник 人造卫星

ИС испытательная станция 试验所，试验站

ИС испытательный сигнал 试验信号

ИС источник сигнала 信号源

ИС источник сигналов низкой частоты 低频信号源

ИС истребитель спутников 〈航〉反卫星武器

ИС исходящая станция 发送站，发信台

ИС (-) типы тяжелых танков 重型坦克型号

ИСА индивидуально-спасательный аппарат 单个救生器

ИСА интегрирующий счетчик ампер-часов 积分安培小时计

исапб инженерно-саперный батальон 工程工兵营

исапв инженерно-саперный взвод 工程工兵排

исапр инженерно-саперная рота 工程工兵连

ИСАФ (ISAF) международные силы по поддержанию мира и стабильности в Афганистане 阿富汗国际安全援助部队

исб инженерно-строительный батальон 工程建筑营

ИСБи импульс сбоя информации 信息中断脉冲

ИСБР инженерно-саперная бригада 工程工兵旅

ИСЗ искусственный спутник Земли 人造地球卫星

ИСЗОС импульсная система с задержанной обратной связью 延迟反馈脉冲系统

ИСИБ интегрированная система информации 信息安全联机系统

ИсК испытательная кнопка 测试按钮

ИСКОМЗАП Исполнительный комитет Западного фронта 西方面军执行委员会

Искомоф исполнительный комитет офицеров 军官执行委员会

ИСЛ искусственный спутник Луны 人造月球卫星

ИСМ искусственные и синтетические материалы 人造和合成材料

ИСМ искусственный спутник Марса 人造火星卫星

ИСН импульсный стабилизатор напряжения 脉冲稳压器

ИСН инерциальная система наведения (управляемого снаряда) （导弹）惯性导引系统

ИСНН измерение интенсивности свечения ночного неба 夜天光强度测定

ИСО индикатор секторного обзора 扇形扫描指示器

ИСО Инженерно-саперный отряд 工程工兵队

исо Инжернерно-саперное отделение 工程工兵班

ИСОБЗ интеллектуальная система на основе базы знаний 基于知识库的人工智能系统

ИСП изолирующее снаряжение подводника 潜水艇海员隔离装置

ИСП импульсный световой прибор 脉冲式发光器

ИСП импульсный случайный процесс 脉冲随机过程

ИСП инженерно-саперный полк 工程工兵团

ИСП инструментальная система посадки (самолета) （飞机）仪表着陆系统

ИСП источник стабилизированного питания 稳定电源

ИСПРАВ. исправность 完好，良好

ИСС искусственный спутник связи 人造通信卫星

ИСС искусственный спутник Солнца 人造太阳卫星

ИСТ источник 源；电源

И

истп инженерно-строительный полк 工程建筑团

истр инженерно-строительная рота 工程建筑连

истрбр инженерно-строительная бригада 工程建筑旅

ИСУ инерциальная система управления 惯性制导系统

ИСУ-122 самоходная установка с орудием 122 毫米自行火炮

исх. исходный 出发的，发端的；起初的，原来的

ИТ идеальный трансформатор 理想变压器

ИТ избирательное травление 选择腐蚀

ИТ измерительная тележка 测试车

ИТ индекс токсичности 毒性指数，毒性标志

ИТ информационные технологии 信息技术

ИТ испытательный телефон 试验电话

ИТ источник тока 电流源，电源

итас инженерно-техническая академия связи 通信工程技术学院

итб инженерно-технический батальон 工程技术营

итб инженерно-траловый батальон 工程扫雷营

ИТВ инженерно-технические войска 技术工程兵

ИТД индикатор точной дальности 精确距离显示器

итехр инженерно-техническая рота 技术工程连

ИТК исправительно-трудовая колония 劳动改造营

ИТКС информационные телекоммуникационные космические системы 空间信息通信系统

ИТМ ГО инженерно-технические мероприятия гражданской обороны 民防工程技术措施

ИТМ инженерно-техническое мероприятие 工程技术措施

ИТМ испытатель телефонных микрофонов 电话送话器试验员

ИТН исходная точка наведения 引导起点

ИТП инженерно-техническая поддержка 工程技术支援

ИТР импульсный трансформатор 脉冲变压器

ИТР инженер технической работы 工程技术师

ИТР иностранная техническая разведка 外国技术侦察

итралр инженерно-траловая рота 工程扫雷连

ИТС измеритель телеграфных сигналов 电报信号测定器

ИТС импульсная телевизионная система 脉冲电视系统

ИТС инженерно-танковая служба 坦克工程勤务

ИТС инженерно-техническая служба 技术工程部门

ИТС инспектор таможенной службы 海关检查员

ИТС информационно-техническая система 信息技术系统

ИТС информационно-технический сборник 技术情报汇编

ИТС инженерно-технический состав 工程技术人员

ИТСБ инженерно-технические средства безопасности 工程技术安全器材

ИТСБ интегрированная система безопасности 综合安全系统

ИТСО инженерно-технические средства охраны 工程技术防护器材

ИТСО Международная организация спутниковой связи 国际卫星通信组织

ИТУ индивидуальный тональный усилитель 单音频增音器

ИТУ инженерно-техническое училище 工程技术学校

ИТУ информационно-технологический участок 信息技术区，信息技术工作区

ИТУ исправительно-трудовое учреждение 劳动改造机关

ИТХ измеритель телевизионных характеристик 电视性能测量仪

ИТЦ индикатор точного целеуказания 精确目标指示显示器

ИУ инерционный ударник 惯性击针座，惯性活机；惯性撞击体；（鱼雷）惯性击发器

ИУ излучающее устройство 辐射装置

ИУ измеритель уровня 电平测量器

ИУ измерительное устройство 测量装置

ИУ импульс управления 控制脉冲

ИУ импульсное устройство 脉冲设备

ИУ импульсный усилитель 脉冲放大器

ИУ инвертирующий усилитель 反转放大器

ИУ индикатор уровня 电平指示器

ИУ исполнительное устройство 执行装置

ИУ исполнительный усилитель 执行放大器

ИУК истинный угол карты 地图真角

ИУС информационно-управляющая система 信息管理系统

ИУУ избирательный указатель уровня 电平选择标志，电平选择指示器，电平选择指标

ИУУ интеллектуальный управляющий узел 智控枢纽

ИУЧ источник управляющих частот 可控频率源

ИФ имитационный фугас 模拟地雷

ИФ интегрирующий фильтр 积分滤波器

ИФ интерференционный светофильтр 干涉滤光器

ИФ инфракрасная фотография 红外照相

ИФАЧ импульсно-фазовая автоподстройка частоты 脉冲－相位自动频率控制

ИФДВ временный импульсно-фазовый детектор 时间脉冲相位检波器

ИФК искажающий фазовый корректор 畸变相位矫正器

ИФК-50 газоразрядная импульсная лампа 脉冲放电管型号

ИФМ импульсно-фазовая модуляция 脉冲相位调制

ИФТ тип миноискателя, тип фотометра 探雷器型号，光度计型号

ИХ импульсная характеристика 脉冲特性

ИЦ имитатор цели 标模拟器

ИЦ интегрирующая цепь 积分电路

ИЦ испытательный центр 试验中心

ИЦП индикатор с цифровой памятью 数字记忆显示器，数字存储指示器

ИЦСС интегральная цифровая сеть связи 集成数字通信网

ИЦСС интегральная цифровая система связи 一体化数字通信系统

ИЧ измеритель частоты 频率测量计

ИЧК интерфейс «человек-компьютер» “人机”交互界面

ИЧМ индикатор частотной модуляции 频率指示器

ИЧТ информация чтения 读出信息

ИЧХ измеритель частотной характеристики 频率特性测试仪

ИЧХ измеритель частотных характеристик 频率特性测量计

ИШВ инженерно-штурмовой взвод 工程突击排

ИШК исходящий шнуровой комплект 去活塞绳装置

Ишо инженерно-штурмовое отделение 工程突击班

ИШОН интерфейсная шина общего назначения 公用接口总线

ИШР инженерно-штурмовая рота 工程突击连

ИЭ импульсный элемент 脉冲器材

ИЭ индикатор электронный 电子指示器

ИЭ инерционный элемент 惯性元件

ИЭ инструкция по эксплуатации 使用细则

ИЭ источник энергии 能源

ИЭ истребительная эскадрилья 歼击机大队

ИЭ марка электрокабеля 电缆（线）商标

ИЭГ инфекционный эвакуационный госпиталь 传染病后送医院

ИЭК Источник энергии катапультирования 弹射能源

ИЭМП импульсное электромагнитное поле 脉冲电磁场

ИЭС источник энергии силовой 电信号源

ИЭУ изотопная энергетическая установка 同位动力装置

ИЭУМ институт электронных управляющих машин 电子控制器研究所

И

ИЭЭ источник электроэнергии 电源，供电电源

ИЭЭ ОВН источник электроэнергии общевойскового назначения 诸兵种合成部队供电电源

К

К – Камов Н. И. (в маркировке вертолетов) 卡（指卡莫夫设计的直升飞机型号）

К «Караул» Отметка в листе нарядов по кораблю “卫兵”(舰上值班注记)；卫兵，卫兵队，卫兵室

К ВЦ координационно-вычислительный центр 协调计算中心

К градус Кельвина 开氏度数（绝对温标）

К Ди командир дивизии (кораблей) （舰队的）总队长

К заземление “接地，地线”

К кабель 电缆

К кавалерия 骑兵

К карабин 卡宾枪；弹簧钩

К карбюратор 汽化器

К катод 阴极

К кипрегель 平板仪，测角仪，远镜照准仪

К ключ 电键，开关；扳手

К кнопка 钮，按钮；图钉，扣钉

К колонна 柱；塔；行列

К командир 指挥员，长

К командир (на схемах и условных знаках) 指挥员（图表上标注用）

К командующий 司令员

К комендант （卫戍、警备、城防、要塞等的）司令，警卫长，军事代表；管理主任

К комендантский пост 交通警备哨

К коммутатор 交换机

К компас 罗盘，指南针；罗经

К контакт 接触，联系，触点

К корпусной 军的

К космонавт 宇航天员

К коэффициент переноса огня 〈炮〉转移火力系数

К коэффициент химического заражения 化学沾染系数

К кран 吊车，起重机

К крепость 要塞

К крупнокалиберный 大口径的

к крупный 大的

К курс 航线，航向；年级，学年；课程，教程；行市，汇价

к кюри 居里（放射单位）

К НИИАТ Научно-исследовательский институт авиационной технологии 航空工艺科学研究所

К ПВО корпус ПВО 防空兵军

К подводная лодка «Крейсерская»; серия подводных лодок «Крейсерская» 巡洋号潜艇；巡洋号潜艇系列

к. – адм. контр-адмирал 海军少将

к. Комиссар 政治委员

к. комиссия 委员会

к. в. н. Кандидат военных наук 军事科学副博士

к.В. камера Вильсона 威尔逊云雾室

к.е.о. КЕО коэффициент естественного освещения 天然采光系数，天然照明系数

к.з. короткое замыкание 短路

к.-з. короткозамкнутый 短路的

К.Р.С. координатно-расточный станок 坐标镗床

к/г кулон на грамм 库仑 / 克

к/с контрактная служба 合同兵役（军人）

К/У контрудар 反突击

к/ч километр в час 公里 / 小时

К-1 орудийный коллиматор 炮瞄准镜型号

К1(-) типы рефлекторов для противорадиолокационной маскировки 反雷达伪装用反射器型号（例如：К1-100, К1-200）

К142-Т 342 тормозное колесо в самолете 飞机刹车机轮型号

К-175 тип мотоцикла 摩托车型号

К2Д командир 2 дивизиона (кораблей) （舰艇）第二大队大队长

"К-3, К-7" типы полевых душевых установок 野战淋浴汽车型号

К-32 тип автокрана 起重（汽）车型号

К-52 тип подводной лодки 潜艇型号

К-61 тип гусеничного плавающего транспортера 履带式水陆两用输送车型号

К-8Т коллиматор 瞄准镜型号

КА кабина аппаратная 仪器舱

ка килоампер 千安

КА командующий армией 集团军司令员

КА компасный азимут 天体罗经方位角

КА компасный азимут светила 天体罗盘方位角（海军用语）

КА конечный автомат 终端自动装置，有限自动机

КА конная армия 骑兵集团军

КА корректировочная авиация 校射航空兵

КА корреляционный анализатор 相关分析器

КА космический аппарат 航天器

КА кран автомобильный 汽车式起重机，如 КА10

КА Краснознаменная армия 红旗集团军

КА 5149-3 тип командо-контроллера 〈海〉中枢控制器型号

КАА командующий артиллерией армии 集团军炮兵司令员

КАБ кассетная авиационная бомба 集束航空炸弹

КАБ кислородная аппаратура бортовая 机上氧气设备

КАБ кислородная арматура, бортовая 机上氧气系统附件

КАБ кислородный аппарат бортовой （机、舰、车载）氧气装置

КАБ корректируемая авиационная бомба 校正航空炸弹

КАБ корректируемый авиационный боеприпас 可校正的航空弹药

КАБр командующий артиллерией бригады 旅炮兵司令员

кабр корпусная артиллерийская бригада 军炮兵旅

КАВ континентальный арктический воздух 北极大陆空气

КАВ коробка автономного включения 自动接线盒

кав. кавалерийский 骑兵的

Кавбригада кавалерийская бригада 骑兵旅

кавдив кавалерийский дивизион 骑兵营

кавдизия кавалерийская дивизия 骑兵师

кавкорпус кавалерийский корпус 骑兵军

КавМОР кавказский морской оборонительный район 高加索海防区

кавполк кавалерийский полк 骑兵团

кавсоединение кавалерийское соединение 骑兵兵团

Кавторанг капитан второго ранга 海军中校

кавтс автомобильный склад корпуса 军汽车库

КАГ командир авиационной группы 航空兵群指挥员

КАГ корпусная артиллерийская группа 军炮兵群

КАД командующий артиллерией дивизии 师炮兵司令员

кад конно-артиллерийский дивизион 骑兵炮兵营

КАДД клапан-автомат двойного действия 双向自动阀，双向自动活门

КАДН командир артиллерийского дивизиона 炮兵营长

КАЗ комплекс активной защиты （坦克的）主动防护系统

КАЗ. казарма 营房，兵营

КазБриг Казахстанская миротворческая бригада 哈萨克斯坦维和旅

КАИ Казанский авиационный институт 喀山航空学院

КАИ Куйбывшевский авиационный институт 古比雪夫航空专科学院

КАИ(-) типы планеров конструкции Казанского авиационного института 喀山航空研究所设计的滑翔机型号（例如：КАИ-10, КАИ-11, КАИ-12）

КаИМ катер-искатель мин 水雷探寻艇

КАИС комплексная автоматизированная информационная система 综合自动化信息系统

КАК командующий артиллерией корпуса 军炮兵司令员

КАК коэффициент активности канала 信道活动性系数，信道开通率，信道使用率

Кал килокалория 千卡

кал малая калория 小卡（路里），卡（热量单位）

КАЛИН.ФР калининский фронт 加里宁方面军

КАМ квадратно-амплитудная модуляция 平方律调幅

КамАЗ камский автомобильный завод 卡马斯汽车厂

Кан. канал 信道，电路

канал ПД канал передачи данных 数据传输信道，数传电路

КАО комплекс аэродромного оборудования 全套机场设备

КАО корпусной авиационный отряд 军航空队

КАО корректирование артиллерийского огня 炮兵射击校正

КАП командир артиллерийского полка 炮兵团团长

КАП комбинированный автомат парашютный 降落伞组合自动开关

кап конно-артиллерийский полк 骑兵炮兵团

кап корпусной авиационный полк 军航空兵团

кап корпусной артиллерийский полк 军炮兵团

КАП креновый автопилот 自动驾驶倾斜仪

КАП, кап Краснознаменный авиационный полк 红旗航空兵团

КАП. капитан 大尉，船长

кап. -л. капитан-лейтенант 海军大尉

кап.1р капитан первого ранга 海军上校

КАП-3м парашютный прибор 降落伞仪表

Капдва капитан второго ранга 【俚】海军中校

капремонт капитальный ремонт 大修

КАПУ Киевское артиллерийское подготовительное училище 基辅炮兵武备学校

КАР корпусной артиллерийский резерв 军炮兵预备队

КАР. караул 哨兵

карбат караульный батальон 警卫营

КАрД командир артиллерийской дивизии 炮兵师师长

КАРМ корпусная артиллерийская ремонтная мастерская 军炮兵修械所

карнач караульный начальник, качальник караула 卫兵队长

карпом караульное помещение 卫兵室

каррота караульная рота 警卫连

КАС канал автоматического сопровождения 自动跟踪通道

КАС кассетный артиллерийский снаряд 子母炮弹

КАС катер санитарный 卫生艇，医务艇，救护艇

КАС кислородно-ацетиленовая сварка 氧焊，乙炔氧焊

КАС комплексная аппаратная связь 综合仪器通信

КАС контейнер авиационный спасательный 航空救生舱

КАС контрольно-аварийная система 应急检测系统

КАС корабельное авианосное соединение 航母舰艇编队

КАС коробка автоматической стрельбы 自动射击盒

КАС круговой артиллерийский счислитель 炮兵环形计算器

КАС крылатый аппарат-спасатель 带翼救生器

касв катер связи 联络艇，交通艇

КАСО комплекс аварийно-спасательного оборудования 应急救生设备

КАСО комплексная автоматизированная система обеспечения 综合自动化系统

КАСП-ф Каспийская Флотилия 里海区舰队

КАСС коммутатор автоматики и связи 自耦变压器

КАСС коммутатор автоматики и связи, станционный 固定自动化与通信交换台

КАСУ корабельная автоматизированная система управления 舰载自动化指挥系统

КАСУ корабельная аппаратура системы управления 舰载指挥系统设备

КАСУ ССиНМП комплексная автоматизированная система управления службой скорой и неотложной медицинской помощи 综合急救自动指挥系统

КАТ кабельный автотрансформатор 电缆自耦变压器

КАТ комитет по авиатехнике 航空技术委员会

КАТП комплексная автоматизация технологического процесса 工艺过程综合自动化

КАТС корабельная автоматическая телефонная станция 舰艇自动电话站

КАТЩ катерный тральщик 扫雷艇

КАУ Коломенское артиллерийское училище 科洛姆纳炮兵学校

КАФ коробка автоматического форсажа 自动加力舱，自动加力箱

КАФ Краснознаменная Амурская Флотилия 红旗阿穆尔舰队

КАФ(-) коробка автоматики форсажа （喷气式发动机）自动加速盒

КАЦ катер-цель 靶船，靶艇

КАЭ книжка для записи аэрологических наблюдений 高空气象观测记录簿

КАЭ комитет по атомной энергии 核能委员会

КАЭ корпусная авиаэскадрилья 军航空兵大队

КБ конструкторское бюро арсенала 军火设计局

КБ керосиновый баллон 煤油瓶

КБ килобайт 千比特

КБ кипрегель большой 大型平板仪，大型远镜照准仪

КБ кислородный баллон 氧气瓶

КБ клеточная батарея 干电池

КБ командир батальона 营长

КБ командир батареи 炮兵连连长

КБ командир бригады (кораблей) （舰艇）支队长

КБ компьютерная безопасность 计算机安全

КБ конденсатор бумажный 纸介电容器

КБ конструкторское бюро 设计局

КБ крекинг-бензин 裂化汽油

КБ тип контактной якорной мины 触发锚（定水）雷型号

КБ АТО Конструкторское бюро автотранспортного оборудования 汽车运输设备设计局

КБ-16 кран башенный 塔式起重机型号

КБ-22 консервативная бумага (для чистки трана-томета) 防锈纸，封存纸（擦拭火箭筒用）

КБА курс береговой артиллерии 海岸炮兵教程

КБАП Краснознаменный бомбардировочный авиационный полк 红旗轰炸航空兵团

КББ контрбатарейная борьба 反炮兵战

КБВ коэффициент бегущей волны 行波系数

КБГ конденсатор бумажный герметический 密封纸介电容器

КБГ контрбатарейная группа 反炮兵群

КБГ коэффициент боевой готовности 战斗准备程度系数

КБГЦ конденсатор бумажный герметизированный цепной 密封纸介电路电容器

КБГЧ контейнерная боевая головная часть 集束战斗部

КБЗ катер-бензозаправщик 汽油加油艇

КБМ командир боевой машины 战车车长

КБМ конструкторское бюро машиностроения 机器制造设计所（负责高技术装备研制）

КБМП кадровый батальон морской пеходы 基干海军陆战营

КБН кассетный бортовой накопитель 黑匣子，机载记录仪

КБН коммутатор буферных накопителей 缓冲存储器转换器

КБН контроль безопасности 安全检查

КБП Комплексный блок питания 综合电源组合

КБП конструкторское бюро приборостроения, г. Тула 图拉仪器仪表制造设计所

КБП контроль безопасного полета 安全飞行检查

КБП курс боевой подготовки 作战训练教程

КБПБТиМВ курс боевой подготовки бронетанковых и механизированных войск 装甲兵战斗训练教程

КБПЗПрВМФ курс боевой подготовки зенитно-прожекторных подразделений частей ПВО ВМФ 海军防空探照灯分队战斗训练教程

КБПИА курс боевой подготовки истребительной авиации 歼击航空兵战斗训练教程

КБПК каспийская бригада пограничных кораблей 里海边防舰支队

К

КБПСВ курс боевой подготовки стрелковых войск 步兵战斗训练教程

КБР корабельный боевой расчет 舰艇战斗编组，舰艇战勤班

КБС комплексная база снабжения 综合供应基地

Кбт кабельтов 链（海上长度单位，等于 185.2 米）；大缆

КБТ Корпус борьбы с терроризмом 反恐军

КБТ крупнокалиберная баллистическая трасса 大口径弹迹

КБТО Конвенции о запрещении разработки, производства и накопления бактериологического и токсинного оружия и о его уничтожении 禁止研究、生产和储存细菌和有毒武器及其销毁公约

КБУ кабина боевого управления 战斗指挥室

КБУ корабельные боевые учения 舰艇战斗演习

КБФ командование Балтийским флотом 波罗的海舰队司令部

КБФ командующий Балтийским флотом 波罗的海舰队司令员

КБФ Краснознаменный Балтийский флот 红旗波罗的海舰队

КБЧ кассетная боевая часть 子母式战斗部，集束式弹头，多弹头

КБЧ командир боевой части 战斗部位长

КБЭ кассетные боевые элементы 吊舱战斗单元

КВ кабель высоковольтный 高压电缆

Кв капсюль-воспламенитель 火帽，底火

КВ капсюльная втулка 底火；（炸弹的）雷管衬管

КВ квитанция (телеграф) （电报）回执

кв киловольт 千伏

КВ кислородный вентиль 氧气开关

КВ клапан вытеснения 排水阀；（鱼雷）送气阀

КВ коаксиальная вставка 同轴插线

КВ команда выздоравливающих (в госпитале) （军队医院的）康复队

КВ командир взвода 排长

КВ комендантский взвод 警备排

КВ компенсационный выпрямитель 补偿整流器

КВ контакт вращения 旋转接点

КВ контактный взрыватель 触发引信

КВ концевой выключатель 终点开关，极限开关；终点电门，极限电门

КВ короткие волны 短波

КВ коротковолновый 短波的

КВ коротковолновый радиопередатчик 短波无线电发射机

КВ корректор высотный 高空校正器

КВ космические войска 太空兵，航天兵

КВ космические вооружения 太空武器装备

КВ коэффициент воспроизводства 重现因数，再生因数

КВ тип специальной смазки (зимней) для оружия （冬用）武器特种润滑油

кв. км квадратный километр 平方公里，平方千米

кв. м квадратный метр 平方米

кв. мм квадратный миллиметр 平方毫米

кв. см квадратный сантиметр 平方厘米

КВ-2, КВ-3 типы канавокопателя отвального (прицепного) 牵引式排土挖壕机型号

КВ-22 марка бумаги для чистки гранатомета 擦拭火箭筒纸牌号

КВ-6-2А кнопочные выключатель (в приборах самолетов) 〈空〉飞机仪表按扭开关

КВА конечный вероятностный автомат 有限概率自动机

кв-а киловольт-ампер 千伏安

КВАИ Краснодарский военный авиационный институт 克拉斯诺达尔军事航空专科学院

КВАИУ Киевское высшее ордена Ленина Краснознаменное артиллерийское училище имени Кирова 基辅红旗列宁基洛夫炮兵学校

КВАКУ Коломенское военное артиллерийское командное училище 科洛姆纳炮兵军事指挥学校

КВАТУ Курганское высшее авиационно-техническое училище 库尔干高等航空技术学校

ква-ч киловольт-ампер-час 千瓦时，度

КВВ компьютерно-вирусное воздействие 计算机病毒作用，计算机病毒影响

КВВ1/5А марка судового водяного котла 船用

К

水锅炉型号

КВВА Краснознаменная военно-воздушная академия 红旗空军学院

КВВАИУ Киевское высшее военное авиационное инженерное училище 基辅高等军事航空工程学校

КВВАУЛ Качинское высшее военно-авиационное Краснознаменное училище имени А.Ф.Мясникова 卡奇雷红旗米亚斯尼科夫高等军事航空学校

КВВИДКУС Киевское высшее военное Дважды Краснознаменное инженерное училище связи имени М. И. Калинина 基辅两次红旗勋章加里宁高等军事通讯工程学校

КВВКИУ Казанское высшее военное командно-инженерное училище 喀山高等军事工程指挥学校

КВВКУ Краснодарское высшее военное командное училище 克拉斯诺达尔高等军事指挥学校

КВВКУС Кемеровское высшее военное командное училище связи 克麦罗沃高等军事通信指挥学校

КВВМКУ Каспийское высшее военно-морское Краснознаменное училище имени С. М. Кирова 红旗勋章里海基洛夫高等海军学校

КВВМУ Калининградское высшее военно-морское училище 加里宁格勒高等海军学校

КВВСФ командующий Военно -Воздушными силами Военно-Морского флота 海军航空兵司令员

КВВУХЗ Костромское высшее военное училище химической защиты 科斯特罗马高等军事防化学校

квг киловатт 千瓦（特）

КВГ клинический военный госпиталь 军队临床医院

КВГ командование войск готовности (США)（美国）预备队司令部

КВД камера высокого давления 高压室

КВД комитет военных действий 军事行动委员会

КВД компрессор высокого давления 高压压缩机

КВД координация военных действий 协调军事行动

КВЗ Казанский вертолетный завод 喀山直升机厂

КВЗ командир взвода зенитных пулеметов 高射机枪排排长

КВЗ комитет военных заказов 军事订货委员会

КВИ компьютерные военные игры 机上推演，计算机推演

КВИ корректор временных искажений 瞬时失真校正器

КВИ ФПС Калининградский военный институт Федеральной пограничной службы 联邦边防局加里宁格勒军事专科学院

КВИАВУ Киевское высшее инженерно-авиационное военное училище Военно-Воздушных сил 空军基辅高等军事航空工程学校

КВИКУ Калининградское военно -инженерное ордена Ленина Краснознаменное училище имени А.А.Жданова 加里宁格勒列宁红旗日丹诺夫军事工程学校

КВИРТУ ПВО Киевское высшее инженерное радиотехническое училище ПВО 防空军基辅高等无线电技术工程学校

КВИФКС Краснознаменный военный институт физической культуры и спорта 红旗军事体育专科学院

КВИЭП конференция по вопросам исследований электронных приборов 电子器件研究学术会议

КВК кабина вычислительного комплекса 计算设备舱

КВК коэффициент внутренней конверсии 内转换系数

КВК краевой военный комиссариат 边疆区军事委员会

КВ-КН тип аэростатов заграждения (ПВО) 防空拦阻气球型号

КВКО Командование воздушно-космической обороны （北美）空天防御司令部

КВЛ конструктивная ватерлиния 设计水线

К

КВЛ корпусной ветеринарный лазарет 军属兽医院

КВМ капсюльная втулка миномета 迫击炮弹底火

КВМ координационная вычислительная машина 坐标计算机

КВМ(-) тип радиоприемника для приема сигналов от радиозондов атмосферы 无线电探空仪信号接收机型号

КВМБ командир военно-морской базы 海军基地指挥员

КВМБ Кронштадская военно-морская база 喀琅施塔得海军基地

КВМС командующий Военно-Морскими Силами 海军司令员（外军）

КВМФ командующий военно -морским флотом 海军司令员

КВН команда воздушных сил 空军小分队

КВН корабль воздушного наблюдения 空中观察飞船

КВНП контрольно-выносной пункт 前出检查站

КВНП корабельный выносной наблюдательный пост 军舰前方观察部位

КВО кабина вспомогательного оборудования 辅助设备舱

КВО координатно-временное обеспечение воздушного движения и космических полетов 空中交通和太空飞行时间与坐标保障

КВО котельное вспомогательное оборудование 锅炉辅助设备

КВО круговое вероятное отклонение(ошибка) 圆概率误差

к-во кол-во количество 数量

КВОТУ Камышинское военное строительно-техническое училище 卡梅申军事建筑技术学校

КВП коды с высокой плотностью 高密度码

КВП командир воздушного патруля 空中巡逻队长

КВП командование воинских перевозок (сухопутных войск США) （美国陆军）军事运输司令部

КВП командование воздушных перебросок 空中投送司令部

КВП комплекс выстреливаемых помех 干扰发射器

КВП конвейер возврата поддонов 底盘回复传送带

КВП контроль воздушного пространства 空域监督

КВП корабль на воздушной подушке 气垫船，气垫舰

КВП короткие взлет и посадка 短距起飞和着陆

КВП коротковолновой передатчик 短波发射机

КВП коротковолновые помехи 短波干扰

КВП корпусной военный прокурор 军法检察官

КВПГ кожно-венерический полевой госпиталь 皮肤性病野战医院

КВПП корабельная взлетно-посадочная площадка 舰上起降平台

КВПП корабельная взлетно-посадочная полоса 舰上起降跑道

КВППГ кожно-венерический полевой подвижной госпиталь 皮肤性病野战流动医院

КВР военный комендант выгрузочного района 卸载区军事代表

КВР Д комбинированные воздушно-реактивные двигатели 组合式空气喷气发动机

КВР капитальный восстановительный ремонт 大翻修

КВР комендатура выгрузочного района 卸载区军事代表办事处

КВР Космические войска России 【复】俄罗斯航天兵

квр/ст коротковолновая радиостанция 短波无线电台

КВРГ тип кабеля 电缆型号

КВРД комбинированный воздушно-реактивный двигатель (ВРДК) 组合式空气喷气发动机

КВРД компрессорный воздушно -реактивный двигатель 〈空〉压缩式空气喷气发动机

КВС командир взвода связи 通信排排长

КВС компенсатор выпадения сигнала 信号降低补偿器

КВС компрессорная водолазная станция 压缩空气潜水装置

КВС координация военного сотрудничества 协调军事合作

КВС коробка выдачи сигналов 信号分配盒

КВС котел вспомогательный судовой 辅助船用锅炉

КВС кратковременная стоянка 短期停放用停机坪

КВС кустовая вычислительная система 多重计算系统

КВСБ коробка вариантов сброса бомб 〈空〉投弹控制箱

КВТ корпус военных топографов 军事地形测绘队

КВТ курс вождения танков 坦克驾驶教程

квт-ч киловатт-час 千瓦（特）小时

КВТП Комитет по военно -технической политике 军事技术政策委员会

КВТС Комитет по военно-техническому сотрудничеству 军事技术合作委员会

КВУ командир взвода управления 指挥排排长

КВУ командно-вещательная установка 〈信，海〉广播指挥装置

КВУ контрольно-выпрямительное устройство 可控整流器

КВФ Камчатская военная флотилия 堪察加区舰队

КВФ командующий войсками фронта 方面军司令员

КВЦ Координационно-вычислительный центр 坐标计算中心

КВЭ коаксиальный вывод энергии 同轴电源引线

КВЭЭ коэффициент вторичной электронной эмиссии 二次电子发射系数

КГ казарменный городок 营房区

КГ камеротонный генератор 音叉振荡器

КГ канал глиссады 下滑线波道

КГ квантовый генератор 量子振荡器

КГ кварцевый генератор （石英）晶体振荡器

кг килограмм 千克，公斤

КГ клистронный генератор 速调管振荡器

КГ когерентный гетеродин 相干振荡器

КГ командир группы 群指挥员

КГ комбинационная гармоника 复合谐波

КГ комендант города 城防司令

КГ комендатура гарнизона 卫戍区司令部

КГ конусный громкоговоритель 锥型扬声器

КГ корабли группа 群舰

КГ корпусной госпиталь 军属医院

КГ курсовая горизонтальная обмотка 航向水平线圈（舰艇消磁用）

КГ курсограф 航向记录器

КГ-65 тип роторного траншеекопателя 转轮式挖壕机型号

КГА конно-горная артиллерия 山地骑兵炮兵

КГБ комитет государственной безопасности 国家安全委员会

КГБВ квантовый генератор бегущей волны 行波量子振荡器，行波量子发生器

КГВГ комплект генераторных вторичных групп 二次群振荡器套件

КГГ курсоглиссадная группа 航向下滑机群

КГК керамический герметический конденсатор 密封陶瓷电容器

КГКЧ комплект генераторных контрольных частот 导频振荡器套件，测试频率振荡器套件

кгм/сек килограммометро в секунду 千克米 / 秒

КГМК катерный гиромагнитный компас 艇用回转磁罗经

кгн килогенри 千亨，（电感单位）

КГНУ контактная группа низкого уровня 低电平触点组

КГПВ Калининградская группа пограничных войск 加里宁格勒边防军队集群

КГПГ комплект генераторных первичных групп 一次群振荡系统

КГПД корабельная группировка прикрытия десанта 掩护登陆兵舰艇集团

КГПП командир группы подготовки пуска 发射

К

准备中队长

КГР контур главного реактора 主反应堆回路

КГР кормовой горизонтальный руль 尾水平舵，尾升降舵

КГРА корпусная группа реактивной артиллерии 军火箭炮兵群

КГРМ курсо-глиссадный радиомаяк 〈航〉下滑无线电信标

к-гс килогаусс 千高斯

кгсд Краснознаменная гвардейская стрелковая дивизия 红旗近卫步兵师

КГС-М килограмм-силаметр 千克（力）米

КГСП курсовоглиссадная система посадки 航向下滑着陆系统

КГСП курсо-глиссадная система посадки (самолета) 仪表着陆系统，盲目降落

КГС-С килограмм-силасекунда 千克（力）秒

КГТГ комплект генераторных третичных групп 三次群振荡器套件

кгц килогерц 千兆、千赫

КГЧ космическая головная часть 航天器头部

КД капсюль-детонатор 雷管

КД кассетный держатель 集束炸弹架

КД кодер/декодер 编 / 解码

КД командир дивизии 师长；（舰艇）总队长

КД командир дивизиона （炮兵）营长，（舰艇）大队长

КД компакт диск 光盘

КД конструкторская документация 结构设计文件

КД контрольный датчик 检测传感器

КД (КДУ) кнопка дистанционного управления 远距离操纵钮

КДА конечный детерминированный автомат 有限判定自动机

КДГ корабельная десантная группа 登陆舰艇群

КДЗ катер-дымзавесчик 烟幕施放艇

КДИ конструкторско-доводочные испытания 设计修整试验

КДК канальный декодер 信道解码器

КДК керамический дисковый конденсатор 圆盘形陶瓷电容器

КДК корабельный дегазационный комплект 舰艇消毒药箱

КДМ-46 тип двигателя внутреннего сгорания 内燃（发动）机型号

КДН комплект дальнего набора 长途拨号继电器组

КДО командир десантного отряда 登陆队队长

КДО конденсатор дисковый опорный 标准圆盘形电容器

КДП командно-диспетчерский пункт 指挥调度塔台

КДП командно-дальномерный пост (на корабле) 测距指挥所，指挥测距部位（舰上）

КДП контрольно-диспетчерский пункт 检查调度室

КДПП командно-дальномерный подвижной пост 活动测距指挥所

КДР кодовое реле 指挥调度室

КДС Камандир дежурных смен 值班首长

КДТН комплект дальнего тонального набора 远距离音频拨号装置

КДТК командир дивизиона траляющих кораблей 扫雷艇大队长

КДУ комбинированная двигательная установка 组合发动机（装置）

КДУ корректирующая двигательная установка 姿态校正动力装置

КДФ Краснознаменная Днепровская Флотилия 红旗第聂伯河区舰队

кеб кило-стильб 千熙提

КЕДР «Конструкция Евгения Драгунова» (марка пистолета-пулемета) 克德尔（叶夫根尼·德拉古诺夫设计的冲锋枪牌号）

КЕПООИ конфедерация европейских профессиональных обществ в области информатики 欧洲信息专业协会联盟

КЖУ комендатура на железнодорожном участке 铁路区段军事代表办事处

КЗ «Красная звезда» 《红星报》

КЗ керосинозаправщик 煤油加油车

КЗ колесный замыкатель 车轮开闭器

КЗ командир звена 〈海〉小队长;〈空〉中队长;〈骑〉组长

КЗ коммутаторный зал 交换室

КЗ компьютерные занятия 计算机知识

КЗ контролирующая зона 监视区，控制区

КЗ Красная Звезда《红星报》

КЗ курковый зацеп 扳机栓

КЗ-2, КЗ-4 кумулятивные заряды 空心装药型号

КЗА крупнокалиберная зенитная артиллерия 大口径高射炮

КЗАГ корпусная зенитная артиллерийская группа 军高射炮兵群

КЗГО комплект задающего генераторного оборудования 指定频率振荡器设备套件

КЗИ контрольный зондирующий импульс 检测探测脉冲

КЗИ криптографическая защита информации 信息的密码保护

КЗИ-2 костюм защитный изолирующий 隔离防护衣

КЗО короткозамкнутые обмотки 短路绕组型号

КЗОС каменно-земляное огневое сооружение 土石火力工事

КЗП зеркальный канал приема 镜频接收信道

КЗП координатный закон поражения 坐标毁伤定律

КЗС кислородно-зарядная станция 充氧站

КЗС комплекс защитных сооружений 全套防护工事

КЗС контрольно-замерная станция 检测站

КЗС курсы зенитной стрельбы 对空射击训练班

КЗТ командирская зенитная труба 高射指挥镜

КЗУ кумулятивный заряд удлиненный 空心直列装药

КЗ комбинезон защитный фильтрующий 过滤防毒衣

КЗХО Конвенция о запрещении разработки, производства, накопления и применения химического оружия 禁止研制、生产、使用化学武器公约

КЗЧИП комплект запасных частей, инструментов и принадлежностей 全套备用零件、工具和附件，全套备品

КИ индукционный компас 感应罗盘

КИ кабелеискатель 电缆寻找器

КИ канал изображения 图像通道

КИ канальный интервал 信道间隙

КИ квадратурное искажение 正交失真

КИ кислородный ингалятор 供氧器，氧气吸入器

КИ когерентное излучение 〈无〉相干辐射

КИ колонка излучателей 发射栓

КИ командно-инженерный 指挥工程的

КИ комбинационное излучение 组合式辐射

КИ компас истребителя 歼击机用罗盘

КИ компенсация импульса 补偿脉冲

КИ компьютерное изучение 计算机（操作）学习

КИ конфиденциальная информация 机密信息

КИ-11 тип магнитного (аварийного компаса)（应急）磁罗盘型号（海）

КИА контрольная измерительная аппаратура 检测设备

киап корабельный истребительный авиационный полк 舰载歼击航空兵团

киап Краснознаменный истребительный авиаполк 红旗歼击航空兵团

КИАС комплекс имитации артиллерийской стрельбы 炮兵射击模拟综合体

КИАЭ корабельная истребительная авиационная экскадрилья 舰载歼击航空兵大队

КИВ корабельный измеритель ветра 舰用测风计

КИВВС Киевский институт военно-воздушных сил 基辅空军专科学院

КИГ контрольно-испытательный генератор 检测测试振荡器

КИГ круговая импульсная гребенка 回转动作脉冲器

КИГ крыло изменяемой геометрии 可变机翼

КИГВЧ контроль импульсного генератора высокой частоты 检测高频脉冲发生器

КИД комната информации и досуга (для военнослужащих) 信息与休息室（供军人用）

К

КИД коэффициент ионной диффузии 离子扩散系数

КИК командно-измерительный комплекс (в системе управления космическими полетами) 指令–测量综合体（空间飞行控制系统的组成部分）

КИК контрольно-измерительная колонка 检测塔

КИК корабль измерительного комплекса 测量船

КИЛ когерентно-импульсный локатор 相干脉冲雷达，相关脉冲雷达

КИЛ контрольно-измерительная лаборатория 检（查）测（量）试验室，检查计量试验室

КИМ кодово-импульсная модуляция 脉冲调制，脉冲数调制

КИМ колонка исполнительного механизма 执行机构控制器，操作机构箱

КИМ координатно-измерительная машина 坐标测量机

КИМС контрольно-измерительная магнитная станция 磁力检查测量站

КИМС контрольно-измерительная станция 检查测量站

КИНВ комплексный индикатор навигации 综合导航显示仪

КИП кислородный изолирующий прибор 隔绝式氧气面具

КИП кислородный изолирующий противогаз 隔绝式氧气防毒面具

КИП код идентификации пользователя （用户）识别码，（用户）标志码

КИП командно-измерительный пункт 指挥测量站

КИП комбинированный источник питания 综合电源

КИП комплекс измерительных приборов 检测设备综合体

КИП комплект измерительных приборов 全套测量仪器

КИП контрольно-измерительный прибор 检测仪器

КИП контрольно-испытательная площадка 检查试验场

КИП контрольно-испытательный пункт 检测点，检查试验站

КИП корабельный измерительный пункт 测量船，舰船测量站

КИП коэффициент использования площади 面积利用系数

КИП коэффициент использования площади антенны 天线面积利用率

КИП курсовой индикатор пилота 驾驶员航向指示器

КИП курсовой индикатор прицела 航行瞄准指示器

КИПиА контрольно-измерительные приборы и автоматика 控制测量仪表及自动装置

КИПО коэффициент использования полезного объема 有效容积系数，容积效率

КИПС контрольно-испытательная подвижная станция 移动式检查试验站

КИС командно-измерительная система 指挥测量系统

КИС комплект индикаторных средств 全套指示器材

КИС контрольная испытательная станция 检查试验站

КИС контрольно-измерительная система 监测系统，检测系统

КИС кремниевая интегральная схема 硅集成电路

КИТ компьютерные информационные технологии 计算机信息技术

КИУ контрольно-измерительная установка 检验测量装置

КИУ контрольно-измерительное устройство 检查测量装备

КИЦ консультативно-информационный центр 情报咨询中心

КИШ коэффициент использования шпуров 炮眼利用系数，炮眼利用率

КК Кадетский корпус 武备中学

КК канальный кодер 信道编码

КК катушка контактная 接触线圈

КК кварцевый калибратор 晶体标准器
КК килевая качка 纵摇
кк килокулои 千库仑
КК кислородный компрессор 氧气压缩机
КК клемная коробка 接线盒
КК коаксиальный кабель 同轴电缆
КК командир корабля 舰长
КК командир корпуса 军长
КК командирский код 指挥员用密语
КК командно-контролер 主控制器
КК командоконтролер 指令检测器
Кк коммутатор каналов 波道转换器
КК коммутационная коробка 配电箱
КК коммутация каналов 信道转换，波道转换
КК компасный курс 罗（盘）航向，罗经航向
КК конденсатор керамический 陶瓷电容器
КК конец кривой 曲线终点
КК контрольный канал 控制信道，导频电路
КК корректирующий контур 校正回路，修正回路
КК корректор кабеля 电缆校正器，电缆修正器
КК космический комплекс 全套航天设备，全套宇航设备
КК космический корабль 航天飞船
КК космическое командование 航天司令部
КК кросс коннектора 连接配线架
ККА кавказская Красная Армия 高加索红军
ККАС контурно-комбинированная аэрофотосъемка 综合地形航摄测量
ККБФ командующий Краснознаменным Балтийским флотом 红旗波罗的海舰队司令员
ККВВС Космическое командование Военно-воздушных Сил 空军航天司令部
ККВМС Космическое командование Военно-морских Сил 海军航天司令部
ККГ командная кодограмма 指令编码
ККг компасный курс по гирокомпасу 陀螺罗盘航向
ККД командир кавалерийской дивизии 骑兵师长
ККД кран кабинного давления 舱室压力开关
ККИП корабельный командно-измерительный пункт 舰船指挥测量站
ККИС Комитет по координации систем информации 情报系统协调委员会
ККК командир кавалерийского корпуса 骑兵军长
ККК контакт командоконтролера 指令控制器触点
ККК коэффициент конструктивного качества 结构质量系数
КККП корпус контроля космического пространства 太空空间监视军
ККМ корабль контроля моря 海洋检查舰
ККНО корпусная контрнаступательная операция 军级反攻战役
ККО комплект кислородного оборудования 氧气设备
ККП командир кавалерийского полка 骑兵团长
ККП комбинационный канал приема 组合接收信道
ККП коммутатор кодовых приемников 密码接收转换机
ККП контроль космического пространства 太空空间监视
ККПО контрольная комиссия пограничной охраны 边防警卫检查委员会
ккр ккюри килокюри 千居里
ККС компасный курс съемочный 测量罗航向
ККС контурно-комбинированная аэросъемка 地物综合测图；航测综合法
ККС корабль комплексного снабжения 综合补给舰
ККС космический корабль-спутник 航天飞船卫星
ККС кузов-контейнер специальный 专用车形集装箱
ККС курсы командного состава 【复】指挥人员训练班
ККСВ Космическое командование Сухопутных Войск 陆军航天司令部
ККср компасный курс средний 平均罗盘航向
ККУ кольцевое кодирующее устройство 循环编

К

码机

ККУКС кавалерийские курсы усовершенствования командного состава 骑兵军官进修班

ККФ коэффициент корреляции фазы 相位相关系数

ККФ Краснознаменная Каспийская военная флотилия 红旗里海区舰队

ККШИ компьютерные командно-штабные игры 计算机首长参谋部兵棋推演

ККШТ компьютерные командно-штабные тренировки 计算机首长参谋部演练

ККШУ компьютерные командно-штабные учения 计算机首长参谋部演习

КЛ катодолюминесценция 阴极电子激发光，阴极射线致发光

Кл килолитр 千升

Кл клавиатура 键盘

КЛ контрольная лампа 监视灯，指示灯

КЛ контрольная линейка 检验尺

КЛ космические лучи 宇宙线，宇宙射线

КЛ круг лево 盘正，正镜

КЛ крыльный лафет 机翼炮架

кл. калибр 口径，量规

Кл.точн. класс точности 精确度等级

КЛА комбинированный летательный аппарат 组合飞行器

КЛА космический летательный аппарат 航天飞行器

КЛА кусочно-линейный аппроксиматор 分段线性逼近设备

КЛК карто-ленто-карточная машина 卡片－纸带－卡片转换设备

Клк килолюкс 千勒（克司）

клм килолюмен 千流明

клм-ч килолюмен-час 千流明小时

КЛО комплект линейного окончания 线路终端系统

КЛП курс летной подготовки 飞行训练教程

КЛП курс летной подготовки (учебно-тренировочный) 飞行训练教程

КЛПП Курс летной подготовки планеристов 滑翔员飞行训练教程

КЛС кабельная линия связи 通信电缆线路

КЛС кабинная лампа света 座舱灯，舱灯

КЛУ контролируемый логический узел 控制逻辑部件，控制逻辑单元

Клх колхоз 集体农庄（测绘）

КМ калибратор меток 校准器

КМ катер моторный 摩托艇

КМ киломега 千兆

км километр 公里，千米

КМ кислородная маска 氧气面罩

КМ ключ Морзе 莫尔斯电键

КМ книжка для записи метеорологических наблюдений 气象观察记录簿

КМ коаксиальный магистральный (кабель) 同轴干线（电缆）

КМ код Морзе 莫尔斯电码

КМ комендант маршрута 行军路线警戒主任，行军路线警戒队长

КМ коммутаторы «Поле» “田野”交换机

КМ компас магнитный 磁罗盘（海）

КМ корабль-макет 舰船模型

км крепость морская 海岸要塞

КМ кристаллический модулятор 晶体调制器

КМ РНП корреляционная модификация регулируемого направленного приема 可调定向接收的相关变化

"КМ-1, КМ-1М" марки специальных автомашин 特种汽车型号

"КМ-16Н, КМ-3ОМ" типы кислородных масок 氧气面罩型号

км3 кубический километр 立方公里，立方千米

"КМ-300, КМ-1700" типы моторного канавокопателя 摩托挖壕机型号

КМ-4, КМ-5 тип аэросаней 自动雪橇型号

КМА код морской авиации 海军航空兵电码，海军航空兵密码，海军航空兵代码

КМА конно-механизированная армия 机械化骑兵集团军

КМАУ Краснознаменное московское авиационное училище 莫斯科红旗航空学校

КМБ кассета мелких бомб 小型炸弹箱

КМВУ командное вычислительное устройство 指令计算装置

КМГ кавалерийская мотомеханизированная группа 骑兵摩托机械化集群

КМГ конно-механизированная группа 机械化骑兵集群

КМГ конно-механизированная группа войск 机械化骑兵集群

КМГ кран моторный гусеничный 履带式摩托起重机

КМДП комплементарный металл диэлектрик (полупроводник) 互补型金属（半导体）

КМинВ командир минного взвода 布雷排排长

КМК-2 тип самоходного канавокопателя 自行挖壕机型号

КМКК кронштадский морской кадетский корпус 喀琅施塔德少年海军军校

КМКО кормовое машино-котельное отделение 后机炉舱

кмкс киломаксвелл 千麦克斯韦

КММ колесный механизированный мост 机械化车辙桥，机械化钢轨桥

КММ комиссия по морской метеорологии 海洋气象委员会

КММ кузнечно-медницкая мастерская 锻工钣金工修理车间

КМО Комитет министров обороны 国防部长委员会

КМО кормовое машинное отделение 〈海〉（鱼雷）后机舱

КМОР Кронштадский морской оборонительный район 喀琅施塔达得海防区

КМП катушка магнитного поля 磁场线圈

КМП командование морских перевозок 海洋运输司令部（美国海军）

КМП Комитет морских перевозок ВМС США 海运委员会（美国海军）

КМП контакт металл-полупроводника 金属－半导体接触

КМП корпус морской пехоты США 海军陆战队军（美国）

КМП корпусной медицинский пункт 军医疗所

КМП кратковременные перерывы 短时停顿

КМПВ корреляционный метод преломленных волн 折射波对比法

КМПиХБ комплекс механизированной подачи и хранения боеприпасов 弹药存放及机械供弹系统

КМР кодовое медленнодействующее реле 电码缓动继电器

КМС коалиционные миротворческие силы 盟国维和兵力

КМС Коллективные миротворческие силы 集体维和兵力

КМС командование миротворческих сил 维和兵力司令部

КМС комплексный моделирующий стенд 综合模拟试验台

КМС комплект мостостроительных средств 全套建桥器材

КМС контингент миротворческих сил 维和力量，维和部队

КМС Курс молодого солдата 新兵教程

КМС тип магазина сопротивлений 电阻箱型号

КМС ОДКБ Коллективные миротворческие силы ОДКБ 集体安全条约组织集体维和力量

КМСБ кадры моторизованного стрелкового батальона 摩步营基干军人

КМСБ командир мотострелкового батальона 摩托化步营营长

Кмсб 1 Командир 1-го мотострелкового батальона 第一摩步营营长

КМСВ командир мотострелкового взвода 摩托化步兵排排长

КМСД командир мотострелковой дивизии 摩托化步兵师师长

КМСП командир мотострелкового полка 摩托化步兵团团长

КМСР кадр моторизованной стрелковой роты 基干摩托化步兵连

КМСР командир мотострелковой роты 摩托化

К

步兵连连长

Кмср 1 командир 1-го мотострелковой роты 第一摩步连连长

КМСУО корабельная многоканальная система управления огнем 舰载多通道火控系统

КМТ колесный минный трал 轨道扫雷器，车辙式扫雷器

КМУ контрольно-методическое управление МВД 内务部检察局

км-час километр в час 公里 / 小时，千米 / 小时

КН катушка намагничивания 磁化线圈

кН килоньютон 千牛顿

КН кислородный насос 氧气泵

КН командное наведение 指挥引导，指令导航

КН корректор напряжения 电压调节器

Кн. Св кнопка сигнала вызова 呼叫信号按钮

Кн. Сз кнопка сигнала занятости 占线信号按钮

Кн. АС кнопка абонентской сигнализации 用户信号按钮

Кн. Зв кнопка звонка 电铃按钮

Кн. р кнопка разъединяющая 切断按钮

КНА комплекс наземной аппаратуры 全套地面设备

КНА Корейская народная армия 朝鲜人民军（朝鲜民主主义人民共和国）

КнААПО комсомольское-на-Амуре авиационно-промышленное объединение 阿穆尔共青城航空工业企业联合体

КНД камера низкого давления 低压室

КНД Китайские народные добровольцы 中国人民志愿军

КНД коэффициент направленного действия (антенны) （天线）方向（性）系数

КНИ коэффициент нелинейных искажений 非线形失真系数

КНИР комплексная научно-исследовательская работа 综合科研工作

КНИЦ ВКС Координационный научно-информационный центр Военно-космических сил России 俄罗斯航天兵科技情报协调中心

КНК коробка настройки контура 回路调谐器

КНК курс надводных кораблей 水面舰艇训练教程

КНО комплект наземных оборудований 地面设施

КНО комплект низкочастотных окончаний 低频终端设备系统

КНО контрнаступательная операция 反攻战役

КНО корпусная наступательная операция 军进攻战役

КНО курсы начальников отрядов 部队长训练班

КНОК контроль несущей волны и обнаружение конфликтов 载波检测及冲突探测

КНП командирский наблюдательный пост 指挥员观察哨

КНП командно-наблюдательный пункт 指挥观察所

КНП контрольно-наблюдательный пункт 监督观察所，检查观察所

КНПС класс направленной подготовки специалистов 定向人材培训班

КНР кнопка нормально-разомкнутая 常开按钮

КНС коммутатор немедленной связи 紧急交换台

КНС коммутатор низовой связи 基层通信交换台

КНС комплексная навигационная система 综合导航系统

КНС кремний на сапфире 硅－蓝宝石技术，硅蓝宝石集成电路

КНТ контакт наличия торпеды 有雷触点

КНЧО канальные низкочастотные окончания 信道低频终端

КНШ комитет начальников штабов 参谋长联席会议

КНШ МО РК Комитет начальников штабов Министерства обороны Республики Казахстан 哈萨克斯坦国防部参谋长委员会

КО двухкотельная кухня 双锅炊事车

КО канал обнаружения 探测信道

КО канал опознавания 识别信道

КО когерентно-оптический 相干光的

КО команда обеззараживания 消毒队，灭菌队（民防）

КО командир авиаотряда 飞行大队长

К

КО командир орудия 炮长

КО командир отделения 班长

КО командир отряда 队长；支队长；(舰艇部队的)中队长

КО командный отсек 指挥舱

КО комендантское отделение 卫戍分队

КО компенсатор объема 容积补偿器（潜艇）

КО компенсационная обмотка 补偿线圈

КО компенсирующий орган 补偿装置

КО компьютерное обучение 计算机（操作）教学

КО контрольный ориентир 检查地标

КО контрольный осмотр 检查

КО кормовое отделение （鱼雷）后舱

КО космический объект 航天物体，航天器

КО кочующее орудие 游动炮

КО круговой обзор 圆周扫描

КО курс отхода 离开航向，变方位航向

КО курсовая обмотка 航向线圈（舰艇消磁用）

КО ПЛ командир отсека подводной лодки 潜艇舱室长

КОА каналообразующая аппаратура 信道生成设备

Коакс. коаксиальный 同轴的

КОАТ когерентная оптическая адаптивная техника 相干光自适应技术

КОБ командир огневой батареи 火力连连长

КОБ комитет общественной безопасности 公共安全委员会

КОБ коэффициент ошибок по блокам 错误单元率

КОБи коэффициент ошибок по битам 误码率

КОВ командир огневого взвода 战炮排长，火力排长

КОВ Комиссия правительства по оперативным вопросам 政府军事行动问题委员会（俄）

КОВР командир охраны водного района 水警区警备长

КОГ коэффициент оперативной готовности 战役准备系数，行动准备系数

КОГГ Комитета по охране государственной границы при Правительстве РТ 塔吉克斯坦国家边境保卫委员会

КОГТ Комитет по охране границы Таджикистана 塔吉克斯坦边境保卫委员会

кодограмма кодированная телеграмма 译码电报

КОЗ контроль ошибок в заголовке 开销错误检验

КОЗК квазиоптимальный закон компрессии 准最优压缩准则，准最优压缩原理

КОК катушка отключения контактора 接触器跳闸线圈

КОКН Координационный орган по контролю над наркотиками 毒品监督协调机构

кол колебание 振动，振荡、摆动；变化

КОЛ компьютерные оперативные летучки 计算机战役即题作业

КОЛС Командир отряда легких сил 轻舰队指挥员

ком килоом 千欧（姆）

ком ВВС командующий военно -воздушными силами 空军司令员

Ком ОГВ командующий объединенной группировкой войск 联合军队集团司令员，联军司令

ком. команда 口令，指令，命令；指挥；队，小队；全体船员

Комавиоотряд командир авиационного отряда 空军支队长

командвоздухфлот командующий воздушным флотом 空军司令员

командфронт командующий фронтом 方面军司令员

командюж командующий южным фронтом 南方面军司令员

комартформ комиссар артиллерийских формирований 新编炮兵部队政委

комбат командир батальона ; командир батареи 营长；炮兵连长

комокр комендант округа 区警备长

комбриг командир бригады 旅长；(舰艇）支队长

комвоенпорт командующий военным портом 军港司令员

комвойск командующий войсками 军队司令员

К

КОМВУЗ командир военно-учебного заведения 军事学校校长

комглавпорт комендант главного порта 主要港口警备司令

комдив командир дивизии; командир дивизиона 师长;(炮兵等的)营长,(舰艇)小队长,(空军)中队长

Комкурсы командирские курсы 指挥员培训班

Комкурсы ДРО командные курсы действующих родов оружия 兵种指挥员训练所

комначсостав командно-начальствующий состав 指挥人员

КоМОР кольский морской оборонительный район 科拉海防区

КОМОРСИ командующий морскими силами республик 共和国海军司令员

Комотр командир отряда 队长,支队长,(舰艇)中队长

компарка командир парка 车场指挥员

комполитсостав комадно-политический состав 政治指挥人员

комполка командир полка 团长

компорт комендант порта 港口警备司令

компульроты командир пулеметной роты 机枪连连长

комр командир роты 连长

комсводотряда командир сводного отряда 混成支队长

комсвязи команда связи 通信队

КОМСО командование специальных операций 特种作战司令部

Комсод командный состав дивизии 师指挥人员

КОМТА Комиссия по тяжелой авиации 重型航空委员会

комторгпорт комендант торгового порта 商港警备司令

комукр командир укрепленного района 筑垒地域指挥员

комфлот командующий флотом 舰队司令员

Комчон командир частей особого назначения 特别任务部队指挥员

комэп командир этапного пункта 兵站站长

комэс командир эскадрона 骑兵连连长

комэск командир эскадрильи 〈空〉大队长

комэск командир эскадры 航空中队中队长;分舰队指挥员

КОН конвой (ВМФ) 〈海〉运输护航队

КОН контроль ошибки номера (单元)编号错误检验

кон. конный 马的,骑兵的

конарт конная артиллерия 骑兵炮兵

конартбат конно-артиллерийская батарея 骑兵炮兵连

конартвзвод конно-артиллерийский взвод 骑兵炮兵排

конброд конный брод 骑兵渡口

концлагерь концентрационный лагерь 集中营

коо комендатура охраны и обеспечения 警卫与保障司令部

КОО корпусная оборонительная операция 军级防御战役

КОП Концепция оперативного потенциала 作战潜力构想

КОП код операции 操作码

КОП комплексное огневое поражение 综合火力毁伤

КОП компьютерная обучающая программа 计算机教学软件,计算机教学计划

КОП контрольно-опознавательный пункт 识别指挥所,标识检查所

КОП корабль огневой поддержки 火力支援舰

КОП корпусной обменный пункт 军运输交换站,军运输交接站

КОП коэффициент ослабления помехи 干扰衰减系数

КОП курс огневой подготовки 射击训练教程

КОП курс одержания пеленга 保持方位航向

КОПАРТ корпусной обменный пункт артиллерийский 军级军械交换所

КОпКК коэффициент ошибок по кодовым комбинациям 码组错误率

КОПС корпусной обменный пункт снабжения

军级供给交换所

КОпЭ коэффициент ошибок по элементам 要素错误率

КОР командир отделения разведки 侦察班班长

КОР корабельный самолет 舰基飞机，舰载飞机

КОР корабльный разведчик 舰载侦察机，侦察舰

КОР корректор орудийный 火炮校正器

кор. корабль 海船，船舶；军舰

кор. корпус 军

кор. корреспондент 通讯员，记者

Коринт корпусной интендант 军需处长

Корком корпусной комиссар 军政委，军政委级

корпост артиллерийский корректировочный пост 炮兵校正所

кортоп корпусной топограф 军地形测绘员

КОС к.о.с. коэффициент обратной связи 反馈系数，回授系数

КОС канал отдельной связи 独立通信信道

КОС канал с обратной связью 反馈电路

КОС командир отделения связи 通信班长

КОС командно-сигнальная система 指挥信号系统

КОС контура обратных связей 反馈回路

КОС корреляционная обратная связь 相关反馈

КОС космическая орбитальная станция 空间站

КОС(-) коммутатор оперативной связи 作战通信交换机，战役联络交换机

КОСА комплекс самообороны (специальный пистолет «Оса», стреляющий резиновыми пулями) 自卫装备（橡皮子弹专用手枪）

КОСА комплект осветительной самолетной аппаратуры 全套飞机照明设备

КОСАРТОП Комиссия особых артиллерийских опытов 特别火炮试验委员会

КОСФ курсы усовершенствования офицерского состава флота 舰队军官进修班

КОСМС курсы усовершенствования офицерского состава медицинской службы флота 舰队医疗勤务军官进修班

КОСМУТ космическая утилизация 宇宙空间利用

КОСПАР Комитет по исследованию космического пространства 宇宙空间研究委员会

КОСсО коэффициент ошибок по секундам с ошибками 出错误的秒的比率

КОСсПО коэффициент ошибок по секундам, сильно пораженным ошибками 产生严重错误的秒的比率

КОТ комплект образования тракта 通道形成系统

КОТА корректировщик огня тяжелой артиллерии 重型炮兵射击校正员

КОТВГ комплект образования тракта вторичных групп 二次群信道生成系统

КОТПГ комплект образования тракта первичных групп 一次群信道生成系统

КОТС комбинированные объединенные тактические силы 混成战术力量

КОТТГ комплект образования тракта третичных групп 三次群信道生成系统

КОУ командир огневых установок 火炮班长，火力装置班长

КОФ комплексное обслуживание флота 舰队综合养护

КОХР командир охраны рейдов 〈海〉巡防区主任

КОЦ конструкторский оружейный центр 武器设计中心

КОЦНИИС киевское отделение Центрального научно-исследовательского института связи 中央通信科学研究所基辅分部

коэф. коэффициент 系数，率

КОЯ контроль ошибки в ячейке 单元错误检验

КП кабельный прибор 电缆仪器

КП канал пеленгации 测向信道

КП канальный преобразователь 信道转换器

КП категория прочности 强度等级

КП катодный повторитель 阴极跟随器，阴极输出器

КП катушка промежуточная 中间线圈

КП керамическое покрытие (для самолетов)（飞机）陶瓷层

КП кислородный прибор 供氧装置，氧气面具，氧气设备

КП ключевой пост 射击控制中心

КП кнопка переключения 转换按钮

КП кнопка пусковая 起动按钮；发射装置

КП кодовый приемник 密码接收机

КП колонный путь 急行军路

КП командир пулемета 机枪手

КП командный пост (корабля) （舰艇）指挥部位

КП командный прибор 操纵仪，操纵器，指挥仪器

КП командный пункт 基本指挥所

КП командный пункт боевой части или службы корабля 〈海〉舰艇战斗部门或战斗勤务基本指挥所

КП командный пункт во время боя 作战时基本指挥所

КП командный пункт полка 团基本指挥所

КП комендант переправы 渡口警戒主任，渡口军代表

КП комендатура порта 港口军代处，港口军事代表办事处

КП коммутатор пакетов 包（束）交换机

КП коммутационное поле 交换阵

КП коммутация пакетов 分组交换

КП компасный пеленг 罗（盘）方位，罗经方位

КП комплект преобразования 转换系统

КП комплект разведки 全套侦察器材

КП контактное приспособление 接触装置

КП контактор пуска 起动接触器

КП контейнерный пункт 集装箱站

КП контролируемый параметр 被控参数，受控参数

КП контроль прохождения 通行检查

КП контрольно-следовая полоса （松土）检迹带

КП контрольный переключатель 控制转换开关

КП концевой переключатель 行程开关

КП копировальный прибор 复印机

КП кормовой перпендикуляр 尾垂线，尾垂直线

КП кормовой пост 舰尾部位

КП кормовой предел (угла) торпедного обстрела 舰尾鱼雷射界极限

КП коробка передач 变速箱，齿轮箱

КП коэффициент передачи 传输系数

КП коэффициент перерегулирования 再调节系数，重新调节系数，过度调节系数

КП кристаллическое поле 晶体场

КП круг направо 盘右，倒镜

КП курс проверки 检查航向

КП АСВ командный пункт авиации сухопутных войск 陆军航空兵基本指挥所，陆航基本指挥所

КП ПВО командный пункт противовоздушной обороны 防空基本指挥所

КП ПКО командный пункт комплекса противокосмической обороны 太空防御综合体基本指挥所

КП ПКО и ККП командный пункт системы противокосмической обороны и контроля космического пространства 太空防御及太空监视系统基本指挥所

КП ПРО командный пункт системы противоракетной обороны 导弹防御系统基本指挥所，反导系统基本指挥所

КП СПРН командный пункт системы предупреждения о ракетном нападении 导弹袭击预警系统基本指挥所

КП-2 контейнер походный, 2-т. 两吨行军集装箱

КП-41, КП-42М автоприцепные походные кухни 汽车牵引炊事车型号

КП4-А тип центробежного вентилятора в химических убежищах 防化学掩蔽离心式通风机型号

КПА автоматизированное катапультизирование парашюта 降落伞自动弹射

кПа килопаскаль 千帕

КПА командование полевой артиллерии 野战炮兵司令部

КПА коммутатор передающих антенн 发射天线切换器

КПА комплект проверочной аппаратуры 全套测试设备

КПА контрольно-приемный аппарат 监督验收机构

КПА космический подвижный агрегат 空间机动装置

КПА Курс подготовки артиллерии 炮兵训练教程

КПАБ корректируемая планирующая авиационная бомба 制导式滑翔航空炸弹

КПАГД-1 контрольный пульт для проверки дистанционного авиагоризонта 摇控航空地平仪测试操纵台（航）

КПБ конструкторское бюро приборостроения 仪器仪表制造设计局

КПБ концевая полоса безопасности 〈空〉端安全通道

КПБ управление боевой подготовки 军事训练部（局）

КПВ кода с постоянным весом 不变权代码

КПВ командир прожекторного взвода 探照灯排排长

КПВ конституционные пределы взрываемости 爆炸基本范围

КПВ континентальный полярный воздух 极地大陆空气

КПВ контроль посылки вызова 振铃控制器；呼叫控制

КПВ курс подготовки по вождению боевых машин 战斗车辆驾驶教程

КПВГ комплект преобразования вторичных групп 二次群生成综合设备

КПВО корабельная противовоздушная оборона 舰艇防空

КПВО корабль противовоздушной обороны 防空舰

КПВО крейсер противовоздушной обороны 防空巡洋舰

КПВП коэффициент потерь войск противника 敌军损耗系数

КПВТ крупнокалиберный пулемет Владимирова танковый 弗拉基米洛夫大口径坦克机枪

КПВУ компенсирующее вычислительное устройство 补偿式计算装置

КПД к.п.д. коэффициент полезного действия 效率

КПД канал передачи данных 数据传输通道

КПД командный пункт дивизии 师基本指挥所

КПД командный пункт дивизиона 〈炮〉营基本指挥所；〈海〉大队基本指挥所

КПД комплексное противодействие 系统对抗

КПД комплект передающий 发射设备

КПД корабль поддержки десанта 登陆支援舰

КПД коэффициент полезного действия 有用系数

КПД ИТР комплексное противодействие иностранным техническим разведкам 对外国技术侦察的综合对抗

КПДА коэффициент полезного действия антенны 天线有效功率

КПДК качество постоянно-действующих каналов 常用信道质量

КПЕ конденсатор переменной емкости 可变电容器

КПЗ казанский патронный завод 喀山兵工厂

КПЗ камера предварительного заключения 预押室

КПЗ комната постановки задания 作战任务下达室

КПЗ конструктивная подводная защита 水下防护设备

КПЗ конструктивная противопожарная защита 防火结构

КПЗ контрольно-проверочное занятие 考核检查课

КПЗ контрольный прибор звукового поста (в звукометрической станции) 声测站检查仪

КПЗ курс предварения залпа 预备齐射方向

КП-3-Ч-40 кухня походная трехкотельная 三锅炊事车

КПИ командный пункт инженера (в войсках ВВС) （空军）工程师基本指挥所

КПИ комбинированный пилотажный индикатор 综合飞行显示器

КПИ корабельный приемный индикатор 舰艇接收机指示器

КПК командование подготовки кадров (США)

К

（美）干部培训司令部

КПК комендант пограничной комендатуры 边防大队长

КПК конденсатор подстроечный керамический 陶瓷微调电容器

КПК контрольная площадка корабля 舰艇检验台

КПК корабль на подводных крыльях 水翼船，水翼艇

КПК курсы повышения квалификации 专业技能提高培训班

КП-К-150 походная автоприцепная кухня 汽车牵引炊事车

КПЛ клапан поддува лабиринтов 轴封吹气阀

КПл кран плавучий 起重船，浮动起重机，浮吊

КПЛ курс боевой подготовки подводных лодок 潜艇战斗训练教程

кплвп корабельный противолодочный вертолетный полк 舰载反潜直升机团

КПЛВЭ корабельная противолодочная вертолетная эскадрилья 舰载反潜直升机大队

КПЛД корабельный противолодочный дозор 舰艇防潜巡逻

КПЛО корабль противолодочной обороны 对潜防御舰，防潜舰

КПМ конденсаторная подрывная машинка 电容式爆破器，电容式引爆器

КПМ конечный пункт маршрута 〈空〉航线终点站

КПМ контрольно-проверочная машина 检查车

КПМ контрольный пункт милиции 警察检查站

КПМ-3-401 тип однополюсного контактора 单极接触器型号

кпмо курсы по подготовке младших офицеров 青年军官培训班

КПМС командный пункт медицинской службы 医疗勤务基本指挥所

КПН катушка для преобразования напряжения 电压变换线圈

КПН катушка пусковая низковольтная 低压启动线圈

КПН коэффициент передачи напряжения 电压传输系数

КПН тип полевой хлебопекарной печи 野战面包烤炉型号

КПО компасный пеленг ориентира 地标罗盘方位角

КП-О-170 походная автоприцепная кухня однокотельная на 170 л 170 升单锅汽车牵引炊事车

КПОМ конечный пункт обратного маршрута 〈空〉返回航线终点

КПП кодовый приемопередатчик 加密收发机

КПП командирский пулеметный прибор 机枪指挥器

КПП командно-пилотажный прибор 指挥－驾驶仪表

КПП командный пограничиный пункт 边防指挥所

КПП компьютерная профессиональная подготовка 基于计算机的专业训练

КПП контрольно-пропускной пункт 通行检查站，出入检查口

КПП контрольно-пилотажный прибор 飞行监控仪器

КПП контрольно-поверочный (проверочный) пункт 检验站

КПП контрольный передовой пункт 前进检查站

КПП контрольный прибор поста предупреждения звукометрической станции 声测站预报哨检查仪

КПП коробка перемены передач 传输交换盒

КПП курс парашютной подготовки 跳伞训练教程

КППБ комитет по предупреждению преступности и борьбе с ней ООН 联合国预防和打击犯罪委员会

КППИ канал приема передачи информации 信息收发信道

КППР команда подводных подрывных работ 水下爆破作业队

КППР комната полит-просветительной работы 政治活动室

КППС качественный показатель передаваемых

сигналов　传输信号质量指标

КПР　командный пункт роты　连基本指挥所

КПР　комендатура погрузочного района　装载区军事代表办事处

КПР　компасный пеленг радиостанции　无线电台罗盘方位

КПР　комплект для подрывных работ　爆破作业全套设备

КПР　корабельный противолодочный расчет　舰艇反潜人员

КПРО　корпус противоракетной обороны　反导防御军

КПС　командование подводных сил　潜艇兵力司令部

КПС　комендатура пристани (порта) снабжения　物资供应港军代处

КПС　контур противосвязи　负反馈回路

КПС　координационно-плановая служба　计划协调部门

КПС　коробка пуска стартера　启动盒

КПС　коэффициент потерь своих войск　己方军队损耗系数

КПСО　пост контроля и сигнализации ракетного оружия　导弹武器控制和信号台（潜艇）

кпт.　капитан　大尉，船长

КПТ　кодовый путевой трансмиттер　电码线路发报机

КПТ　командир танкового полка　坦克团团长

КПТ-60　комплект приборов танкодрома для дистанционного управления танками　坦克教练场全套摇控驾驶装置

КПТГ　комплект преобразования третичных групп　三次群变系统（电路）

КПУ　квантовый парамагнитный усилитель　量子顺磁放大镜

КПУ　комплект приборов управления　综合控制仪

КПУ　контрольно-поверочная установка　检验设备

КПУ　контрольный пульт управления　检测操作台，指挥操作台

КПУ　корабельное переговорное устройство　舰艇通话装置

КПУ　корабельный пункт управления　舰艇指挥所

КПУ　конденсаторное пусковое устройство　电容式启动装置

КПУ-1. КПУ-2　типы командирских переговорных устройств　指挥员通话装置型号

КПУГ　корабельная поисково-ударная группа　舰艇搜索突击群

КПУНА　корабельный пункт управления и наведения авиации　舰载航空兵指挥引导站

КПУНИА　корабельный пост управления и наведения истребительной авиации　歼击航空兵舰艇指挥和引导站

КПУР　командный пункт управления рейдами　停泊场控制基本指挥所

КПФ　канальный полосовой фильтр　信道带通滤波器

КПФ　кварцевый полосовой фильтр　晶体带通滤波器

КПФл　командный пункт флотилии　区舰队基本指挥所

КПХЗ　коллективная противохимическая защита　集体化学防护

КПЦ　копировальный прибор цветной　彩色复印机

КПЦИК　контроль с помощью циклического избыточного кода　循环冗余码校验

КПЧ　канальный преобразователь частоты　信道频率转换器，信道频率合成器

КР　кавалерийская разведка　骑兵侦察；骑兵侦察队

КР　кадровая развертка　帧扫描

КР　кипп-реле　克普继电器，多谐振荡器

КР　кислородный резервуар　氧气舱

КР　кодовое разделение　代码划分，码分

КР　кодовое расстояние　码距

КР　командирская разведка　指挥员侦察

КР　командная радиостанция　指挥（无线）电台

КР　комбинационное рассеяние　组合散射

К

КР комендантская рота 警备连，警卫连

КР Комиссия по разоружению (ООН) 联合国裁军委员会

КР комплект для разминирования 成套扫雷器材

КР контрольное реле 控制继电器，监视继电器，核对继电器，检测继电器

кр контрразведка 反侦察，反间谍

КР Конференция по разоружению 裁军会议

КР корабль-ракетоносец 导弹舰

КР коробка реле 继电器盒

КР космическая ракета 航天火箭

кр крейсер 巡洋舰

КР криволинейный 曲线的

КР крылатая ракета 巡航导弹；飞航式导弹

КР крыльевой режим 机翼（工作）状态

КР тяжелый крейсер （重）型巡洋舰

к-р конденсатор 电容器；冷凝器

КР МЗД комплект разведки мин замедленного действия 延期地雷全套侦察设备

КРА корректировочно-разведывательная авиация 校射侦察航空兵

КРАП корректировочно-разведывательный авиационный полк 校射侦察航空兵团

КРАС контрольно-ремонтная авиационная станция 航空检修站

КРАС контрольно-ремонтная автомобильная станция 汽车检查修理站

КРАЭ корректировочно-разведывательная авиаэскадрилья 校射侦察机大队

КРБ Командование разведки и безопасности 侦察和安全司令部

КРБГ корабельный бета-，гамма-радиометр 舰载β–，γ– 射线探测仪

КРБД крылатая ракета большой дальности 远程巡航导弹

КРВ комплект реле включения 接令继电器组

КРВБ корпусная ремонтно-восстановительная база 军修理基地

КРВБ крылатая ракета воздушного базирования 空基巡航导弹

КРВБ ремонтно-восстановительная база корпуса 军维修基地

КРВВ крылатая ракета воздушного боя (《воздух-воздух》) 空战巡航导弹（空对空）

КРВП корректировочно-разведывательный вертолетный полк 校射侦察直升机团

КРВЭ корректировочно-разведывательная вертолетная эскадрилья 校射侦察直升机大队

КРВЭ корректировочно -разведывательная эскадрилья 校射 – 侦察机大队

КРГЧ кассетная ракетная головная часть 集束导弹战斗部

КРД комбинированный ракетный двигатель 组合式导弹发动机

Крепарт крепостная артиллерия 要塞炮兵；要塞炮

Крепартсклад склад крепостной артиллерии 要塞炮兵仓库

КРЗ контроль радиоактивного заражения 放射性沾染检查

КРЗУРО крейсер зенитного управляемого ракетного оружия 防空导弹巡洋舰

Крит. критический 临界的

КРК корабельный ракетный комплекс 舰载导弹系统

КРК-1 тип телефонного коммутатора 电话交换机型号

КРЛ командная радиолиния 指挥无线电线路

КРЛ крейсер легкий 轻（型）巡洋舰

КРЛА курсовой радиомаяк 无线电导航信标

КРЛД корабль радиолокационного дозора 雷达警戒舰，雷达巡逻舰

КРЛС корабельная радиолокационная станция 舰艇雷达站

КРМ крылатая ракета-мишень 巡航导弹靶标

КРМБ крылатая ракета морского базирования 海基巡航导弹

КрМОР крымский морской оборонительный район 克里米亚海防区

КРМП кадровая рота морской пехоты 基干海军陆战连

КРн комендантский район 警备地域

КРНБ крылатая ракета наземного базирования 陆基巡航导弹

КРНС космическая радионавигационная система 航天导航系统，空间导航系统

КРО командир разведывательного отряда 侦察队队长

КРО контрольный радиоответчик 检查用无线电应答器

КРО контрразведывательное обеспечение 反侦察保障

КРО контрразведывательный отдел 反侦察处，反情报处

Кронкрепость Кронштадтская крепость 喀琅施塔得要塞

КРОСО контрразведывательное обеспечение стратегических объектов 战略设施反侦察保障

КРП комендатура распорядительного порта 分配港军事代表办事处

КРП компасный радиопеленг 无线电罗盘方位，无线电罗盘经方位（海军用语）

КРП контактная разность потенциалов 接触电位差

КРП контрольно-распределительный пост 检查分配哨

КРП контрольно-распределительный пункт 检查分配站

КРП контрольные радиотрансляционные пункты 无线电转播检查站

КРП коротковолновый радиопеленгатор 短波无线电测向仪

КРП курсовой радиопеленг 航向无线电方位

КРП курсовой радиоприемник 航向接收机

КРПД комбинированный ракетный прямоточный двигатель 综合冲压火箭发动机

КРПД контррадиопротиводействие 反无线电对抗，反电子对抗干扰

КРПЛО крейсер противолодочной обороны 反潜巡洋舰

КРПЭЗ комплект для разведки и преодоления электризуемого заграждения 电气侦察与排障系统

КРР кабельно-радиорелейный 电缆－无线电中继的

КРР ракетный крейсер 导弹巡洋舰

КРРЛ контроль работы радиолиний 无线电线路工作检查

КРС командирская радиостанция 指挥员电台

КРС комбинационное рассеяние света 光组合漫反射

КРС комендатура распорядительной станции 物资分配站军事代表办事处

КРС контрольная радиостанция 纠察台，无线电控制台

КРС контрольно-регулировочная станция 检测调试站

КРС контрольно-ремонтная станция 检查修理站

КРсд Краснознаменная стрелковая дивизия 红旗步兵师

КРТ кодовый релейный трансформатор 电码继电器变压器

КРТ комитет по радиотехнике 无线电技术委员会

КРТ крейсер тяжелый 重（型）巡洋舰

КРТР корабль радиотехнической разведки 无线电技术侦察舰

КРТУ Красноярское радиотехническое училище 克拉斯诺亚尔斯克无线电技术学校

КРУ каскадный радиоумформер 级联无线电换流器

КРУ комплектное распределительное устройство 成套配电设备

КРУ контрразведывательное управление 反间谍局，反侦察局

КРЦ командно-разведывательный центр 侦察指挥中心

кр-ц красноармеец 红军战士

КС военный комендант станции 车站军事代表

КС кабельная сеть 电缆网

КС кабельная стойка 电缆架

КС кабина связи 通信舱

КС кажущееся сопротивление 视在电阻，表观

К

电阻

КС камера сгорания (в ракетном двигателе) （火箭发动机的）燃烧室

КС Канал связи 通信波道，通信通路

КС канал синхронизации 同步信道

КС канал сопровождения 跟踪信道

КС караульная служба 警卫勤务

КС катастрофическая ситуация 灾难局势，灾难情况

КС катодное свечение 阴极辉光

КС качающийся стенд 摇摆试验台

КС квантование сигнала 信号量化

КС кильватерный след 尾流，尾迹

КС кнопка сигнальная 信号按钮

КС Коалиционные силы 盟军

КС кодирование сигнала 信号编码

КС командное сообщение 指挥通信，指令信息

КС комендатура станции 车站军代处，车站军事代表办事处

КС коммутация сообщений 消息交换，信息交换

КС компрессорная станция 压缩站

КС конвертор сопротивления 变阻器

кс конец связи 通信终止，联络结束

КС конец сообщения 消息终端

КС контактная сварка 接触焊，电阻焊

КС контактор синхронизации 同步接触器

кс контрольная сеть 电缆监测网

КС контрольная станция 控制台，操纵台

КС контрольная схема 控制电路

КС контрольный сигнал 检测信号

КС контур суммирования 加法电路

КС корабельная сеть 舰艇网

КС корабельная служба 〈海〉舰艇勤务

КС корабли слежения как элементы системы обеспечения управления космическими полетами 跟踪船（航天器飞行控制保障要素之一）

КС корабль-спутник 卫星船

КС корректировочный самолет 校射飞机

КС космическая система 航天系统

КС космический самолет 航天飞机

КС космический снимок 航天照片

КС коэффициент связи 耦合系数

КС кумулятивный снаряд 聚能装药弹，空心装药破甲弹

КС купрокисный столбик 氧化铜柱

КС курс сближения 接近航向

Кс курс своего корабля 我舰航向

КС курс свой 本舰航向

КС курс следования 〈空〉跟踪航向，应飞航向

КС курс стрельб 射击教程

КС курсовая система 〈空〉航向系统

КССФ комендатура станции снабжения фронта 方面军供应站军事代表办事处

КСА комплекс средств автоматизации 自动化综合设备

КСАУВ комплекс средств автоматизации управления войсками 指挥自动化综合设备系统

КСБ кнопка сброса бомб 投弹按纽

КСБ командир стрелкового батальона 步兵营营长

КСБР коллективные силы быстрого развертывания (СНГ) 集体快速反应力量（独联体）

КСБР ОДКБ Коллективные силы быстрого развертывания Организации Договора о коллективной безопасности 集体安全条约组织集体快速反应力量

КСБР ЦАР Коллективные силы быстрого развертывания центрально-азиатского региона коллективной безопасности 中亚集体安全地区集体快速反应力量

КСБУ командная система боевого управления 战斗指挥系统，战斗指挥指令系统

КСВ корабль связи 通信舰（船）

КСВ коэффициент стоячей волны 驻波比

КСВ курс стрельбы кавалерии 骑兵射击教程

КСТЗА курс стрельбы для зенитной артиллерии 高射炮射击教程

КСВМ коэффициент стоячей волны по мощности 功率驻波比

КСВН коэффициент стоячей волны напряжения 电压驻波比，电压驻波系数

КСВН коэффициент стоячей волны по напряже-

К

нию　电压驻波比

КСГ　конденсатор слюдяной герметизированный　密封云母电容器

КСД　Кавказская стрелковая дивизия　高加索步兵师

КСД　командир стрелковой дивизии　步兵师师长

КС-ЗКС　ключ синхронизации　同步电键

КСИ　курсовая система истребителя　歼击机航向系统

КСИР　Корпус Стражей Исламской Революции　伊斯兰革命卫队

КСК　командир соединения кораблей　舰船编队指挥长

КСК　командир стрелкового корпуса　步兵军军长

КСКА　курс боевой подготовки сторожевых катеров　护卫舰战斗训练教程

КСКК　кислородная система катапультного кресла　弹射座椅氧气系统

КСКК　комплексная система контроля качества　质量检查综合标准系统

КСКК ВТ　Комплексная система контроля качества военной техники　武器装备质量检查系统

КСН　командная система наведения　指挥引导系统

КСН　командование специального назначения　特种任务司令部

КсН　коммутация с накоплением　存储交换

КСН　космические средства наблюдения　空间观察设备

КСНА　курс стрельбы наземной артиллерии　地面炮兵射击教程

КСО и КА　Командование стратегической обороны и космоса армии　集团军战略防御与空间司令部

КСО　кабина стендового оборудования　后台设备舱

КСО　команда сторожевой охраны　前哨警戒小队

КСО　комплект сигнальных знаков ограждения　成套避险信号标志

ксо КСО　конденсатор слюдяной опрессованный　胶壳云母电容器

КСОК　Командование стратегической обороны и космоса США　美国战略防御和太空司令部

КСОР　коллективные силы оперативного реагирования　集体作战反应力量

КСОТТ　комплексная система общих технологических требований　共同技术要求综合标准系统

КСОТТ ВТ　Комплексная система общих технических требований к военной технике　军事技术装备整体技术需求综合体

КСП　кабельная система передачи　电缆传输系统

КСП　кабина слепого полета　盲目飞行座舱，暗舱

КСП　колесная самоходная пушка　轮式自行火炮

КСП　командир стрелкового полка　步兵团长

КСП　контрольно-следовая полоса　（边境的）足迹检查地带

КСП　контрольно-спасательный пункт (в горах)　（山区）纠察救生站

КСП　коррекция статических поправок　静态修正值调整

КСП ПРО　комплекс средств преодоления противоракетной обороны　反导突防综合体

КСПА　комплексная система предупреждения аварийности　事故预报综合体

КСПА　контрольно-сигнальный прибор азимута　方位检查信号仪表

КСПД　канал связи и передачи данных　通信与数据传输通道

КСПМ　конский сухой противогаз малый　小型马用干燥防毒面具

КСпН　войска командования специального назначения　特种司令部军队

КСПР　комплекс средств погрузки ракет　导弹装载系统

КСР　командир стрелковой роты　步兵连长

КСР　комплект сигнального реле　信号继电器套件

КСР　Конно-санитарная рота　骑兵卫生连

КсР　космическая разведка　航天侦察，空间侦察

КСР　счетно-решающий компенсатор　运算补偿器

КСРА　костюм специальный резиновый армированный　特种橡胶防弹衣

К

КСРП комплексная система разведки и предупреждения о воздушном, ракетном и космическом нападении 空中、导弹和太空袭击侦察和预警综合体

КСС канал служебной связи 勤务通信信道

КСС команда согласования скоростей 码速匹配信号（指令）

КСС Команда специальных сил 特种兵小分队

КСС командная стартовая станция 起飞线指挥台

КСС комендатура станции снабжения 供应站军事代表办事处

КСС контактная следящая система 接触随动系统

КСС корпорация связных спутников 通信卫星组织

КСС космическая система связи 太空通信系统

КСС космические силы и средства 太空空间兵力兵器

КССБ Комитет секретарей советов безопасности 安全会议秘书委员会

КСТ курс стрельбы для танков 坦克射击教程

КСУ комплексная система управления 综合控制系统

КСУ контрольно-сигнальное устройство 监视信号设备

КСУ корабельная система управления ракетным комплексом 导弹舰控系统（即指挥仪）

КСФ карманный светосигнальный фонарь 手电筒信号灯

КСФ Краснознаменный Северный флот 红旗北方舰队

КСЧ квантовый стандарт частоты 量子频率标准

КТ канальный транзистор 场效应晶体管

КТ катерный трал 艇用扫雷具

КТ кинематическая траектория 运动学弹道

кт кодовая таблица 密码表，密 командир танка 坦克车长

КТ кодовый трансформатор 电码变压器

КТ колесный тягач 轮式牵引车

кт комнатная температура 室温

КТ комплексный тренажер 综合教练器

КТ конец текста 文本结尾

КТ контейнер （导弹）发射筒，运弹箱

КТ контрольная точка 检查点

КТ контрольный телефон 监听电话机，监听筒

КТ контрольный токораспределитель 控制序轮机

кт критическая температура 临界温度

КТ курс течения 流向

КТ тип взрывателя 引信型号

к-т курсант 军校学员

КТ-1 тип взрывателя артиллерийских снарядов 炮弹引信型号

КТ-34, КТ-137 крепление танка 坦克固定装置

КТА командно-топливный агрегат 燃料分配调节器

КТА кормовой торпедный аппарат 船尾鱼雷装置

КТА корпусная тяжелая артиллерия 军属重炮兵

КТАП корпусной тяжелый артиллерийский полк 军属重炮团

КТБ катапультный тренажер Борщевского 博尔谢夫斯基弹射训练器

КТБ командир танкового батальона 坦克营营长

КТБ конец текстового блока 文本块结尾

КТБ конструкторско-техническое бюро 技术设计局

КТБ конструторско-технологическое бюро 工艺设计室

КТБ-2 командир второго танкового батальона 第 2 坦克营营长

КТБр командир танковой бригады 坦克旅旅长

КТВ командир танкового взвода 坦克排排长

КТВД континентальный театр военных действий 大陆战区

КТГ корабельно-траловая группа 扫雷舰群，舰艇扫雷组

КТГ коэффициент технической готовности 技术准备系数

КТД командир танковой дивизии 坦克师师长

КТДУ корректирующая тормозная двигательная установка 校正制动发动机

КТИЗ канальный транзистор с изолированным затвором 绝缘阀场效应

КТК керамический трубчатый конденсатор 管状陶瓷电容器

КТК ООН контртеррористический комитет ООН 联合国反恐委员会

КТКА курс боевой подготовки торпедных катеров 鱼雷艇战斗训练教范

КТ-Л колесный тягач-легкий 轮式轻型牵引车

КТМ колесный трал минный 轮式扫雷车

КТМ(-) типы взрывателей артиллерийских снарядов 炮弹引信型号（例如：КТМ-1）

КТМЗ-1 тип взрывателя артиллерийских снарядов, мембранный с замедлением 有膜片的炮弹延期引信型号

КТО контртеррористическая операция 反恐怖作战

КТП к.т.п. коэффициент теплопередачи 传热系数，导热系数

КТП контрольно-телефонный пост 查线站，查线哨

КТП контрольно-технический пункт 技术检查站

КТР кодовое трансмиттерное реле 电码发送继电器，编码发射机继电器

КТР командир танковой роты 坦克连连长

КТР коэффициент теплового расширения 热膨胀系数

КТРГ контртеррористическая рабочая группа 反恐工作组

КТРТ коллоидное твердое ракетное топливо 胶质固体推进剂，胶质固体火箭燃料

КТС контрольная телеграфная станция 电报检查站

КТС контрольная телефонная станция 电话检查站

КТС космическая транспортная система 航天运输系数

КТСОП коммутируемая телефонная сеть общего пользования 公共电话交换

КТТ канал тонального телеграфирования 音频电报信道

КТТ комплексный тактический тренажер 成套战术训练器

КТТ крепление тяжелых танков 重型坦克固定装置

КТТ-Т колесный танковый тягач-тяжелый 轮式坦克牵引车－重型

КТТУ Киевское танкотехническое училище 基辅坦克技术学校

КТУ киевское танковое училище 基辅坦克学校

КТУ командно-трансляционное устройство 中继指挥装置

КТУ котлотурбинная установка 制造锅炉与涡轮机装置

КТУ коэффициент трудового участия 出勤率

КТФ космический тренажер физкультуры 航天飞行身体训练器

КТХ катастрофа техногенного характера 技术事故

КТЦ Контртеррористический центр ЦРУ США 反恐中心（美国中央情报局）

КТЧ канал тональной частоты 音频信道，音频电路

КТЩ командир тральщика 扫雷舰舰长

КТЩ курс боевой подготовки тральщиков 扫雷舰战斗训练教范

КУ кабельный участок 电缆段

КУ канал управления 管理信道

КУ Караульный устав 警卫条令

КУ качество услуги 服务质量

КУ квантовый усилитель 量子放大器

КУ ключ управления 操纵键，控制键

КУ кнопка управления 控制按钮

КУ код управления 控制代码

КУ кодирующее устройство 编码装置

КУ команда(ы) управления 指挥指令，控制指令

КУ комбинированное управление 综合控制，组合控制

КУ комбинированный удар 联合突击

КУ комендант участка 地段警备长

КУ комендантское управление 警备司令部

КУ компьютерные упражнения 计算机作业

КУ контрольное устройство 检测装置，监控设备

КУ конусная установка (авиапулемет)(航空机枪）锥形装置

КУ Корабельный устав 舰艇条令

КУ корабль управления 指挥舰

Ку коэффициент удаления 方向比；距离比

КУ коэффициент усиления 增益系数

КУ курс уравнителя 基准舰航向

КУ курсовой угол 舷角

КУ ВМФ Корабельный устав Военно-Морского Флота 海军舰艇条令

КУА коэффициент усиления антенны (приемника) 天线（接收机）增益系数

КУАХБ комплекс уничтожения аварийных химических боеприпасов 全套销毁破损化学弹药设备

КУБЗ-ЗПР курс учебно-боевых задач зенитных прожекторов ВМФ 海军对空探照作战训练科目教程

Куб.м кубический метр 立方米

куб. Мм кубический миллиметр 立方毫米

куб.см кубический сантиметр 立方厘米

КУБВ квантовый усилитель бегущей волны 行波量子放大器

КУБЗ курс учебно-боевых задач 作战训练科目教程

КУБП курс учебно-боевой подготовки 战斗训练课程

КУВ курсовой угол ветра 风向角

КУВКС курсы усовершенствования высшего командного состава 高级指挥人员进修班

КУВНАС курсы усовершенствования высшего начальствующего состава 高级领导进修班

КУВТС курсы усовершенствования военно-технического состава 军事技术人员进修班

КУГ корабельная ударная группировка 舰艇突击集群

КУЗА комплекс управления зенитной артиллерией 高射炮兵（射击）指挥系统

КУКС курсы усовершенствования комсостава 指挥人员进修班

КУКСЗА курсы усовершенствования командного состава зенитной артиллерии 高射炮兵指挥人员进修班

КУЛС курсы усовершенствования летного состава 飞行员进修班

КУЛП курсы усовершенствования летной подготовки 飞行训练进修班

КУЛПП курс учебно-летной подготовки планеристов 滑翔机驾驶员飞行训练教程

КУМ комплект управляемого минирования 全套操纵布雷器材

КУМКС курсы усовершенствования младшего командного состава 初级指挥人员进修班

КУМНАС курсы усовершенствования младшего начальствующего состава 初级主官进修班

КУМО картографическое управление Министерства обороны США 国防部制图局（美国）

КУМЦ компьютерный учебный моделирующий центр 计算机教学模拟中心

КУО курсовой угол ориентира 航向方位角

КУОКС курсы усовершенствования офицерского командного состава 指挥军官进修班

КУОМС курсы усовершенствования офицеров медицинской службы 医务军官进修班

КУОПП Краснознаменный учебный отряд подводного плавания (подплава) 红旗潜泳教导队

КУОС курс усовершенствования офицерского состава 军官进修教程

КУОЭ коэффициент упругого отражения электронов 电子弹性反射系数

КУП кабелеукладчик полевой 野战电缆敷设机

КУПА коэффициент усиления приемной антенны 接收天线增益系数

КУПОС курсы ускоренной подготовки офицерского состава 边防部队军官速成培训班

КУПП курсы учебной подготовки парашютистов 伞兵训练班

КУПС курсы усовершенствования политического состава 政治人员进修班

КУР комендант укрепленного района 〈海〉筑垒地域警备司令，设防区警备长

КУР курсовой угол радионавигационной антен-

К

ны 无线电导航方位角

КУР курсовой угол радионавигационной точки 无线电导航点相对方位角

КУР курсовой угол радиостанции 无线电台航向角，电台相对方位角

КУР курсовой угол разворота 转弯相对方位角

КУР курсовой угол РНТ 无线电导航点相对角

КУС кнопка управления стрельбой 射击控制钮

КУС комбинированный указатель скорости 〈航〉组合型空速表

КУС комендант укрепленного сектора 设防分区警备长（海军）

КУСТНАС Курсы усовершенствования старшего начальствующего состава ПВО 防空兵高级指挥人员进修班

КУТА команда управления тактической авиацией 战术航空兵指挥组

КУУ контрольно-управляющее устройство 检查控制器

Куц курсовой угол цели 目标航向角，目标进入角

КУч комендантский участок 警备地段

КФ Каспийская флотилия 里海区舰队

КФ кварцевый фильтр 晶体滤波器

КФ конец файла 文件结尾

КФ корреляционная функция 相关函数

КФ криоэлектронный фильтр 低温电子过滤器

КФП курс физической подготовки 身体训练教程

КФС космофотоснимок 宇航摄影照片

КХ колебательный характер 抖动特性，振荡特性

КХ конструктивный характер 构造特性，结构特性

КХО Конвенция о запрещении разработки, производства, накопления и применения химического оружия и о его уничтожении 《禁止研制、生产、储存、使用和销毁化学武器公约》

КХО комната для хранения оружия 武器保管室

КЦ канал цели 目标通道

КЦ карцер 禁闭室

КЦ кнопка центральная 总按钮

КЦ командный центр 指挥中心

КЦ курс цели 目标航向

КЦ ФПС культурный центр Федеральной пограничной службы РФ 俄联邦联邦边防局文化中心

КЦО «Командир-цель-орудие» (угол) 指挥员－目标－火炮（角），观目炮角

КЦП комплексные целевые программы 综合规划

КЦРП крупный центральный распределительный пункт 大型中央配电站

КЧ качающаяся часть 俯仰部分

КЧ комбинационная частота 合成频率

КЧ контрольная частота 控制频率

КЧ кормовая часть 后段

КЧ корректор частотный 频率校正器

КЧ критическая частота 临界频率

КчМОР камчатский морской оборонительный район 堪察加海防区

КЧС комиссия по чрезвычайным ситуациям 紧急情况委员会

КЧС комплект частот сличения 校对频率设备

КЧФ командующий Черноморским флотом 黑海舰队司令员

КЧФ Краснознаменный Черноморской флот 红旗黑海舰队

КШ калибровочный штамп 校准模

КШ кислородный шланг 氧气软管

КШ кодовая шина 电码总线

КШ Координационный штаб 协调参谋部

КШ коэффициент шума 噪声系数

КША корабельная штурмовая авиация 舰载强击航空兵

КШАП корабельный штурмовой авиационный полк 舰载强击航空兵团

КШАЭ корабельная штурмовая авиационная эскадрилья 舰载强击航空兵大队

КШВИ командно-штабная военная игра 首长参谋部兵棋推演

КШИ командно-штабные игры 首长参谋部兵棋推演

КШИМ командно-штабная игровая модель 首长参谋部推演模型

КШК Командно-штабной колледж Армии США 美陆军指挥参谋学院

КШК Командно-штабной колледж ВМС 海军指挥参谋学院

КШК контрольный шаблон контура 外形检验样板

КШК копатель шахтных колодцев 矿井挖掘机

КШК ВВС Командно-штабной колледже ВВС США 美空军指挥参谋学院

КШП командно-штурманский пункт 领航指挥所，(机场的）领航塔台

КШП командный штурмовой пункт 突击指挥所

КШП коэффициент шума приемника 接收机噪声系数

КШПО Киевская школа пожарной охраны 基辅消防学校

КШР кабельно-шестовая рота 轻便线路架设连，制式高杆线路架设连

КШТ командно-штабная тренировка 首长参谋部演练

КШТБ командно-штабная тренировка батальона 营首长参谋部演练

КШТД командно-штабная тренировка дивизии 师首长参谋部演练

КШТП командно-штабная тренировка полка 团首长参谋部演练

КШУ командно-штабное учение 首长参谋部演习

КШУП командно-штабное учение полка 团首长参谋部演习

КШЧ кодовые шины числа 数码总线

КЭ кинетическая энергия 动能

КЭ командир экипажа 机长

КЭ коммутационный элемент 交换单元

КЭ конденсатор электролитический 电解电容器

КЭ контрольный этап 检查阶段

КЭ крейсерская эскадра 巡航分舰队

КЭ крейсерская эскадрилья 巡航大队

КЭ ПРО космические элементы противоракетной обороны 反导防御太空空间要素

КЭАГ комбинированно-электрический авиагоризонт 组合式电动航空地平仪

кэв килоэлектрон вольт 千电子伏（特）

КЭВ-БАРН килоэлектрон-вольт-барн 千电子伏（特）靶恩

КЭГ конденсатор электролитический герметизированный 电解（质）密封电容器

КЭГ контрольно-эвакуационный госпиталь 检查后送医院

КЭД конденсатор эмалированный дисковый 盘形涂釉电容器

КЭИС Куйбышевский электротехнический институт связи 古比雪夫电子工程通信专科学院

КЭК Комиссия экспортного контроля Министерства обороны РФ 俄联邦国防部出口管理委员会

КЭМ квантово-электронный модуль 量子电子模式

КЭМ космические экипажи международные 国际航天乘员组

КЭМС коэффициент электромеханической связи 机电耦合系数

КЭМТЩ катерный электромагнитный тральщик 电磁扫雷艇

КЭО квартирно-эксплуатационное отделение 房产管理科

КЭО квартирно-эксплуатационный отдел 房产管理处

КЭП катэлектротонический потенциал 阴极（电）紧张电位

КЭП компьютерный электронный полиграф (DPS) 计算机电子复写器，计算机电子波动扫描仪（可作测谎用）

КЭП конденсаторный элемент памяти 电容器存储元件

КЭП контрольно-эвакуационный пункт 后送检查站

к-эрг килоэрг 千尔格

КЭС керосиномер электрический с сигнализацией остатка топлива 带剩余燃料警告灯的电动煤油油量表

кэск кавалерийский эскадрон 骑兵连

КЭУ канальный электронный умножитель 信道电子倍增器

КЭУ квартирно-эксплуатационное управление 营房部，房管局

КЭУ комбинированная энергетическая установка 联合动力装置

КЭЧ квартирно-эксплуатационная часть 营建部队，房产管理部门

КЯ командирский ящик 指挥员箱

КЯ-51 командирский ящик для содержания стрелковых приборов 储存射击仪器用的指挥员箱

Л

Л влево 向左，住左（炮）

Л левая свивка 向左旋转（海）

Л легкий 轻型的

Л ленточный порох 带状火药

Л летняя ватерлиния 夏季水线

Л литр 升

Л лоцман 引航员，引水员，领港员

Л подводная лодка "Ленинец""; серия подводных лодок "Ленинец" “列宁主义者”号潜艇；“列宁主义者”号潜艇系列

л. левый 左的，左手的，反时针的，

л. линия 路线；线，线路

Л. СНД левый пост сопряженного наблюдения дивизиона 炮兵营左翼伴随观察哨

л.с. личный состав 人员，全体人员，官兵

л.с. лошадиная сила 马力

л/к ледокол 破冰船

Л-1 легкий защитный костюм (от бактериальных средств)（防细菌武器）轻便防护衣型号

Л-10, Л-11 марки 76-мм танковой пушки 76 毫米坦克炮牌号

ЛА ларингофон авиационный 航空用喉头送话器

ЛА легкая артиллерия 轻炮兵

ЛА ленточная антенна 带状天线

ЛА летательный аппарат 飞行器

ЛА линейная аппаратура 线路装置

ЛА линейная арифметика 线性算术

ЛА логический автомат 逻辑自动装置

ЛА ПВО Ленинградская армия противовоздушной обороны 列宁格勒防空集团军

ЛА- Лавочкин (в маркировке самолетов); самолет конструкции С. А. Лавочкина 指拉沃奇金设计的飞机型号；拉沃奇金设计的飞机

Ла/б линия автоблокировки 自动比塞线路

ЛАБ легкая авиационная бригада 轻型航空兵旅

лаб. лаборатория 实验室

лабб легкая авиационная бомбардировочная бригада 轻型轰炸航空兵旅

ЛАБВП летательный аппарат бесконтактного взлета и посадки 无接触起落飞行器

лабр легкая артиллерийская бригада 轻型炮兵旅

ЛАВВП летательный аппарат вертикального взлета и посадки 垂直起降飞行器

ЛАГ ламповый автогенератор 电子管自激振荡器

ЛАГ лига арабских государств 阿拉伯国家联盟

лаг. лагерный 营的，野营的，兵营的，阵营的

лаг. лагерь 营，野营，兵营

ЛАГГ самолет конструкции С. А. Лавочкина, В. П. Горбунова и М. И. Гудкова С. А. 拉沃奇金、В. П. 戈尔布诺夫和 М. И. 古德科夫设计的飞机

лагком комендант лагеря 野营警备长

лагкор лагерный корреспондент 营地记者

лагпункт лагерный пункт 野营点

лад легкий артиллерийский дивизион 轻型炮兵营

ЛАЗ линейно-аппаратный зал 长途载波机械室，终端机室

ЛАМ лаборатория авиационной медицины 航空医学实验室

лап легкий авиационный полк 轻型航空兵团

лап легкий артиллерийский полк 轻炮兵团

ЛАП лента авиационная перкалевая 航空用丝光布带，航空用细棉布带

ЛАР линейная антенная решетка 线性天线阵

ЛАРМС ледниковая автоматическая радиометеорологическая станция 冰川自动无线电气象站

ЛАС лодка авиационная спасательная 航空救生艇（船）

ЛАТОЛКУ Ленинградское артиллерийско-техническое ордена Ленина Краснознаменное училище 列宁格勒列宁勋章红旗炮兵技术学校

ЛАТР лабораторный автотрансформатор 实验室用自耦变压器

ЛАТУЗА Ленинградское артиллерийско-техническое училище зенитной артиллерии 列宁格勒高射炮兵技术学校

ЛАУ Ленинградское артиллерийское училище 列宁格勒炮校

ЛАФХ логарифмические амплитудно-фазовые характеристики 对数幅相特性（曲线）

ЛАХ лексамперная характеристика 勒克斯－安培特性

ЛАЦ линейно-аппаратный цех 线路设备间

ЛАЧХ логарифмическая амплитудно-частотная характеристика 对数幅频特性（曲线）

ЛАЭ лазерный активный элемент 主动激光元件

ЛАЭ легкобомбардировочная авиационная эскадрилья 轻型轰炸航空兵大队

лб левый борт 左舷（海）

ЛБ легкая бригада 轻步兵旅

ЛБ легкий бомбардировщик 轻型轰炸机

ЛБ линейная батарея 线路电磁（组）

лб лыжный батальон 滑雪营

ЛБ ремонтная летучка тип “Б” “Б”型修理车

ЛБА легкобомбардировочная авиация 轻型轰炸航空兵

ЛБАК линейно-батарейный коммутатор 线路电池互换器

ЛБАП легкобомбардировочный авиационный полк 轻型轰炸航空兵团

Лбат ложная батарея 假发射阵地，假炮兵阵地

ЛБАЭс легкая боевая авиационная эскадра 轻型战斗飞行中队

лбб легкая бомбардировочная бригада 轻型轰炸机旅

лббап легкий ближнебомбардировочный авиаполк 轻型近程轰炸航空兵团

ЛБВ лампа бегущей волны 行波管

ЛБРПО легкий бронепоезд 轻型装甲列车

ЛБМ легкая бронированная машина 轻型装甲车辆

лбп легкий бомбардировочный полк 轻型轰炸机团

ЛБП линия боевого пути 〈空〉战斗航迹线

ЛБр лыжная бригада 滑雪队

ЛБС легкий боевой самолет 轻型战斗机

ЛБС легкое бомбардировочное соединение 轻型轰炸机编队

лбс линейный батальон связи 通信架线营

ЛБС линия боевого соприкосновения 战斗接触线

ЛБУ линейное боковое уклонение 〈空〉偏航距离

ЛБУ линия бокового уклонения 偏航航线

ЛВ ламповый выпрямитель 电子整流器

ЛВ линейный выравниватель 线路均衡器

ЛВ линия визирования 瞄准线，观测线，视线

ЛВ локальная война 局部战争

ЛВАИУ Ленинградское высшее артиллерийское инженерное училище 列宁格勒高级炮兵工程学校

ЛВАТУ Ломоносовское военное авиационно-техническое училище 罗蒙诺索夫军事航空技术学校

ЛВВ лоция военного времени 战时航路指南

ЛВВАКА Ленинградская военно-воздушная академия Красной Армии 列宁格勒红军航空学院

ЛВМ легкий висячий мост 轻型吊桥

ЛВМИ Ленинградский военно -механический институт (1932-1992 年，позже：БГТУ им. Д. Ф. Устинова) 列宁格勒军事机械学院（后：波罗的海国立 Д. Ф. 乌斯季诺夫技术大学）

ЛВМУ Ленинградское высшее мореходное училище 列宁格勒高级航海学校

ЛВОКУ Ленинградское высшее общевойсковое

Л

командное училище 列宁格勒高级合同指挥学校

ЛВС легководолазное снаряжение 轻（装）潜水员装备

ЛВС локальная вычислительная сеть 局域网，局域计算机网

ЛВТ линейно-вращающийся трансформатор 线性旋转变压器

ЛВУ Ленинградское военное училище 列宁格勒军事学校

ЛВУ линейный видеоусилитель 线路视频放大器

ЛВФ Ладожская военная флотилия 拉多加湖区舰队

ЛГ лаг 计程仪

ЛГ ламповый генератор 电子管振荡器

ЛГН линейное гнездо 线插孔

ЛГСБр легкая горно-стрелковая бригада 轻型山地步兵旅

ЛГСН лазерная головка самонаведения 激光自导头

ЛГТС ленинградская городская телефонная станция 列宁格勒市电话局

ЛД лазерный дальномер 激光测距仪

ЛД лазерный диод 激光二极管

ЛД летальная доза 致命剂量，致命射线量

ЛД лидер 〈海〉领舰，驱击领舰

ЛД линейный детектор 线性检波器

ЛД ложная цель 假目标

ЛД-12 тип надувной десантной лодки на 12 человек 12 人橡胶登陆艇型号

ЛДИС лазерный доплеровский измеритель скорости 激光多普勒测速仪

ЛДМ лазерный диод многомодовый 多模激光二极管

ЛДО лазерный диод одномодовый 单模激光二极管

ЛДП локатор дифференциального поглощения 差动吸收激光雷达

ЛДР ложная деревянная ракета 木制假导弹

ЛДТ лучевой двойной тетрод 双集射四极管

ЛДУ линия дистанционного управления 遥控线路

ЛДЦ лазерный дальномер-целеуказатель 激光测距指示器

ЛДЭМ лидер эскадренных миноносцев 驱逐领舰

лейт. лейтенант 中尉

Ленморбаза Ленинградская морская база 列宁格勒海军基地

Ленмортехникум Ленинградский морской техникум 列宁格勒海军技术学校

лет летчик 飞行员

летнаб летчик-наблюдатель 观察飞行员

ЛЗ линия задержки 迟滞线

ЛЗА легкая зенитная артиллерия 轻型高射炮兵

ЛЗВВ линия запросов на ввод-вывод 输入输出请求线

ЛЗП линия заданного пути 预定航线

ЛЗР линейное запаздывание разворота (самолета)（飞机）转弯直线延迟

ЛЗУ лазерное записывающее устройство 激光存储器

ЛИ летные испытания 飞行试验，试飞

ЛИ линейные искажения 线性失真

ЛИ линейный искатель 选线器

ЛИ(-) самолет Лисунова 利－（利苏诺夫设计的飞机型号，例如：ЛИ-2)；利苏诺夫设计的飞机

ЛИАП Ленинградский институт авиационного приборостроения 列宁格勒航空仪表制造研究所

ЛИГ ламповый измерительный генератор 电子管测试振荡器

ЛИДС лазерный измеритель дальности и скорости 激光测距测速仪

ЛИИ летно-испытательный институт 飞行试验研究所

ЛИИМАП летно-испытательный институт Министерства авиапромышленности 航空工业部飞行试验研究所

ЛИИС Ленинградский институт инженеров связи 列宁格勒通信工程专科学院

ЛИКБ линейный искатель для больших коммутаторов 大容量交换机选线器

ЛИКЛ линейный искатель коммутаторных линий 旋转（寻找）终接器，交换线选线器

Лим(-) типы реактивных истребителей в Польских воздушных силах 波兰空军喷气式歼击机型号（例如：Лим-2, Лим-5）

ЛИМТС линейный искатель междугородной телефонной связи 长途电话选线器（线性网络分析的程序语言）

лин. линейный 直线的，战列的，主力的

линкор линейный корабль 战列舰

линкрейс линейный крейсер 战列巡洋舰

линпост линейный пост 线路站

ЛИР лаборатория инструментальной разведки 仪器侦察实验室

ЛИР линия исходного режима 基准线，参考线

ЛИС летно-измерительная система 飞行测量系统

ЛИС летно-испытательная служба 飞行试验勤务，试飞勤务

ЛИС летно-испытательная станция 飞行试验站

ЛИС линейная интегральная схема 线性集成电路

ЛИСП лазерные имитаторы стрельбы и поражения 激光射击毁伤模拟器

ЛИУ линейный индукционный ускоритель 线性指示加速器

ЛИУ линейный искатель универсальный 万能选线器

ЛИЦ летно-испытательный центр 飞行试验中心

ЛК лампа контроля 检查灯，指示灯

ЛК левый концевой клапан 左端阀；〈伞〉左侧末端保护布

ЛК легкий корпус 非耐压舰体，(潜艇的）外壳

ЛК легкий крон 轻质冕玻璃，轻质无铅玻璃

ЛК линейный код 线性码

ЛК линейный коммутатор 线性互换器，线路转换器

ЛК линейный контактор 线路接触器

ЛК линейный корректор 线路校正器

ЛК линейный кросс 线路配线站

ЛК линия контроля 检验线

ЛК лунная кабина 登月舱

лк люкс 勒克斯，(光照度单位）

ЛК(-) линейный коммутатор (телефонный) 电话线路交换机型号（如：ЛК-5）

ЛК-2Б марка кинескопа 显像管型号

ЛКАО линейная комбинация атомных орбит 原子轨道线性组合

лкбт линейнокабельный батальон 电缆线路营

ЛКВС линейно-кабельный взвод связи 通信架线排

ЛКВТУ Ленинградское Краснознаменное военно-топографическое училище 列宁格勒红旗军事测绘学校

ЛКГ локально-компактная группа 局部密集群

ЛКД легкая канатная дорога 轻型索道

ЛКЗ лампа короткого замыкания 短路管

ЛКИ летно-конструкторские испытания 飞行设计试验

ЛКО летно-конструкторская отработка (новых образцов ракетной и авиационной техники) 飞行设计研究（新火箭与航空技术产品研制）

ЛКП лакокрасочное покрытие 油漆层

ЛКП легкие канатные переправы 轻型钢索渡口

ЛКП летно-космическое происшествие 航天飞行事故

ЛКРС линейно-кабельная рота связи 通信架线连，电缆线路通信连

ЛКС линия космической связи 卫星通信线路

лк-с люкс-секунда 勒秒

ЛКУ линейно-кабельный узел 明线电缆中心站

ЛЛ лазерный локатор 激光雷达

ЛЛ летающая лаборатория 飞行实验室

ЛЛСН лазерно-лучевая система наведения 激光导航系统，激光引导系统

ЛЛЦ легкая ложная цель 轻型假目标

ЛМ линейный мост 滑线电桥，滑臂电桥

ЛМ лодочный мотор 潜艇发动机

лм люмен 流明（光通量单位）

лмб ламберт 朗伯（亮度单位）

ЛМВ легкое мотор-весло 轻型摩托桨

ЛМВ логическая матрица видеографики 图像

显示逻辑阵列，图象显示

ЛМВ-46 лодка моторно-весельная 摩托舢板型号

ЛМИСИ Лондонский международный институт стратегических исследований 伦敦国际战略研究所

ЛММ лодочный мотор морской 航海小艇发动机

ЛМН лодка малая надувная (десантная) 小型（登陆）橡皮艇

ЛМР лодочный мотор речной 江河船用马达

лм-сек люмен-секунда 流明秒

ЛМУ легкая мишенная установка 轻型靶装置

ЛМУ Ленинградское мореходное училище 列宁格勒航海学校

ЛМЦА легкий многоцелевой автомобиль 轻型多用车

лм-ч люмен-час 流明－小时

ЛН личный номер 个人号码

ЛН логический номер 逻辑号码

ЛНВ неконтактный лазерный взрыватель 非触发激光引信

ЛНП левый наблюдательный пункт 左方观察所，左观

ЛНП ложный наблюдательный пункт 假观察所

ЛНС линия наименьшего сопротивления 〈炮〉最小抵抗线

Ло летный отряд 飞行大队

ЛОВ, лов лампа обратной волны 返波管，回波管

ЛОВД линейный отдел внутренних дел (милиция на транспорте) （内务）线路处（机动警察）

Ловсудно судно-ловушка 伪装猎潜船

ЛОКК Лига обществ «Красного креста» “红十字”会协会（日内瓦）

ЛОП линия оконечного пункта 终端站线路

ЛОП ложная огневая позиция 假发射阵地

ЛОР лагерь особого режима 特别集中营

ЛОТ линейный оптический терминал 线路光端机

ЛОТ ложная огневая точка 假发射点

ЛОУ легкая опреснительная установка 轻型去盐设备，轻型淡化设备

ЛОУМ Ленинградское областное управление милиции 列宁格勒州警察局

ЛП лазерный прицел 激光瞄准具

ЛП лампа питания 电源指示灯

ЛП ламповый потенциометр 电子管电位计

ЛП летная полоса 飞行带

ЛП летный противогаз 航空防毒面具

ЛП линии привязки 连接线路

ЛП линия положения 位置线

ЛП линия прицеливания 瞄准线

ЛП ложный пункт (наблюдательный, командный) 假（观察、指挥）所

ЛП локсодромический пеленг 等角方位

ЛП лучевой пентод 集射五极管

ЛПА логопериодическая антенна 对数周期天线

лпадб легкая парашютная авиадесантная бригада 轻型伞兵旅

ЛПБ легкая парашютная бригада 轻型空降旅

ЛПБ легкий парашютный батальон 轻伞兵营

ЛПД лавинно-пролетный диод 雪崩穿透二极管

ЛПД легкая пехотная дивизия США 轻步兵师（美国）

ЛПД линия поправок дальности 〈炮〉距离修正量线

ЛПД линия пристрелянных дальностей 〈炮〉试射后的距离修正量线

ЛПДС линейный пункт диспетчерской станции 调度站交通点

ЛПЗ линейная пограничная застава 边防小队

ЛПКС легкие полевые кабели связи 轻型野战通信电缆

ЛПН линия поправок направлений 〈炮〉方向修正量线

ЛПО легкий пехотный огнемет 轻型步兵喷火器

ЛПРГС лакированный провод резиновый гибкий самолетный 飞机用橡皮绝缘漆包软导线

ЛПС летно-подъемные средства 空中起重设备

ЛПС летно-подьемный состав 空勤人员

ЛПС летно-производственная служба 飞行生产（服务）部门

ЛПС линейно-путевая связь 线路通信

лп линейный полк 通信线路团

ЛПС линейный полк связи 通信线路架设团，通信架线团

ЛПС линия положения самолета 飞机位置线

ЛПС линия прямой связи 直达通信线路

ЛПТ летно-тактическая подготовка 飞行战术训练

ЛПТЦИ линия передачи тактической цифровой информации 战术数字信息传输线路

ЛПУ лечебно-профилактические учреждения 医疗防疫机关

ЛПУ линия пристрелянных угломеров 〈炮〉试射后的方向修正量线

ПЛУРС противолодочный управляемый реактивный снаряд 反潜导弹

ЛПУС линия привязки узлов связи 通信枢纽连接线路

ЛПФ лампа переключателя фаз 相转换开关指示灯

ЛПФД лавинно-пролетный фотодиод 雪崩穿透光电二极管

ЛПШ Ленинградская пехотная школа 列宁格勒步兵学校

ЛР лазерная разведка 激光侦察

ЛР легкая радиостанция 轻便无线电台

ЛР легкораненый 轻伤员

ЛРА легкая реактивная артиллерия 轻火箭炮兵

ЛРА линия равных азимутов 等方位角线

ЛРВ линия равных высот 等高度线

ЛРД легкий разведывательный дозор 轻侦察群

ЛРРП линия равных радиопеленгов 无线电等方位线

ЛРС линейная рота связи 通信线路架设连，通信架线连

ЛРС локомотивная радиосвязь 机车无线电通信

ЛРУК личный радиоузел командира 指挥员专用无线电枢纽部

ЛРЦ ложная радиолокационная цель 假雷达目标

ЛС легкие силы 轻兵力

ЛС летный состав 飞行人员，空勤人员

ЛС линейный сигнал 线路信号

ЛС линейный спектр 线路频谱

ЛС линия связи 通信线路

ЛС локальная сеть 局域网

лсап легкий самоходный артиллерийский полк 轻型自行火炮团

ЛСВО радиолокационная станция воздушного обнаружения 对空警戒雷达

ЛСО легкое стрелковое оружие 轻型步兵武器

ЛСОП Лига содействия оборонным предприятиям 国防工业促进会

ЛСП лазерное средство помех 激光干扰器

ЛСС линейная служебная связь 线路勤务通信

ЛСС локальная сеть связи 局域通信网

ЛСТИ лазерная система траекторных измерений 激光弹道测量系统

ЛСЧ линейный спектр частот 线路（信号）频谱

ЛТ легкий танк 轻型坦克

ЛТ линейный тракт 线路

ЛТ линейный трансформатор 线路变压器

ЛТ лучевой тетрод 集射四极管

ЛТ(-) тип ларингофона в танковом переговорном устройстве 坦克通话装置喉头送话器型号（例如：ЛТ-1）

ЛТА ленточный телеграфный аппарат 纸带式电报机

ЛТБр легкая танковая бригада 轻型坦克旅

ЛТДД летающая торпеда дальнего действия 远程飞行鱼雷

ЛТЗ Ленинградский трубочный завод (боеприпасов) 列宁格勒管道厂（弹药）

ЛТЗ летно-тактическая задача 战术飞行任务

ЛТК летно-технический комплекс 成套飞行技术设备

ЛТУ летное тактическое учение 战术飞行演习

ЛТУ летно-тактическое упражнение 战术飞行操练，战术飞行练习

ЛТУ линейно-технический узел 线路技术中心站

ЛТХ летно-тактическая характеристика 战术飞行性能

ЛТЦ ложная тепловая цель 假热辐射目标，假红外目标

ЛТШ летно-тактическая школа 战术飞行学校

ЛУ ламповый усилитель 电子管放大器

ЛУ логарифмический усилитель 对数放大器

ЛУ логика управления 控制逻辑，控制单元

ЛУВД линейное управление внутренних дел 边防内务局

ЛУК лунный указатель курса 月光航向指示器

ЛУН лазерный указатель направления 激光方向指示器

ЛУР линейное упреждение разворота 转弯直线提前量

ЛУС Ленинградское училище связи 列宁格勒通信学校

ЛУс линейный усилитель 线路放大器，线路增音设备；线性放大器

ЛУТЦ летный учебно-тренировочный центр 飞行训练中心

ЛУЭ линейный ускоритель электронов 线性电子加速器

ЛФ линейный фильтр 线路滤波器；低频滤波器

ЛФД лавинные фотодиоды 雪崩光电二极，雪崩光控二极管

ЛФИ легкий фронтовой истребитель 轻型前线歼击机

ЛФК линия фактического контроля 实际控制线

ЛФП линия фактического пути 实际航线

ЛФСВ лампа-фара самолетная выдвижная 活动式飞机降落灯，飞机活动着陆灯

ЛЦ лазерный целеуказатель 激光目标指示器

ЛЦ левая циркуляция 左回转

ЛЦ летный центр 飞行中枢，飞行中心

ЛЦ линия центров 中心线

ЛЦД лазерный целеуказатель-дальномер 激光目标指示测距仪

ЛЦФ линейная целевая функция 线性目标函数

ЛЧ линейная частота 线路频率

ЛЧМ линейно-частотная модуляция 线性调频

ЛЧМИ линейно-частотно-модулированный импульс 线性调频脉冲

ЛШ легкий штурмовик 轻型强击机

ЛШБ легкая штурмовая бригада 轻强击旅

ЛШО летно-штурманский отдел 航行处，航行领航处

ЛЩ линейный щит (в звукометрической станции)（声测站）线路板

ЛЭ линейный элемент 线性元件

ЛЭ логический элемент 逻辑单元

ЛЭ лучевая энергия 射线能

ЛЭБС линейно-эксплуатационный батальон связи 通信线路维护营

ЛЭИС Ленинградский электротехнический институт связи 列宁格勒电信技术专科学校

ЛЭМТ ледовый электромагнитный трал 冰上电磁扫雷具

ЛЭП линия (высоковольтных) электрических передач （高压）输电线路

ЛЭП линия электропередачи 输电线，输电线路

ЛЭР линейно-эксплуатационная рота 线路维护连

ЛЭРС линейно-эксплуатационная рота связи 通信线路维护连

ЛЭС логический эхо-сигнал 逻辑回波信号

ЛЭТИ Ленинградский электротехнический институт 列宁格勒电子技术研究所

ЛЭТИИС Ленинградский электротехнический институт инженеров сигнализации и связи 列宁格勒信号与通信技术工程专科学院

ЛЭУ лечебно-эвакуационное управление 医疗后送管理局

ЛЭФИ Ленинградский электрофизический институт 列宁格勒电物理学研究所

М

М вид фильтрующего противогаза 过滤式防毒面具种类

М день мобилизации 动员日

М максвелл 麦（克斯韦）(磁通单位)

М малокалиберный 小口径的

М манометр 压力表

М масштаб 比例尺，缩尺

М Max 马赫（运动速度与音速比）

М мега- 兆（106）

М медико-санитарная служба 医疗卫生勤务

М методический огонь 等速射击，定时射击

М метр 米，公尺

М милли- 毫（10-3）

М минный 布雷的，设雷的

М миноносец 雷击舰；驱逐舰

М модернизированный (в маркировке машин, приборов и т. п.)（机器、仪器等的标示）改进型，新式

М модернизированный (в названиях советской и российской военной техники и вооружения) 现代化（指军事技术与武器装备现代化）

М модулятор 调制器

М молекулярный вес 分子量

м мыс 海角、岬、地角

М подводная лодка "Малютка"; серия подводных лодок "Малютка" "婴儿" 号潜艇；"婴儿" 号潜艇系列

М число Маха 马赫数

М электроприводы 电力传动装置

М. В обозначениях американской военной техники 美国军事技术装备标示

м. местечко 小市镇，大乡村

м. д. место дислокации 分布点，驻扎地

м. м. морская миля 海里

м. майор 少校

м. местный 地方的，本地的

м. месяц 月

м. море; морской 海；海上的；航海的；海军的

м. мощность 功率，强度

м. сп. метиловый спирт 甲醇，木醇

м.т. масляный туман 油雾

м.у. магнитный усилитель 磁放大器

м/к младший командир 初级指挥员

м/с медицинская сестра 护士

м/с медицинская служба 医疗勤务的，军医的

м/с метрв секунду 米 / 秒

м/х. с. маскированный ход сообщения 伪装交通壕

м/ч метр в час 米 / 小时

м/ч моточас 摩托 / 小时

М-1 минный взрыватель, 1-й образец Ⅰ型地雷引信

М-1 тип планера 滑翔机型号

М-10 тип реактивного гидросамолета 喷气式水上飞机型号

М-100А одноступенчатая ракета《воздух-воздух》单级"空对空"导弹

М103 тип тяжелого реактивного самолета 重型喷气式飞机型号

М-106 вольтметр 伏特表型号

М-1101 мегометр 高阻表型号

М-13 авиационный двигатель Микулина 米库林航空发动机型号

М-13 тип ракеты, калибр 132-мм 132 毫米口径火箭型号

М-160 тип миномета 160-мм 160 毫米迫击炮型号

М-2 тип гусеничного тягача 履带式牵引车型号

М-2 тип малогабаритной электронной вычислительной машины 小型电子计算机型号

М201 тип тяжелого воздушного корабля 重型飞机型号

М-3 тип двухступенчатой зенитной ракеты 二级防空导弹型号

М-31 тип реактивной артиллерийской установки, калибр 300-мм 300 毫米口径火箭炮型号

М-31-12 тип боевой машины 战斗车辆型号

М3-Э минное заграждение электромагнитное〈海〉电磁水雷障碍

М-47 152-мм орудие 152 毫米火炮型号

М4Т затопляемый (скрывающийся) мост 浸没式桥

М-5 тип авиамотора 航空发动机型号

М-55 тип вольтмиллиамперметра 伏特毫安表型号

М-57 тип омметра 欧姆表型号

МА Морская авиация 海军航空兵

МА маметр 马赫表，М 数表

МА мастерская артиллерии 炮兵修理厂

МА механизированная армия 机械化集团军

ма миллиампер 毫安

МАБ морская авиабаза 海军航空兵基地

МАБ мостовая авиационная бомба 航空炸桥弹

МАБИ Международная академия боевых искусств 国际军事学院

МАБП многолучевая антенна ближнего поля 多射束近场天线

МАВ малокалиберное вооружение 小口径武器

МАВ малый автомобиль водоплавающий 小型水陆两用汽车

МАВ морской арктический воздух 北极海洋空气

МАГА магнитногидродинамическая аналогия 磁流体动力模拟

МАГАТЭ Международное агентство по атомной энергии 国际核能委员会

магн. магнитный 磁的

МАГЧ маневрирующая головная часть 机动式弹头

МАД военная разведка ФРГ 德国军事情报机构

МАЕ «Морской астрономический ежегодник» 《航海天文学年鉴》

МАЗ-214 тип тягача 牵引车型号

МАИ машина автономных испытаний 单元测试车

МАИ московский авиационный институт 莫斯科航空研究所

МАИ-53 тип двухместного планера 双座滑翔机型号

МАК малый артиллерийский корабль 小型火炮舰艇

МАК Международный авиационный комитет СНГ 独联体国际航空委员会

МАК модуль абонентской концентрации 用户集线模块

МАК Морская арбитражная комиссия 海事仲裁委员会

МАК-15МП тип мотопланера 动力滑翔机型号

макс максимальный 最大的，最大限度的，最高限度的

макс максимум 最大值

МАКС многоразовая авиационно-космическая система 多次用航空航天系统

МАКС многоцелевая авиационно-космическая система 多用途航空航天系统

МАМР Международная ассоциация морской радиосвязи 国际海上无线电协会

МАМС Международная ассоциация маячных служб 国际灯塔协会

мангруппа маневренная группа 机动群，机动队，机动组

МАНР маневренная рота 机动连

МАНСО маневренный спасательный отряд 机动救生队

МАНЦ Международный антинаркотический центр 国际禁毒中心

МАО манометр антиобледенения (системы) 防结冰压力表，防冻压力表

МАП малый артиллерийский полигон 小型炮兵靶场

МАП металл-окись аллюминия-полупроводник 金属 – 氧化铝 – 半导体

мап механизированный артиллерийский полк 机械化炮兵团

МАП Министерство авиационной промышленности 航空工业部

МАП минно-артиллерийская позиция 水雷火炮阵地

мап моторизованный артиллерийский полк 摩托化炮兵团

МАПГ Международная ассоциация портов и гаваней 国际港口码头联合会

МАПДУ многоцелевой авианосец с паросиловой двигательной установкой США 带蒸汽动力装备的多用途航空母舰（美国）

МАПО Московское авиационное производственное объединение 莫斯科航空生产联合体

МАПОБ Международная ассоциация профессиональных офицеров безопасности 安全领域职业军官国际联合会

МАПУ Московское артиллерийское подготовительное училище 莫斯科炮兵预备学校

МАР машина автоматической регистрации 自动记录仪

МАРМ малый автодорожный разборный мост 小型公路可装配桥梁

МАРС машина автоматической регистрации и сигнализации 自动调节机和信号机

МАРУ мгновенная автоматическая регулировка усиления 瞬时自动增益控制

марш. Маршал 元帅

МАС международный астрономический союз 国际天文学联合会

МАС местная автоматическая система 局部自动化系统

маск маскировка 伪装，隐藏

маск маскировочный 伪装的，隐蔽的

Маск материальные склады и кладовые 材料库

маскб маскировочный батальон 伪装营

масkв маскировочный взвод 伪装排

маскков маскировочный ковер 伪装毯

маскр маскировочная рота 伪装连

маскхалат маскировочный халат 伪装服

маскчехол маскировочный чехол 伪装套

МАТИ Московский авиационно технический институт 莫斯科航空技术研究所

МАТС Междугородная автоматическая телефонная станция 长途自动电话局

МАТС международная автоматическая телефонная связь 国际自动电话通信

МАУ массированный авиационный удар 航空兵密集突击

МАУ московский авиационный узел 莫斯科航空枢纽

МАУВ механизация и автоматизация управления войсками 军队指挥的机械化与自动化

Мауп морской артиллерийский учебный полигон 海军炮兵射击场

МАФ Международная астронавтическая федерация 国际天文联盟

МАФС модернизированная автофильтровальная станция 现代化滤水汽车

МАШ Московская артиллерийская школа 莫斯科炮兵学校

МАЮК Международный авиационный юридический комитет 国际航空法律委员会

МБ маневренная база 〈海〉机动基地

Мб мегабайт 兆比特

мб мегабар 兆巴

МБ местная батарея 本机电池（组），自给电池（组）

МБ механизированный батальон 机械化营

МБ микроэлектронный блок 微电子器件

мб миллибар 毫巴（压力单位）

МБ Министерство безопасности 安全部

МБ минометная батарея 迫击炮连

МБ минометный батальон 迫击炮营

МБ минус батареи 电池负极

МБ моноблок (моноблочная головная часть ракеты) 单弹头导弹

МБ морской буксир 海洋拖船

МБ мостовой батальон 舟桥营

МБ-12 тип танкового вентилятор 坦克扇风机型号

МБ-20-К тип мотора поворота танковой башни 坦克炮塔旋转电动机型号

МБ-59 моторный буксир 摩托拖船型号

МБА мба моторизованный батальон автоматчиков 摩托化冲锋枪营

мбарн миллибарн 毫靶恩（核子有效截面单位）

мббр моторизованная бронебригада 摩托化装甲旅

МБВ механизм боевого взвода 〈枪〉击发卡槽机构，扳机装置

МБВ минимальная безопасная высота 最小安全高度

МБВ монотрон бегущей волны 直越式行波速调管

МБВК многоцелевой беспилотный вертолетный комплекс 多用途无人驾驶直升机

МБГ морская боевая группа 海上战斗群

МБГр механизированная боевая группа 机械化

M

战斗群

МБК метод буквенной корреляции 字母相关法

МБК морской бронированный дизельный катер 海军装甲柴油机快艇

мбот мотобот 小汽艇

МБП маска большой площади 大型场地遮障

Мбп мастерская боепитания 弹药补给所

МБР межконтинентальная баллистическая ракета 洲际弹道导弹

МБр механизированная бригада 机械化旅

МБ морской ближний разведчик (самолет) 海军近程侦察机

Мбр мостовая бригада 舟桥旅

МБр моторизированная бригада 摩托化旅

МБР НБ Межконтинетальные баллистические ракеты наземного базирования 陆基洲际弹道导弹

МБР(с) морской ближний разведчик (самолет) 海军近程侦察机

МБС межконтинентальый баллистический снаряд 洲际弹道实验弹，洲际弹道导弹

МБТК(-) мобильный башенный трубчатый катеров 鱼雷艇机动基地（海）

МБУ многоствольная бомбометная установка 多管深水炸弹发射装置

МБФ металлический брызгозащищенный фонарь в инженерных войсках 工程兵金属防溅式灯

МБЯБГЧ моноблочная ядерная боевая головная часть (ракеты) 单弹头核导弹弹头，单弹头核导弹战斗部

МВ магистральный выравниватель 干线均衡器，干线平衡器

МВ магнит вращения 旋转磁铁

МВ магнитная восприимчивость 磁化率

МВ малая вода 低潮

МВ малая высота 低空

МВ малокалиберная винтовка 小口径步枪

МВ мановакуумметр 真空计

МВ манометр воздушный 空气压力表

МВ масштаб высот 调度尺，刻度范围

МВ машинное время 机器（工作）时间

МВ межчетверочное влияние 四组间干扰

МВ метод возмущений 摄动方法；扰动方法

МВ метровая волна 米波

МВ механизированные войска 机械化部队

МВ механик-водитель (на схемах и условных обозначениях) 驾驶员兼技工（图表标识用）

МВ микровыключатель 微动开关

МВ милливольт 毫瓦（特）

МВ министерство вооружений 装备部

МВ минный взрыватель 地雷引信，水雷引信

МВ минометные войска 迫击炮部队

МВ РЛП маловысотный радиолокационный пост 低空雷达站

МВ-5 тип минного взрывателя 地雷引信型号

Мва мегавольтампер 兆伏安

МВАА Михайловская военная артиллерийская академия 米哈伊尔炮兵学院

МВБ Министерство внутренней безопасности США （美国）国土安全部

МВБ морской водолазный бот 海洋潜水工作艇

МВВ метательные взрывчатые вещества 抛射药，发射药

МВВ мультиплексоры ввода-вывода 上下路复用设备

МВВПУ Минское высшее военно-педагогическое училище 明斯克高等军事师范学校

МВГП московская военная городская прокуратура 莫斯科城市军事检察机关

МВГСО Московский военнозированный горноспасательный отряд 莫斯科军事化山地救援队

МВД масленка высокого давления 高压油瓶

МВД Министерство внутренних дел 内务部

МВЗ минно-взрывная зона 地雷爆炸障碍场

МВЗ минно-взрывное заграждение 地雷爆炸性障碍物

МВЗ Московский вертолетный завод (имени М.Л. Миля) 莫斯科直升机制造厂

МВЗРКУ Минское высшее зенитно-ракетное командное училище 明斯克高级防空导弹指挥

学校

МВИ межведомственные испытания 跨领域试验

МВИ московский военный институт 莫斯科军事研究所

МВИ ПВ Московский военный институт пограничных войск 边防军莫斯科军事专科学院

МВИ ФПС РФ Московский военный институт Федеральной пограничной службы Российской Федерации 俄罗斯联邦边防局莫斯科军事专科学院

МВИЗРУ Минское высшее инженерное зенитно-ракетное училище 明斯克高等防空导弹工程学校

МВИМУ Мурманское высшее инженерно-морское училище 摩尔曼斯克高等航海工程学校

МВИРТУ Минское высшее инженерное радиотехническое училище 明斯克高等无线电技术工程学校

МВК межведомственная комиссия 跨部门委员会

МВК международная воздушная конференция 国际航空会议

МВК Московская военная консерватория 莫斯科军乐学院

МВК- малолитражная войсковая кухня 小型军用炊事车

МВК-50 малолитражная войсковая кухня на 50 литров 50 升小型队属炊事车

МВКА многоразовый воздушно-космический аппарат 可回收航空航天器

МВКУДИВ Московское высшее командное училище дорожных и инженерных войск 莫斯科道路兵和工程兵高级指挥学校

МВЛ местные воздушные линии 地区航线

МВМ малая вычислительная машина 小型计算机

МВМ местная воздушная масса 地方性气团，局部性气团

МВМ минный взрыватель модернизированный 改进型地雷引信

МВМС международный военно-морской салон 国际海军沙龙

МВМУ Мурманское высшее мореходное училище 摩尔曼斯克高级航海学校

МВОПЗ модуль для выполнения операций с плавающей запятой 浮点运算

МВП маловысотный пост 低空哨

МВП межгарнизонная военная прокуратура 跨营区军事检察院

МВП механизм ввода парашюта 装伞机构，引伞机构

МВПП металлическая взлетно-посадочная полоса 金属起降跑道

МВР маловысотная ракета 低空导弹

МВР минно-взрывное ранение 地雷炸伤，水雷炸伤

МВР молекулярно-весовое распределение 分子量分布

МВРК Московский военно-революционный комитет 莫斯科军事革命委员会

МВРЛП радиолокационный пункт малой высоты 低空雷达哨

МВС магнитно-вариационная станция 磁力变化控制盘

МВС Министерство вооруженных сил 武装力量部

МВТ масштабный вращающийся трансформатор 比例旋转变压器

МВТ Международный военный трибунал 国际军事法庭

МВТУ Московское высшее техническое училище 莫斯科高等技术学校

Мвт-ч мегаватт-час 兆瓦（特）小时

МВУС Муромское военное училище связи 穆罗姆军事通信学校

МВШ международный военный штаб НАДО 北约国际军事参谋部

МГ магический глаз 电眼，光调谐指示管

МГ магнитная головка 磁头

МГ манометр гидравлический 液压计，液压表

МГ масломер гидросистемы 液压系统滑油油

料表

Мг миллиграмм 毫克

мг/л миллиграмм на литр 毫克 / 升

МГАБ малогабаритная авиационная бомба 小型航空炸弹

МГАТУ московский государственный авиационный технологический университет 莫斯科国立航空技术大学

МГБ Министерство госбезопасности 国家安全部

мгвт мегаватт 兆瓦（特）

мггн мегагенри 兆亨利

мггц мегагерц 兆赫兹

МГД магнитогазодинамический двигатель 磁气体动力发动机

МГД магнитогидродинамическая машина 磁流体动力机

МГД магнитогидродинамический 磁流体动力学的

МГД магнитогидродинамический двигатель 磁流体动力推动器

мгдж мегаджоуль 兆焦耳

МГДПД Московская городская добровольная пожарная дружина 莫斯科市消防志愿队

МГИ малогабаритный генератор импульсов 小型脉冲发生器

МГИ машина горизонтальных испытаний 水平试车

МГК морской гидроакустический комплекс 声纳

мгк. мегакалория 兆卡（路里）

мгн магн 马格（导磁率单位）

мгн миллигенри 毫亨利

МГО Международная гидрографическая организация 国际水文地理组织

мгом мегом 兆欧姆

МГП магнитогидродинамический преобразователь 磁流体动力转换器

МГП медленногорящий порох 缓燃炸药

МГПП механизированная госпитальная полевая прачечная 医院野战机械化洗衣房

МГПСС Московская городская поисково-спасательная служба МЧС 莫斯科城市搜索救援部门（俄紧急情况部）

МГР мобильная группа быстрого реагирования 快速反应机动小组；快速反应机动群

Мгрб маневренная группа радиационной безопасности 辐射安全机动群，辐射安全机动组

МГРД магнитогидродинамический ракетный двигатель 磁流体动力火箭发动机

МГРС московская городская радиотрансляционная сеть 莫斯科市无线电转播网

МГС морская гидрографическая служба 海洋水文地理部门，海洋水文地理勤务

МГТ малогабаритная торпеда 小尺寸鱼雷

МГТС местные городские телефонные сети 当地城市电话网

МГТС московская городская телефонная сеть 莫斯科市电话网

МГУ Московский государственный университет 国立莫斯科大学

МГУ мощная громкоговорящая установка 大功率扬声器

МГЧ моноблочная головная часть 单弹头

МГЭ магнитногистерезистый элемент 磁滞元件

мгэв мегаэлектрон-вольт 百万电子伏特，兆电子伏特

мг-экв миллиграмм-эквивалент 毫克当量

МД магнитографический дефектоскоп 磁力探伤器

МД малая дальность 近距离

МД маршевые двигатели 航程发动机，主级发动机，巡航发动机

Мд масштаб дальности 〈炮〉观测率；距离判定尺

МД мгновенное действие 瞬时作用，瞬发作用

МД метка дистанции 距离标志

МД методическая деятельность 教学活动

МД механизм дальности 距离装定器（瞄准器）

МД микрофон динамический 电动式送话器

МД мина дорожная 道路地雷

МД многостанционный доступ 多点接入，多址

МД модель данных 数据模型

М

МД модем (модулятор/демодулятор) 调制解调器

МД модуль доступа 接入模块

МД модуляционный дроссель 调制扼流圈

мд моторизованная дивизия 摩托化师

МД-25 тип приспособления для проверки исправности форсунки в танковом двигателе 坦克发动机喷油器检查装置

МД-5 тип взрывателя артиллерийских бронебойных снаряд 穿甲炮弹引信型号

МДБ морской дальний бомбардировщик 海军远程轰炸机

МДВ механизм дальнего взведения 远程待发机构，远距离解除保险机构

МДВР многостанционный доступ с временным разделением (сигналов) 时分（信道）多址汇接

МДВУ многократный доступ с временным уплотнением 时间复用多路存取，时分复用

МДДК маршрутный двигательно-движительный комплекс 航线发动与推进综合体

МДЗ маскирующая дымовая завеса 伪装烟幕

МДЗ-3 зажигательно-разрывная пуля 燃烧爆破弹

МДК малый десантный корабль 小型登陆舰

МДКВП малый десантный корабль на воздушной подушке 小型气垫登陆舰

МДКР многостанционный доступ с кодовым разделением (сигналов) 码分复用（信道）多址汇接

МДМ магнитная дорожная мина 道路磁性地雷

МДП материалы двойного применения 双重用途物资

МДП металл-диэлектрик-полупроводник 金属－绝缘体－半导体

МДП морско-десантный полк 海军陆战团

МДПДМ металл-диэлектрик-полупроводник-диэлектрик-металл 金属－绝缘体－半导体－绝缘体－金属

МДПЛА малоразмерный дистанционно-пилотируемый летательный аппарат 小型可控射程飞行器；小型遥控飞行器

МДР магнитная дифракционная решетка 磁衍射光栅，磁绕射光栅

МДР медленно-действующее реле 缓动继电器，延时继电器

МДР морской дальний разведчик 海军远程侦察机

МДРСВ Московская дирекция радиосвязи и радиовещания 莫斯科无线电通讯与无线电广播管理处

МДРФ многоступенчатый доступ с разделением сигналов по форме 形分信号汇接，形分信号多级接入

МДРЧ многоступенчатый доступ с разделением сигналов по частоте 频分信号汇接，频分信号多级接入

МДС магнитодвижущая сила 磁动势

МДС морские десантные силы 海军登陆部队

МДТС модуль доступа к телефонной службе 电话业务接入模块

МДУ множительно-делительное устройство 乘法－除法器

МДФД модуль доступа к физической доставке 物理送达接入模块

МДХ мгновенная динамическая характеристика 瞬时动态特性

МДЧР многостанционный доступ с частотным разделением (сигналов) 频分复用（信道）

МДЧУ многократный доступ с частотным уплотнением 频率复用多路存取

МДШ морская дымовая шашка 海上烟幕筒，水上发烟罐

ме массовая единица 质量单位

МЕ международная единица 国际单位

мед.п. медицинский пункт 医疗站

медб медицинский батальон 卫生营，医疗营

медбр медицинская бригада 医疗队

медв медицинский взвод 医疗排

медр медицинская рота 卫生连，医疗连

медсанбат медико-санитарный батальон 医疗卫生营

медсв медико-санитарный взвод 医疗卫生排

медчасть медицинская часть 卫生部队，卫勤

部队

метбатр метеорологическая батарея 气象炮兵连

мехдив механизированная дивизия 机械化师

мехдив механизированный дивизион 机械化炮兵营

мехкорпус механизированный корпус 机械化军

мехо механизированный отряд 机械化（分）队

МЖ местные жители 当地居民

МЖ мост железнодорожный 铁路桥梁

МЖДБ мостовой железнодорожный батальон 铁道桥梁营

МЖДП мостовой железнодорожный полк 铁道桥梁团

МЗ маленькая звезда 小星（指尉官）

МЗ масло зимнее 冬用滑油

МЗ маслозаправщик 滑油加油车

МЗ математическая зависимость 数学关系式

МЗ механизм заряжения 装填机构

МЗ Министерство здравоохранения 卫生部

МЗ минное заграждение 水雷障碍；地雷障碍物

МЗ минный заградитель 装甲布雷车；布雷舰

МЗ минный защитник 护雷具

МЗ момент зажигания 点火瞬间

МЗА малокалиберная зенитная артиллерия 小口径高射炮

МЗ-А минное заграждение акустическое 音响水雷障碍

МЗА(-) малогабаритный заправочный агрегат 小型加油机

МЗ-Б минное заграждение банки 雷群

МЗ-Г минное заграждение глубинное 深水布雷障碍

МЗД мина замедленного действия 延发地雷，定时地雷

МЗ-Д минное заграждение (донные мины) 沉底水雷障碍

МЗЗ малозаметное заграждение 不显著障碍物

МЗ-И минное заграждение инженерное 水雷工程障碍

МЗП малозаметные препятствия 制式小型铁丝网，不显著障碍物

МЗ-М минное заграждение морское 海洋水雷障碍

МЗО минный заградительный отряд 地雷障碍设置队

МЗО московская зона обороны 莫斯科防区

МЗП малокалиберный зенитный пулемет 小口径高射机枪

МЗ-ПА противолодочное минное заграждение (антенные мины) 防潜水雷障碍（触线水雷）

МЗ-ПО противолодочное минное заграждение (обычные мины) 防潜水雷障碍（普通水雷）

МЗ-Р минное заграждение, речное 江河水雷障碍

МЗСО масло зимнее селективной очистки 冬季用选择精制润滑油

МЗУ магнитное запоминающее устройства 磁记忆装置，磁存储器

МИ масштаб индикации 显示比例

МИ матричная игра 矩阵博弈

МИ матричный индикатор 矩阵显示器

МИ многоходовая игра 多步博弈

МИ модуляция интенсивности 强度调制

МИ монохроматическое излучение 单色辐射

МИ морской истребитель 海军歼击机；（英、美）海军战斗机

МИ- Миль (в маркировке вертолетов); вертолет конструкции М.Л.Миля 米 –（指米尔设计的直升飞机型号），米尔设计的直升飞机

МИА морская истребительная авиация 海军歼击航空兵

МИБ малогабаритный интеллектуальный боеприпас 小型智能弹药

МИБ морской инженерный батальон 海军工程营

МИБ моторизованный инженерный батальон 摩托化工程营

МИБр морская инженерная бригада 海军工程旅

МИВ(-) тип малокалиберных целевых винтовок 小口径训练步枪型号（例如：МЦВ-50, МЦВ-52, МЦВ-59）

МИГ общее название самолетов, разрабатываемых концерном «МИГ» “米格”，米格飞机厂生产的飞机的统称

МИИГАиК Московский институт инженеров геодезии, аэрофототопографии и картографии 莫斯科大地测量航空摄影测量制图专科学院

мик микрофон 送话器，微音器

МИКВОК Московский институт конверсии военных кадров (учебный) 莫斯科军事干部转岗培训专科学院

мил. Милиция 民警

МИМ металл-изолятор-металл 金属－绝缘体－金属

мин минимальный 最小限度的；最小的，最低的

мин минимум 最小值

Мин миномет 迫击炮

мин. минута 分，分钟

минбр минометная бригада 迫击炮旅

минотряд минный отряд 地雷队

минп минометный полк 迫击炮团

минподрыв минно-подрывной батальон 爆破营

МИОБД машина инженерного обеспечения боевых действий 战斗工程保障车

МИП многократные импульсные помехи 多次脉冲干扰

МИП морской инженерный полк 海军工程团

МИП(-) тип имитатора маркерного приемника 信标接收机模拟器型号（如 МИП-48）

МИР межпримесная излучательная рекомбинация 杂质间辐射复合

МИР морская инженерная рота 海军工程连

МИС машинно-информационная система 机械信息系统

МИС морская инженерная служба 海军工程部门，海上工程勤务

МИС моторно-испытательная станция 发动机试车台

МИТ место испытания твердости 硬度试验点

МИТФ мастерская измерительной техники фронта 方面军测量技术厂

МИЭА Московский институт электромеханики и автоматики 莫斯科电子机械与自动化研究所

МИЭМ Московский институт электронного машиностроения 莫斯科电子机器制造研究所

МК магистральный кабель 干线电缆

МК магнитная карта 磁卡

МК магнитная коррекция 磁修正

МК магнитный компас 磁罗经

МК магнитный курс 磁航向

МК манометр кислородный 氧气压力表

МК маркерный канал 信标波道

МК машинный кран （鱼雷）发动塞，起动开关

МК маяк 灯塔

МК междугородный коммутатор 长途交换台

МК механизм кратности 定次装置

МК микрокалькулятор 微计算器

МК микрокоманда 微指令

МК микрофонный капсюль （电话）送话器盘

мк милликулон 毫库仑

МК морской кабельтов 航海链（海上长度单位，等于 185.2 米）

МК морской корпус 海军

МК моторный катер 摩托快艇

м-к моряк 海员

МК ЗРС СД многоканальная зенитная ракетная система средней дальности 多通道中程防空导弹系统

МК-4 тип танкового смотрового прибора 坦克观察仪型号

мка микроампер 微安（培）

МКА микроканальная архитектура 微通道结构

МКБ межорбитальный космический буксир 轨道间拖船

мкв микровольт 微瓦（伏特）

МКВ тип конденсатора в танковом переговорном устройстве 坦克通话装置电容器型号

МКВ-50 полевая кухня малогабаритная 小型野战炊事车型号

МКВР международная Конференция по Военной Радиоэлектронике 军事电子学国际会议

мквт микроватт 微瓦（特）

МКГ контактный гальванический металлоискатель 接触金属探测器

МКГ магистральный комбинированный голый

(кабель) 干线合成裸电缆

мкг микрограмм 微克

мкгн микрогенри 微亨（利）

МКГС метр-килограмм-секунда 米 / 千克（力）/ 秒（单位制）

МКД моторизованная кавалерийская дивизия 摩托化骑兵师

МКИ малое контрольное испытание 小型检验试验

МКИ международная классификация изобретений 国际专利分类（法）

МКИК морской командно-измерительный комплекс 海军指挥测量综合体

МКИН Международный комитет исторических наук 国际历史科学委员会

мкк микрокулон 微库（仑）

МККИ мобильный комплекс космической информации 机动空间信息综合体

МККК Международный комитет Красного креста 红十字国际委员会

МККР Международный консультативный комитет по радио 国际无线电咨询委员会

МККТ Международный консультативный комитет телеграфии 国际电报咨询委员会

МККТТ Международный консультативный комитет по телеграфии и телефонии 国际电报电话咨询委员会

МККФ Международный консультативный комитет по телефонии 国际电话咨询委员会

мккюри микрокюри 微居里

МКМВ Международный комитет мер и весов 国际度量衡委员会

мкмквт микромикровольт 微微伏（特）

мкмкф микромикрофарада 微微法（拉）（电容单位）

МКМР Международный комитет морской радиосвязи 国际海上无线电通信委员会

мкн микрон 微米

МКНМЭ Международная конференция по нелинейным магнитным элементам 国际非线性磁性元件（学术）会议

МКО Межамериканский комитет обороны 泛美防务委员会

МКО моторно-котельное отделение 动力锅炉班

мком микроом 微欧（姆）

МКП метод касательной плоскости 切面法

МКП механизированная канатная переправа 机械化钢索渡口

МКПос магнитный курс посадки 磁着陆航向

МКПУ Московское командное пехотное училище 莫斯科步兵指挥学校

МКР максимальное реле 过载继电器，高限继电器

МКР малая космическая ракета 小型宇宙火箭，小型宇宙导弹

МКР межконтинентальная ракета 洲际导弹

мкр микрорентген 微伦琴

МКР мобильный комплекс радиоконтроля 机动无线电监控系统

мкрад микрорад 微拉德

МКРЕИ Международная комиссия по радиологическим единицам и измерениям 国际放射学单位和测量委员会

МКРЗ Международная комиссия по радиологической защите 国际辐射保护委员会

МКРС многоканальная радиосвязь 多路无线电通信

МКРЦ морская космическая разведка и целеуказание 海上卫星侦察与目标指示

МКРЧ Международный комитет регистрации частот 国际频率分配委员会

МКС магнитный курс следования 磁跟踪航向，磁航向

МКС максимальная крейсерская скорость 〈空〉最大巡航速度

МКС международная космическая станция 国际空间站

МКС младший командный состав 初级指挥人员

МКС многоканальная связь 多路通信

МКС многократный координатный соединитель 多维坐标连接器

МКС-2 маскировочный компонент синтетиче-

M

ский　合成伪装材料

МКС-2П　маскировочный компонент синтетический пустынный　合成沙漠伪装材料

МКСА　метр-килограмм-секунда-ампер　米 / 千克 / 秒 / 安培

МКСГ　метр-килограмм-секунда-градус　米 / 千克 / 秒 / 凯氏度

мксек　микросекунда　微秒

МКСИ　магистральный кабель со стирофлексной изоляцией　苯乙烯绝缘干线电缆

МКСК　метр-килограмм-секунда-кулон　米 / 千克 / 秒 / 库仑

МКСС　метр-килограмм-секунда-свеча　米 / 千克 / 秒 / 烛光

МКТ-З　маскировочный компонент тканевый зимний　冬季编织物伪装材料

МКТ-Л　маскировочный компонент тканевый летний　夏季编织物伪装材料

МКТ-П　маскировочный компонент тканевый пустынный　沙漠编织物伪装材料

МКТ-Т　маскировочный компонент тканевый транспарантный　透明编织物伪装材料

МКТУ　морская командно-трансляционная установка　舰用指挥中继装置，舰用指挥广播装置

МКУ　магистральный коммутационный узел　干线通信枢纽

МКУ　междугородный кабельный узел　长途电缆中心站

МКУ　международные кабельные узлы　国际长途电缆枢纽

МКУ　микроканальный усилитель　微通道放大器

МКУ　модуляционный канальный узел　调制信道枢纽

МКУ　московское комендантское управление　莫斯科警备局

мкф　микрофарада　微法拉

мкцссв　методико кинологический центр служебного собаководства　军犬驯养中心

Мкюри　мегакюри　兆居里

мкюри　милликюри　毫居里

МЛ　магнитная лента　磁带

МЛ　малолитражный　小马力；容量小的

МЛ　масштабная линейка　比例尺，刻度尺

мл　миллилитр　毫升

МЛ　модуляторная лампа　调制管

мл.　младший　年幼的；初级的

мл. лт.　младший лейтенант　少尉

МЛ-2　электронная модулирующая установка　电子调制装置

МЛА　малый летательный аппарат　小型飞行器

МЛА　местоположение летательного аппарата　飞行器方位

МЛА　многолучевая антенна　多射束天线

МЛАР　многолепестковая антенная решетка　多波瓣相控阵天线

МЛАС　морская лодка авиационного спасения　海上航空救生船

МЛАС-1　одноместная авиационная спасательная лодка　单座航空救生器

млб　миллиламберт　毫朗伯（光的亮度单位）

МЛД　минимальная летальная доза　最小致死剂量

МЛИ　международный линейный искатель　长途电话选线器

млн.　миллион　兆，百万（106）

МЛП　металлизированное лакированное прецизионное　金属膜精密电阻

млрд　миллиард　十亿，千兆（109）

МЛТ　металлизированное лакированное теплостойкое　金属膜耐热电阻

МЛЭ　магнитный логический элемент　磁逻辑元件

МЛЭ　молекулярно лучевая эпитаксия　分子射线取向附生

ммк　миллимикрон　毫微米

ММ　магнитная муфта　磁离合器

ММ　макет местности　沙盘

ММ　маркерный маяк　信标台

ММ　математическое моделирование　数学模型

ММ　машинный микрофильм　微型显示器计算机，微型显示器机器

Мм　мегаметр　千公里

M

мм миллиметр 毫米

мм миллиметровый (диапазон) 毫米（波段）

Мм мотомеханизированный 摩托机械化的

ММ мотор магнитофона 磁带录音机马达

ММ моторный метод 电动机法

ММ мультимедия 多媒体

мм.рт.ст. миллиметр ртутного столба 毫米水银柱（压力）

ММА мотомеханизированная армия 摩托机械化集团军

ММБ мотомеханизированная бригада 摩托机械化旅

ММВ миллиметровая волна 毫米波

ММГ мотоманевренная группа 摩托化机动群

ММД магнитомодуляционный датчик 磁调制传感器

ММД мина мгновенного действия 瞬发地雷

ММДВ малокалиберная магазинная целевая винтовка 小口径弹仓式专用步枪

ММДД математическая машина дискретного действия 不连续动作计算机

ММЗ морское минное заграждение 海洋水雷障碍；水雷障碍

ММЗ морской минный заряд 水雷装药

ММЗРС многоканальная мобильная зенитно-ракетная система 多路机动防空导弹系统

ММиП министерство машиностроения и приборостроения 机器仪器工业部

ММК мотомеханизированный корпус 摩托机械化军

ммксек милимикросекунда 毫微秒

ММН мобильный милицейский наряд 机动民警值勤（队）

ММНД математическая машина непрерывного действия 连续式计算机

ММП магнитомодуляционный преобразователь 磁调制变换器

ММП масломотопомпа 润滑油泵，转油车

Ммп мотомеханизированный полк 摩托机械化团

ММР Министерство материальных резервов 苏联物资储备部

ММС механизированный мост сопровождения (войск) 部队机械化伴随桥梁

ММС мотомеханизированное соединение 摩托机械化兵团

ММЧ мотомеханизированная часть 摩托机械化部队

МН магнитное насыщение 磁性饱和

МН магнитный накопитель 磁存储器

Мн манипуляция 键控

МН масляный насос 油阀

МН меганьютон 兆牛顿

МН метка (маркер) наведения 引导标记

мн монитор 浅水重炮舰

МН нормаль машиностроения 机械制造规格

м-н мичман 海军准尉

МН(-) электронные модулирующие установки 电子调制装置型号（如：МН-1，МН-2）

МН-3 название неосновой электролампочки 氖灯，霓虹灯名称

МНР минимальное реле 低限继电器，低载继电器

МНА малонаправленная антенна 单向天线

МНА монгольская народная армия 蒙古人民军

МНАК морская навигационно-артиллерийская карта 航海射击图

МНБ мобильно-наземное базирование (компонентов ПРО) （反导弹防御系统组成部分的）机动陆基

МНВ монокуляр ночного видения 单目夜视望远镜

МНД масленка низкого давления 低压油瓶

МНИИП московский научно-исследовательский институт приборостроения 莫斯科仪器仪表科研所

МНК метод наименьших квадратов 最小二乘法

мн-к многоугольник 多角型，多边型

МНЛ малая надувная лодка 小橡皮舟

МНО механическое наземное оборудование 地面机械设备

МНО Министерство народной обороны 人民防御部

M

МНО Министерство национальной обороны 国防部

МНОП металл-нитридкремния-окисел-полупроводник 金属－氮化硅－氧化物－半导体

МНП металл-нитрид-полупроводник 金属－氮化物－半导体

МНП многофункциональный ночной прибор (прицел) 多功能夜视仪（瞄准镜）

МНП морской наблюдательный пункт 海洋观察所

МНПП многополюсный нелинейный параметрический преобразователь 多极非线性参量变换器

МНР Международное Научное Радиообъединение 国际无线电科学联合会

МНРА Монгольская народно-революционная армия 蒙古人民革命军

МНРЧ монитор речной 江河浅水重炮舰

МНС метеорологическая наблюдательная служба 气象观察勤务

МНС многонациональные силы (ООН) （联合国）多国部队

МНСК малогабаритный навигационно-связной комплекс 小型导航与通信综合体

МО магнит отбоя 复原电磁铁，释放电磁铁

МО магнитная обсерватория 地磁观察所

МО малый охотник 小型猎潜艇

МО маслоотделитель 分油器

МО массированный огонь 〈炮〉密集射击，密集火力

МО массовая операция 大规模战役

МО математическое обеспечение 数学保障

МО математическое ожидание 数学期望值

МО машинное отделение 〈海〉机舱

МО маяк-ответчик 无线电应答信标

Мо мегавольт 兆伏特

МО местная оборона 现地防御

МО мешающее отражение 干扰反射

МО Министр обороны 国防部长

МО мишенная обстановка 靶示情况

МО мобилизационный отдел 动员处

МО молекулярная орбита 分子轨道

МО монослой 单原子，分子层，单层

МО московская область 莫斯科州

МО моторизованный отряд 摩托化队

МО РФ Министерство обороны Российской Федерации 俄罗斯联邦国防部

МО ЗРК мертвая зона ЗРК 防空导弹盲区

МО ПВО московский округ противовоздушной обороны 莫斯科对空防御区，莫斯科防空区

МО ЦСКА Спортивный комитет -центральный спортивный клуб армии 国防部体育委员会－中央体育俱乐部，莫斯科中央陆军俱乐部

МО(метод) молекулярных орбит 分子轨函数法

МОБ милиция общественной безопасности (ГУВД) （内务局）公安民警局

МОБ Министерство общественной безопасности (Китай) （中国）公安部

моб. мобилизационный 动员的

моб. мобильный 机动的；移动的

мобгубком мобилизационный отдел губернского комиссара по военным делам 省军事委员动员处

МОБД машина обеспечения боевого дежурства 战斗值班（保障）车

моборготдел мобилизационно организационный отдел 组织动员部

моботдел мобилизационной отдел 动员部

мобраспред мобилизационный распределительный отдел 动员调配部

МОВ моторизованный взвод 摩托化排

МОВИ максимальная ошибка временного интервала 时隙最大偏差

МОГО Международная организация гражданской обороны 国际民防组织

МОД магнитооптическая дифракция 磁光衍射，磁光绕射

мод. модель 模型式样、样品

МОДЕМ (устройство) модуляции и демодуляции 调制检波装置

МОЗ московский орудийный завод 莫斯科炮厂

МОЗУ магнитное оперативное запоминающее устройство 磁操作存储器

МОК Министерство охраны края（立陶宛）国土警卫部

МОК многомодовый оптический кабель 多模光纤

МОК многочастотный отражательный клистрон 多频反射式调速管

мокт миллиоктава 毫倍频程

мол. молекулярный 分子的；克分子

молекс молекулярное сито 分子筛

Молп мобильный отряд ликвидации последствий 机动后果消除队

МОМ министерство общего машиностроения 通用机器制造工业部

МОМ министерство общего машиностроения (ракетная промышленность) 机械部（导弹工业）

мом миллиом 毫欧姆

МОН мина осколочная направленная 定向杀伤雷

"МОН-100, МОН-200" мины с осколочным напряжением 杀伤地雷，防步兵地雷

МОНОП металл-окисел-нитрид-окисел-полупроводник 金属－氧化物－氮化物－氧化物－半导体，MONOS

МООНСГ Миссию ООН По Стабилизации В Гаити 联合国海地维稳使团

МООП Министерство охраны общественного порядка 社会治安部

МОП металл-окисел-полупроводник 金属氧化半导体

МОП младший обслуживающий персонал 勤杂人员

МОПП методика огневой подготовки пехоты 步兵射击训练法

МОР Международная организация по разоружению 国际裁军组织

МОР морской оборонительный район 海防区

МОР морской район 海区

МОРАРХ главный военно-морской архив 海军总档案馆

морзавод морской завод 海军工厂

Морком Комиссар при военно-морском штабе 海军参谋部政治委员

морком морской комитет 海军委员会

морпех морская пехота; морской пехотинец 海军陆战队；海军陆战队队员

морпогранохрана морская пограничная охрана 海边防警卫；海岸警卫队

морпроп морская пропаганда (управление) 海军宣传部

моррад морская радиотелеграфная служба 海上无线电报勤务

морси морские силы 海军，海军兵力（外）

морслужба морская служба 海上勤务，海上勤务部门

Мортехупр Технический отдел главного морского техническо-хозяйственного управления 海军技术经济管理总局技术部

Мортеххозупр Морское техническо-хозяйственное управление 海军技术经济管理局

морфлот морской флот 海军舰队；海上船队

МОС Международная организация по стандартизации 国际标准化组织

МОС многонациональные оперативные силы НАТО 北约多国部队

МОС многонациональные оперативные силы (Европейский союз) 多国作战力量（欧盟）

МОС модуль оборудования сопряжения 接口设备模块，匹配设备模块

Мосвоенторг Московская военная торговая организация 莫斯科军事贸易组织

Мосгорвоенкомат Московский городской военный комиссариат 莫斯科市兵役局

МОСН медицинский отряд специального назначения 特种医疗队

Мособлвоенкомат Московский областной военный комиссариат 莫斯科州兵役局

Мостзаб мостозаготовительный батальон 桥梁工程备料营

мостоотряд мостостроительный отряд 桥梁建设队

мостр мостовая рота 舟桥连

МОТ международная организация труда 国际

М

劳工组织

мот моторизованный 摩托化的

мотд минометное отделение 迫击炮班

мотомехбат моторизованный и механизированный батальон 摩托化和机械化营

мотомехдивизия моторизованная и механизированная дивизия 摩托机械化师

мотопехота моторизованная пехота 摩托化步兵

МОТР методика оперативно-тактических расчетов 战役战术计算法

МОУ массированный огневой удар 密集火力突击

МОУМ Московское областное управление милиции 莫斯科州警察局

МОФ миноогнефугас 燃烧地雷，火焰地雷

МОХ механизм обратного хода 倒转机构；伸展行程机构（起落架的）

МОШСС межотрядная школа сержантского состава 联合士官学校

МОЭМ медноокисный морской элемент 船用氧化铜电池

МП магнит подъема 起重磁铁

МП магнитное поле 磁场

МП магнитный пеленг 磁方位

МП магнитный полюс 磁极

МП магнитный пункт 测磁点

МП магнитный пускатель 磁力起动器

МП маленький предел 小极限

МП малокалиберный пистолет 小口径手枪

МП маркерный пункт 信标（发射）台

МП мелкозернистый проявитель 微粒显影粉

МП мертвое пространство 〈炮〉死角，死界；〈雷〉盲区

МП метеорологический пост 气象哨

МП механизированный полк 机械化团

МП механизм поворота 回转机械

МП микропереключатель 微转换开关

МП микропрограмма 微程序

МП микропроцессор 微处理器，微处理机

МП минное поле 地雷场，水雷场

МП минно-подрывной 地雷引爆的

МП минный пластмассовый взрыватель 地雷塑料引信，水雷塑料引信

Мп минометное подразделение 迫击炮分队

МП минометный прицел 迫击炮瞄准具

МП многополюсник 多端网络

МП мобилизационный план 动员计划

МП монокуляр призменный 棱镜单目望远镜，棱镜单目瞄准镜

МП Морская пехота 海军陆战队

МП морская предохранительная (смазка) 舰船用防锈油膏，舰船用保护润滑脂

Мп морской полигон 海上靶场

МП морской порт 海港

МП мостовой парк 舟桥纵列

МП мотопараплан 动力滑翔降落伞，动力滑翔降落软翼机

МП мотопехотный 摩托化步兵的

МП мотопомпа 摩托泵

МП моторный подогреватель 发动机预热器

МП мультиплексная передача 多路复用传输

МП мультиплексор 多路复用设备

МП мультипликативная помеха 多重干扰，培增干扰

МП понтб мостовой парк понтонного батальона 舟桥营桥梁纵列

МП-180 тип моторной пилы 电锯型号

МП-4 монтерский прибор 安装仪器型号

МП-6, МП-7 типы микроскопов поляризационных 偏光显微镜型号

МПА медицинский пост аэродрома 机场救护所

МПА механизм подъема антенн 天线升降装置

МПА микропрограммный автомат 微程序（控制的）自动机

МПБ максимальный передаваемый блок 最大传输单元

МПБ медицинский пункт батальона 营卫生所

МПБ механизм поворота башни 炮塔方向机

МПБ-52 мотор поворота башни танка 坦克炮塔旋转电动机

МПБ-82 минометная перископическая буссоль 82-мм миномета 82毫米迫击炮潜望式瞄准方

向盘

МПБВ механизм постановки на боевой взвод (стрелкового оружия) 〈枪〉卡笋扳机

МПБр медицинский пункт бригады 旅医务所

МПВР морской погрузочно-выгрузочный район 海岸装卸地域

МПБР мотопехотная бригада 摩托化步兵旅

МПВ малая постоянная времени 小时间常数

Мпв минно-подрывной взвод 爆破排

МПВ морской полярный воздух 极地海洋空气

МПВ мотопехотный взвод 摩托化步兵排

МПВО мероприятие противовоздушной обороны 防空措施

МПВО местная противовоздушная оборона 地方防空

МПВХО местная противовоздушная и противохимическая оборона 地方防空防化

МПГ межрегиональная преступная группировка 跨地区犯罪集团

МПД морская пограничная дивизия 边防舰艇总队

МПД морской подводный двигатель 海上水下发动机

МПД мотопехотная дивизия 摩托化步兵师

МПД мультиплексор передачи данных 数据传输多路转换器

МПЗ магнитное поле земли 地磁场

мпз миллипьеза 毫皮兹 (MTS 制压力单位)

МПЗ морская пограничная застава 海上边防小队

МПИ многопользовательская игра 多方参与游戏，多用户游戏

МПК магнитное поле корабля 舰船磁场

МПК малый противолодочный корабль 小型反潜舰

МПК модернизированный плавательный костюм 现代化防水衣

МПК модуль планирования и коррекции 计划校正模数

МПЛ металлическая прицельная линейка 金属表尺，分划尺，金属距离尺

МПЛ механизм поворота лопастей 旋翼桨叶变距装置

МПЛ микрополосковая линия 微带状线

МПЛ многоцелевая подводная лодка 多功能潜艇

МПЛПА мобильный полк ликвидации последствий аварий 机动灾难后果消除团

МПМ тип небольшой мины 小型地雷型号

МПМ-44 оптический минометный прицел 迫击炮光学瞄准具型号

МПМК межрайонная передвижная механизированная колонна 跨区域流动机械化纵队

МПН мобильный пункт наведения 机动引导站

МПО магнитный пеленг ориентира 地标磁方位

МПО максимально правдоподобная обработка 最大似然处理

МПО межправительственная организация 政府间组织

МПО микропрограммное оборудование 微程序处理

МПО морально-психологическое обеспечение 精神心理保障

МПО морально-психологическое обеспечение (войск) （部队）精神心理保障，部队精神心理教育

МПО морской подвижной объект 海上移动目标

МПО мотопехотное отделение 摩托化步兵班

МПОГ Международная полицейская оперативная группа 国际警察作战组

МпогО московский пограничный отряд Федеральной пограничной службы РФ в Таджикистане 俄罗斯联邦联邦边防局驻塔吉克斯坦的莫斯科边防支队

МПОРВ модуль памяти с однорядным расположением выводов 单线存贮

МПП медицинский пункт переправы 渡口救护所

МПП медицинский пункт полка 团救护所，团卫生所

МПП местность поражаемого пространства 危险地界，杀伤地界

МПП местный пеленгаторный пункт 本地测向站

M

МПП механизированная полевая прачечная 机械化野战洗衣房

МПП многослойная печатная плата 多层印制电路板

МПП мост полных проводимостей 导纳电桥型号

МПП мотопехотный полк 摩托化步兵团

МППГ многопрофильный полевой подвижный госпиталь 野战流动综合医院

МППК межсетевой протокол для последовательного канала 网间链路协议

МППСС международные правила для предупреждения столкновении судов в море 国际海上船舶避碰规则

МПР магнитный пеленг радиолокатора 雷达磁方位

МПР магнитный пеленг радионавигационной точки 无线电磁方位（角）

МПР магнитный пеленг радиопеленгатора 无线电测向仪磁方位（角），无线电定向台磁方位（角）

МПР медицинский пункт роты 连卫生所

МПР минно-подрывная рота 爆破连

МПР мотопехотная рота 摩步连

МПРЛС многопозиционная радиолокационная система 多功能雷达系统

МПРНП магнитный пеленг радиостанции в нулевом положении 电台零位磁方位

МПРС магнитный пеленг радиостанции 无线电台磁方位

МПС магистральная первичная сеть 主干一次网

МПС магнитный пеленг самолета 飞行磁方位

МПС медицинский пункт соединения 兵团医务所

МПС межперсональное сообщение 个人通信

МПС местная постанционная связь 本地站间通信

МПС микропроцессорная система 微处理机系统，微机系统

МПС министерство путей сообщения 交通部

МПС морально-психологическое состояние (личного состава войск) （军队人员）精神心理状态

МПСД моторизованная пехота стрелковой дивизии 步兵师摩托化步兵

МПСН медицинский пункт специального назначения 特种医务所

МПСО маневренный поисково-спасательный отряд 机动搜索救生队

МПСС министерство промышленности средств связи 通信器材工业部

МПТ машина постоянного тока 直流电机

МПТ молоток постоянного тока 直流电锤

МПТ-4 маскировочная ткань, сеть 伪装布网型号

МПУ магистральное приемное устройство 干线接收装置

МПУ магнитный путевой угол 磁航迹角

МПУ малогабаритное печатающее устройство 小型打印机

МПУ машинный пункт управления 车载指挥所

МПУ местный пост управления 机旁控制台

МПУАЗО морской прибор управления атриллерийским зенитным огнем 海上对空射击指挥仪

МПФ механизм подъема фары 前灯升降机构，着陆灯升降机构

МПФ многомерная передаточная функция 多维传递函数

МПЦ магнитный пеленг цели 目标磁方位

МПЦБ малокалиберный патрон центрального боя 小口径中央射效子弹

МПЧ максимальная применимая частота 最高可用频率

МПЧ максимально-проходимая частота 最高通频

МПШ Московская пехотная школа 莫斯科步兵学校

МПЭ механическое перемешивание электролита 电解液机械搅拌

МР магнитный регулятор 磁力调节器

МР магниторезистор 磁阻器

МР маршрутное реле 进路继电器

МР мастерская ремонтная 〈海〉修理厂，修理所

МР масштаб расстояния 距离比例

МР машинный регулятор （鱼雷）减压器

МР метеорологическая ракета 气象火箭

МР механизированный разъезд 机械化侦察队

МР микрорентгенометр 微伦仪

мр миллирентген 毫伦琴

МР мина разрушительная 爆破雷

МР морская разведка 海上侦察；海上勘探

МР морской разведчик 海军侦察机

МР морской регистр 海上船舶登记局

МР моторизованная рота 摩托化连

МР мощная радиостанция 大功率无线电台

м-р министр 部长

МР-4 резервуар 容器，存储器型号

МРА морская разведывательная авиация 海军侦察航空兵

МРА морская ракетоносная авиация 海军导弹航空兵

мра моторизованная рота автоматчиков 摩托化自动枪连

мрад миллирад 毫拉德（辐射剂量单位）

МРАД морская ракетоносная авиационная дивизия (мрад) 海军导弹航空兵师

МРАО морской авиационный отряд 海军航空兵中队

МРАО морской ракетоносный авиационный отряд 海军导弹航空兵中队

МРАП морской разведывательный авиационный полк 海军侦察航空兵团

МРАП, мрап морской разведывательный авиаполк 海军侦察航空兵团

МРАУ массированный ракетно-авиационный удар 航空导弹密集突击

МРАЭ морская ракетоносная авиационная эскадрилья (мраэ) 海军导弹航空兵大队

МРВ мультиплексирование с разделением времени 时分多路复用

МРГ многоствольный реактивный гранатомет 多管火箭筒

МРД маршевый ракетный двигатель 火箭航程发动机，火箭主发动机

МРИП методика разработки информационных процессов 信息流程编制方法

МРК малый ракетный корабль 小型导弹舰

МРЛ магнитная распределительная линия 磁配电线路

МРЛ метеорологическая радиолокационная станция 气象雷达站

МРЛ метеорологический радиолокатор 气象雷达

МРЛ морская разграничительная линия 海上分隔线（指南北朝鲜的）

мрлв маловысотный радиолокационный взвод 低空雷达排

МРЛС многофункциональная радиолокационная станция 多功能雷达站

МРМ маркерный радиомаяк 无线电指点标

МРО морской разведывательный отряд 海上侦察队

МРП магнитный радиопеленг 无线电磁方位

МРП маркерный радиоприемник 信标接收机，指点标接收机

МРП медицинский распределительный пост 医疗分配哨

МРПС многопрограммная радиотелевизионная передающая станция 多套节目电视发射台

МРС малый рыболовный сейнер 小型捕鱼船

МРС мастерская ремонтных слесарей 钳工修理车

МРС место резервной стоянки 备用停车场

МРС механизм регулирования скорости 调速机件

МРС минно-розыскная служба 地雷搜索勤务

МРСЦ морская радиолокационная система целеуказания 海上目标指示雷达系统

МРТ малый рыболовный траулер 小型拖网渔船

МРТЗ московский радиотехнический завод 莫斯科无线电技术工厂

МРТТ мастерская по ремонту гусеничных тягачей 履带式牵引车修理厂

МРУ магниторегулирующее устройство 磁调

M

整装置，磁调整设备

МРУ магнито-электрическое регулирующее устройство 磁电调节装置

МРУС межрайонный узел связи 区间通信枢纽

Мруцбпрва межвидовой региональный учебный центр боевой подготовки ракетных войск и артиллерии 地区性跨军种导弹兵与炮兵战斗训练中心

Мруцврхбз межвидовой региональный учебный центр войск радиационной, химической и биологической защиты 跨军种地区性辐射，化学和生物防护兵训练中心

мруцвс межвидовой региональный учебный центр войск связи 跨军种地区性通信兵训练中心

МРХР машина радиационной и химической разведки 辐射化学侦察车

МРЦ маршрутно-релейная централизация 线路继电集中

МС магнитное склонение 磁偏差

МС магнитосопротивление 磁阻

МС масло смазочное 滑油，润滑油

МС материальные средства 物资器材，物资

МС машина связи 通信车

МС машинка снаряжательная 弹药车，弹药装填器

МС медицинский склад 医疗器械库

МС межпланетная станция 星际站

МС место самолета (в полете) （飞行中的）飞机位置

МС место стоянки (самолета на аэродроме) （机场上飞机）停放处，停机坪

МС метеорологическая служба 气象勤务

МС метеорологическая станция 气象台，气象站

МС механизированное соединение 机械化兵团

МС механизм сброса 排放机构，抛掷装置

МС микросхема 微型电路

Мс миллисекунда 毫秒

МС мина-сюрприз 伏雷，诡雷

МС миротворческие силы 维和部队

МС многомаятниковый сейсмометр 多摆地震仪

МС многомоторный самолет 多发动机飞机

МС многофазная система 多相位系统

МС мобильные силы 机动兵力，机动力量

МС моделирующая система 模拟仿真系统

МС морская сажень 海拓，海沙绳

МС моторизованное соединение 摩托化兵团

МС муфта сцепления 离合器

м-с матрос 水兵；海员

МС МПВО медицинская служба местной противовоздушной обороны 地方防空医疗勤务

МС, м/с медицинская служба 医疗勤务，（舰上的）医疗（勤务）部门

МСА международная стандартная атмосфера 国际标准大气压

МСБ машиносчетное бюро 机器计算局

МСБ Межреспубликанская служба безопасности 跨共和国安全部门

мсб миллистильб 毫熙提（亮度单位）

МСБ минносаперный батальон 排雷工兵营

МСБ морской средний бомбардировщик 海军中程轰炸机

МСБ мостостроительный батальон 桥梁建筑营

МСБ моторизованный санитарный батальон 摩托化卫生营

МСБ мотострелковая бригада 摩托化步兵旅，摩步旅

мсб мотострелковый батальон 摩化步兵营

МСБК многоцелевой спутник блочной конструкции США 组合结构多用途卫星（美国）

МСБР многонациональные силы быстрого развертывания 多国快速展开部队

МСБР морская стрелковая бригада 海军陆战旅

МСБР Морские силы Балтийского моря 波罗的海海军

МСВ местное среднее время 当地平均时间

МСВ мотострелковые войска 摩步兵

МСВУ московское суворовское военное училище 莫斯科苏沃洛夫军事学校

МСГГ международный союз геодезии и геофизики 国际大地测量和地球物理学会

МСГО медицинская служба гражданской обороны 民防医疗部门

МСД масленка среднего давления 中压油瓶

МСД медико-санитарный дивизион 医疗卫生大队

мсд мотострелковая дивизия 摩托步兵化师

МСДВ Морские силы Дальнего Востока 远东海军

МСЕ международная система единиц 国际单位制

МСЗ метеорологический спутник Земли 地球气象卫星

МСР межведомственная служба разведки 跨部门侦察局（巴基斯坦）

МСИ межсимвольная интерференция 码间干扰，码间串扰

МСИ межсимвольное искажение 码间畸变，码间失真

МСИРИ многовходовая система по источнику радиолокационной информации 雷达多源输入系统

МСИУ многослойная структура с инжекционным управлением 注入控制多层结构

МСК медико-санитарная команда 医疗卫生队

МСК морской сигнальный код 海军信号密语，航海信号电码

МСК морской спасательный костюм 海上救生衣

МСКК многоскоростная коммутация каналов 多速信道交换

МСКУ местность со сложными климатическими условиями 复杂气候条件地形

МСЛ малая складная лодка 小型折叠舟

МСМ мощный смеситель 细粒微孔硅胶

МСНР многоканальная станция наведения ракет 多通道导弹引导站

МСНС Международный совет научных союзов 国际科学协会理事会

МСОН морские силы общего назначения 常规海军兵力

МСОФ медико-санитарный отдел флота (флотилии) 舰队（区舰队）医疗卫生处

МСП малогабаритный специальный пистолет 小口径专用手枪

МСП многоканальная система передачи 大容量通信系统，多通道通信

МСП многоцелевая станция помех 多用途干扰（发射）机

МСП монокуляр светосильный портативный 便携式强透光单目镜

МСП мостостроительный поезд 桥梁施工列车

МСП мотострелковая подготовка 摩托化步兵训练

МСПБ Международные силы по поддержанию безопасности (ISAF) 国际安全援助部队

МСПБ моторизованный стрелковый пулеметный батальон 摩托化步兵机枪营

МСПБр моторизованная стрелково-пулеметная бригада 摩托化步兵机枪旅

мспбр мотострелково-пулеметная бригада 摩托化步兵机枪旅

МСПТ модель сетей переменного тока 交流电网（路）模型

МСР медико-санитарная рота 医疗卫生连

МСР мостостроительный район 桥梁建设区

МСР резервное место стоянки 备用停放地点

мсрбтг мотострелковая рота батальонной тактической группы 营战术群摩步连

МСС магистральная служебная связь 干线勤务通信

МСС машинно-счетная станция 计算机站

МСС медико-санитарная станция 医护站

МСС международный свод сигналов 国际信号简语

МСС Международный стрелковый союз 国际射击联合会

МСС механико-судовая служба 船舶机务处

МСС московская служба спасения 莫斯科救援部门

МССО метеорологический спутник на синхронной орбите 同步轨道气象卫星

МССО морские силы самообороны 海上自卫队（日本）

МССПВО медико-санитарная станция противовоздушной обороны 防空医疗卫生站

МСТ малый спутниковый терминал 小型卫星终端

МСТ Международный союз телекоммуникаций 国际电信联盟

МСФ магнитострикционный фильтр 磁致形变效应滤波器，磁致伸缩效应滤波器

МСФакт место самолета фактическое 飞机实际位置

МСЧ машиностроительная часть 机械制造部件

МСЧ медико-санитарная часть; медсанчасть 医疗卫生部队

МСЧМ Морские силы Черного моря 黑海海上兵力

МСШМ Московская средняя специальная школа милиции МВД РФ 俄联邦内务部莫斯科中级警察学校

МСШт место самолета штилевое 飞机无风点

МСЭ магнитострикционный эффект 磁致形变效应，磁致伸缩效应

МСЭ международный союз электросвязи 国际电子通信联盟，国际电联

МСЯС морские стратегические ядерные силы 海上战略核力量，海军战略核力量

МТ мертвая точка 死点；止点，哑点，极点

МТ микротелефонная трубка 送受话筒

МТ миниатюрный трансивер 超小型收发两用机

МТ минно-торпедоносец 水鱼雷飞机

МТ мореходная таблица 航海表

МТ морской трал 海洋扫雷具

МТ-14П сорт масла для смазки танковых двигателей 坦克发动机润滑油品种

МТА минно-торпедная авиация 水雷鱼雷航空兵

МТА минно-торпедный аэродром 水鱼雷飞机场

мтад минно-торпедная авиационная дивизия 水鱼雷航空兵师

мтап минно-торпедный авиационный полк 水鱼雷航空兵团

мтаэ минно-торпедная авиационная эскадрилья 水鱼雷航空兵大队

МТБ материально-техническая база 物质技术基地；物质技术器材和设备

МТБ морской тяжелый бомбардировщик 海军重型轰炸机

МТВД морской театр военных действий 海上战区

МТВО мастерская по ремонту танкового вооружения и оптики 坦克武器和光学仪器修理所

МТГ микротелефонная гарнитура 微型送受话器

МТД механотанковая дивизия 机坦师

МтцВ мотоциклетный взвод 摩托车排

МТК международный транспортный коридор «Север-Юг» от Персидского залива до Восточной Скандинавии и Центральной Европы 国际“南—北”运输走廊（从波斯湾到东斯堪的纳维亚和中欧）

МТК мелкий трубчатый колодец 浅管井（野战供水）

МТК модуль транзитной коммутации 交换转发模块

МТКА малый торпедный катер 小型鱼雷艇

МТКК многоразовый транспортный космический корабль 多次使用型宇宙运输飞船

МТКР механизированная телеграфная кабельная рота 机械化电报电缆连

МТКС многоразовая транспортная космическая система 多次使用型宇宙运输系统

МТЛ-25 электролаг 电计程仪

МТЛБу многоцелевой тягач легкобронированный универсальный 多用途万通用轻装甲牵引车

МТМ магнито-транзисторный мультивибратор 磁晶体管多谐振荡器

МТМ министерство тяжелого машиностроения 重型机器制造部

МТО мастерская технического обслуживания 技术保养车

МТО материальное техническое обеспечение 物资技术保障

МТО машина технического обслуживания 技

M

术维护车，技术修理车

МТО международная террористическая организация 国际恐怖组织

МТО моторно-трансмиссионное отделение 动力传动部分，发动机传动装置间

МТО мощный телеобъектив 高倍远摄镜头

МТО(-) типы мощных телеобъективов 高倍远摄像头型号

МТО(-) типы машины технического обслуживания 技术维护机器的型号（如：МТО-58）

МТП машина технической помощи 技术援助车

МТП младший технический персонал 初级技术人员

МТПП методика тактической подготовки пехоты 步兵战术训练法

МТППГ многопрофильный терапевтический полевой подвижный госпиталь 综合内科野战流动医院

МТПУ морская тумбовая пулеметная установка 海军基座式机枪

МТР магнитный термоядерный реактор 磁热核反应堆

МТР междугородный телефонный разговор 长途电话通话

МТС машино-тракторная станция 汽车拖拉机站

МТС междугородная телефонная связь 长途电信通话

МТС междугородная телефонная сеть 长途电话网

МТС метр-тонна-секунда 米／吨／秒（单位制）

МТС минно-тральные силы 布雷扫雷舰队；（美）水雷部队

МТС многонациональные тактические силы 多国战术兵力

МТС морской транспортный самолет 海上运输机，海军运输机

МТСО Международная телекоммуникационная спутниковая организация 国际通信卫星组织

мтт многочастотное тональное телеграфирование 多频音频通报

МТУ материально-техническое управление ВМФ 海军物资技术部（局）

МТУ минно-торпедное управление (флота) （舰队）水鱼雷处

МТУ мостоукладчик (танковый) 架桥坦克

МТУ мостоукладчик танковый универсальный 通用架桥坦克

МТУ моторно-трансмиссионная установка 动力传动装置，发动机传动装置

МТЦ московский телевизионный центр 莫斯科电视中心

МтцО мотоциклетное отделение 摩托车班

МтцР мотоциклетная рота 摩托车连

МУ магистральный усилитель 主放大器

МУ маневровое устройство 操纵装置

МУ местное управление 本机控制，局部控制

МУ микрофонный усилитель 微音器放大器

МУ модуль услуг 服务模块

МУ морской учебный самолет 海军教练（飞）机；水上教练机

МУВ минный универсальный взрыватель 通用地雷引信

МУВ модернизированный универсальный взрыватель 新型通用引信

МУВ модернизированный упрощенный взрыватель 现代化简易引信

МУГ магнитное устройство гирокомпаса 陀螺罗盘磁装置

МУГИ магнитный усилитель генератора импульсов 脉冲发生器磁放大器

МУК блок местного управления командами 局部指令控制部件

МУК магнитный угол карты 图上磁角

МУПКУ механизм управления приводом курсового угла 舷角传动装置控制机构

МУС магистральный узел связи 通信干线枢纽

МУС магнитный усилитель стабилизации 磁力稳定放大器

МУС межузловая связь 枢纽间通信

МУС мощный усилитель связи 通信功率放大器

МУУ местное устройство управления 本机控制设备

M

МУУР межрегиональное управление уголовного розыска 跨区刑事侦查局

МУУР московское управление уголовного розыска 莫斯科刑事侦查局

МУФ микроскоп ультрафиолетовый 紫外线显微镜

МУФ(-) микроскопы ультрафиолетовые 紫外线显微镜型号（如：МУФ-2）

Муцвс межрегиональный учебный центр войск связи 跨地区通信兵训练中心

Муцив межрегиональный учебный центр инженерных войск 跨地区工程兵训练中心

МФ микрофильм 微缩胶卷

МФ микрофотометр 显微光度计

мф миллифарада 毫法（拉）

мф миллифот 毫幅透（照明单位）

МФ ПВО московский фронт противовоздушной обороны 莫斯科防空前线

МФАУ Международная федерация по автоматическому управлению 国际自动化控制联合会

МФБ многофункциональный бомбардировщик 多功能轰炸机

МФИ многофункциональный истребитель 多功能歼击机

МФИ многофункциональный фронтовой истребитель 多功能前线歼击机

МФИ многоцелевой фронтовой истребитель 多用途前线歼击机

МФл мастерская флотилии 区舰队修理所

МФОИ Международная федерация по обработке информации 国际信息处理联合会

МФРЧ-4 магнитно-фильтровый регулятор частоты 磁滤波频率调节器

МФС магнитная фокусирующая система 磁聚束系统

МФТ многофункциональный терминал 多功能终端

МФТИ московский физико-технический институт 莫斯科物理技术研究所

МФШ многофункциональный штурмовик 多功能强击机

МХ(-) типы модулометров 调制计（如：МХ-1）

Мхг маневренная хирургическая группа флота 海军外科机动组

МХП Министерство химической промышленности 化学工业部

МХППГ многопрофильный хирургический полевой подвижный госпиталь 综合外科野战流动医院

МЦ маловысотная цель 低空目标

МЦ малоразмерная цель 小目标

МЦ маневрирующая цель 机动目标

МЦ метеорологический центр 气象中心

МЦ моделирующая цепь 模拟电路

МЦ морская цель 海上目标

мцб мотоциклетный батальон 摩托车营

МЦВ международный центр видеотекса 国际可视图文中心

МЦВ многоцелевой вертолет 多用途直升机

МЦГА многоцелевой грузовой автомобиль 多用途运输车

МЦК машина централизованного контроля 集中检查机

МЦК международный центр коммутации 国际交换中心

МЦМ Министерство цветной металлургии 有色冶金工业部

мцп мотоциклетный полк 摩托车团

МЦП мультиплексирование цифровых потоков 数字流多路传输

МЦПС Международный центр приграничного сотрудничества 国际边境合作中心

МЦР мазер на циклотронном резонансе 回旋加速共振微波机放射器

МЦУ местный центр управления 本地管理中心

МЧ материальная часть 器材，器械；装备；兵器；材料

МЧ материальная часть (военной техники и вооружения) （军事技术装备）物资部队

МЧ меридиональная часть 经圈部分

МЧ модулирующая частота 调制频率

МЧПВ морские части пограничных войск 边

防军海（上）巡逻部队

МЧПИ модифицированное чередование полярности импульсов 改进型交替极性脉冲

МЧС РФ Министерство Российской Федерации по делам гражданской обороны, чрезвычайным ситуациям и ликвидации последствий стихийных бедствий 俄联邦民防、紧急情况和救灾事务部

МЧЭ магнитно-чувствительные элементы 磁性感应电池，磁性敏感元件

МШ малая шашка 小型（炸）药块

МШ мореходная школа 航海学校

МШ морская школа 航海学校，海军学校

МША многоштыревая антенна 多股鞭状天线

МША морская штурмовая авиация 海军强击航空兵

МШАП морской штурмовой авиационный полк 海军强击航空兵团

МШАЭ морская штурмовая авиационная эскадрилья 海军强击航空兵大队

МШИ модулятор ширины импульсов 脉冲宽度调制器

МШН механизированный штанговый насос 机械化杆式泵

МШУ малошумящий усилитель 低噪声放大器

МЭ мажоритарный элемент 多数元件

Мэ мегаэрг 兆尔格

МЭ межсетевой экран 线路间屏蔽

МЭВМ микроэлектронная вычислительная машина 微型计算机

МЭИ минимальный элемент изображения 最小图像单

МЭК международная электротехническая комиссия 国际电工委员会

мэкв миллиэквивалент 毫克当量，毫当量

МЭМ(-) типы малогабаритных электронных микроскопов 小型电子显微镜型号

МЭП магнитоэлектрический прибор 磁电式仪表，动圈式仪表

МЭП местный эвакуационный пункт 地方后送站

МЭР мастерская электроаппарата и радио 电器和无线电设备修配厂

МЭРО Мастерская электрорадиооборудования 无线电和电气设备修理所

МЭС министерство электростанции 电站部

МЭСЛ малосигнальные схемы эмиттерно-связанной логики 小信号射极耦合逻辑电路

МЭСМ малая электронная счетная машина 小型电子计算机

МЭТИ московский электротехнический институт 莫斯科电工学院

МЭЦВМ микроэлектронная цифровая вычислительная машина 微电子数字计算机

МЭШС максимальная эффективная ширина спектра 最大有效谱宽

Мя марка самолетов, разработанных под руководством конструктора В.М Мясищева 飞机型号

МЯС многосторонние ядерные силы 多方向打击核力量

Н

Н

Н наблюдатель 观察员，观测员

Н наблюдение 观察，观测

Н наведение 导引

Н наводчик 瞄准手，射手，引导员

Н нагрузка 负荷

Н наземный разрыв 地面炸点

Н наклон 倾角

Н наклонный 斜的，倾斜的

Н наливной 灌注的，用水作动力的

н нано 毫微（10-9）

Н начальник 长，首长，主任

Н непрерывное действие 连续活动，连续工作

Н несущий 载波

Н низкое давление 低压

Н нитроглицериновый порох 硝化甘油火药

Н нормальная линия связи 正常通信线路

н ньютон 牛顿（力的单位）

Н, н наблюдение, наблюдатель 观察、观测；观察员，观测员

н. з. нормально-закрытый (контакт) 常用接点

н. з. ч. низкая звуковая частота 低音频，低声频

н. м. т. нижняя мертвая точка 上死点，下止点

н. нормальный 标准的，正常化的

н. нуль 零，零点；零度

Н.РХБЗ начальник службы радиационной, химической и бактериологической защиты 辐射、化学、细菌防护勤务主任

н/в низковольтный 低电压的

Н-1 начальник 1 отдела (оперативного) 一处（作战处）处长

Н-1 ночной прицел 夜间瞄准具

Н-2 начальник 2 отдела (разведывательного) 二处（情报处）处长

Н-3 начальник 3 отдела (связи) 三处（通信处）处长

Н-4 начальник 4 отдела (кадров) 四处（干部处）处长

Н-5 начальник 5 отдела (тыла) 五处（后勤处）处长

Н5С тип триода 三极管型号

Н-6 начальник 6 отдела (шифровального) 六处（密码处）处长

НА навигационная аппаратура 领航设备

НА наземная артиллерия 地面炮兵

НА направленная антенна 定向天线

НА направляющий аппарат 导向装置，导向器；导流器；导气装置

НА нарезная артиллерия 线膛炮兵

НА начальник авиации 航空兵主任

НА начальник артиллерии 炮兵主任；军械主任

НАА начальник артиллерии армии 集团军炮兵主任

НАБ невзорвавшаяся авиационная бомба 未爆炸的航空（炸）弹

НАвА Начальник авиации армии 集团军航空兵主任

навет начальник ветеринарной части 兽医部门主任

НАВИМ навигационное извещение мореплавателям 海上航行者航路通告

НАВИМ навигационные радиоизвещения мореплавателям 无线电航路通信

НАВИП навигационное предупреждение 导航预告

НАВРК Национальное агентство видовой разведки и картографии. США 国家地形侦察与绘图局（美国）

навтоскладарм начальник автомобильного склада армии 集团军汽车仓库主任

НАД начальник авиационной дивизии 航空兵首长

НАД начальник артиллерии дивизии 师炮兵主任

НАЗ неприкосновенный аварийный запас 应急储备品

НАЗ носимый аварийный запас 携行应急储备品

Наз РХР наземная радиационная и химическая разведка 地面放射性及化学侦察

наиб. наибольший 最大的；最多的；最高限度的

наим. наименьший 最小的；最少的；最低限度的

НАК Национальный антитеррористический комитет 国家反恐委员会

НАК начальник артиллерии корпуса 军炮兵主任

НАК Норильск 诺里尔斯克（航空站代码；俄罗斯城市）

НАКУ наземный автоматизированный комплекс управления 地面自动化指挥系统；全套地上自动化控制设备

НАКУКП наземный автоматизированный комплекс управления космическими полетами 太空飞行地面自动化控制综合体（设备）

НАЛ народная армия Лаоса 老挝人民军

НАЛ непосредственная авиационная поддержка 航空火力直接支援

НАМ неподвижные азимутальные метки 固定方位标志

Наморб начальник морской базы 海军基地主任

Наморсвязи начальник морской связи 海军通信主任

НАМСА Агентство НАТО по техническому обеспечению и обслуживанию 北约技术保障与服务局

НАМСО Организация НАТО по техническому обслуживанию и обеспечению 北约技术维护与保障组织

НАНС наставление по аэронавигационной службе 领航勤务条令条例

НАОЛ народно-освободительная армия Лаоса 老挝人民解放军

НАОП наставление по артиллерийской огневой подготовке 炮兵射击训练条令

НАП начальник артиллерии полка 团炮兵主任

НАП нестационарная активная помеха 非固定有源干扰

НАПВ несинхронное автоматическое повторное включение 异步自动重接，异步自动重合闸

НАПО начальник политического отдела 政治处主任

НАПО Новосибирское авиационно-промышленное объединение 新西伯利亚航空工业公司

напр направление 专向，线路

НАР неуправляемая авиационная ракета 无控航空火箭，无控航空导弹

НАРС неуправляемый авиационный ракетный снаряд 非制导航空火箭弹

НАРС неуправляемый авиационный реактивный снаряд 非制导航空火箭弹

НАС навигационная автономная система 独立导航系统

НАС наземная аэрологическая сеть 航空地面观测网

НАС наставление по аэродромной службе 机场勤务教令

НАС начальник автомобильной службы 汽车勤务主任

НАС начальник артиллерийского снабжения 炮兵供给主任

НАСА Национальное управление по аэронавтике и исследованию космического пространства 国家航空航天局（美国）

НАСД начальник артиллерийского снабжения дивизии 师军械主任

НАСК наземная автоматизированная система контроля 地面自动化监控系统

НАСТА-МБ настольный телефонный аппарат местной батареи 本机电池台式电话机

насыщ. насыщенный 饱和的

НАФА ночной аэрофотоаппарат 航空夜视照相机

НАХ нелинейность амплитудной характеристики 非线性振幅特性

Начвещ начальник вещевого снабжения 被服供给主任

начвоендор начальник военных дорог 军用道路局局长

начвосо начальник военных сообщений 军事交通部部长

начвто начальник военно-технического отделения 军事技术科科长

начвто начальник военнотопографического отделения 军事地形测绘科科长

начвхс начальник военнохозяйственного снабжения 军需供给主任

начгар начальник гарнизона 卫戍司令，警备司令，驻区长

Начгау начальник главного артиллерийского управления 炮兵总局局长

начгенштаба начальник генерального штаба 总参谋长

начинж начальник инженерной службы 工程勤务主任

начинжарм начальник инженерной службы армии 集团军工程勤务主任

начинкреп начальник инженеров крепости 要塞工程主任

начинснаб начальник инженерного снабжения 工程供应主任

начкар начальник караула 卫兵队队长

начмед начальник медицинской службы 医务主任

начопер начальник оперативного отдела штаба дивизии 师参谋部作战处处长

начопер начальник оперативного отдела штаба полка 团参谋部作战股长

начпоарм начальник политотдела армии 集团军政治部主任

начпрод начальник продовольственного снабжения 粮食供给主任，给养供应主任

начртв начальник радиотехнических войск 无线电技术兵主任

начсанарм начальник санитарной службы армии 集团军卫生勤务主任

начсанбат начальник санитарного батальона 卫生营首长

начсанбриг начальник санитарной службы бригады 旅卫生勤务主任

начсандив начальник санитарной службы дивизии 师卫生勤务主任

начсанкор начальник санитарной службы корпуса 军卫生勤务主任

начсанупр начальник военно-санитарного управления 军事卫生部部长

начснабавиаф начальник военных снабжений авиафлота 空军供给主任

начснабдив начальник снабжения дивизия 师供给主任

начсоч начальник секретно-оперативной части 机要处处长，机要科科长，机要室主任

начувстр начальник управления военно-строительных работ 军事建筑工程部部长

начупрбронесил начальник управления броневых сил 装甲兵部部长

начфин начальник финансового снабжения 财务主任

начхоз начальник хозяйственной части (отдела, управления) 管理科（处、局）长

начхозупр начальник хозяйственного управления 管理局局长

начштаарм начальник штаба армии 集团军参谋长

начштаба начальник штаба 参谋长

начэвак начальник эвакуационного пункта 后送站站长

наштаверх начальник штаба верховного главнокомандующего 最高统帅部参谋长

Наштафлот начальник штаба флота 舰队参谋长

НБ наземное базирование 陆基

НБ ночной бинокль (активный) 夜视望远镜

НБА Наставление бомбардировочной авиации 轰炸航空兵教令

НБА ночная бомбардировочная авиация 夜间轰炸航空兵

НБАД ночная бомбардировочная авиационная дивизия 夜间轰炸航空兵师

НБАП ночной бомбардировочный авиационный полк 夜间轰炸航空兵团

НБДШ наставление по боевой деятельности штаба соединения 兵团参谋部战斗行动教令

НБЖ Наставление о борьбе за живучесть 保持生存力教令

НБЗ носитель боевого заряда 战斗装药运载器

НБИТС Наставление по боевому использованию технических средств 技术兵器战斗使用教令

НБК начало боевого курса 战斗航向起点

НБО начальное баллистическое обеспечение 初级弹道保障

НБП начало боевого пути 战斗航路起点（空军）；战斗航迹起点（指鱼雷射击）

НБП нижняя боковая полоса 下边（频）带

НБПДЧ нижняя боковая полоса доплеровых частот 多普勒下边频带

НБР неуправляемая баллистическая ракета 非制导弹道火箭

НБР норматив боевой работы 战斗操作标准

НБС навигационно-бомбардировочная система 导航投弹系统

НБС Национальное бюро стандартов 国际标准局

НБС начальник боевого снабжения 弹药补给主任

НБС небалансный смеситель 不平衡混频器

НБСД начальник боевого снабжения дивизии 师弹药补给主任

Н

НБТС начальник бронетанковой службы 装甲坦克勤务主任

НБТС начальник бронетанковых сил 装甲坦克兵主任

НБУ начальник боевого участка 战斗地段长

НБЧ нижняя боковая частота 低边频

НВ наблюдательная вышка 观测台，瞭望台

НВ навигационный вычислитель 导航计算机，领航计算尺，航行计算器

НВ нагнетатель воздуха 空气增压器

НВ направление ветра 风向

НВ начальник вооружения 军械主任

НВ неконтактный взрыватель 非触发引信

НВ несущий винт （直升机的）旋翼

НВ низкий воздушный взрыв 低空爆炸

НВ ночное видение 夜视

нвг навигация 导航，领航；航行，航海

НВД начальник воздушного десанта 空降兵主任

НВД непосредственный ввод данных 直接数据输入

НВЗРКУ ПВО нижегородское высшее зенитно-ракетное училище противовоздушной обороны 下诺夫哥罗德高等防空导弹学校

НВИВВ Новосибирский военный институт внутренних войск. МВД РФ 俄联邦内务部所属新西伯利亚内卫军专科学院

НВК нелинейный взвешивающий кодер 非线性加权编码器

НВК низковольтный контакт 低压触点

НВМ Народная вооруженная милиция （中国）人民武装警察

НВМБ новороссийская военно-морская база 新罗西斯克海军基地

НВМУ Нахимовское военно-морское училище 纳希莫夫海军学校

НВН начальник войскового наряда 部队执勤队队长

НВО независимый военный обзор 独立军事评论

НВО низковольтное оборудование 低压电气设备

НВО низковысотный обнаружитель 低空搜索雷达

НВОС Наставление по военно-санитарной службе 军事卫生勤务教令

НВП наиболее вероятный противник 最可能的敌人

НВП Народная военная полиция. КНР 人民武装警察（中国）

НВП начальная военная подготовка 初级军事训练

НВП неэкранированная витая пара 非屏蔽双绞线

НВПВО начальник войск противовоздушной обороны 防空兵主任

НВПП начальник военного продовольственного пункта 军用给养站长，军用饮食供应站长

НВР начальник восстановительных работ 修复工程局局长，抢修工程局局长

НВРКО начальник войск ракетнокосмической обороны 导弹太空防御兵首长

НВРХБЗ начальник войск радиационной, химической и бактериологической защиты 辐射、化学、细菌防护兵主任，三防兵主任

НВС и рто начальник войск связи и радиотехнического обеспечения 通信与无线电技术保障兵主任

НВС начальник вещевой службы 被装勤务主任

НВС начальник войск связи 通信兵主任

НВУ навигационно-вычислительное устройство 导航计算机

НВУ навигационное вычислительное устройство 导航计算设备，领航计算装置

НВУ нашлемное визирное устройство 头盔瞄准具，头盔式瞄准装置

НВУ неконтактное взрывное устройство 非触发引信（装置）

НВУ неустановленное взрывное устройство (неустановленного типа) 非设置性引信

НВУС Новочеркасский военный университет связи 新契尔卡斯军事通信大学

НВФ начальник вспомогательного флота 辅助船队指挥长

НВФ незаконные вооруженные формирования 非法武装组织

Н

НВЦ наблюдение всех целей 全部目标观察

НВЭ нормальный водородный электрод 标准氢电极

НГ национальная гвардия 国民卫队，国民警卫队

НГ нейтральный газ 惰性气体

НГ неотражающая граница 非反射界面，不反射界面

НГ нивелир глухой 定镜水准仪

НГ нулевой гироскоп 零值陀螺仪

НГЗ начальник группы заграждения 障碍设置组组长

НГМД накопитель на гибком магнитном диске 软磁盘存储器

НГМС начальник гидрометеорологической службы 水文气象勤务主任

нгн наногенри 毫微亨

НГО навигационно-гидрографическое обеспечение 航海水测保障

НГПК низкочастотный генератор периодических колебаний 低频周期振荡器

НГУ направление главного удара 主要突击方向

НД наклонная дальность 斜距，倾斜距离

НД нейтральный дым 无毒烟，中性烟

НД нормальная дистанция 正常距离

НД нормативная документация 定额资料；标准文件

НД ночной дозор 夜间巡逻

НД нулевой датчик 零位传感器

НДА нитрит дициклогексиламмония (дициклогексиламина) 双环乙基亚硝酸铵

НДЗ навесная динамическая защита 曲射炸弹防护

НДК Наставление по боевой деятельности десантных кораблей 登陆舰战斗行动教令

НДЛ надувная десантная лодка 橡皮登陆艇，充气登陆舟

НДЛ-10 надувная десантная лодка на 10 чел. 十人橡皮登陆舟

НДЛ-20 надувная десантная лодка на 20 чел. 二十人橡皮登陆舟

НДП носимый дегазационный прибор 便携式消毒器

НДПУ наземный дистанционный пункт управления 地面遥控站

НДС накопитель с диодными связями 二极管耦合存储器

НДУ направление другого удара 其他突击方向

НДУ непрерывно действующая установка 常效装置

НДХШ нейтральная дымовая химическая шашка 无毒化学烟罐

НДЦ неоднородная дискретная цепь 不均匀数字电路

нейтр. нейтральный 中立国，中心线，中间的；中子

неп непер 奈培（衰耗单位，等于 8.686 分贝）

нер-во неравенство 不等式

неуд. неудовлетворительно 不及格（成绩评语）

НЖВФ начальник ж.д. войск фронта 方面军铁道兵主任

НЖДВ начальник железнодорожных войск 铁道兵主任

НЖДО начальник железнодорожной охраны 铁路警卫勤务主任

НЖК нематический жидкий кристалл 向列型液晶

НЖМД накопитель на жестком магнитном диске 硬盘

НЗ начало заголовка 标题开始

НЗ начальник заставы 边防小队长

НЗ небольшие замирания 小幅度衰减

НЗ нейтральная зона 中和区，中立地带

НЗ нормально замкнутый 常闭（触点）

НЗК незаглушенное колебание 无阻尼振荡

НЗН Наставление по боевой деятельности надводных загарадителей 水面布雷舰战斗行动教令

НЗО(н.з.о.) неподвижный заградительный огонь 〈炮〉不动拦阻射击，固定拦阻射击

НЗП начальный загрузчик программы 初始化程序导入装置

НЗП признак начального запуска 初始触发信号

НЗР наблюдение звуковой разведки 声响观测

НЗР наблюдение знаков разрывов 炸点符号观察

НЗР наземная разведка 地面侦察

НЗР нормальный закон распределения 正态分布律

НЗРВ начальник зенитных ракетных войск 防空导弹兵主任

НЗРК носимый зенитно-ракетный комплекс 便携式防空火箭

НЗС начальник зоны связи 通信区域主任

НЗТ незатухающий телеграф 等幅电报

НЗЦ наземная цель 地面目标

НЗЧ нормы запасных частей (расхода) 零配件（消耗）标准

НИ навигационные измерения 领航测量

НИ навигационный индикатор 航行指示器

НИ настроенный индикатор 调谐指示器

НИ научный институт 科学研究所

НИ начальный импульс 起始脉冲

НИ нелинейные искажения 非线性失真

НИ немодулированное излучение 非调制辐射

НИ неосновное излучение 非基本辐射

НИ нуль-индикатор 零指示器

НИАИ научно-исследовательский авиационный институт 航空科学研究所

НИАП научно-испытывательный артиллерийский полигон 炮兵科学实验射击场

НИАС Наставление по инженерно-авиационной службе 航空工程勤务教令

НИАС ВВС Научный институт аэродромного строительства ВВС 空军机场建设科学研究所

НИАТ научно-исследовательский институт авиационных технологий 航空技术科研所

НИБВ научно-исследовательский институт боеприпасов и вооружения 军械弹药科学研究所

НИБВ научно-исследовательское бюро взаимозаменяемости 互换性科学研究局

НИВ Наставление для инженерных войск 工程兵教令

НИВ начальник инженерных войск 工程兵主任

НИГ научно-исследовательская группа 科学研究小组

НИД научно-исследовательская деятельность 科研活动，科研工作

НИЗЕНП научно-испытательный зенитный артиллерийский полигон 高射炮科学试验靶场

НИИ ВВС научно-исследовательский институт ВВС 空军研究所

НИИ научно-исследовательский институт 科研所

НИИ нефтяной исследовательский институт 石油研究所

НИИВТС научно-исследовательский институт военно-топографической службы 军事测绘科学研究所

НИИГВФ научно-исследовательский институт гражданского воздушного флота 民用航空科学研究所

НИИД научно-исследовательский институт двигателей 发动机研究所

НИИДАР научно-исследовательский институт дальней радиосвязи 远程无线电通信研究所

НИИИТ научно-исследовательский инженерный институт 工程兵科学研究所

НИИТС научно-исследовательский институт телефонной связи 电话通信科学研究所

НИИТЦ ФПС научно-исследовательский испытательский технический центр Федеральной пограничной службы РФ 俄联邦联邦边防局技术研究试验中心

НИИЦ АКМ и ВЭ научно-исследовательский испытательный центр авиационно-космической медицины и военной эргономики 航空航天医学和军事人类工程科学研究试验中心

НИЛ научно-исследовательская лаборатория 科学研究实验室

НИЛ ненасыщенная инжекционная логика 非饱和型注入逻辑

НИЛИ низкоинтенсивное лазерное излучение 低强度激光辐射

НИМАП Научно-испытательный морской артиллерийский полигон 海军炮兵科学试验靶场

НИММИ научно-исследовательский морской медицинский институт 海军医学科学研究所

НИО научно-исследовательский отдел 科研处（部）

НИО научно-исследовательская организация 科研机构

НИОКР научно-исследовательские и опытно-конструкторские работы 科研与试验设计工作

НИП Научно-исследовательский полигон 科研试验靶场

НИП несинхронная импульсная помеха 异步脉冲干扰

НИПСУКП наземный измерительный пункт в системе управления космическими полетами 空间飞行控制系统地面监测站

НИР научно-исследовательская работа 科学研究工作

НИР научно-исследовательская разработка 科研

НиС наблюдение и связи 观察和通信

НИС накопитель с инжекционными связями 注入耦合存储器

НИС национальная информационная система 国家情报系统

НИС неисправность 故障

НИС США национальный Институт Стандартизации США 美国国家标准研究所

НИСЗ навигационный искусственный спутник Земли 人造地球导航卫星

НиСО отделение службы наблюдения и связи 观通勤务班

НиСП пост службы наблюдения и связи 〈海〉观通勤务哨，观通勤务部位

НиСПП передвижной пост службы наблюдения и связи 〈海〉流动观通勤务站

НиСР район службы наблюдения и связи 〈海〉观通勤务区

НиСУ участок службы наблюдения и связи 观通勤务段

НиТУ нормы и технические условия 标准与技术条件

НИУ научно-исследовательское учреждение 科研机构，科研机关

НИЦ научно-информационный центр 科技信息中心

НК навигационный комплекс 导航综合装置

НК навигационный координатор 航行座标方位仪，自动领航仪

НК нагрузка колесная (на дороги, мосты) （道路、桥梁）轮式车载重

НК надводный корабль 水面舰艇

НК накопительный конденсатор 储能电容器

НК начало кривой 曲线起点

НК начало координат 坐标原点

НК начало круговой кривой 圆弧起点

НК начальник караула 卫兵队队长

НК невозвратный клапан 单向阀

НК непосредственный контроль 直接检测，直接检查

НК непрерывный контроль 连续检查

НК неравномерное квантование 不均匀量化

НК никелевый катод 敷镍阴极

НК нулевая катушка 零位线圈

НК нуль карты 水深基准线，海图基准线

НКАП Народный комиссариат авиационной промышленности 航空工业人民委员部

НКВД Народный комиссариат по военным делам 军事人民委员部

НКО наземный комплекс отладки 地面调整设施

НКО наземный комплекс отработки 地面训练综合设施

НКО Народный комиссариат обороны 国防人民委员部

НКО низкая круговая орбита 低圆轨道

НКП наблюдательно-корректировочный пункт 观察校正哨

НКП наблюдательный командирский пункт 指挥员观察所

НКП наблюдательный корабельный пост 舰艇指挥所

НКП наблюдательный корректировочный пункт 〈炮〉校正观察所

Н

НКП навигационный курсовой прибор 航向导航仪表

НКП наружный корабельный пост 舰艇外部岗哨

НКПБ нажимная кнопка прицела бомбометания 轰炸瞄准具按钮

НКПБ ночной коллиматорный прицел бомбометания 夜用准直管式轰炸瞄准具，夜用平行光管轰炸瞄准具

НКПЗА наблюдательный корректировочный пункт зенитной артиллерии 高射炮兵校正观察所

НКПП начальник контрольно-пропускного пункта 检查站站长

НКПС нелинейный керамический полупроводник сопротивления 非线性陶质半导体电阻

Нкр критическая нагрузка 临界负载

НКР носитель крылатых ракет 巡航导弹运载机

НКРЛД надводный корабль радиолокационного дозора 水面雷达巡逻舰

НКС направление космической связи 卫星通信专向

НКС начало кильватерного следа 尾流始端

НКТЛ наземный катапультный тренажер летчика 飞行员地面弹射练习台

НКУ КА наземный комплекс управления космическими аппаратами 地面空间飞行控制系统

НКУ наземный комплекс управления 地面指挥系统；地面控制系统

НКФ нормированная корреляционная функция 额定相参函数

НКЦ наблюдатель-командир-цель 〈炮〉观察员－指挥员－目标

НКЦС Национальный космический центр связи 国家航天通信中心

НЛ навигационная линейка 航行计算尺

НЛ надувная лодка 橡皮艇，充气艇

НЛ неоднородная линия 不均匀线

НЛБ ночной легкий бомбардировщик 夜航轻型轰炸机

НЛБА ночная легкая бомбардировочная авиация 夜间轻型轰炸航空兵

НЛБП ночной легкобомбардировочный полк 夜间轻型轰炸航空兵团

НЛВО нелетальный вид оружия 非致命武器种类

НЛГ нормы летной годности 适航性标准

НЛГС нормы летной годности самолетов 飞机适航标准

НЛГС нормы летной годности состава 人员适航性标准

НЛМ нескоммутированная логическая матрица 独立逻辑阵列

НЛО неопознанный летающий объект (синоним-УФО) 不明飞行物

НЛП надувной легкий понтон 轻型充气艇，轻型橡皮艇

НЛП нейролингвистическое программирование 神经语言程序设计

НЛП новый легкий парк 新式舟桥纵列

НЛС наземная линия связи 地面通信线路

нлс начальник линии связи 通信线路主任

НЛЦ низколетящая цель 低空飞行目标

НМ неизвлекаемая мина 不可取出的地雷

НМ некоординатная модель 非坐标模型

НМБ накопитель на магнитном барабане 磁鼓存储器

НМД накопитель на магнитном диске 磁盘存储器

НМД начальник медицинской службы дивизии 师医务主任

НМЗ носитель магнитной записи 磁记录载体

НМК начальник медицинской службы корпуса 军卫生勤务主任，军医务主任

НМКО носовое машино-котельное отделение 船机炉舱

НМКП наземный мобильный командный пункт 地面移动指挥所

НМЛ накопитель на магнитной ленте 磁带存贮器

НМП начальник медицинской службы полка 团医疗勤务主任

Н

НМС начальник метеорологической службы 气象主任

НМС непосредственно модулирующий сигнал 直接调制信号

НМСА начальник медицинской службы армии 集团军医务主任

НМСП начальник медицинской службы полка 团医务主任

НМСФ начальник медицинской службы фронта 方面军医务主任

НМТ наружная мертвая точка 外死点

НМУ неблагоприятные метеорологические условия 不利气象条件

НМФ(-) тип твердого топлива ракеты 火箭固体燃料型号

НМЦ непрерывная марковская цепь 马尔科夫连续链

НН наружное наблюдение (МВД) （内务部）外部哨

НН непосредственный начальник 直接首长

НН низкое напряжение 低电压

НН номеронабиратель 拨号盘

ННЗ неосновной носитель заряда 少数载流子

ННМ ночной налобный монокуляр 头戴式单目夜视望远镜

ННП наземный навигационный пункт 地面导航站

ННП накопление нелинейных помех 非线性噪声积累

ННП неподвижный наблюдательный пункт 固定观察所

ННП ночной наблюдательный прибор 夜间观察仪

ННС начальник направления связи 通信方向（专向）主任

НО навигационная обстановка 航行情况；海区助航设备情况；航标

НО наземная обстановка 地面态势

НО направленный ответвитель 定向耦合器

НО нарезное оружие 线膛武器

НО народное ополчение 民兵

НО начало отсчета 读数起始点

НО начальник оперативного отдела 作战处长

НО начальник оперативного отделения 作战科科长

НО начальник отдела 处长

НО начальник отряда 队长；支队长；（边防军）总队长

НО-1 начальник оперативного отдела 作战处处长

НО-2 начальник разведывательного отдела 侦察处处长

НО-3 начальник отдела связи 通信处处长

НО-4 начальник строевого отдела 军务处处长

НО-5 начальник отдела тыла 后勤处处长

НОАК Народно-освободительная армия Китая 中国人民解放军

НОВ неконтактный оптический взрыватель 非触发光学引信

НОВ нестойкие отравляющие вещества 暂时性毒剂

НОВП начальник отдела воинских перевозок 军事运输处长，军运处长

НОВПБ начальник отдела воинских перевозок на бассейне 水区军事运输处处长

НОВПД начальник отдела воинских перевозок на дороге 道路军事运输处处长

НОВСА начальник отдела военных сообщений армии 集团军军事交通处长

НОГПВ начальник оперативной группы пограничных войск 边防军作战组组长

НОД наибольший общий делитель 最大公因子，最大公约数

НОД нитроглицериновый особой доставки (порох) 特殊运送硝化甘油（炸药）

НОЗ начальник отряда заграждения 障碍设置队队长

НОК нормально открытый контакт 常开触点

НОМУ начальник организационно-мобилизационного управления 组织动员部部长

НОН незаконный оборот наркотиков 非法毒品交易

НОНС начальник осевого направления связи 轴线通信方向（专向）主任

НОО начальник особого отдела 特别处处长

НОПИ нижняя область повышенной ионизации 强电离区的底部

НОПП начальник отдела политпропаганды 政治宣传处处长

НОР наземное оборудование ракет 火箭地面设备，导弹地面设备

НОР направляющее орудие 导向炮

НОР АД командование противовоздушной обороны 防空司令部

НОРАД объединенное командование воздушно-космической обороны (США, Канада) （美国、加拿大）北美联合空天防御司令部（英文缩写 NORFD 的音译）

НОС начальник оси связи 通信轴线长

НОСАБ ночная ориентирная светящаяся авиационная бомба 夜间示位照明航空炸弹

НОСАБ ночная ориентирно-сигнальная авиационная бомба 航空夜间示位信号（炸）弹

НОССС низкоорбитальная спутниковая система связи 低轨道卫星通信系统

НОТ наводчик-оператор танка 坦克操作瞄准手

НОТ научная Организация труда 科学劳动组织

НОУ начальник оперативного управления 作战部部长

НОУ низкообогащенный уран. 低浓缩铀

НОУС надбавка за особые условия службы 特种服役条件津贴，特种工作条件津贴

НОЦ наводка оси цапф 耳轴瞄准

НП наблюдательный пост 观察哨，监视哨；观察部位

НП наблюдательный пост береговой артиллерии 海岸炮兵观察所

НП наблюдательный прибор 观察仪器，观测仪器

НП наблюдательный пункт 观察所

НП навигационный параметр 导航参数

НП навигационный прибор 导航仪

НП направление полета 飞行方向，航向

НП насос подкачки 增压泵

НП начало передачи 传输开始

НП нейтродинный приемник 中和接收机

НП непрерывная передача 不间断传输

НП нижняя палуба 下甲板

НП ниша для пулемета 〈测〉机枪崖孔

НП номер последовательности 序列编号

НП нормативный показатель 定额指标，操作标准

НП носилочный пост 担架所，担架部位

НП носилочный пункт 担架所

НП носовой предел (угла) торпедного обстрела 鱼雷射界舰首极限

НП-1 нелинейный преобразователь с одним входом 单输入端非线性变换器

НП-2 нелинейный преобразователь с двумя входами 双输入端非线性变换器

НПА необитаемый подводный аппарат 无人潜水装置；无人水下装置

НПБ наблюдательный пункт береговой 海岸观察所

НПБ наблюдательный пост береговой обороны 海岸防御观察哨

НПВ нижний предел концентрации взрывоопасных веществ 易爆物浓度下限

НПВНОС наблюдательный пост воздушного наблюдения, оповещения и связи 空情，报知与通信观察哨

НПВО народная противовоздушная оборона 人民防空

НПВО начальник противовоздушной обороны 防空主任

НПВОМБ Наставление по противовоздушной обороне военно-морских баз 海军基地防空教令

НПВЧ наименьшая применимая высокая частота 最低可用高频

НПД Национальный план действий 国家行动计划

НПЗ носимый прибор заражения 携带式布毒器

НПИП непреднамеренная помеха искусственного происхождения 非故意人为干扰

Н

НПК навигационно-посадочный комплекс 飞机降落导航系统

НПК наземный противоспутниковый комплекс 地面反卫星设备

НПК непосредственная поддержка кавалерии 对骑兵的直接支援

НПК ночной прицельный комплекс 夜视瞄准设备

НПКП наблюдательный пункт командира полка 团长观察所

НПЛ неатомная подводная лодка 非核潜艇

НПЛ несимметричная полосковая линия 不对称带状传输线

НПМ начальный пункт маршрута 路线起点；航线起点

НПМУ ночные простые метеорологические условия 夜间简单气象条件

НПН наземный пункт наведения 戴耳机引导站

НПН начальный порядковый номер 起首顺序号码

НПН неподвижный пункт наведения 〈空〉固定导引站

НПО научно-производственное объединение 科研与生产综合体

НПО начальник пограничного отряда 边防总队队长

НПО неправительственная организация 非政府组织

НПО противопожарное оборудование 灭火设备

НПОСП наблюдательный пункт командира отделения связи с пехотой 步兵通信班长观察所

НПП Наставление по производству полетов 《飞行组织条例》

НПП набор в предстартовую подготовку 拨通射前准备

НПП навигационно-пилотажный прибор 航行驾驶仪表

НПП наземный пункт привязки 地面连接站

НПП Наставление по производству полетов 飞行教令

НПП непосредственная поддержка пехоты 对步兵的直接支援

НПП низкополетная полоса 低空飞行带，低空小航线

Нпр нарушение пограничного режима 违犯边境制度

НПР научно-практическая работа 科学实践工作

НПРБ Наставление по подготовке к рукопашному бою 白刃战训练教令

НПРО национальная противоракетная оборона 国家反导弹防御，国家导弹防御

НПРО национальная противоракетная оборона (США) 国家导弹防御（美国）

НПРО Национальная система противоракетной обороны 国家导弹防御系统

НПРО нестратегическая противоракетная оборона 非战略性反导防御

НПС Наставление по полигонной службе 靶场勤务教令

НПС навигационно-посадочная система 导航着陆系统

НПС навигационно-прицельная система 导航瞄准系统

НПС Наставление по полигонной службе 靶场勤务教令

НПС начальник продовольственной службы 粮食勤务主任

НПС нелинейное полупроводниковое сопротивление 非线性半导体电阻，变阻器

НПС непроволочное полупроводниковое сопротивление 非线绕半导体电阻

НПС нефтеперекачивающая станция 石油泵站

НПСД(нпсд) начальник пункта сбора донесений 情报收集所所长，报告收集所所长

НПСП(нпсп) наблюдательный пункт стрелкового полка 步兵团观察所

НПСШ Наставление по полевой службе штабов 参谋部野战勤务教令

НПТ наземный парашютный тренажер 地面跳伞练习器

НПУ наземное переговорное устройство 地面通话设备

НПУ наземное передающее устройство 地面发射装置

НПУ наземное приемное устройство 〈空〉地面接收设备

НПУ наземный пункт управления 地面指挥所

НПУ носовое подруливающее устройство 首部推力器

НПЧ наименее применимая частота 最不常用频率

НПЧ наименьшая применимая частота 〈无〉最低可用频率

НПЧ низкая промежуточная частота 低中频

НПШ нормальный пробивной штамп 标准冲孔模

НР наземная ракета 地面导弹

НР насыщающийся реактор 饱和电抗器

НР начальник разведки 侦察主任

Нр неразрыв 不炸弹

НР неуправляемая ракета 非制导火箭

НР ночная разведка 夜间侦察

НРА народно-революционная армия 人民革命军

НРБ неразорвавшиеся боеприпасы 未爆弹药

НРБ нормы радиационной безопасности 辐射安全标准

НРВ невзрывчатое разрушающее вещество 非爆炸性破坏物

НРВ невзрывчатое разрушающее вещество 非爆炸性破坏物

НРВ неконтактный радиолокационный взрыватель 非触发雷达引信

НРВ нетто-регистровая вместимость 净登记吨位

НРВА начальник ракетных войск и артиллерии 导弹兵和炮兵主任

НРВС, НРВ и Сл начальники родов войск и служб 兵种和勤务部门主任

НРЗ наземный радиолокационный запросчик 地面雷达问询机

НРКЧ научно-редакционная картосоставительная часть 制图部门

НРЛС навигационная радиолокационная станция 导航雷达站

НРЛС навигационные радиолокационные средства 导航雷达器材

НРО незатемненный режим освещения (в светомаскировке) 照明不伪装（灯火管制用语）

НРО неуправляемое ракетное оружие 火箭弹

НРП наблюдательный и разведывательный пункт 观察及侦察所

НРП наземный ретрансляционный пункт 地面转发站

НРП необслуживаемый регенерационный пункт 无人值守再生站

НРП свой самолет-нарушитель режима полета 违反飞行规定的己方飞机

НРС наземная разведывательная станция 地面侦察站

НРС Наставление по радиосвязи 无线电通信教令

НРС Национальная разведывательная служба 国家情报局，国家侦察局

НРС национальный разведывательный совет 国家情报委员会

НРС неуправляемый реактивный снаряд 非制导火箭弹，无控火箭弹

НРС нож разведчика специальный 侦察员专用刀

НРС нож разведчика стреляющий 侦察兵专用匕首

НРТ нетто-регистровый тоннаж 登记净重量

НРТВ начальник РТВ 无线电技术兵主任

НРТС начальник радиотехнической службы 无线电技术部门主任

НРУ начальник разведывательного управления 侦察局局长

НРХБЗ начальник радиационной, химической и бактериологической защиты 防辐射、化学和细菌主任

НРЭБ начальник службы радиоэлектронной борьбы 无线电电子战勤务主任

НС авиационная пушка Нудельмана и Суранова (Нудельмана-Сурановов авиационная крыльевая пушка) 努德尔曼和苏拉诺夫设计的航空机关炮

Н

НС ВС начальник связи Вооруженных Сил 武装力量通信兵主任

НС навигационная система 导航系统

НС нагрузка согласования 匹配负载

НС Надводные силы 水面兵力；水面舰艇兵

НС наземная система 地面系统；地面设备

НС наземная станция 地面站；地面台

НС накапливающий сумматор 累加（积分）器

НС намагничивающая сила 磁化力

НС направление связи 通信方向；通信支线

НС направляющая система 导向系统；引导系统

НС Направляющая страна 派遣国

НС нарушение связи 破坏通信

НС наряд суточный 昼夜执勤

НС начальная скорость 初速

НС начальник связи 通信主任

НС начальник службы 部门首长

НС начальник смены 值班主任

Н

НС начальник станции （雷达站）站长

НС начальствующий состав 主管人员，领导成员，各级首长

НС несение службы 执勤

НС нестроевая служба 非队列勤务

НС нетерминальный символ 非终端标志

НС-2 двухместный вертолет 双座直升机型号

НСА начальник связи армии 集团军通信主任

НСАВ начальник службы авиационного вооружения 航空军械勤务主任

НСВ непосредственное спутниковое вещание 卫星直播

НСД Наставление по стрелковому делу 射击教令

НСД начальник связи дивизии 师通信主任

НСД несанкционированный доступ 非法访问

НСЖДВ начальник связи железнодорожных войск 铁道兵通信主任

НСЗ неснижаемый запас 常备量，最低储备量

НСИ нормативно-справочная информация 标准咨询信息

НСК наземная система контроля 地面监控系统

НСК начальник связи корпуса 军通信主任

НСКР Национальная служба космической разведки (США) 国家空间情报局（美国）

НСМУ ночные сложные метеорологические условия 夜间复杂气象条件

НСН нагрудник спасательный надувной 救生充气背心

НСН начальник связи и наблюдения 通信观察主任

НСн неуправляемый снаряд 非制导导弹，自由飞行导弹

НСО начальник стартового отделения 发射班长

НСОУ направление сосредоточения основных усилий 基本兵力集结方向

НСОУ национальная система оперативного управления 国家作战指挥系统

НСП накопитель стандартных программ 标准程序存储器

НСП национальный совет Палестины 巴勒斯坦全国委员会

НСП новое системное проектирование 新型系统化设计

НСП ночной смотровой прибор 夜视仪器，夜间观察仪器

НСПК накопитель стандартных программ и констант 标准程序及常数存储器

НСПУ ночной секторный (оптический) прицел универсальный 夜间通用弧形（光学）瞄准具

НСПУ ночной секторный прицел универсальный (оптический) 通用型夜用弧形瞄准镜（光学瞄准镜）

НСР Национальный совет по разведке (США) 国家情报委员会（美国）

НСРАВ начальник службы ракетно-артиллерийского вооружения 军械部门主任

НСРАВ начальник службы ракетного и артиллерийского вооружения 导弹与炮兵装备主任

НСРИ. Национальный совет по разведывательной информации 国家侦察情报委员会

НСС наземная сеть связи 地面通信网

НСС Национальный совет сопротивления （法）全国抵抗委员会

НСС начало срока службы 服役期开始

НСС начальник подготовки и службы собак 军犬训练与勤务主任

НССС национальная система спутниковой связи 国家卫星通信系统

НСУ непознанное судно 未辩明的船；国籍不明的船

НСУ непрерывная система управления 连续控制系统

НСФ начальник связи фронта 方面军通信主任

НСЦ наземная система целеуказания 地面指示系统

НСЦ нашлемная система целеуказания 头盔式目标指示系统

НСЧ напряжение синхронизации частоты 频（率）同步强度

НТ наведенный ток 感应电流

НТ навигационные точки 导航点

НТ надтональный телеграф 超音频电报，超声频电报

НТ Наставление по тралению 扫雷教令

НТ начало текста 文本开始

НТ начальник тыла 后勤首长；后勤处长；后勤部长；后勤主任

НТ нефтетанк 油料桶

НТ нивелир технический 工程水准仪

НТ носитель тока 载流子

НТВС начальник тыловой военной службы 军事后勤部部长

НТД низкотемпературный дефект 低温缺陷，低温损伤

НТД нормативно-техническая документация 技术标准文档

НТД нормативно-технические документы 技术规范文件

НТИ Научно-техническая информация (журнал) 《科技情报》(刊物)

НТК научно-технический комитет (развития вооружений) 装备发展科学技术委员会

НТК подводный траншеекопатель 水下壕沟挖掘机

НТК противотанковый комплекс 反坦克综合体

НТКА Наставление по боевой деятельности торпедных катеров 鱼雷艇战斗行动教令

НТО научно-технический отдел 科技局，科技处

НТО научно-техническое общество 科学技术学会

НТО начальник топографического отдела 地形测绘处处长

НТО низкотемпературный отжиг 低温退火

НТО УГПС нормативно-технический отдел Управления государственной пожарной службы 国家消防局技术标准处

НТОПС начальник топографической службы 测绘勤务主任

НТОРиЭ научно-техническое общество радиотехники и электросвязи 无线电技术和电信科技学会

НТП научно-техническая продукция 科技产品

НТР научно-техническая разведка 科学技术侦察

НТР научно-техническая разведка 科技情报

НТС национальная телекоммуникационная система 国家电信系统

НТС начальная телефонная станция 终端电话站

НТС начальник телефонной связи 电话通信主任

НТС начальник технической службы 技术勤务主任

НТСЭ научно-технический сборник по электросвязи 电信科技汇编

НТУ научно-техническое управление 科学技术局

НТЧ научно-техническая часть 标准技术条件，标准技术规程

НТЧ начальник технической части 技术部门主任

НУ начальная установка 初始设定

НУ номеровальное устройство 数字编号装置

НУВС начальник управления военных сообщений 军事运输局局长，军运局局长

НУКАС национальное управление картографии и аэрокосмической съемки (США) 国家地图测绘与航空航天照相局

Н

НУМ над уровнем моря 海平面上

НУММ начальник управления по механизации и моторизации 机械化及摩托化局局长

НУО Национальный университет обороны 国防大学

НУП необслуживаемые усилительные пункты 无人（值守）增音站

НУПТ неинвертирующий усилитель переменного тока 非反转交流放大器

НУР начальник укрепленного района 要塞区首长

НУР начальник управления 局长

НУРС неуправляемая ракетная система 非制导火箭系统

НУС начальник узла связи 通信枢纽主任

НУС необслуживаемая дистанционнопитаемая усилительная станция 无人值守遥控供电增音站

НУТК наземный учебно-тренировочный комплекс 飞行员地面教练综合体

нф нанофарада 毫微法（拉）(10^{-9} 法）

НФ направляющий фильтр 方向滤波器

НФ нефокусированный 非集中，非聚焦的

НФ низкочастотный фазометр 低频相位表

НФП Наставление по физической подготовке 体能训练教令

НФП нелинейный функциональный преобразователь 非线性函数变换器

НФРБПОР национальная федерация рукопашного боя правоохранительных органов России 国家护法机关徒手格斗联合会

НФУ начальник финансового управления 财务部长，财务主任

НХВ начальник химических войск 化学兵主任

НхГУ неврохирургическая группа усиления 神经外科加强组

НХД начальник химической службы дивизии 师化学勤务主任

НХК начальник химической службы корпуса 军化学勤务主任

НХП начальник химической службы полка 团化学勤务主任

НЦ назначенная цель 预定目标

НЦВ национальный центр видеотекса 国家可视图文中心

НЦП нелинейный цифровой преобразователь 非线性数字信号变换器

НЦУ наземный центр управления 地面控制中心

НЦУ национальный центр управления 国家管理中心

НЦУ непосредственное цифровое управление 直接数字控制

НЦУО Национальный центр управления обороной Российской Федерации 俄联邦国家防务指挥中心

НЦУЯО Управление Минобороны России по контролю за выполнением договоров (Национальный центр по уменьшению ядерной опасности) 俄罗斯国防部履约监督局（国家减少核危险中心）

НЧ неподвижная часть 固定部分

НЧ несущая частота 载（波）频（率）

НЧ нижняя частота 下频

НЧ низкая частота 低频

НЧ низкочастотный 低频的

НЧ нормированная частота 标称频率，规定频率

НЧ ночная частота 夜间通信频率

НЧТТС нижечастотно-телефоно-телеграфная связь 低频电话－电报通信

НЧФ носовая часть фюзеляжа 机身前部，前机身

НШ начальник школы (военной) 军校校长

НША Наставление по боевым действиям штурмовой авиации 强击航空兵战斗行动教令

НШАДБ начальник штаба авиадесантной бригады 空降旅参谋长

НШБ начальник штаба батальона 营参谋长

НШГО начальник штаба гражданской обороны 民防参谋长

НШД начальник штаба дивизии 师参谋长

НШО начальник шифровального отдела 密码处处长

НШП начальник штаба полка 团参谋长

НШПД начальник штаба пехотной дивизии 步

兵师参谋长

НШС Наставление по штурманской службе 《领航勤务教令》

НШС нештатная ситуация 意外情况，非标准情况，异常情况

НШСК начальник штаба соединения кораблей 舰艇编队参谋长

НШТ начальник штаба тыла 后勤参谋长

НШТФ начальник штаба Тихоокеанского флота 太平洋舰队参谋长

НШФ начальник штаба флота (флотилии) 舰队（分舰队）参谋长

НЭ нелинейный элемент 非线性元件

НЭ неподвижный элемент 固定电极

НЭ нормальный элемент 标准电池

НЭБВВС научно-экспериментальная база Военно-воздушных сил 空军科学实验基地

НЭВ намеченный эпицентр взрыва 预定爆炸中心，拟爆震心

НЭИС Новосибирский электротехнический институт связи 新西伯利亚电信学院

НЭК наземный экспериментальный комплекс 地面试验综合体，地面试验系统

НЭК Направления экспортного контроля (Министерства обороны РФ) （俄联邦国防部）出口监管教令

НЭЛ навигационный эхолот 导航回声测深仪

НЭШ начальник эшелона （交）运队长

НЯ нумерация ячеек 单元编号

НЯЛ низовая якорная линия 下流投锚线

О

О область 州

О обслуживаемый 被维护的

О ограничитель 限制器；限幅器

О однофазный 单相的

о озеро 湖泊，湖

О оконечный 终端

О оптическая разведка 光测，光学仪器侦察

О орудие 炮，火炮；工具

О осколочный 破片的，杀伤的

О основное время 基本时间

О основное орудие 基准炮

о остров 岛

О осциллятор 振动器；振（动）子

О ответ 应答，回答

о отдельный 独立的

О отражатель 反射器，反光镜；〈枪〉拨壳梃

О отряд 队；（舰艇）中队

о. отделение 班

О. В. и Р. В. отравляющее вещество и радиоактивное вещество 毒剂与放射性物质

о. п. обеспечение полетов 飞行保障

О. П. осадное положение 戒严（状态）

о.в. общий вид 全图，总图

о/п оперативный полет 作战飞行，作业飞行

ОА ВС РФ Общевойсковая академия Вооруженных Сил РФ 俄联邦武装力量诸兵种合成军事学院（原伏龙芝军事学院）

ОА общий анод 公共阳极

ОА однократный аппарат 单路电报机

ОА оконечная аппаратура 终端设备

ОА оперативный аэродром 作战机场

ОА операционный автомат 自动操作装置，自动运算装置

ОА оптическая антенна 光学天线，光波段天线

ОА основание антенны 天线座

оа отдельная армия 独立集团军

ОА отравленная атмосфера 染毒大气，含毒空气

ОА ВВС и ПВО отдельная армия военно-воздушных сил и противовоздушной обороны 独立空防集团军

ОА ПВО отдельная армия противовоздушной обороны 独立防空集团军

ОА РКО отдельная армия ракетно-космической обороны 独立太空－导弹防御集团军

ОАБ обработка аварийных боеприпасов 故障弹药处理

ОАБ осветительная авиационная бомба 航空照明弹

ОАБ осколочная авиационная бомба 航空杀伤炸弹

оаб особая авиационная бригада 特别航空旅

ОАБ отдельная авиационная база 独立空军基地，独立航空基地

оаб отдельная авиационная бригада 独立航空旅

оаб отдельный автомобильный батальон 独立汽车营

ОАБр отдельная артиллерийская бригада 独立炮兵旅

оабрбм отдельная артиллерийская бригада большой мощности 独立强火力炮兵旅

ОАВ объемная акустическая волна 大容量声波

оавтб отдельный автотранспортный батальон 独立汽车运输营

ОАГ оперативно-агентурная группа 谍报行动组

ОАГ Организация американских государств 美洲国家组织

оаг особая авиационная группа 特别机群；特别空军大队

оагр дрло отдельная авиагруппа дальнего радиолокационного обнаружения 独立远程雷达警戒航空兵群

ОАД оперативно-агентурная деятельность 谍报活动；作战情报工作

ОАД оперативно-агентурное донесение 间谍情报；作战情报

ОАД оперативно-агентурная деятельность 作战情报工作

ОАД оперативно-агентурное донесение 作战情报

ОАД основная автомобильная дорога 主要公路

оад отдельный артиллерийский дивизион 独立炮兵营

ОАДА основная автомобильная дорога армии 集团军主要公路

ОАДБ основная автомобильная дорога базы 基地汽车主干道

оаддд отдельная авиационная дивизия дальнего действия 独立远程航空兵师

ОАДФ основная автомобильная дорога фронта 方面军主要公路

ОАЕ Организация африканского единства 非洲统一组织

оазд отдельный артиллерийский зенитный дивизион 独立高炮营

оаиб отдельный аэродромный инженерный батальон 独立机场工程营

оак объединенный армейский корпус 联合步兵军，合成步兵军

оак отдельная автомобильная колонна 独立汽车纵队

ОАКШ объединенный антитеррористический командный штаб 联合反恐指挥本部

ОАЛ особая автомобильная лаборатория 特别汽车实验室

ОАЛТ оконечная аппаратура линейного тракта 信路通道终端设备

ОА МВД Омская академия МВД РФ 俄联邦内务部鄂木斯克学院

оао объединенный авиационный отряд 联合航空支队，联合空军支队

ОАО орбитальная астрономическая обсерватория 天体观测卫星

оао отдельный авиационный отряд 独立航空兵支队

оап отдельный автомобильный полк 独立汽车团

оапб отдельный артиллерийский пулеметный батальон 独立机炮营

ОАПВ однополюсное автоматическое повторное включение 单极自动重合闸

ОАПВ однофазное автоматическое повторное включение 单相自动重合闸

оапиб отдельный авиаполк истребителей-бомбардировщиков 独立歼击轰炸机航空团

ОАПогП Отдельный авиационный пограничный полк 独立航空边防团

оап рэб отдельный авиаполк радиоэлектронной борьбы 独立无线电电子斗争航空兵团

оапсз отдельный авиаполк самолет-заправщиков 独立加油机航空兵团

ОАР отдельная автомобильная рота 独立汽车连

ОАРАД отдельный армейский разведывательный

артиллерийский дивизион　集团军独立炮兵侦察营

ОАРБ　отдельный авторемонтный батальон　独立汽车修理营

ОАРП　отдельная авторота подвоза　独立汽车前送连，独立汽车运输连

оарпг　отдельная автомобильная рота подвоза горючего　独立燃料汽车运输连，独立燃料前送汽车连

ОАС　основная армейская станция　集团军总站

ОАС　отдел авиационного снабжения　航空器材供应处

ОАС　отдел аэродромной службы　机场勤务处

ОАС　отделение аэродромного строительства　机场建设处，机场工程处

оасб　отдельный артиллерийский склад боеприпасов　独立军械弹药库

оаср　отдельная автомобильная санитарная рота　独立卫生汽车连

ОАСУ　отраслевая автоматизированная система управления　部门指挥自动化系统

ОАТ　относительная амплитудная телеграфия　相对振幅电报

ОАТБ　отдельный батальон аэродромно-технического обслуживания　独立机场技术维护营

ОАТО　отдельная рота аэродромно-технического обслуживания　独立机场技术维护连

ОАТР　отдельная автотранспортная рота　独立汽车运输连

ОАТС　оконечная автоматическая телефонная станция　终端自动电话站

оаэ　отдельная авиационная эскадрилья　独立航空大队

оаэ　отдельная авиаэскадрилья　独立飞行大队，独立航空大队

оаэ ПСО　отдельная авиационная эскадрилья поискового спасательного обеспечения　独立搜索救险保障航空大队

оаэбср　отдельная авиаэскадрилья беспилотных самолет-разведчиков　独立无人驾驶侦察机航空大队

оаэон　отдельная авиационная эскадрилья оперативного назначения　独立作战航空兵大队

ОАЭР　основной аэродром　主要机场

оаэс　отдельная авиационная эскадрилья связи　独立航空通信大队

ОБ ДПС　отдельный батальон дорожно-патрульной службы　独立道路警戒营

об　оборот　转数

ОБ　общая база　共用基地

ОБ　обыкновенная телеграмма　普通电报，平电

об　огнеметная батарея　喷火连

ОБ　операционная база　作战基地

ОБ　операционный блок　运算部件，运算器

ОБ　осколочная бомба　杀伤炸弹

ОБ　основная база　主要基地

ОБ　основной блок　主体，飞船船体

об РХБЗ　отдельный батальон РХБЗ　独立核生化防护营

об РХБЗт　отдельный батальон РХБЗ тыла　独立后方核生化防护营

Об. п.　объездной путь　迂回路；迂回线路

об/м　оборот в минуту　转 / 分，每分钟转数

об/сек = об/ск　оборот в секунду　转 / 秒，每秒转数

об/х.с.　ход сообщения, приспособленный к обороне　防御交通壕

об/час　оборот в час　转 / 小时，每小时转数

оба　особый батальон автоматчиков　自动枪手特别营

обаб　отдельная береговая артиллерийская батарея　独立海岸炮兵连

обаб　отдельный бронеавтомобильный батальон　独立装甲汽车营

ОБАК　огневой батарейный артиллерийский комплекс　炮兵连综合火力系统

обап　отдельный бомбардировочный авиационный полк　独立轰炸航空兵团

обато　отдельный батальон авиационно-технического обслуживания　独立航空技术维护营

обато　отдельный батальон аэродромно-технического обеспечения　独立机场技术勤务营

O

обато ап отдельный батальон аэродромно-технического обеспечения авиационного полка 航空兵团独立机场技术保障营

обац отдельный батальон автоцистерн 独立油料输送营

обаэ отдельная бомбардировочная авиационная эскадрилья 独立轰炸航空大队

ОБВ область боевого воздействия (истребителей) （歼击机）作战范围

ОБВ орган безопасности в войсках (Федеральная служба безопасности) 派驻军队的安全机关（联邦安全局）

обв отдельный батальон выздоравливающих 独立康复营

обвв отдельный батальон внутренних войск 独立内卫营

обвно отдельный батальон войск народного ополчения 独立民兵营

обвп отдельный боевой вертолетный полк 独立战斗直升机团

ОБВС обеспечение безопасности военной службы 战斗勤务安全保障

ОБВФ обратная фаза 反相（位）

ОБГ оперативно-боевая группа 作战战斗群

обдм отдельный батальон дегазации местности 独立地面消毒营

обдс отдельный батальон дальней связи 独立远程通信营

ОБЗ основная боевая задача 基本战斗任务；主要战斗任务

обзряв отдельный батальон засечки и разведки ядерных взрывов 独立核爆标定及侦察营

ОБИ обеспечение безопасности информации 信息安全保障，保障信息安全

ОБИ обратный бит индикатора 反馈比特标示

обив отдельный батальон инженерных войск 独立工程兵营

обк отряд боевых кораблей 作战舰艇中队

ОБКФ обогрев контейнеров фотоаппаратуры 摄影舱加温

Облвоенкомат областной военный комиссариат 州兵役委员会，州兵役局

обло отдельный батальон легких огнеметов 独立轻型喷火器营

обмп отдельный батальон морской пехоты 独立海军陆战营

ОБНОН отдел борьбы с незаконным оборотом наркотиков (МВД РФ) 反毒品走私处（俄联邦内务部）

ОбО обходящий отряд 巡视队

обо отдельный батальон обслуживания 独立勤务营

обо отдельный батальон охраны 独立警卫营

обон отдельная бригада особого назначения 独立特种作战旅

обон отдельный батальон оперативного назначения 独立作战营

обон отдельный батальон особого назначения 独立特战营

обоо отдельный батальон охраны и обеспечения 独立警戒与保障营

ОБОП отдел борьбы с организованной преступностью (МВД РФ) 与有组织犯罪斗争处（俄联邦内务部）

ОБП общее боковое перемещение （舰艇的）总横移量

ОБП одна боговая полоса 单边带

ОБП однобоковая передача 单边带发送；单边带传输

ОБП основы безопасности (учебный предмет) 安全原理（教学科目）

обп отдел боевого питания 弹药补给处

ОБП отдел боевой подготовки 军训处

ОБП АУР область боевого применения авиационных управляемых ракет 航空导弹战斗使用范围

обпдбСпН отдельный батальон противодиверсионной борьбы специального назначения 独立特种反破坏营

обпл отдельная бригада подводных лодок 独立潜艇支队

обпла отряд беспилотных летательных аппаратов 无人驾驶飞行器中队

обпо отдельный батальон пехотных огнеметов 独立喷火器营

обр огнеметная бригада 喷火器旅

ОБР отряд быстрого реагирования 快速反应中队

ОБР ПС КР отдельная бригада Погранично-сторожевых кораблей 独立边防护卫舰支队

обрдн отдельный береговой ракетный дивизион 独立海岸导弹营

обрка отдельная бригада ракетных катеров 独立导弹艇支队

ОБРКП отдельный бронекавалерийский полк 独立装甲骑兵团

Обрмп отдельная бригада морской пехоты 独立海军陆战旅

обро отдельный батальон ранцевых огнеметов 独立背囊式喷火营

обррхбз отдельная бригада радиационной, химической и биологической защиты 独立辐射、化学、生物防护旅

обрс отдельная бригада связи 独立通信旅

обрс и РТО отдельная бригада связи и радиотехнического обеспечения 独立通信与无线电技术保障旅

обрСпН отдельная бригада специального назначения 独立特种作战旅

обрхбз отдельный батальон радиационной, химической и биологической защиты 独立辐射、化学、生物防护营

обРХБЗт отдельный батальон радиационной химической и бактериологической защиты тыла 独立后方辐射、化学、生物防护营

обрэб отдельный батальон радиоэлектронной борьбы 独立无线电子斗争营

ОБС одиночно-боевоая стрельба 射击，单枪（炮）战斗射击

ОБС основная бустерная система 主增强器，主升压器

обс отдельный батальон связи 独立通信营

ОБСЕ организация по безопасности и сотрудничеству в Европе 欧洲安全合作组织

обсз отдельный батальон спецзащиты 独立特种防护营

обсзго отдельный батальон специальной защиты Гражданской обороны 独立民防特种防护营

обскр отдельная бригада сторожевых кораблей 独立护卫舰支队

обспл отдельный батальон связи подводных лодок 独立潜艇通信营

обСпН отдельная бригада специального назначения 独立特种作战旅

обср отряд беспилотных самолет-разведчиков 无人驾驶侦察机中队

обсрто отдельный батальон связи и радиотехнического обеспечения 独立通信和无线电技术保障营

обстпу отдельный батальон связи тылового пункта управления 独立后方指挥所通信营

ОБТ основной боевой танк 主战坦克

обтд отдельная бронетанковая дивизия 独立装甲坦克师

ОБТИ Отраслевое бюро технической информации 行业技术情报局

обто отдельный бронетанковый отряд 独立装甲坦克队

обтпо отдельный батальон тяжелых пехотных огнеметов 独立重型步兵喷火器营

обтс отдельный батальон тропосферной связи 独立散射通信营

ОБТЭ отдел по борьбе с терроризмом и экстремизмом 与恐怖主义、极端主义斗争处

ОБУ офицер боевого управления 作战指挥军官

обука отряд буксирных катеров 拖船大队

обхз отдельный батальон химической защиты 独立防化营

обхр отдельная бактерио-химическая рота 独立细菌化学连

ОБЧ обычная боевая часть 常规战斗部

общ. к. п. д. общий коэффициент полезного действия 总有用系数

ОбщПол общевойсковой полигон 合成靶场

ОБЭ относительная биологическая эффективность 相对生物学效应

ОБЭП отдел борьбы с экономическими преступлениями (МВД РФ) 反经济犯罪处，同经济犯罪斗争处（俄联邦内务部）

обэт отдельный батальон эвакуации танков 独立坦克后送营

ОВ облако взрыва 爆炸云

ОВ обмотка возбуждения 激磁绕组

ОВ образец вооружения 武器样品

ОВ обычная война 常规战争

ОВ огневой вал 徐进弹幕射击

ОВ огневой взвод 火力排

ОВ огнеопасое вещество 易燃品

ОВ оперативное время 作战时间，作业时间

ОВ оптические волокна 光纤

ОВ оптический визир 光学瞄准镜

ОВ основной тип 主要型号，基本型号

ОВ отравляющее вещество (чаще вещества) 毒剂，毒物（常用复数）

ОВ отраженная волна 反射波

ОВ охлаждающая вода 冷却水

ОВА область возможных атак 可能攻击区域

ОВА общевойсковая академия 诸兵种合成军事学院

ова Объединенная воздушная армия 联合空军集团军

ова отдельная воздушная армия 独立空军集团军

ОВАД основная военно-автомобильная дорога 军用汽车主干道

ОВАИ общественный военный автоинспектор 社会军事汽车检查员

оваэ отдельная воздухоплавательная аэростатная эскадрилья 独立浮空飞艇大队

ОВБ оперативно-выездная бригада 外勤作业队

овб отдельный восстановительный батальон 独立修复营

ОВБр отдельная вертолетная бригада 独立直升机旅

ОВВ отчетность военного времени 战时报表

ОВВАУЛ Оренбургское высшее военное авиационное училище летчиков 奥伦堡高级军事飞行员航空学校

ОВВГ оборудование вторичного временного группообразования 二次时分群路生成设备，二次群时分多路复用设备

ОВВС объединенные военно-воздушные силы 联合空军

ОВГ обмотка возбуждения генератора 发电机激磁线圈，发电机激磁绕组

ОВГ оборудование временного группообразования 时分群路生成设备，时分多路复用设备

ОВГ окружной военный госпиталь 军区医院

ОВГпд оборудование временного группообразования на стороне передачи 发送端时分多路复用设备

ОВД обслуживание воздушного движения 空中交通服务

ОВД оклад по воинской должности 军人职务工资

ОВД оклад по воинской должности (часть денежного содержания военнослужащих) 军人职业补助（现役军人工资的组成部分）

ОВД Организация Варшавского Договора 华沙条约组织，华约组织

ОВД отдел внутренних дел 内务处

ОВД Отдел внутренних дел (МВД РФ) 俄联邦内务部内务处

овдб отдельная воздушно-десантная бригада 独立空降旅

овдгусп отдельный воздушно-десантный гвардейский учебнострелковый полк 近卫独立空降步兵教导团

ОВДес оперативный воздушный десант 战役空降兵，战役空降

овждб отдельный восстановительный железнодорожный батальон 独立铁路修复营

ОВЗ оклад по воинскому званию (часть денежного содержания военнослужащих) 军衔工资（现役军人工资的组成部分）

ОВЗК общевойсковой защитный комплект 合成防护基数

ОВЗРККУ Оренбургское высшее зенитное командное краснознаменное училище 红旗奥伦堡高等炮兵指挥学校

ОВИ обозно-вещевое имущество 辎重被服物资

ОВИКШ объединенная военно-инженерная краснознаменная школа 红旗军事工程联合学校

ОВИР общая величина изменения расстояния 距离总改变量；总距变率

ОВИР отдел визы и регистрации 签证登记处

ОВИС отдел военно-инженерного снабжения 军事工程供应处

ОВИУ окружное военно-инженерное управление 军区军事工程局

ОВК окружной военный комиссариат 军区兵役局

ОВК опросно-вызывной клапан 应答呼叫吊牌

ОВК основой выравнивающий контур 主均衡回路

ОВКГ окружной военный клинический госпиталь 军区临床医院

ОВКР отдел военной контрразведки 军事反间谍（侦察）处

овкс отделение вожатых караульных собак 警犬引导员班

ОВКУ окружное военное кооперативное управление 军区军事合作局

ОВЛ общая вызывная лампа 总呼叫信号机

ОВМБ операционная военно-морская база 海军作战基地

ОВМС объединенные военно-морские силы (НАТО) （北约）联合海军

ОВМЦ область вероятного местонахождения цели 目标可能所在地

ОВНЦ область вероятного нахождения цели 目标的可能位置区

ОВО обозно-вещевой отдел 辎重被服处

ОВО отдел вневедомственной охраны 跨部门保卫处

ОВО отряд военизированной охраны 军事化警卫队

ОВО охрана военных объектов 军事目标警卫

ОВО УТ обозно-вещевой отдел управления тыла 后勤部辎重被服处

овоио отдельный взвод охраны и обслуживания 独立警卫勤务排

ОВОКУ Омское высшее общевойсковое командное училище 鄂木斯克合成指挥学校

ОВОХР орган военизированной охраны 军事化警卫机构

овп БУ отдельный вертолетный полк боевой и управления 独立战斗与指挥直升机团

ОВП общевойсковая подготовка 共同科目训练，合成训练

ОВП общевойсковая разведка 合成侦察

ОВП ожидаемое время прибытия 预计到达时间

ОВП окислительно-восстановительный потенциал 氧化－还原电位

ОВП отдел воинских перевозок 军事运输处，军运处

овп отдельный вертолетный полк 独立直升机团

ОВП относительная высота полета 飞行相对高度

ОВП отряд военной полиции 军事警察总队

ОВП АУР область возможных пусков авиационных управляемых ракет 航空导弹的可能发射区

ОВПБ отдел воинских перевозок на бассейне 水域军事运输处

ОВПД отдел воинских перевозок на дороге 道路军事运输处

ОВПП отдел военно-полевой почты 野战军邮处

ОВППП огонь взлетно-посадочной полосы подвижный 活动跑道灯

ОВР ответно-вызывное реле 应答呼叫继电器

ОВР отделение воспитательной работы 教育工作科

ОВР охрана водного района 水警区警戒，水警区警卫；水警区警卫队

ОВРД отравляющие вещества раздражающего действия 刺激性毒剂

ОвРез общевойсковой резерв 合成预备队

ОВРК особоважная разовая команда 一次性绝密口令

О

оврэ отдельная вертолетная радиоэскадрилья 独立直升机无线电大队

ОВС область возможной стрельбы 可能射击区

ОВС облегченное водолазное снаряжение 轻便潜水装具

ОВС обозно-вещевая служба 辎重被服部门

ОВС обозно-вещевое снабжение 辎重被服供应

ОВС обозно-вещевой склад 辎重被服仓库

ОВС общевойсковая связь 合成通信

ОВС общевойсковое снабжение 合成供应

ОВС Объединенные вооруженные силы 联合武装部队，联合武装力量

ОВС однолинейная высокочастотная система 单路载波系统，单路高频系统

ОВС окружной военный суд 军区军事法院

ОВС основные вооруженные силы 基本武装力量

ОВС основы военной службы (учебный предмет) 军事工作原理（教学科目）

ОВС отдел вещевого снабжения 被服供应处

ОВС отдел внешних связей 对外联络处

ОВС отдел внешних сношений 外事处

овс отдельный взвод связи 独立通信排

ОВС отрицательный временный сдвиг 负时隙位移，时隙滞后

ОВС отряд вспомогательных судов 辅助船队

ОВС НАТО Объединенные вооруженные силы НАТО 北大西洋公约组织联合武装力量

ОВС СНГ Объединенные вооруженные силы СНГ 独联体国家联合武装力量

ОВСЕ Объединенные вооруженные силы Европы 欧洲联合武装力量

ОВСЕ обычные вооруженные силы в Европе 欧洲常规武装力量

овср отдельная военно-санитарная рота 独立军事卫生连

ОВСС отдел военно-санитарной службы 军事卫生勤务处

ОВСУ окружное военно-санитарное управление 军区卫生部

ОВТ отбой военной тревоги 解除军事警报

ОВТ отбой воздушной тревоги 解除空袭警报

ОВТ отклоняемый вектор тяги 偏转推力矢量

овтаэ отдельная военно-транспортная авиаэскадрилья 独立运输航空兵大队

ОВТИУ Омское высшее танковое инженерное училище 鄂木斯克高等坦克工程学校

ОВТС отдел военно-топографической службы 军事测绘处

ОВУ обозно-вещевое управление 辎重被服局

ОВУ общевойсковое учение 合同演习

ОВУ общевойсковой устав 合同条令

ОВУ общее вызывное устройство 统一呼叫设备，普呼装置

ОВУ оптическое вычислительное устройство 光学计算器

ОВУ органы военного управления 军事指挥机构，军事领率机关

ОВУГр объединенная воздушная ударная группа 联合空中突击群

ОВХС отдел военно-хозяйственного снабжения 军事经济供应处，军需供应处

ОВЦ обнаружение воздушных целей 探测空中目标，搜索空中目标

ОВЦ особо важная цель 特别重要目标

овцы отдел военной цензуры 军事书刊检查处

ОВЧ очень высокая частота 极高频，甚高频

ОВЭ отдельная вертолетная эскадрилья 独立直升机大队

овэрэб отдельная вертолетная эскадрилья радиоэлектронной борьбы 独立直升机无线电电子斗争中队

ОГ огневая группа 火力组；火力群

ОГ обеспечивающая группа 保障群

ОГ объединенная группировка 联合集团

ОГ объемная голограмма 立体全息图

ОГ оперативная группа 战役集群；作战组；业务组

ОГ опознаватель группы 群识别器

ОГ опорный генератор 基频振荡器

ОГ орбитальная группировка 轨道部署

ОГ осколочная граната 杀伤榴弹

ОГ особая группа 特别小组

О

ОГ осциллографический гальванометр 示波电流计

ОГ отработанные газы 废气

ОГАД отдельный гаубично-артиллерийский дивизион 独立榴弹炮兵营

ОГАС общегосударственная автоматизированная система 全国自动化系统

ОГАС опускаемая гидроакустическая станция 吊放声纳站，吊放水声站

ОГБФ отделение госпитальной базы фронта 方面军医院基地分部

ОГВ объединенная группировка войск (сил) 联合军队集团

ОГВ оперативная группировка войск 军队战役集团，部队战役部署

ОГВ(с) объединенные группировки войск (сил) 联合部队集团

ОГВК Объединенный городской военный комиссариат 市联合兵役委员会

огвсбр отдельная гвардейская стрелковая бригада 独立近卫步兵旅

ОГвТПП отдельный гвардейский танковый полк прорыва 独立近卫坦克突破团

ОГИ одноцветная графическая информация 单色图表信息

ОГИЗ объединенное государственное издательство 国家出版社联合公司

огиптд отдельный гвардейский истребительный противотанковый дивизион 独立近卫歼击反坦克营

ОГК отдел главного конструктора 总设计师室，总检察长处

ОГК ССС Объединенное главное командование стратегическими силами сдерживания 战略遏制力量联合总司令部

ОГКА орбитальная группировка космических аппаратов 航天器的轨道部署

ОГМД отдельный гвардейский минометный дивизион 近卫独立火箭炮兵营

ОГН огневой налет 火力急袭，急袭射击

ОГП оружие глобального поражения 全球性毁伤性武器

ОГПВ оперативная группа пограничных войск 边防军作战组

ОГПС оперативная группировка пограничной службы 边防军战役集团

огпт отделение гусеничных плавающих транспортеров 履带式两栖装甲输送班

ОГПУ Объединенное государственное политическое управление 国家政治保安总局

ОГРВ Оперативная группа российских войск 俄罗斯军队战役集群

ОГРВ ПРРМ оперативная группа российских войск в Приднестровье Республики Молдавии 俄罗斯驻摩尔多瓦德涅斯特河沿岸战役集群

ОГРТОКА ограничитель тока 限流器

ОГС обитаемая глубоководная система 载人深水潜水系统

ОГС общая государственная сеть 国家公用通信网

ОГС отдел гидрографической службы 海（道）测（量）处

огсад отдельный гаубичный самоходный артиллерийский дивизион 独立自行榴弹炮兵营

огсб отдельный гвардейский стрелковый батальон 近卫独立步兵营

ОГСМ отдел горюче-смазочных материалов 油料处

ОГСН оптическая головка самонаведения 光学自引导头

огсп отделение гусеничных самоходных паромов 履带式自行渡船班

ОГТ общая глубинная точка 共同深点

ОГУ окопная громкоговорящая установка 阵地扬声装置

ОГФВ Объединенная группировка федеральных войск 联邦军队联合集团

ОГЧ обычная головная часть 常规弹头

ОГЭОФ объединенная группа экспертов в области фотографии 联合图像专家组

ОД обеспечение доступности 接入保障

ОД обработка данных 数据处理

О

ОД ограничитель дымления 冒烟限制器

ОД одиночная (стрельба) 〈枪〉单发射击

ОД одностороннее действие 单方动作

ОД основной диапазон 主波段

ОД относительное движение 渗透压力

ОД оцифровка данных 数据注记

ОД ПУС оперативный дежурный пункта управления связью 通信指挥所作战值班员

ОД УГИБ отдел дознания Управления государственной информационной безопасности 国家信息安全局预审处

ОД и Р отделение дознания и розыска 侦讯科

ОД КП оперативный дежурный командного пункта 基本指挥所作战值班员

ОДА особая дальневосточная армия 远东特别集团军

ОДАБ объемно-детонирующая авиационная бомба 云爆航空炸弹

ОДАЗ оборудование директрисы для стрельбы артиллерии с закрытых огневых позиций 炮兵隐蔽阵地射击靶场射击区设备

одб отдельный дегазационный батальон 独立消毒营

одб отдельный десантный батальон 独立登陆营

одб отдельный дисциплинарный батальон 独立惩戒营

одб отдельный дымовой батальон 独立烟幕施放营

одв обмывочно-дезинфекционный взвод 洗涤消毒排

ОДВТ ограничиваемый договором уровень вооружения и техники 受条约限制的武器和技术装备水平

ОДВФ общество друзей воздушного флота 航空之友协会

ОДГ оперативная дежурная группа 作战值班组，作战值班群

ОДГ оперативно-дежурная группа 作战值班组

ОДГТС оборудование двухсторонней групповой телефонной связи 会议电话设备

ОДесП отдельный десантный полк 独立登陆团

ОДЗ ослепляющая дымовая завеса 迷盲烟幕

ОДК отделение дозиметрического контроля 放射课题检测班

ОДКБ Организация Договора о коллективной безопасности (СНГ) （独联体）集体安全条约组织

одкб отдельный дорожно-комендантский батальон 独立道路警戒营

одкбр отдельная дорожно-комендантская бригада 独立道路警戒旅

ОДКП ответственный дежурный по командному пункту 指挥所总值班员

ОДН оптический дисковый накопитель 光盘存贮器

однпл отдельный дивизион подводных лодок 独立潜艇大队

ОДнПСК отдельный дивизион пограничных сторожевых кораблей 独立海防护卫舰大队

ОДнПСКа отдельный дивизион пограничных сторожевых катеров 独立边防巡逻艇大队

ОДО обмывочно-дегазационное отделение 洗涤消毒组

ОДО основное дегазационное отделение 基本消毒小组

ОДО отделение дегазационной обработки 消毒处理组

ОДО отделение дегазационной обработки 消毒处理小组

ОДО отряд дорожного обеспечения 道路保障队

ОДО. Окружной дом офицеров 军区军官之家

одон отдельная дивизия оперативного назначения 独立作战师

одон Отдельная дивизия особого назначения 独立特种师

ОДП обмывочно-дезактивационный пункт 放射性沾染消除洗涤站，洗消站

ОДП Объединенный диспетчерский пункт 联合调度站，联合调度所

ОДП отрицательная дифференциальная проводимость 负微分电导

одПВО отдельный дивизион противовоздушной

обороны　独立防空营

однПК　отдельный дивизион пограничных кораблей　独立边防舰艇大队

одпто　отдельный дивизион противотанковой обороны　独立反坦克营

одпто　отдельный дивизион противотанковых орудий　独立反坦克炮营

одр　обмывочно-дегазационная рота　洗消连，洗涤消毒连

ОДР　общество друзей радио　无线电话协会

ОДР　офицер действующего резерва　预备役军官

одр аэ　Отдельная дальнеразведывательная авиационная эскадрилья　独立远程侦察航空兵大队

одразэ　отдельная дальнеразведочная авиационная эскадрилья　独立远程侦察机大队

одрао　отдельный дальний разведывательный авиаотряд　独立远程侦察飞行中队

одрап　отдельный дальнеразведочный авиационный полк　独立远程侦察航空兵团

одрап　отдельный дальнеразведывательный авиационный полк　独立远程侦察航空兵团

одремк　отдельный дивизион ремонтных кораблей　独立修理舰大队

одрк/однрк　отдельный дивизион разнородных кораблей　独立多兵种舰艇大队

одрка　отдельный дивизион ракетных катеров　独立导弹艇大队

ОДРЛ　обзорный диспетчерский радиолокатор　环视调度雷达

ОДС　оклад денежного содержания (военнослужащих)　(现役军人）工资

одсб　отдельный дорожно-строительный батальон　独立道路建筑营

ОДСНФ　Объединенная дальневосточная служба наблюдения флота　舰队远东联合观察勤务

одсрто　отдельный дивизион связи и радиотехнического обеспечения　独立通信和无线电技术保障营

одтка　отдельный дивизион торпедных катеров　独立鱼雷艇大队

ОДТО　особый дорожно-транспортный отдел　特种道路运输处

оду　облегченный двухсторонний усилитель　轻便双向增音机

ОДУ　обмывочно-дезинфекционная установка　洗涤消毒装置（设备）

ОДУ　основная двигательная установка　主发动机

одшб　отдельный десантно-штурмовой батальон　独立空降突击营

одшбр　отдельная десантно-штурмовая бригада　独立空降突击旅

одэб　отдельный дорожно-эксплуатационный батальон　独立道路维护营，独立道路养护营

озад　отдельный зенитный артиллерийский дивизион　独立高射炮兵营

ожаб　отдельная железнодорожная артиллерийская батарея　独立铁道炮兵连

ождб　отдельный железнодорожный батальон　独立铁道兵营

ождбр　отдельная железнодорожная бригада　独立铁路旅

ождрб　отдельный железнодорожный ремонтный батальон　独立铁路修理营

ОЖС　открытая живая сила　暴露的有生力量

ОЗ　общий затвор　公共阀门，公共开关

ОЗ　огневое заграждение　〈炮〉火力拦阻，拦阻射击

ОЗ　опасная зона　危界，危险区

ОЗ　оперативная зона　作战区域

ОЗ　оптический затвор　光阀，光调制器

оз　осколочно-зажигательный　杀伤燃烧的

ОЗ　основной заряд　基本装药，基本药包

ОЗ　отдел здравоохранения　卫生处

ОЗ　отравленная зона　染毒区

ОЗ　очаг заражения　沾染基点，沾染中心区；疫源地

ОЗАБ　осколочно-зажигательная авиационная бомба　杀伤燃烧航空炸弹

озаб　отдельная зенитная артиллерийская батарея　独立高射炮兵连

озад　отдельный зенитный артиллерийский дивизион　独立高射炮兵营

O

озап отдельный зенитно-артиллерийский полк 独立高射炮兵团

Озас огневая засада 火力伏击

ОЗВ огнеметно-зажигательное вещество 喷火燃烧剂

ОЗГ осколочно-зажигательная граната 杀伤燃烧榴弹

ОЗК оптимальный закон компрессии 最优压缩准则，最优压缩原理

ОЗМ осколочно-заградительная мина 破片障碍地雷，杀伤拦阻地雷

ОЗО оперативная зона обороны 防御战役区，防御的战役地幅

ОЗО основная зона обороны 主要防区

ОЗОКС отдел земного оборудования и капитального строительства 地面设备和基本建设处

ОЗП обзор земной поверхности 地表扫描

ОЗП обобщенная зона поражения 概略杀伤区

озпр отдельная зенитно-пулеметная рота 独立高射机枪连

O

ОЗПрБ отдельный зенитный прожекторный батальон 独立防空探照灯营

ОЗПС отдел заказа, приемки и снабжения 订货验收供应处

озрбр отдельная зенитно-ракетная бригада 独立防空导弹旅

озрдн отдельный зенитно-ракетный дивизион 独立防空导弹营

озрп отдельных зенитно-ракетных полков 独立防空导弹团

озрс отдельная запасная рота связи 独立预备役通信连

ОЗС огнеметно-зажигательное средство 喷火燃烧器材

ОЗС осколочно-зажигательный снаряд 杀伤燃烧弹

озсп отдельный запасной стрелковый полк 独立预备役步兵团

ОЗТ осколочно-зажигательная трассирующая (пуля или снаряд) 杀伤燃烧曳光弹

ОЗТС осколочно-зажигательный трассирующий снаряд 杀伤燃烧曳光弹

ОЗУ оперативное запоминающее устройство 运算存贮器，内存

ОЗУ оперативное звено управления 战役指挥环节

ОЗУ оптическое запоминающее устройство 光存储器

ОИ обработка информации 情报整理

ОИ общий исток 公共源，共源

ОИ окончательный итог 最后结果，结果

ОИ оперативная информация 作战通报

ОИ оперативное искусство 战役法，战役学

ОИ УВД отдел информации Управления внутренних дел 内务部情报处

ОИ (0П) зона нулевого процессора пульта индикации изделия （С-300ПМУ 防空导弹系统的）显示台的“0”处理机区

ОИ (1П) зона первого процессора пульта индикации изделия （С-300ПМУ 防空导弹系统的）显示台的“1”处理机区

ОИ (2П) зона второго процессора пульта индикации изделия （С-300ПМУ 防空导弹系统的）显示台的“2”处理机区

ОИ (ТР) зона тумблерных регистров пульта индикации изделия （С-300ПМУ 防空导弹系统的）显示台的开关寄存器区

ОИ (УО) зона устройства обмена пульта индикации изделия （С-300ПМУ 防空导弹系统的）显示台的交换器区

ОИАБ отдельная инженерно-аэродромная база 独立机场工程基地

оиаэ отдельная истребительная авиационная эскадрилья 独立歼击航空兵大队

оиаэб отдельный инженерно-аэродромный батальон 独立机场工程营

оиаэр отдельная инженерно-аэродромная рота 独立机场工程连

ОИБ Объединенное информационное бюро 联合情报局

оиб отдельный инженерный батальон 独立工程营

оиб ПУ отдельный инженерный батальон пунктов управления 独立指挥所工程营

оибр отдельная инженерная бригада 独立工程旅

ОИДИ обработка изображений и дистанционные исследования 图像处理与远距检验

оиивэ отдельная исследовательско-инструкторская вертолетная эскадрилья 独立直升机研究指导大队

оииэбср отдельная исследовательско-инструкторская эскадрилья беспилотных самолетов разведчиков 独立无人驾驶侦察机研究指导中队

ОИК оперативно-информационный комплекс 作战情报系统

ОИК отрицательный импедансный конвертер 负阻抗变频器

ОИМ отделение инженерных машин 工程车辆班

ОИМС общество изучения межпланетных сообщений 行星际通信研究会

ОИнаб(оинаб) отдельная инженерно-аэродромная бригада 独立机场工程队

ОИП обратный истинный пеленг 反真方位，逆真方位

ОИП общий истинный пеленг 通用真方位

ОИП однократные импульсные помехи 一次性脉冲干扰

ОИП ответно-импульсная помеха 应答式脉冲干扰

ОИП ответные импульсные помехи 应答式脉冲干扰

оиптабр отдельная истребительная противотанковая артиллерийская бригада 独立反坦克歼击炮兵旅

оиптап отдельный истребительный противотанковый артиллерийский полк 独立反坦克歼击炮兵团

оиптд отдельный истребительный противотанковый дивизион 独立反坦克歼击炮兵营

ОИР отдел инженерных работ 工程作业处

ОИРД отдельный инженерно-разведывательный дозор 独立工程侦察群

ОИРП обратный истинный радиопеленг 无线电反真方位

оирт отдельная инженерная рота тыла 独立后勤工程连

ОИС океанографическое исследовательское судно 海洋科学考察船

ОИС оптоэлектронная интегральная схема 光电集成电路

оисб отдельный инженерно-саперный батальон 独立工兵营

оисбр отдельная инженерно-саперная бригада 独立工程工兵旅

оисп отдельный инженерно-саперный полк 独立工程工兵团

ОИТ отделение интенсивной терапии 急救科

оитапон отдельный испытательно-тренировочный авиаполк особого назначения 独立特别试验训练飞行团

оитк особая исправительно-трудовая колония 特别劳改营

ОИТР Отделение исправительно-трудовых работ 劳改科

ОИЦ обнаружение и идентификация целей 目标搜索与识别

ОИЦ отдельный измерительный центр 独立测量中心

оиэ отдельная истребительная эскадрилья 独立歼击机大队

ОИЯИ объединенный институт ядерных исследований 联合核研究所

ОК обратный код 反码

ОК обратный контроль 反控制

ОК обратный курс 反航向；返航航向

ОК обходный канал 旁路波道，迂回波道

ОК общий катод 共阴极

ОК общий коллектор 共集电极

ОК объединенное командование 联合司令部

ОК объект контроля 检测目标，检测体

ОК огневой комплекс 火力系统

ОК одной кабель 单缆

Ок океан 海洋

ОК операция команды 指挥操作

O

ОК опросный ключ 应答电键

ОК оптический квадрат 光学象限仪

ОК основание кода 编码原理

ОК основной канал 主通道

ОК останов канала 通道停机

ОК осциллограф катодный 阴极射线示波器

ОК отбойный клапан 话路吊牌

ОК отдел кадров 干部处

ОК отдел криминалистики 犯罪侦查处

ОК отклоняющая катушка 偏转线圈

ОК отметка курса 航海标记

ОК отпечаток контрольный 检验印章

ОК отражательный клистрон 回复速调管，反射式速调管

ОК отряд кораблей 舰艇中队

ОК отсечный клапан 控油阀，断流活门

ОК охватывающее кольцо 锁相环

ОК охотничий карабин 狩猎用卡宾枪

ОК охранные корабли 警戒舰艇

ОК ошибка квантования 量化错误

ОК ПРО огневой комплекс противоракетной обороны 反导防御火力综合体

ОК ККП отдельный корпус контроля космического пространства 独立太空监视军

ОК ОВС Объединенное командование объединенных вооруженных сил 联合武装力量联合司令部

ОК-17М марка (измененного двухлучевого) кварцевого осциллографа （可变双射线）石英示波器型号

ОКА отдельная Кавказская армия 独立哥萨克集团军

ОКА отдельная краснознаменная армия 独立红旗集团军

ОКаНОП отряд катеров непосредственной огневой поддержки 直接火力支援快艇中队

окап отряд корабельной артиллерийской поддержки 舰艇炮火支援队

окаэ отдельная корректировочная авиационная эскадрилья 独立校射航空兵大队

ОКБ опытно-конструкторское бюро 试验设计局

ОКБ Особое конструкторское бюро 特别设计局

ОКБОН Отдельная Краснознаменная бригада особого назначения 独立红旗特别旅

ОКБП огневой комплекс ближнего перехвата 近距离截击火力系统

окбр отдельная кавалерийская бригада 独立骑兵旅

ОКВ(-) образцовый компенсационный диодный вольтметр 标准三极管补偿伏特计的型号

ОКВОКУим. Фрунзе Омское Краснознаменное высшее общевойсковое командное училище им. М. В. Фрунзе 红旗鄂木斯克伏龙芝高等合成军事指挥学校

ОКВР отдел капитально-восстановительного ремонта 基建维修处

ОКГ оптический квантовый генератор 光学量子振荡器，光学量子发生器

ОКГБ Отдел Комитета государственной безопасности 国家安全委员会处，克格勃处

ОКД однофазный конденсаторный двигатель 单相电容电动机

ОКДВА Особая Краснознаменная дальневосточная армия 远东红旗特别集团军

ОКДН областной комплект дальнего набора 州长途拨号器

ОКДН оконечный комплект дальнего набора 终端长途拨号器

ОКДП огневой комплекс дальнего перехвата 远程截击火力系统

ОКЗ острое кишечное заболевание 急性肠道病

ОКЗ отношение короткого замыкания 短路（电流）比

окиап отдельный корабельный истребительный авиаполк 独立舰载歼击航空兵团

ОКИАП отдельный краснознаменный истребительный авиаполк 独立红旗歼击航空兵团

ОКИК отдельный командно-измерительный комплекс 独立指挥测量综合体

ОКИП отдел контрольно-измерительных приборов 检测仪器处

Окк общевойсковой командный код 合成军队

指挥代码

ОКК Объединенное космическое командование (США) （美国）联合太空司令部

ОККП особый контрольно-пропускной пункт 特别通行检查站

ОКМ отдел криминальной милиции. 犯罪侦查警察局

ОКНОП отряд кораблей непосредственной огневой поддержки 直接火力支援舰艇队

ОКНШ Объединенный комитет начальников штабов (высший руководящий орган военного управления в США) 参谋长联席会议，参联会（美军最高军事指挥机关）

ОКО оборудование канальных окончаний 信道终端设备

ОКО ответ по каналу ответа 应答信道应答

ОКО отметчик кругового обзора 环视显示器

ОКОП отряд кораблей огневой поддержки 火力支援舰艇队

ОКП обратный компасный курс 反罗盘航向，逆罗经航向

ОКП обратный компасный пеленг 反罗盘方位

ОКП общий компасный пеленг 总罗（盘）方位，主罗经方位

ОКП Объединенный командный пункт 联合基本指挥所

ОКП околоземное космическое пространство 绕地宇宙空间

ОКП оптический квантовый прибор 激光器，光量子放大器

ОКП орбитальный комплекс перехвата 轨道截击系统

ОКП основной командный пункт 主指挥所

окп отдельный комендантский полк 独立警备团

ОКП Отдельный Кремлевский полк 克里姆林宫独立团

ОКП отопительный комплект полевой 全套野战取暖设备

ОКП отряд корабельной поддержки 舰艇支援队

ОКП отсчет по картушке пеленгатора 方位仪刻度表读数

ОКП очаг комбинированного поражения 混合杀伤基点

ОКПВ СНГ Объединенное командование пограничных войск СНГ 独联体边防军联合司令部

окплвп отдельный корабельный противолодочный вертолетный полк 独立舰载反潜直升机团

окплвэ отдельная корабельная противолодочная вертолетная эскадрилья 独立舰载反潜直升机大队

ОКПП отдельный контрольно-пропускной пункт 独立边防检查站

ОКПП отдельный контрольно-пограничный пункт. (Федеральная пограничная служба РФ) 独立边防检查站（俄联邦联邦边防局）

ОКПРО огневой комплекс противоракетной обороны 反导弹防御火力系统

ОКПРО отдельный корпус противоракетной обороны 独立导弹防御军

ОКПС обеспечение качества программных средств 软件质量保证

ОКР окраина 边，城郊〈测绘〉

Окр округ, окружной 区，州，区的，州的；民族专区的

ОКР опытно-конструкторская разработка 中间试验，试验性研制

ОКР опытно-конструкторские работы 试验设计工作

ОКР отдел капитального ремонта 大修处

окр отдельная караульная рота 独立警卫连

окр ветупр окружное военно-ветеринарное управление 军区兽医管理局

окрап отдельный корректировачно-разведывательный авиационный полк 独立校射侦察航空兵团

окраэ отдельная корректировачно-разведывательная авиационная эскадрилья 独立校射侦察航空兵大队

ОКРБ Объединенное контрразведывательное бюро (подразделение МБР -пакистанской военной разведки) 联合反情报局（巴基斯坦军事情报部门）

О

Окрвещесклад окружной вещевой склад 军区被服仓库

ОКРП обратный компасный радиопеленг 无线电反罗盘方位，无线电逆罗经方位

ОКС общекорабельная система 全舰系统

ОКС общий канал сигнализации 信令信号公用信道

ОКС одноканальная система 单路制

окс окончательно снаряженный 弹药装填完毕

ОКС оперативно-командная связь 作战指挥通信

ОКС оптический кабель связи 通信光缆

ОКС орбитальная космическая станция 轨道航天站

ОКС основная камера сгорания 主燃烧室

ОКС отдел капитального строительства 基建处

ОКСО Объединенное командование специальных операций 特种战役联合司令部

ОКСП Объединенное командование стратегических перебросок 战略投送联合司令部

ОКСП одноканальная система промежуточная 单路中继系统

оксp отдельная конно-санитарная рота 独立卫生马车连

ОКТА опросно-контрольный телеграфный аппарат 监听询问电报机

ОКТР отдельная коммутаторно-телефонная рота 独立电话交换机连

ОКЦ оконечный коммутационный центр 终端交换中心

ОКЦ основной командный центр 基本指挥中心

ОКЦ ответ по каналу цели 通过目标信道应答

ОКЧ обмен кодами частоты 频率代码交换

окшр отдельная кабельно-шестовая рота 独立架空明线架设连

ОЛ основная линия судна 船舶主航道

ОЛ отсчет лага 计程仪里程

ОЛА орбитальный летательный аппарат 轨道飞行器

олбс отдельный линейный батальон связи 独立通信线路架设营

олкб отдельный линейно-кабельный батальон 独立电缆线路架设营

олкрс отдельная линейно-кабельная рота связи 独立光缆线路通信连

ОЛЛС оптико-лазерная локационная станция 光学－激光定位站

ОЛП обзор летного поля 飞行场地扫瞄

ОЛП однопроводная линия передачи 单线传输线路

ОЛП отдельный лагерный пункт 独立兵站

ОЛП отряд ликвидации последствий （核与化学武器袭击）后果消除队

олпс отдельный линейный полк связи 独立架线通信连团

ОЛРР отдел лицензионно-разрешительной работы 许可证处

олрс отдельная линейная рота связи 独立通信架线连

ОЛС обмен линейными сигналами 线路信号交换

ОЛС оптико-локационная станция 光学定位站，光学雷达

ОЛС оптическая линия связи 光学通信线路

ОЛС отдел личного состава 人事处

ОЛС отряд легких сил 轻舰队

ОЛТ оборудование линейного тракта 线路设备

олтбр отдельная легкая танковая бригада 独立轻坦克旅

ОЛТК Омский летно-технический колледж 鄂木斯克飞行技术学院

олтп отдельный легкий танковый полк 独立轻坦克团

олэбс отдельный линейно-эксплуатационный батальон связи 独立通信线路维护营

олэрс отдельная линейно-эксплуатационная рота связи 独立通信线路维护连

ОМ Отличный милиционер (нагрудный знак МВД РФ) “优秀警官”胸章（俄联邦内务部）

ОМ образцовый манометр 标准压力表

ОМ общий модулятор 普通调制器

ОМ ограничитель мощности 功率限制器

ОМ оперативная маскировка 战役伪装

ОМ особой мощности 大威力的（火炮、炮兵）

ОМ ось моста 桥轴线，桥中心线

ОМ отбойный молоток 风镐

ОМА отдел механизации и автоматизации 机械化与自动化处

ОМА ПВО отдельная московская армия противовоздушной обороны 独立莫斯科防空集团军

ОМАБ ориентирно-морская авиационная бомба 海上示位（航空）炸弹

ОМАГ отдельная морская авиационная группа 独立海军航空联队

омб отдельная механизированная бригада 独立机械化旅

омб отдельный мостовой батальон 独立桥梁营

омб отдельный моторизованный батальон 独立摩托化营

омба отдельный моторизованный батальон автоматчиков 独立摩托化自动枪手营

омбго отдельный механизированный батальон гражданской обороны 独立民防机械化营

ОМБИР охрана морских биологических ресурсов 海洋生物资源保护

ОМБр отдельная морская бригада 独立海上作业队，独立海巡队

ОМБрГО отдельная механизированная бригада гражданской обороны 独立民防机械化旅

омбсн отдельный медицинский батальон специального назначения 独立特种医疗营

ОМВ отдел межведомственного взаимодействия (структура МВД) 跨部门协作处（内务部机构）

ОМГ оперативная маневренная группа 作战机动群，战役机动集群

ОМГСН отдельная медицинская группа специального назначения 独立特种医疗组

ОМД ПС ФСБ отделение мобильных действий пограничной службы федеральной службы безопасности 联邦安全局边防局机动班

ОМДес оперативный морской десант 战役登陆兵

омедб отдельный медицинский батальон 独立卫生营

омждб отдельный моторизованный железнодорожный батальон 独立摩托化铁道营

омзб отдельная малокалиберная зенитная батарея 独立小口径高射炮兵连

ОМЗД осколочная мина замедленного действия 延发破片地雷

омиб отдельный морской инженерный батальон 独立海上工程营

омиб отдельный моторизованный инженерный батальон 独立摩托化工程营

оминб отдельный минометный батальон 独立迫击炮兵营

ОМИС отдел морской инженерной службы 海上工程勤务处

ОМИС отделение морской инженерной службы 海上工程勤务科

ОМК обратный магнитный курс 逆磁航向，逆磁方向

ОМКП отдельный морской контрольный пункт 独立港口检查站

ОМКС обратный магнитный курс следования 跟踪反磁航向

ОММ УВД отдел муниципальной милиции Управления внутренних дел 内务部市政警察处

оммбрго отдельная мобильная механизированная бригада гражданской обороны 独立民防机械化机动旅

оммпго отдельный мобильный механизированный полк гражданской обороны 独立民防机械化机动团

ОМО отдел материального обеспечения 物资保障处

ОМО отдельный медицинский отряд 独立医疗队

ОМОН отряд милиции особого назначения 特别警察中队

ОМОС отдел морского опытного самолетостроения 海上用飞机制造试验局

ОМОСН отдельный медицинский отряд специального назначения 特种独立医疗队

ОМП обратный магнитный пеленг 反磁方位

ОМП оружие массового поражения 大规模毁

伤性武器

омп отдельный механизированный полк 独立机械化团

омп отдельный минометный полк 独立迫击炮团

омпб отдельный моторизованный понтонный батальон 独立摩托化舟桥营

омпго отдельный механизированный полк гражданской обороны 独立民防机械化团

ОМПК отряд морских пароходных катеров 海上汽艇队

омпмб отдельный механизированный понтонно-мостовой батальон 独立机化舟桥营

омпс отдельный морской полк связи 海军独立通信团

омпс отряд морских противолодочных сил 海军反潜中队

омптоб отдельный моторизованный противотанковый огнеметный батальон 独立摩托化反坦克喷火器营

ОМПУ ортодромический магнитный путевой угол 大圆航线磁航迹角

омр отдельная маскировочная рота 独立伪装连

омр отдельная медицинская рота 独立医疗连

омрап отдельный морской ракетоносный авиаполк 海军独立导弹航空兵团

ОМРП обратный магнитный радиопеленг 无线电逆磁方位，无线电反磁方位

ОМС отделение метеорологической службы 气象科

омсб отдельная морская стрелковая бригада 独立海军陆战旅

омсб отдельная мотострелковая бригада 独立摩步旅

омсб отдельный медико-санитарный батальон 独立医疗卫生营

омсб отдельный мостостроительный батальон 独立桥梁建筑营

омсб отдельный моторизованный стрелковый батальон 独立摩步营

омсбвв отдельный мотострелковый батальон внутренних войск 内卫军独立摩步营

омсбон отдельная мотострелковая бригада особого назначения 独立特别摩步旅

омсбон отдельный мотострелковый батальон особого назначения 独立特别摩步营

омсдосн отдельная мотострелковая дивизия особого назначения 独立特别摩托化步兵师

ОМСН отряд милиции специального назначения 特警分队

омсп отдельный мотострелковый полк 独立摩步团

омспб отдельный мотострелковый пулеметный батальон 独立摩步机枪营

омср отдельная моторизованная стрелковая рота 独立摩托化步兵连

омср отдельная медико-санитарная рота 独立医疗卫生连

ОМТО отдел материально-технического обеспечения 物资技术保障处

ОМТС отдел материально-технического снабжения 物资技术（器材）供应处

ОМУ операционный магнитный усилитель 运算磁放大器

ОМУ Организационно-мобилизационное управление (ГШ РФ) 组织动员局（俄联邦总参）

ОМУ оружие массового уничтожения 大规模毁伤性武器，大规模毁灭性武器

ОМУ отражатель металлический уголковый 金属角反射器

ОМУ отряд медицинского усиления 加强医疗队

ОМШ открытый металлический шарнир 开放式金属铰链，开放式金属接头

омшап отдельный морской штурмовой авиаполк 海军独立强击航空兵团

омшаэ отдельная морская штурмовая авиаэскадрилья 海军独立强击航空兵大队

ОН огневое нанападение 火力急袭

ОН ограничитель напряжения 限压器

ОН опорное напряжение 基准电压，参考电压

ОН основное направление (стрельбы) 基准射向

ОН особое назначение 特别任务，特别（部队）

ОНА Освободительная национальная армия (вооруженное формирование албанских сепаратистов в Македонии) 民族解放军（马其顿分离主义武装队伍）

ОНБ орган национальной безопасности 国家安全机关

ОНВ оружие неограниченных возможностей 无限能力武器，无限可能性武器

ОНВ ответвитель направленный волноводный 波导定向耦合器

ОНВФ Общероссийский национальный военный фонд 全俄国家军事基金会

ОНЗ основной носитель заряда 多数载流子

ОНК оптимальный неравномерный код 最佳不均匀电码

ОНОФА Объединенный национально-освободительный фронт Афганистана 阿富汗联合民族解放阵线

ОНП отдельный наблюдательный пункт 独立观察所

ОНП открытый наблюдательный пункт 露天观察所

ОНР ориентир начала разворота 转向点方位物

ОНС область низкого сопротивления 低电阻区

ОНСД оружие несмертельного действия 非致命武器

ОНТИ отдел научно-технической информации 科技情报处

ОНЦ обнаружение надводных целей 水上目标探测

ОНЦ обнаружение наземных целей 地面目标探测

ОНЭ окисно-никелевый электрод 氧化镍电极

ОО ВВС оперативное объединение ВВС 空军战役军团

ОО обратный отсчет 逆计算，逆读数

ОО общественная организация 社会组织

ОО общественное объединение 社会联盟

оо огнеметное отделение 喷火器班

ОО оперативное отделение 作战科

ОО оперативный отдел 作战处；作业处

ОО орбитальный отсек 轨道舱

ОО особый отдел 特别处

оо СпН отдельный отряд специального назначения 独立特种中队

ОО, ОО2 оконечное оборудование первого, второго типов Ⅰ型、Ⅱ型终端设备

ООБ отдел общей безопасности 公共安全处，公安处

ООБ отряд обеспечения 保障队

ООВ оружие ограниченных возможностей 有限可能性武器，有限能力武器

ООВР отряд охраны водного района 水警区中队

ООГ объединенная оперативная группа 联合作战组

ООД отряд обеспечения движения 运动保障队

оодр отдельная обмывочно-дезинфекционная рота 独立洗涤消毒连

ООК одномодовый оптический кабель 单模光纤

ООЛТ оконечное оборудование линейного тракта 线路终端设备

ООМГ отдельная оперативная морская авиационная группа 海军航空兵独立作战组

ООН Организация Объединенных Наций 联合国

ООН отряд особого назначения 特遣队

ООО охрана и оборона объектов (система) 目标（系统）的警戒与防护

ООП обогрев одежды пилота 飞行服加温

ООП оборонная отрасль промышленности 国防工业部门

ООП объектно-ориентированное программирование 面向对象程序设计

ООП Организация освобождения Палестины 巴勒斯坦解放组织

ООП основная оборонительная полоса 基本防御地带

ООП отдел оперативного поиска 侦察搜索处

ООП отряд огневой поддержки 火力支援队

ООПК отдельный отряд пограничного контроля 独立边防检查队

ООПК отдельный отряд пограничных кораблей

独立边防舰艇总队

ООПР объектно-ориентированное проектирование 面向对象设计

ООПР отряд оперативного прикрытия 战役掩护队

оор отдельная огнеметная рота 独立喷火器连

ООС объединенное оперативное соединение 联合战役兵团

ООС основной оперативный состав 主要作战人员

ООС отдел оперативной службы 作战（勤务）处

ООС отрицательная обратная связь 负反馈

ООСМП отдельный отряд специальной медицинской помощи 独立专业医疗救护队

ООСО отдельный отряд специальной операции 独立特种作战队

ООСП открытые (атмосферные) оптические системы передачи 开放式（大气层）传输系统

ООТГ объединенная оперативно-тактическая группа 联合战役战术集群

ООФПО объединенное оперативное формирование психологических операций 心理战联合作战部队

ООШ обогрев одежды штурмана 领航员服装加温

ООШ. объединенный оперативный штаб 联合战役参谋部

ООЯ объектно-ориентированный язык 面向对象语言

ОП ГУВД Оперативный полк Главного управления внутренних дел 内务总局作战团

ОП обменный пункт 运输交换站，运输交接站

ОП обмывочный пункт 洗涤站

ОП обратный пеленг 反方位，逆方位

ОП обсервационный пункт 观察所；留验站

ОП обслуживаемый пункт 勤务站，执勤站

ОП огневая подготовка 射击准备；射击训练

ОП огневая позиция 火力阵地，发射阵地

ОП огневой план 火力计划

ОП оконечный пункт 终端站

ОП оперативная память 读写存储器

ОП оперативная подготовка 作战训练

ОП оперативное приказ 作战命令，战役命令

ОП оперативное управление 战役指挥；作战部

ОП опорный пункт 支撑点；控制点；据点

ОП оптимальный параметр 优化参数

ОП оптическая приставка 光学附加装置

оп оптический прицел 光学瞄准具，瞄准镜

ОП ортодромический пеленг 大圆方位

ОП орудийный прицел 火炮瞄准具

ОП ослабленное поле 衰减场

ОП основная плоскость (корабля) （舰船的）基（准）面

ОП основная плоскость корабля 舰船基（准）面

ОП основная позиция 基本阵地，基本阵位

ОП остаточная проводимость 残余电导

ОП отверждающий порошок 凝油粉

ОП отдел перелетов 转场飞行处

ОП отдел полетов 飞行处

ОП отдел пропаганды 宣传处

ОП отдел перевозок 运输处

оп отряд предполья 前沿防御支队

ОП отряд прикрытия 掩护队

ОП оценочный показатель 评价指标，评估指标

ОП очаг поражения 沾染区，病灶；杀伤基点

ОП признак определения принадлежности 属性判定标志

оп РЭБ пнр отдельный полк РЭБ подавления наземных радиосвязей 独立地面无线电通信压制无线电电子斗争团，独立地面无线电通信电子对抗团

оп РЭБ с отдельный полк РЭБ подавления самолетных радиосвязей 独立飞机无线电通信压制无线电电子斗争团

ОП ФПС обменный пункт фельдьегерско-почтовой связи 机要邮政通信收发站

оп.ст. опытная станция 实验站

ОПА обитаемый подводный аппарат 水下载人装置，载人潜水器

ОПА оптический пеленгационный автомат 光学自动测定方位装置

ОПАБ отделение подвижной армейской базы

О

集团军移动基地科

опаб отдельный пулеметно -артиллерийский батальон 独立机炮营

опад отдельный пушечный артиллерийский дивизион 独立加农炮营

ОПАЗ одноразовое прохождение активной зоны (ядерного реактора) （核反应堆）主区一次性运行

ОПАС группа оказания экстренной помощи атомным станциям 核电站紧急施救组

ОПАС отделение полевого армейского склада 集团军野战仓库分库

ОПБ общие положения безопасности 安全总则

ОПБ оптический прицел бомбометания 光学瞄准投弹

ОПБ оптический прицел для бомбометания 光学轰炸瞄准具

ОПБ основной пункт базирования 主要驻泊点

опб отдельный пехотный батальон 独立步兵营

опб отдельный пулеметный батальон 独立机枪营

ОПБ служба охраны порядка и безопасности 秩序维护和安全保障勤务

опбр отдельная пехотная бригада 独立步兵旅

ОПБС отряд плавучих средств базирования 驻泊地浮动器材中队

опбср отдельный полк беспилотных самолет-разведчиков 独立无人驾驶侦察机团

ОПВГ оборудование первичного временного группообразования 一次时分群路生成设备，一次群时分多路复用设备

ОПВИ отдел по делам военнопленных и интернированных 战俘事务处

ОПВО объединенная противовоздушная оборона 联合防空

ОПВО округ противовоздушной обороны 对空防御区，防空区

ОПВО отдел противовоздушной обороны 防空处

ОПВОСВ Отдел ПВО сухопутных войск 陆军防空处

ОПВП обменный пункт военной почты 军邮交换所

ОПВТ оборудование подводного вождения танков 坦克潜渡驾驶设备，坦克水下驾驶设备

ОПВУ отдел паспортно-визового управления 护照签证管理处

ОПГ оперативная пограничная группа 边境作战小组

ОПГ оперативно-поисковая группа 作战搜索群

ОПГ организованная преступная группа 有组织犯罪团伙

ОПГ отметка поверхности грунта 地面标志，地面标高

ОПГ ЧС отдел проверки готовности к чрезвычайным ситуациям 紧急情况应对准备检查处

опГО отдельный полк гражданской обороны 独立民防团

ОПД общий пользовательский доступ 公共用户通道，公共用户许可

ОПД отдел переработки донесений 情报整理处

опдб отдельный парашютно-десантный батальон 独立空降兵营

опдесб отдельный переправочно-десантный батальон 独立渡河登陆营

опдн отдельный парковый дивизион （炮）独立修理营

опдп отдельный парашютно-десантный полк 独立伞降团

опегруппа оперативная группа 作战组

ОПЕК Организация стран -экспортеров нефти 石油输出国组织，欧佩克（英语 OPEC 的音译）

опер... оперативный 业务的；手术的，作战的

оперот оперативный отдел армии 集团军作战处

оперчасть оперативная часть 作战部门

ОПЗ область пространственного заряда 空间电荷区

ОПЗ отряд преодоления заграждения 障碍排除队

опзр отдельный полк засечки и разведки 独立标界与侦察团

ОПЗУ оптоэлектронное полупостоянное запоминающее устройство 光电子半固定存储器

О

ОПИ обнаружитель последовательности импульсов 脉冲序列探测器

ОПК оборонно-промышленный комплекс 国防工业综合体

ОПК одноплатный компьютер 单板机

ОПК орудийный полукапонир 火炮半侧防暗堡

ОПК отдел подготовки кадров 干部培训处

ОПК отделение переливания крови 输血室

ОПК отдельная пограничная комендатура 独立边防大队

ОПК отдельный полевой караул 独立军士哨

ОПК отряд пограничного контроля 边防检查队

ОПКОП группа планирования и координации огневого поражения 火力毁伤计划与协调组

оплапдд отдельный противолодочный авиаполк дальнего действия 独立远程反潜航空团

оплаэдд отдельная противолодочная авиаэскадрилья дальнего действия 独立远程反潜航空兵大队

оплвп отдельный противолодочный вертолетный полк 独立反潜直升机团

оплвэ отдельная противолодочная вертолетная эскадрилья 独立反潜直升机大队

ОПМ однополосная модуляция 单边带调制

ОПМ оперативно-поисковые мероприятия 侦察搜索行动（措施）

ОПМ операция по поддержанию мира 维和行动

ОПМ опорный пункт маршрута 行军路线支撑点

ОПМ отдельная приемная машина 独立收信车

ОПМ отряд первой медицинской помощи 急救队

ОПМБ основной пункт маневренного базирования 主要机动驻泊点

опмб отдельный понтонно-мостовой батальон 独立舟桥营

ОПМВ обеспечение полета на малых высотах 低空飞行保障

опмп отдельный полк морской пехоты 独立海军陆战团

ОПН обратный порядковый номер 反馈顺序码

ОПО общее программное обеспечение 通用程序保障

ОПО основной план операции 战役基本计划

ОПО отдел пограничной охраны 边防警卫处

ОПО отдел пожарной охраны 消防处

ОПО отдельный пограничный отряд 独立边防总队

ОПО отдельный противоэпидемический отряд 独立防疫队

ОПО отряд политической охраны 政（治）保（卫）队

ОПОЗН., Опоозн. опознавание 识别

ОПОН отряд полиции особого назначения 特警队

ОПОТ отряд по приемке и отгрузке танков 坦克接收与卸载队

ОПП огневое поражение противника 火力杀伤敌人

ОПП основной пеленгаторный пункт 主要定向站，主要测向站

опп отдельный парашютный полк 独立伞降团

ОПП отряд прокладки пути 道路铺设队

ОППВ опытно-показательная площадка всевобуча 普通军训示范操场

ОППВО отдельный полк противовоздушной обороны 独立防空团

ОППИР оптический переносный пирометр 便携式光学高温计

ОППК орудийно-пулеметный полукапонир 火炮机枪半侧防暗堡

ОППТ окружной пункт приема техники 军区技术装备接收点

ОПР отдел полевого ремонта 野战修理处

ОПР отряд прикрытия 掩护支队

опрб отдельный подвижной ремонтный батальон 独立流动修理营

ОПрБ отдельный прожекторный батальон 独立探照灯营

ОПРГ огнестрельное проникающее ранение груди 胸部穿透性创伤

ОПРМП отдельный приводной радиомаркерный пункт 独立无线电导航信标站

ОПРС отдельная приводная радиостанция 独

立导航台

опрц РКО отдельный противоракетный центр ракетно-космической обороны 独立导弹太空防御反导中心

опрэб отдельный полк радиоэлектронной борьбы 独立无线电电子战团

ОПС обзорно-прицельная система 搜索瞄准系统

ОПС обратный преобразователь сообщения 消息逆变换器

ОПС общие правила сигнализации 信号总则，信号总规程

ОПС одно-перекидная схема 单触发器，单触发电路

ОпС опасная ситуация 危险局势

ОПС оптическая прицельная станция 光学瞄准台

ОПС оптический прицел стрелка 步兵用光学瞄准具，瞄准镜

ОПС отдел подземных сооружений 地下工事处，地下建筑处

ОПС отдел полевой связи 野战通信处

опс отдельный полк связи 独立通信团

ОПС отдельный пункт связи 独立通信处

ОПС охранно-пожарная сигнализация 消防信号装置

ОПС охранно-пожарный состав 消防警卫人员

ОПСГ оперативная поисково-спасательная группа 作战搜寻与救护组

опсрто отдельный полк связи и радиотехнического обеспечения 独立通信与无线电技术保障团

ОПТ облегченный парный трал 轻便双舰扫雷具

ОПТ однопереходной транзистор 单结晶体管

опт оптика 光学

опт оптический 光学的

ОПТ отдел противодействия терроризму 反恐处

ОПТАБр отдельная противотанковая артиллерийская бригада 独立反坦克炮兵旅

оптадн отдельный противотанковый артиллерийский дивизион 独立反坦克炮兵营

оптадн отдельный противотанковый дивизион 独立反坦克师

оптб отдельная противотанковая батарея 独立反坦克炮兵连

оптвбр отдельная противотанковая вертолетная бригада 独立反坦克直升机旅

ОПТВГ оборудование пятиричного временного группообразования 五次时分群路生成设备，五次群时分多路复用设备

ОПТУ опорно-транзитный узел 节点式运输枢纽

ОПУ операционное управление 业务管理

ОПУ опорно-поворотное устройство 支承旋回装置

ОПУ оптическое прицельное устройство 光学瞄准装置

опулап отдельный пулеметно-артиллерийский полк 独立机（枪）炮（兵）团

ОПФБ отделение передовой фронтовой базы 方面军前进基地分站

ОПФБ отдельное проектно-фортификационное бюро 独立筑城设计局

ОПФПС обменный пункт фельдъегерско-почтовой связи 机要军邮通信交换所

ОПЦПС отдельный полевой центр правительственной связи (РФ) 独立野战政府通信中心（俄联邦）

ОПЧ оптимальная применимая частота 最佳可用频率

ОПШ Одесская пехотная школа 敖德萨步兵学校

ОПШ Омская пехотная школа 鄂木斯克步兵学校

ОПШ осветительный пистолет Шпагина (ракетница) 什潘金式照明手枪（信号枪）

ОПЭП отделение полевого эвакуационного пункта 野战后送站分站

ОпЭск оперативная эскадра （北约一些国家海军的）特混中队

опэскнк оперативная эскадра надводных кораблей 水面舰艇战役分舰队

опэскпл оперативная эскадра подводных лодок 潜艇战役分舰队

ОР обмотка рабочая 工作绕组，工作线圈

O

ОР обнаружитель речи 语音探测器

ОР оборонительный район 防御区

ОР объект регулирования 调节对象

ОР огнеметная рота 喷火器连

ОР опасный район 危险区

ОР оперативная разведка 战役侦察

ОР оперативный регистр 操作寄存器，运算寄存器

ОР особый район 特区

ОР ответное реле 应答继电器

ОР отдельный разъезд 独立骑兵侦察群

ОР открытый резонатор 敞式振子，开式振子

ОР охрана рейда 巡防区；停泊场警卫

ОР ДПС отдельная рота дорожно-патрульной службы 独立道路巡逻连

ОР и КР отделение разведки и контрразведки 侦察和反侦察科

ОР(Б/П) отдельная рота(батальон/полк) 独立连（营 / 团）

Ор. ориентир 方位物，方向标；地标

ораадн отдельный разведывательный артиллерийский дивизион 独立炮兵侦察营

ОРАВ отдел ракетно артиллерийского вооружения 导弹炮兵装备处，军械处

орагр отдельная разведывательная авиагруппа 独立侦察航空大队

орадб отдельный радиобатальон 独立无线电营

орадп отдельный радиополк 独立无线电团

орап отдельный разведывательный авиационный полк 独立侦察航空兵团

орато отдельная рота аэродромнотехнического обеспечения 独立机场技术保障连

орац отдельная рота автоцистерн 独立油罐车连

ораэ отдельная разведывательная авиаэскадрилья 独立侦察航空兵大队

ОРБ оперативно-розыскное бюро 侦查处

ОРБ оперативно-розыскное бюро 侦讯行动室

ОРБ отдел по расследованию бандитизма 犯罪集团侦查处

орб отдельный разведывательный батальон 独立侦察营

ОРБ отдельная ремонтная база 独立修理基地

орб отдельная рота боепитания 独立弹药补给连

орбо отдельная рота боевого обеспечения 独立战斗保障连

орбр оперативная ракетная бригада 战役导弹旅

орбр отдельная ракетная бригада 独立导弹旅

ОРБС объединенное разведывательное бюро связи, (подразделение МБР -пакистанской разведки) 联合通信情报局（巴基斯坦情报部门）

орбт отдельный тракторно-ремонтный батальон 独立拖拉机修理营

орвб отдельный ремонтно-восстановительный батальон 独立修理恢复营

орвб РАВ отдельный ремонтно-восстановительный батальон ракетно-артиллерийского вооружения 独立军械修理营

ОРВК Объединенный районный военный комиссариат 区联合兵役委员会，区联合兵役局

ОРВП отряд розыска и выноса пострадавших（民防系统）受难者寻送队

орвр отдельная ремонтно-восстановительная рота 独立修复连

ОРГ обыкновенная радиограмма 平报

ОРГ огнестрельное ранение головы 脑部弹伤

ОРГ оперативная ракетная группа 战役导弹群

ОРГ оперативная распорядительная группа 调度作业组

ОРГ отдельная разведывательная группа 独立侦察群

ОРГ офицерская рекогносцировочная группа 军官现地勘察组

ОРД оперативно-розыскная деятельность 搜寻活动，搜索行动

ОРД отдельное разведочное действие 独立侦察

орд отдельный радиоразведывательный дивизион 独立无线电侦察营

ОРД отдельный разведывательный дозор 独立侦察群

ОРД офицерский разведывательный дозор 军官侦察群

ордн оперативный ракетный дивизион 战役导

弹营

ордн отдельный ракетный дивизион 独立火箭营，独立导弹营

ореабр отдельная реактивная артиллерийская бригада 独立火箭炮兵旅

ореадн отдельный реактивный артиллерийский дивизион 独立火箭炮兵营

ОрЗА орудия зенитной артиллерии 高射炮兵火炮

орзап отдельный разведывательный запасной авиаполк 独立预备役航空兵侦察团

ОРК обслуживание каналов (радиосвязи) 无线电通信道路维护

ОРК отсчет радиокомпаса 无线电罗盘读数

ОРКС отдел радио и космической связи 无线与卫星通信处

ОРЛ обзорный радиолокатор 观察雷达，环视雷达

орлб отдельный радиолокационный батальон 独立雷达营

орлбс отдельный радиолинейный батальон связи 独立无线电通信线路营

орлр отдельная радиолокационная рота 独立雷达连

ОРМ однополосная радиомагистраль 单边带无线电干线

ОРМ оперативно-розыскные мероприятия 作战搜索行动

ОРМ особенности рельефа местности 地形地貌特征

ОРМ отдельная рота милиции 独立民警连

ОРМ отдельный радиомаркер 独立无线电信标

орму отдельная рота медицинского усиления 独立卫生加强连

ОрНА орудия наземной артиллерии 地面炮兵火炮

ОРО оперативно-розыскной отдел 作战搜索处

ОРО особый разведывательный отряд 特别侦察队

оро отдельная рота обслуживания 独立勤务连

ороаб отдельная рота обслуживания армейской базы 集团军基地独立勤务连

ОРОВД отдел расследования особо важных дел (прокуратуры) 特别重大案侦查处（检察院）

орор отдельная рота охраны и разведки 独立警卫侦察连

ОРП обратный радиопеленг 无线电反方位

ОРП одноимпульсный регулятор питания 单脉冲给水调节器

ОРП оконечный регенерационный пункт 终端再生站

ОРП ориентирный пункт 方位点

орпв отдельная рота полевого водоснабжения 独立野战给水连

орпг отдельная рота подвоза горючего 独立油料前送连

орпд отдельный ракетно-парковый дивизион 独立导弹养护营

орпк отдельная рота почетного караула 独立仪仗队连

орпо отделение реактивных пехотных огнеметов 步兵火箭喷火器班

орпСпН отдельный разведывательный полк специального назначения 独立特种侦察团

орпц отдельный радиопеленгаторный центр 独立无线电测向中心

орр отдельная рабочая рота 独立作业连

орр отдельная разведывательная рота 独立侦察连

оррб отдельный радиорелейный батальон 独立无线电中继营

оррд отдельная рота регулирования движения 独立指挥连，独立调整连

оррд отдельный радиорелейный дивизион 独立无线电中继通信营

орркб отдельный радиорелейно-кабельной батальон связи 独立无线电中继线缆通信营

оррм отдельная рота ранцевых минометов 独立背囊式迫击炮连

орро отдельная рота ранцевых огнеметов 独立背囊式喷火器连

орро отдельный радиорелейный отряд 独立无

线电中继通信队

оррс отдельная ремонтная рота связи 独立通信修理连

оррсс отдельная ремонтная рота средства связи 独立通信器材修理连

ОРС оконечная радиорелейная станция 无线电中继终端站

ОРС оптическое распознавание символов 光学字符识别

орс отдельная рота связи 独立通信连

орс отдельная рота снабжения 独立供给连

орс и рто отдельная рота связи и радиотехнического обеспечения 独立通信和无线电技术保障连

орСпН отдельная рота специального назначения 独立特务连

ОРСС орбитальная ремонтно-стартовая станция 轨道维修发射站

ОРТ область рассеяния траекторий 航迹散射区，弹道散射范围

ОРТБ отдельная ракетно-техническая база 独立导弹技术基地

ОРТБ отдельная ремонтно-техническая база 独立修理技术基地

ортб отдельный радиотехнический батальон 独立无线电技术营

ортбОсНаз отдельный радиотехнический батальон особого назначения 独立特别无线电营

ортбр ОсН отдельная радиотехническая бригада особого назначения 独立无线电技术特别旅

ортп отдельный радиотехнический полк 独立无线电技术团

ортр отдельная радиотехническая рота 独立无线电技术连

орту отдельный радиотехнический узел 独立无线电技术枢纽

ОРУ отдельный радиоузел 独立无线电枢纽

ОРУ открытое распределительное устройство 室外配电设备

ОРУ ФСБ оперативно-розыскное управление Федеральной службы безопасности 联邦安全局搜索行动局

Оруд орудие, орудийный 火炮，火炮的

орхз отдельная рота химической защиты 独立防化连

орхр отделение радиационной и химической разведки 辐射和化学侦察班

орхрр отдельная рота химической и радиационной разведки 独立化学和辐射侦察连

ОРЦ Объединенный разведывательный центр (США) （美）联合侦察中心

ОРЦ опорный радиоцентр 无线电节点中心

ОРЦОН отдельный радиопеленгаторный центр особого назначения 独立特别无线电定位中心

ОРЧ оперативно-розыскная часть (подразделение органов МВД) 搜索行动部队（内务部）

ОРЧ оптимальная рабочая частота 最佳工作频率

орэат отдельная рота по эвакуации автотранспорта 独立汽车运输后送连

орэт отдельная рота по эвакуации танков 独立坦克后送连

ОРЯ орудийный распределительный ящик 炮位配电箱

ОС обеспечивающее судно 保障船

ОС область связи 通信区

ОС обмотка серийная 串联绕组；串联线圈

ОС обобщенная связь; сигнал обобщенных связей 综合通信；综合通信信号

ОС обратная связь 反馈，回授

ОС общий склад 总仓库

ОС объединенные силы 联合兵力

ОС объединенный склад 联合仓库

ОС огневой сигнализатор 火力信号器

ОС огнетушитель стационарный 固定灭火器

ОС однородная система 均匀系统

ОС опасный сектор 危险扇面

ОС оперативная система 操作系统，操作程序系统

ОС оперативное соединение 战役兵团；战役编队

ОС оперативный скачок 战役跃进

ОС опорная сеть 节点网

ОС опорный сигнал 标准信号；参考信号

ОС оптимальная система 最佳系统

ОС орбитальная станция 轨道站

ОС орбитальная ступень 轨道级

ОС орбитальный самолет 轨道飞机

ОС Орден Суворова 苏沃洛夫勋章

ОС осветительные средства 照明器材

ОС освещение стрелка 射手照明

ОС основные силы 基本兵力

ОС ось связи 通信轴线

ОС отдел связи 通信处

ОС отдел снабжения 供应处

ос отделение связи 通信班

ОС отдельный старт 独立发射

ОС отклоняющая система 偏转系统，偏向系统

ОС открытая система 开放系统

ОС отличный стрелок 优秀射手

ОС отметка «Север» "真北"标记

ОС отрицательное сопротивление 负阻

ОС отряд сопровождения 护送队

ОС охранная сигнализация 防护信号器

ОС ПВО СНГ объединенная система ПВО СНГ 独联体国家联合防空系统

ОС РУС оперативное соединение разнородных ударных сил 多兵种突击兵力战役编队

ОСА обитаемый стабилизированный аппарат (для подводных исследований) 载人稳定装置（潜水研究用）

ОСА оборудование согласования с АТС 交换机匹配设备

ОСА охлаждение соплового аппарата 喷嘴冷却，涡轮导向器冷却

ОСА охранно-сыскная ассоциация 警卫与侦缉协会

ОСАБ ориентирно-сигнальная авиационная бомба 航空示位信号炸弹

ОСАБ ориентирно-сигнальная авиационная бомба 航空示位信号弹

ОСАБ ориентировочно-световая авиабомба 方位指示照明航空弹

осад отдельный самоходно-артиллерийский дивизион 独立自行火炮营

осап отдельный санитарный авиационный полк 独立卫生航空兵团

осап отдельный сводный артиллерийский полк 独立混成炮兵团

осаэ отдельная санитарная авиационная эскадрилья 独立卫生航空兵大队

осаэ отдельная специальная авиационная эскадрилья 独立专业航空兵大队

ОСБ окружной склад боеприпасов 军区弹药仓库

ОСБ оперативно-следственная бригада 行动侦查组

осбо отделение связи береговой обороны 海岸防御通信班

ОСБР обнаружение старта баллистических ракет 弹道导弹发射点探测

осбр отдельная саперная бригада 独立工兵旅

осбро отдельная стрелковая бригада охраны 独立警戒步兵旅

ОСВ объединенные сухопутные войска 联合陆军

ОСВ ограничение стратегических вооружений 限制战略武器

ОСВ ограничение стратегических наступательных вооружений 限制战略进攻性武器

ОСВ Отдел службы войск 部队勤务处

ОСВОД общество спасения на водах 水面救护联合会

ОСВОД общество спасения на водах 水上救生协会

ОСВПС отделение службы в Войсках правительственной связи 驻政府通信部队业务科

ОСГ оперативно-следственная группа 作战侦查组

ОСГ отдел службы горючего 燃料处

ОСГ отдел снабжения горючим 燃料供应处

осг отделение станковых гранатометов 重火箭筒班

ОСГА-101 самолет-разведчик (амфибия) 水陆

O

两用侦察机型号

ОСД отряд санитарных дружин 医疗救护志愿者队

осдн отдельный салютный дивизион 独立礼花营

ОСЗУ оперативно-стратегическое звено управления 战略战役指挥环节

ОСИ основной сигнал источника 基本信号

ОСК Объединенное стратегическое командование 联合战略司令部

ОСК орбитальный стартовый комплекс 轨道发射综合场地

оск отделение связи с кавалерией (в артиллерии) 炮兵对骑兵通信班

ОСК отдельная спасательная команда 独立抢救队

ОСК отчетная схема командира 指挥员总结图

ОСК. оперативно-стратегическое командование 战略战役司令部

ОСЛ общая сигнальная лампа 总信号灯

ОСМ отдел специальных мероприятий (подразделение ЦРУ) 特种行动处（中央情报局）

осмб отдельный саперный мостовой батальон 独立桥梁工兵营

осмб отдельный смешанный мотострелковый батальон 独立混合摩步团

ОСМДес оперативно-стратегический морской десант 战役战略登陆兵

осмедп отряд специализированной медицинской помощи 专业医疗救护队

ОСН открытая система нумерации 开放式编号体系

ОСН отряд специального назначения (милиции)（民警）特遣队

осн. оснащение 装备，设备；装备索具

ОСНАЗ (отряд) особого назначения 特别分队，特种兵队

ОСНГУФСИН отряд специального назначения главного управления федеральной службы исполнения наказания 联邦处罚执行局特种大队

ОСНУ отряд собачьих нартовых упряжек 犬拉雪橇后送队

ОСО ВС оперативно-стратегическое объединение вооруженных сил 武装力量战略战役军团

ОСО оперативно-справочный отдел (МВД) 作战咨询处（内务部）

осо отделение специальной обработки 洗消班

ОСО охрана стационарных объектов 固定目标警卫

ОСП оборудование системы посадки 着陆设备，着陆系统装置

ОСП оборудование слепой посадки 盲降设备，仪表着陆设备

ОСП однопроводная синхронная передача 单线同步传送装置

ОСП оптическая система посадки 光学着陆系统

ОСП оптический снайперский прицел 狙击枪光学瞄准具

ОСП основная стартовая позиция 基本发射阵地

ОСП основные санитарные правила 基本卫生条例，基本检疫条例

ОСП основный статический параметр 基本静态参数

осп отделение связи с пехотой (в артиллерии) 炮兵对步兵通信班

осп отдельный стрелковый полк 独立步兵团

ОСП открытый секторный прицел (для стрелкового оружия)（轻武器的）普通弧形表尺，缺口式弧形表尺

ОСП открытый секторный прицел (стрелковое оружие) 普通弧形表尺（步兵武器）

ОСП отношение сигнал помеха 信号噪声比，信噪比

оспб отдельный специализированный поисковый батальон 独立专业化搜索营

осплап отдельный смешанный противолодочный авиаполк 独立反潜混合航空兵团

оспмп особый стрелковый полк морской пехоты 海军陆战队特别步兵团

оСпН «Скорпион» отряд специального назначения «Скорпион» “天蝎”特战分队

оСпНбпдс отряд специального назначения по

борьбе с подводными диверсионными силами 反水下破坏特种中队

ОСПО общесистемное программное обеспечение 通用系统程序保障

оспо отдельный санитарно-противоэпидемический отряд 独立卫生防疫中队

ОСР орган сравнения 比较器，鉴别器

оср отделение специальной разведки 特种侦察班，专业侦察班

оср отдельная саперная рота 独立工兵连

ОСС объединенная система связи 联合通信系统

ОСС опорная сеть связи 节点通信网

ОСС Отдел стратегических служб 战略勤务处

ОСС отряд спасательных судов 救生船队

ОСС КВ оконечная станция системы короткой волны 短波系统终端站

оссб особый сводный стрелковый батальон 特别混成步兵营

оссб отдельный сводный стрелковый батальон 独立混成步兵营

ОССУ оперативно-стратегическое специальное учение 战役战略专业演习

ОСТ. останов 停机；停止器

ОСТ. АВ сигнал останова при аварии 故障停机信号

ОСТ. АИ останов по адресу исполнительному 执行地址停机

ОСТ оборудование к среднему тягачу 中型牵引设备

ОСТ отраслевой стандарт 部门标准

ОСТЗ отдельная сторожевая застава 独立小哨，独立骑哨

осто отдельный санитарно-транспортный отряд 独立卫生运输队

ОСТП обзорно-следящий теплопеленгатор 搜索－跟踪红外测向仪

ОСТП отдельный сторожевой пост 独立步哨，独立骑哨，独立警戒哨

ОСФ относительная стабильность фаз 相位相对稳定度

ОСЦ осциллограф 示波器

ОСЧ обратная связь по частоте 频率反馈

ОСЧ опознавание свой-чужой 敌我识别

ОСШ отношение сигнал/шум 信噪比

ОСШК отношение сигнал/шум квантования 量化信噪比

ОТ обмотка токовая 电流绕组

ОТ обработка текстов 文本处理

ОТ обработка транзакций 事务处理

ОТ огневая точка 火力点，发射点

ОТ огнеметный танк 喷火坦克

ОТ оптический телескоп 光学望远镜

ОТ оптический теодолит 光学经纬仪

ОТ основный тон 基音

ОТ отбой тревоги 解除警报

ОТ отдел тыла 后勤处

ОТ отражатель тока 电流反射镜

ОТ охранная техника 防护技术

ОТ охранное телевидение 警卫用录像监视器

ОТ ст. огневая точка для станкового пулемета 重机枪发射点

ОТ стр. огневая точка для стрелкового отделения 步兵班发射点

ОТА опросный телеграфный аппарат 查询电报机

ОТА основной телефонный аппарат 基本电话设备

отад отдельная транспортная авиационная дивизия 独立运输航空兵师

ОТАК Объединенное тактическое авиационное командование (США) 战术空军联合司令部（美国）

отап отдельный транспортный авиационный полк 独立运输航空兵团

ОТБ опорно-тыловая база 后方基地，根据地

ОТБ особое техническое бюро 特别技术局

отб отдельный танковый батальон 独立坦克营

отб отдельный транспортный батальон 独立运输营

ОТБАК отдельный тяжелый бомбардировочный авиакорпус 独立重型轰炸航空兵军

отбвп отдельный транспортно-боевой вертолетный полк 独立战斗运输直升机团

отбп отдельный тяжелобомбардировочный полк 独立重型轰炸机团

ОТБР оперативно-тактическая баллистическая ракета 战役战术弹道导弹

отбр отдельная танковая бригада 独立坦克旅

ОТВ(0П) сигнал ответа модуля В модулям 0П (С-300ПМУ 防空导弹系统的)“0”模式应答信号

ОТВ(1П) сигнал ответа модуля В модулям 1П (С-300ПМУ 防空导弹系统的)“1”模式应答信号

ОТВ(2П) сигнал ответа модуля В модулям 2П (С-300ПМУ 防空导弹系统的)“2”模式应答信号

ОТВА Объединенная тактическая воздушная армия (США) 联合战术空军集团军（美国）

ОТВГ оборудование третичного временного группообразования 三次群时分多路复用设备，三次时分群路生成设备

ОТВД океанский театр военных действий 海洋战区

ОТГ оперативно-тактическая группа 战役战术群

ОТГР отдельная танковая группа 独立坦克集群

отд отдельная танковая дивизия 独立坦克师

отд. МТУ отделение мостоукладчиков 架桥班

отдавт отделение автоматчиков 冲锋枪班，自动枪班

ОТДес оперативно-тактический десант 战役战术空降兵，战役战术登陆兵

отдн отдельный технический дивизион 独立技术大队

ОТЗ оперативно-тактическое задание 战役战术任务；战役战术想定；战役战术课题

ОТЗст. огневая точка для трех станковых пулеметов 三挺重机枪发射点

ОТЗУ оперативно-тактическое звено управления 战役战术指挥环节

ОТИ оперативно-тактическая информация 作战战术通报，战役战术通报

ОТИ отдел технической информации 技术情报处

ОТИИ Омский танковый инженерный институт 鄂木斯克坦克工程专科学院

ОТК отдел технического контроля 技术检验处，检验处

ОТК отделение технического контроля 技术检验科，检验科

ОТК отдельный танковый корпус 独立坦克军

ОТКП оперативно-тактическая карта пожаротушения (судна) 战役战术灭火图（舰船）

ОТКР = откр отдельная тяжело-кабельная рота 独立重型电缆架设连

ОТМ оперативно-техническое мероприятие 情报技术措施

отм. отметка 记号，标记，符号；标高

отм. он отметка орудия наводки 火炮瞄准标定

ОТМДес оперативно-тактический морской десант 战役战术登陆兵

ОТММ отделение тяжелых механизированных мостов 重机械化桥梁班

ОТМС организация и тактика медицинской службы 卫生勤务的组织和战术

ОТН оперативно-тактическое назначение 战役战术用途

ОТН основная точка наводки 基本瞄准点

ОТН отделение технических наук 技术科学分部

ОТО общая точка отражения 共同反射点

ОТО общетактическая подготовка 合同战术训练

ОТО оперативно-техническое отделение 业务技术科

ОТО отдел технического обслуживания 技术勤务处

ОТО отделение технического обслуживания 技术保养科，维护班

отор отдельная танко-огнеметная рота 独立坦克喷火连

ОТП отдел технической помощи 技术支援处

отп отдельный танковый полк 独立坦克团

отпб отдельный трубопроводный батальон 独立管线营

ОТПО общетехническое программное обеспечение 通用技术程序保障

ОТПП оперативно-тактический план пожаротушения (судна) （船舶）战役战术灭火计划

отпп отдельный танковый полк прорыва 独立坦克突破团

ОТПР отряд тактического прикрытия 战术掩护队

ОТР объединенная техническая разведка 综合技术侦察

отр огнеметно-танковая рота 喷火坦克连

ОТР оперативно-тактическая ракета 战役战术导弹，战役战术火箭

отр отдельная танковая рота 独立坦克连

отр отдельная техническая рота 独立技术连

отр отдельная транспортная рота 独立运输连

ОТР отряд транспортов 运输船队，运输车队

отрб отдельный танкоремонтный батальон 独立坦克修理营

ОТРК оперативно-тактический ракетный комплекс 战役战术导弹综合体

отрр отдельная танкоремонтная рота 独立坦克修理连

ОТС оперативное танковое соединение 战役坦克兵团

ОТС оперативно-техническая служба 作战技术部门，作战技术勤务

ОТС отдел технического снабжения 技术器材供应处

ОТСП отрицательная термостимулированная проводимость 负热激电导

отср отдельная телеграфно-строительная рота 独立电报线路建设连，独立线路建设连

отср отдельная телеграфно-строительная рота 独立永备线路架设连

ОТСС оперативно-тактические силы сдерживания 战役战术遏制力量

ОТСС основные технические средства и системы 主要技术设备与系统

ОТТ одноканальный тональный телеграф 单路音频电报机

ОТТ оперативно-тактические требования 战役战术要求

ОТТ оперативно-тактический тренажер 战役战术训练器

ОТТ основные технические требования 基本技术要求

оттп отдельный тяжелый танковый полк 独立重型坦克团

ОТУ общевойсковое тактическое учение 合同战术演习

ОТУ оконечное телеграфное устройство 电报终端设备

ОТУ оконечное трансляционное устройство 终端转发设备

ОТФБ отделение тыловой фронтовой базы 方面军后方基地分站

ОТШ объединенная техническая школа 综合技术学校

ОТЩ отряд тральщиков 扫雷舰队

отэр отдельная телефонная эксплуатационная рота 独立电话线路维护连

ОУ КТК отдельный узел комплексного технического контроля 独立技术监测枢纽

ОУ областной узел 州中心站，区枢纽站

ОУ обмотка управления 控制绕组

ОУ обмотка усилителя 放大器线圈

ОУ общее устройство 总体装置

ОУ объект управления 控制对象；管理目标

ОУ огнетушитель углекислотный 二氧化氮灭火器

ОУ ограничитель углов 角限制器

ОУ ожидаемые условия 期望条件，预期条件

ОУ оконечная установка 终端设备

ОУ оконечный участок 终端部分，末段

ОУ оперативное управление 战役指挥；作战部；联机控制，在线控置

ОУ оперативное устройство 操作装置

ОУ операционный усилитель 运算放大器

ОУ опорный усилитель 主放大器，标准放大器

ОУ оптимальное управление 最佳控制

ОУ орган управления 指挥机构，控制机构，操纵装置

О

ОУ осветительное устройство 照明装置

ОУ ответный удар 反击；还击

ОУ отдел укомплектования 兵员补充处

ОУ ТУ ТС оконечное устройство телеуправления телесигнализации 通信终端设备，远程信令系统控制终端设备

ОУАЭ отдельная учебная авиаэскадрилья 独立航空训练大队

ОУБр отдельная учебная бригада 独立教导队

ОУВД окружное управление внутренних дел 州内务局

ОУВКР отдельное управление военной контрразведки 独立军事反侦察局

ОУВП область уничтожения воздушного противника 消灭空中敌人区域

ОУВС окружное управление военного снабжения 军区军事供给部

ОУД оконечная установка данных 数据终端设备

ОУД отдельный учебный дивизион 独立炮兵教导营

оуждп отдельный учебный железнодорожный полк 独立铁道教导团

оук отряд учебных кораблей 教练舰中队

ОУКИК отдельный учебный командно-измерительный комплекс 独立训练指挥测量综合体

оумп отдельный усиленный механизированный полк 独立加强机械化团

ОУП обслуживаемый усилительный пункт 有人增音站

ОУП общее управление потоком 通用流控制

ОУП опорный усилительный пункт (кабельной магистрали) （电缆干线）主增音站

оуп СпН отдельный учебный полк специального назначения 独立特种教导团

оупдб отдельный учебный парашютно-десантный батальон 独立跳伞教导营

оупп отдельный учебный планерный полк 独立滑翔机教导团

ОУР отдел уголовного розыска (МВД РФ) 刑事侦查处（俄内务部）

ОУС ВС опорный (территориальный) узел связи Вооруженных Сил 军队地区节点通信枢纽

ОУС ограничитель угловых скоростей 角速度限制器

ОУС опорная усилительная станция 固定增音站

ОУС опорный узел связи 节点通信枢纽

ОУС орган управления связью 通信指挥机关

ОУС отдельный узел связи 独立通信枢纽

оусб отдельный учебный стрелковый батальон 独立步兵教导营

ОУСП оборудование упрощенной системы посадки 简化着陆系统设备

оусп отдельный учебный стрелковый полк 独立步兵教导团

ОУТ оптически управляемый транспарант 光控透明性

оутб отдельный учебный танковый батальон 独立坦克教导营

ОУЦ окружный учебный центр 军区训练中心

ОУЦ отдельный учебный центр 独立训练中心

ОУЭ организационно-управленческий элемент 组织指挥要素

ОФ Объединение флота 联合舰队

ОФ осколочно-фугасная бомба 杀伤爆破炸弹（用于标志）

ОФ осколочно-фугасная граната 杀伤爆破榴弹（用于标志）

ОФ осколочно-фугасная мина 杀伤爆破迫击炮弹（用于标志）

ОФ осколочно-фугасная стальная мина 钢质杀伤爆破迫击炮弹

ОФ осколочно-фугасный (снаряд, бомба) 杀伤爆破弹，杀伤爆破炸弹

ОФ осколочно-фугасный (снаряд) 杀伤爆破（弹），杀伤爆破（炸弹）

ОФ осколочно-фугасный неукрашенный снаряд 非涂漆杀伤爆破弹（用于标志）

ОФАБ осколочно-фугасная авиационная бомба 航空杀伤爆破炸弹

ОФБП осколочно-фугасные боеприпасы 杀伤爆破弹药

ОФБЧ осколочно-фугасная боевая часть 杀伤爆破战斗部

ОФЗС осколочно-фугасный зажигательный снаряд 杀伤爆破燃烧弹

ОФЗТ осколочно-фугасный зажигательный трассирующий (снаряд) 杀伤爆破燃烧曳光（弹）

ОФИ отдел фондового имущества 统配物资处，统配器材处

ОФМ относительная фазовая манипуляция 相对相位键控

ОФМ относительная фазовая модуляция 相对相位调制

офоб отдельный фугасно-огнеметный батальон 独立爆破式喷火器营

офор отдельная фугасно-огнеметная рота 独立爆破式喷火器连

ОФП общая физическая подготовка 公共体能训练

ОФП отрицательная фотопроводимость 负光电导

ОФПБ отделение фронтовой передовой базы 方面军前进基地分部

ОФПС оперативное формирование психологических операций 心理战作战部队

ОФПС отделение фельдьегерско-почтовой связи 机要－邮政通信科

ОФС осколочно-фугасный снаряд 杀伤爆破弹

ОФТ относительная фазовая телеграфия 相对相位电报

ОФТБ отделение фронтовой тыловой базы 方面军后方基地分部

ОХ осколочно-химический (снаряд) 杀伤化学弹

ОХАБ осколочно-химическая авиабомба 航空化学杀伤（炸）弹

охб отдельный химический батальон 独立化学营

ОХГУ общехирургическая группа усиления 普通外科加强组

охд отделение хозяйственного довольствия 给养班

ОХЗ очаг химического заражения 化学污染源，化学沾染基点

ОХН отделение химических наук 化学科学分部

ОХП огнетушитель химический пенный 泡沫灭火器，化学泡沫灭火器

охр отдельная химическая рота 独立化学连

ОХР охрана рейдов 停泊场警戒；巡防区

ОХТВ отдел хранения техники и вооружения 武器装备储存处

ОЦ оперативный центр 作战中心；作业中心

ОЦАГ Организация Центральноамериканских Государств 中美洲国家组织

ОЦАП оперативный центр авиационной поддержки 航空火力支援作战中心

ОЦЗ оперативный центр зоны 地域作战中心

ОЦЗ ПВО оперативный центр зоны противовоздушной обороны 防空区作战指挥中心，对空防御区作战中心

ОЦЗУР оперативный центр зенитной управляемой ракеты 防空导弹作战中心

ОЦИ обеспечение целостности информации 信息完整性保证

ОЦК Объединенное центральное командование 中央联合司令部

ОЦК основной цифровой канал 基本数字信道

ОЦНС отдельный центр наблюдения и связи 独立观察与通信中心

ОЦП область целевого прогноза 目标预测域

ОЦПОД оперативный центр приема и обработки данных 数据接收处理操作中心

ОЦР оперативный центр района 区域作战中心

ОЦР оперативный центр района противовоздушной обороны 防空区作战中心

ОЦР ПВО оперативный центр района противоракетной обороны 反导防御区作战中心

ОЦС оперативный центр сектора 地区作战中心

ОЦС оперативный центр секторов 扇区作战中心

ОЦСД объединенный центр совместных действий 共同行动联合中心

ОЦСД оперативный центр совместных действий

共同行动作战中心

ОЦТО объединенный центр технического обслуживания 技术维护联合中心

ОЦУ оперативный центр управления 作战指挥中心

ОЦУП оперативный центр управления подразделениями 分队作战指挥中心

ОЧВГ оборудование четверичного временного группообразования 四次时分群路生成设备，四次群时分多路复用设备

ОЧК отъемная часть крыла (консоль) 机翼（外翼）可拆卸部分

ОЧМ обмен человек-машина 人机交流

ОЧМ относительная частотная манипуляция 移频键控

ОЧТ относительная частотная телеграфия 相对移频电报

ОЧУ оптическое читающее устройство 光读取器

ОШ общая шина 总线

ОШ огнепроводный шнур 导火索，导火线

ОШ оперативный штаб 战役参谋部，作战参谋部

ОШАД отдельная штурмовая авиационная дивизия 独立强击航空兵师

ОШАП отдельный штурмовой авиационный полк 独立强击航空兵团

ошисбр отдельная штурмовая инженерно-саперная бригада 独立工程工兵突击队（旅）

ОШМ организационно-штатные мероприятия 组织－编制方法

ОШП огненно-штурмовая полоса 火力强击地带

ОШПП огненно-штурмовая полоса препятствий 烟幕火障地带

ошр отдельная штабная рота 独立司令部连

ошр отдельная штрафная рота 独立惩戒连

ОШТ основная широтно-температурная обмотка 主纬度温度绕组，主线圈（舰艇消磁用）

ОЭ общий эмиттер 共发射极

ОЭ основы электротехники 电工学基础

ОЭ отсек экипажа 航天员舱

оэб отдельный эвакуационный батальон 独立后送营

оэбпла отдельная эскадрилья беспилотных летательных аппаратов 独立无人驾驶飞行器大队

оэбср отдельная эскадрилья беспилотных самолетов разведчиков 独立无人驾驶侦察机大队

ОЭДС обратная электродвижущая сила 反电动势

ОЭИ оптико-электронное изображение 光电子图像

ОЭП оптико-электронное подавление (помеха) 光电压制（干扰）

ОЭП оптико-электронный прибор 光电器件

ОЭП оптоэлектронный преобразователь 光电转换器

ОЭПрНК оптико-электронный прицельно-навигационный комплекс 光电瞄准导引系统，光电子瞄准导航罗盘

ОЭПС оптико-электронная прицельная система 光学电子瞄准系统

ОЭПС оптико-электронная прицельная станция 光电子瞄准台

ОЭР оптико-электронная разведка 光电子仪器侦察

оэр отдельная эвакуационная рота 独立后送连

оэрр отдельная эвакуационно-ремонтная рота 独立后送修理连

ОЭС оптико-электронное средство (система) 光电设备（系统）

ОЭС оптико-электронные средства 光电设备

ОЭС основная электрическая станция 主要发电机

оэск отдельная эскадра 独立分舰队

ОЭСР оптико-электронные средства разведки 光电子侦察器材

оэу ККП оптико-электронный узел контроля космического пространства 宇宙空间监视光电枢纽部

ОЯГ обмотка якоря генератора 发电机电枢绕组

ОЯТ отработавшее (облученное) ядерное топливо 使用过的核燃料（核废料）

П

П вентильный преобразователь 变流器

П для пустынных фонов (при обозначении маскировочных средств) 沙漠背景（伪装器材用途标识）

П параллакс 位差，视差

П параметр 参数，数据

П патруль 巡逻队；巡逻哨；纠察队

П пеленг 方位，方位角；向位，梯队

П пеленгатор 测向仪，定向仪

П пеленгационный канал 定向通道

П передатчик 发射机；发报机

П передовой 前进的，先遣的，先头的

П переключатель 开关，电键；转换装置

П переменный (ток) 交流电

П переносные (мишени) 移动靶，活动靶

П пехотный 步兵的

п пико 皮，微微（10-12）

П плоский 平的，平坦的

П площадка 场地；阵地；平面；工作台

П погружение 下潜

П подкалиберный снаряд 次口径炮弹

П подносчик 弹药手，搬运手

П положение переключателя 转换开关位置

П полупроводник 半导体

П помехи （无线电）干扰

П пост 哨，所，站

П потенциометр 电位器，电位计，分压器

П походной 航行状态

П предохранитель 预防

П преобразователь 变换器；变频器；交流机；换算器

П приемник 接收机，收信机，收音机

П приемное устройство 接收装置

П признак целеуказания 目标指示标志

П пристань 码头

П противоосколочные постройки 防弹片建筑

П процессор 信息处理机，数据处理器

П пулеметчик (на схемах и условных обозначениях) 机枪手（标图用）

П пуск 启动，开动；施放；发射

п. полк 团

п. пушка 炮；加农炮，平射炮；〈飞〉机关炮

п/з пограничная застава 边防小队，边防哨所

П/К полукомплект 半套，端局，半套设备，半个基数

п/п подполковник 中校

п/п почтовый перевод 邮汇

п/с пристань снабжения 供应码头

п/я почтовый ящик 信箱，邮政信箱

П15.П16 полупроводники (низкочастотные триоды радиометрической аппаратуры) 半导体型号（辐射仪器用低频三极管）

П-193.П-198М телеграфные коммутаторы 电报交换机型号

П-25.П-26 типы полупроводников (триодов) 三极管半导体器件型号

П-275 типы полевого кабеля 野战电缆；野战被复线型号

П401.П403 полупроводники 半导体型号（漂移晶体管）

П5Д тип полупроводника (три ода) 半导体器件型号（三极管）

ПВ почтовый вагон 邮政车

ПА автономный пульт 自动控制台

ПА = п.а. почтовый адрес 邮件通讯处；邮件地址

ПА палубная авиация 舰载航空兵，甲板航空兵

ПА параболическая антенна 抛物面天线

ПА пеленг антенны 天线方位

ПА передающая антенна 发射天线

ПА передвижная направленная антенна 便携式定向天线，移动式定向天线

па пикоампер 皮安（培），微微安（培）

ПА пистолет-автомат 自动手枪

ПА подводный аппарат 水下装置

ПА подогревательный аппарат 加温器，加热器

ПА полевая армия 野战集团军

ПА полевая артиллерия 野外炮兵

ПА полевой аэродром 野外作业机场；野外机场

ПА полевой аэростат 野战气球，野战浮升器

ПА полковая артиллерия 团属炮兵

ПА последовательный автомат 自动排序器，时序自动装备

ПА прибор авиационный 航空仪表

ПА промежуточная аппаратура 中间设备，中继设备

па пушечно-артиллерийский 加农炮的

ПА рентгеновская аппаратура 伦琴射线设备，X 射线设备

ПА УКВ-Р портативная аварийная УКВ радиостанция 便携式应急超短波无线电台

паа полк армейской авиации 陆航团

ПААБ полевая авиационная армейская база 空军集团军野战基地

ПААС пожарный автомобиль аэродромной службы 机场勤务消防汽车

ПААС полевой армейский артиллерийский склад 集团军野战军械库

ПААФ походная артиллерийская автофотолаборатория 炮兵随军摄影作业车

ПАБ передовая армейская база 集团军前进基地

ПАБ перископическая артиллерийская буссоль 潜望式炮兵方向盘

ПАБ погреб авиационного боезапаса 航空弹药库

ПАБ подвижная армейская база 集团军移动基地，集团军流动基地

ПАБ полевая армейская база 集团军野战基地

ПАБ практическая авиабомба 练习航空炸弹

ПАБ практическая авиационная бомба 航空练习炸弹

ПАБ провод антенный бронзовый 青铜天线导线

паб пушечная артиллерийская батарея 加农炮兵连

пабр пушечная артиллерийская бригада 加农炮兵旅

ПАВ передовой авианаводник воздушный 空军前进引导员

ПАВ передовой авианаводчик воздушный 前进空军引导员；前进空军引导机

ПАВ поверхностная акустическая волна 表面声波

ПАВ поверхностно-активные вещества 表面活性物质

ПаВВ параллельный ввод/вывод 并行输入 / 输出

ПАВС полевой армейский ветеринарный склад 集团军野战兽医医药器材库

ПАГ полковая артиллерийская группа 团炮兵群

ПАГ преобразователь авиагоризонта 航空地平仪变流器

ПАД пороховой аккумулятор давления (в реактивном двигателе （喷气式发动机的）火药燃气蓄压器，固体燃气蓄压器

пад пулеметно-артиллерийская дивизия 机炮师

пад пушечный артиллерийский дивизион 加农炮兵营

ПАДО противоавиадесантная оборона 反空降防御，防空降

ПАЗ подвесной агрегат заправки самолета 悬挂式飞机加油设备

ПАЗ подвесной аппарат заправки (самолета) 悬挂式加油器（飞机用）

ПАЗ полк аэростатов заграждения 拦阻气球团

ПАЗ полковое аэродромное здание 团属机场建筑物

ПАЗ противоаварийные задачи 防危害作业

ПАЗ противоатомная защита 核防护

ПАЗПХЗ противоатомная защита и противохимическая защита 核防护与化学防护

ПАЗС передвижная автозаправочная станция 流动汽车加油站，汽车加油车

ПАЗТ подвижный агрегат заправки топливом 移动加油设备

ПАИС передовой армейский интендантский склад 集团军前方军需仓库

ПАК переменный амплитудный корректор 可变振幅校正器，可变振幅调节器

ПАК подходная автомобильная кухня 行军炊事车

ПАК походная автомобильная кухня 自行餐车

ПАКл походный автоклуб 行军流动俱乐部

ПАКП планетарная автоматическая коробка передач 汽车传动箱

ПАЛ патологоанатомическая лаборатория 病理解剖检验所

ПАМ паразитная амплитудная модуляция 寄生调幅

ПАМ передвижная авторемонтная мастерская 流动修理车，活动修理车

ПАМ подвижная авиационная мастерская 流动航空修理所，航空修理库

ПАМ подвижная артиллерийская мастерская 流动修械所，军械修理车

ПАМ подвижные азимутальные метки 活动方位标志

ПАМ полевая авиаремонтная мастерствая 野战飞机修理厂，野战航空修理厂

ПАМ полевая авиационная мастерская 野战航空修理所

ПАМ полевая артиллерийская мастерская 野战炮兵修理厂

ПАМ провод антенный медный 铜天线导线

ПАМК подводный аварийный магнитный компас 水下应急磁罗盘

ПАМС подвижная артиллерийская метеорологическая станция 移动炮兵气象站

ПАМСС полевой армейский медико-санитарный склад 集团军野战医疗卫生器材库

ПАМТС полуавтоматическая междугородная телефонная связь 半自动长途电话通信

ПАН передовое артиллерийское наблюдение 前沿炮兵观察

ПАН передовой авианаводчик наземный 空军地面前进引导员

ПАН полуавтоматическое наведение 半自动引导

ПАН полуавтоматическая наводка 半自动瞄准

ПАН прибор автоматической наводки 〈炮〉自动瞄准仪

ПАО приборно-агрегатный отсек 仪器设备舱

ПАП постановщик активных помех 积极干扰释放机，干扰机

ПАП правила атаки подводных лодок 潜艇攻击规则

ПАП пушечный артиллерийский полк 加农炮兵团

ПАПБМ пушечный артиллерийский полк большой мощности 大威力加农炮兵团

ПАПМ подводный аппарат противоминный 水下反水雷装置，灭雷器

ПАПП подгруппа артиллерии поддержки пехоты 支援步兵炮兵分群

ПАПС полевой армейский продовольственный склад 集团军野战给养库

ПАР парашютная авиационная ракета 带伞航空照明弹

ПАР переизлучающая антенная решетка 转发相控阵天线

ПАР плоская антенна решетка 平面基阵；平面天线阵

ПАР приводная аэродромная радиостанция 机场无线电导航台

ПАР пулеметно-артиллерийская рота 机炮连

ПАР-36 стационарная радио станция 固定式电台型号

ПАРАМ походная армейская ремонтная артиллерийская мастерская 集团军野战修械所，集团军流动军械修理所

ПАРБ подвижная авиаремонтная база 流动航空修理基地，流动飞机修理厂

ПАРБ подвижная автомобильная ремонтная мастерская 机动汽车修理所

ПАРБ подвижная авторемонтная база 流动汽车修理站

ПАРЗ подвижной авторемонтный завод 机动汽车修理厂

ПАРЗ подвижный авторемонтный завод 流动汽车修理厂

ПАРИС программа автоматизации расчета интегральных схем 积分电路计算自动程序

ПАРМ подвижная авиаремонтная мастерская 流动航空修理所，航空修理车

ПАРМ подвижная автомобильная ремонтная ма-

П

стерская 车载流动修理所，流动修理车

ПАРМ полевая авиаремонтная мастерская 野战航空修理所，外场航空修理所

ПАРМ полевая авиационная ремонтная мастерская 野战航空修理所，野战航空修理车

ПАРМ полевая авторемонтная мастерская 野战汽车修理厂

ПАРМ полковая авиаремонтная мастерская 团航空修理所

ПАРМ полковая авторемонтная мастерская 团汽车修理所

ПАРМ полковая артиллерийская ремонтная мастерская 团军械修理所，团修械所

ПАРМД подвижная авторемонтная мастерская дивизии 师流动汽车修理所，师汽车修理车

ПАРМП подвижная авторемонтная мастерская полка 团流动汽车修理所，团汽车修理车

ПАРМС подвижная авиаремонтная мастерская спецоборудования 特种航空设备流动修理所

ПАРМС подвижная артиллерийская радиотехническая метеорологическая станция 流动炮兵无线电气象站

ПАРМТ подвижная мастерская по ремонту гусеничных тягачей 移动履带牵引车修理所

ПАРУ полуавтоматический регулятор усиления 半自动放大调节器

ПАС Правила артиллерийской стрельбы (наставление) 射击规程（条例）

ПАС передовой армейский склад 集团军前进仓库

ПАС полевой армейский склад 集团军野战仓库

ПАС полевой артиллерийский склад 野战军械库

ПАС полковой артиллерийский склад 团军械库

ПАС полуавтоматическое сопровождение цели 半自动目标跟踪

ПАС Правила артиллерийской службы 炮兵勤务规则，枪炮勤务规则

ПАС Правила артиллерийской стрельбы 炮兵射击规则；枪炮射击规则

ПАС ПХЗ полевой армейский склад имущества противохимической защиты 野战防化物资仓库

ПАС АВТО полевой армейский склад автомобильного имущества 集团军野战汽车材料库

ПАС БТИ полевой армейский склад бронетанкового имущества 集团军野战装甲坦克器材库

ПАС ВЕТ полевой армейский склад ветеринарного имущества 集团军野战兽医器材库

ПАС ГСМ полевой армейский склад горюче-смазочных материалов 集团军野战油料库

ПАС ИНЖ полевой армейский склад инженерного имущества 集团军野战工程器材库

ПАС ОВИ полевой армейский склад обозно-вещевого имущества 集团军野战辎重被服装具库

ПАС ПХЗ полевой армейский склад имущества противохимической защиты 集团军野战化学防护器材库

ПАС САН полевой армейский склад санитарного имущества 集团军野战卫生器材库

ПАС СВ полевой армейский склад имущества связи 集团军野战通信器材库

ПАС ТРОФ полевой армейский склад трофейного имущества 集团军野战战利品库

ПАС подвижный артиллерийский склад 流动军械库

ПАСД подвижный артиллерийский склад дивизии 师移动军械库

ПАСН полуактивная система наведения 半主动制导系统

ПАСОП поисковое аварийно-спасательное обеспечение полетов 飞行搜索救生保障

ПАСС подвижной армейский санитарный склад 集团军流动卫生器材库

ПАСС полевая автоматизированная система связи 野战自动化通信系统

ПАСС полевой армейский смешанный склад 集团军野战混合仓库

ПАСТ пост автомобильно-санитарного транспорта 卫生汽车站，救护汽车站

ПАС-Т проверочная аппаратура и стенды для торпеды 用于鱼雷的检查装置和试验台

ПАСУВ полевая автоматизированная система

П

управления войсками　野战自动化军队指挥系统

ПАТ　патронник　火药桶

ПАТРБ　подвижная автотракторно-ремонтная база　移动汽车拖拉机修理站

ПАТУ　планирующая авиабомба с телеуправлением　遥控定时航空炸弹

ПАУ　подсистема автоматизированного управления　自动化指挥分系统

ПАУ　подсистема административного управления　行政管理分系统

ПАУТ　прибор автоматического управления тралом　扫雷自动操纵器

ПАФ　походная автофотолаборатория　随军摄影作业车，野外车载冲洗室（摄）

ПАХ　полевая автомобильная хлебопекарня　野战面包车，车载野战面包房

ПАХ　полевой автохлебозавод　野战面包车

ПАХ　полевой армейский хлебозавод　集团军流动面包车

ПАХС　полевой армейский химический склад　集团军野战化学仓库

ПАЦ　преобразование аналог-цифра　模数转换

ПАЧ　программа для автономного чтения　下线阅读程序，自主阅读程序

ПАЩ　переходный аппаратный щиток　转接设备盘

ПАЭ　передовой авиационный эшелон　前沿空军梯队

ПАЭС　передвижная автоматизированная электростанция　移动式自动化发电站

ПБ　передвижной бункер　活动舱

ПБ　передовой батальон　先遣营

ПБ　переход безусловный　无条件转移

ПБ　пехотный батальон　步兵营

ПБ　пикирующий бомбардировщик　俯冲轰炸机

ПБ　пистолет бесшумный　无声手枪

ПБ　плавучая база　〈海〉浮动基地，供应舰（船）

ПБ　планирующая бомба　滑翔炸弹

ПБ　плавучая база　浮动基地，供应舰（船）

ПБ　плюс батареи　电池正极

ПБ　подвесной бак　副油箱，外挂油箱

ПБ　политика безопасности　安全政策

ПБ　поправка буссоли　罗盘修正量

ПБ　посадочный блок　着陆装置，降落部件

ПБ　правила безопасности　安全规则

ПБ　правый борт　右舷

ПБ　приемный барабан　接收滚筒

пб　противотанковая батарея　防坦克炮兵连，反坦克炮兵连

пб　пулеметный батальон　机枪营

ПБ　пункт базирования　驻扎点，驻泊点

ПБ　пункт боепитания　弹药所，武器弹药补给所

ПБ　пусковая бобина　起动线圈

ПБА　плавучая батарея　浮动炮台，浮动炮兵连

ПБА　протяженная буксируемая антенна　加长型拖曳天线

пбад　пикирующая бомбардировочная авиадивизия　俯冲轰炸航空兵师

пбап　пикирующий бомбардировочный авиаполк　俯冲轰炸航空兵团

ПБатр　парковая батарея　炮场勤务连

ПББ　подвижная база берегового базирования　岸基移动式基地

ПББ　подвижная береговая база　移动海岸基地

ПБД　период боевых действий　战斗行动阶段，战斗时节

ПБД　привод бомбодержателя　炸弹架传动器

ПБД　протокольный блок данных　数据记录块

ПБД　пусковой блок двигателя　发动机启动装置

ПБДИ　проволока бумажной двойной изоляции　双纱包绝缘导线

ПБЗ　полевой бетонный завод　野战混凝土工厂

ПБЗ　противобактериологическая зашита　防细菌，细菌防护

ПБИ　прямой бит индикатор　直达比特标示

ПБИВ　поляризационный бинокулярный измеритель видимости　双目偏光能见度测定镜

ПБК　планирующая бомбовая кассета　水平炸弹箱

ПБМ　переключатель блокировки магнетрона　磁控管阻塞开关

ПБМ　пехотная боевая машина　步兵战斗车

ПБМ　пристрелочная боевая машина　试射战斗

П

车辆（如坦克、自行火炮、装甲车、火箭炮等）

ПБН плавучая база несамоходная 非自行浮动基地，非自行供应船

ПБНО пост ближней надводной обстановки 近水面情况部位

ПБНП подвижной бронированный наблюдательный пункт 移动装甲观察哨

пбо полевой банный отряд 野战淋浴队

пбо полковая батарея обслуживания 团属炮兵勤务连

ПБО правое боковое охранение 右侧方警戒

ПБО правый бортовой огонь 〈飞〉右侧航行灯，右舷灯

ПБО противоброневая оборона 对装甲防御，防装甲

ПБП подразделение боевых пловцов 战斗泅水分队

ПБП построение боевого порядка 战斗队形编成

ПБП пункт боевого питания 弹药所

Пбпл плавучая база подводных лодок 潜艇供应船

ПБР подразделение быстрого реагирования 快速反应分队

ПБР полный боевой расчет 全员战斗编组

ПБР прибор биологической разведки 生物侦察仪器

ПБР пункт боевого развертывания 战斗展开地点

ПБР пункт боевого расхождения 战斗解散点

ПБРО подвижная база ракетного оружия 火箭武器移动基地

ПБС пистолет бесшумной стрельбы 无声手枪

ПБС пистолет бесшумный специальный 特种无声手枪

ПБС плавучая база самоходная 自行浮动基地，自行供应舰（船）

ПБС полевая баллистическая станция 野战弹道站

ПБС прибор бесшумной (беспламенной) стрельбы 射击消音（消焰）器

ПБС прибор бесшумной стрельбы 无声发射装置

ПБСП полевая боевая стартовая позиция 野战发射阵地

ПБТО подвижная база тылового обеспечения 移动式后方保障基地

ПБУ перископ большого увеличения 大倍率潜望镜

ПБУ прибор большого увеличения 大倍率放大仪器

ПБУ пункт боевого управления 战斗指挥所

ПБХ погружение без хода 〈潜〉零速下潜，停车下潜

ПБЧ проникающая боевая часть 侵彻型战斗部（用于击穿钢筋混凝土等）

ПБЯ правила ядерной безопасности 核安全规则

ПВ пакетный выключатель 组合开关，盒式开关；组合电门，盒式电门

ПВ параболоид вращения 旋转抛物面

ПВ парашютные войска 伞降兵

ПВ переходное влияние 过渡效应，转换效应

ПВ пехотный взвод 步兵排

ПВ пилот вертолета 直升机驾驶员

ПВ плавкая вставка 保险丝

ПВ поворотный выключатель 旋转开关

ПВ повторный взрыв 重复爆破

ПВ пограничные войска 边防军

ПВ подводный взрыв 水中爆炸

ПВ подслушиватель, воздушный 空中监听器

ПВ поездной взрыватель 列车引信

ПВ поле вмешательства 干扰场

ПВ полевой вагон 野战车厢

ПВ полезное время 有效时间

ПВ полигон высоконагружаемый 高负荷靶场

ПВ полная вода 高潮（水文）

ПВ полуавтоматическая винтовка 半自动步枪

ПВ полярный воздух 极地空气

ПВ помеховое взаимодействие 干扰协同

ПВ последняя вилка （炮，海）最后夹叉

ПВ поясное время 区域时间，区时，时区时间

ПВ преждевременное воспламенение 提前点火

ПВ пресноводная ватерлиния 淡水水线

ПВ приборное время 仪表时间

П

ПВ проводное вещание 有线广播

ПВ продолжительность включения 接通时间，闭合时间

ПВ продолжительность включения 闭合时间，接通时间

ПВ промежуточная волна 中间波，中短波

ПВ промежуточные волны 中短波

ПВ промышленность вооружения 军火工业

ПВ противовоздушный 防空的，对空的

ПВ протокол взаимодействия 合作协议，协同协议

ПВ пулемет воздушный 航空机枪，机上机枪

ПВ пулеметный взвод 机枪排

ПВ пункт взрыва 爆炸点

ПВ пункт выброски 空投持点，伞降地点

ПВ пункт высадки 上陆点；登陆点；空降点

ПВ СИЗ пункт выдачи средств индивидуальной защиты 单兵器材分发站

ПВА полуволновая антенна 半波天线

ПВБ прицельно-вычислительный блок 计算瞄准仪

ПВБК переходные влияния на ближний конец 近端码间过渡效应，近端码间串挠

ПВВ переключатель входящих вызовов 呼叫振铃转换开关

ПВВ пластичное взрывчатое вещество 塑性炸药，胶质炸药

ПВВ подогреватель впускаемого воздуха 进气预热

ПВВ полк внутренних войск 内卫团

ПВВ процессор ввода/вывода 输入 / 输出处理器

ПВГ первичное временное группообразование 一次时分群路生成，一次群时分多路复用

ПВД подогреватель высокого давления 高压预热器

ПВД приемник воздушного давления 空气压力接收仪

пвдд пехотная воздушно-десантная дивизия 空降步兵师

ПВДК переходные влияния на дальний конец 远端过渡效应，远端串挠

ПВДО противовоздушнодесантная оборона 对空降兵防御，反空降防御

ПВЗ полевой водозаправщик 野战加水车

ПВЗ пороховой выбрасывающий заряд 发射药

ПВЗ пост вне земли 航天站，太空站，宇宙空间站

ПВЗ пост высокочастотной защиты 高频防护站

ПВК погружной водолазный колокол 潜水钟

ПВК полевой временный код 野战军临时电码

ПВК полосные вокодерное кодеки 频带声码器编码，频带声频译码器编码

ПВК полосный вокодер 频带声码器

ПВЛ полевой ветеринарный лазарет 野战兽医院

ПВЛ полковой ветеринарный лазарет 团兽医所

ПВЛС постоянная воздушная линия связи 固定架空线路

ПВМ пешеходный висячий мост 徒步吊桥

ПВМ противовертолетная мина 反直升机地雷

ПВМГ подвижной военно-морской госпиталь 海军流动医院

ПВМС пространственно-временной модулятор света 时间 – 空间光调制器

ПВН пост воздушного наблюдения 对空观察哨，空中观察哨

ПВН продукция военного назначения 军用产品

ПВНВ прибор вертикального наведения вибратора 振动器垂直对准仪器

ПВНиС пост воздушного наблюдения и связи 空情观察与通信站

ПВО войска противовоздушной обороны 防空兵

ПВО перевалочная база 转运基地

ПВО поисково-водолазный отряд 搜索潜水队

ПВО противовоздушная оборона 防空，对空防御

ПВО противовоздушное орудие 防空火炮

ПВО противоракетное оружие 反导弹武器

ПВО и ОГ ВА ФН совмещенный командный пункт войск противовоздушной обороны и оперативной группы воздушной армии фронтового назначения 防空兵和前线空军集团军战役集

П

群联合基本指挥所

ПВОЗН противовоздушная оборона защиты населения 居民防空

ПВОПП противовоздушная оборона пунктов погрузки 装车点防空，装车站防空

ПВОС противовоздушная оборона страны 国土防空

ПВП погрузочно-выгрузочная площадка 装卸场

ПВП полковой ветеринарный пункт 团兽医站

ПВП полное время полета 全部飞行时间，总飞行时间

ПВП полоса ввода в прорыв 进入突破口地带

ПВП полоса воздушного подхода （空）进近净空区，进场净空区

ПВП полоса воздушных подходов 空中接近带

ПВП Правила визуального полета 目视飞行规则

ПВП процедура выборочного повторения 选择重复过程

ПВП пункт ветеринарной помощи 目视

ПВП пункт военнопленных (сбора) 战俘所，俘虏站（收容用）

ПВП пункт встречи пополнения 补充人员接待站

ПВПВ первым вошел, первым вышел 先进先出

ПВПП подвижный воинский продовольственный пункт 流动军队食品供应站

ПВР поражающий воздушный разрыв 有效空中炸点

ПВР прострелочные и взрывные работы 爆破穿透工作

ПВР противовоздушная разведка 对空侦察，防空侦察

ПВРД прямоточный воздушно-реактивный двигатель 直流空气喷气式发动机

ПВРК петроградский военно-революционный комитет 彼得格勒军事革命委员会

ПВС передвижная видеозаписывающая станция 流动录象台

ПВС полковой вещевой склад 团被服仓库

ПВС положительный временный сдвиг 正时隙位移，时隙超前

пвс полотнище воздушной связи 航空联络布标

ПВС пост воздушной связи 航空联络站，对空联络哨

ПВС правила водолазной службы 潜水勤务规则

ПВС продовольственное и вещевое снабжение 给养和被服供应

ПВС пункт водоснабжения 供水站，给水站

ПВСО противовоздушная санитарная оборона 防空卫生防御

ПВСП постоянный военно-санитарный поезд 常备军用卫生列车

пвт пиковатт 皮瓦特，微微瓦特

ПВТ приемный вращающийся трансформатор 接收旋转变压器

ПВТ прямая вытяжная трубка 直接式拉火管

ПВУ переговорно-вызывное устройство 通话振铃设备

ПВУ предварительный видеоусилитель 前置视频放大器

ПВУ программно-временное устройство 时控装置

ПВУ протоколы верхнего уровня 高层协议

пвуч противовоздушный учебный пункт 防空训练站

ПВХО противовоздушная и противохимическая оборона 防空与防化学

ПВЦ поражение воздушных целей 空中目标打击

ПГ парогенератор 蒸汽锅炉，蒸汽发生器

ПГ патрульная группа 巡逻队（组），巡逻编队

ПГ пеленгатор грубый 概略测向仪

ПГ первичная группа 一次群

ПГ передовая группа 先遣小组

ПГ пламегаситель 灭火罩，消焰器（包装标记）〈炮兵〉

ПГ повышенная готовность (боевая) 进入高等级战略

ПГ погреб （舰）弹药舱

ПГ подвижная группа 快速集群；运动通信组

ПГ поисковая группа 搜索组，搜索群

ПГ показ границы 边界显示

П

ПГ полевой госпиталь 野战医院

ПГ полезный груз 有效载重；净重

ПГ постоянная готовность 经常准备状态，常备

ПГ почтовый голубь 通信鸽

ПГ противотанковая граната 反坦克手榴弹，反坦克榴弹

ПГ пулеметное гнездо 机枪巢

ПГ пусковой генератор 触发（信号）发生器

ПГ пушка-гаубица 加农榴弹炮

ПГ-2 противотанковая 80-мм граната 80 毫米反坦克榴弹

ПГА подвижная группа армии 集团军快速集群

ПГБ передовая госпитальная база 医院先遣基地

ПГБ подвижная госпитальная база 流动医院基地

ПГГ полевой газопределитель-газоулавливатель 野战气体收集测定器

ПГЗ подвижная группа заграждений 快速障碍设置组

ПГЗ противогазовая защита 毒气防护，防毒

ПгК пограничный корабль 边防舰艇

ПГК пожарный и газовый контроль 火灾与毒气监控

ПГН переключение групповых несущих 群载波转换

ПГНВ прибор горизонтального наведения вибратора 振动器水平对准仪器

ПГО переднее горизонтальное оперение 前水平尾翼

ПГП пламегасящий порох 消焰火药

ПГП прицел гильзы полного заряда 满装药表尺

ПГП противогидролокационное покрытие 防声纳层

ПГР подвижная группа разграждения 机动平障小组

ПГРадООсН подвижная группа радиоотряда особого назначения 特别无线电中队机动组

Пгрб подвижная группа радиационной безопасности 机动防辐射安全小组

ПГРК подвижный грунтовый ракетный комплекс 地面移动式导弹系统

ПГРП передовая группа радиопомех 无线电干扰先遣组

ПГРШ переносный генератор радиошумов 便携式无线电噪声发生器

ПГС парашютно-грузовая система 货物伞投系统

ПГС первичный групповой сигнал 一次群信号

ПГС перегонная связь 区间通信

ПГС переключатель гидростатический 水压开关

ПГС позиционная гидроакустическая станция 阵地水声站

ПГС полоса главного сопротивления 主抵抗地带

ПГС Правила гидрографической службы 水道测量（勤务）规则

ПГС прибор группового сброса 集体投放（投弹）装置

ПГС производственная громкоговорящая связь 生产用扬声通信设备型号

ПГС процессор графических сигналов 图像信号处理器

ПГСВ прибор громкоговорящей связи батареи 炮兵连扬声通信仪器

ПГТ первичный групповой тракт 一次群通道，一次群信道

ПД ИТР противодействие иностранным техническим разведкам 反外国技术侦察对抗

ПД парашют десантный 降落伞

ПД первичный документ 原始文件

ПД передача 发送，发射

ПД передача данных 数据传输

ПД переключатель диапазонов (электромагнитный) 波段转换开关（电磁）

ПД переключающий диод 开关二极管

ПД перехват данных 数据截获

пд пехотная дивизия 步兵师

ПД пиковый детектор 峰值检波器

ПД плавающий док (плавдок) 浮动船坞

ПД подводный диверсант 水下破坏者；蛙人

ПД поддиапазон 分频段

ПД полупроводниковый диод 半导体二极管

ПД потенциал действия 运动势能，转动势能

ПД программа действий 行动计划

ПД программа-Доставщик 面向传送方软件

ПД проектная документация 设计文件

ПД пульсовое давление 脉（搏）压

ПД путь действительный 实际航迹

ПД пьезодвупреломление 压电双折射

ПД ТСРП противодействие техническим средствам разведки противника 反敌技术侦察对抗

ПДА передатчик сигнала аварии 故障信号发射机，应急信号发射机

ПДА портативный дыхательный аппарат 手持式呼吸器

пдб парашютно-десантный батальон 伞降兵营

ПДББ парашютно-десантный бензомасляный бак 伞投燃料及润滑油箱

ПДБМ парашютно-десантный большой мешок 大型空投袋

пдбр парашютно-десантная бригада 伞降兵旅

пдв парашютно-десантный взвод 伞降兵排

ПДВ повседневная деятельность войск 军队日常活动

ПДВ практические действия войск 实兵行动

ПДВ прямоугольный диэлектрический волновод 矩形介质波导管

ПДВС поршневой двигатель внутреннего сгорания 内燃式活塞发动机

ПДГ парашютно-десантная группа 伞降兵群

ПДД правила дорожного движения 道路行驶规则

ПДД предельно-допустимая доза 极限容许剂量

ПДес Р противодесантная рота 抗登陆连；反空降连

ПДесБ переправочно-десантный батальон 渡河登陆营

ПДесВ переправочно-десантный взвод 渡河登陆排

ПДесЗ противодесантное заграждение 反登陆障碍（物）

ПдесЗ противодесантные заграждения 抗登陆障碍物；反空降障碍物

ПдесМЗ противодесантное минное заграждение 防登陆地雷障碍物；防登陆水雷障碍

ПдесМЗ противодесантные минные заграждения 抗登陆地雷障碍场；反空降障碍地雷场

ПДесР переправочно-десантная рота 渡河登陆连

ПДесС переправочно-десантные средства 渡河登陆器材

ПдесС противодесантные средства 抗登陆器材；反空降器材

ПДЗ противодесантная защита 反登陆

пдз/х.с. подземный ход сообщения 地下交通壕（测绘）

ПДИ передача дискретной информации 离散信息传输

ПДИТР противодействие иностранным техническим разведкам 反国外技术侦察对抗

ПДК палубная декомпрессионная камера 甲板解压室

ПДК парашютно-десантная команда 伞降队

ПДК помеха дополнительного канала 辅助信道干扰，辅助波道干扰

ПДК потенциометрический датчик компаса 电测定罗盘传感器

ПДК потенциометрический дистанционный компас 遥控电罗盘，远距离电位计罗盘

ПДК поточно-декомпрессионная камера 连续解压舱

ПДК предельно допустимое количество 最大容许量

ПДКК передача данных с коммутацией каналов 电路交换数据传输

ПДКП передача данных с коммутацией пакетов 分组交换数据传输

ПдКСС передатчик команд согласования скоростей 码速匹配信号（指令）发送器

ПДМ плавучая док-матка 浮动供应船坞

ПДМ погрузочно-доставочная машина 装载运输机

ПДМ полупроводник-диэлектрик-металл 半导体 – 绝缘体 – 金属

ПДМ постоянно действующая динамическая модель 常效动力模型

ПДМ прибор дегазации местности 现场消毒器，地面消毒器

ПДМ противодесантная мина 防登陆水雷，抗登陆水雷

ПДММ парашютно-десантный мягкий мешок 柔质空降袋

ПД МО Правовой департамент Минобороны России 俄罗斯国防部法律司

ПДМС путевая дорожная машинная станция 铁路局机械修线站

ПДН пост дальнего наблюдения 远距观察哨

ПДО передовой десантный отряд 先遣登陆队

ПДО площадка дегазации обмундирования 军装消毒场

ПДО площадка дегазации оружия 武器消毒场

ПДО прачечно-дегазационный отряд 洗涤消毒队

ПДО прачечно-дезинфекционный отряд 洗衣消毒队

пдо парашютно-десантное отделение 伞降兵班

ПДО противодесантная операция 抗登陆战役，反空降战役

пдп парашютно-десантный полк 伞降兵团

ПДП подвесной дегазационный прибор 悬挂式消毒仪

ПДП подводный дыропробивной пистолет 水下冲孔枪，水下穿孔枪

ПДП прачечно-дезинфекционный пункт 洗衣消毒站

ПДП прямой доступ к памяти 直接存储

ПДП пульт диспетчеров подхода 进场调度控制台

пдр парашютно-десантная рота 伞降连

пдр противодесантный резерв 防空降预备队，防登陆预备队

ПДРЛО пост дальнего радиолокационного обнаружения 远程雷达侦察站

ПДРЦ передающий радиоцентр 无线电发射中心

ПДС Палестинское движение сопротивления 巴基斯坦抵抗运动

ПДС парашютно-десантная служба 伞降兵勤务

ПДС парашютно-десантная служба 空降勤务

ПДС парашютно-десантный стрелок 伞降兵射手

ПДС передатчик сигналов 信号发射机

ПДС передатчик синхронизации 同步发射机，同步发射器

ПДС передача дискретных сообщений 离散信号传输

ПДС передовое десантное соединение 先遣登陆兵团

ПДС пожарно-дегазационное судно 消防消毒船

ПДС постоянно действующая система 常用系统

ПДСС подводные диверсионные силы и средства 水下破坏兵力兵器

ПДТ площадка дегазации транспорта 运输工具消毒场地

ПДТ площадка дегазации транспорта 车辆消毒场

ПДТ программа диагностического теста 诊断检查程序

ПДТЖ парашютно-десантная тара для жидкости 液体物资空投容器

ПДТС протокол двухточечного соединения 点对点传输协议

ПДТСР противодействие техническим средствам разведки 反技术侦察手段对抗

ПДУ передающее устройство 发射机，发送设备；传送机构

ПДУ портативное дыхательное устройство 手持式呼吸装置

ПДУ пост дистанционного управления 遥控室

ПДУ предельно допустимые уровни 最高允许电平；最大允许（辐射）水平

ПДУ программно-дистанционное управление 遥控程序

ПДУ пульт дистанционного управления 遥控板

ПДУР парашютно-десантные упаковочные ремни 空投包装袋

ПДФ перископ дальнего фотографирования 潜望式长焦距照相机

ПДФ перископический длиннофокусный фотоаппарат 平凸镜片长焦聚照相机

П

ПДЦ параметр движения цели 目标运动参数

ПДЦ преобразователь доплеровских частот 多普勒频率变换器

ПдЦСС передатчик циклового синхросигнала 帧同步信号发送机

ПДЭС передвижная дизельная электростанция 移动式柴油发动机（发电站）

ПЕ переключатель емкости 电容转换开关

ПЕК прямоемкостный конденсатор 直线电容式可变

Пер перевал 山垭口，山隘

Пер передатчик (передача) 发射机（发射，传输）

пер/мин период в минуту 每分周数，周 / 分

пер/сек период в секунду 每秒周数，周 / 秒，赫（兹）

перем переменный 交变的，交流的

Пеш. пер. пешеходная переправа 徒涉渡河

ПЖВ прожектор вертикальный 直射探照灯

ПЖГ прожектор горизонтальный 平射探照灯

ПЖДБ путевой железнодорожный батальон 铁道线路营

ПЖК пожарный катер 消防艇

ПЗ зенитный перископа на подводной лодке （潜艇）对空潜望镜

ПЗ парашют запасной 备份伞，副伞

ПЗ парашют запасный 备用伞

ПЗ парковая зона 场区，库区

ПЗ пеленг закрытия 掩蔽方位

ПЗ подводная защита 水下防护

ПЗ подрывной заряд 炸药包，爆破药筒

пз полк засечки 标定团

ПЗ полного затемнения (в светомаскировке) 全灯火管制状态（用于灯火管制）

ПЗ полоса заграждения 阻带

ПЗ последующая задача 后续任务

ПЗ походная застава 尖兵

ПЗ предзаряд 预装填

ПЗ промышленная зона 工业区

ПЗ пропорциональное звено 比例单元，比例环节，均匀单元

ПЗ пульт загрузки 装载操纵台

ПЗ пуля зажигательная 燃烧弹

ПЗ пункт зарядки 充电站；装载点

ПЗА приборы зенитно-артиллерийские 高射炮仪器

ПЗаг полоса заграждений 障碍物地带

ПЗБК переходное затухание на ближний конец 近端过渡衰耗，近端转换衰耗

ПЗВ период запаздывания воспламенения 发火滞后期，发火延迟期

ПЗД прибор защиты дальномера 测距仪保险装置，测距防护装置

ПЗДК переходное затухание на дальний конец 远端过渡衰耗，远端转换衰耗

ПЗИ прибор с зарядовой инжекцией 电荷注入器件

ПЗК подводная защита корабля 舰艇水下防护

ПЗК подводный звуковой канал 水下声道

ПЗК прибор для замера каморы 〈炮〉药室测量仪

ПЗК прибор замера длины зарядных камор 弹膛长度测量仪

пзм полк землеройных машин 挖土机团，铲土车团

ПЗМ противозенитный маневр 防高射机动，防高炮机动

ПЗН Правила зрительного наблюдения 目视观察规则

ПЗО переносный заградительный огонь 移动拦阻射击

ПЗО подвижной заградительный огонь 〈炮〉移动拦阻射击

ПЗО практическое зарядное отделение （鱼雷）操雷头

ПЗО противотанковый заградительный огонь 〈炮〉反坦克拦阻射击

ПЗОП приоритетность закрепления объектов поражения 确定毁伤目标优先权

ПЗП полевой заправочный пункт 野战加油站

ПЗП полковой заправочный пункт 团加油站

пзр полк засечки и разведки 测向侦察团

ПЗРК переносной зенитно-ракетный комплекс

便携式防空导弹

ПЗРК переносный зенитный ракетный комплекс 移动式防空导弹综合体；便携式防空导弹

ПЗРТБ подвижная зенитная ракетно-техническая база 移动式防空导弹技术基地

ПЗРТБ подвижная зенитно-ракетная техническая база 移动式防空导弹技术基地

ПЗС подвижная зарядная станция 移动充电站，移动充氧站

ПЗС правила зрительной связи 目视联络规则

ПЗС прибор с зарядовой связью 电荷耦合器件

ПЗУ пароэнергетическая установка 蒸汽动力装置

ПЗУ пассивное запоминающее устройство 被动式存储器

ПЗУ пиротехническое зажигательное устройство 点火装置

ПЗУ постоянное запоминающее устройство 常用存储器

ПЗУ предварительное запоминающее устройство 预置存储器

ПЗУ промежуточное запоминающее устройство 中间存储器

ПЗУ пускозарядное устройство 起动充电器

ПЗУ пускозаряжающая установка 发射装填装置

ПЗУ пускозаряжающее устройство 起动装填机

ПЗУКД постоянное запоминающее устройство на компакт-дисках 永久性（只读）存储光盘

ПИ пакетная информация 集束信息，分包信息

ПИ паразитное излучение 寄生辐射

ПИ пеленговая информация 测向信息

ПИ первичная информация 一次信息，原始信息

ПИ побочное излучение 附加辐射

ПИ политехнический институт 工学院

ПИ полковой инженер 团工程兵主任

ПИ предварительный искатель 预选器，前置选择器

ПИ приемоиндикатор 接收显示器

ПИ провод изолированный 绝缘线

ПИ проективный институт 设计院

ПИ производительность источника （信息）输出率

ПИ противоборство информационное 信息对抗

ПИ прямоугольная игра 直角推演

ПИА периферийный интерфейсный адаптер 外设接口适配器

ПИВ прибор инфракрасного видения 红外观察仪

ПИГАП Программа исследований глобальных атмосферных процессов 全球大气变化研究计划

ПИК полигонный измерительный комплекс 试验场全套测量设备，靶场测量综合设施

ПИК пункт иммиграционного контроля (Федеральная пограничная служба РФ) 移民检查站（俄联邦联邦边防局）

ПИ-код персональный идентификационный код 个人密码

пиком пико ом 皮欧姆，微微欧姆

ПИЛЭ провод с изоляцией лакостойкой эмалью 耐久漆包线

ПИМ предохранительно исполнительный механизм 保险执行机构

ПИМ противоистребительный маневр 防歼击机机动

ПИМЕЛ прибор измерения междуэлектродных емкостей ламп 电子管极间电容测量仪

П(И)Н пропущенная (исполненная) нагрузка 通过（执行）负载

П(И)ПСД представляющий (информационный) параметр сигнала данных 数据信号描述（信息）参数

ПИНЭДСШО провод с изоляцией нормальной эмалью и двумя слоями шелковой обмотки 双丝漆包线

ПИНЭШОСШО провод с изоляцией нормальной эмалью и одним слоем шелковой обмотки 单丝漆包线

ПИП первичный источник питания 原生电源

ПИП приемный измерительный прибор 接收检测仪

ПИП промежуточный измерительный преобразователь 中间测量变换器

П

ПИР перископ инженерной разведки 工程侦察潜望镜

ПИР пост инструментальной разведки 仪器侦察哨，器械侦察哨

ПИР проектно-изыскательные работы 搜索计划

ПИТ питание 供电

ПИТС периферийная информационно-телеметрическая станция 外围信息遥测站

ПИУ приемно-излучающее устройство 接收–发射装置

ПИУ приемно-исполнительное устройство 接收执行装置

ПИУС переходно-испытательное устройство специальное 专用转换试验设备

ПИФ передвижная инженерная фотолаборатория 机动工程照相室

ПИФ полевая инженерная фотолаборатория 野战工程照相室

ПИФ построчное изменение фазы 隔行扫描，按行变换相位

ПИЦ пилотажно-исследовательский центр 驾驶试验中心

ПИЧ прецизионный измеритель частоты 精密测频器

ПК паровая катапульта 〈海〉蒸汽弹射器

ПК паровой катер 汽艇

ПК партийная комиссия 党委

ПК пассивный канал 被动通道

ПК передний край 前沿

ПК переменный корректор 可变校正器，可变调节器

ПК переходная кривая 缓和曲线

ПК персональный компьютер 个人计算机

ПК пехотный корпус 步兵军

ПК пикетный кол 标桩

ПК пилотируемая капсула 驾驶员弹射舱

ПК плавательный костюм 浮水衣，游泳衣

ПК пограничная комендатура 边防大队

ПК пограничный катер 边防巡逻艇

ПК пограничный конвой 边防押解队

ПК поддержка конницы 支援骑兵

ПК пожарный кран 消防栓，消防龙头

ПК показатель качества 质量指标

ПК показное занятие 示范作业

ПК показные учения 示范性演习

ПК полевая кухня 野战炊事车

ПК полевой караул 军士哨

ПК полевой коммутатор 野战交换机，野外交换机

ПК полетный костюм 飞行服

ПК полукапонир 半侧防暗堡

ПК помощник коменданта 军事代表助理

ПК поперечная качка 横向摇动

ПК поправка курса 航向修正量

ПК поправка на курс 航向修正

ПК посадочный комплекс 着陆场综合体

ПК посадочный курс 着陆航向

ПК последовательный конденсатор 串联电容器

ПК предварительная команда 预令

ПК предыскажающий контур 预选电路

ПК преобразователь координат 坐标换算器

ПК прибор кратности 定次器，定次仪

ПК прибор курса 方向仪

ПК приборный комплекс 仪器系统

ПК провод-команда 有线指令

ПК программа-Клиент 面向用户软件

ПК программный комплекс 程序库

ПК пролетный клистрон 直通速调管

ПК промежуточная камера 中间舱

ПК пространственный канал 空间通道

ПК прочный корпус (подводной лодки) 坚固壳（潜艇用）

ПК пулемет Калашникова 卡拉什尼科夫机枪

ПК пулеметный канонир 机关炮炮手

ПК пусковой комплекс 发射系统

ПК пушечный контейнер 炮装置箱；火炮吊舱

п-к полковник 上校

ПК ССН противокорабельный канал системы самонаведения （鱼雷）自导系统反舰信道

ПКА пилотируемый космический аппарат 有人驾驶航天器

ПКА планирующий космический аппарат 滑翔

П

航天器

Пка противолодочный катер 猎潜艇

ПкаО противокатерная оборона 对艇防御，防艇

ПКБ передаточный коммутатор для связи с берегом 船舶与陆地通信交换机

ПКБ пожарный кран бытовой 日用消防龙头，常用消防栓

ПКБ проектно-конструкторское бюро 设计局，设计室

ПКБ пулемет Калашникова бронетранспортерный 卡拉什尼科夫式装甲输送车机枪

ПКБС пункт контроль безопасности связи 通信安全监查站

ПКВ пеленгатор коротковолновый 短波测向仪，短波定向仪

ПКВ противолодочный корабль вертолетный 直升机反潜舰

ПКВ противолодочный корабль-вертолетоносец 反潜直升机母舰

ПКВН промежуточная кабельная высокочастотная необслуживаемая 无人操纵高频有线中继载波设备

ПКВО промежуточная кабельная высокочастотная обслуживаемая 有维护高频有线中继载波设备

ПКГ полупроводниковый квантовый генератор 半导体激光器

ПКД подвесной кассетный держатель 舱内悬挂持弹器，悬挂式炮弹架，框式挂弹架

ПКД МО Протокольно-координацио-нный департамент Министерства обороны Российской Федерации 俄联邦国防部礼宾司

ПКДС плавучая контрольная дозиметрическая станция 水面检查站

ПКДС полевой кабель дальней связи 长途通信野战电缆

ПКДС полевые кабели дальней связи 野战远程通信电缆

ПКЗ плавучая казарма 浮动兵营，兵营船

ПКЗД пост командира зенитного дивизиона 高炮营营长位置

ПКЗКИ Президентская комиссия по защите критической инфрастуктуры (США) 重要基础设施保护总统委员会（美国）

ПКИ потребители космической информации 空间信息需求者

ПКИ прицел коллиматорный истребителя 歼击机平行光管瞄准镜

ПКИ продольный контроль по избыточности 纵向冗余校正

ПКИ пункт концентрации информации 情报集中站

ПКК Политический консультативный комитет 政治协商委员会

ПКК помощник командира корабля 协长

ПКК приемник контрольного канала 导频接收器

ПКК программируемый коммуникационный контролер 程控通信控制器

ПКК противокорабельный комплекс 反舰综合体

ПКК противокосмический комплекс 防航天武器综合体，反空间武器综合体

ПКЛ полевая кабельная линия 野战电缆线路

ПКЛС полевая кабельная линия связи 野战通信电缆线路

ПКМ переносной комплект минирования 便携式全套布雷器材

ПКМ переносный комплект минирования 便携式布雷器

ПКМ пулемет Калашникова модернизированный ротный 改进型连用卡拉什尼科夫机枪

ПКМБ пулемет Калашникова модернизированный бронетанковый 改进型卡拉什尼科夫反坦克机枪

ПКМД пулемет Калашникова модернизированный десантный 改进型卡拉什尼科夫登陆舰用机枪

ПКН преобразователь код-напряжение 代码－电压变换器

ПКО передний край обороны 防御前沿

ПКО передняя крышка открыта 前盖开

ПКО противокомпаундная обмотка 差复绕组；

П

差复绕法

ПКО противокорабельная оборона 反舰防御，对舰防御

ПКО противокосмическая оборона 太空防御

ПКОавар передняя крышка открыта аварийно 前盖应急打开

ПКП панель конечного пункта 终端板

ПКП передвижной командный пункт 移动指挥所

ПКП передний командный пункт 前沿指挥所

пкп передовой поисковый командный пункт 前进搜索指挥所

ПКП переменный коэффициент передачи 可变传输系数

ПКП периферийный контролируемый пункт 周边检查站

ПКП пехотный крупнокалиберный пулемет 大口径步兵机枪

ПКП пилотажно-командный прибор 驾驶指令仪，飞行指引仪

ПКП планетарная коробка передач 行星齿轮传动箱

ПКП побочный канал приема 次接收信道

ПКП пограничный контрольный пункт 边防检查站

ПКП подвижный командный пост 移动指挥哨

ПКП подразделение космической поддержки 航天支援分队

ПКП пропускной контрольный пункт 通行检查站

ПКПИ пункт контроль за прохождение информации 信息流动控制站

ПКР подводная координатная решетка 水下坐标栅

ПКР прибор, используемый саперами при разведке реки 工兵河流侦察仪器

ПКР привод колебания рамы （坦克）摆动架摆动传送装置

ПКР противокорабельная ракета 反舰导弹

ПКР противолодочный корабль 反潜舰

ПКР ОН противокорабельная крылатая ракета оперативного назначения 战役反舰巡航导弹

ПКР ОТН противокорабельная крылатая ракета оперативно-тактического назначения 战役战术反舰巡航导弹

ПКР ОТН противокорабельная ракета оперативно-тактического назначения 战役战术反舰导弹

ПКР ТН противокорабельная ракета тактического назначения 战术反舰导弹

ПКРК противокорабельная ракета крылатая 反舰巡航导弹

ПКРК противокорабельный ракетный комплекс 反舰导弹

ПКС первая космическая скорость 第一宇宙速度

ПКС полевая компрессорная станция 野战空气压缩站

ПКС полевая кухня-столовая 野战食堂

ПКС простейшее канатное средство 简易索道器材

ПКС противотанковый кумулятивный снаряд 反坦克装甲弹

ПКС пулемет Калашникова станковый 卡拉什尼科夫重机枪

ПКСО прибор контроля самолетного оборудования 飞机设备检验仪器

ПКТ парный контактный трал 双舰接触扫雷具

ПКТ предохранитель от коротких замыканий трансформаторов 变压器短路保险装置

ПКТ преобразователь кода в ток 电码电流转换器

ПКТ пулемет Калашникова танковый (Конструктор М.Т. Калашников) 卡拉什尼科夫坦克机枪（由卡拉什尼科夫设计）

ПКУ погодно-климатические условия 天气气候条件

ПКУ подсистема контроля и управления 控制与指挥子系统

ПКУ пункт коммутации услуги 服务交换点

ПКУА параболический коэффициент усиления антенны 天线增益的抛物线系数

ПКФ переключатель фаз 相转换开关

ПКФ прибор контроля фильтроэлементов 过滤元件检测仪

П

ПКФА первичный кислый фосфорнокислый аммоний 磷酸二氢铵

ПКФК первичный кислый фосфорнокислый калий 磷酸二氢钾

ПКЦ противокорабельное целеуказание 反舰目标指示

ПКЧ походная картографическая часть 随军制图队

ПКЧ преобразователь кода в частоту 代码－频率变换器

ПКЧ приемник контрольной частоты 测试频率接收机，导频接收器

ПКЭ продольный краевой эффект 纵向边缘效应

ПКЭ противокумулятивный экран 防聚能屏

ПЛ = п/л подводная лодка 潜水艇，潜艇

ПЛ парашют летчика 飞行员用降落伞

ПЛ переключатель лучей 射束转换开关

ПЛ подводная лаборатория 水下实验室

ПЛ подводная лодка 潜水艇

ПЛ преобразование Лапласа 拉普拉斯变换

ПЛА пилотируемый летательный аппарат 有人驾驶飞行器

ПлА плавающий автомобиль 水陆两用汽车

ПЛА подводная лодка атомная 核潜艇

ПЛАБ противолодочная авиабомба 反潜航空炸弹

ПЛАБ противолодочная авиационная бомба 航空反潜炸弹

ПЛАБР подводная лодка атомных баллистических ракет 核动力弹道导弹潜艇

ПЛАД противолодочная авиационная дивизия 反潜航空兵师

ПЛАО противолодочный авиационный отряд 反潜航空兵（支）队

ПЛАП противолодочная подводная атомная лодка 反潜核潜艇

ПЛАРБ атомная подводная лодка с баллистическими ракетами 弹道导弹核潜艇

ПЛАРК атомная подводная лодка с крылатыми ракетами 巡航导弹核潜艇

ПЛАРТ атомная подводная лодка с ракетно-торпедным вооружением 导弹—鱼雷核动力潜艇

ПЛАТ подводная лодка атомная торпедная 核动力鱼雷潜艇

ПЛАТ противолодочная авиационная торпеда 反潜航空鱼雷

ПЛАТР подводная лодка атомная транспортная 运输核动力潜艇

ПЛАЭ противолодочная авиаэскадрилья 反潜航空兵大队

ПЛБ подводная лодка ближнего действия 近程潜水艇

ПЛБ подводная лодка большая 大型潜艇

ПЛВ противолодочная война 反潜战

ПЛВ противолодочный вертолет 反潜直升机

ПЛВК полувокодер 半声码器

плвп противолодочный вертолетный полк 反潜直升机团

ПЛГБ противолодочная глубинная бомба 反潜深水炸弹

ПЛД подводная лодка дальнего действия 远程潜艇

ПЛД подлодка дальнего действия 远程潜艇

ПЛДО противолодочная оборона 对潜防御，反潜

ПЛЗ подводный лодка-минный заградитель 布雷潜艇

ПЛИТ. подвижная лаборатория измерительной техники 移动测量技术设备实验室

ПЛКР подводная лодка с крылатыми ракетами 巡航导弹潜艇

ПЛМ подводная лодка малая 小型潜艇

ПЛМ программируемая логическая матрица 程控逻辑矩阵

ПЛН противолодочное наблюдение 反潜观察

ПЛНС радиолокационная навигационная система 雷达导航系统

ПЛО противолодочное обеспечение 反潜保障

Пловпост плавучий пост наблюдения и связи 浮动观察哨

ПЛП помехи от линейных переходов 线性转换干扰，线性变换干扰

П

ПЛП предпосылка к летному происшествию 飞行事故症候

ПЛП противолодочная подводная лодка 反潜潜艇

ПЛПК радиолокационный прицельный комплекс 雷达瞄准综合体

ПЛР противолодочный ракетный комплекс 反潜导弹

ПЛР противолодочный рубеж 反潜海区

ПЛРББ большая подводная лодка с баллистическими ракетами 大型弹道导弹潜艇

ПЛРКБ большая подводная лодка с крылатыми ракетами 大型巡航导弹潜艇

ПЛРЛД подводная лодка радиолокационного дозора 雷达巡逻潜艇

ПЛРО противолодочное управляемое реактивное оружие 反潜导弹武器

ПЛРТ противолодочная ракетаторпеда 火箭助飞反潜鱼雷

ПЛС передатчик лазерной связи 激光通信发射机

ПЛС подводная лодка средняя 中型潜艇

ПЛС программируемая логическая схема 程序可控逻辑电路

ПЛС противолодочные силы 反潜兵力，反潜舰队

ПЛСВМ сверхмалая подводная лодка 袖珍潜艇，微型潜艇，超小型潜艇

ПЛТ переносная лампа танковая 坦克工作灯，坦克用便携灯

ПЛТ плужный траншеекопатель 犁式挖壕机

ПЛТН подводная лодка-танкер 潜水油船

ПЛТЦ подвижная ложная тепловая цель 移动式假热辐射目标

ПЛФ противолокационный фильтр 反雷达滤波器

ПМ паразитная модуляция 寄生调制

ПМ патрульная машина 巡逻车

ПМ пистолет Макарова 马卡罗夫式手枪

ПМ плавающая мина 漂雷

ПМ плавмастерская 浮动修理所

ПМ плавучая мастерская 修理船，浮动修理厂

ПМ плавучий маяк 浮动标塔，灯标船

ПМ подрывная машинка 点火机，爆破机

ПМ полевой метеорологический пост 野战气象哨，野战气象站

ПМ полковой миномет 团属迫击炮

ПМ пост милиции 警察站

ПМ потенциальная мобильность 潜在机动性

ПМ походная мастерская 修理车，野战修理所

ПМ предохранительный механизм 保险装置

ПМ пристрелка минометная 迫击炮试射

ПМ прибор маневрирования 机动仪器

ПМ приборное масло 仪表油

ПМ пристрелочный миномет 试射迫击炮，试射火箭炮

ПМ программный модуль 程序模块

ПМ противопехотная мина 防步兵地雷

ПМ противотанковая мина 反坦克地雷

ПМ пункт медицинской помощи 救护所

ПМ пункт медпомощи 医疗救护站

ПМБ поворотный механизм башни 炮塔回转装置

ПМБ пункт маневренного базирования 移动驻泊点，机动驻扎点

ПМБВ постановка мин с больших высот 高空布雷

ПМВ поверхностная магнитоплазменная волна 表面磁等离子体波

ПМВ походная мастерская по ремонту вещевого (имущества) 随军物资修理所

ПМВ походная мастерская по ремонту вещевого имущества 被服物资移动修理所

ПМВ предельно малая высота 超低空

ПМВ пускатель магнитный взрывобезопасный 安全爆破磁力起动器

ПМГ патрульная моторизованная группа 机械化巡逻队

ПМГ патрульно-маневренная группа (МВД РФ)（俄联邦内务部）机动巡逻小组

ПМГ подвижная милицейская группа 机动警察小组

П

ПМД пехотная мина деревянная 木壳步兵地雷

ПМД противоминные действия 防雷行动

ПМД противопехотная мина деревянная 防步兵木壳地雷

ПМДЗ пуля мгновенного действия зажигательная 快速燃烧弹

ПМ-ДК пулеметно-минометный дегазационный комплект 机枪迫击炮消毒盒

ПМДО противоморская десантная оборона 抗登陆防御

пмж дб понтонно-мостовой железнодорожный батальон 舟桥铁道营

пмждбр понтонно-мостовая железнодорожная бригада 舟桥铁道旅

ПМЗ прорыватель минных заграждений 地雷障碍爆破（扫雷舰）

ПМЗ полевая мина заграждения 野战障碍地雷

ПМЗ полевой маслозаправщик 野战滑油加油车

ПМЗ полковая землеройная машина 团用挖土机

ПМЗ прицепный минный заградитель 牵引式布雷车

ПМЗД противопоездная мина замедленного действия 延发反列车地雷

ПМИК постановка мин по измеренной глубине 测深布雷

ПМК пеленг маневрирующего корабля 机动舰方位

ПМК плавательный мешок для конницы 骑兵浮袋

ПМК программируемый микрокалькулятор 程序控制微型计算器

ПМК противолодочный минный комплекс 反潜水雷综合体

ПМК противоминный корабль 反水雷舰艇

ПММ паромно-мостовая машина 渡桥架设机

ПММ подвижная механическая мастерская 移动机械修理所，机械修理车

ПММВ постановка мина с малых высот 低空布雷

ПМН пост минного наблюдения 水雷观察哨

ПМН постановка мерцающей помехи 施放闪烁干扰

ПМН противоминное наблюдение 防（水）雷观察

ПМН противопехотная мина нажимного действия 压发式防步兵地雷

ПМО переносное мишенное оборудование 便携式靶标装置，便携靶

ПМО полк материального обеспечения 物资保障团

ПМО программно-математическое обеспечение 软件，程序系统

ПМО противоминная оборона 防雷，反水雷防御

ПМП память микропрограмм 微程序存储器

ПМП планетарный механизм поворота 行星齿轮转向装置

ПМП пограничный маркерный пункт 边境信标台（发射）

ПМП полевая механизированная прачечная 野战机械化洗衣房

ПМП полевая механическая прачечная 野战机械化洗衣房

ПМП полевой метеорологический пункт 野战气象站

ПМП полковой медицинский пункт 团医疗站，团救护所

ПМП понтонно-мостовой полк 舟桥团

ПМП пост медицинской помощи 救护站，（舰艇）医疗部位

ПМПУ посадочный магнитный путевой угол 着陆磁航角

ПМР поляризационная матрица рассеяния 极化散射矩阵

ПМРГТ подвижная мастерская по ремонту гусеничных артиллерийских тягачей 履带式火炮牵引车移动修理所

ПМС Правила минной службы (наставление) 水鱼雷勤务规程（条例）

ПМС марка аккумуляторной батареи 蓄电池牌号

ПМС передвижная метеорологическая станция 移动气象站

П

ПМс пистолет Макарова специального образца 马卡罗夫特种手枪

ПМС плавучая мастерская самоходная 自航式浮动修理所

ПМС пост метеорологической службы 气象勤务站，气象勤务哨

ПМС походная метеорологическая станция 野战气象站，行军气象站

ПМС Правила минной службы 水雷勤务规则

ПМС прибор магнитоэлектрической системы 磁电式仪表

ПМС противотанковая мина Скоринова 斯科里诺夫反坦克地雷

ПМС путевая машинная станция 线路机修站

ПМСВ поверхностная магнитостатическая волна 表面静磁波

ПМСП первичная медико-санитарная помощь 紧急医疗救护，初步医疗救护

ПМТ полевой магистральный трубопровод 野战主管道，野战管道干线

ПМТА полевой магистральный трубопровод алюминиевый 野战铝型材管道干线

пмто пункт материально-технического обеспечения 物资技术保障站

ПМУ приборные метеорологические условия 仪表气象条件

ПМУ простые метеорологические условия 简单气象条件

ПМУ пульт местного управления 现场指挥控制台

ПМУ пусковая мобильная установка 机动发射装置

ПМФ пьезомеханический фильтр 压电机械滤波器（陶瓷、晶体）

ПМХ передвижная механическая колонна 机械化机动纵队

ПМХ полевой механизированный хлебозавод 野战机械化面包厂

ПМХ походная мастерская по ремонту и химической чистке обмундирования 服装干洗和修理车

ПМХЧО походная мастерская для химической чистки обмундирования 随军服装干洗店

ПН парашют наблюдателя 观察员用降落伞

ПН переключатель нагрудный 胸式开关

ПН переключатель напряжения 电压转换开关

ПН пиковое напряжение 峰值电压

ПН повторитель номера 号码输出器

ПН подавленный несущий 载波抑制，抑制载波

ПН поле напряжения 应力场

ПН полезная нагрузка 有效负载；有效载重

ПН помощник наводчика 副瞄准手，副射手

ПН пост наблюдения 观察哨

ПН постоянное напряжение 直流电压，恒定电压

ПН поступающая нагрузка 输入负载

ПН пункт наблюдения 观察站，观察所

ПН пункт наведения 引导站

ПНА промежуточный насыщающийся автотрансформатор 饱和式中间自耦合变压器

ПНА пункт наведение авиации 航空导航站，航空兵导引站

ПНА пункт наведения авиации 航空引导站

ПНВ память с непосредственной выборкой 直接存取存贮器

ПНВ прибор ночного видения 夜视仪

ПНД подогреватель низкого давления 低压预热器

ПНД поправка наклонной дальности 〈空〉倾斜距离修正量

ПНД поправка по наклонной дальности 斜距修正

ПНИ пункт наведения истребителей 歼击机引导站

ПНИА пункт наведения истребительной авиации 歼击航空兵导引站

ПНИС пост наблюдения и связи 观通哨

ПНИС пункт наблюдения и связи 观通站

ПНК пилотажно-навигационный комплекс 导航驾驶综合仪

ПНК полетный нагрузочный костюм 装具完备的飞行服

ПНК полный набор команд 全套指令（计算机）

П

ПНК помощник начальника караула 卫兵队副队长

ПНК привязная наблюдательная камера 系留观察室

ПНК прицельно-навигационный комплекс 瞄准导航系统

ПНМ полунатуральное моделирование(модель) 半实物模型

ПНН преобразователь напряжения в напряжение 变压器

ПНН пункт наземного наблюдения 地面观察所

ПННЦ посты наведения на наземные цели 地面目标引导站

ПНО пилотажно-навигационное оборудование 驾驶领航设备

ПНОО помощник начальника оперативного отдела 作战处副处长

ПНП передовой наблюдательный пункт 前进观察哨

ПНП пилотажно-навигационный прибор 导航驾驶仪表

ПНП = пнп подвижный наблюдательный пост (пункт) 机动观察哨（所）

ПНП подавление несинхронных помех 非同步干扰压制

ПНП подвижный наблюдательный пост 移动观察哨

ПНП правый наблюдательный пункт 右方观察所

ПНПК пилотажно-навигационный прицельный комплекс 驾驶导航瞄准系统

ПНР приборы наблюдения и разведки 观察与侦察仪器

ПНР пуско-наладочные работы 发射调整作业

ПНРМ полевая настроечная ремонтная мастерская 野战调整修理所

ПНС подводная навигационная система 水下导航系统

ПНС подводно-надводное судно 水面水下多用途船只

ПНС помощник начальника связи 通信主任助理

ПНС Правила службы наблюдения и связи 观通勤务规则

ПНС привод наведения и стабилизации 引导与稳定装置

ПНС прицельно-навигационная система 瞄准－导航系统

ПНС программное наведение станции 台站程序导航，台站程序导向

ПНТ преобразователь напряжения в ток 电压－电流转换器

ПНТ промежуточный насыщающийся трансформатор 饱和式中间变压器

ПНТА пункт наведения тактической авиации 战术航空兵引导站

ПНУ протоколы нижнего уровня 低层协议

ПНУ пункт наведения и управления 引导和指挥站

ПНЦ поражение наземных целей 陆上目标杀伤

ПНЦ пункт наведения и целеуказания 引导和目标指示站

ПНЧ преобразователь напряжения в частоту 电压－频率转换器

ПНШ помощник начальника штаба 副参谋长；参谋长助理

ПНШР помощник начальника штаба по разведке 侦察副参谋长，参谋长侦察助理

ПО автономный преобразователь постоянно-переменного тока 变流机型号（如：ПО-500АФ）

ПО панорамный обнаружитель 全景侦察接收机

по партизанский отряд 游击队

ПО передовой отряд 先遣支队，前进支队

ПО пеленг ориентира 定向标方位

ПО пенообразователь 发泡剂，起沫剂

ПО первичная обмотка 初级线圈

ПО передовое охранение 先头警戒

ПО передовой отряд 先遣队

ПО переходный отсек 连接舱

ПО пограничная охрана 边防警卫，边防警卫部队

ПО пограничный округ 边防区

ПО пограничный отдел 边防处

П

ПО пограничный отряд 边防总队

ПО подбашенное отделение 炮塔下仓

ПО подвижная оборона 机动防御

ПО пожарная охрана 消防，消防队

ПО политический отдел 政治部；政治处

ПО политотдел 政治部，政治处

ПО полковой обоз 团辎重队

ПО пост обработки 整理所，量算整理所

ПО походное охранение 行军警戒，航行警戒

ПО преобразователь ошибки 误差转换设备，误差转换器

ПО программное обеспечение 软件

ПО производственное объединение 生产联合体

ПО пульт оператора 操纵控制台

ПО пункт обработки 〈炮〉整理所，测算整理所

ПО пусковой орган 起动机构，启动机件

ПОА подводный обитаемый аппарат 载人潜水器

ПОА показатель относительной аварийности 相对事故率

ПОб полоса обеспечения 保障地带

ПОБ программа обеспечения безопасности 安全保证规则

ПОВ полустойкое отравляющее вещество 中等稳定性毒剂

п-ов полуостров 半岛

ПоВВ последовательный ввод/вывод 串行输入输出

ПОВП Положение о воинских преступлениях 军法条例

повт. повторяю; повторение 重复

ПОГ приморская оперативная группа 濒海作战群，濒海战役集群

пог.м погонный метр 延米，直线米

ПОГБ Полевое отделение Госбанка 国家银行野战分行

ПОгЗ подвижная огневая завеса 移动弹幕

ПОгЗ подвижная огневая зона 移动火力区域

ПОГИ пост обработки гидроакустической информации 水声信息处理站

ПОД перевязочный отряд дивизии 师包扎队

ПОД политический отдел дивизии 师政治部

ПОД пункт обработки данных 数据处理站

ПОД пункт обязательного донесения （规定的、飞行中的）报告点

подвижмаст подвижная мастерская 移动修理所，移动修械所

подплав подводное плавание 水下航行；潜水航行

подст.эл. подстанция электрическая 变电站

ПОЗ подвижный отряд заграждения 快速障碍设置队

ПОЗВ подвижный отряд заграждений на вертолетах 直升机快速障碍设置队

ПОЗВ подвижный отряд заграждения вертолетный 直升机机动障碍设置队

ПОЗВ позиционный взвод 阵地排

ПОИ передатчик одноразового использования 一次性发射机

ПОИ передатчик помех одноразового использования 一次性干扰发射机

ПОК подводная обитаемая камера 载人潜水舱，载人潜水箱

ПОКС противотанковый осколочно-кумулятивный снаряд 反坦克聚能装药穿甲弹

ПОЛ пилотируемая орбитальная лаборатория 有人驾驶轨道实验室

политинформация политическая информация 政治情报

ПОМ передающий оптический модуль 光发射机，光模发射机

ПОМ передающий оптоэлектронный модуль 发送光电子模式

ПОМ план оперативной маскировки 战役伪装计划

ПОМ план осуществления мероприятий 实现措施计划

ПОМ поселковое отделение милиции 村镇派出所

ПОМЗ противопехотная осколочная мина заграждения 防步兵破片障碍地雷

помком помощник командира 副指挥员，副职首长

помнач помощник начальника 主任助理，副……长

помначхоз помощник начальника по хозяйственной части 管理科副科长

помощник НС ПО БС помощник начальника связи по безопасности связи 通信兵主任（通信部长）的通信安全助理

помпохоз помощник по хозяйственной части 总务助理

ПОН патрон особого назначения 特种爆破筒

ПОН подвижный объект-носитель 移动目标载体

пон полк оперативного назначения 作战团

понв понтонный взвод 舟桥排

поо полк охраны и обслуживания 警卫勤务团

ПОО протокол с остановками и ожиданием 停顿及等待协议 (7 号信令系统中)

ПОО пункт санитарной обработки 卫生处理所，消毒站

ПОП перевязочный отряд полка 团包扎队

ПОП прибор опознавания принадлежности 敌我识别器

ПОП прибор опознания принадлежности 识别仪

ПОП промежуточная оборонительная полоса 中间防御地带

ПОП пулеметная огневая позиция 机枪发射阵地

ПоПБр понтонно-переправочная бригада 舟桥渡河旅，舟渡旅

ПОПП программное обеспечение подготовки программ 编制程序的程序保障

пор порог 海岭、急流

Пор пороговый 阀的，临界的

ПОР пристрелочное орудие 试射炮

ПОР противотанковый опорный район 反坦克据点

пор. пог. пороховой погреб 弹仓

Пор.маг. пороховой магазин 弹药匣

ПОРАМ походная ремонтная автомастерская 野战汽车修理所

ПОРАМ походная ремонтная артиллерийская мастерская 野战军械修理所

ПОРЕМ подвижная обувная ремонтная мастерская 机动修鞋所

ПОРЕМ походная ремонтная мастерская 流动修理所，修理车

ПОРИ пункт обнаружения радиолокационной информации 雷达信息探测站

ПОРИ пункт обработки радиолокационной информации 雷达情报处理站

ПОС пожарная охранная сигнализация 消防信号系统

ПОС положительная обратная связь 正反馈

ПОС последовательное сосредоточение огня 逐次集中射击，连续集中射击

ПОС постоянный оперативный состав 常设的作战人员

ПОС потенциометр обратной связи 反馈电势计，反馈电位计

ПОС прибор для отвернутой стрельбы 避开射击仪

ПОС прибор огневого сопровождения воздушной цели 空中目标火力跟踪

ПОС прибор охранной сигнализации 警卫信号器

пос. пл. посадочная площадка 着陆场

Пос.т постоянный ток 直流电

ПОСП полковой обоз стрелкового полка 步兵团辎重队

ПОСС полевая опорная сеть связи 野战节点通信网

пост постоянный 恒定的，直流的

ПОТД пулеметное отделение 机枪班

ПОУ передвижная опреснительная установка 移动式淡化装置

ПОУ подъемно-опускные устройства 起降装置，起降设备

ПОУ полевая опреснительная установка 野战水淡化设备，野战去盐设备

ПОУ пункт обработки и управления 信息处理和指挥所

поуп полк обеспечения учебного процесса 训

П

练保障团

ПОФЛОТ политический отдел флота 舰队政治部

ПОЦ пост обнаружения цели 目标探测哨

ПОЦУ пост обнаружения и целеуказания 探测和目标指示哨，探测和目标指示部位

ПОЧ поиск частоты 频率搜索

почт.ст. почтовая станция 军邮站，驿站

ПОЯЗ портативный ядерный заряд 轻便核装药，轻核电荷

ПП группа поддержки пехоты 步兵支援队

ПП групповой преобразователь 群路转换器

ПП пакет программ 程序包

ПП панорамная приставка 扫频附加器，全景附加器

ПП панорамный прицел 全景瞄准具

ПП пассивные помехи 无源干扰

ПП пеленгационный пост 测向站

ПП первичный преобразователь 初级变换器

ПП перевязочный пункт 绷扎所，包扎所

ПП передатчик помех 干扰（发射）机

ПП передовой пункт 前进站

ПП переключатель поддиапазонов 分频段转换器，分频段转换器

ПП переключательный пункт 转换开关盘，转换开关站

ПП переносный потенциометр 便携式电位计，手提式电位计

ПП переносный прожектор 便携式探照灯

ПП переприемный пункт 转发站

ПП перископический прицел 潜望式瞄准具

ПП перископное положение 〈潜〉潜望状态

ПП перископный пост 〈潜〉潜望镜部位

ПП пескоструйный пистолет 散弹枪，喷沙枪

пп пехотный полк 步兵团

ПП печатная плата 印制电路板

ПП пилотажный прибор 〈空〉驾驶仪表

ПП пиропатрон 传爆管；电燃药筒，燃爆药筒；（弹射坐椅上的）发火管

ПП пистолет-пулемет 自动枪，冲锋枪

ПП питательный пункт 给养所；馈电站

ПП плавучий пост наблюдения и связи 浮动观通哨

ПП плоскостной полупроводник 平面半导体

ПП площадка подскока (вертолетная) （直升机）着陆跳跃场

ПП площадь поражения 毁伤面积，杀伤面积

ПП пневматический пистолет 气枪

ПП пограничный полк 边防团

ПП пограничный пост 边防哨

ПП погрузочный порт 装载港

ПП подводный подслушиватель 水下截听器

ПП подводный поиск 水下搜索

ПП поддержка пехоты 对步兵支援；支援步兵

ПП подносчик патронов 弹药手

ПП поисковой потенциал 搜索潜力

ПП полевая почта 野战邮局

ПП полевая пушка 野战炮

ПП полетная палуба （航空母舰）飞行甲板

ПП полковой пост 团站

ПП полномочное представительство 全权代表处

ПП полоса подходов (к аэродрому) 机场净空区，机场进近区

ПП полоса препятствий 障碍带

ПП полоса пропускания 通频带

ПП полупроводниковый прибор 半导体器件

ПП поражаемое пространство 杀伤范围，杀伤界，危险界

ПП пост первой помощи 急救站

ПП пост питания 供电站，供电室

ПП пост предупреждения 预报哨，预警哨

ПП постановщик помех 干扰施放源

ПП постоянная память 只读存储器

ПП построчно печатающий 按行打印

ПП правила пользования 使用权

ПП предел прочности 强度极限

ПП предохранительный прибор 保险器

ПП предстартовая подготовка 发射前准备

ПП преобразователь передачи 传动变换器

ПП преобразовательная подстанция 变流变电所，变电站

ПП привод и посадка 领进和着陆

ПП приемный потенциометр 接收机电位器

ПП приемный прибор 接收仪器

ПП приемный пункт 接收站，收容所

ПП приемопередатчик 收发两用机，收发报机

ПП приемопередатчик 收发信机

ПП прикладкой процесс 应用过程

ПП принимающий прибор 接收器，受信仪

ПП пристрелочный пулемет 试射机枪

ПП программа-Пересыльщик 面向信息发送软件

ПП программирующая программа 程序生成软件

ПП программный переключатель 程序开关

ПП пролог процедуры 过程开端

ПП противопехотный 防步兵的

ПП противохимическая палатка 防化学帐篷，防毒帐篷

ПП пункт перезарядки 装填站，装填所

ПП пункт переправы 渡场

ПП пункт погрузки 装载点

ПП пункт посадки 着陆点；登陆点；上船点，登机点，乘车点

ПП пункт приема 接收站，收容站

ПП пусковой прибор 起动器

ПП путевой пеленг 线路方位，航线方位

ППА подводный подвижный аппарат 水下移动装置

ППА подводный поисковый аппарат 水下搜索装置

ППА приемно-передающая антенна 接收发射天线

ППА приемно-передающая антенна сопровождения целей и ракет 目标和导弹跟踪接收发射天线

ППА приемно-передающая аппаратура 接收发射设备

ППА противопожарная автоматика 自动消防装置

ППА пульт проверки аппаратуры 装置试验台

ППБ перевязочный пункт батальона 营包扎所

ППБ полковой пункт боепитания 团弹药所

ППБ порт постоянного базирования 驻泊港

ППВ передовой ветеринарный пункт 前进兽医所

ППВ повторная попытка вызова 重复呼叫尝试

ППВ подвижной (передвижной) пункт взрыва 活动（移动）爆炸点

ППВ посадочная площадка вертолетов 直升机降落场

ППВ пункт подготовки вагонов 车辆整备地点

ППВО пост противовоздушной обороны 防空哨

ППВП приемный пункт военнопленных 战俘收容所

ППГ плавание на перископной глубине 〈潜〉潜望深度航行

ППГ полевой подвижной госпиталь 移动野战医院

ППГ продолжительность полезного горения 有效燃烧时间

ППГ противопожарная граната 防火榴弹，消防榴弹

ППГ прямоугольная петля гистерезиса 矩形磁滞回线，矩形磁滞环

ППГИ пулы проверка генератора импульсного 脉冲发生器检测台

ППГр полоса перегруппировки 重新部署地带

ППГФ протокол передачи гипертекстовых файлов 超文本传输协议

ППД параметрический полупроводниковый диод 变参数半导体二极管

ППД перевязочный пункт дивизии 师包扎所

ППД пистолет-пулемет Дегтярева 杰格佳廖夫冲锋枪

ППД пункт передачи данных 数据传送站，诸元传送站

ППД пункт постоянной дислокации 常驻地

ППД пункт приема донесений 情报接收站

ППДА прямопоказывающий прибор дальности и азимута 距离、方位角直接指示器

ППДАП прямопоказывающий прибор дальности и азимута пилота 驾驶仪距离和方位直接指示器

ППДес полоса пролета десанта 空降兵飞越地带

ППДО противоподводно-диверсионная оборона 反潜破坏防御，防水下破坏

ППЕ перевязочный пункт единый 统一包扎站

ППЗ полоса проволочного заграждения 铁丝障碍物地带，铁丝网障碍地带

ППЗ прибор с переносом заряда 电荷转移器件

ППЗ противопехотное заграждение 防步兵障碍物

ППЗ прямая пропорциональная зависимость 正比关系

ППЗМ прибор перспективной зарисовки местности 写景仪

ППЗУ постоянное перепрограммируемое запоминающее устройство 重编程只读存储器

ППЗУ программируемое постоянное запоминающее устройство 可编程只读存贮器

ППИ патрон помеховый инфракрасный 红外干扰弹

ППИ почтовый протокол Интернет 因特网邮件协议

ППИ проверочно-подключающий искатель 接通测试选择器

ППК передвижной пункт контроля 流动检查站

ППК подвижный паровой котел 移动式蒸汽锅炉

ППК подполосное кодирование 子带编码

ППК противоперегрузочный костюм 防过载飞行服

ППЛ подводное положение подводной лодки 潜艇水下状态

ППЛ позиция подводной лодки 潜艇阵位

ППЛ предварительный план по полету 飞行预案

ППЛ пункт помощи легкораненым 轻伤救护所

ППЛН пост противолодочного наблюдения 反潜观察哨

ППЛС пункт приема личного состава 人员接收站

ППМ передовой пункт медицинской помощи 前进医疗救护所

ППМ поворотный пункт маршрута 航线转折点

ППМ полковой пункт медицинской помощи 团救护所

ППМ поражаемое пространство по местности 现地毁伤界，实地危险界

ППМ прибор для проверки манометров 压力表检查仪

ППМ приемопередающие модули 收发模块

ППМ промежуточный пункт маршрута 行军线路中间点

ППМ противопехотное минное поле 防步兵地雷区

ППМ пункт первой медицинской помощи 医疗急救站

ППМВЗ противопехотное минно-взрывное заграждение 防步兵地雷爆炸性障碍物

ППМН пост противоминного наблюдения 防（水）雷观察哨

ППМНП плавучий пост противоминного наблюдения 浮动防水雷观察哨

ППМП противопехотное минное поле 防步兵地雷场

ППН передовой пункт наведения 前进导引站，前进制导站

ППН подвижный пункт наведения 移动导引站

ППН полевой почтовой номер 野战邮政号码

ППН приборы пилотажно-навигационные 驾驶航行仪表

ППН прямой порядковый номер 直达顺序号码

ППН пулеметный прицел ночной 夜用机枪瞄准具

ППНВ пассивный прибор ночного видения 被动夜视仪

ППНК прицельно-пил отажно-навигационный комплекс 全套瞄准驾驶领航设备

ППНО превышение пределов необходимой обороны 超出必要防御极限

ППО первая полоса обороны 第一防御地带

ППО передовое походное охранение 前进行军警戒，先头行军警戒

ППО передовой перевязочный отряд 前线包扎队

ППО планер для предварительного обучения 初始教练滑翔机

ППО планово-предупредительный осмотр 计划

预防检查，计划预检

ППО полевой парк обслуживания машин 野战车辆保养场

ППО полевой почтовый отдел 野战邮局，随军邮局

ППО полевой прачечный отряд 野战洗衣队

ППО полковой перевязочный отрад 团包扎队

ППОИ пункт приема и обработки информации 信息接收与处理站

ППОС пункт передачи и обработки сигнализации 信令传输和处理点

ППОУСДИ пульт проверки ограничителя угловых скоростей и датчики импульсного 角度限制器和脉冲传感器检测台

ППП пакет прикладных программ 应用程序包

ППП пакет прокладных программ 插入程序包

ППП перевязочно-питательный пункт 绷扎饮食站

ППП передвижной пункт первой помощи 移动急救站

ППП передовой перевязочный пункт 前沿包扎所

ППП переключатель на прием и передачу 收发转换开关

ППП периферийный пеленгаторный пункт 周期对数测向站

ППП пограничный перегрузочный пункт 边防转载站

ППП подвижной пункт питания 机动供应站，移动给养站

ППП полет по приборам 仪表飞行

ППП полковой перевязочный пункт 团包扎站

ППП понтонный переправочный пункт 架桥渡河点

ППП пост первой помощи (на корабле) 急救站（军舰上的）

ППП постановка пассивных помех 消极干扰装置，无源干扰装置

ППП прицельное поражаемое пространство 表尺危险界，表尺毁伤界

ППП Программа парашютной подготовки 伞降训练计划

ППП продовольственно-питательный пункт 给养站

ППП противопожарная перегородка 防火隔板，防火壁

ППП пункт предстартовой подготовки 起飞准备站

ПППМН подвижной пост противоминного наблюдения 移动防（水）雷观察哨

ПППО последним пришел-первым обслужен 后进先出，后到先服务

ПППР позиция предварительной подготовки ракет 导弹预先准备阵地

Пппс передовой пункт связи 前进通信站

ПППУ полевой подвижной пункт управления 野战机动指挥所

ППР партийно-политическая работа 党政工作（军队中）

ППР планово-предупредительный ремонт 计划预防性修理

ППР планово-предупредительный ремонт 计划预防修理

ППР повторитель пробы регистров 调节器试验重复器

ППР подвижной пост регулирования 移动调整哨

ППР позиция подготовки ракет 导弹准备阵地

ППР предварительная подготовка ракет 导弹预先准备

ППР приграничный перегрузочный район 边境转载地域

ППР приемно-передающая радиостанция 收发电台

ППР пункт перегрузки ракет 导弹换装站，导弹转运站

ППР пункт переправы раненых 伤员渡场

ППРБ подвижная полевая ремонтная база 移动野战修理基地

ППРМ промежуточный пункт радиорелейных магистралей 无线电接力干线中间站

ППРО приемник предупреждения о радиолокационном облучении 雷达照射预警接收机

П

ППРПИ профессиональная пультовая радиосистема передачи извещений 专用信息传送控制无线电系统

ППРС полная подготовка с корректировкой радиолокаторной станции 校正雷达站完全准备

ППРЦ подвижный пункт разведки (воздушных) целей (и управления) 机动（空中）目标侦察（与指挥控制）站

ППРЦ приемно-передающий радиоцентр 无线电中心收发台，无线电收发中心

ППРЧ программируемая перестройка рабочих частот 程控跳频

ППРЧ псевдослучайная перестройка рабочей частоты 伪随机工作频率调谐，跳频

ППС патрульно-постовая служба 巡逻放哨勤务

ППС первичный преобразователь сообщения 原始消息转换器

ППС передвижная пенная станция 移动式泡沫站

ППС передняя полусфера 前半球，前半圆，前半面

ППС передовой пункт сбора донесений 前沿文件收发所

ППС переключатель проверки сигнализации 信号检查转换开关

ППС пилотажно-посадочный сигнализатор 驾驶降落信号器

ППС пистолет подводной стрельбы боевых пловцов 蛙人水下射击手枪

ППС пистолет-пулемет Симонова 西蒙诺夫式冲锋枪，西蒙诺夫式自动枪

ППС пистолет-пулемет Стечкина 斯捷奇金式冲锋枪

ППС пистолет-пулемет Судаева 苏达耶夫冲锋枪，苏达耶夫自动枪

ППС поглощение полярным сиянием (радиоволн) 极光吸收（电波）

ППС подсистема передачи сообщений 信息传输子网

ППС полковой продовольственный склад 团给养库

ППС полная подготовка с самолетной корректировки 飞机校正完全准备

ППС понтонный парк специального назначения 特种舟桥纵列

ППС постоянная угловая скорость 固定角速度

ППС преобразователь посадочных сигналов 着陆信号变换器

ППС прибор с плазменной связью 等离子体耦合器件

ППС профессорско-преподавательский состав 专家教授，教员队伍，教学人员

ППС пункт первичного сбора 最初集合点

ППСЗ передовой пункт снабжения и заправки 前进供应和加油站

ППСИ пункт приема специальной информации 特种情报接收站

ППСМ патрульно-постовая служба милиции (МВД РФ) 巡逻警卫勤务（俄联邦内务部）

ППСС правила для предупреждения столкновения судов в море 海上船舶避碰规则

ППСТ пункт погрузки санитарного транспорта 卫生运输（救护车辆、伤员运输船）装置点，救护车辆装载点

ППТ плоскостный полупроводниковый триод 面结型晶体管

ППТ полупроводниковый триод 半导体三极管，晶体管

ППТ потенциометр постоянного тока 直流电势计，直流电位计

ППТ пункт приема техники 技术装备接收站

ППТР подвижный противотанковый резерв 快速反坦克预备队，机动反坦克预备队

ППТРК передвижной пункт технического радиоконтроля 流动无线电技术检查站

ППУ паропроизводящая установка 蒸汽产生装置，蒸汽机

ППУ передвижной пункт удара 移动冲击点

ППУ передовой пункт управления 前进指挥所，前方指挥所

ППУ переносный пункт управления 便携式控制台

П

ППУ подвижный пункт управления 移动指挥所

ППУ подсистема прикладных услуг 应用服务子系统

ППУ полевой пункт управления 野战指挥所

ППУ полоса пропускания усилителя 放大器通频带

ППУ помехоподавляющее устройство 干扰抑制装置

ППУ помещение поста управления 控制台室，操作台室

ППУ приемник прямого усиления 高放接收机

ППУ приемно-передающее устройство 接收发射装置

ППУ приемо-передающее устройство 收发装置，收发设备

ППУ приемо-преобразующее устройство 接收转换装置

ППУ противоперегрузочные устройства 防过载装置；防过荷装置

ППУ противопожарное устройство 防火设备

ППУ пускопереключающее устройство 启动转换装置

ППУЛ пульт проверка устройства логического 逻辑电路检测台

ППУСПС повтор процесса установления соединения и передачи сообщений 重复建立连接和传输信息

ППУУ пульт проверки устройства усилительного 放大装置检测台

ППФ полоса пропускного фильтра 滤波器通频带

ППФ полосно-пропускающий фильтр 带通滤波器

ППФ протокол передачи файлов 文件传输协议

ППФК принцип противофазной компенсации 反相补偿原理，反相补偿原则

ППХ полевая подвижная хлебопекарня 野战面包车，移动式野战面包房

ППХ полный передний ход 〈海〉全速前进

ППХР полуавтоматический прибор химической разведки 半自动化学侦察仪

ППХР и БЧ пункт приема и хранения ракет и боевых частей 导弹及其战斗部件收存站

ППЦ полуприцеп-цистерна 半拖挂油罐车

ППЦ приемно-передающий центр （无线电）收发信中心

ППч плавучий причал 浮码头

ППЧ предварительный преобразователь частоты 前置变频器

ППШ пистолет-пулемет Шапошникова 沙波什尼科夫冲锋枪

ППШ пистолет-пулемет Шпагина (Конструктор . Шпагин) 什巴金冲锋枪（什巴金设计）

ППШ повторитель пробы шнуров 导火索试验复示器

ППШ поглощение в полярной шапке (радиоволн) 在极地冷空气堆中的吸收（电波）

ППЭ полезная потенциальная энергия 潜在有效能

ППЭ путь подвоза и эвакуации 前送后送路

ППЭП полупроводниковый электронный прибор 半导体电子仪表

ППЭП простой протокол электронной почты 简单电子邮件传输协议

ППЯ прибор проверки якорей 电枢检测仪，电枢测试仪

ППЯ приоритет потери ячейки 单元丢失优先级

ПР = П.Р. передвижная радиостанция 移动式无线电台

ПР первичное реле 初级继电器

ПР перегрузочный район 转载地域，换装地域

ПР перископ-разведчик 侦察潜望镜

ПР пехотная разведка 步兵侦察

пр пехотная рота 步兵连

ПР плавкий предохранитель 可熔保险丝

ПР пограничный режим 边防制度

ПР подвижная радиостанция 移动无线电台

ПР подрывные работы 爆破作业

ПР подсистема ремонта 修理分系统，修理子系统

ПР позиционный район 〈炮〉发射阵地地域，阵地区域

П

ПР полковой резерв 团预备队

ПР полоса разрушения 破坏面，破坏地带

ПР полоса руления (на аэродроме) （机场）滑行道

ПР поляризованное реле 极化继电器

ПР поплавковое реле 浮子继电器

ПР пост регулирования 调整哨，指挥哨，调节站

ПР приводная радиостанция 导航无线电台

ПР прием 接收

ПР приемное реле 接收继电器

ПР пробное реле 测试继电器

пр провод 导体；导线，电线；导管

Пр прогнозирование 预测，预报

пр проект 设计、计划；方案、草案；设计书，计划图；

пр прожекторная рота 探照灯连

пр пролив 湾，海湾

пр промежуточное реле 中间继电器

ПР противоракета 反导弹导弹

ПР противоракетный режим 反导机制，反导体制

ПР пулеметная рота 机枪连

ПР пульт радиста 无线电话务员工作台

ПР пункт расхождения авиации 飞机解散点，飞机散开点

ПР пусковое реле 启动继电器

ПР пусковой реостат 起动变阻器

Пр. приемник (прием) 接收机（接收）

пр. прямая 直线

ПР. пр прикрытое пространство 遮蔽界

пр.куб. простая кубическая решетка 简单立方晶格，简单立方点阵

пр.сч. пропорциональный счетчик 比例记数器

ПР-1. ПР-2 преобразователи одномашинные 单机变换器型号

ПР-41 тип промежуточного реле 中间继电器型号

ПРА протокол разрешения адресов 地址解析协议

ПРА пускорегулирующая аппаратура 启动调节装置

ПРАБ пристрелочная авиационная бомба 试投航空炸弹

ПРАЗ прибор азимута 方位仪；方位角瞄准仪

ПРБ пеленгируемый радиоблок 无线电定向部件

ПРБ планово-распределительное бюро 计划分配局

ПРБ подвижная ремонтная база 流动修理站

ПРБ полевая ремонтная база 野战修理站

ПРБ пункт разгрузки боеприпасов 弹药卸载站

ПРВ первая вилка 最初夹叉

ПРВ приведенный радиус влияния 校正影响半径

ПРВ приемник высотометра 测高接收机

ПРВ приемник радиовысотомера 无线电测高仪感受器

ПРВГ подвижная ремонтно-восстановительная группа 流动修复队

ПрГ предгруппа 预备群，前群

ПРГ проникающее ранение груди 胸部贯穿性创伤

ПРГ противотанковый ручной гранатомет 便携式反坦克火箭筒

ПРД передающая антенная подсистема 发射天线子系统

ПРД пороховой реактивный двигатель 固体燃料喷气发动机

ПРД прямоточно-реактивный двигатель 冲压式喷气发动机

ПРДП передающий радиопункт 无线电发射站

ПРДС передающая радиостанция 无线电发射台

ПРЖ проникающее ранение живота 胃部穿透性创伤

ПРЗ противорадиационная защита 防辐射

ПРЗАБТ подвижной ремонтный завод агрегатов бронетанковой техники 装甲坦克车辆设备移动修理厂

ПРЗС(-) подвижная ремонтно-зарядная станция 移动式蓄电池充电站，蓄电池充电修理车

ПРИБАЛТ. ФР Прибалтийский фронт 波罗的海沿岸方面军

ПрибСЗ Прибалтийский судостроительный завод 波罗的海沿岸造船厂

ПРК подводный ракетный крейсер 大型导弹潜水艇

ПРК походный рентгеновский кабинет 野战X射线室

ПрК преобразователь кода 码变换器

ПРК прибор расчета корректур 校正量计算仪，修正量计算仪

ПРК пространственное разделение каналов 空分信道

прк противник 敌人，敌军；对方

ПРК противокосмический ракетный комплекс 反太空导弹

ПРК противоракетный комплекс 反导弹综合体

ПРК пункт радиационного контроля 辐射监测站

ПРК пункт радиоконтроля 无线电监测站

ПРККБ противоракетный комплекс космического базирования 天基反导弹综合体

ПрКСС приемник команда согласования скоростей 码速匹配信号接收机

ПРЛ пассивная радиолокация 无源无线电定位，被动式无线电定位

ПРЛ пассивный радиолокатор 无源雷达，被动式雷达

ПРЛ подвижная радиологическая лаборатория 移动发射实验室

ПРЛ полуактивная радиолокация 半主动式无线电定位

ПРЛ посадочной радиолокатор 着陆雷达，着舰雷达

ПРЛ приводной радиолокатор 导航雷达，进场（指挥）雷达

ПРЛ противорадиолокационная ловушка 反雷达收集器

ПРЛ-5 тип посадочного локатора 着陆雷达型号

ПРЛАБ противорадиолокационная авиационная бомба 反雷达航空炸弹

ПРЛГСН пассивная радиолокационная головка самонаведения 被动雷达自导头

ПРЛК посадочный радиолокационный комплекс 着陆雷达系统，着舰雷达系统

ПРЛК пункт радиолокационного контроля 雷达监测站

ПРЛМ противорадиолокационная маскировка 反雷达伪装

ПРЛО противорадиолокационный отражатель 反雷达反射器

ПРЛР противорадиолокационная ракета 反雷达导弹，反辐射导弹

ПРЛС панорамная радиолокационная станция 全景雷达

ПРЛС пассивная радиолокационная станция 无源雷达站，被动雷达站

ПРЛС переносная радиолокационная станция 便携式雷达

ПРМ переносный радиометр 携带式无线电探测仪；携带式辐射计

ПРМ подвижная ремонтная мастерская 移动修理厂，修理车

ПРМ полковая ремонтная мастерская 团修理所，团修械所

ПРМ приводной радиомаяк 导航无线电信标

ПРМ программа Партнерство ради мира “和平伙伴”计划

ПРМ противоракетный маневр 反导弹机动，反导弹机动飞行

ПРМГ передвижная радиомаячная группа 机动无线电信标组

ПРМГ подвижная радиомаячная группа 流动无线电信标群

ПРМК передвижная ремонтно-механическая колонна 流动机械修理队

ПРМС передвижная радиометеорологическая станция 移动式无线电气象站

ПРМС передвижная разборная маскировка самолетов 飞机可移动拆除伪装

ПРН пост радиолокационного наблюдения 雷达观测哨

ПРН предупреждение о ракетном нападении 导弹来袭预警，导弹袭击警报

ПРН предупреждение о ракетном нападении

(система, сигналы, оповещение) 导弹攻击预警(系统、信号、报知)

ПРО передовой разведывательный отряд 先遣侦察队

ПРО пост руководства обучения 训练指导部位，训练指挥部位

ПРО противоракетная оборона 反导防御兵

ПРО противотанковый район обороны 反坦克防御地域

ПРО пульт радиооператора 无线电操作员操纵台

ПРО МНБ компоненты противоракетной обороны мобильно-наземного базирования 陆基机动反导系统

ПРО ТВД противоракетная оборона театра военных действий 战区导弹防御

ПРО-Б пульт радиста оператора-буквопечатания 电传打字通信操作台

ПРОД продольная 纵向校正

ПрОМ приемный оптический модуль 光接收机，光模接收机

ПРОМ приемный оптоэлектронный модуль 接收光电子模式

проотдел продфуражный отдел 粮秣处

ПРОСАБ противосамолетная авиационная бомба 反飞机（航空）炸弹

ПРО-ТО пульт радиста оператора-телеграфиста открытый 电报通信操作台

ПРП передний разведывательный пост 前沿侦察哨，前沿侦察站

ПРП передовой радиолокационный пост 前进雷达站，前进雷达哨

ПРП передовой разведывательный пункт 前进侦察站

ПРП пешая разведывательная партия 徒步侦察队

ПРП погрузочно-регулирующий пункт полка 团装载调整站

ПРП подавитель радиопомех 无线电干扰抑制器，反无线电干扰机

ПРП подвижный разведывательный пост 移动侦察哨

ПРП подвижный разведывательный пункт 移动侦察站

ПРП пост радиоперехвата 无线电截听站

ПРП приемный радиопункт 无线电接收站

ПРП прожекторный пост 探照灯哨

ПРП промежуточный регенерационный пункт 中间再生站

ПРП противорадиолокационный патрон 反雷达弹，反辐射弹

ПРП пункт радиопомех 无线电干扰站

ПРП-5 пульт радиопомех на 5 направлений 五方向无线电干扰控制台

ПРПК прибор парашютный кислородный 降落伞氧气设备

ПРПЛ пост радиопеленгования 无线电测向站，无线电定向哨，无线电定向部位

ПРП-СМ приставка радиопомех к радиостанциям средней мощности 中功率电台无线电干扰附加器

ПРПУ первичное реле программного устройства 程序装置初始继电器

ПРР переключатель режимов работы 工作状态转换开关

ПРР переключатель рода работ 工作方式转换开关

ПРР поисково-разведочная работа 搜索侦察工作

ПРР полк радиоразведки 无线电侦察团

ПрРО промежуточный рубеж обороны 中间防御地区

ПРРС переносная радиостанция 便携式电台，移动式电台

ПРС передвижная радиорелейная станция 移动无线电中继站

ПРС переключатель ручной синхронизации 手工同步转换开关

ПРС подземный реактивный снаряд 地下火箭弹

ПРС приемная радиостанция 无线电接收台，收信电台

ПРС промежуточная радиорелейная станция 中间无线电接力站，中间无线电中继站

ПРС противорадиолокационный снаряд 反雷达弹

ПРС противоракетный снаряд 反火箭弹，反火箭导弹，反导弹导弹

ПРСП проверкасекторный поиск （鱼雷）检查扇面搜索

ПРСП пулеметная рота стрелкового полка 步兵团机枪连

ПрСС приемник синхросигнала 同步信号接收机

ПРСС противорадиолокационный самонаводящийся снаряд 反雷达自动导向导弹，反雷达自导导弹

ПрССС приемная станция спутниковой связи 卫星通信接收台

ПрСЦС приемник сверхцикловой синхронизации 复帧同步接收机

ПРТ посадка с реверсированием тяги 反推力着陆

ПРТ противотанковый расчет 反坦克手编组；反坦克手

ПРТБ плавучая ремонтно-техническая база 海上浮动技术维修基地

ПРТБ подвижная ракетно-техническая база 移动导弹技术基地

ПРТБ подвижная ремонтно-техническая база 移动修理技术基地

ПРТВ позиция ракетно-технического взвода 导弹技术排阵地

ПРТК пункт радиотехнического контроля 无线电技术监控站

пртр полк радиотехнической разведки 无线电技术侦察团

ПРТР пост радиотехнической разведки 无线电技术侦察站

ПРТС переносная радиотелеграфная станция 携带式电台，便携式电台

ПРУ передвижная рентгеновская установка 野战透视设备，野战 X 光设备

ПРУ программа реализации услуги 服务实现程序

ПРУ противорадиационное укрытие 防辐射掩蔽所

ПРУМ прибор угла места (цели) 方位角测量仪（目标）

ПРУС переговорное устройство 通话装置

ПРУС противоракетный управляемый снаряд 反火箭导弹

ПРУУ первичное реле усилительного устройства 放大装置原始继电器

ПРФ посадочно-рулежная фара 着陆滑行灯

ПРХ первый режим хода （鱼雷）第一航速状态

ПРХМ подвижная ремонтная химическая мастерская 流动式化学修理车

ПРХМ подвижная ремонтно-химическая мастерская 机动防化修理车间

ПРХН пост радиационного и химического наблюдения 辐射和化学观察哨

прхр полк радиационной и химической разведки 辐射和化学侦察团

ПРХР прибор радиационной и химической разведки 辐射和化学侦察仪器

ПРЦ приемный радиоцентр 无线电接收中心，无线电中心收信台

ПрЦ признак цели 目标特征

ПРЦ радиолокатор подсветки целей 目标照明雷达

ПрЦС приемник цикловой синхронизации 帧同步接收机

ПрЦСС приемник циклового синхросигнала 帧同步信号接收机

ПРЧ поиск рабочих частот 工作频率搜索

ПРЩИТ приборный щит 配电盒

ПРЭ полевая ручная электробормашина 野战手摇发电机

прэб полк радиоэлектронной борьбы 无线电电子对抗团

ПС аппаратура постанционной связи на полупроводниковых приборах 站间通信半导体设备（如：ПС-59）

ПС парашютная система 降落伞系统

ПС патрульное судно 巡逻船

ПС пеленг самолета 飞机方位

ПС пеленг свой 己舰方位

ПС пеленг строя 队列方位

ПС перевод строки 换行

ПС перегрузочная станция 换装站；转运站，转载站

ПС передающая станция 发射台，发报台

ПС пересчетная схема 换算线路

ПС плавучая станция 浮动站

ПС поверхностное состояние 表面态

ПС пограничная система 边防管控系统（包括巡逻路、铁丝网、通信线路等）

ПС пограничная станция 边境站，国境站

ПС пограничная стража 边防警卫队

ПС пограничное состояние 边界条件

ПС пограничное судно 边防船

ПС пограничная служба 边防局

ПС погрузочная станция 装载站

ПС подвижная связь 移动通信

ПС подвижная станция 移动站，机动台；便携电台，电台车

ПС подвижное соединение 快速兵团，机动兵团

ПС подвижный состав 运动工具，机车车辆

ПС подводное судно 潜水船

ПС Подводные силы 水下兵力，潜艇兵

ПС подстанция 变电站；分站，支局

ПС пожарная сигнализация 火警信号（装置）

ПС полевая служба 野外勤务，野战勤务

ПС полезный сигнал 有效信号

ПС полк связи 通信团

ПС полковой склад 团仓库

ПС положение сомнительное 疑位；不定态

ПС положительный столб 阳极区，阳极光柱（电子管中）

ПС поляризационный селектор 极化选择器

ПС поляризация самопроизвольная 自发极化

ПС поправка на смешение 位移修正量，间隔修正量

ПС поправка на смещение 〈炮〉位移修正量，间隔修正量

ПС поправка на смещение. 间隔修正量，位移修正量

ПС посадочная скорость 着陆速度

ПС посадочная ступень (спускаемых космических аппаратов) 着陆级（返航航天器的）

ПС пост связи 通信哨

ПС посыльное судно 通信船

ПС потеря сигнала 信号丢失

ПС Правила стрельбы 射击规程

ПС правительственная связи 政府通信

ПС предупредительный сигнал 警告信号

ПС прибор сигнальный 信号器，信号表

ПС прибор срочности 定时器

ПС приемная станция 接收站，收信台

ПС приемник сопровождения 跟踪接收机

ПС принимающая страна 接待国

ПС пристрелка 〈炮〉试射

ПС прицельный станок 瞄准架，瞄准教练架

ПС прозрачный самолет 透明飞机

ПС промежуточная связь 中转通信

ПС промежуточная станция 中间站；中继站

ПС пропускная способность 通信容量；通过能力；通航能力；工作能力

ПС противолодочный самолет 反潜飞机

ПС противообледенительная система 防冰系统

ПС прямое сообщение 直达通信，点对点通信；直达交通，直达运输

ПС пулевая стрельба 实弹射击

ПС пульт связи 通信控制台

ПС пульт сетевой 网络调度室（台）

ПС пуля со стальным сердечником 钢心弹头

ПС пункт сбора 会合点，集合点

ПС пункт связи 通信站

ПС пункт сигнализации 信令点

ПС пусковая система 启动系统；发射系统

ПС пути сообщения 交通线

ПС сумка противохимических средств 防化（学）器材袋

ПС СЗА правила стрельбы средней зенитной артиллерии 中口径高射炮兵射击规则

ПС ФСБ пограничная служба федеральной службы безопасности 联邦安全局边防局

ПС-26 тип гальванометра 电流计型号

ПС-47, ПС-55 типы прицельных станков 瞄准架型号，瞄准教练架型号

ПСА подводный самотранспортирующийся аппарат 自航式潜水器，潜航器

ПСА пост связи с авиацией 空军通信哨

псабатр пушечная самоходная артиллерийская батарея 自行加农炮兵连

псадн пушечный самоходный артиллерийский дивизион 自行加农炮兵营

псау полк связи и автоматизированного управления 通信与自动化指挥团

псб полк скоростных бомбардировщиков 快速轰炸机团

ПсБ психологическая борьба 心理战

ПСБН прибор слепого бомбометания и навигации 盲目轰炸和航行仪表

ПСБНМ прибор слепого бомбометания и навигации модернизированный 改进型炸弹盲投与导航仪

ПСБНМ прибор слепого бомбометания и навигации, модернизированный 改进型盲目轰炸与航行仪表

ПСБР петлевая станция безобмоточного размагничивания 匝式无线圈消磁站，匝式无线圈消磁船

ПСБЯ плавучий склад боеприпасов ядерных 水上核弹药仓库

ПСв проводная связь 有线通信

ПСВО противосамолетная воздушная оборона 对飞机的空中防御

ПСВТИ полковой склад военно-технического имуществ 团军事技术器材库

ПСГ перекачивающая станция горючего 油泵车

ПСГ переносимая сетевая графика 便携网络图像，高压缩度网络图像

ПСГ поисково-сортировочная группа 搜寻分类组

ПСГ поисково-спасательная группа 搜索救生组

ПСГ полковой склад горючего 团油库

ПСГО парковая связь громкоговорящего оповещения 车场扬声器告知通信

ПСД платформа сбора данных 数据采集平台

ПСД пункт сбора донесений 文件收集站，报告收集站

ПСДГ пункт сбора и досмотра граждан 居民收容检查站

ПСДП полковой санитарно-дегазационный пункт 团卫生消毒所

ПСДП пункт сбора донесений полка 团文件收集所，团报告收集所

ПСЗ полное собрание законов 法律全集

ПСЗ признак нахождения воздушного объекта в стробе захвата 空中目标位于截获波门的标志

ПСЗ пространственное зондирование 空间探测

ПСЗА правила стрельбы из зенитной артиллерии 高射炮兵射击规则

ПСЗО постоянная солнечно-звездная ориентация 固定太阳星辰定位

ПСИ прибор статических испытаний 〈炮〉静力试验仪

ПСИ программируемый связной интерфейс 程序控制通信接口

ПСИ пункт сосредоточения имущества 器材集中点，物资集中点

ПСИОП психологические операции (США) 心理战（美国）

ПСК передатчик средневолновой корабельный 舰用中波发射机

ПСК пограничный сторожевой корабль 边防巡逻护卫舰

ПСК подвижная система контроля 移动式监控系统，移动式检测系统

ПСК поисково-спасательный комплекс 搜索救生队，搜索救援综合体

ПСК преобразователь стыкового кода 接口码转换器，接口码转换设备

ПСК прибор съема координат 坐标摄取仪

ПСК прибрежный спасательный корабль 沿海救生舰，沿海救护舰

пска посыльный катер 通信艇

пскл плавучий склад 水上仓库，浮动仓库，仓库船

П

ПСКН Правила службы корабельных нарядов 舰艇值更规则

ПСКР пограничный сторожевой корабль 海防警戒舰

ПСКС передающая станция спутниковой связи 卫星通讯发射台

ПСКС пропускная способность канала связи 通信信道容量

ПСЛ поперечная соединительная линия 直接中继线，直接连接线

ПСЛ пункт сбора легкораненых 轻伤员收容所

ПСМ первичный синхронный мультиплексор 一次同步复用器，一次同步复用设备

ПСМ пистолет самозарядный малогабаритный 小口径自动装填手枪

ПСМ пистолет самозарядный Марголина 马尔戈林全自动手枪

ПСМ пистолет Стечкина модернизированный (Конструктор И. Я. Стечкин) 改进型斯捷奇金手枪（斯捷奇金设计）

ПСМ поисково-спасательный маяк 搜索救援信标

ПСМ пункт сбора мобилизации 动员集合点

ПСМЗА правила стрельбы из малокалиберной зенитной артиллерии 小口径高射炮兵射击规则

ПСМУ простое и сложное метеорологическое условие 简单和复杂气象条件

ПСН плот спасательный надувной 充气救生筏

ПСНА правила стрельбы из наземной артиллерии 地面炮兵射击规则

ПСНД патрон сигнальный ночного и дневного действия 昼夜两用信号弹

ПСНР переносная станция наземной разведки 便携式地面侦察雷达

ПСО переносное стрельбищное оборудование 轻便射击场设备，便携式靶场设备

ПСО пожарно-сторожевая охрана 消防警卫，消防警卫队

ПСО поисково-спасательная операция 搜索救援行动，搜索救援作业

ПСО поисково-спасательное обеспечение 搜索救援保障

ПСО поисково-спасательный отряд 搜索救生队

ПСО последовательное сосредоточение огня 连续密集射击，逐次密集射击

ПСО пост специальной обработки 消洗站

ПСО прибор снайперский оптический 阻击手光学瞄准仪

ПСО приведенное сопротивление откату 〈炮〉换算后坐阻力，折合后坐阻力

ПСО прицел секторный оптический 弧形光学瞄准具

ПСО противосамолетная оборона 对飞机防御

ПСО противоспутниковая оборона 对卫星防御

ПСО пункт санитарного обслуживания 卫生服务站

ПСО пункт специальной обработки 洗消站，专门处理站

ПСО СН поисково-спасательный отряд специального назначения 特种搜索救生队

ПСОД пункт сбора и обработки данных 数据采集处理站

ПСОП поисково-спасательное обеспечение полетов 飞行搜索救生保障

ПСП передовой сигнальный пост 前进信号站

ПСП переходно-скоростная полоса 快速通过地带

ПСП полевой санитарный поезд 野战卫生列车

ПСП постоянный санитарный поезд 常备卫生列车

ПСП правила совместного плавания 联合航行规则

ПСП прибор слепой посадки 盲目降落仪

ПСП промежуточный сборный пункт 中间收集站，中间收容站

ПСП псевдослучайная последовательность 伪随机序列

ПСП пульт диспетчера секторов подхода 进场区调度控制台

ПСП пункт сбора пораженных 伤员收容所

ПСП пункт сбора пораженных и оказания им

довраченой помощи 中毒人员收集和治疗前救护所

ПСП пункт сбора пострадавших 遇难（遇险）人员收容站

ПСПВ полковой сборный пункт военнопленных 团战俘收容所

ПСПИ псевдослучайная последовательность импульсов 伪随机脉冲序列

ПСПЛВМФ Правила службы подводных лодок ВМФ 海军潜艇勤务规程

ПСПРО переносная система противоракетной обороны 便携式导弹防御系统

ПСР поисково-спасательные работы 搜索救生工作

ПСР приемник сопровождения ракет 导弹跟踪接收机

ПСРЗ плавучий судоремонтный завод 浮动舰船修理厂，舰船修理船

ПСРМ плавучая судоремонтная мастерская 水上浮动船舶修理厂

ПСРМ подвижная судоремонтная мастерская 移动舰船修理所

ПСРП полевой сборно-распределительный пункт 野战收容分配所

ПСРС подавление самолетных радиосвязей 飞机无线电通信压制

псрто полк связи и радиотехнического обеспечения 通信和无线电技术保障团

ПСС ВВС поисково-спасательная служба военно-воздушных сил 空军搜求勤务

ПСС первичная сеть связи 初级通信网

ПСС передвижная спутниковая станция 移动卫星通信站

ПСС пистолет специальный самозарядный 特制自装弹手枪

ПСС плотность сил и средств 兵力兵器密度

ПСС подвижная спутниковая связь 移动卫星通信

ПСС подвижная спутниковая служба 移动卫星业务

ПСС подводные спасательные средства 水下救生器材，潜艇救生器材

ПСС пожарно-сторожевая служба 消防警戒勤务

ПСС поисково-спасательная служба 搜索救生勤务

ПСС поисково-спасательная служба 搜索救生勤务

ПСС поисково-спасательное судно 搜索救生船

ПСС поисково-спасательные силы 搜索救生兵力

ПСС постанционная служебная связь 站间勤务通信信道

ПСС предупреждение столкновения судов на море 海上船舶防撞预警

ПСС пункт стоянки и снабжения 停泊供应点

ПСТ поверхностный сетевой трал 水面扫雷网，水面网式扫雷具

ПСТ поверхностный сетевой трал 水面扫雷网

ПСТ полевая сборная точка 野战收容点，野战集中点

ПСТ пост санитарного транспорта 卫生运输站

ПСТ пост санитарный сетевой трал 水面扫雷舰

ПСТ проверка стабильности 稳定性检查

ПСТ программная справочная таблица 程序查询表

ПСТО пункт снабжения и технического обеспечения 供应和技术保障站

ПСТОР подвижная станция технического обслуживания и ремонта 流动式技术保养和修理站

ПСУ паросиловая установка 〈海〉蒸汽动力设备

ПСУ предварительная ступень усиления 预放级，预先放大级

ПСУ приемник сигналов управления 控制信号接收机

ПСУЯА программа сопровождения и управления ядерным арсеналом 核武库跟踪与控制计划

ПСХО пост санитарно-химической обработки 卫生化学处理站

ПСХО пункт санитарно-химической обработки 卫生化学处理所

ПСЦ потеря сверхцикла 复帧丢失

ПСЦ приемник сопровождения целей 目标跟踪接收机

ПСЧМ прием сигналов с частотной манипуляцией 频率键控信号接收

ПСШ полевая служба штабов 参谋部野战勤务，参谋人员野战勤务

ПСЭЛ подвижная санитарно-эпидемиологическая лаборатория 移动卫生防疫检验所

ПСЭО подвижно-санитарно-эпидемический отряд 流动卫生防疫队

ПСЭО портативный светолучевой электрографический осциллограф 轻便式光电示波器

ПТ парашют тренировочный 教练伞，练习伞

ПТ паровая турбина 蒸汽蜗轮发动机

ПТ пеленгационная трасса 测向示向线

ПТ переговорная таблица 通话代码表

ПТ передовая технология 前沿技术

ПТ пик-трансформатор 峰值变压器，峰波变压器

ПТ пистолет Токарева 托卡列夫式手枪

ПТ плавающий танк 水陆两用坦克

ПТ плавающий транспортер 水陆两用运输车

ПТ планирующая торпеда 滑翔鱼雷，滑行鱼雷

ПТ подспутниковая точка 卫星下点，卫星近点

ПТ пожарная тревога 火警

ПТ преобразователь трансформаторов 变压器，变换器

ПТ промежуточная трансляция 中间增音站

ПТ противотанковый 反坦克的

ПТА подводный телеуправляемый аппарат 水下遥控装置

ПТА подводный торпедный аппарат 水下鱼雷发射器

ПТА противотанковая артиллерия 反坦克炮兵

ПТА пяти-трубный торпедный аппарат 五管鱼雷发射器

ПТАБ противотанковая авиационная бомба 反坦克航空炸弹

ПТАБр противотанковая артиллерийская бригада 反坦克炮兵旅

ПТАДн противотанковый артиллерийский дивизион 反坦克炮兵营

ПТАЗ подвижной танко-агрегатный завод 流动坦克机件修理厂

птап противотанковый артиллерийский полк 反坦克炮兵团

ПТАРЗ подвижный танко-агрегатный ремонтный завод 机动坦克机件修理厂

птб полк тяжелых бомбардировщиков 重型轰炸机团

ПТБ правила техники безопасности 安全技术规程

ПТБ приемник трансляционный батарейный 电池中继接收机型号（如：ПТБ-47）

ПТБ противотанковая бомба 反坦克炸弹

ПТВ пожарно-техническое вооружение 消防技术器材，消防技术装备

ПТВ приемник тонального вызова 音频振铃接收机

птв противотанковый взвод 反坦克排

ПТВГ пятеричное временное группообразование 五次时分群路生成，五次群时分多路复用

ПТВН приемник тонального вызова и набора 音频振铃接收器，信号接收机

ПТВР переговорная таблица вахтенного радиста 无线电值班员通话代码表

ПТВС полный телевизионный сигнал 全息电视信号

ПТВУГр противотанковая вертолетная ударная группа 反坦克直升机攻击群

ПТГ плавающий транспортер гусеничный 履带式水陆两用运输车

ПТГ провод полевой телеграфный 野外电报线；野战电报线

ПТГр полковая тактическая группа 团战术群

ПТГТ пятеричный групповой тракт 五次群通道

ПТД пороговая токсическая доза 中毒临界剂量

ПТД пульт танковых директрис на танкодромах 坦克教练场坦克射击操纵台

ПТДД поддержка танками дальнего действия 远程坦克支援

ПтехП полевая техническая позиция 野外维修场；野战技术阵地

ПТЗ пожарно-техническая защита 消防技术

П

ПТЗ прибор для тарировки затвора 快门校准器

ПТЗ противотанковое заграждение 反坦克障碍物

ПТЗ противоторпетная защита 对鱼雷防御

ПТИ приемник тональных импульсов 声频脉冲接收器，音频脉冲接收器

ПТК панорама танковая командирская 坦克全视指挥镜

ПТК передатчик телеконтроля 遥控发射机

ПТК переключатель телевизионный каналов 电视通路转换开关

ПТК полевой телефонный кабель 野外电话电缆，野外电话被覆线；野战电话电缆，野战电话被覆线

ПТК предполетный технический контроль 飞行前技术检查

ПТК Приемно-техническая комиссия 技术验收委员会

ПТК прозрачный телеграфный канал 透明电报信道

ПТМВЗ противотанковое минно-взрывное заграждение 防坦克地雷爆炸性障碍物

ПТМП противотанковое минное поле 反坦克地雷场

ПТН пост технического наблюдения 技术观察哨，技术观察站

ПТН преобразователь тока в напряжение 电流 – 电压转换器

ПТН приемник тонального набора 音频拨号接收机

ПТН прицел торпедометания низкого 低空投雷瞄准具

ПТН пункт технического наблюдения 技术观察所

ПТО периодический технический осмотр 定期技术检查

ПТО подвесной топливный отсек 悬挂式燃料舱

ПТО подсистема технического обслуживания 技术维护子系统

ПТО противотанковая оборона 反坦克防御

ПТО противотанковое орудие 反坦克炮

пто противотанковое отделение 反坦克班

ПТО противоторпедная оборона 防鱼雷，反鱼雷防御

ПТО профилактическое техническое обслуживание 预防性技术维护

ПТО пункт технического обеспечения 技术保障所

ПТО пункт технического обслуживания 技术保养站，技术保养所

ПТО пункт технического осмотра 技术检查站，技术检查所

ПТОЗ противотанковое огневое заграждение 反坦克火力拦阻

ПТОП противотанковый опорный пункт 反坦克支撑点

ПТОР противотанковый оборонительный район 反坦克防御区，反坦克防御地域

ПТОР пункт технического обслуживания и ремонта 技术维修站，技术维修所

ПТОР пункт технического обслуживания ракет 导弹技术保养站

ПТП парашют точного приземления 定点着陆降落伞

ПТП перископический танковый прицел 潜望式坦克瞄准具

ПТП пироксилино-тротиловый порох 硝化棉梯恩梯火药，硝化棉三硝基甲苯火药

ПТП подвижная техническая позиция 机动技术阵地

ПТП понизительная трансформаторная подстанция 降压变电站

ПТП производственно технологический показатель 工作效用指标，生产技术指标

ПТП прямой тепловой поток 直热流

ПТП пункт технической помощи 技术援助站，技术修理站；抢修站

ПТПР пункт технической подготовки ракет 导弹技术准备站

птпулв противотанково-пулеметный взвод 反坦克机枪排

ПТР подводно-технические работы 水下技术

作业

ПТР позиция тактического развертывания 战术展开阵地，战术展开阵位

ПТР противотанковая разведка 反坦克侦察

птр противотанковая рота 反坦克连

ПТР противотанковое ружье 反坦克枪

ПТР противотанковый район 防坦克地域，反坦克地域

ПТР противотанковый резерв 反坦克预备队

ПТР противотанковый ров 防坦克壕，反坦克壕

ПТРА противотанковая ракетная артиллерия 反坦克导弹炮兵

ПТРБ подвижная танко-ремонтная база 移动坦克修理站

ПТРБ подвижная тракторно-ремонтная база 移动拖拉机修理站

ПТРБ полевая танкоремонтная база 野战坦克修理站

ПТРД противотанковое ружье Дегтярева 杰格廖夫式反坦克枪

ПТРД прямоточный реактивный двигатель 冲压式喷气发动机

ПТРЗ подвижный танкоремонтный завод 流动坦克修理厂

ПТРЗ подвижный тракторно-ремонтный завод 机动拖拉机修理厂

ПТРК противотанковый ракетный комплекс 反坦克导弹综合体

ПТРК пункт технического радиоконтроля 无线电技术检查站

ПТРО подвижный транспортный ракетный отряд 机动导弹运输队

ПТРС противотанковое ружье Симонова 西蒙诺夫式反坦克枪

ПТРСПНН провод в танковых радиостанциях для подачи низкого напряжения 坦克电台低压导线

ПТРУ противотанковый рубеж 反坦克地界

ПТС переговорная таблица самолета 机上通话代码表

ПТС передатчик тревожного сигнала 报警信号发射器

ПТС передвижная телевизионная станция 流动电视台

ПТС пиротехнические средства 烟火设备，烟火器材；发光信号设备

ПТС плавающий транспортер (гусеничный) 水上输送车（履带式）

ПТС плавающий транспортер средний 中型水上输送车

ПТС подводная телевизионная система 水下电视系统

ПТС подводное транспортное судно 潜水运输船

ПТС подводно-техническое средство 水下工作技术设备

ПТС полупроводник термосопротивления 半导体热敏电阻

ПТС приемно-транспортное судно 接收－运输船

ПТС проволочный тензометр сопротивления 金属丝式电阻变形测定器，金属丝式电阻应变仪

ПТС промежуточная телефонная станция 中间电话站，中继电话站

ПТС противотанковые средства 反坦克兵器

ПТС противоторпедная сеть 反鱼雷网

ПТС пульт технического состояния 技术状态控制台

ПТС пульт тревожной сигнализации 警报信号控制台

ПТС средний плавающий транспортер 中型水陆两用输送车

ПТСр подводно-технические средства 水下技术器材

ПТТ полетная тактическая тренировка 飞行战术演练

ПТУ паротурбинная установка 蒸汽蜗轮装置，蒸汽蜗轮机

ПТУ подводное телевизионное устройство 水下摄像器材

ПТУ пожарно-технические учения 消防技术演习

П

ПТУ полевое тактическое учение 野外战术演习

ПТУ полетное тактическое учение 飞行战术演习

ПТУ полковое тактическое учение 团战术演习

ПТУ прикладная телевизионная установка 应用电视装置，闭路电视装置

ПТУ противотанковый узел 反坦克枢纽部

ПТУК пульт технического управления и контроля 技术监控台

ПТУМП противотанковое управляемое минное поле 可操纵反坦克地雷场，可操纵反坦克布雷场

ПТУР противотанковая управляемая ракета 反坦克导弹

ПТУРС противотанковый управляемый реактивный снаряд 反坦克可控火箭弹，反坦克导弹

ПРУС противолодочный управляемый реактивный снаряд 反潜导弹

ПТФ подтональный телеграф 亚声频电报，亚音频电报

ПТФ полевой телеграф 野战电报

ПТФ = птф полевой телефон 军用电话机，野战电话机

ПТЦП пятиричный цифровой поток 五次群数字信号流

ПТЦС пятиричный цифровой сигнал 五次群数字信号

ПТЦСП пятиричная цифровая система передачи 五次群数字传输系统

ПТЦТ пятиричный цифровой тракт 五次群数字通道

ПТЧ приемник тональной частоты 声频接收机，音频接收机

ПТЭ правила технологической эксплуатации 技术操作规程

ПТЭЭ правила технической эксплуатации электроустановок 电气设备技术操作规程

ПУ пеленг уравнителя 基准舰方位

ПУ параметрический усилитель 参量放大器

ПУ переговорное устройство 通话装置

ПУ переключатель управления 控制转接开关，操纵转换开关

ПУ переходное устройство 转换设备

ПУ печатающее устройство 打印设备

ПУ подруливающее устройство 滑行装置；〈海〉侧推装置，侧推器

ПУ поисково-ударная группа 搜索突击群

ПУ полевое управление 野战指挥机关

ПУ Полевой устав 野战条令

ПУ политическое управление 政治部

ПУ приемное устройство 接收设备

ПУ пороговое устройство 门限设备，阀值设备

ПУ посадочное устройство 着陆装置，降落装置

ПУ пост управления 控制台，操纵台，操纵哨，操纵部位

ПУ потеря указателя 指针丢失

ПУ предварительный усилитель 预先放大器，前置放大器

ПУ предусилитель 前置放大器

ПУ прицельное устройство 瞄准装置

ПУ прицельный угол 瞄准角

ПУ прицепное устройство 牵引装置；联接装置

ПУ программирующее устройство 编程设备

ПУ программный узел 程序部件

ПУ промежуточный усилитель 中间放大器；中间增音机

ПУ противообледенительное устройство 防冰装置，除冰装置

ПУ пулеметная установка 机枪架

ПУ пункт управления 控制站，操纵所，控制点，操纵点；指挥所

ПУ пусковая установка 发射装置

ПУ путевой угол 航迹角

ПУ пушечная установка 炮架

ПУ ЗС пункт управления зоны связи 通信区域管理站

ПУ ННС пункт управления начальника направления связи 通信方向主任指挥所

ПУ МПО пункт управления морально-психологического обеспечения 精神心理保障指挥所

ПУ НРВиС пункт управления начальника рода войск и службы 兵种和勤务主任指挥所

П

ПУ ПКР пусковая установка противокорабельных ракет 反舰导弹发射装置，反舰导弹发射架

ПУ связью и АСУ пункт управления связью и автоматической системой управления 通信指挥和自动化指挥系统指挥所

ПУ УС пункт управления узлом связи 通信枢纽指挥所

ПУ-1 потенциометр управления 控制电位器型号

ПУА пункт управления авианаводчика 航空引导员控制台

ПУАБ правила по уходу за аккумуляторными батареями 蓄电池维护规则

ПУАО прибор управления артиллерийским огнем 炮兵射击指挥仪

ПУАОС прибор управления артиллерийским огнем на самолете 机载炮兵射击指挥仪

ПУАРТ пульт управления артустановкой 火炮控制台

ПУАТО пункт управления аэродромно-техническим обеспечением полетов 机场飞行技术保障指挥所

ПУБалт Политическое управление Балтийского флота 波罗的海舰队政治部

ПУБС пульт управления блистерного стрелка 〈空〉观察窗射击手操纵台

ПУБЭ Правила устройства и безопасной эксплуатации 设备和安全操作规程

ПУВ показное учение с войсками 实兵示范演习

ПУВ прибор управления взрывом в ракетах 导弹爆炸控制仪器

ПУВ пульт управления взрывателем 引信控制台（投弹控制用）

ПУВН полный угол вертикального наведения 〈炮〉高低全角

ПуВРД пульсирующий воздушно-реактивный двигатель 脉动式空气喷气发动机

ПУВС пусковая установка вертикального старта ракет 导弹垂直发射装置

ПУГ Полевое учреждение Госбанка 国家银行野战机构

ПУГ прибор установки глубины 定深仪

ПУГН полный угол горизонтального наведения 〈炮〉方向全角

ПУГУВД Паспортное управление Главуправления внутренних дел 内务总局护照局

ПУд переменный удлинитель 可变衰耗器

ПУД правила уличного движения 道路交通规则

ПУД приемное устройство дальномера 测距仪接收器

ПУЗО Прибор управления артиллерийским зенитным огнем 高射炮瞄准器

ПУИ поставщик услуг Интернета 因特网服务提供商

ПУИА пункт управления истребительной авиации 歼击航空兵指挥所

ПУИВ пункт управления (начальника) Инженерных войск 工程兵（主任）指挥所

ПУК Политическое управление корпуса 军政治部

ПУК пульт управления корректировок 校正操纵台

ПУКас Политическое управление Каспийской флотилии 里海区舰队政治部

ПУКС пульт управления кормового стрелкй 〈空〉尾部射击手操纵台

ПУЛ переходное устройство линейное 线路转接装备

ПУЛ пункт управления лилиями 通信线路指挥所，线路管理站

пулап пулеметно-артиллерийский полк 机炮团

ПУЛРО приборы управления ракетным оружием (лодочные, подводных лодок) （船舶、潜艇）导弹控制仪器

ПУЛЬТ ПЭУ пульт проверки электронного устройства 电子装置检查台

пулэ пулеметный эскадрон 骑兵机枪连

ПУМ привод-угол места 仰角传动装置

ПУМ пункт уточнение маршрутов 航线修正点

ПУМО прибор управления минометным огнем 迫击炮射击指挥仪

ПУМорсил политическое управление военно-морских сил 海军政治部

П

ПУН пункт управления и наведения 指挥引导所

ПУНИА пост управления и наведения истребительной авиации 歼击航空兵引导指挥所

ПУНИС пункт управления начальника инженерной службы 工程勤务主任指挥所

ПУНР пункт управления начальника разведки 侦察主任指挥所

ПУНР пункт управления начальника разведки (войсковой) 队属侦察主任指挥所

ПУНЧ предварительный усилитель низкой частоты 低频前置放大器

ПУО пост управления и оповещения 指挥报知哨

ПУО прибор управления огнем 射击指挥仪，射击指挥器

ПУО пункт управления и оповещения 指挥与报知所

ПУО пункт управления огнем 火力指挥所，射击指挥所

ПУО ТА пункты управления и оповещения тактической авиации 战术航空兵与指挥报知所

ПУОБ пункт управления огнем батареи 连射击指挥所

ПУОД пункт управления огнем дивизиона 炮兵营射击指挥所

ПУОЗА прибор управления огнем зенитной артиллерии 高射炮兵射击指挥仪，高炮射火控仪

ПУотр пусковая установка оперативно-тактических ракет 战役战术导弹发射装置，战役战术导弹发射架

ПУП протокол управления передачей 传输控制协议

ПУП пункт управления пуском 发射指挥所

ПУПО привод установки прибора Оборота 转角装定传动装置

ПУпр пульт управления 控制台

ПУПЧ предварительный усилитель промежуточной частоты 前置中频放大器

ПУР полевой укрепленный район 野战筑垒地域

ПУР политическое управление Реввоенсовета 革命军事委员会政治部

ПУР прибор установки режима 发射方式调定仪

ПУР пункт (начальника) разведки 侦察（主任）指挥所

ПУРВиА пункт управления РВиА 火箭兵与炮兵指挥所

ПУРП пульт управления радиополигоном 无线电教练场控制台，无线电靶场控制台

ПУРП пункт управления радиопомехами 无线电干扰指挥所

ПУРС прибор управления реактивной стрельбой 火箭发射指挥仪

ПУРС пульт управления радиосвязью 无线通信控制台

ПУРХБЗВ пункт управления начальника радиационной, химической и бактериологической защиты войск 辐射、化学、细菌防护主任指挥所

ПУРЭБ пункт управления (начальника) радиоэлектронной борьбы 无线电电子斗争（主任）指挥所

ПУС передвижная усилительная станция 移动增音站

ПУС передовой узел связи 前进通信枢纽

ПУС подвижный узел связи 移动通信枢纽

ПУС подсистема управления сетью 网络管理子系统

ПУС полевой узел связи 野战通信枢纽

ПУС пост управления стрельбой 射击控制哨；火控部位

ПУС прибор управления стрельбой 射击指挥仪

ПУС приспособление (для установки свай) 设桩设备

ПУС пульт управления стрелка 射击指挥台

ПУС пульт управления стрельбой 射击控制台

ПУС пункт управления связью 通信指挥所

ПУСБ приборы управления стрельбой из бомбометов 深水炸弹发射炮射击指挥仪

ПУСК пункт управления средствами комплекса 系统设备控制站

ПУСР приемное устройство сопровождения ракет 导弹跟踪接收装置

ПУСРБ приборы управления стрельбой из реак-

П

тивных бомбометов　火箭式深水炸弹发射炮射击指挥仪

ПУСС　подсистема управления соединением сигнализации　信号连接控制分系统

ПУССИ　протокол управляющих сообщений в сети интернета　因特网信息管理协议

ПУСЦ　приемное устройство сопровождения целей　目标跟踪接收装置

ПУСЦР　приемное устройство сопровождения целей и ракет　目标和导弹跟踪接收装置

ПУТ　пассивный участок траектории　弹道被动段

ПУТ　пункт управления тактический　战术控制站

ПУ-Т　пульт управления-телеграфиста　报务员操作台

ПУТА　пункт управления тактической авиацией　战术航空兵指挥所

ПУТС　прибор управления торпедной стрельбой　鱼雷发射指挥仪

ПУУ　подсистема управления услугами　服务管理子系统

ПУУС　пульт управления усилительными станциями　增音控制台

ПУУС　пункт управления узлом связи　通信枢纽指挥所

ПУФ　политическое управление (Военно-морского флота)　(海军)舰队政治部

ПУХВ　пункт управления начальника химических войск　化学兵主任指挥所

ПУЦ　признак удаляющейся цели　远离目标标志

ПУШ　пульт управления штурмана　领航员操纵台

ПУЭС　подсистема управления элементами сети　网络单元管理子系统

ПФ　(обмотка) постоянной фазы (моторов)　相位常数绕组

ПФ　патрон фугасный　爆破筒，爆破弹

пф　пикофарада　皮法拉，微微法拉

ПФ　подводное фотографирование　水下摄影

ПФ　подводный фонарь　潜水灯

ПФ　преобразование Фурье　傅里叶变换

ПФ　прибалтийский фронт　1-й　波罗的海沿岸第1方面军

ПФ(-)　полевые фортификационные сооружения　野战筑城工事

ПФА　пульт фонический аппаратный　音响设备控制台

ПФАР　пассивная фазированная антенная решетка　无源相控天线阵，无源相控阵天线

ПФБ　передовая фронтовая база　方面军前进基地

ПФВ　плоский　фронт волны　平面波峰

ПФД　полосовой фильтр демодулятора　解调器带通滤波器

ПФК　полевой физиотерапевтический кабинет　野战理疗科，野战理疗室

ПФК　программа формирования команд　编队计划

ПФЛ　патриотический фронт Лаоса　老挝爱国阵线

ПФЛ　питающая фидерная линия　电源馈线

ПФЛ　походная фотолаборатория　随军照相暗室，随军摄影作业车

ПФЛ　психофизиологическая лаборатория　心理体力测试室

ПФМ　полосовой фильтр модулятора　调制器带通滤波器

ПФМ　противопехотная фугасная мина　防步兵爆破地雷

ПФП　полевой фортификационный перископ　野战筑城潜望镜

ПФП　примесная фотопроводимость　杂质光电导性

ПФР　пассивная фазированная решетка　被动式相控阵

ПФС　продовольственно-фуражная служба　食品被服部门，食品被服勤务

ПФС　продовольственно-фуражное снабжение　粮秣供应

ПФС　продовольственно-фуражный склад　粮秣仓库

ПФЦ　полный формуляр цели　目标的全部目录

ПФЭ　поверхностный фотоэдс　表面光学动势

ПХ　передний ход　前进挡

П

ПХ переходные характеристики 转换特性，过渡特性

ПХ подсобное хозяйство (военное) 副业（军队）

ПХВ полихлорвинил 聚氯乙烯

ПХВ противохимическая вентиляция 防化通风

ПХВ противохимические войска 防化学兵

ПХД парково-хозяйственный день 检修日，车场日

ПХД пункт хозяйственного довольствия 给养所

ПХЗ полевой хлебозавод 野战面包厂

пхз полк химической защиты 防化团

ПХЗ противохимическая защита 防化学，化学防护，防毒

ПХК предохранительный клапан 安全阀

ПХЛ полевая химическая лаборатория 野战化验室；野战化验箱

ПХН пост химического наблюдения 化学观察哨

ПХО противохимическая оборона 对化学防御，防化学

пхор рота противохимической обороны 防化连

ПХП полевая хлебопекарня 野战面包房

ПХП противохимическая подготовка 防化训练；防化准备

ПХП противохимический пакет 清毒包

ПХР прибор химической разведки 侦毒器，化学侦察仪器

пхр противохимическая рота 防化学连

ПХС пожарно-химическая станция 化学消防站

ПХС полевой хирургический стол 野战外科手术台

ПХС противохимическая служба 防化勤务

ПХС противохимическая сумка 消毒背包，消毒匣

ПХС противохимические средства 防化学器材

ПЦ параболический цилиндр 抛物柱面

ПЦ пеленг цели 目标方位

ПЦ планшет целеуказания 目标指示板

ПЦ подцикл 子帧

ПЦ поправка на циркуляцию （鱼雷）旋回修正量，射角修正量

ПЦ потеря цикла 帧丢失

ПЦ прицеп-цистерна 拖挂式油罐车

ПЦЗТ подвижный централизованный заправщик топлива 移动集中加油车

ПЦИ плезиохронная цифровая иерархия 准同步数字系列

ПЦК первичный цифровой канал 初级数字信道，基本数字信道

ПЦН принимающий прибор центральной наводки 中心瞄准接收器，中央瞄准接收器

ПЦН пульт централизованного наблюдения 集中观察台，中央观察台

ПЦО пункт централизованного опробования 集中采样点

ПЦО пункт централизованной охраны 集中警卫点

ПЦП первичный цифровой поток 一次群数字流

ПЦП персональный цифровой помощник 个人数字助手

ПЦС первичный цифровой сигнал 一次群数字信号

ПЦСП первичная цифровая система передачи 一次群数字传输系统

ПЦТ первичный цифровой тракт 一次群数字通道

ПЦУ пост целеуказания 目标指示哨，目标指示部位

ПЦУ пульт центральной усилительной (станции) 中央增音站操纵台

ПЦУП подвижный центр управления полетами 活动飞行指挥中心

ПЧ пограничная почта 边防邮局；边防邮件

ПЧ пожарная часть 消防部队

ПЧ прикладной час 潮汐间隙，潮候时

ПЧ проверки на четность 偶校验

ПЧДЦ полярно-частотная (система) диспетчерской централизации 极性频率集中调度系统

ПЧИУ прецизионное частотоизмерительное устройство 精密频率测试装置

ПЧК пограничная чрезвычайная комиссия 边防特别委员会

ПЧК преобразователь частоты в код 频率－代码转换器

ПЧК прямочастотный конденсатор 直线频率式可变电容器

ПЧО предельная частота отражения (коротких радиоволн) 临界回波频率

ПЧП предельные частоты по поглощению (коротких волн) 临界吸收频率（短波）

ПЧП преобразователь частоты приема 接收频率变频器

ПЧПБ проверка на четность перемежающихся битов 比特交替的偶校定

ПЧС против часовой стрелки 逆时针

ПЧТП преобразователь частоты в телевизионных приемниках 电视机变频器

ПЧХ пространственно-частотная характеристика 空间－频率特性

ПШ = **п. ш.** помехи и шум 干扰和噪声

ПШ палубный штурмовик 甲板强击机，舰载强击机

ПШ пехотная школа 步兵学校

ПШ пистолет Шевченко 舍甫琴科手枪

ПШ подавитель шумов 噪音抑制器

ПШ подавление шумов 噪声抑制

ПШ подчиненный штаб 下属参谋部

ПШ прерывистая шумовая помеха 断续噪声干扰

ПШ приборный шкаф 仪器箱，仪器柜

ПШ противогаз шланговый 软管式防毒面具

ПШ противошум 消音器

ПША пассивная шумопеленгаторная антенна 被动噪声测向天线

ПШК противошумовой корректор 抗噪声校正器

ПШП противоштопорный парашют 防螺旋降落伞

ПШПС противоштопорная парашютная система 防螺旋降落伞系统

ПШС правила штурманской службы 领航勤务规则

ПЭ первичный элемент 初始单元

ПЭ поверхностный эффект 表面效应

ПЭ показатель эффективности 效率指标

ПЭ полевой эвакоприемник 野战后送收容所

ПЭ полиэтилен 聚乙烯

ПЭ пороговый элемент 阈值元，阈值要素

ПЭ почерковедческая экспертиза 笔迹鉴定

ПЭ преобразовательный элемент 转换单元，变换单元

ПЭ провод эмалированный 漆包线

ПЭ проводящий элемент 导电元件

ПЭ противоэлемент 反压电池

ПЭ пусковой электромагнит 起动电磁铁

ПЭАВ поверхностная электроакустическая волна 表面电声波

ПЭД пьезоэлектрический двигатель 压电电动机

ПЭЖ пост энергетики и живучести (корабля) 动力部位（军舰）

ПЭМ поисково-эвакуационная машина 搜索后送车

ПЭМИ побочное электромагнитное излучение 间接电磁辐射，旁瓣电磁辐射

ПЭМТ петлевые электромагниты 环缆电磁扫雷具

ПЭОР пост электронно-оптической разведки 电子光学仪器侦察哨，电子光测哨

ПЭП переносный электронный планшет 便携式电子图板

ПЭП полевой эвакопункт 野战后送站

ПЭП полевой эвакуационный приемник 野战后送接收站

ПЭП полевой эвакуационный пункт 野战伤员后送站

ПЭП приемный эвакуационный пункт 收容后送站

ПЭПТ полевая электростанция постоянного тока 野战直流发电站

ПЭС первичный электрический сигнал 原始电信号，初级电信号

ПЭС передвижная (полевая) электростанция 野战发电站，野战发电车（如ПЭС-5）

ПЭС передвижная электростанция 移动式发电站，发电车

ПЭС поверхностное электронное состояние 表面电子态

ПЭС полуэскадрон связи 半个骑兵通信连

ПЭТ пьезоэлектрический трансформатор 压电变换器，压电换能器

ПЭТА передовой эшелон тыла армии 集团军后勤先遣梯队

ПЭТФ передовой эшелон тыла фронта 方面军后勤先遣梯队

ПЭУ противоэпидемическое управление 防疫局

ПЭЭК Правила по эксплуатации электрооборудования корабля 舰艇电气设备使用规则

ПЭЭФ пьезоэлектрический эффект 压电效应

ПЯ пистолет Ярыгина 雅雷金手枪

ПЯУ первый ядерный удар 首次核突击

Р

Р и РЭБ разведка и радиоэлектронная борьба 情报与无线电电子斗争，侦察与无线电电子斗争

Р пост регулирования движения 运动调整哨，交通指挥哨

Р радиоаппаратная 无线电控制室

Р радиомаяк 无线电信标，无线电信标台；无线电导航台

Р радиостанция 无线电台

Р радиус 半径

Р разведка 勘探；侦察；侦察队

Р разведчик (в маркировке самолетов) 侦（察机）(用于飞机型号标示）

Р разведывательный (спутник) 侦察卫星

Р разведывательный (самолет) 侦察（机）

Р размещение 安置；配置；配备

Р разрыв 〈炮〉爆炸；炸点

Р разрядник 放电器，避雷器；退弹器，退弹杆

Р ракета 火箭；导弹；信号弹，照明弹

Р ракетоплан 火箭飞机；火箭助推滑翔机，滑翔火箭

Р ранг 等；等级；官衔；〈海〉(军舰的）级

Р расчет 计划；结算；目测

Р регулировщик 调整员，调配员，调节员

Р резведчик 侦察员

Р резерв 预备队

Р резидент 特务组长；特情组长；(驻在外国的）间谍头目

р резонансный разрядник 谐振放电器

Р река 河，江（测绘）

р реле 继电器；发射机

Р рентген 伦琴（照射量单位）

р РиРЭБ рота разведки и РЭБ 侦察与无线电电子斗争连

Р ручной; ручное управление 手工的，手动的；手控，手操纵，人工操纵

Р типы радиостанций 无线电台型号（如 Р-163）

РаП распорядительный порт 分配港

РаС распорядительная станция 调度站；军运控制站

р и ртр радио и радиотехническая разведка 无线电和无线电技术侦察

р. рота 连

р.з. редкие земли 稀土族元素

р/н радионаправление 无线电专向；无线电方向

р/р рота регулирования 调整连

р/рота радио-рота 无线电连

р/с радиосеть 无线电通信网；天线系统

р/с рядовой состав 兵，列兵

Р-3 разведывательный самолет конструкции Туполева 图波列夫设计的侦察机

Р-400, Р-402 тип радиорелейных станций 无线电接力电台型号

Р-5 разведывательный самолет 侦察机

Р-600 радиорелейная система 无线电中继系统型号

РНД регулятор низкого давления 低压调节器

РА МВД Российская академия Министерства внутренних дел 俄罗斯内务部学院

РА радиационный анализ 放射性分析

РА разведывательная авиация 侦察航空兵

РА район аэродрома 机场地域

РА ракетная армия 导弹集团军

РА ракетная артиллерия 导弹炮兵，火箭炮兵

РА расширенная адресация 扩展地址

РА реактивная артиллерия 火箭炮兵；火箭炮

РА регулировка амплитудная 幅度调节

РА резонансная абсорбция 谐振吸收，共振吸收

РА рисовальный аппарат 绘图仪

РА Российская армия 俄罗斯军队

Ра рота автоматчиков 自动枪连，冲锋枪连

РА рулевой агрегат 操舵机，舵机

РА рупорная антенна 喇叭形天线

РА ТО рота аэродромно-технического обеспечения 机场技术保障连

РаАДн разведывательный артиллерийский дивизион 侦察炮兵营

РААКС российская ассоциация авиационных и космических страховщиков 俄罗斯航空航天保险联合会

РААП разведывательный артиллерийский полк 侦察炮兵团

РАБ радиоакустический буй 无线电声波浮标

РАБ район авиационного базирования 航空兵配置地域，航空兵驻扎地域

раб. работа 工作

Рабат рабочий батальон 作业营；装卸大队

рабр реактивная артиллерийская бригада 火箭炮兵旅

РАВ радиоактивное вещество 放射性物质

рав разведывательный артиллерийский взвод 炮兵侦察排

РАВ ракетно-артиллерийское вооружение 导弹（火箭）炮兵武器

РАВ Российское агентство по обычным вооружениям 俄罗斯常规武器代办处

равп разведывательный авиационный полк 侦察航空兵团

РАГ разведывательная авиационная группа 航空侦察联队；侦察航空兵群；侦察机群

Раг расчетно-аналитическая группа 计划分析组，计算分析班

РАГ резервная авиационная группа 后备机组，后备空军大队

РАГ российская авиационная группа 俄罗斯航空兵群

рад радиан 弧度

Рад радио 无线电

рад радиозавод 无线电工厂

рад реактивная артиллерийская дивизия 火箭炮兵师

РАД режим стрельбы с априорной дальности 臆断射击状态

РАД рокадная автомобильная дорога 横向道路，横贯路

радб радиобатальон 无线电营

РадБОсН радиобатальон особого назначения 特别无线电营

радиокип радиокомпарирование и пеленгация 无线电电磁场强测量及定向

РадООсН радиоотряд особого назначения 特别无线电大队

радп радиополк 无线电团

радПОсН радиополк особого назначения 特别无线电团

РАДрежим стрельбы с априорной дальности 臆断距离射击状态

РАЗ реле атомной защиты 核防护继电器

РАЗ самолет-разведчик 侦察机

разб разведывательная батарея 〈炮〉侦察连

РАИ радиоактивное излучение 放射性辐射，放射性照射

РАИ радиоактивный изотоп 放射性同位素

РАКА Российское авиационное космическое агентство 俄罗斯航空航天署

РакК ракетный канал 导弹通道

ракр разведко-авиационное крыло 侦察航空兵联队

Ракр разведывательное авиакрыло 侦察航空兵联队，侦察机联队

РАЛ распределительная абонентская линия 用户配电线路

РАМН российская академия медицинских наук 俄罗斯医学院

РАН распределитель активных нагрузок 有效负载分配器

Р

РАН российская академия наук 俄罗斯科学院

РАО радиационные отходы 辐射废料

РАО разведывательный авиационный отряд 空军侦察支队

РАООсН разведывательный авиационный отряд особого назначения 空军特别侦察中队

РАП радиолокационный прожектор 雷达探照灯

рап ракетно-артиллерийский полк 导弹炮兵团

РАП регистр адреса памяти 地址存贮寄存器

РАП реле автоматического пуска 自动起动继电器

РАРАН Российская академия ракетных и артиллерийских наук 俄罗斯导弹炮兵学院，俄罗斯导弹炮兵科学院

РАС разведывательная артиллерийская станция 炮兵侦察站

РАС релейная автоматическая система 继电器自动控制系统

РАС российское агентство по судостроению 俄罗斯造船署

РАСК ракетно-артиллерийские системы и комплексы 导弹炮兵体系

РАСП радиоастрономический пеленгатор 无线电天文方位仪

РАСТ расчетно-аналитическая станция 计算分析站

РАСУ российское агентство по системам управления 俄罗斯指挥系统局

РАТ регулировочный автотрансформатор 可调自耦变压器

РАТ релейный автотрансформатор 继电器自耦变压器

РАТО рота авиационно-технического обслуживания 航空技术勤务连

РАТУ расчетные атмосферные температурные условия 计算大气温度条件

РАУ ракетно-артиллерийское управление 导弹炮兵局；导弹炮兵控制（指挥）

РАУ ростовское артиллерийское училище 罗斯托夫炮兵学校

РАУ рулевой агрегат унифицированный 通用舵机

РАУ рулевой агрегат управления 操纵系统舵机

РАУ рулевой агрегат, унифицированный 通用舵机

РАУ рязанское артиллерийское училище 梁赞炮兵学校

РАФ-КВ-5 тип радиостанция 无线电台型号

РАЦ рота автоцистерн 液罐车连

РАЭ радиоактивный элемент 放射性元素

РАЯП регистр адреса ячейки памяти 地址存贮单元寄存器，地址存储

РБ радиационная безопасность 辐射安全

РБ радиоблок (радиозонда) （无线电探空仪的）无线电部件

РБ радиобюро 无线电中央室

РБ разведывательный батальон 侦察营

РБ разгонный блок 助推部件；加速装置

РБ ракетный блок 火箭弹吊舱

РБ ранцевый бурдюк 背式水囊

РБ расчетные боеприпасы 预计弹药

РБ реактивный бомбардировщик 喷气式轰炸机

РБ регулирующий блок 调节部件

РБ рейдовый буксир 停泊场拖船

РБ реле блокировки 联锁继电器，断路继电器

РБ ремонтная база 修理基地，修理厂，修理站

РБ ремонтный батальон 修理营

РБ речной буй 内河浮标

РБ решающий блок 关键性部件

РБ руководство по бомбометанию 轰炸指南

РБ ручная баба 手锤

РБГ разведывательно-боевая группа 侦察战斗组，侦察战斗群

РБД разведывательно-боевые действия 侦察战斗行动

РБД ракета ближнего действия 近程导弹

РБД реляционная база данных 相关数据库

рбетр рота бетонных работ 混凝土作业连

РБЗ разборное броневое закрытие 装配式装甲帽堡

РБК разовая бомбовая кассета 一次性炸弹架；一次性炸弹箱

РБМ радиостанция батарейная маломощная 小功率电池无线电台

РБМ радиостанция боевой машины 战斗车辆电台

РБМБ ракета ближнего маневренного боя 近距机动作战导弹

РБМК реактор большой мощности канальный 大功率压管式反应堆

РБН реактор на быстрых нейтронах 快速中子反应堆

РБП радиолокационный бомбардировочный прицел 雷达轰炸瞄准器

РБП руководство по боевой подготовке 作战训练指南，作战训练手册

РБр ракетная бригада 导弹旅，火箭旅

РБР рубеж боевого развертывания 战斗展开地区

РБСС ремонтная база средств связи 通信器材修理基地

РБТр рота бронетранспортеров 装甲输送车连

РБУ реактивная бомбометная установка 火箭式深水炸弹发射装置

РБУ рубеж безопасного удаления 安全距离线

РБЧ разделяемая боевая часть 〈箭〉可分离战斗部，可分离弹头

РБЭ радиобиологический эквивалент 放射生物当量

РВ Разведывательные войска 侦察兵

РВиА Ракетные войска и артиллерия 导弹与炮兵，导弹与炮兵部队

РВ рабочий взвод 作业排，装卸排

РВ радиовещание 无线电广播

РВ радиовзрыватель 无线电引信，雷达引信

РВ радиоволна 无线电波

РВ радиовысотомер 无线电高度表；测高雷达

РВ радиотехнический взрыватель 无线电技术引信

РВ район выжидания 待机地域，待命地区

РВ ракетные войска 导弹兵

РВ распределитель воздуха 空气分配器

РВ распределитель вызовов 呼叫分配器

Рв револьвер 左轮手枪

РВ регулятор винта 螺旋桨调节器

РВ регулятор возбуждения 激磁调节器

РВ редуктор воздуха 空气调节器，空气控制器

РВ редуцирующее вещество 还原剂；减速剂

РВ рекордный высотный самолет 高空创纪录飞机

РВ реле времени 时间继电器

РВ ремонт вагонов 车辆修理

РВ ремонтно восстановительный 修复的

рв ремонтный взвод 修理排

РВ рефрижераторный вагон 冷藏车厢

РВ род войск 兵种

рв рота выздоравливающих 康复连

РВ ртутный выпрямитель 汞弧整流器

РВ руль высоты 升降舵

РВА регулятор вибрационный 自动颤动调节器

РВБ ракета воздушного базирования 空基导弹，机载导弹

РВБ ремонтно-восстановительная бригада 修复作业队

РВБ ремонтно-восстановительный батальон 修复营

РВБ российская военная база 俄罗斯军事基地

РВБ рубеж ввода в бой 投入战斗线

рвбс ремонтно-восстановительный батальон связи 通信修复营

Рвбтт ремонтно-восстановительный батальон техники тыла 后勤装备修复营

РВВ реле включения возбуждения 激励接通继电器

РВВ реле включения-выключателя 开关接通继电器

РВГ ручные дымовые гранаты 发烟手榴弹

РВГК Резерв Верховного Главнокомандования 最高统帅部预备队

РВД реактивно-винтовой двигатель 螺旋桨式喷气发动机

РВД революция в военном деле 军事上的革命

РВД регулятор высокого давления 高压调节器

РВД реле высокого давления 高压继电器

РВДКУ Рязанское воздушно-десантное Краснознаменное училище 梁赞红旗空降兵学校

РВЗ радиоволновое высокочастотное зондирование 高频无线电波探测

РВЗ радиоволновое зондирование 无线电波探测

РВЗ регистр видимой записи 观测记录器

РВЗ рубеж выполнения задачи 遂行任务地区

РВК районный военный комиссариат; райвоенкомат 区兵役委员会，区兵役局

РВК реле времени контрольное 控制限时继电器

РВК российский воинский контингент (в составе международных миротворческих сил) 俄罗斯（在国际维和兵力编制内）的有限部队

РВКИУ Ростовское высшее командно-инженерное училище 罗斯托夫工程指挥学校

РВКР резонансное вынужденное комбинационное рассеяние 共振受激复合散射

РВМ радиосигнал времени Москвы 莫斯科时间无线电讯号

РВМ реле времени маятниковое 摆锤式定时继电器，摆锤式时间继电器

РВМБ ракетные войска мобильного базирования 机动导弹兵

РВМД район высадки морского десанта 登陆兵上陆地域

РВО регулировочная встречная обмотка 反接调整绕组

РВО реле включения обхода 旁路继电器

РВП радиовещательный передатчик 无线电广播发射机

РВП радиолокационный выносной планшет 雷达外置图板

РВП режим высококачественной печати 高质量打印状态

рвп ремонтно-восстановительный полк 修理团，修理修复团

РВП рубеж встречи с противником 与敌遭遇线

рвп АТ ремонтно-восстановительный полк автомобильной техники 汽车修复团

рвп БТ ремонтно-восстановительный полк бронетанковой техники 装甲坦克车辆修复团

рвп РАВ ремонтно-восстановительный полк ракетно-артиллерийского вооружения 导弹火炮装备修复团

РВПст район возможных положений средней траектории 平均弹道可能存在区域

РВПЦ район возможных положений цели 〈炮〉目标可能存在区域

РВР резидент военной разведки 侦察特情组长，军事情报特情组长

рвр ремонтно-восстановительная рота 修复连

РВР ремонтно-восстановительные работы 修复作业

рврс ремонтно-восстановительная рота связи 通信修理连

рвртт ремонтно-восстановительная рота техники тыла 后勤装备修复连

РВС радиовещательная станция 广播电台

РВС радиовысотомер стрелочный 指针式无线电测高计

РВС реле времени сигнализации 信号装置定时继电器

РВС рубеж ввода в сражение 进入交战线；进入交战地区

РВС ручная водолазная станция 轻便潜水装置

РВСБ ракетные войска стационарного базирования 地面固定基导弹兵

РВСН ракетные войска стратегического назначения 战略导弹兵

РВСП руководство по воздушно-стрелковой подготовке 空中射击训练指南

РВТ разъединитель высоковольтный тяговый 拉动式高压断路器

РВТ революционный военный трибунал 革命军事法庭

РВТД радиовысотомер дециметрового диапазона 分米波段无线电测高计，分米波段无线电高度表

РВУ радиовещательный узел 无线电广播站

РВУ радиовысотомер универсальный 通用无线电高度表

РВУ разъединитель высоковольтный внутренней установки 内装置高压断路器

РВУ регулирующее вычислительное устройство

调节计算装置

РВУС Рязанское военное училище связи 梁赞军事通信学校

РВЭ реле времени электронное 电子定时继电器，电子时间继电器

РГ рабочая группа 工作组

РГ разведывательная группа 侦察组

РГ рассеянный газ 散逸气体

РГ реактивная граната 火箭式榴弹

РГ резервуар горючего 燃料舱

РГ ремонтная группа 修理组

РГ реостат гермошлема 密封头盔变阻器

РГ Республиканская гвардия 共和国近卫军

РГ ромбическая горизонтальная антенна 菱形水平天线

РГ ротор генератора 发电机转子

РГ руль глубины (на подводных лодках) 〈潜〉升降舵

РГ ручная граната 手榴弹

РГ ручной гранатомет 轻火箭筒

РГА радиогеодезическая аппаратура 无线电大地测量设备

РГА регулятор гидростатического аппарата （鱼雷）定深器减压器

РГАБ радиогидроакустический буй 无线电声纳浮标；声纳浮标

РГАС радиогидроакустическая система 无线电声纳系统

РГАУ регистр арифметического устройства 运算装置寄存器

РГБ реактивная глубинная бомба 火箭式深水炸弹

РГБ рота глубокого бурения 深钻连

РГВА Российский государственный военный архив 俄罗斯国家军事档案

РГД ромбическая горизонтальная двойная антенна 双菱形水平天线

РГД ручная граната Дегтярева 杰格佳廖夫手榴弹

РГД ручная граната Дьяконова 季亚科诺夫手榴弹

РгИМ регистр индекса медификации 变址寄存器

РГК резерв Главного Командования 统帅部预备队

РгК «Юг» региональное Командование «Юг» 南部地区司令部

РГМ провод гибкий морской 海底软（电）线

РГМ расширенная графическая матрица 扩展图形阵，改进型图形显示

РГМ регулировочно-градуировочная мастерская 调整校准所

РГМ ремонтно-градуировочная мастерская 修理校准所

РГН работа с гражданским населением 民事工作

РГП регулятор гироприбора （鱼雷）回转仪减压器

РГПН реле готовности к приему нагрузки 准备接收负载继电器

ргпт рота гусеничных плавающих транспортеров 履带式水陆两用输送车连

ргр рота глубинной разведки 纵深侦察连

РГР рубочный горизонтальный руль 指挥室水平舵，指挥室升降舵

РГС радиолокационная головка самонаведения 雷达自导弹头，雷达寻的头

РГС радиоэлектронная головка самонаведения 头部无线电电子自导装置

РГС район гидрографической службы 水道测量（勤务）区

РГСН разведывательная группа специального назначения 特别任务侦察组

ргсп рота гусеничных самоходных паромов 履带式自行门桥连

РГТА рентгенотелевизионная аппаратура 伦琴射线透视设备，X 光透视设备

РГУ резервный групповой усилитель 备用群放大器

РГЧ ИН разделяющаяся головная часть индивидуального наведения 自主引导分导弹头

РГЧ разделяющаяся головная часть 霰射弹头，

子母弹头

РГЧИН разделяющаяся головная часть с индивидуальным наведением боеголовок 分导式霰射弹头，分导式子母弹头

РД радиационный дефект 辐射损伤，辐射缺陷

РД радиодальномер 无线电测距仪

РД радиоданные 通信诸元

РД радиолокационный дальномер 雷达测距仪，无线电定位测距仪

РД радиоэлектронная дезинформация 无线电虚假信息

РД разведчик дальний 远程侦察机

рд разведывательный дивизион 〈炮〉侦察营

РД разведывательный дозор 侦察群

РД разгонный двигатель 加速发动机

РД разность долгот 经（度）差

РД разрядный дроссель 放电抗流圈

рд ракетная дивизия 导弹师

РД ракетный двигатель 火箭发动机

РД распределительная доска 配电机

РД реактивный двигатель 喷气式发动机

РД региональное движение 区域性运动

РД регулятор давления 压力调节器，调压器

РД рейсовые данные (о судне) （船舶）航行数据

РД ремонтная документация 修理资料

РД ретранслятор дальномера 测距应答机

рд Резерфорд 卢（瑟福）（测量物资放射性的单位）

РД руководящий документ 指导性文件

РД рулевой датчик 舵传感器

РД рулежная дорожка (на аэродроме) （机场上的）滑行道

РД рюкзак десантника 空降兵背囊

РД-5 тип регулятора давления 压力调节器

РДА регулятор давления автоматический 压力自动调节器

РДА ручной дыхательный аппарат 手工呼吸器

РДБ разведывательно-диверсионный батальон 侦察破坏营

РДВ регистратор дальности видимости 能见距离记录器，视距记录器

РДВ регулятор давления воздуха 空气压力调节器

РДВ регулятор давления и вакуума 真空压力调节器

РДГ разведывательно-десантная группа 空降侦察组；登陆侦察组

РДГ разведывательно-диверсионная группа 侦察破坏组

РДГ ручная дымовая граната 烟幕手榴弹，发烟手榴弹

РДГП радиодальномерная гидрографическая партия 无线电海道测距分队（海军）

РДД ракета дальнего действия 远程导弹

РДДКОИ расширенный двоично-десятичный код обмена информацией 扩展二—十进制转换码

РДж радиодежурный 无线电值班员

РДМ рота дегазации местности 地面消毒连

РДн ракетный дивизион 导弹营

РДНС разностно-дальномерная навигационная система 差分测距导航系统

РДНС разностно-дальномерная навигационная станция 分布式视距导航站

РДО ракетный двигатель ориентации 定向喷气发动机

РДО реакция на движущийся объект 对活动目标的反应

рдо рота дегазации обмундирования 服装消毒连

рдос рота дегазации обмундирования и снаряжения 服装和装具消毒连

РДП работа дизеля под водой 柴油机水下工作

РДП радиодиспетчерский пункт 无线电调度站

РДП ранцевый дегазационный прибор 背囊式消毒仪器

РДП регулятор давления пара 蒸汽压力调节器

РДП регулятор давления пилотный 驾驶仪油压调节器

РДП ручной дегазационный прибор 手压消毒器

РДПВ работа двигателя под водой 发动机水下作业

РДР программа по разоружению, демобилизации

Р

и реинтеграции 解除武装、复员和再整合计划

РДР радиационная разведка 辐射侦察

РДР разведывательно-диверсионная резидентура 敌特侦察破坏组

РДРНС разностно-дальномерная радионавигационная система 差分测距无线电导航系统

РДС радиодальномер самолетный 航空无线电测距仪

РДС радиостанция дальней связи 远距通信电台

РДС район диспетчерской службы 调度（勤务）区

РДС резервная движительная система 备用推进系统

РДС реле давления сигналов 信号压力继电器

рдс рота дальней связи 长途通信连

РДСТ ракетный двигатель на смешанном топливе 混合燃料火箭发动机

РДТТ ракетный двигатель твердого топлива 固体燃料火箭发动机

РДУ радиодальномерное учение 雷达测距演习

РДУ ракетная двигательная установка 火箭发动机，火箭发动装置

РДУ регулятор давления усиления 压强增益调节器

РДУЩ регулятор давления усиленного действия щитового монтажа 仪表盘安装强压调节器

РДХ разборное деревянное хранилище 可拆卸的木质库房

РДЩ регулятор давления щитового монтажа 仪表盘安装压力调节器

реабатр реактивная артиллерийская батарея 火箭炮连

ребатр реактивная батарея 火箭炮兵连

ревп револьверные патроны 转轮手枪弹

Рег регистр 寄存器；计数器；记录器，记发器

РЕД реактивный дивизион 火箭炮营

резСУ резервная система управления 备用控制系统，备用管理系统

Рекогн рекогносцировка 勘察，现地勘察；选点

рема реактивно-минометный артиллерийский 火箭迫击炮兵的

ремап Реактивно-минометный артиллерийский полк 火箭炮团

ремрот ремонтная рота 修理连

РеспВК военный комиссариат республики 共和国兵役委员会，共和国兵役局

РеспПСВ республиканский пункт сбора военнообязанных 共和国预备役军人集中站

РеспПСТ республиканский пункт сбора техники 共和国技术装备集中站

Ретр ретрансляция 转信

речфлот речной флот 内河船队

р-ж рубеж 边界，界线

рж рег. рубеж регулирования 调整地区，调整线

РЖД рокадная железная дорога 横向铁路，横贯铁路

РЖД Российские железные дороги 俄罗斯铁路

РЗ радиоактивное заражение 放射性沾染

РЗ радиозонд 无线电高空测候器，无线电探空仪

РЗ разрешение захвата 允许截获；允许攻占

РЗ район заражения 沾染地域，染毒地域

РЗ район землетрясения 地震地区，震区

РЗ ракетный залп 导弹齐射

РЗ ракетный заряд 导弹装药

РЗ расходный запас 消耗储备（量）

РЗ регулятор заряда 充电调节器

РЗ резервная застава 预备边防小队，预备边防哨

РЗ реле заземления 接地继电器

РЗ реле защиты 保护继电器

РЗ релейная защита 继电保护

рз ремонтный завод 修理厂

РЗ рота засечки 测向连

РЗ ротный запас 连预备队

РЗ ручной захват 手控截获

РЗАК рота заготовки конструкций 构件制作连

РЗАП резервный авиационный полк 预备队航空兵团

РЗВ разведывательный зенитный взвод 高射火器侦察排，高炮侦察排

РЗВС реле звуковой сигнализации 声音信号继电器

Р

РЗГ рота заправки горючим 加油连

РЗД разведывательный зенитный дозор 对空侦察群；高炮侦察群

РзК разведывательный корабль 侦察艇；勘测船

РЗМ радиоактивное заражение местности 地面放射性沾染

РЗОС радиоактивное загрязнение окружающей среды 环境辐射污染

РЗП радиоактивное загрязнение почвы 土壤辐射污染

РЗП реле защиты, промежуточное 中间保护继电器

РЗСС ремонтный завод средств связи 通信器材修理厂

РИ ВДВ Рязанский институт Воздушно-десантных войск 梁赞空降兵学院

РИ Р распределитель импульсов разрядный 位脉冲分配器

РИ радиоизотоп; радиоизотопный 放射性同位素；放射性同位素的

РИ радиолокационный измеритель 雷达测量仪，无线电定位仪

РИ радиолокационный имитатор 雷达模拟器

РИ распределитель импульсов 脉冲分配放大器

РИ реактивный истребитель 喷气式歼击机

РИ регистратор импульсов 脉冲记录器

РИ регистровый искатель 记发（器）选择器

РИ регулировка интегральная 积分调节

РИ режим имитостойкий 反敌机模拟我机应答信号状态

РИ рекурсивная игра 递归推演

РИ реликтовое излучение 残余辐射

РИА радиоиммунный анализ 放射免疫分析

РИА Российское информационное агентство 俄罗斯新闻社

РИАЦ региональный информационно-аналитический центр 地区信息分析中心

РИАЦ Российский информационно-аналитический центр 俄罗斯情报分析中心

РИВЦ региональный информационно-вычислительный центр 地区信息计算中心

РИВЦ республиканский информационно-вычислительный центр 共和国信息计算中心

РИГ ПН районная инспекция государственного пожарного надзора 区消防监督局；区消防监督机构

РИДСН радио-инерциально-допплеровская система навигации 多普勒无线电惯性导航系统

РИДТ радиолокационный имитатор движущей техники《БУКАШКА》“瓢虫”运动中技术装备雷达模拟器

РИЗВ распределитель импульсов записи воспроизведения 回放记录脉冲分配器

РИИ Российская информационная инфраструктура 俄罗斯信息基础设施

РИК распределитель импульсов канальный 信道脉冲分配器

рик рота инженерных конструкций 工程结构连

РИЛ регулируемая искусственная линия 可调仿真线

РИЛ реле импульсов лага 测程仪脉冲继电器

рим рота инженерных машин 工程机械连

РИН реле исчезновения напряжения 电压消失继电器

РИО регистр идентификации оборудования 设备识别寄存器

РИО редакционно-издательский отдел 编辑出版部

РИП радиолокационный испытательный прибор 雷达测试仪器

РИР рота инженерной разведки 工程勘探连

РИС радиолокационная инженерная служба 雷达工程勤务

РИС радиолокационный измеритель скорости 雷达测速器

РИС региональная информационная сеть 区域信息网；区域情报网

РИС реле импульсной сигнализации 脉冲信号继电器

рис. рисунок 图，插图

РИСИ Российский институт стратегических исследований 俄罗斯战略研究所

Р

РИСН радиоинерционная система навигации 无线电惯性导航系统

РИФР радиоимпульсный фазовый различитель 无线电脉冲相位鉴别器

РИЦ ГШ редакционно-издательский центр Генерального штаба 总参出版中心

РИЦ разведывательный информационный центр 侦察情报中心，侦察信息中心

РИЦ Российский информационный центр 俄罗斯信息中心

РИЭС разведка источников электромагнитных сигналов 电磁信号源探测

РИЯИ радиоактивные изотопы и ядерные излучения 放射性同位素与核辐射

РК радиационный контур 辐射电路，辐射回路

РК радиокабель 无线电电缆

РК радиоканал 无线电信道

РК радиокомандная система 无线电指挥系统

РК радиокомандный 无线电指挥的

РК радиокомпас 无线电罗盘，无线电罗经

РК радиокомплекс 无线电全套设备

РК радиокоррекция 无线电校正

РК радиотелеграфный канал 报路，无线电报波路

РК радиочастотный кабель 射频电缆

РК раздаточная коробка 分动器；分动箱

РК разделимый код 混合码，可区分码

РК разовая команда 一次性指令

РК ракетный катер 导弹艇

РК ракетный комплекс 导弹综合体

РК распределитель каналов 波道分配器

РК распределительная кабина 配电舱

РК распределительная коробка 分配箱

РК распределительный канал 配线管路；配水渠

РК реактивная катушка 扼流线圈；电抗线圈

РК реакторный корпус 反应堆壳体，反应堆安全壳

РК регистр команд 指令寄存器

РК регламентный контроль 操作规程检查

РК регулировка контроля 控制调整

РК регуляторная коробка 调节箱，调节盘

РК редуктор кислородный 氧气减压器

РК редукционный клапан 减压阀

РК рейдовый катер 交通艇

РК реле компрессора 压缩器继电器

РК реле конечное 终端继电器

РК реле контрольное 控制继电器，监视继电器；核对继电器型号

РК реле контроля 控制继电器；监测继电器

РК релейный комплект 继电器组

РК ретрансляция кадров 帧中继

РК речевой канал 音频电路；话路

РК рифовый комплекс 礁体

РК русский, Котельникова (парашют) 俄制科捷里尼科夫降落伞

РК-1 тип кабеля в радиостанциях 无线电电缆型号

РК-5 кабель высокочастотный 高频电缆型号

РКА Российское космическое агентство 俄罗斯航天署

РКАБ большой ракетный катер 大型导弹艇

РКАПК ракетный катер на подводных крыльях 导弹水翼艇

РКБ расснаряжение крупных боеприпасов 大块弹药卸装药

РКВ регулятор количества воды 水量调节器

РКВ реле контроля включения 闭合电路控制继电器

РКВ реле круглое, вибратор 圆形继电器，振荡器

РКВВ Российский комитет ветеранов войны 俄罗斯老战士委员会

РКВВиВС российский комитет ветеранов войны и военной службы 俄罗斯老战士协会

РКВП ракетный корабль на воздушной подушке 气垫导弹舰

РКГ ручная (противотанковая) кумулятивная граната 空心装药（反坦克）手榴弹

РКГ ручная противотанковая кумулятивная граната 反坦克空心装药手榴弹

РКД реле контроля давления 压力控制继电器

РКЗ регистр кода завершения 完成（状态）码寄存器

РКЗ реле контроля защиты 保护控制继电器

РКИ разрешение кода информации 信息编码解码

РКИ реле контроля изоляции 绝缘控制继电器

РКК ракетно-космическая корпорация 火箭航天公司

РКК ракетно-космический комплекс 航天火箭综合体，全套航天火箭设备

РКЛ реле контроля линии 线路控制继电器

РКМ разностно-кодовая модуляция 差分编码调制

РКМ район кабельный магистрали 电缆干线区

РКМ ракетный катер малый 小型导弹艇

РКН ракета космического назначения 太空火箭，宇宙火箭，航天火箭

РКН редукционный клапан надува 进气压力减压阀

РКН реле контактора напряжения 电压开关继电器

РКН реле контроля напряжения 电压控制继电器

РКН реле круглое нормальное 标准圆形继电器

РКО радиоконтроль орбиты 无线电轨道控制，轨道无线电监视

РКО ракетно-космическая оборона 太空导弹防御

РКО реле контроля отключения 断开电路控制继电器

РКП работа компрессора 压缩机工作

РКП ракетно-космическая промышленность 航天火箭工业

РКП расчет кинематических поправок 动态修正值计算

РКПС радиоизмерительный контрольный приборный состав 无线电测量检查仪

РКРС резонансное комбинационное рассеяние света 共振复合光散射

РКРТ режим контроля ракетных технологий 导弹工艺检验制度

РКС радиоконтрольная станция 无线电监控站，无线电检查站

РКС радиостанция контрольная 无线电控制台，纠察台

РКС разведывательная космическая система 航天侦察系统，太空侦察系统

РКС ракетно-космическая система 宇宙火箭系统，航天火箭系统

РКС реле квитирующих сигналов 回复信号继电器

РКС реле контроля синхронизма 同步电路控制继电器

РКС реле контроля скорости 速率检测继电器

РКСН ракетный комплекс стратегического назначения 战略导弹综合体

ркт ракетная техника 导弹技术；火箭技术

РКТ ракетно-космическая техника 航天火箭技术装备

РКУ радиокурсовой угол 无线电相对方位角，无线电航向角

РКЦ релейно-кодовая централизация 继电电码式集中装置

РКШУ республиканское командно-штабное учение 共和国首长参谋部演习

РЛ радиолампа 无线电电子管

РЛ радиолиния 无线电线路

РЛ радиолокатор 雷达，无线电定位仪

РЛ радиолокационная станция 雷达站

РЛ радиолокация; радиолокационный 雷达学；雷达的

рл разграничительная линия 分界线

РЛ реле линейное 线路继电器

РЛ рентгенолюминесцентный анализ X 射线荧光分析

РЛ рулетка с лотом 带测深锤的卷尺

РЛА радиолокационная аппаратура 雷达设备，无线电定位设备

РЛА реактивный летательный аппарат 火箭飞行器；喷气式飞机

рлад радиолокационный артдивизион 雷达炮兵营

рлб радиолокационная батарея 雷达炮兵连

рлб радиолокационный батальон 雷达营

РЛБ радиолокационный бомбоприцел 雷达轰

P

炸瞄准具

РЛБО радиолокатор бокового обзора 侧视雷达，侧视无线电定位器

РЛВ радиолокационное вооружение 雷达装置，无线电定位设备

рлв радиолокационный взвод 雷达排

РЛГ радиолокационная группа 雷达群

РЛД радиолокационный дозор 雷达侦察群

РЛДН радиолокатор дозора и наблюдения 雷达巡逻与侦察

РЛДН радиолокационный дозор и наведение 雷达搜索与制导

РЛДН самолет радиолокационного дозора и наведения А50 “А50”预警机

РЛИ радиолокационная информация 雷达情报，雷达信息

РЛИ радиолокационное изображение 雷达显示

РЛИ радиолокационное имущество 雷达器材，雷达设备

РЛИ радиолюминесцентный источник 放射性光源

РЛИ рентгенологическое исследование X 射线检查

РЛК радиационно-легированный кремний 辐射掺杂硅

РЛК радиолиния команд 无线电指令线路

РЛК радиолиния командования 指挥部无线电线路

РЛК радиолокационный комплекс 全套雷达装置

РЛК радиолокационный контроль 雷达监测，无线电定位监测

рлк радиолокация 雷达学，无线电定位学

рлк радиолокация, радиолокационный 雷达学，无线电定位学；雷达学的，无线电定位学的

РЛК релейная линия команд 中继指令线

РЛМ радиолокационная маркировка 无线电标记

РЛМ радиолокационная маскировка 雷达伪装

РЛМСА радиолокационная метеорологическая станция автомобильная 车载雷达气象站（台）

РЛН радиолокационное наблюдение 雷达观察，雷达探测

РЛО радиологическое оружие 放射性武器

РЛО радиолокатор обнаружения 探测雷达，搜索雷达

РЛО радиолокационное обеспечение 雷达保障

РЛО радиолокационное оборудование 雷达设备

РЛО радиолокационное опознание 雷达识别

РЛО радиолокационный ориентир 雷达定向物，雷达定向标

РЛО радиолокационный ответчик 雷达应答器

рло рота легких огнеметов 轻型喷火器连

РЛП МП радиолокационный пост малой производительности 小型雷达站

рлп радиолокационный полк 雷达团

РЛП радиолокационный пост 雷达站，雷达哨

рлпо рота легких пехотных огнеметов 轻型步兵喷火器连

РлПР радиолокационный приемник 雷达接收机

РЛР радиолокационная разведка 雷达侦察

РЛС ОЦУ радиолокационная станция обнаружения и целеуказания 搜索与目标指示雷达

РЛС ПиНР радиолокационная станция подсветки целей и наведения ракет 目标照射与导弹引导雷达

РЛС радиолокационная линия связи 雷达通信线路

РЛС радиолокационная сеть 雷达网

РЛС радиолокационная система 雷达系统，无线电定位系统

РЛС радиорелейная линия связи 无线中继通信线路，接力通信线路

РЛС СА радиолокационная станция с синтезированной аппаратурой 带综合设备的雷达站

РЛСА радиолокационная станция артиллерийская 炮兵雷达站

РЛСА радиолокационная станция артиллерийской разведки 炮兵侦察雷达（站）

РЛСБО радиолокационная система бокового обзора 侧视雷达系统，侧视无线电定位系统

РЛСБР радиолокационная станция ближней разведки 近距雷达侦察站

РЛСВР радиолокационная станция визирования

Р

ракеты 导弹观测雷达（站）

РЛСВЦ радиолокационная станция визирования цели 目标观测雷达（站）

РЛСКО радиолокационная станция кругового обзора 环视雷达（站）

РЛСМ радиолокационная станция противоминного наблюдения 防（水）雷观察雷达（站）

РЛСН радиолокационная станция надводного (наблюдения) 监视（观察）雷达站

РЛСНО радиолокационная станция наводного обнаружения 水面警戒雷达（站）

РЛСО радиолокационная станция обнаружения 探测雷达，警戒雷达

РЛСП радиолокационная станция передвижная 移动式雷达（站）

РЛСП радиолокационная станция подвижная 机动雷达站，机动雷达

РЛСР радиолокатор слежения за ракетой 火箭跟踪雷达，导弹跟踪雷达

РЛСРНДЦ радиолокационная станция разведки наземных движущихся целей 地面运动目标侦察雷达（站）

РЛСУ радиолокационная система управления 雷达控制系统

РЛСУС радиолокационная станция управления огнем 火控雷达

РЛСУС радиолокационная станция управления стрельбой 射击指挥雷达

РЛСЦ радиолокатор слежения за целью 目标跟踪雷达

РЛТС радиолокационная телевизионная станция 雷达电视站

РЛУ радиолокационный узел 雷达枢纽部

РЛЦ радиолокационный центр 雷达中心

РЛЭ руководство по летной эксплуатации 飞行员驾驶守则，飞行操作指南

рлю радлюкс 辐射用勒克斯（发光度单位）

РМ радиомаркер 无线电指点标，无线电信标

РМ радиометр малогабаритный 小型射线探测仪，小型辐射计

РМ радиопоглощающий материал 吸波材料

РМ разводная машина 平展机，展平机，展边机

РМ разъединитель мощности 功率断路器

РМ разъем малогабаритны 小型插头

РМ реактивные минометы 火箭炮

РМ реле магнитное 磁力继电器

РМ реле максимального тока 过（电）流继电器

РМ реле максимальное 过载继电器，过电流继电器

РМ реле мгновенное 瞬时继电器

РМ ремонтная мастерская 修理厂，修理所；修械所

РМ рефлективный метод 反射波法

РМ речная мина 江河水雷

РМ ротный миномет 连迫击炮

РМ рулевая машина 舵机；操舵机

РМ рулевые машинки 舵机；操舵机（航仪）

РМА региональная магнитная аномалия 区域磁力异常

РМВ реальный масштаб времени 时间实际标度，实时

РМД ракета малого действия 短程导弹

РМД регулятор минимального давленая 微压调节器

РМЗ распознавание магнитных знаков 磁信号识别

РМЗГ рота массовой заправки горючим 大容量加油连

РМЗТГ район массовой заправки техники горючим 大容量加油区

РМИ радиомагнитный индикатор 无线电磁指示器

РМИНТ рота минных тралов 扫雷器连

РМИСК рота миноискателей 探雷器连

РМК рабочее место командира 指挥员工位

РМК разборный металлический копер 可拆卸的金属打桩机

Рмк/д/ радиомаяк (дальнего действия) 远距无线电指标台，远距无线电指向台

Рмк/м/ радиомаяк (мал.действия) 短距无线电信标

Рмк/н/ радиомаяк (направленного действия) 定

Р

向无线电信标

РММ разборный металлический мост 可拆卸金属桥

РММ ремонтно-механическая мастерская 机械修理车间，机械修理所

РМНС рабочее место начальника связи 通信主任工位

РМО рабочее место оператора (операторов) 操纵手工位

рмо рота материального обеспечения 物资保障连

РМОР рижский морской оборонительный район 里加海防区

РМП разъединитель мощности с пофазным управлением 逐相控制功率断路器

РМП расчетная модель переменного тока 交流模拟计算装置

рмп рота морской пехоты 海军陆战连

РМП ротный медицинский пост (пункт) 连救护所

РМП ротный медицинский пункт 连卫生站

РМС ремонтно-механическая станция 机械修理站，机修站

РМС рычажный магазин сопротивления （杠）杆式电阻箱

РМСГ ремонтная мастерская службы горючего и смазочных материалов 燃滑材料器械修理所

РМСП район массовых санитарных потерь 大批卫生减员区

РМССА ремонтная мастерская средств связи армии 集团军通信器材修理所

РМССД ремонтная мастерская средств связи дивизии 师通信器材修理所

РМССК ремонтная мастерская средств связи корпуса 军通信器材修理所

РМТО рота материально-технического обеспечения 物资技术保障连

РМТП рабочее место технического персонала 技术人员工位

рму рота медицинского усиления 卫生加强连，加强救护连

рму рота мостоукладчиков 架桥车连

РМХ разборное металлическое хранилище 可拆卸金属架库房

РМЦ радиометеорологический центр 无线电气象中心

РМЦ реактивная масляная центрифуга 反冲式滑油离心机

РМЦ Российский миротворческий центр 俄罗斯维和中心

РМЧ разность меридиональной части 渐长纬度差

РМШ резинометаллический шарнир 橡胶金属铰链，橡胶金属接头

РН = НР настроенный рефлектор 调谐反射器

РН радионавигация 无线电导航

РН разговорная нагрузка 通话负载

РН ракета-носитель 运载火箭

РН ракетоноситель 导弹运载工具；运载火箭

РН распределитель направлений 方向分配器

РН реле направления 定向继电器

РН реле нулевое 无（电）压继电器；零位继电器

РН ртутный насос 水银泵

РН руль направления 方向舵

РН рядовой нестроевой 非战斗士兵

РНА регулируемый направленный анализ 可调定向分析

РНБ радар наземного базирования (США) （美国）陆基雷达

РнВП район встречи с противником 与敌遭遇区

РНГ регулятор напряжения генератора 发电机电压调节器

РнГУ рентгеновская группа усиления X射线加强组

РНДЦ разведка наземных движущихся целей 侦察地面移动目标

РНЗ реле нормально закрытое 常闭继电器

РНИИ Реактивный научно-исследовательский институт 喷气科学研究所

РНН реле нулевого напряжения 零电压继电器

РНО реле нормально открытое 常开继电器

Р

РНП регулируемый и направленный прием 可调定向接收

РНП радионаблюдательный пункт 无线电观察所，无线电观测站

РНП радионавигационные параметры 无线电导航参数

РНП радионавигационный пост 导航站

РНП радионавигационный пункт 无线电导航站

РНП регулируемо-направленный прием 可控定向接收

РНП регулируемый направленный пучок 定向光束，定向射线束

РНП режим непрерывной пеленгации 连续测向方式，连续定向状态

РНП реле направления перетока 定向过电流继电器

РНС радионавигационная система 无线电导航系统

РНС радионавигационная станция 无线电导航台

РНС радионавигационные средства 无线电导航设备

РНСС радионавигационная спутниковая служба 卫星无线电导航勤务

РНТ радионавигационная точка 〈空〉无线电导航点

РНТ реле нулевого тока 零电流继电器，无电流继电器

Робн режим обнаружения 探测方式

РО рабочий отсек 工作舱

РО радиоактивные отходы 放射性废料

РО радиоотметчик 无线电信号显示器

РО радиоотражатель 无线电反射器

РО радиоэлектронное оборудование 无线电电子设备

РО разведывательное отделение 侦察科；侦察班

РО разведывательный орган 侦察机关

РО разведывательный отдел (разведотдел) 侦察处，情报处

РО разведывательный отряд 侦察队；侦察中队

РО разупорядоченная область 无序区

РО ракетное оружие 导弹武器

РО ранцевый огнемет 背囊式喷火器

РО реакторное отделение (на АЭС) （核能发电站）反应堆舱

РО регулярный обзор 定时扫描

РО реле-ограничитель 限幅继电器

РО = ро разведывательный орган 侦察机关

РО розыскной отдел 侦讯处

РО рота обеспечения 保障连

РО рота обслуживания 勤务连

РО ручная ориентация 人工定向

РО ручной огнемет 便携式火焰喷射器，手提喷火器

РОАП Российская организация армейских профессионалов 俄罗斯军队专业人员组织

РОБ район обеспечения 物资保证区；后勤保障区

РОБОП региональный отдел борьбы с организованной преступностью 地区反有组织犯罪处

РОВ район обнаружения возможных целей 可能目标探测区

РОВ район особого внимания 特别注意地域

РОВД районный отдел внутренних дел 区内务处

РОВЦ рубеж обнаружения воздушных целей 对空搜索线

РОГ рабочая обмотка генератора 发电机工作绕组

РОГ режим окончательной готовности 最终准备状态

РОГ ручная осколочная граната 碎片杀伤手榴弹

Рож район ожидания 等待地域；待机地域；待运地域

РОИ распределенная обработка информации 信息分布式处理

РОК разведывательно-огневой комплекс 侦察火力系统，定位火力系统

РОКК Российское общество Красного креста 俄罗斯红十字会

рокр КО радиооптический комплекс распознавания космических объектов 太空目标无线电光学识别系统，空间目标无线电光学识别系统

РОЛ разность отсчета лага 计程仪读数误差

РОМ разведчик открытого моря (самолет) 公海侦察（飞机）

РОМ районное отделение милиции 区警察分局

РОМ растровый оптический микроскоп 光栅光学显微镜

РОМУ радиолокационный отражатель металлический уголковый 雷达金属角反射器

РОН радиостанция особого назначения 特别任务电台

РОН регистр общего назначения 通用寄存器

РОНТИ редакция оперативной научно-технической информации 作战科技情报编辑部，战役科技情报编辑部

РОО разведывательно-огневая операция 火力侦察行动

РОО реостат обогрева одежды 飞行服加温变阻器

РООП ранцевый огнетушитель-опрыскиватель пневматический 背囊式气动喷雾灭火器

РОП район огневого поражения 火力杀伤地域

РОП район огневых позиций 发射阵地地域

РОП ротный опорный пункт 连支撑点

РОРС ремонтно-оперативная радиосвязь 无线电维修勤务通信

РОС разведотельно-огневая система 火力侦察系统

РОС ракетная оборонительная система 导弹防御系统

РОС расчетное огневое средство 班组火器

РОС решающая обратная связь 主要反馈通信

РОСТО Российское оборонное спортивно-техническое общество 俄罗斯国防体育技术联合会

РОТ расцепитель обратного тока 反向电流断路器

РОТ регулирующий орган температуры 温度调节器，调温器

РОТ реле обратного тока 逆电流继电器，反向电流继电器

ротот рота танковых огневых точек 坦克发射点连

РОУ редукционно-охладительное устройство 减压冷却装置

РОУ ручной огнетушитель углекислотный 手提式二氧化碳灭火器

роу ККП радиооптический узел контроля космического пространства 宇宙空间监测无线电光学枢纽

рохз рота охраны и химической защиты 警卫和防化连

РОЦУ рота обнаружения и целеуказания 探测和目标指示连

РП рабочая память 工作存贮器

РП рабочая программа 工作程序；作业程序

РП радиационный пояс 辐射带

РП радиоактивная пыль 放射性尘埃

РП радиолокационный прицел 雷达瞄准具

РП радиометр полевой 野战辐射计，野战射线探测仪

РП радиопеленг 无线电方位；无线电定位

РП радиопеленгатор 无线电测向仪，无线电定向台

РП радиопеленгация 无线电测向，无线电定向

РП радиопередатчик 无线电发射机

РП радиоподавление 无线电压制

РП радиопомехи 无线电干扰

РП радиоприемник 无线接收机

РП радиопрожектор 雷达探照灯；锐定向无线电发射台

РП радиостанция переносная 便携式电台

РП радиус поражения 杀伤半径，毁伤半径

РП разведка погоды 气象侦察

РП разведка радиопеленгацией 无线电测向侦察

РП разведывательная партия 侦察队；侦察组

РП разведывательный пост 侦察站，侦察哨

РП разведывательный приемник 侦察接收机；雷达侦察仪

РП разведывательный пункт 侦察所，侦察站

РП разговорный переключатель 通话键

РП разрядный преобразователь 电荷变换器

РП район падения 命中区，弹着区；溅落区

РП ракетно-парковый 导弹场的，导弹库的

РП ракетный планер 火箭翼板

РП ракетный полк 导弹团

РП ракетный прибор 火箭指示器

РП распорядительный пост 管理站，调度站

РП распорядительный пункт 调度站

РП распределительный пост 配电站，配电所；分配站

РП распределительный пункт 配电站

РП регенеративный патрон 还原药筒，再生罐

РП регенерационный пункт 再生站

РП регистрирующий прибор 寄存器；记录器

РП регулировочный пост 控制室，控制台

РП резервуарный парк 油罐区，储罐区；储罐总数

РП рейдовый причал 系泊船位，系泊泊位

РП реле противовключения 反接继电器

РП реле пуска 起动继电器

РП ремонтный парк 修理场

РП ротный пост 连站

РП ротный пулемет 连属机枪

РП руководитель полетов 〈航〉飞行指挥员

РП рулевой привод 转舵装置；转向传动装置

РП ручной подогреватель 手摇预热器，手摇加温器

РП ручной пулемет 轻机枪

РП рычажный переключатель 叉簧；钩钥；杠杆开关

РПС реле проверки синхронизации 同步检查继电器

РПА помещение радиоприемное аппаратное 无线电接收己方，报房

РПА рубеж перехода в атаку 转入冲击地线，发起冲击地线

РПА рупорно-параболическая антенна 喇叭形抛物面天线

РПАП реле переключения аэродромного питания 机场电源转换继电器

рпб Радиопеленгаторный батальон 无线电测向营

РПБ ротный пункт боепитания 连弹药所

РПВ регулятор подачи воздуха 供气调节器

РПВ реле промежуточного включения 中间合闸继电器

РПВ рота полевого водоснабжения 野战给水连

РПВРД ракетно-прямоточный воздушно-реактивный двигатель 冲压式火箭喷气发动机

РПГ разведывательная пешая группа 步兵侦察组

РПГ разведывательно-поисковая группа 侦察搜索组

РПГ реактивный противотанковый гранатомет 反坦克火箭筒

РПГ региональная преступная группировка 区域性犯罪集团

РПГ режим промежуточной готовности 中间准备状态

РПГ ручная противотанковая граната 反坦克手榴弹

РПГ ручной противотанковый гранатомет 轻型反坦克火箭筒

РПГС радиолокационная полуактивная головка самонаведения 半主动雷达自导引头

РПД радиопротиводействие 无线电对抗

РПД район полуавтономного действия 半自主行动地域，半自主作战地域

РПД ракета с пороховым двигателем 固体燃料（发动机）火箭

РПД ракетный прямоточный двигатель 冲压式火箭发动机

РПД регулятор постоянного давления 定压调压器

РПД реле пуска дизель-генератора 柴油发电机起动继电器

РПДА радиопередающая аппаратура 无线电转发器

рпдн ракетно-парковый дивизион 导弹库营，导弹养护营

рпдн Реактивный погребной дивизион 火箭仓库营

РПДУ радиопередающее устройство 无线电发射装置

РПЖ регулятор подачи жидкости 供液（体）调节器

P

РПК радиолиния передачи команд 发射指令的无线电电路，发射指令的无线电通道

РПК радиолокационно-приборный комплекс 雷达仪表系统，雷达仪表设备

РПК радиопередатчик команд 指令无线电发射机，指令无线电发信机

РПК радиопередатчик командный 指挥无线电发射机，指挥无线电发信机

РПК радиополукомпас 无线电半罗盘

РПК радиоприборный комплекс 全套无线电仪器；雷达指挥仪

РПК ракетный подводный крейсер 重型导弹潜艇

РПК регулятор подачи кислорода 供氧调节器

РПК резерв и подготовка кадров 干部储备与培训

РПК ручной пулемет Калашникова 卡拉什尼科夫轻机枪

РПКБ региональный пост контроля безопасности 地区安全检查站

РПКО радиополукомпас-ответчик 无线电半罗盘应答机

РПКС ручной пулемет Калашникова со складывающимся прикладом 卡拉什尼科夫枪托折叠式轻机枪

РПКСН ракетный подводный крейсер стратегического назначения 重型战略导弹潜艇

РПЛ ракетная подводная лодка 导弹潜艇

РПЛСН ракетная подводная лодка стратегического назначения 战略导弹潜艇

РПМ радио поглощающий материал 无线电吸收材料

РПМ радиопрозрачная маска «Башня» “塔楼”无线电透明遮障

РПМ разъяснительно-профилактические мероприятия 解释与防范措施

рпм рота подводных мостов 水下桥梁连

РПМ ротный пункт медицинской помощи 连救护所，连医疗所

РПМДес район посадки морского десанта 海军陆战队登陆区

РПМК радиопеленгационный метеорологический комплекс 无线定位气象系统

РПН радиолокатор подсвета и наведения 照射导引雷达，照射制导雷达

РПН регулярная проволочная насадка 规则金属丝添料

РПН реле пониженного напряжения 低电压继电器

РПН реле противовключения для хода назад 逆动反接继电器

РПН ручной пожарный насос 轻型灭火水泵，手摇消防泵

РПО радиолокатор переднего обзора 前视雷达

РПО радиолокационный пост обнаружения 探测雷达站

РПО ранцевый противотанковый огнемет 背囊式反坦克喷火器

РПО регулятор постоянных оборотов 固定转速调节器，定速调节器

РПО регулятор постоянства оборотов 定速调节器

РПО регулятор прибора Обри 回转仪减压器（鱼雷）

РПО реле промежуточного отключения 中间断开继电器

РПП Рабочая Программа Партнерства 伙伴关系工作计划

РПП радиолокационная станция профильного полета 侧面飞行雷达站

РПП радиопеленгатор передвижной 移动式无线电侧向仪

РПП радиопеленгаторная станция передвижная 移动式无线电测向站，移动式无线电定位台

РПП радиопеленгаторный пункт 无线电测向站

РПП резервный питающий пункт 预备给养站

РПП ретрансляционный передатчик помех 干扰转发器

РППТ реле промежуточное переменного тока 交流中间继电器

РППУ радиопроводное переходное устройство 无线有线转换设备

РПР радиопеленгаторная рота 无线电测向连

РПР ротный противотанковый район 连反坦克地域

РПС радиопеленгатор стационарный 固定无线电测向仪

РПС радиопеленгаторная станция 无线电测向站，无线电定位台

РПС радиопеленгаторная станция стационарная 固定无线电测向站

РПС разведывательная переносная станция 便携式侦察电台，便携式雷达侦察仪

РПС расчетно-проектная система 计算设计系统

РПС реактивная противолодочная система 反潜导弹系统

РПС реле поляризованное следящее 随动极化继电器

РПС реле предупредительной сигнализации 预警信号继电器，警告信号继电器

РПС реле промежуточное сигнальное 中间信号继电器

РПС рельефная панорамная станция 全景式地貌雷达（站）

РПС ремонтная противогазная сумка 防毒面具修理袋

РПТ регулятор подачи топлива 燃料加注调节器，燃料调节器

РПТОП ротный противотанковый опорный пункт 连反坦克支撑点

РПТР ротные противотанковые ружья 连用反坦克枪

РПУ радиоприемное устройство 无线电接收设备，无线电接收装置

РПУ ракетная пусковая установка 火箭发射装置，导弹发射架

РПУ распределительно-преобразовательное устройство 配电变电设备

РПУ реле прямого управления 直接控制继电器

РПУ речепреобразующее устройство 声码器

РПФ распределительный порт фронта 方面军分配港，方面军调度港

РПФ реле переключения фаз 相转换继电器

рпхз рота противохимической защиты 化学防护连，防化连

РПЦ радиолокатор подсвета цели 目标照明雷达，目标照射雷达

РПЦ радиопеленгаторный центр 无线电测向中心

РПЧ ручная подстройка частот 手动频率微调

РПШ ручной пулемет Шпагина 什帕金式轻机枪

РПЯ ремонтно-противогазовый ящик 防毒面具修理箱

РРб радиорелейный батальон 无线电接力通信营，无线电中继通信营

РР рабочая рота 作业连，装卸连

РР радиоразведка 无线电侦察

РР радиорелейная 无线中继台

рр радиорелейный 无线电中继的

РР радиорелейный ретранслятор 无线电中继转发器

рр разведывательная рота 侦察连

РР разделительное реле 切断继电器，分隔继电器

рр размер 大小，尺寸；面积；体积

РР район развертывания 展开地域

РР регламент радиосвязи 无线电通信规程

РР регламентный режим 规定状态

РР реле-регулятор 调整继电器，继电调节器

РР ручная регулировка; ручное регулирование 人工调节，人工控制

РРА радиорелейная аппаратура 无线电接力设备，无线电中继设备

рразм рота разминирования 扫雷连

РРас район рассредоточения 疏散地域，疏散海域

ррб радиорелейный батальон 无线中继通信营，无线接力通信营

РРБК рубеж развертывания в батальонные колонны 营纵队展开地区

РРВ распространение радиоволн 电波传播

РРВ реверсивный распределительный вал 可逆式分配轴

РРВ регулятор расхода воздуха 耗气量调节器

Р

РРВК рубеж развертывания во взводные колонны 排纵队展开地区

РРГ ручная регулировка громкости 手动音量调节，人工音量控制

РРГМ ручной регулятор глубины модуляции 人工调制深度控制器

РРГЧ ракета с разделяющими головными частями 多弹头导弹

РРД Радиорелейный дивизион 〈海〉无线电中继通信大队

РРД ракетно-реактивный двигатель 喷气火箭发动机

РРД ракетный реактивный двигатель 喷气式火箭发动机

РРД регулятор рабочего давления 工作压力调节器

ррд рота регулирования движения 交通指挥连，运动调整连

РРД рубеж регулирования движения 交通管理区；运动调整区

РРД рулевой ракетный двигатель 操舵火箭发动机

РРЖ регулятор расхода жидкости 液体消耗调节器

РРиРЭБ рота разведки и радиоэлектронной борьбы 无线电侦察与电子对抗连

РРКБ радиорелейно-кабельный батальон 无线电中继电缆通信营

ррко радиорелейный кабельный батальон 无线电中继与电缆通信营，无线电接力与电缆通信营

ррбрс радиорелейная кабельная бригада связи 无线电中继电缆通信队

ррбс радиорелейный кабельный батальон связи 无线电中继被复线架设通信营

ррпс радиорелейный кабельный полк связи 无线电中继电缆通信团

РРЛ радиорелейная линия 无线电中继线路

РРЛП радиорелейные помехи 无线电中继干扰

РРЛПВ радиорелейная линия прямой видимости 直视无线电通信中继线路

РРМ распределение реактивной мощности 反作用功率分布；无效功率分布

рро рота ранцевых огнеметов 背囊式火焰喷射器连

РРО ротный район обороны 连防御地域

РРП радиорелейный пункт 无线电接力通信站，无线电中继通信站

РРП радиоретрансляционный пункт 无线电转信站

РРП рекомендуемый режим полета 推荐飞行方式

ррп рота радиопомех 无线电干扰连

ррпо рота реактивных пехотных огнеметов 步兵火焰喷射器连

ррпп рота радиоперехвата и пеленгования 无线电侦听和测向连

ррр радиорелейная рота 无线电接力通信连，无线电中继通信连

ррр рота радиоразведки 无线电侦察连

РРРК рубеж развертывания в ротные колонны 连纵队展开地区

ррртр рота радио-и радиотехнической разведки 无线电和无线电技术侦察连

РРС Радиорелейная станция 无线电中继站

РРС реле резервной связи 预备通信继电器

РРС реле ручной синхронизации 手工同步继电器

РРСв радиорелейная связь 无线中继通信，无线电接力通信系统

РРСП радиорелейная система передачи 无线电中继传输系统

РРСС радиорелейная система связи 无线电通信中继系统，无线电中继通信系统

ррсс ремонтная рота средств связи 通信器材修理连

РРТИ рязанский радиотехнический институт 梁赞无线电技术专科学院

РРТП разведывательный радиотехнический пост 雷达侦察站，无线电技术侦察站

РРТПС радиорелейная тропосферная и проводная связь 无线电中继、散射及有线通信

РРТР радио-радиотехническая разведка 无线电与无线电技术侦察

Р

РРУ радиоретрансляционный узел 无线电中继枢纽部，无线电转发枢纽部

РРУ радиостанция ротная ультракоротковолновая 连超短波无线电台

РРУ ретрансляционный радиоузел 无线电中继枢纽部，无线电转播枢纽部

РРУ ручная регулировка усиления 手动增益调整

ррхбз рота радиационной химической и бактериологической защиты 辐射、化学和细菌防护连

ррхр рота радиационной и химической разведки 辐射和化学探测连

РРЧ ручная регулировка частоты 人工频率调整，人工频率控制

РРЭБ разведка и радиоэлектронная борьба 侦察与无线电电子战

ррэб рота радиоэлектронной борьбы 无线电电子战连

ррэс разведка радиоэлектронных средств 无线电电子器材侦察

РС ВВС разведывательная служба военно-воздушных сил США 美国空军情报局

РС рабочая станция 工作站

РС радиосвязь 无线电通信，无线电联络

РС радиосигнал 无线电信号

РС разведчик старший 主任侦察员，老侦察员，侦察班长

РС разведывательный спутник 侦察卫星

РС разомкнутая система 开路系统

РС разрешающая способность 分辨率

РС район сбора 集合地域；集合海域

РС район сосредоточения 集结地域；集中地域

РС ракетная система 导弹系统；火箭系统

РС ракетная стрельба 导弹射击

РС ракетная ступень 火箭级

РС распределенная структура 分布结构

РС распределитель смазки 配油器

РС распределительная сеть 配线网，分配网

РС распределительная система 分配系统（信道、网络）

РС реактивная струя 喷射气流

РС реактивное сопло 喷嘴，喷口，喷管

РС реверсивный счетчик 可逆计数器，可逆计量表

РС регенератор сигналов 信号再生器

РС регистр состояния 情况寄存器，状态寄存器

РС регистратор сейсмический 地震记录器

РС регулировочное сопротивление 调整电阻

РС регулируемое сопло 可调喷嘴

РС регулятор слива 排水调节器

РС регулятор смеси 混合比调节器

РС резерв связи 通信预备队

РС рекордер сигнала 信号记录仪

РС релаксационная схема 弛豫电路

РС реле сигнальное 信号继电器

РС ремонт средний 中修

РС ретранслятор связи 通信转发器

РС речевой сигнал 语音信号

РС речной сток 水流量

РС ромбическая согнутая антенна 折叠式菱形天线

РС рота связи 通信连

РС руководящий состав, руководительский состав 领导人员，领导干部

РС ручная стыковка 人工对接

РС ручное сопровождение 手控跟踪，人工跟踪

РС ручное сопровождение (цели) 手动目标跟踪，手控目标跟踪

РС ПТЗ реактивный снаряд противоторпедной защиты 反鱼雷火箭弹

РСА радиолокационная станция с синтезированием апертуры 合成孔径雷达

РСА разведывательная служба артиллерии 炮兵侦察勤务

РСА разрешающая способность по азимуту 方位分辨力

РСА распорядительная станция армии 集团军（铁路）调度站

РСА регулируемый сопловый аппарат 可调喷口装置

РСАО радиолокационная система активным ответом 主动应答雷达系统

P

РСАПП расширенная стандартная архитектура для промышленного применения 扩展工业制造标准

РСБ радиолокационная система бомбометания 雷达投弹系统，雷达轰炸系统

РСБ радиостанция бомбардировки 轰炸指挥无线电台，轰炸控制无线电台

РСБ радиостанция бортовая 船上电台，机上电台

РСБ рация бомбардировщика 轰炸机无线电台

РСБ рейдовый спасательный буксир 停泊场救生拖船

РС-Б радиостанция бомбардировщика 轰炸机无线电台

РСБН радионавигационная система ближней навигации 近距离无线电导航系统

РСБН радиотехническая система ближней навигации 近距无线电技术系统

РСВ район сосредоточения войск 军队集结地域，部队集中地域

РСВ реле скорости вращения 转速继电器

РСВ ротная связь 连通信

РСД разрешающая способность по дальности 距离分辨力

РСД регулятор соотношения давлений 压比调节器

РСД регулятор среднего давления （鱼雷）中压减压器

РСД ромбическая согнутая двойная антенна 偶极折叠菱形天线

РСДН радиолокационная система дальнего наведения 远距制导雷达系统

РСДН радиотехническая система дальней навигации 远距无线电导航系统

РСЕ расчетно-снабженческая единица 供给计算单位

РСЗ равносигнальная зона 等强信号区

РСЗГО рота специальной защиты гражданской обороны 民防专业防护连

РСЗО реактивная (ракетная) система залпового огня 齐射火箭（导弹）系统

РСЗО реактивная система зенитных орудий 高射火箭炮，防空火箭炮

РСИ радиостанция истребителя 歼击机无线电台

РСИ реле счета импульсов 脉冲计数继电器

РСИУ радиостанция истребителя, ультракоротковолновая 歼击机超短波无线电台

РСИУ рация истребителя ультракоротковолновая 歼击机超短波电台

РСИУ-3М командная радиостанция на вертолете 直升机机载指挥电台型号

РСК распорядительная станция контроля 检查调度站

РСК российская самолетостроительная корпорация 俄罗斯飞机制造联盟

рск рота специального контроля 特种检查连

РСК рулетка самосвертывающаяся кнопочная 自卷式按钮卷尺

РСКП радиальная среднеквадратическая погрешность 辐射均方根差

РСКР резонансное спонтанное комбинационное рассеяние 共振自发复合散射

РСЛ реле соединительных линий 中继线继电器

РСМ радиостанция средней мощности 中功率无线电台

РСМ резистивиметр 电阻测量器；泥浆电阻计

РСН равносигнальное направление 等信号方向

РСО радиолокационная система обнаружения и наведения 雷达搜索引导配系

РСО радиотехническая система опознавания 无线电识别系统

РСО район специальной обработки 洗消地域，特殊处理地域

РСО регулировочная согласная обмотка 顺接调整绕组

РСО рейдовый спасательный отряд 泊地救生队

РСО рота специальной обработки 特殊处理连，洗消连

РСОД распределенная система обработки данных 分布式数据处理系统

РСОН радиолокационная система обнаружения и наведения 雷达探测与制导系统

Р

РСОН радиолокационная станция обнаружения и наведения 搜索引导雷达站

РСОП радиосветотехническое обеспечение полетов 飞行无线电灯光技术保障

РСопр режим сопровождения 跟踪方式，跟踪状态

РСОС регулярный секторный обзор (специальный) （专门）定时扇面扫描

РСП команда распределения 分配指令

РСП радиолокатор слепой посадки 盲目着陆雷达，盲降雷达

РСП радиолокационная система посадки 着陆雷达系统

РСП радиолокационная станция поиска 雷达搜索站

РСП радиотехническая система посадки 无线电着陆系统

РСП разведывательная служба полиции 警察局侦察科

РСП разведывательно-сигнализационный прибор 侦察信号指示设备

РСП район самостоятельного поиска 独立搜索地域，独立搜索区

рсп рота связи с пехотой 与步兵通信连

рсп рота специального перехвата 特种截收连，特种侦听连

РСП руководитель системы посадки 着陆系统指挥员

РСП руководитель состава подразделения 分队指挥员

РСП команда распределения 分配指令

РСПБ Российский союз предприятий безопасности 俄罗斯安全企业协会

рспн рота специального назначения 特种连，特务连

РСРМ радиостанция самолетная разведывательно-морская 海上侦察机电台

РС ПТЗ реактивный снаряд противоторпедной защиты 反鱼雷火箭弹

рсрто рота связи и радиотехнического обеспечения 通信和无线电技术保障连

РСС радио и спутниковая связь 无线电及卫星通信

РСС радиостанция слежения 无线电跟踪台

РСС радиостанция слежечная 侦察台

РСС радиостанция спутниковой связи 卫星通信电台

РСС разведка средств связи 通信器材侦察，通信手段侦察

РСС распределительная силовая сеть 配电网

РСС Региональное содружество в области связи 地区通信协会

РСС регистр слова состояния 状态字寄存器

РСТ ММ радиостанция малой мощности 小功率电台

РСТ СМ радиостанция средней мощности 中功率电台

РСТО радиосветотехническое обеспечение 无线电灯光技术保障

РСТО радиосветотехническое оборудование 无线电灯光技术设备

РСУ реактивная система управления 火箭控制系统

РСУС релейная система управления связи 通信控制继电系统

РСФ распорядительная станция фронта 方面军（铁路）调度站

РСХ реле синхронизации 同步继电器

РСЧС = РЕСПЛЧС российская единая система предупреждения и ликвидации чрезвычайных ситуаций 俄罗斯预防和消除紧急情况统一系统

РСЧС Российская система предупреждения и действия в чрезвычайных ситуациях 俄罗斯紧急状态预警及行动系统

РСЧС Российская система предупреждения и ликвидации последствий чрезвычайных ситуаций 俄罗斯紧急情况预报和后果消除系统

РСЭР релейная система экстремального регулирования 继电器极值调节系统

РТ радар-тестер 雷达测试仪，雷达检验器

РТ радиационный теплообменник 辐射热交换器

Р

РТ радиостанция танковая 坦克电台

РТ радиотанк 无线电通信坦克

РТ радиотелеграф 无线电报；无线电报机；无线电报局

РТ радиотелеграфист 无线电报务员

РТ радиотелескоп 无线电望远镜

РТ радиотелефон 无线电话

РТ радиотепловой 辐射热的

РТ радиотехника 无线电技术；无线电工程

рт радиотехнический 无线电技术的

РТ радиотрансляция 无线电转播，无线电中继传输

РТ разведывательный теодолит 侦察经纬仪

РТ разъем теплостойкий 耐热插头

РТ ракетное топливо 火箭燃料

РТ расходомер топлива 燃料耗量表，燃油流量计

РТ рация танковая 坦克无线电台

РТ регенерация топлива 燃料再生

РТ регулятор топлива 燃料调节器

РТ редукционный трансформатор 降压变压器

РТ реле токовое 电流继电器

РТ реле торможения 制动继电器

РТ ретранслятор 转发器，转播台

РТ склад ракетного топлива 火箭燃料库

рт. ст ртутный столб 水银柱

РТА радиотелевизионная антенна 无线电电视天线

РТА радиотелеграфный аппарат 无线电报机

РТА радиотелеметрическая аппаратура 无线电遥测仪器，无线电遥测设备

РТА регулятор температуры автоматический 自动调温器

РТА рулонный телеграфный аппарат 卷筒（纸页）式电报机

РТБ радиотехнический батальон 雷达营；无线电技术营

РТБ ракетно-техническая база 导弹技术基地，火箭技术基地

РТБ реактивно-турбинное бурение 喷气涡轮钻进

РТБ ремонтно-техническая база 技术修理基地

ртбатр радиотехническая батарея 雷达连；无线电技术连

ртбОсН радиотехнический батальон особого назначения 特种无线电技术营

ртбр радиотехническая бригада 雷达旅；无线电技术旅

ртбрОсН радиотехническая бригада особого назначения 特别无线电技术旅

РТВ радиотехнические войска 无线电技术兵，雷达兵，雷达总队

ртв ракетно-технический взвод 导弹技术排

РТВК регулятор температуры воздуха кабины 座舱气温调节器

РТГ ротная тактическая группа 连战术组

РТД ракетный турбинный двигатель 火箭涡轮发动机

РТД резервный телефон диспетчера 后备调度电话，预备调度电话

РТД резинотехнические детали 橡胶枝术零件

РТЗ радиотехнический завод 无线电设备厂

РТЗ ремонтно-танковый завод 坦克修理厂

РТИ Радиотехнический институт (имени А.Л. Минца) 无线电技术研究所，无线电技术学院

РТИ радиотехническое имущество 无线电技术器材

РТК радиотехнический комплекс 无线电技术综合体

РТК радиоуправляемый танковый комплекс 坦克无线电操纵，坦克无线电指挥

РТК регистр текущей команды 当前指令寄存器

РТЛ резисторно-транзисторная логика 电阻－半导体逻辑电路

РТЛС радиотеплолокационная станция 微波热成像雷达

РТМ радиостанция мобильная 机动电台

РТМ радиотермический метаморфизм 放射热变质，放射热变质作用

РТМ радиотехническая маскировка 无线电技术伪装

РТМ радиотехническая мастерская 无线电技

术修理间，无线电技术修理所

РТМ рота тепловых машин 热力机连

РТМ руководящие технические материалы 技术指导材料，技术参考资料

РТМЛ радиотелеметрическая линия 无线电遥测线路

РТН радиостанция носимая 携带式电台

РТН радиотелефон носимый 携带式无线电话，步谈机

РТО радиотелеграфный одел 无线电报处

РТО радиотехническая обстановка 〈对抗〉无线电技术环境

РТО радиотехническое обеспечение 无线电技术保障

РТО радиотехническое оборудование 无线电技术设备

РТО радиотехническое обслуживание 无线电技术维护

РТО радиотехническая обстановка 无线电技术情况

РТО ракетно-техническое обеспечение 火箭技术保障，导弹技术保障

РТО регламентированное техническое обслуживание 定期技术维护，定期技术保养

рто рота технического обеспечения 技术保障连

рто рота технического обслуживания 技术维护连

РТОГМТУ радио-телеграфный отдел главного морского технического управления 海军技术总局无线电电报处

РТООсН радиотехнический отряд особого назначения 特别无线电技术中队

РТОП радиотехническое обеспечение полетов 飞行无线电技术保障

РТП радиотехническая позиция 无线电技术阵地

РТП радиотехническая промышленность 无线电技术工业

ртп радиотехнический полк 雷达团；无线电技术团

РТП радиотехнический пост 雷达站；无线电技术站

РТП ракетно-техническая позиция 导弹技术阵地

РТПВНОС радиотехнический пост воздушного наблюдения, оповещения и связи 对空情报雷达站

РТПД радиотехническое противодействие 无线电技术对抗

ртпОсН радиотехнический полк особого назначения 特种无线电技术团

РТПЦ радиотелевизионный передающий центр 无线电视发射中心

РТР радиотехническая разведка 无线电技术侦察

РТР самолет-ретранслятор 转播飞机，中继飞机，机载中继站

РТРВТ радиотехническая разведка высокой точности 高精度无线电技术侦察

РТРО район территориальной обороны 国土防御区

ртрОсН радиотехническая рота особого назначения 特遣雷达兵连；特别无线电技术连

РТС радиотелеграфный старший 无线电电报兵班长

РТС радиотелеметрическая система 无线电遥测系统

РТС радиотелеметрическая станция 无线电遥测站

РТС радиотелеметрические средства 无线电遥测设备

РТС радиотелетайпная сеть 无线电电传网

РТС радиотехническая служба 无线电技术勤务；无线电技术部门；(舰艇上的）雷达声纳勤务部门

РТС радиотехническая станция 无线电技术站

РТС радиотехнические системы 无线电技术系统

РТС радиотехнические средства 无线电技术设备，无线电技术器材；雷达设备

РТС радиотехнический состав 无线电技术人员

РТС радиотрансляционная сеть 无线电转播网

РТС различные технические средства 各种技术器材

РТС районная телефонная сеть 区域电话网

Р

РТС районная телефонная станция 区域电话站

РТС регенератор телеграфных сигналов 电报信号再生器

РТС региональная телекоммуникационная сеть 区域远程通信网

РТС ремонтно-техническая станция 技术修理站

РТС рота тропосферной связи 对流层散射通信连

РТС ручная телефонная станция 人工电话站，人工电话局

РТСК радиотехнические средства кораблевождения 航海无线电技术器材

РТСНО Радиотехнические средства навигационного оборудования (морское навигационное руководство) 《无线电导航设备》(海上导航指南)

РТТ ракета на твердом топливе 固体燃料火箭

РТТ регулируемая тепловая труба 可控热管

РТТБА ракетно-торпедная техническая база 导弹鱼雷技术基地

РТУ радиотелеуправление 无线电遥控

РТУ радиотехнический узел 无线电技术枢纽；雷达枢纽

РТУ радиотехническое учение 无线电技术演习，无线电技术演练

РТУ радиотрансляционная установка 无线电转信设备

РТУ радиотрансляционный узел 无线电转播站，无线电转播机

РТУ ремонтно-техническое управление 无线电转播枢纽，无线电中继枢纽

РТУ ретрансляционный узел 转播枢纽；中继枢纽

РТФ радиотехнический факультет 无线电工程系

РТФ расширенный текстовый формат 扩展文本格式

РТФ = ртф радиотелеграфная 无线电报站

РТФ связь радиотелефонная связь 无线电话通信站

РТФС радиотелефонная станция 无线电话站

РТЦ радиотехническая цель 无线电技术目标

РТЦ радиотехнические цепи 无线电技术链

РТЦОсН радиотехнический центр особого назначения 特别无线电技术中心

РТЧ ракетная техническая часть 导弹技术部队，火箭技术部队

РТЧК районная транспортная чрезвычайная комиссия 地区交通运输紧急情况委员会

РТщ рейдовый тральщик 停泊场扫雷舰

РУ радиоузел 无线电枢纽

РУ радиоумформер 无线电换流器；无线电升压机

РУ радиоуправление 无线电控制；无线电操纵

РУ разведывательное управление 侦察局，情报局，情报部

РУ разведывательное устройство 侦察装置，侦察设备

РУ развертывающее устройство 扫描器；扫掠器，扫掠装置

РУ разворотный угол 〈航〉转弯角

РУ развязывающее устройство 去耦装置

РУ развязывающий усилитель 去耦合放大器

РУ размагничивающее устройство 消磁设备

РУ размораживающая установка 解冻装置

РУ ракетная установка 导弹装置，火箭装置

РУ распознающее устройство 识别器，识别装置

РУ распределительное устройство 分配装置

РУ расчетный угол 计算角

РУ реакторная установка 反应堆装置

РУ регенерационный усилитель 再生式放大器

РУ регенерационный участок 再生段

РУ региональное управление 地区局，地区指挥机构

РУ регулируемый усилитель 可控放大器

РУ регулятор уровня 水位调节器

РУ регулятор усиления 增益调节器

РУ реле управляющее 控制继电器

РУ реле усиления 扩大继电器，放大继电器

РУ реле ускорения 加速继电器

РУ релейное устройство 继电装置，继电器设备

РУ рентгеновская установка 伦琴射线设备，X光设备

РУ реостат установочный 调整变阻器，定位变阻器

РУ решающее устройство 运算设备

РУ рубеж уничтожения 消灭（空中目标）线，消灭（空中目标）地区

РУ руководящие указания 规程，导则

РУ рулевое устройство 驾驶设备，操舵设备

РУ ручка управления 驾驶杆，操纵杆

РУ ручное управление 手控，人工操纵

РУ СпН радиоузел специального назначения 特种无线电枢纽（俄电子战分队）

РУБ релейно-усилительный блок 继电式放大器；电子放大装置

РУБОП региональное управление борьбы с организованной преступностью 地区反有组织犯罪局

РУБС разведывательно-ударные боевые системы (США) 察打一体战斗系统（美国）

РУВ регулировка усиления по времени 时间增益调整，时间增益控制

РУВ реле утечки взрывобезопасное 泄漏防爆继电器

РУВ ручной установщик взрывателя 手控引信测合机

РУВД районное управление внутренних дел 区内务局

РУВМ реле увеличения мощности 功率放大继电器

РУВН распределительное устройство высокого напряжения 高压配电装置

РУГ разведывательно-ударная группа 侦察突击群

РУГ ракетная ударная группа 导弹突击群

РУГ регулятор угольный 炭质调节器

РУД регулирование уличным движением 调整道路交通

РУД ручка управления двигателем 发动机操纵杆，油门杆

РУД рычаг управления двигателем 发动机控制杆

руж. ружейный 枪的，用枪的

Руз Разведывательное управление (Министерства обороны) Узбекистана 乌兹别克斯坦国防部情报局

РУК радиоузел командира 指挥员无线电枢纽

РУК разведочно-ударный комплекс 侦打综合体

РУК разведывательно-ударный комплекс 侦打系统；（美）定位攻击系统

РУКУ радиомагнитный указатель курсовых углов 航角无线电磁场指示器

РУМ радиоуправляемая мишень 无线电控制的靶标，无线电控制的靶机

РУМ радиоуправляемая модель 无线电控制模型

РУМ радиоуправляемый механизм 无线电操纵机构，无线电操纵装置

РУМ рота управляемого минирования 操纵布雷连

РУМО Разведывательное управление Министерства обороны США 美国国防部情报局

РУН = УРН угольный регулятор напряжения 炭精式电压调节器，炭质电压调节器

РУН реле уменьшения напряжения 减压继电器

РУНН распределительное устройство низкого напряжения 低压配电装置

РУО управляемое ракетное оружие 导弹武器

РУП реле управления поля 磁场控制继电器

РУП реле ускорения полем 加速场继电器

РУП реле ускоренного пуска 加速启动继电器

РУПЗ распределенный усилитель с плавающим затвором 带浮动阀的分配放大器

РУПО районное управление пожарной охраны 区消防局

РУПС ручное устройство принудительной смазки 手控压力润滑装置，轻便压力润滑装置

РУРЭБ радиоузел радиоэлектронной борьбы 无线电电子战枢纽

РУС радиоуловитель самолетов 飞机搜索雷达

РУС разведывательно-ударная система 侦察攻击系统；（美）定位攻击系统

РУС размагничивающие установки для судов 船舶消磁装置

РУС районный узел связи 地区通信枢纽

РУС рулевое устройство судна 船舶操舵设备

РУС ручка управления самолетом 飞机驾驶杆，飞机操纵杆

РУТ реактивная ударная труба 激波尾喷管

РУТкод русский универсальный телеграфный код 俄罗斯通用电码

РУТЛ радиоудлинитель телефонных линий 无线电话线路延伸器

РУ-ТРД реверсивное устройство турбореактивного двигателя 涡轮喷气发动机的反转装置

РУУ регулируемый угол установки 可调定位角

РУУ реле управления усилителем 放大器控制继电器

РУЦ районный учебный центр 区训练中心

РФ ВУС Рязанский филиал Военного университета связи 军事通信大学梁赞分校

РФ разделитель файлов 文件分配器

РФ разделительный фильтр 分相滤波器

Рф режекторный фильтр 带阻滤波器，抑制滤波器

РФ реле форсировки 加强继电器

РФ Российская Федерация 俄罗斯联邦

РФИВА российский фонд инвалидов войны в Афганистане 俄罗斯阿富汗战争伤残人员基金

РФКИТ регулятор формы кривой импульса тока 电流脉冲波型调节器

РФЛ распределительная фидерная линия 配电馈线线路

РФЛС реактивный фильтр лестничной структуры 梯结构电抗滤波器

РФМДес район формирования десанта 登陆兵组建区域

РФМДес район формирования морского десанта 海军陆战队编列区域

РФНО резервный флот национальной обороны (США) （美）国防预备役舰队

РФОВ регулируемое фокусирование отраженной волны 可调反射波聚焦

рфог рота фугасных огнеметов 地雷式喷火器连

РФ-сек радфот-секунда 射幅透秒

РФУ разность фазовых углов 相角差，相位差

РФФ разностно-фазовая флуктуация 相位差波动

РФЭС рентгеновская фотоэлектронная спектроскопия X 射线光电子光谱

РФЭС рентгеновский фотоэлектронный спектрометр X 射线光电子光谱仪

РФЯЦ российский федеральный ядерный центр 俄罗斯联邦核中心

РХ рабочий ход 工作行程；（活塞的）膨胀冲程

РХБ радиационная, химическая и биологическая (разведка) 辐射、化学和生物（侦察）

РХБ радиационный, химический и бактериологический 核生化的

РХБЗ войска радиационной, химической и биологической защиты 辐射、化学、生物防护兵

РХБН радиационное, химическое и бактериологическое наблюдение 辐射、化学、生物观测

РХБН радиационное, химическое, биологическое наблюдение; радиационное, химическое, бактериологическое наблюдение 辐射、化学和生物观察；辐射、化学和细菌观察

РХБО радиационная, химическая и биологическая обстановка 辐射、化学和生物（沾染）情况

РХБР радиационная, химическая и бактериологическая разведка 辐射、化学、细菌侦察

РХБР радиационная, химическая и биологическая разведка 辐射、化学和生物侦察

РХВ резерв химических войск 防化兵预备队

РХД регистр хранения данных 数据存贮寄存器

РХЗ район химического заграждения 化学障碍地域，毒气障碍地域

РХО радиационная и химическая обстановка 辐射和化学情况

РХП рабочая характеристика приемника 接收机工作特性，接收机性能

РХР радиационная и химическая разведка 辐射和化学侦察

РХРД радиационно-химический разведывательный дозор 辐射和化学侦察群

РХРР радиционно-химическая разведывательная рота 辐射与化学侦察连

РЦ рабочий цилиндр 工作汽缸

РЦ радиоцентр 无线电中心

РЦ разведывательный центр 侦察中心

РЦ район целей 目标地域

РЦ резервуар-цистерна 密闭贮水器

РЦ реле центробежное 离心力继电器

РЦО реле централизованного отключения 集中断开继电器

РЦОсН радиоцентр особого назначения 特别无线电中心

РЧ радиочастота 射电频率，无线电频率

РЧ редуктор червячный 涡轮减速器，涡杆减速器

РЧ резервуарная часть 存储段

РЧБП радиочастотные боеприпасы 射频弹药

РЧВ регулировка чувствительности по времени 灵敏度时间调整，灵敏度时间控制

РЧВ регулятор частоты вращения 转动频率调节器

РЧО радиочастотное оружие 射频武器

РЧР радиочастотные ресурсы 无线电频率资源

РЧС радиочастотная служба 射频勤务

РЧС радиочастотный ресурс 射频资源

РЧС радиочастотный спектр 射频频谱；无线电频谱

РЧС раствор для чистки стволов 枪炮管擦拭液

РЧЭМИ радиочастотное электромагнитное излучение 射频电磁辐射

РШ разность широт 纬（度）差

РШ разрядная шина 位线；放电母线

РШ распределительный шкаф 配线箱；配电箱

РШ расшифровка 译码，判读

РШ розетка штепсельная 插座

РШ ролик шнуровой 软线滑轮

РШ шнур репродукторный 扬声器软线

РШДнД районный штаб добровольных народных дружин (по охране общественного порядка) 区人民志愿者总部（维护公共秩序的）

РШН ручной штанговый насос 手压杆式水泵

РШПД республиканский штаб партизанского движения 共和国游击运动参谋部

РЩ распределительный щит 配电盘；分配板

РЩ регулировочный щит 调压箱

РЩК распределительный щит коммутации 交换分配板（线路、电路分配用）

РЩП распределительный щит переключений 转换分配板

РЩП распределительный щит питания 电源配电盘

РЩП распределительный щит прибора 仪表配电盘，仪表配电板

РЭ радиотехника и электроника 无线电技术和电子学

РЭ разведывательная эскадрилья 侦察机大队

РЭ развертывающий элемент 扫描元件

РЭ разделитель элементов (данных) （数据）单元分隔符

РЭ регулирующий элемент 调节元件

РЭ резервные элементы 备用元件

РЭ реле электромагнитное 电磁继电器

РЭ руководство эксплуатации 使用指南，操作指南

РЭА радиоэлектронная атака 无线电电子攻击

РЭАЗ радиоэлектро-аккумуляторный завод 无线电电力蓄电池工厂

рэат рота эвакуации автотракторной техники 汽车拖拉机技术装备后送连

РЭБ Н радиоэлектронная борьба наземная 地面无线电电子战

РЭБ радиоэлектронная борьба 无线电电子战

РЭБ ремонтно-эксплуатационная база 维修基地

Рэб рентген-эквивалент биологический 雷姆，生物伦琴当量

РЭБ радиоэлектронная борьба 无线电电子战

РЭВ радиоэлектронная война 无线电电子战

РЭВ радиоэлектронное вооружение 无线电电子装备

РЭГ ремонтно-эвакуационная группа 修理后送组

РЭГМ рулевая электрогидравлическая машина 电动液压舵机

РЭЗ радиоэлектронная защита 无线电电子防护

Р

рэз рота электрозагрждений 电气障碍连

РЭКП радиоэлектронное контрпротиводействие 无线电电子反对抗

РЭМ радиоэлектронная маскировка 无线电电子伪装

РЭМ радиоэлектронный модуль 无线电电子模块

РЭМ растровая электронная микроскопия 扫描电子显微镜术

РЭМ растровый электронный микроскоп 扫描电子显微镜

РЭМ ремонтно-эвакуационная машина 修理后送车

РЭМ ремонтно-эксплуатационная мастерская 维修所

РЭМ ротационная электрографическая машина 转动式电子描绘器

РЭМА радиоэлектронная медицинская аппаратура 电子医疗设备

РЭМП радиоэлектромагнитное профилирование 无线电电磁断面测定

РЭНО радиоэлектронное наземное оборудование 无线电电子地面设备

РЭО радиоэлектронная обстановка 无线电电子情况，无线电电子环境

РЭО радиоэлектронное обеспечение 无线电电子保障

РЭО религиозно-экстремистская организация 宗教极端组织

РЭО рота энергетического обеспечения 动力保障连

РЭОУ радиоэлектронно-огневой удар 电子火力综合打击

РЭП радиоэлектронное подавление 无线电电子压制

РЭП радиоэлектронное поражение 无线电电子杀伤

РЭП радиоэлектронные помехи 无线电电子干扰

РЭП распределительный эвакуационный пункт 后送调度站

РЭП реле электромагнитное поляризованное 电磁极化继电器

РЭП ремонтно-эксплуатационный пункт 维修站

РЭР радиоэлектронная разведка 无线电电子侦察

РЭР рулевая машина с электроручным приводом 电动手动两用传动操舵机

РЭС радиоэлектронная система 无线电电子系统

РЭС радиоэлектронная станция 无线电电子站

РЭС радиоэлектронное средство 无线电电子设备，无线电电子器材

РЭС реле электромагнитное слаботочное 弱电电磁继电器

РЭС роликовая электросварка 滚轮电焊，滚动电焊，滚焊

РЭСОС радио электрические средства ориентировки и связи 无线电电气定向与通信器材

РЭСОС радио-электросветооборудование самолета 飞机无线电电气灯光设备

РЭСС радиоэлектронные система и средства 无线电电子系统与设备

РЭТ радиоэлектронная техника 无线电电子技术装备

рэт рота эвакуации танков 坦克后送连

РЭУ радиоэлектронный удар 电子突击

РЭФУ радиоэлектронный функциональный узел 无线电电子功能器件，无线电电子功能组件

РЭЧ районная эксплуатационная часть 地区业务部门

РЯ релейный ящик 继电器箱

РЯ рым якорный 〈船〉锚环

РЯО ракетно-ядерное оружие 核导弹武器

РЯС ракетно-ядерные силы 核导弹力量

РЯУ ракетно-ядерный удар 核导弹突击

С

С спутник связи 通信卫星

С автомобиль с сигнальными болотищами 信号布标汽车

С для снежных фонов 雪地背景的（伪装器材的标志）

С　кремний　硅

С　кулон　库（仑）(电）

С　самолет　飞机

С　самоходный　自行的，自动的

С　санитар　卫生员，卫生兵

С　санитарная (служба корабля)　舰上卫生勤务

с　санти　厘（复合词第一部，表示“百分之一”之意）

С　сброс　消除，清除

С　свинец　铅

С　свой　我机

С　север　北，北部

С　север; северный　北，北方；北部的，北方的

С　секрет　秘密；潜伏哨

С　секретно　秘密，机密

с　секунда　秒

С　секционный (насос)　多段式水泵

С　селеновый фотоэлемент　硒光电管，硒光电元件

С　сеть сварочная　焊接网

С　сигнализация　信号设备，信号

С　сигнализирующий　发信号的

С　синхронный　同步的，同期的

С　сирена　警报器，转盘式雾号

С　система　系统，系，体系，制度，方式，方法

С　скала　悬崖，岩，礁

С　скафандр　潜水服；密闭飞行服

С　склад　仓库，堆栈

С　склад связи　通信器材仓库，通信仓库

с　скорость света　光速

С　слежение　跟踪，监视，随动

С　смещение　位移，位移量，偏压（电）

С　снаряд　炮弹，弹头；工具；设备

С　спектральный　光谱的

С　специальное дизельное топливо　专用柴油燃料

С　специальный　特殊的；特种的；专门的，专业的

С　спутник　卫星，同路人，旅伴，手册，指南

С　средний военный мост　中型军用桥梁

С　статор　定子

С　стояночный свет　〈海〉停车灯

С　стрелковый　射击的；步兵的

С　стрелок (на схемах и условных обозначениях)　箭头（图上标志符号）

С　строб　波门

С　строительная машина, строительный инструмент　建筑机械，建筑工具

С　струя　流，气流，射流

С　стык　对接；连接点；接缝

С　сумматор　加法器

С　сухое топливо　干燃料

С　сухой элемент　干电池

С　химический снаряд долговременного действия　持久性毒气弹

с.　село　镇，（大）村庄

С.　станица　集镇

с.　страница　页，面

с. в.　скорость ветра　风速

с. -в.　северо-восточный　东北的

с. в. п.　скоростной воздушный поток　高速气流

с. г.　сего года　今年的

с. е.　стронциевая единица　锶单位（放射生物学）

с. з. п.　сила земного притяжения　地心力，地球引力

С. И.　силы инерции　惯（性）力

с. м.　сего месяца　本月的

С. О., СО　стандартный образец　标准试样，标准样品

с. пр/т.　сеть противоторпедная　防鱼雷网

с. с.　синтетическая смола　合成树脂

с. с. в.　северо-северо-восток　东北偏北

с. с. в.　северо-северо-восточный　东北偏北的

с. -с. -з.　северо-северо-запад　西北偏北

с. -с. -з.　северо-северо-западный　西北偏北的

с. св.　сила света　发光强调，光度

с. ст.　сигнальная станция　〈海〉信号站

с. т.　сила тяги　牵引力，拉力，推力

с. у.　сила упругости　弹力

с. ч.　сего числа　即日，本日

с. ш.　северная широта　北纬

с., с　село; селение　镇，（大）村庄，乡村，村镇

с/в самолет-вылет 架次

с/в станция выгрузки 卸货站

с/д сутодача 日份

с/о старший оперуполномоченный 高级侦缉人员

с/с сверхсрочная служба 超期服役

с/у санузел; санитарный узел 卫生间

с/ч санитарная часть 卫生部门；卫生所；卫生部队

с/ч секретная часть 保密室

с/ч сроевая часть 战斗部队；队列部门

С1 запрос первого слова состояния канала 通道第 1 状态字询问

С-13 фотопулемет на самолете 飞机照相枪型号

С-14 тип гироскопа в автопилоте 自动驾驶仪陀螺型号

С-17 тип усилителя и управления автопилота 自动驾驶仪操纵装置放大器型号

С-175 скутер (быстроходная лодка с подвесным мотором) 平底竞赛艇（艇尾发动机快速艇）

С2 запрос второго слова состояния канала 通道第 2 状态字询问

С-20 тип трансформатора в автопилоте 自动驾驶仪变压器型号

С-205А марка водоналивного насоса 注水泵牌号

С-4 тип горючего для тяжелых пехотных огнеметов 重型步兵喷火器燃料型号

С-652 тип полуприцепа 半拖车，半挂车型号

С-80, С-140 тракторы гусеничные 履带式拖拉机型号

С-96 прицел неуправляемой ракеты 非制导的火箭瞄准具型号

СА авиакрылья смешанные 混编空军联队

СА самолет стратегической авиации 战略空军飞机

СА самонаводящаяся авиабомба 自导向空投炸弹

СА самоходная артиллерия 自动炮兵，自动火炮

СА свисающая антенна 下垂天线

СА связь армии 集团军通信

СА северный альянс 阿富汗的北方联盟

СА секретный архив 秘密档案，秘密档案室

СА секунда Ампера 安培秒

СА сигнал абонентский 用户信号

СА сигнал аварии 故障信号

СА сигнальный аппарат 信号器

СА сигнатурный анализатор 符号差分析仪

СА силовой агрегат 动力装置，受力部件，发电机组

СА синтаксический анализ 语法分析

СА служба аутентификации 验证勤务

СА Советская Армия 苏军

СА сортировочный автомат 自动分类装置

СА спасательный аппарат 救生设备，急救设备

СА спектральный анализ 光谱分析

СА спектроанализатор 光谱分析器

СА спрямляющий аппарат 整流器

СА спускаемый аппарат 回收舱，回收飞行器

СА сравнение арифметическое 算术比较，运算比较

СА средняя активность 平均效能

СА средство автоматизации 自动化设备

СА стартовый агрегат 启动装置

СА стационарная береговая артиллерия 固定海岸炮兵，固定式岸炮

СА стойка автоматики 自动装置架，自动机械台

СА стратегическая авиация （英、美）战略空军

СА штатив автоведения 自动管理台，自动驾驶台

САА Североатлантическая Ассамблея (1955-1998). Ныне Политическая Ассамблея НАТО 北大西洋公约组织（现为北约政治组织）

СААРК Южно-азиатской ассоциации регионального сотрудничества 南亚区域合作联盟

САБ самолетная система безопасности 飞机安全系统

саб самоходная артиллерийская бригада 自行火炮旅

САБ световая авиационная бомба 航空照明炸弹

САБ светящаяся авиабомба 照明航空炸弹，航空照明（炸）弹

САБ светящаяся авиационная бомба 照明航空炸弹，发光航空炸弹

САБ система активной безопасности 主动安全系统

САБ скоростная авиационная бригада 快速航空兵旅

САБ служба авиационной безопасности 航空安全勤务

САБ МАМ Служба Авиационной Безопасности ОАО《Международный Аэропорт Манас》马纳斯国际机场股份公司航空安全处

САБ(-) светящая авиационная бомба 航空照明（炸）弹

САВ специальное авиационное вооружение 航空专用武器

САВОД система автоматической вертикальной ориентации диаграммы 图表自动垂直定位系统

САГ самолетный аэрозольный генератор 飞机气溶胶发生器

САГ самоходная автоматическая сварочная головка 自行自动焊头

САГН система автоматического газонаполнения 自动充气系统

САД сигнализатор абсолютного давления 绝对压力信号器

САД синхронизированный асинхронный двигатель 可同步的异步电动机

САД система автоматизации движения 运动自动化系统

сад смешанная авиадивизия 混成航空兵师

сад смешанная артиллерийская дивизия 混成炮兵师

САДНИ система автономных датчиков навигационной информации 导航信息自主传感器系统

САДУ самолетная автоматическая дозирующая установка 飞机自动测量装置

САДУ система автоматизированного диспетчерского управления 自动（化）高度控制系统

САДФ силы обороны Южной Африки 南非国防军

САЕЖД Союз автодорожных служб европейских железных дорог 欧洲铁路系统公路运输联盟

саж сажень 俄丈，沙绳，拓（俄国旧长度单位）

САЖ спасательный авиационный жилет 航空救生衣

САЖУ система автоматического жесткого управления 自动硬操纵系统

САЖУ система автоматического жестокого управления 自动硬式操纵系统

САЗ система аварийной защиты 应急防护系统，应急保护系统

САЗО система активного запроса и ответа 主动询问应答系统

САИ Система автоматической идентификации 自动识别系统

САИ служба анализа информации 情报分析局

САИ служба аэронавигационной информации 空中领航信息勤务

Сак санитарный катер 〈海〉救护艇，医务艇

САК сварочный трансформатор передвижной 移动式电焊变压器

САК сеть абонентских кабелей 用户电缆网

САК синтетический авиационный керосин 合成航空煤油

САК система автоматизированного контроля 自动化控制系统

САК система автоматического контроля 自动控制系统

САК система антенной коммутации 天线交换系统

САК смешанный авиационный корпус 混成航空兵军

САК специальная аварийная команда 专业抢修小队；特种抢修小队

САК стратегическое авиационное командование（美）战略空军司令部

САК-2 вычислительная полноклавишная машина 全键式计算计型号

САКТ система автоматического контроля температуры 温度自动检测系统

САКШУ совместное антитеррористическое командно-штабное учение 联合反恐首长参谋部演习

С

САЛ силовой агрегат лебедки 绞车动力装置，绞车电源机组

САЛ система автоматических линий 自动线路系统，自动作业线路系统

САЛ-24 манометрический лаг 压力计程仪型号（海）

САМ завод счетно-аналитических машин 分析计算机制造厂

САМ самолетно-авиационная мастерская 飞机航空修理厂

САМ сборочная авиамастерская 航空修配厂

САМ спектральный анализ мощности 功率谱分析

САМ стартерная авиационная моноболючная (батарея) 航空起动电源车

САМ стационарная авиационная мастерская 固定飞机修理厂

САМ счетно-аналитическая машина 分析计算机

САМ-1 электрический перфоратор счетно-аналитических машин 分析计算机电动凿孔器型号

САМ-5 гражданский самолет 民航飞机型号

самбо самозащита без оружия 徒手自卫（一种摔跤运动）

САН самонастраивающий 自动调整的，自动调节的

САН силовой агрегат насоса 泵动力装置

САН система автоматизированной настройки 自动调谐系统

САН система автоматической настройки 自动调整系统，自动调谐系统

сан. санаторий 〈测〉疗养院

сан. санитар; санитарный 卫生员，卫生工作者；卫生的，救护的

сан. санитарный 卫生的，救护的

сан.гиг. санитарно-гигиенический 卫生保健的，卫生的

САНА Сирийское арабское информационное агентство 阿拉伯叙利亚通讯社

санап санитарный авиационный полк 卫生航空兵团

Санарм Управление санитарного отдела армии 集团军卫生处

санбаза санитарная база 卫生站，防疫站，卫生基地

санврач санитарный врач 保健医生

сандез санитарно-дезинфекционный 卫生消毒的

САНиС самолет наблюдения и связи 观察与通信飞机

Санитабалт Управление санитарной частью Балтийского флота 波罗的海舰队卫生部

санлетдив санитарный летучий дивизион 卫生飞行大队，流动卫生大队

САНОВНО санитарное отделение военно-научного общества 军事科学学会卫生分会

Санпоезд Санитарный поезд 卫生列车

сантех санитарная техника 卫生设施，卫生工程，卫生工程学

сантех. Санитарно-технический 卫生设施的，卫生工程的

сантехроботы санитарно-технические работы 卫生技术工程

санупр санитарное управление 卫生局

САНЭ система автоматизации научных экспериментов 科学试验自动化系统

САО система аварийного останова 紧急停车系统；（核）紧急停堆系统

САО система автоматического останова 自动停车系统

САО система автоматической оптимизации 自寻最佳点系统；自动优选系统

САО система автоматической ориентации 自动定位系统；自动定向系统

САО совместная антитеррористическая операция 联合反恐行动

САО среднеактивные отходы 中等活性废料，中等放射性废料

САО строчный анализатор ошибок 水平偏差分析器

САОАЗ система аварийного охлаждения активной зоны (ядерного реактора) （核反应堆）活性区应急冷却系统

САОЗ система аварийного охлаждения активной

зоны （反应堆）活性区应急冷却系统

САОР система аварийного охлаждения реактора 反应堆应急冷却系统

сап самоходный артиллерийский полк 自行炮兵团

сап санитарный авиационный полк 卫生航空兵团

САП Саудовское агентство печати 沙特阿拉伯通讯社

САП сеть аварийного питания 应急供电网

САП сигнал автопомехи 自动干扰

САП система автоматизированного проектирования 自动化设计系统

САП система автоматического поиска 自动搜索系统

САП система автономного питания 自主电源系统

сап смешанный авиационный полк; смешанный авиаполк 混成航空兵团

САП спеченный алюминиевый порошок 烧结铝粉

САП станция активных (радио)помех 主动（无线电）干扰站

САП станция активных помех 主动干扰站

сап. саперный 工兵的

САПБ саперный батальон 工兵营

сапв саперный взвод 工兵排

САПЗ система автоматической пожарной защиты 自动防火系统

САПО среднеазиатский пограничный округ 中亚边防区

сапп саперный полк 工兵团

САПП системная архитектура прикладных программ 应用程序系统结构

сапр саперная рота 工兵连

САПР система автоматического проектирования 自动设计系统

САПС система аварийного покидания самолета 〈空〉应急离机系统

САПС средство аварийного покидания самолета 应急离机装置

САПСИ составление алгоритмов по обработке словесной информации 文字信息处理算法设计

САПТ система автоматизированного проектирования тестов 自动化测试设计系统

САР система аварийного расхолаживания (ядерного реактора) （核反应堆）应急冷却系统

САР система автоматизации расхождения судов 船舶避让自动化系统

САР система автоматического распознавания (целей) （目标）自动识别系统

САР система автоматического регулирования 自动调节系统

САРГ специализированная автономная рабочая группа 专业化自主工作组

САРМ средний автодорожный разборный мост 中型可拆卸出路桥

САРМ средний автомобильный разборный мост 中型车载轻便桥，中型车载装配式舟桥

САРМ стационарная авиационная ремонтная мастерская 固定飞机修理所

САРН система автоматического регулирования напряжения 电压自动调节系统，自动调压系统

САРП система автоматизированной радиолокационной проводки 雷达自动化跟踪系统

САРП система автоматической радиолокационной прокладки 〈空〉雷达自动航线绘算系统

САРП. станция активных радиопомех 主动式无线电干扰站

САРПП система автоматической регистрации параметров полетов 飞行参数自动记录系统

САРС система автоматического регулирования скорости 自动调速系统

САРУС система автоматического регулирования увеличения сейсмографа 地震仪放大率自动调节系统

САРЦ стационарный автоматизированный радиоцентр 固定无线电自动化中心

САС санитарно-авиационная станция 航空卫生站

САС сброс аварийного сигнала 故障信号清零

САС система аварийного спасения 紧急救生系统

C

САС система аварийной сигнализации 应急信号系统，报警系统

САС система автоматической сигнализации 自动信号系统

САС система автоматической стабилизации 自动稳定系统

САС смешанное авиационное соединение 混成航空兵兵团

САС специальная авиадесантная служба 专业空降勤务处

САС специальная авиационная (воздушно-десантная) служба. (Спецназ армии Великобритании 专业航空兵（空降）勤务处（英军特种兵）

САС специальная авиация на самолетах 专业航空兵

САС срок активного существования 有效存在期限

САС стрелковый клуб (Великобритания) 射手俱乐部（英国）

САС судовая автоматическая система 船舶自动化系统

САС схема аварийной сигнализации 〈计〉应急信号图

САС штатив абонентского соединения 用户接线座（架）

САС элитное подразделение вооруженных сил Соединенного Королевства 联合王国武装力量精锐部队

САСК специальная автономная система контроля 专业自主控制系统

САСК средство аварийного спасания космонавтов 宇航员应急救生设备

САССУ система автоматизации судовой силовой установки 船舶动力装置自动化系统

САСТ система аппаратного сталкивания；тест проверки схем аппаратуры сталкивания 硬件碰撞系统，碰撞设备电路的检查测试

САСШ Североамериканские Соединенные Штаты 北美合众国

САТ самонаводящаяся акустическая торпеда 声响自引导鱼雷

САТ стабилизатор авиационной торпеды 空投鱼雷稳定翼

САТР система аварийно-технической радиосвязи 无线电通信应急技术系统

САТР система автоматического регулирования толщины 厚度自动调节系统

САТС сеть автоматических телефонных станций 自动电话网

САУ самоходная артиллерийская установка 自行火炮

САУ силовая авиационная установка 航空动力装置

САУ система автоматизированного управления 自动化指挥系统

САУ система автоматического управления (судном) 船舶自动操纵设备

САУ совместное антитеррористическое учение 联合反恐演习

САУ согласующее антенное устройство 天线匹配器

САУ средство активного управления 主动控制器材

САУ стандартное атмосферное условие 标准大气条件

САУ сумское артиллерийское училище 苏姆斯克炮兵学校

САУК система автоматизированного управления комплексом 综合体自动化控制系统

САУПК система автоматического управления подводными крыльями 水下翼自动控制系统

САУР система автоматического управления и регулирования 自动控制与调节系统

САХ средняя аэродинамическая хорда (крыла) 平均气动（翼）弦，平均空气动力弦

сах. сахарный завод 〈测〉糖厂

САЦ газотранспортная система Средняя Азия-Центр“中亚－中心”天然气运输系统（输气管道）

САЦО стойка аналого-цифрового оборудования 模拟数字设备座架，模数设备座架

САЦП системный аналого-цифровой преобразовател 系统模拟数字转换器，系统模数转换器

САШЛП Сталинградская авиашкола летной подготовки 斯大林格勒航空飞行训练学校

САШО система автоматизации швартовых операций 系留作业自动化系统

саэ санитарная авиационная эскадрилья 卫生航空兵大队

САЭ сейсмоакустическая эмиссия 地震声学辐射，地震声学放射

саэ смешанная авиационная эскадрилья 混成航空兵大队

саэрхр смешанная авиационная эскадрилья радиационной и химической разведки 辐射与化学侦察混成航空兵大队

САЭС система автономного электроснабжения 自主供电系统

САЭТ самонаводящаяся акустическая электрическая торпеда 声响自导电鱼雷

сб дпс специальный батальон дорожно-патрульной службы 特种道路巡逻营

сб дпс специальный батальон дорожно-постовой службы 特种道桥营

СБ самоходная баржа 自行驳船

СБ сближение меридианов 子午线收敛角，坐标纵线偏角

СБ сборный пункт 集合地点；集中站；收容所

СБ сигнал бедствия 遇险信号，遇难求救信号

СБ сигналист-барабанщик (на схемах и условных обозначениях) 轰炸机信号员（图上标志符号）

СБ система безопасности 安全系统

СБ скоростной бомбардировщик 高速轰炸机

СБ служба безопасности 安全局；安全勤务

СБ служба быта 生活服务

СБ Совет безопасности (ООН) （联合国）安理会

СБ солнечная батарея 太阳能电池

СБ солнечные батареи 太阳能电池（航天）

СБ сопловой блок 喷管

СБ спасательный буй 救生浮标

СБ спасательный буксир 救生拖船

СБ средний бомбардировщик 中型轰炸机，中距轰炸机

СБ средства безопасности 安全设备，安全器材

СБ стартовая батарея 启动电池组；（导弹）发射连

СБ стенд балансировочный 平衡台

сб стильб 熙提（亮度单位，等于104辐射勒克司）

СБ стратегический бомбардировщик 战略轰炸机

сб строительный батальон 建筑营

СБ АСЕАН Сообщество безопасности АСЕАН 东盟安全共同体

СБ ООН Совет безопасности ООН 联合国安理会

СБ РФ Совет безопасности Российской Федерации 俄联邦安全会议

СБ.Ч. сборочный чертеж 装配图

СБА стратегическая бомбардировочная авиация 战略轰炸航空兵

СБАБ скоростная бомбардировочная авиационная бригада 高速轰炸航空兵旅

сбакр среднее бомбардировочное авиационное крыло 中程轰炸航空兵联队，中型轰炸机航空兵联队

сбап скоростной бомбардировочный авиаполк 高速轰炸航空兵团

сбаэ стратегическая бомбардировочная авиаэскадрилья 战略轰炸航空兵大队

сбб скоростная бомбардировочная бригада 高速轰炸航空兵旅

СББ Совет безопасности Белоруссии 白俄罗斯国家安全会议

СБГ состояние боевой готовности 战备状况，战斗准备状况

СБГ степень боевой готовности 战备等级，战斗准备等级

СБД ПВ служебно-боевая деятельность пограничных войск 边防军战斗勤务活动，边防部队战斗勤务

СБД сетевая база данных 网络数据库

СБД служебно-боевая деятельность 战斗勤务活动，战勤活动

сбдпс специальный батальон дорожно-патрульной службы 特种道路巡逻勤务营

СБДС сверхбыстродействующая связь 超快速通信

СБЗ БГЧ супербоезарядная (контейнерная) боевая головная часть 超级装药（集束装药）战斗部（导弹）

СБЗ служебно-боевая задача 战斗勤务任务

СБИ система бортовых измерений 机上测量系统

СБИС сверхбольшая интегральная схема 超大规模集成电路

СБК стационарная барокамера 固定气压舱

СБКВ система бесплатформенной курсовертикали 无平台姿态和航向基准系统，捷联式姿态航向仪系统

СБМ сборный мост 结合式桥，组装式桥

СБМВ субмиллиметровая волна 亚毫米波

СБММ субмиллиметровый 亚毫米的

СБН система безопасности носителя 载运器安全系统

СБН система безопасности носителя (бортовая) 航天器安全系统（航天）

СБНП служба безопасности нацистской партии 纳粹党安全处，纳粹党安全勤务处

СБО служба береговой охраны 海岸警卫勤务；岸防勤务

СБП система без приоритета 无优先级系统

СБП склад боевого питания 弹药补给库

СБП Служба безопасности полетов 飞行安全局

СБП Служба безопасности Президента РФ 俄联邦总统安全局

СБП служба бортпроводников 随机服务员勤务室，民航机服务员勤务

СБПА Служба безопасности полетов авиации ВС РФ 俄联邦武装力量航空飞行安全局

СБП ВВС Служба безопасности полетов ВВС 空军飞行安全局

СБР бомбосбрасыватель 投弹器

Сбр механический бомбосбрасыватель 机械投弹器

СБР самолетная баллистическая ракета 机载弹道火箭，机载弹道导弹

сбр сборочная бригада 装配队

СБР силы быстрого развертывания 快速展开部队；（美）快速部署部队

СБР силы быстрого реагирования 快速反应部队

СБР станция безобмоточного размагничивания 无线圈消磁站；〈海〉无线电消磁船

СБРЛ система ближней радиолокации 近程雷达系统

СБРУ сборное распределительное устройство 成套配电装置

СБС самолетный баллистический снаряд 机载弹道导弹

СБС служба безопасности связи 通信安全局

СБСЕ Совещание по безопасности и сотрудничеству в Европе 欧安组织（欧洲安全与合作会议）

СБСУ стационарная бортовая система управления 机载固定控制系统

СБТИ склад бронетанкового имущества 装甲坦克器材库

СБУ сборники устава 条例汇编

СБУ сейсмометр большого увеличения 高放大率地震计

СБУ система боевого управления 战斗指挥系统，作战控制系统

СБУ Служба безопасности Украины 乌克兰安全局

СБФ стойка балансных фильтров 平衡滤波器架

СБХСС служба борьбы с хищениями социалистической собственности и спекуляцией. 打击盗窃与投机倒把犯罪机关

СБЦ сложная баллистическая цель 复杂弹道目标

СБЭ система бесперебойного электропитания 不间断供电电源

СБЭ скоростная бомбардировочная эскадрилья 高速轰炸航空兵大队

СБЭ судебно-бухгалтерская экспертиза 司法财会检查

СБЭ суммирующий бензиномер электрический 电动（式）汽油总油量表

СВ РУ северо-восточное региональное управление (федеральная пограничная служба РФ) 东北地区边防局（俄联邦边防局）

СВ самовозбуждение 自激，自励

СВ самозарядная винтовка 半自动步枪，自动装填步枪

СВ самолет связи 通信（联络）飞机

СВ самопишущий ваттметр 自记瓦特表

СВ свертывание 撤收

СВ сверхвысокая частота 超高频

СВ сверхвысокое давление 超高压

СВ световод 光导管，光导向设备

СВ светометрическая разведка 光源测定侦察，光测侦察

СВ светящаяся бомба 照明弹

СВ свеча 烛光（光强单位）

СВ СВР Совет ветеранов службы внешней разведки 对外情报局老战士协会

СВ связист 通信兵；（舰上）观通长

СВ связной 通信号，通信兵

СВ связь 通信，联络

СВ селеновый выпрямитель 硒整流器

СВ сердцевинная полоса высоты 高低散布密集界

СВ сигнализатор высоты 〈航〉高度信号器

СВ синоптический вихрь 气象涡旋

СВ система вентиляции 通风系统

СВ система вооружения 武器系统

СВ система единого времени 统一计时系统，统一时刻

СВ снайперская винтовка 狙击手步枪，特等射手步枪

СВ совпадение вспышек 爆炸叠合；闪光重合

СВ специализированный вагон 专用车厢，专业化车厢

СВ специальный вычислитель; спецвычислитель 专用计算机

СВ спонтанный вывод 自发输出

СВ спортивная винтовка 运动步枪，竞赛步枪

СВ среднее время 平均时间

СВ средние волны; средневолновой 中波；中波的

СВ средние высоты 中空

СВ средства взрывания 起爆器材，点火器材

СВ сточная вода 废水，污水

СВ строб выдачи 发送选通

СВ Сухопутные войска 陆军

св. разм. свободный размер 自由尺寸

св. год световой год 光年

СВА Северо-Восточная Азия 东北亚

СВА сигнально-вызовной аппарат 振铃信号装置，呼叫信号装置

СВА советская военная администрация 苏军行政管理机关

СВА Союз ветеранов Афганистана 阿富汗老战士联合会

СВА стратегическая воздушная армия 战略空军集团军

СВАБ светосигнальная авиационная бомба 航空发光信号（炸）弹

СВАГ советская военная администрация в Германии 驻德苏军行政管理机关

СВАЗ система включения антисейсмической защиты 抗震保护连接系统

СВАЗО система авиазенитной обороны 对空防御系统，航空高射防御系统

СВАН спектрально-временный анализ 时谱分析，频谱时间域分析

СВАРМ стационарная войсковая авиационная ремонтная мастерская 固定军机修理所

СВАРМ стационарная войсковая авиационно-ремонтная мастерская 队属固定航空修理所

СВАС система ввода аналоговых сигналов 模拟信号输入系统

СВБ Совет внутренней безопасности США 美国国内安全会议

СВБ средневолновый блок 中波部分，中波部件，中波装置

свбк батальон связи корпуса 军通信营

СвБК Батальон связи стрелкового корпуса 步兵军通讯营

СВБР среднее время безотказной работы 平均

无故障工作时间

СВВ самолет вертикального взлета 垂直起飞飞机

СВВ согласователь ввода-вывода 输入－输出适配器

СВВАКИУ Самаркадское высшее военное автомобильное командно-инженерное училище 撒马尔罕高等军事汽车指挥学校

СВВАУ Сызранское высшее военное авиационное училище 塞兹兰高等飞行学校

СВВКИУ Серпуховское высшее военное командно-инженерное училище 谢尔普霍夫高等工程指挥学校

СВВМИУ севастопольское высшее военно-морское инженерное училище 塞瓦斯托波尔海军工程学校

свво свойство 性质，性能，特性，本性

СВВП самолет вертикального взлета и посадки 垂直起降飞机

СВВП самолет с вертикальным взлетом и посадкой 垂直起降飞机，直升飞机

СВВР совет по вопросам военной радиоэлектроники 军事通信－电子学会议

СВВТ среднее время восстановления температуры 温度恢复平均时间

СВГ Ставка Верховного Главнокомандующего 最高统帅大本营

СВГЖ спирто-водоглицериновая жидкость 酒精甘油水混合液

СВГК Ставка Верховного Главнокомандования 最高统帅部大本营

СВД самозарядная винтовка Драгунова 德拉古诺夫自动步枪

СВД сверхвысокоскоростный вентильный двигатель 超高速活塞推进器

СВД снайперская винтовка Драгунова 德拉贡诺夫式狙击枪

СВД страны Варшавского Договора 华沙条约国

СВДС снайперская винтовка Драгунова со складывающимся прикладом (Конструктор Е.Ф. Драгунов) 可折叠阻击步枪

СВЕМА светочувствительные материалы 光敏材料，感光材料

СВЗ система водяной защиты 水防系统

СВЗ схема временной задержки 延时电路

СВЗОИ система взаимного обмена информацией 信息交换系统

СВИ РХБЗ Саратовский военный институт радиационной, химической и биологической защиты 萨拉托夫辐射、化学、生物防护专业学院

СВИ схема восстановления импульсов 脉冲恢复电路

СВИ схема выдачи информации 信息发送电路

СВК сигнализатор взрывоопасной концентрации 爆炸危险浓度信号器

СВК сигнализатор включения кислорода 氧气接通信号器

СВК система видео-коррекции 图像校正系统

СВК система выдачи команд 指令发送系统

СВК специфицированный вычислительный комплекс 全套分类计算设备，全套编制计算设备

СВК стойка выделения каналов 信道分配机架，（电话总机）配线架

СВК судовой водолазный комплекс 船舶全套潜水设备

СВК судовой водолазный костюм 潜水服

СВКВП самолет вертикального и короткого взлета и посадки 短距离垂直起降飞机

СВКД система выравнивания крена и дифферента 〈潜〉纵横倾平衡系统

СВКМ словесное выражение кода Морзе 莫尔斯电码口述表示法

СВКН силы воздушно-космического нападения 空天袭击兵力

СВКН средства воздушно-космического нападения 空天袭击兵器

СВКО система вентиляции, кондиционирования и обогрева 通风、空调与加温系统

СВКО система внутрикорабельного освещения 舰内照明系统

СВКС система внутрикорабельной связи 舰内通信系统

СВКУО стратегическая воздушно-космическая ударная операция 战略性空天突击战役

СВМ система виртуальных машин 虚拟计算机系统

СВМ специализированная вычислительная машина 专业计算机，专业化计算机

СВМДА Совещание по взаимодействию и мерам доверия в Азии 亚洲相互协作与信任措施会议（简称亚信会议）

СВМИ Саратовский военно-медицинский институт 萨拉托夫军事医学院

СВМИ Севастопольский военно-морской институт 塞瓦斯托波尔海军专科学院

СВМКС служба военно-морского контроля над судоходством 海军航运稽查勤务，海军航运稽查部门

СВМО среднее время между отказами 平均无故障时间

СВМС силы по выполнению мирных соглашений 执行和平协议部队

СВМУР Служба военно-морских уголовных расследований （美）海军刑事侦查局

СВН самовсасывающий насос 自动吸水泵；自吸式油泵

СВН сила воздушного нападения 空中袭击力量

СВН Система внутренних нефтепроводов 国内石油管道系统

СВН скорость восстановления напряжения 〈电〉电压恢复速度

СВН средства воздушного наблюдения 空中观察器材

СВН средства воздушного нападения 空袭兵器；空袭手段

СВН схема восстановления несущей 载波恢复电路

СВН (СВКН) средства воздушного (космического) нападения 空中（空间）袭击兵器

СВО Силы воздушной обороны 空中防御力量（哈萨克斯坦）

СВО Синьцзянский военный округ 新疆军区

СВО система водолазного обследования 潜水探查系统

СВО специальная водоочистка 专用净水池，专用净水设备

СВО среднее вероятное отклонение 平均概率偏差

СВО стратегическая воздушная операция 战略性空中战役

СВО схема выбора объекта 目标选择示意图

СВОД система ввода и отображения 数据输入与显示系统

СВОИ средство воспроизведения и отображения информации 信息复现和显示设备

СВОП Совет по внешней и оборонной политике 对外与防务政策委员会

СВОПУ среднее военно-профессиональное образовательное учреждение 中等专业教育机构

СВОСОУ Совет по вопросам оперативной совместимости в области оперативного управления 作战指挥协同问题委员会

СВОТ специализированный вычислитель отображения 专用显示计算机

СВП самолетно-вертолетный парк 飞机与直升机总数

СВП свод военных постановлений 军事决议汇编

СВП сигнал взаимной помехи 相互干扰信号

СВП синтетический вертикальный профиль 综合垂直剖面

СВП система вневойсковой подготовки 军外训练体系

СВП система водяного пожаротушения 水消防系统，水灭火系统

СВП система воздушных параметров 空气参数系统，航空数据系统

СВП система всплытия и погружения 〈潜〉下潜上浮系统，潜浮系统

СВП Совет временного правления （伊拉克）临时管理委员会

СВП средство на воздушной подушке 气垫（运输）工具，气垫船

СВП стабилизированный визирный пост 稳定

C

瞄准镜部位

СВП стабилизированный визирный пост (на корабле) （舰艇）稳定瞄准镜部位

СВП Станция взрывчатого пункта 爆炸点测定站

СВП стержень выгорающего поглотителя (ядерного реактора) （核反应堆）燃料吸收棒

СВП стойка вторичного преобразования 二次转换设备

СВП судно на воздушной подушке 气垫船

СВП схема восстановления потенциала 电势恢复电路

СВПА амфибийное судно на воздушной подушке 全垫升气垫船

СВПА силы вертолетного полка авиации 空军直升机团兵力

СВПД специализированный вычислитель передачи данных 专用数据传输计算机，专业数据传输计算机

СВПМ ствол воздушно-пенный малогабаритный 小口径空气泡沫喷管

СВПО северо-восточный пограничный округ 东北边防区

СВПП совет военно-политической пропаганды 军事政治宣传委员会

свпр сверхпроводимость 超导性

СВПС бококовое судно на воздушной подушке 侧壁式气垫船

СВПУ БО Северо-восточное погрануправление Береговой охраны （俄罗斯国家安全局）海岸警卫队东北边防管理局

СВПЧ самостоятельная военизированная пожарная часть 独立军事化消防队

СВР система воздухораспределения 空气分配系统，配气系统

СВР система всепогодной разведки 全天候侦察系统

СВР Служба внешней разведки РФ 俄罗斯对外情报机关，俄罗斯对外情报局

СВР служба военной разведки (Великобритания) 军事侦察部门，军事情报署（英国）

СВРГ совместная временная рабочая группа 临时联合工作组

СВРК синхронное временное разделение каналов 同步时分信道

СВРП система с вынесенным ретрансляционным пунктом 前出中继站系统

СВРТ Служба внешней разведки Турции 土耳其对外情报部门

СВС самозарядная винтовка Симонова 西蒙诺夫式半自动步枪

СВС силы по выполнению соглашения в Боснии 波斯尼亚协定执行兵力

СВС система водоснабжения 供水系统

СВС система военной связи 军用通信系统

СВС система воздушных сигналов 空中信号系统

СВС случайный входной сигнал 随机输入信号

СВС специализированная вычислительная система 专用计算系统，专业计算系统

СВСС система военной спутниковой связи 军用卫星通信系统

СВСТ стратегически важные сырьевые товары 重要战略原料（商品）

СВТ самозарядная винтовка Токарева 托卡列夫式半自动步枪

СВТ сигнал воздушной тревоги 空袭警报信号

СВТ синусный вращающийся трансформатор 正弦旋转变压器

СВТ система внутреннего телевидения 内部电视系统，有线电视系统

СВТ средства вычислительной техники 计算技术设备

СВТ Счет Вызовов Тысячелетия 千年挑战账户

свт. светотехника 照明技术，照明工程

СВТИ система внешнетраекторных измерений 外弹道测量系统

СВТС сеть военно-технического снабжения 军事技术供给网

СВУ самодельное взрывное устройство 自制爆炸装置

СВУ сигнально-вызывное устройство （电话）振铃信号装置，信号呼叫装置

СВУ сигнальное взрывное устройство 爆炸信

C

号装置

СВУ снайперская винтовка укороченная 高射速阻击步枪

СВУ совместное военное учение 联合军事演习

СВУ среднее военное училище 中等军事学校

СВУ Суворовское военное училище 苏沃洛夫军事学校

СВУ счетно-вычислительное устройство 计算装置，计算机

СВУБО система воспроизведения условий боевой обстановки 战斗情况模拟系统，战斗情况再现系统

СВУОЗ северо-восточный участок отрядов завесы 掩护部队东北防区

СВЦ сеть вычислительных центров 计算中心网

СВЦ станция визирования целей (ракет) （导弹）目标瞄准系统

СВЦ судовой вычислительный центр 船舶计算中心

СВЧ сверхвысокочастотный 超高频的，微波的

СВЧ сигнал высокой частоты 高频信号

СВЭ световодный элемент 光导元件

СВЭ Советская военная энциклопедия 苏联军事百科全书

СВЭ социально-вредный элемент 社会渣子，危害社会分子

СвЭ эскадрон связи 骑兵通信连

СГ и СМ служба горюче-смазочных материалов 燃滑油物资部门

СГ самопишущий гальванометр 自记式电流计

СГ самоходная гаубица 自行榴弹炮

сг сантиграмм 厘克，百分之一克

СГ свободный гироскоп 自由陀螺仪，自由回转仪

СГ силовой гироскоп 动力陀螺仪，动力回转仪

СГ синфазная горизонтальная (антенна) 同相水平天线

СГ синхронный генератор 同步发电机，同步振荡器

СГ скорость горения 燃烧速度

СГ следственная группа 侦查组，侦讯组

СГ сортировочный госпиталь 分类医院

СГ Союзное государство 盟国

СГ спасательная группа 救生组，救援队

СГ спинорный генератор 旋转器，自旋发生器

СГ стабилизатор газонаполненный 充气稳定器

СГ стабилизатор глубины 尝试稳定器

СГ станковый Горюнова (пулемет) 戈留诺夫式重机枪

СГ стартер-генератор 启动发电机

СГ стрелок-гранатометчик (на схемах и условных обозначениях) 火箭筒射手（图上标识符号）

СГ строительная горизонталь 基准水平线

СГ струнный гравиметр 弦丝重力仪

СГ считывающая головка 读取头

СГА северная группа армий 北方集团军群

СГАУ Самарский государственный аэрокосмический университет имени С.П. Королева 萨马拉国立科罗廖夫航空航天大学

СГБ систерна главного баллиста 主（压载）水柜

СГБИС сверхбольшая гибридная интегральная схема 超大规模混合集成电路

СГБМ совет государств Балтийского моря (Политическая консультативная организация.) 波罗的海国家会议（政治咨询组织）

СГВ Северная группа войск 北方军队集群

СГВ Северная группа войск (Дислоцировалась на территории Польской Народной Республики) 北方军队集群（原苏联驻波兰军队）

СГВР синхронное группообразование со временным разделением 时分同步复接

СГГ Совет глав государств-членов Шанхайской Организации Сотрудничества 上海合作组织成员国国家元首理事会

СГД синфазная горизонтальная диапазонная (антенна) 同相水平宽频带天线

СГДА синфазная горизонтальная диапазонная антенна 同相水平宽频带天线

СГКП система глобальной координатной привязки данных наблюдений 全球坐标观测数据连测系统

СГМ станковый Горюнова модернизированный

C

(пулемет) 改进型戈柳诺夫式重机枪

СГМТП станковый Горюнова модернизированный танковый пулемет 改进型戈柳诺夫式坦克用重机枪

СГН система газонаполнения 充气系统

СГНЧ стойка групповых несущих частот 群路载频架

СГО сектор главного оператора 操纵手的操纵杆

СГО Служба государственной охраны 国家警卫局

СГО станционное генераторное оборудование 台站振荡设备

СГО стойка группового оборудования 群路设备架

СГОН специальная группа особого назначения 特别任务专业作战组

СГП Служба Государственного Протокола（哈萨克斯坦外交部）国家礼宾局

СГП Совет глав правительств государств-членов Шанхайской Организации Сотрудничества 上海合作组织成员国政府首脑理事会

СГП супергетеродинный приемник 超外差式接收机

СГР скользящий график работы 弹性工作时间，滑动工作时间表

СГРП супергетеродинное радиоприемное устройство 超外差无线电接收装置，超外差无线电接收机

СГС сантиметр-грамм-секунда 厘米－克－秒制

СГС система гиростабилизации 陀螺稳定系统

СГС служба голосовых сообщений 语音信息服务

СГС специальная геодезическая сеть 专用大地测量网

СГС средство гидроакустической связи 水声通信设备

СГС стационарная гидроакустическая станция 固定声纳站

СГС судно гидрографической службы 水道测量船

СГСМ склад горюче-смазочных материалов 油料仓库

СГСН стационарная гидроакустическая система наблюдения 固定声纳监视系统

СГТ система гидродинамического типа 水动力系统

СГТПД сигнал готовности терминала к передаче данных 数据终端作好传输准备信号

СГТУ солнечная газотурбинная установка 太阳能燃气涡轮装置

СГУ самолетное громкоговорящее устройство 机上扬声器

СГУЧ стойка генератора управляющих частот 控制频率发生器机架

СГУЧ стойка генераторного управляющих частот 可控频率振荡设备，可控频率振荡器架

СГФ строительная горизонталь фюзеляжа 机身基准水平线

СД самолетный дальномер 〈飞〉机上测距仪

СД санитарная дружина 医疗救护自愿队

Сд сбор данных 数据采集，数据收集

СД световой двигатель 光子发动机

СД светодиод 发光二极管

СД сглаживающий дроссель 平滑扼流圈

СД селектор дальности 距离选择器

СД сельсиндатчик 自动同步发送机，自动同步传感器

СД серводвигатель 伺服发动机

СД сеть доступа 开放网；存取网，接入网

СД сигнализатор давления 压力信号器

СД синтаксическая диаграмма 句法图

СД синхронный датчик 同步传感器

СД синхронный детектор 同步检波器

СД служба диспетчера 调度勤务

СД служба доставки 送达服务

СД смертельная доза 致死剂量

СД совместная деятельность 联合行动

СД сопротивление добавочное 附加电阻，附加阻力

СД спиральный диск 螺旋轮盘

СД среднее давление 平均压力

СД средняя дальность 中等距离；平均距离

СД средство диагностирования 诊断工具，诊断方法

СД станковый пулемет Дегтярева 杰格佳廖夫式重机枪

СД старший диспетчер 调度长，主任调度员

СД стробируемый дискриминкатор 选通鉴别器

сдат.оп сдаточная опись 移交清单，交付清单

СДАУ система дистанционного автоматизированного управления 自动化遥控系统，远距离自动化操纵系统

СДБ самоходная десантная баржа 登陆艇，自行登陆驳船

СДБ скоростной дальний бомбардировщик 高速远程轰炸机

СДВ сверхдлинноволновой (диапазон) 超长波的（波段）

СДВ сверхдлинные волны; сверхдлинноволновой 超长波；超长波的

СДВ сверхдлинные радиоволны 无线电超长波

СДД световой дальномер двухтактный 二冲程光束测距仪

СДД снаряд дальнего действия 远程炮弹

СДД совместная демодуляция и декодирование 联合解调与译码

СДД специальный дегазационный душ 专门消毒淋浴

СДДИИОТЛ система детекторов длинноволнового инфракрасного излучения для определения траекторных данных 用于测定弹道数据的长波红外转向器系统

СДИ светодиодный индикатор 发光二极管显示器

СДИ сигнал дискретная информация 离散信息信号

СДК силы для Косово НАТО 北约科索沃作战力量

СДКК сеть данных с коммутацией каналов 信道交换数据通信网

СДКП сеть данных с коммутацией пакетов 包数据（交换）通信网

СДЛ санитарная деревянная лодка 救护木船，医疗木船

СДЛ саперная деревянная лодка 工兵木船

СДЛ складная десантная лодка 折叠式登陆艇

СДЛ Старшие должностные лица 高级官员

СДМ свайный дизель-молот 柴油机打桩锤

СДМ система дистанционного минирования 远距离布雷系统

СДН система дальней навигации 远程导航系统

СДО сеть делового обслуживания 公务网；服务网

СДО система дальнего обнаружения 远程探测系统

СДО станция дегазации одежды 服装消毒站

СДОП-КП сеть данных общего пользования с коммутацией пакетов 包数据公用通信网

СДП санитарно-дегазационный пункт 卫生消毒站

СДП сектор доступных позиций 可达阵位扇面

СДП система динамического позиционирования 动力定位系统，动力定位装置

СДП структура должностей в промышленности 工业结构模型

СДПП судно с динамическим принципом поддержания 动力支撑船

сдрн станция дальней радионавигации 远程无线电导航站

СДРУ система средств для дистанционного радиоуправления 无线电遥控设备系统

СДРУ средство для дистанционного радиоуправления 无线电遥控设备

СДС скоростной датчик стопа 停车速度传感器

СДС станция дальней связи 长途通信站，长途台，远距离通信站

СДС стойка дифференциальных систем 混合线圈架

СДС судовая дистанционная станция 船舶遥控站

СДТ станция дегазации транспорта 运输工具消毒站

СДУ сбор данных и управление 数据采集及管理

СДУ сигнализатор давления унифицированный 统一压力信号器，标准压力信号器

СДУ система диспетчерского управления 调度

С

管理系统

СДУ система дистанционного управления 遥控系统

СДУ система с децентрализованным управлением 分散管理系统

СДУ сухая доковая установка 干船坞装置

СДУ сухое доковое устройство 干船坞设备

СДУА система дистанционного управления автотормозами 遥控自动制动系统，遥控自动刹车系统

СДУД система дистанционного управления дымопуском 烟幕施放遥控系统

СДУТ сигнализатор давления унифицированный термостойкий 统一耐热压力信号器

СДЦ селектор движущихся целей 活动目标选择器

СДЦ селекция движущихся целей 活动目标选择

СДЭ сигнализатор давления электрический 电动压力信号器

СДЭС сеть документальной электросвязи 文书电信网

СДЯВ сильно действующее ядовитое вещество 剧毒物质

СЕ северо-Европейский 北欧的

СЕ сигнальная единица 信号单位

СЕ сорбционная емкость 吸收容量

СЕ ТВД Североевропейский театр 北欧战区

СЕАП Совет евроатлантического партнерства НАТО 欧洲大西洋伙伴关系理事会

СЕАТО организация договора Юго-Восточной Азии 东南亚条约组织，东南亚联盟

СЕВ ВОСТ.ФР северо-Восточный фронт 东北方面军

СЕВ КАВК. ФР северо-Кавказский фронт 北高加索方面军

СЕВ служба единого времени 时间统一勤务，时间统一部门

СЕВ ФР северный фронт 北方方面军

Севморбаза Севастопольская военно-морская база 塞瓦斯托波尔海军基地

Севморзавод Севастопольский морской завод 塞瓦斯托波尔海军工厂

СЕДМ страны Юго-Восточной Европы и США 东南欧国家和美国

СЕИ система единой индикации 统一显示系统

СЕКСОТ секретный сотрудник (внештатный осведомитель) 密探（编外耳目）

СЕПО отдел контрразведки полиции безопасности 安全警察局反侦察科

серж. сержант 中士

СЖ спасательный жилет 救生背心

СЖАТ система железнодорожной автоматики и телемеханики 铁路自动化和遥控机械化系统

СЖО система жидкостного охлаждения 液冷系统

СЖО система жизнеобеспечения (космонавта) （宇航员的）生命保障系统

СЖТ синтетическое жидкое топливо 合成液体燃料

СЖУ стартовый жидкостный ускоритель 液体燃料起飞助推器

СЖЦ стоимость жизненного цикла 寿命周期价值，寿命周期成本

СЗ свод законов 法律大全

СЗ северо-запад; северо-западный 西北；西北的

СЗ сетевое заграждение 网状障碍，障碍网

СЗ сетевой заградитель 〈海〉布网舰

СЗ сеть заграждения 障碍网

сз сигнал звуковой 声音信号

СЗ система защиты 安全系统；防护系统

СЗ служба заграждения 障碍设置勤务

СЗ служебная записка (радиосигнальный код) 执勤记录（无线电通信密码）

СЗ снаряд-заградитель 布雷弹

СЗ сосредоточенный заряд 集团装药（工兵）

СЗ стрелокзенитчик 高射炮手

СЗ стрелок-зенитчик 防空射手

СЗА среднекалиберная зенитная артиллерия 中口径高射炮兵

СЗАО система зенитно-артиллерийской обороны 防空火炮系统，高炮配系

СЗАО система зенитной артиллерийской оборо-

С

ны 高射炮兵防御系统

СЗАП система зенитного артиллерийского прикрытия 高射炮兵掩护配系

СЗАПО система зенитно-артиллерийского прикрытия 高炮掩护配系

СЗВВ самарский завод взрывчатых веществ 萨马拉炸药厂

СЗГГ сверхзвуковая газовая турбина 超音速燃气轮机

СЗЗ санитарно-защитная зона 卫生防护区，防疫区

СЗИ система защиты информации 信息保护系统

СЗКП ВА ФА и ПВО совмещенный запасный командный пункт воздушной армии фронтовой авиации и противовоздушной обороны 前线航空兵和防空空军集团军联合预备指挥所

СЗКП ПВО И ЦБУ совмещенный запасный командный пункт противовоздушной обороны и центра боевого управления 防空与战斗指挥中心联合预备指挥所

СЗКП ПВО и ЦБУАв совмещенный запасный командный пункт противовоздушной обороны и центра боевого управления авиацией 防空和航空兵作战指挥中心联合预备指挥所

СЗМ судовой забортный мотор 操舟机

СЗМОР Северо-Западный морской оборонительный район 西北海防区

СЗОК Северо-Западное оперативное командование 西北战役司令部

СЗП специальное защитное покрытие 专用保护层

СЗП строб записи 记录选通信号

СЗПГЧРНБ система заатмосферного перехвата головных частей ракет наземного базирования 大气层外陆基导弹战斗部拦截系统

СЗПО Северо-Западный пограничный округ 西北边防区

СЗПП Северо-Западная пограничная провинция 西北边境省（巴基斯坦）

СЗР снаряд-заградитель реактивный 布雷火箭弹

СЗР совет по защите от радиации 防辐射委员会

СЗРО система зенитно-ракетной обороны 防空导弹系统，导弹防空配系

СЗРП система зенитно-ракетного прикрытия 防空导弹掩护系统，防空导弹掩护配系

СЗРУ ФПС РФ Северо-Западное региональное управление Федеральной пограничной службы РФ 俄联邦联邦边防局西北地区局

СЗС стационарная заправочная станция 固定加油站

СЗСД система замера статического давления 静压测量系统

СЗТ система замкнутого телевидения 闭路电视系统

СЗТ стандартная зажигательная трубка 标准点火管

СЗУ специальное запоминающее устройство 〈计〉专用存储器

СЗУ стратегическое звено управления 战略指挥环节

СЗУС стационарный защищенный узел связи 有防护固定通信枢纽

СЗЧ сигнализация звуковой частоты 声频信号（装置）

СЗЧ сменно-запасные части 备用更换部件

СИ световой имитатор 光模拟器

СИ север истинный 真北

СИ синхротронное излучение 同步加速器辐射

СИ система измерений 测量系统；测量法，测量制

СИ система индикации 显示系统，指示系统

СИ синхроскоп импульсный 脉冲同步示波器

СИ смешивающий искатель 混合选择器；〈电〉混接器

СИ солнечное излучение 太阳辐射

СИ спутниковая информация 卫星信息

СИ средство измерений 测量器具

СИ стохастическая игра 随机兵棋推演

СИ счетчик импульсов 脉冲计数器

СИ СЕВЕР синхронный импульс СЕВЕР “真北”同步脉冲

СИАП система истребительно-авиационного

С

прикрытия　歼击航空兵掩护系统

СИАС　сигнал индикации аварийного состояния　异常状况指示信号

СИБ　самостоятельная истребительная бригада　独立歼击旅

СИБ　СМИ　Служба информационной безопасности в СМИ　媒体信息安全局

СИБ　средство индивидуальной безопасности　个人安全器材

СИБД　сетевая информационная база данных　网络信息数据库

СИВ　самолетный инфракрасный визир　〈飞〉机载红外线瞄准器

СИВ　система имитации видимости　能见度模拟系统，视距模拟系统

СИВ　средства информационного воздействия　信息影响手段

СИВ　средство инженерного вооружения　工程装备器材

СИВ　счетчик импульсов и времени　脉冲与时间计数器

СИВС　струнный измеритель вертикальной скорости　垂直速度弦丝测量仪

Сигн. Обз　сигнал обзора　搜索信号

Сигн. по　сигнал приемника обзора　搜索接收机信号

Сигн. Р　сигнал ракеты　导弹信号

Сигн. Ц　сигнал цели　目标信号

СИД　селективные импульсы дальности　距离选择脉冲，距离选通脉冲

СИД　селектирующий импульс дальности　距离选择脉冲

СИД　система измерения дальности　测距系统

СИД　среднее индикаторное давление　平均指示压力

СИД　станция индикации данных　数据显示台

СИЖИР　служба инспекции животных и растений　动植物检查部门

СИЗ　средства индивидуальной защиты　个人防护器具，个体防护器材

СИЗО　следственный изолятор　侦讯隔离室

СИЗОД　средства индивидуальной защиты органов дыхания　个人呼吸器官防护器材

СИИ　система искусственного интеллекта　人工智能系统

СИМ　самолетный импульсный маяк　机载脉冲信标

СИМ　самолетный инфракрасный монокуляр　飞机红外单目镜

СИН　сверхинтегрированный накопитель　超集成存储器

син.напр.　синусоидальное напряжение　正弦电压

СИНБАД　система информационных базовых данных　信息基础数据系统

СИНКиКЧ　стойка индивидуальных несущих каналов и контрольных частот　独立载波通道及导频架

СИНС　специализированная инерциальная навигационная система　专业惯性导航系统

СИНС　судовая инерциальная навигационная система　船舶惯性导航系统

СИНХ　синхросигнал　同步信号

СИО　обработка случайной информации　随机信息处理

СИО　самолетный измеритель обледенения　飞机结冰测量仪

СИО　самонаводящееся на излучение оружие　反辐射武器

СИО　система информационного обслуживания　信息服务系统

СИО　схемная интегральная оптика　集成光学

СИОП　единый объединенный оперативный план　统一联合战役计划（英文 SIOP 的音译）

СИП　самолетный измерительный пункт　机载测量站，空中测量站

СИП　синхроимпульсы на прием　接收同步脉冲

СИП　система инструментальной посадки　仪表着陆系统，盲目着陆系统

СИП　сложные импульсные переносчики　合成脉冲载波

СИП　стрелочный индикатор положения　指针式位置指示器

СИР смешивающий искатель релейный 继电器式混合选择器

СИРС средство для индивидуальной радиосвязи 个人无线电通信器材

СИРТ система измерения расхода топлива 燃油消耗测量系统

СИС секрет интеллидженс сервис 秘密情报处（英国）

СиС силы и средства 兵力与兵器

СИС синхронизационное считывание 同步读出

СИС словацкая информационная служба 斯洛伐克情报局

СИС специальная инженерная служба 专业工程勤务

СИС справочно-информационная служба 咨询信息服务

сист. систематизированный 系统化的

сист. систематика 分类，分类法，分类学

сист. системный 系统的

СИТ система индикации температуры 温度显示系统

СИТ современная информационная технология 现代信息技术，现代信息工艺

СИТУ справочно-информационный телефонный узел 电话问讯处，信息咨询电话中心

СИУ сеть измерений уровня 电平测量网

СИУ справочно-информационный узел 信息咨询中心，备查信息中心

СИУВК судовой информационно-управляющий вычислительный комплекс 船舶情报管理计算中心

СИФ справочно-информационный фонд 参考信息储备

СИФУ система импульсно-фазового управления 脉冲－相位控制系统

СИЦФ сейсмическая информация в цифровой форме 数字化地震信息

СИЧ скачкообразное изменение частоты 频率跃变，频率突变

СИЧ счетчик излучения человека 人体辐射计数器

СИЭ средство измерений электросвязи 电信测量设备

СИЯВ световое излучение ядерного взрыва 核爆炸光辐射

СК конец работы связи 通联结束；通信终端

СК самоконтроль 自检，自控

СК свинцовый колпак （水雷）触角

СК север компасный 罗（盘）北，罗经北

СК секция каналообразования 波道单元

СК селекторный канал 选择器通路，选择器波道

СК середина кривой 〈测〉曲线中点

СК середина круговой кривой 〈测〉圆弧中点

СК сеть коммутации 交换网

СК сигнал коррекции 校正信号

СК сигнальный канал 信号波道

СК сиденье катапультируемое 弹射座椅

СК симметричная конструкция 平衡结构；对称结构

СК симметричный кабель 对称电缆

СК синхрокод 同步码

СК синхронный компенсатор 同步补偿器；同步调相器

СК система коммутации 交换系统

СК система контроля 监测系统；监控系统

СК система координат 坐标系

СК системная коррекция 系统修正，系统修正量

СК системный корректор 系统校正器

СК скафандр космонавта 宇航服，航天服，航天员飞行服

СК скорый поезд 快车

СК следственный комитет （俄）侦查委员会

СК слова в канале 通道字，信道字

СК служба контрразведки 反侦察勤务，反谍报勤务；反侦察局

СК служебная синхрокомбинация 辅助（脉冲）同步组合

СК служебный канал 公务信道，勤务信道

СК служебный комплект 成套服务设备

СК соединительная коробка 接线盒，接线箱

СК соединительный комплект 连接组

СК сопловая коробка 喷管盒

СК спектральный коэффициент 频谱系数

СК спектроскоп коллиматорный 准直仪分光镜

СК специализированный контролер 专用控制器

СК специальный коммутатор 专用交换机

СК сплошной канал 无间隙通路，连续波道

СК стабилизирующий контур 稳定电路

СК станционный комендант 〈铁〉车站军事代表

СК стартовый комплекс 发射系统；启动装置

СК ствольная коробка （军械）机匣，机槽；机心匣

СК сторожевой катер 护卫艇

СК Стратегические Командующие или Командования 战略司令员或司令部

СК схема контроля 测试电路

СК счетчик колонок 列计数器

СК счетчик команд 指令计数器

ск ГО специализированная команда гражданской обороны 民防专用指令

СК МВД следственный комитет Министерства внутренних дел 内务部侦讯委员会

СК ТАЖМ Северный коридор Трансазиатской железнодорожной магистрали 跨欧亚铁路干线北方走廊

ск. склонение 偏角，偏差；倾斜；赤纬

ск. скорость 速度

ск. п. скользящая посадка 滑行降落

СКА свинцово-кислотный аккумулятор 铅酸蓄电池

СКА связь Красной Армии 红军通信

СКА спасательный космический аппарат 救生航天器

СКАБ свинцово-кислотная аккумуляторная батарея 铅酸液蓄电池组

СКАБ сканирующий антенный блок 扫描天线装置，扫描天线系统

СКАПК сторожевой катер на подводных крыльях 水翼护卫艇

СКБ Совет коллективной безопасности 集体安全理事会（独联体）

СКБ специальное конструкторское бюро 专门设计局

СКБЗ сканирующий колориметр для береговой зоны 〈海〉岸带扫描色度计

СКБЛ сверхкороткая базисная линия 超短基准线

СКБР Союзнический корпус быстрого реагирования 快速反应盟军

СКВ высокоточный стереокомпаратор 高精度立体坐标测量仪

СКВ самолет короткого взлета 短距起飞飞机

СКВ система кондиционирования воздуха 空气调节系统，空调系统

СКВВП самолет короткого вертикального взлета и посадки 短距垂直起降飞机

СКВКИ Северо-Кавказский военный Краснознаменный институт МВД РФ 俄联邦内务部北高加索红旗军事专科学院

СКВП самолет короткого взлета и посадки 短距起降飞机

СКГ Совместная консультативная группа 联合协调小组

СКГ совместная контрольная группа 联合监督小组

СКГБ система гарантированного контроля безопасности 安全保障检测系统

СКГО система контроля герметичности оболочек 壳体密封检测系统

СКГС статив коммутации громкоговорящей связи 扬声通信转换器

СкГСМ склад горючих и смазочных материалов 油料库，燃滑油料库

СКД сверхкритическое давление 超临界压力

СКД система комбинированного доступа 存取监测系统，通路监测系统

СКД система контроля доступа 存取控制系统

СКДС сеть командно-диспетчерской связи 指挥调度通信网

СКДУ сближающе-корректирующая двигательная установка （航天）对接校正推进装置，逼近修正发动机装置

СКЖ спирто-касторовая жидкость 酒精蓖麻油混合液

СКЗ стратегическая космическая зона 战略空

C

间区域

СКЗИ средство криптографической защиты информации 密码信息保护设备

СКИ сверхпроводящий квантовый интерферометр 超导量子干涉仪

СКИ система контроля и измерений 检查与测定系统，检测系统

СКИ солнечное корпускулярное излучение 太阳微粒射线

СКИА стойка контрольно-измерительной аппаратуры 检测仪座架

СКИП самолетный командно-измерительный пункт 空中指挥检测台，机载指挥测量站

СКК синхронный контрольный канал 同步检查信道

СКК смешанная контрольная комиссия 联合监察委员会

СКК станция коммутации каналов 信道交换站

СКК стартовый космический комплекс 航天器发射综合体

СКК стойка коммутации каналов 信道交换架

СККП система контроля космического пространства 宇宙空间监视系统，太空监视系统

СККР совместная консультативная комиссия по вопросам разоружения 裁军问题共同协调委员会

СККС специальные курсы комсостава 指挥人员专业进修班

Скл.гор. склад горючего 燃料库

Скл. к.. склонение компаса 罗盘磁差，罗经磁差

СКМ сверхпроводящий квантовый магнитометр 超导量子磁力仪

СКМ служба криминальной милиции 刑事警察部门

СКМ счетно-клавишная машина 键式计算机

СКН смеситель канала настройки 调谐电路混频器

СКО система космического оружия 航天武器系统

СКО средний квадрат ошибки 均方差

СКО станция кругового обзора 全视角观察站

СКО станция кругового обзора (радиолокационная) 环视雷达站

СКОВ станция комплексной очистки воды 综合水净化站

СКОС средние курсы офицерского состава 军官中级训练班

СКП санитарно-контрольный пункт 卫生检查站，检疫站

СКП сеть с коммутацией пакетов 分组交换网

СКП система с коммутацией пакетов 分组交换系统

СКП служебно-конторский персонал 办事人员，事务人员

СКП среднеквадратическая погрешность 均方误差

СКП стабильность коэффициент передачи 传输系数稳定性

СКП станция космических полетов 航天飞行站

СКП стартовый командный пункт 起飞线塔台，起飞线指挥所

СКП ПВО и ЦБУАв совмещенный командный пункт противовоздушной обороны и центра боевого управления авиацией 防空与航空兵战斗指挥中心联合指挥所

СКПВ Совет командующих пограничными войсками 边防军司令员理事会

СКПД служебный канал передачи данных 勤务数据传输信道

СКПС сеть коммутации подвижной связи 移动通信交换网

СКПЭ стрелковый комплекс повышенной эффективности 高效射击系统；高效轻型步兵武器

СКР силы кризисного реагирования 应急兵力；紧急反应兵力

СКР Совещание Комитета по разоружению 裁军委员会会议

СКР специальная контрразведка 特种反侦察

СКР спецконтрразведчик 特种反间谍工作人员，特种反侦察人员

СКР стационарный комплекс радиоконтроля 固定无线电监测系统

C

СКР стол кодового регистра 电码寄存器台

СКР сторожевой корабль 护卫舰

СКР стратегическая крылатая ракета 战略巡航导弹

СКР УРО сторожевой корабль с управляемым ракетным оружием 导弹护卫舰

СКРПУ Северо-Кавказское региональное пограничное управление (ФСБ РФ) （俄联邦安全局）北高加索地区边防管理局

СКС самозарядный карабин Симонова 西蒙诺夫式自装弹卡宾枪

СКС сеть командной связи 指挥通信网

СКС сеть космической связи 卫星通信网

СКС сигнально-кодовая связь 信号代码通信

СКС система космической связи 航天通信系统，空间通信系统

СКС станция коммутации сообщений 信息转接站，信息交换站

СКС структурированная кабельная система 结构电缆系统

СКСВУ Северо-Кавказское суворовское военное училище 北高加索苏沃洛夫军事学校

СКСО средство контроля состояния объекта 目标状态监督设备

СКТВ сеть кабельного телевидения 有线电视网

СКТВ система кабельного телевидения 电缆电视系统，有线电视系统

СКТП сборная комплектная трансформаторная подстанция 装配式成套变电站，组装式配套变电站

СКТС статив коммутации телефонной связи 电话通信交换台，电话通信配电架

СКУ сигнально-кодовая установка 编码信号装置

СКУ система контроля уровня 电平检测系统，电平控制系统

СКУ статив коммутационных устройств 配线设备架

СКУД средство контроля и управления доступом 存取监控设备

СКУКС специальные курсы усовершенствования командного состава 指挥员专业进修班

СКЦ спасательно-координационный центр (ДМТ Минтранса России) （俄交通部海运局）救援协调中心

СКШ специальное колесное шасси 专用轮式底盘

СКШТ стратегическая командно-штабная тренировка 战略性首长参谋部演练

СКШУ совместное командноштабное учение 首长参谋部联合演习

СКШУ стратегическое командно-штабное учение 战略性首长参谋部演习

СКЭС солнечная космическая электростанция 太阳能空间发电站

СКЯ спектральный коэффициент яркости 光谱亮度系数

СЛ самолетная лаборатория 飞机实验室

сл сантилитр 厘升

СЛ сигнальная лампа 信号灯

СЛ соединительная линия 中继线，连接线

СЛ судноловушка 伪装猎潜船，诱潜船

СЛА сверхлегкий летательный аппарат 超轻型飞行器

Слж. служебный 公务的，业务的，办公的

СЛЗ сигнальная лампа зеленая 绿色信号灯

СЛЗ следящая линия задержки 跟踪延迟线

СЛИ серийный линейный искатель 长途终接器

СлИ служба интендантская 军需勤务；（舰上）军需勤务部门

СЛК сигнальная лампа красная 红色信号灯

СЛК стойка линейной коммутации 线路交换架

СЛМ международная соединительная линия 国际中继线

СЛМ сигнальная лампа малогабаритная 小型信号灯

СлМ служба медицинская 卫生勤务；（舰上）卫生勤务部门

СЛМ соединительная линия междугородной связи 长途通信中继线

СЛ-М медицинская служба корабля 舰上卫生部门

СЛП связанная линия передачи 耦合传输线

СЛП стилоскоп переносный 便携式光谱仪，便携式分光镜

СлПД служба передачи данных 数据传输服务业务

СлР служба радиотехническая 无线电技术勤务；无线电技术部门

СЛ-Р радиотехническая служба корабля 舰上无线电技术勤务，舰上无线电技术部门

СлС сложный сигнал 复杂信号

СЛУ специальный логарифмический усилитель 专用对数放大器

СЛФ сигнальная лампа форсажа 加速器信号灯

СЛФ стойка линейных фильтров 线路滤波器

СЛЦ самолетная лампа цветная 飞机彩色灯

СЛЦ сигнальная лампа цветная 彩色信号灯

СМ самолет-мишень 靶机，飞机靶标

СМ самолетный метеорограф 飞机气象计

см сантиметр 厘米

см сантиметровый (диапазон) 厘米（波段）

СМ светодальномер 光测距仪

СМ светомаскировочная лампа 遮光灯

СМ светомаяк 灯塔，灯光信标

СМ секция мультиплексирования 复用段

СМ сервомотор 伺服电动机

СМ сетевая модель 网络模型

СМ сигнальная машина 信号机，振铃机

СМ сигнальная мина 信号雷，信号地雷

см сименс 西门子

СМ симплекс 单工

СМ синхронная машина 同步电机

СМ синхронный мультиплексор 同步多路复用器

СМ системная магистраль 系统干线

СМ смазочное масло 润滑油

СМ смеситель 混合器；混频器

СМ Совет Министров 部长理事会

СМ статистическая модель 统计模型

СМ статистический мультиплексор 统计多路复用设备，统计多路调制器

СМ статический мультиплексор 静态多路复用器

СМ стыковочный механизм 对接装置

СМ счетчик микрокоманд 微指令计算器

СМА Соглашение о международных автомагистралях 国际公路干线协议

СМА сумматор адреса 〈计〉地址加法器

смакр смешанные авиакрылья 混编航空联队

СМАКР смешанные авиационные крыла 混成航空兵联队

СМБ сеть маскировочная с лентами из бумаги 纸带伪装网

СМБ система морской безопасности 海洋安全系统

СМБ строительно-монтажный батальон 建筑安装工程营

СМВ магнитовариационная станция 磁变量观测站

СМВ сантиметровые волны 〈无〉厘米波

СМВ сигнал метки времени 时间标记信号

СМВ система макетного ввода 模型输入系统

СМВ специализированный микроэлектронный вычислитель 专用微型电子计算机

СМВД Совет Министров внутренних дел 内务部长理事会

СМВЧ специальная моторизованная воинская часть 特种摩托化部队

СМГ стойка машинных генераторов 机械振荡架

СМГС Соглашение о международном грузовом сообщении 国际货物运输协议

СМЕ сборочно-монтажная единица 组装单位，装配安装单位

СМИ самолетный маяк импульсный 飞机脉冲信标

СМИ средства массовой информации 大众传播媒介

СМИ стандарты правил приемники и методов испытаний 验收规则和试验方法标准

СМинБатр самоходная минометная батарея 自行迫击炮连

СМинДн самоходный минометный дивизион 自行迫击炮营

СМК сеть магистральных кабелей 干线电缆网

C

СМК система машинных команд 机器指令系统

СММО система морского метеорологического обслуживания 海洋气象服务系统

СМН старший морской начальник 海军高级首长

СМО система массового обслуживания 大众服务系统

СМО система математического обеспечения 软件系统，数学保证系统

СМО система материального обеспечения 物资保障系统

СМО система морского оружия 海军武器系统

СМО Совет министров обороны 国防部长理事会

СМО специальное математическое обеспечение 专用软件，专业数字软件

СМО специальные монтажные операции 专业安装作业，特别安装业务

СМО средства математического обеспечения 软件设备

СМО средства медицинского обеспечения 医疗保障器材

СМОБ служба милиции общественной безопасности 公安民警部门

СМОВ изотопный стандарт морской воды 海水同位素标准

СМОУ специальное математическое обеспечение управления 专用管理软件

СМП самолетно-моторный парк 飞机发动机总数

СМП северный магнитный полюс 北磁极

СМП Северный морской путь (Севморпуть) 北方海上航线，北方海路

СМП синхронный метод передачи 同步传输法

СМП системная мониторная программа 系统监控程序，系统监督程序

СМП скорая медицинская помощь 医疗急救

СМП слепой метод посадки 仪表着陆法，盲目着陆系统，盲降方法

СМП спасательная морская платформа 海上急救平台

СМП специализированный микропроцессор 专用微处理器

СМП строительно-монтажный поезд 建筑安装列车

СМПЛ сверхмалые подводные лодки 微型潜艇，超小型潜水艇

СМПО специальное математическое и программное обеспечение 专业数学软件

СМПС Соглашение о международном пассажирском сообщении 国际旅客运输协议

СМР самый младший разряд 最小单位（二进制）

СМР Служба межведомственной разведки (Пакистан) 跨军种情报局（巴基斯坦）

СМР строительно-монтажная рота 建筑安装工程连

СМС сеть магистральной связи 干线通信网

СМС служба морских сообщений 海洋信息勤务，海洋信息发布部门

СМС смешанные миротворческие силы 混成维和力量

СМСС стойка магистральной связи совещания 干线会议通信台

СМСТ система модулей струйной техники 喷射技术模数系统

СМТ система многократного телефонирования 多路通话系统

СМТ служба международного телевидения 长途电视台

СМТО служба материальнотехнического обеспечения 物资技术保障勤务部门

СМТП стационарный магистральный трубопровод 固定主管道，固定干线管道

СМТС низкоорбитальная группировка непрерывного слежения за целями на траекториях 低轨道部署弹道目标连续跟踪系统（英文 СМТС 的音译）

СМУ светомаскировочное устройство 灯火伪装设备

СМУ светомодулирующее устройство 光调制器

СМУ силовой магнитный усилитель 强磁放大器

С

СМУ система мониторинга и управления 监视与控制系统，监控系统

СМУ сложные метеорологические условия 复杂气象条件

СМУ строительно-монтажный участок 建筑安全段（指军事建筑）

СМУ судовая механическая установка 船舶机械装置

СМУР строительно-монтажное управление радиофикации 无线电设施建筑安装局

смф.ст. семафорная станция 信号站

СМЭ судебно-медицинский эксперт 法医检察，法医鉴定

СН самолет-носитель 运载飞机，母机

СН самонаведение 自动引导，自导引，寻的制导

СН санитарные нормы 卫生标准

СН система наблюдения 监视系统，监察系统

СН система наведения 导航系统，瞄准系统

СН склад нефтяной 石油油库

СН служба наблюдения 观察勤务

СН снайпер (на схемах и условных обозначениях) 狙击手（图上标志符号）

СН собственные нужды 自身需要

СН сопловой насадок 喷口，喷嘴

СН сопряженное наблюдение 〈炮〉交会观察

СН специальное назначение 特种任务；特种用途

СН спиртовой насос 酒精泵

СН среднее напряжение 平均电压；平均应力

СН стабилизатор напряжения 电压稳定器，稳压器

СН стандарты норм 标准规程

сн стен 斯坦（力的单位，等于 108 达因）

СН стратегическое назначение 战略用途

СН стратегическое направление 战略方向

СН(-) стартовая готовность 起飞准备

СН(-) строительные нормы 建筑标准（例如：СН6-61）

Сн. Снизу 从下面，自下（而上）

СНА система наведения и автосопровождения 导引与自动跟踪系统

снаб. снабжение 供给，供应，补给

снаб снабженческий аппарат 供应机关

снабарм отдел снабжения армии 集团军供应部

снабпродарм снабжение армии продовольствием 军粮供给

СНАВР спасательная и неотложная аварийно-восстановительная работа 救生和紧急修复作业

СНАВР спасательные и неотложные аварийные работы 救生抢险作业

СНАР станция наземной артиллерии радиолокационная 地面炮兵雷达（站）

СНАР станция наземной артиллерийской разведки 地面炮兵侦察雷达（站）

СНБ Руз Служба национальной безопасности Республики Узбекистан 乌兹别克斯坦国家安全局

СНБ служба наблюдения батареи 炮兵连观察勤务

СНБ Совет национальной безопасности США（美）国家安全委员会

СНБ сопряженное наблюдение батареи 炮兵连交会观察

СНБО старший начальник береговой обороны 海岸防御部门高级首长

СНБОУ Совет национальной безопасности и обороны Украины 乌克兰国家安全与国防委员会

СНВ стратегические наступательные вооружения 战略进攻武器

СНВВС Штаб старшего начальника ВВС 空军上级首长参谋部

СНГ самый низкий горизонт 最低水位

СНГ Содружество Независимых Государств 独联体

СНД служба наблюдения дивизиона 炮兵营观察勤务

СНД сопряженное наблюдение дивизиона 炮兵营交会观察

СНЗП средне начисленная заработная плата 平

C

均应发工资

СН-ЗШП навигационный секстант Завода штурманских приборов 航海仪器厂制造的航海六分仪

СНИ сигнал наличия информации 有信息的信号

сниж снижение 〈航〉下降，降低

СНиП санитарные нормы и правила 卫生标准与规则

СНИП система непрерывной информационной подготовки 不间断信息准备系统

СНиП строительные нормы и правила 建筑标准与规则

СНиС самолет наведения и связи 导航联络机，引导通信机

СНИС служба наблюдения и связи 观（察）通（信）勤务

СНК совет народных комиссаров 人民委员会

СНК Совет национальных координаторов государств-членов ШОС 国家协调员理事会（上海合作组织）

СНК Совместная наблюдательная комиссия 联合观察委员会

СНК Специальная наблюдательная комиссия 专业观察委员会

СНК средства неразрушающего контроля 无损检验设备，无损探伤设备

СНКор сигнал номера корреспондента 通信对象号码信号

СНЛ связанная неоднородная линия 不均匀耦合线

СННИС самолет наблюдения, наведения и связи 观察、引导与通信飞机

СНО самонаводящееся оружие 自导引武器，自寻的武器

СНО секстант навигационный с осветителем 带照明器的航海六分仪

СНО селективный по длине волны направленный ответвитель 波长选择单向耦合器

СНО система навигационного оборудования 导航设备系统

СНО система нормативного обеспечения 规范保障系统

СНО средства навигационного оборудования 导航设备，助航器材（舰艇用）

СНО средства наземного обеспечения 地面保障设备

СНО средства наземного оборудования 地面设备

СНО стратегическая наступательная операция 战略性进攻战役

СНО-М навигационный секстант с осветителем, модернизованный 改进型带照明器的航海六分仪

СНОП средства наземного обеспечения полетов 飞行地面保障器材

СНП Договор о сокращении стратегических наступательных потенциалов 《削减战略进攻武器条约》

СНП наблюдательные пункты сопряженного наблюдения полка 团交会观察所

СНП сигнально-наблюдательный пост 信号观察哨，信号观察部位

СНП скрытый наблюдательный пункт 隐蔽观察所

СНП совпадающее направление передачи 传输同向

СНП сопряженное наблюдение полка （炮兵）团交会观察

СНП средство нападения противника 敌袭击兵器

СНПА самоходный необитаемый подводный аппарат 自航式无人潜水器

СНПС система направленной подготовки специалистов 定向专业人才培训体系

СНР Силы немедленного развертывания 快速展开部队

СНР станция наведения ракет 火箭制导站，导弹制导航站

СНР(-) тип радиотехнического прибора управления ракетой 火箭无线电制导仪型号（例如：СНР-75）

СНС самонаводящийся снаряд 自寻的导弹

СНС самонастраивающаяся система 自动调整系统

СНС система наведения и стабилизации 引导与稳定系统

СНС Совет по национальной стратегии 国家战略委员会

СНС спутниковая навигационная система 卫星导航系统

СНС стереофотограмметрическая наземная съемка 立体地面测量

СНС стратегические наступательные силы 战略进攻兵力

СНСОП система наведения и стабилизации оптического прицела 光学瞄准引导与稳定系统

СНТ световая навигационная точка (светомаяк, рожектор и т. д.) 照明导航点（灯塔、探照灯等）

СНТ система навигации и телематики 导航和电信息通信系统

СНТИ служба научно-технической информации 科技情报处

СНУ сливно-наливное устройство 装卸设备

СНЧ сверхнизкая частота 超低频

СНЧ сверхнизкочастотный 超低频的

СНЧ смещение несущих частот 载频偏移

СНЧУ селективный низкочастотный усилитель 低频选择放大器

СНЭ-220~0.5 тип феррорезонансного стабилизатора напряжения 铁谐振式稳压器型号

СНЭС симметрическое нелинейное электрическое сопротивление 非线性平衡电阻

СНЭУ стенд настройки электронных устройств 电子设备调试台

СО запрос слова состояния устройства обмена 交换器状态字询问

СО самооборона 自卫，自卫设备

СО санитарное отделение 卫生班，卫生科

СО сводный отряд 联合支队，混编队

СО сезонное обслуживание 季节性保养，季节性维护

СО сейнер океанский 海洋渔轮

СО секретный отдел 保密处，机要处

СО сериесная обмотка 串联绕组，串联线圈

СО сетевое оборудование 网络设备

СО сетевое окончание 网络终端

СО сигнал обмена 交换信号

СО сигнал опознавания 识别信号

СО сигнал ошибки 误差信号

СО сигнализатор обледенения 结冰信号器

СО сигнализатор остатка (топлива) 燃料余量信号器

СО сигнализация отклонения 偏差信号，偏转信号

СО система ориентации 定位系统，定向系统

СО система охлаждения 冷却系统

СО система с ожиданием 等待系统

СО системный оператор 系统操作员

СО Совет обороны 国防委员会（吉尔吉斯斯坦）

СО содержание оборудования 设备维护

СО соленоид отключения 跳闸螺线管

СО сосредоточение огня 集火射击，集中射击

СО сосредоточенный огонь 密集火力

СО Союз офицеров 军官协会

СО спасательный отряд 救生队

СО специальный отдел 特种处，特勤处

СО средство оповещения 报知设备

СО стандарты обозначения 符号标准，记号标准

СО станция обнаружения 警戒站，探测站

СО станция обслуживания 勤务站，服务站

СО стартовый отряд 发射队

СО старший офицер 高级军官

СО сторожевое охранение 前哨警戒，停泊警戒，宿营警戒

СО строительный отдел 建筑工程处

СО стыковочный отсек 对接舱

СО сухое осаждение 干沉淀，非液体沉淀

СО сухопутная оборона 陆地防御

СО схема объединения 复接电路，合路器

СО счетчик однофазный 单相电表

со ГО специализированный сводный отряд гражданской обороны 民防专业化混成支队

СО/ЛВ стрелковое оружие и легкое вооружение 步兵武器与轻武器

C

СО1,СО2 сетевое окончание первого, второго типов Ⅰ型、Ⅱ型网络终端

СОБ система обеспечения безопасности 安全保障体系

СОБ система опорожнения баков 液体容器排空系统

СОБ служба общественной безопасности (МВД РФ) 公共安全机关（俄联邦内务部）

СОБ Союз офицеров Белоруссии 白俄罗斯军官联盟

СОБ старший офицер батареи 连发射阵地指挥员

СОБиС система опорожнения баков и синхронизации 燃料舱脱落与去同步系统

СОБР сводный отряд быстрого реагирования 合成快速反应支队

СОБР система обнаружения баллистических ракет 弹道导弹探测系统，弹道导弹预警系统

СОБр специальная оперативная бригада 特种作战旅

СОБР Специальный отряд быстрого реагирования 特种快速反应支队

СОБР МВД специальный отряд быстрого реагирования министерства внутренних дел 内务部特种快速反应大队

СОВ сигнал обмена на выдачу 发送交换信号

СОВ система обработки вызовов 呼叫处理系统

СОВ стойкие отравляющие вещества 持久性毒剂（常用复数）

СОВ стратегическое оборонительное вооружение 战略防御武器

СОВ суммирование отраженных волн 反射波叠加

сов.сектр. совершенно секретно 绝密（印章）

Совинформбюро советское Информационное бюро 苏联情报局

совмещ. совмещенный 组合的，重合的

СОВТ служба особо важных телеграмм 特别重要电报勤务

СОВЧ система определения и воспроизведения частоты 频率确定与重复利用系统

СОГ сериесная обмотка генератора 发电机串联线圈，发电机串联绕组

СОГ сигнализатор опасных глубин 危险深度信号器

СОГ сигнальный освинцованный голый (кабель) 裸铅皮信号（电缆）

СОГ система общесудовой гидравлики 全艇舵液压系统

СОГ система очистки (реакторного) газа （反应堆）气体净化系统

СОГ следственно-оперативная группа 侦讯业务组，侦查行动组

СОГ старший оперативной группы 作战群指挥员

СОГГ ВС РК силы охраны государственной границы Вооруженных Сил Республики Казахстан 哈萨克斯坦武装力量国家边界警卫兵力（力量）

согласов согласование; согласованный 匹配的，匹配的

СОГО спасательный отряд гражданской обороны 民防救险队

СОГС станция обнаружения гидроакустических сигналов 水声信号探测站

СОД самолетный ответчик дециметровый 分米波飞机应答器

СОД сигнал ошибки по дальности 距离误差信号

СОД синхронный однофазный двигатель 同步单相电动机

СОД система обмена данными 数据交换系统

СОД следственно-оперативные действия 刑事侦查行动

СОД служба организации движения 交通组织管理部门

СОД среднеоборотный двигатель 中速发动机

СОД среднеоборотный дизель 中速柴油机

СОДС сложная организационная динамическая система (кораблевождение) （航海）复合动力组织系统

соед. соединение 联合，结合，兵团，化合，化合物

СОЕИ система обозначений единиц измерения 计量单位标记系统

СОЖ система обеспечения жизнедеятельности（航天）生命保障系统

СОЖ смазочныноохлаждающая жидкость 冷却润滑液

СОЗУ сверхоперативное запоминающее устройство 快速存储器

СОИ сжатие и обработка информации 信息压缩与处理

СОИ силы обороны Исландии 冰岛国防力量

СОИ система обработки изображения 图像处理系统

СОИ система обработки информации 信息处理系统

СОИ система отображения информации 信息显示系统

СОИ средство отображения информации 信息显示设备

СОИ стратегическая оборонная инициатива (США)（美）战略防御倡议

СОИБ система обеспечения информационной безопасности 信息安全保障系统

СОК сигнал одно-знаковой коррекции 相同特征校正信号

СОК сигнал обратного контроля 逆向检查信号

СОК система обслуживания клиентов 用户服务系统

СОК система остаточных классов〈计〉余数系统

СОКГС специальный отдел криптографической службы 密语勤务处

СОКК Союз общества красного креста 红十字协会

СОККиКП Союз обществ красного креста и Красного полумесяца 红十字会和红新月会联合会

сокр. сокращение 简化，略语，省略

сол. соленая вода〈测〉咸水

сол. соляные разработки〈测〉采盐场，盐矿

солаб солярная лаборатория 太阳试验室

СОЛП сводный отряд ликвидации последствий 混合后果消除队

СОЛП специальный отряд ликвидации последствий 专业的后果消除队

СОЛТ стойка оборудования линейного тракта 线路设备架

СОМ сигнальное освещение радиомачты 天线杆信号灯

СОМ система орбитального маневрирования 轨道机动系统

СОМ смешанный отряд милиции 混成民警队

СОМС система оперативных метеорологических спутников 作战气象卫星系统；高效气象卫星系统

СОН сеть основного напряжения 基本电压网

СОН Силы общего назначения 常规力量，常规兵力

СОН станция орудийной наводки (радиолокационная станция) 炮瞄站，炮瞄雷达

СОН схема определения неисправностей 故障诊断图

СОНАЗ стрелковое оружие носимого аварийного запаса 便携式应急储备步兵武器

сонар гидролокатор 声纳，声波导航与测距系统，水声测位仪

СОНЦ станция обнаружения, наведения и целеуказания 搜索引导目标指示雷达

СОО секретно-оперативный отдел 秘密作战处

СОО система обеспечения обороны 防御保障系统

СОО стойка оконечного оборудования 终端设备架

С-ОО серия сигналов общего опознавания 通用识别信号组

сообщ. сообщение 通告，通信

СООК сектор опасных относительных курсов〈海〉危险相对航向扇面

СООК сектор опасных относительных курсов цели 目标危险相对航向扇面

СООНО силы ООН по охране 联合国警卫部队

СООНО силы Организации объединенных на-

С

ций по охране в бывшей Югославии 联合国驻前南斯拉夫地区维和部队

СООП Служба охраны общественного порядка 维护社会秩序勤务部门

СООЦК стойка образования основных цифровых каналов 基本数字信道构成框架

СОП санитарный обмывочный пункт 卫生包扎站

СОП связь общего пользования 共用通信

СОП сигнал обмена на прием 接收交换信号

СОП силы оперативного прикрытия 战役掩护兵力

СОП система оперативной подготовки 作战训练系统

СОП стандарт ограниченного применения 有限利用标准

СОП старший оператор 操作班长

СОП стационарный обмывочный пункт 常设洗涤站

соп. сопка 〈测〉山冈，丘陵，小山

СОПГ система обслуживания полезного груза 有效载重服务系统

СОПД сигнализатор опасного перепада давления (в кабине) 座舱压（力）差警告器

СОПИ сбор, обработка и передача 信息收集处理与传输

СОПИ совместные оперативные процедуры интерфейса 联合作战接口

СОПИ средства обработки и поиска информации 信号搜索处理设备

СОПО система освещения подводной обстановки 水下照明系统

СОПР кодограмма о координатах сопровождаемых отметок 跟踪标志坐标的编码程序

сопр. сопротивление 电阻，阻抗

сопромат сопротивление материалов 材料力学

СОР КСА Служба общей разведки Королевства Саудовская Аравия 沙特阿拉伯公共情报机关

СОР самописец отклонения рулей 舵偏转度自动记录器

СОР самописец отключения рулей 转向舵断开自动记录仪

СОР Севастопольский оборонительный район 塞瓦斯托波尔防（御）区

СОР Северный оборонительный район 北方防（御）区

СОРМ система оперативно-розыскных мероприятий 侦查措施制度

СОРМ система оперативно-розыскных мероприятий(методика) технического доступа специальных служб 侦查业务手段系统（特勤部门进入计算机网络的技术方法）

СОРС система обнаружения радиосигналов 无线电信号侦察系统

СОРС станция обнаружения радиолокационных станций 雷达站搜索站

СОРС стойка однополосной работы связи 单流通讯架，单流连接架（电话）

СОРС стойка однополюсной работы связи 单流通信架，单流连接架

сорт.ст. сортировочная станция 编组站（铁路）

СОС сетевая операционная система 〈计〉网络操作系统

СОС сетевые операционные системы 网络操作系统，网络业务系统

СОС синхронная оптическая сеть 同步光纤网

СОС система обработки сообщений 报文处理系统，信息处理系统

СОС система ограничительных сигналов 限制信号系统

СОС система ориентации и стабилизации 定向与稳定系统

СОС сложная организационная система 复合组织系统

СОС служба обработки сообщений 信息处理业务

СОС средство обработки сигналов 信号处理设备

СОС стратегические оборонительные силы 战略防御力量

СОСН средства обеспечения стрельбы ночью 夜间射击保障器材

СОСС стационарная опорная сеть связи 固定支撑通信网

сост. состояние 位置，状况

сост. составитель；составленный 编者，编组员，写成的，编成的，组成的

СОТ скрывающаяся огневая точка 隐蔽发射点，隐蔽火力点

СОТ скрытая огневая точка 隐蔽发射点

СОТ станция обеззаряживания транспорта 运输工具消毒站

СОТ стойка образования тракта 线路形成架

СОТО система оперативно-технического обслуживания 业务技术勤务系统，业务技术维护系统

СОТОА судовой обшивочный теплообменный аппарат 船舶外壳热交换器

СОТР система обеспечения температурного режима 温度状况保障系统

СОТР система обеспечения теплового режима 热状况保障系统

СОТУ система оперативно технического управления 业务技术管理系统

СОУ самолетная осветительная установка 飞机照明设备

СОУ самоходная огневая установка 自行火炮装置，自行火炮

СОУ светооптическое устройство 光学照明设备

СОУ секретно-оперативное управление 秘密作战指挥，秘密行动指挥

СОУ секция оперативного усилителя 〈计〉运算放大器部分

СОУ система оперативного управления 业务管理系统；作战指挥系统

СОУД система ориентации и управления движением 定向与运行控制系统

СОУС стационарный опорный узел связи 固定节点通信枢纽

СОЦ станция обнаружения и целеуказания 探测和目标指示站

СОЦ станция обнаружения целей 目标搜索站

СОЧ самовольно оставляющий части 逃兵

СОЧ самовольное оставление части 擅自离队

СОЧ секретно-оперативная часть 秘密作战部队，秘密行动部队

СОЭП станция оптикоэлектронного подавления 光电压制台，光电干扰台

СОЭП станция опикоэлектронного подавления 光电压制站

СПДО спасательный парашютно-десантный отряд 伞降救生队

спдпс специальный полк дорожно-патрульной службы 特种道路巡逻团

СП снайперский патрон 狙击弹

СП самопишущий потенциометр 自动记录电位器

СП самоходная пушка 自行加农炮

СП санитарный пост 卫生站

СП санитарный пропускник 卫生防疫机关，防疫站

СП санитарный пункт 卫生站，卫生所

сп сантипуаз 厘泊（粘度单位）

СП сапер 工兵

СП саперный провод 工兵电线

СП сверхоперативная память 快速读写存储器

СП световой прибор 光仪器

СП светоприемник 光接收器

СП светосигнальный прибор 灯光信号器，发光信号器

СП Северный полюс 北极

СП секстант перископический 潜望式六分议

СП сектор помех 干扰扇区

СП секторный прицел 弧形表尺

СП секционный переключатель 分段转换开关

СП сельсин-приемник 自动同步接收机，自动同步受感器

СП сельсинприемник 自动同步接收器；自动同步受感器

СП сигнал-переносчик 载波信号

СП сигнал-помеха 〈无〉信号干扰

СП сигнальная панель 信号盘；信号板

СП сигнальная пластина 信号板

СП сигнальный пистолет 信号枪

СП сигнальный пост 信号哨，信号台

C

СП сигнальный процессор 信号处理机

СП синусоидальные переносчики 正弦载波

СП синхронная передача 〈空、海〉同步传动，同步传动装置

СП синхропоследовательность 同步顺序

СП синхропосылка 同步发送

СП система памяти 记忆系统

СП система передачи 传输系统

СП система планирования 计划系统

СП система пожаротушения 灭火系统

СП система посадки 着陆系统

СП система привода 传动系统，运输系统，拖动系统

СП система с приоритетом 优先系统

СП сканирующий прием 扫描接收

СП скорость полимеризации 聚合速度

СП скорость проведения 传导速度，通过速率

СП следящий привод 随动传动系统，跟踪联动装置

СП слепая посадка 仪表着陆，盲目着陆

СП слепой полет 盲目飞行，仪表飞行

СП случайный процесс 随机过程

СП смешанное плавание 混合编队航行

сп смотровая площадка 观礼台

СП согласующий переход 匹配转换，匹配转接

СП солнечная панель 太阳能板

СП сопротивление пусковое 起动电阻

СП сортировочный пост 分类哨，分类站（医）

СП сортировочный пункт （伤病员）分类后送站

СП состояние поляризации 偏振状态，极化形式

СП спаренный пулемет 双联装机枪，双管机枪

СП спектральная плотность 谱线密度

СП специалист метрологической службы пункта измерительной техники 测量技术站的计量专家

СП специальное приспособление 专用装置，专用夹具

СП специальный патрон 专用弹

СП специальный прицел 专用瞄准具

СП специальный прицеп 专用拖车

СП среднепериодный прибор 中周期仪器

СП средство поражения 毁伤兵器

СП стабилизатор пламени 火焰稳定器

СП стандартная подпрограмма 标准子程序

СП стандартная программа 标准程序

СП станция подслушивания 截听站，监听站

СП станция помех 干扰站

СП стартовая позиция 发射阵地

СП стартстопная последовательность 起止式系列

СП статический параметр 静态参数

СП стеклопакет 双层中空玻璃

СП стеклянный предохранитель 透明防护装置

СП стойка питания 电源架（电话）

СП сторожевой пост 步哨，骑哨，警戒哨

СП строевая подготовка 队列训练，队列教练

СП структурная помеха 结构干扰

СП судостроительная промышленность 造船工业

СП счетчик простоев 停泊时间计量器

СП(-) авиационные смазки 飞机润滑油型号（例如：СП-1，СП-2，СП-3）

СП(-) саморазгружающаяся платформа 自动卸货平（板）车

сп. спецификация 目录，一览表，明细表，材料表

СПК самопрерывающийся контакт 自动断开接点

СпК специальная спутниковая кассета 卫星专用盒

Сп. л. спектральная линия 光谱线

Сп. Ст спасательная станция 救生站

СП-17А тип спидометра 里程表型号

СП-19 самоходный паром 自行门桥型号

СП-1м тип авиасекстанта 航空六分仪型号

СП-2 стратостат-парашют 平流层气球降落伞型号

СП-50 схема пробивания облака самолетом посадке 飞机着陆穿云图

СП-72 марка (дифракционного) спектрографа 衍射摄谱仪型号

СП9 тип многоэлектродной лампы 〈无〉多极管型号

СПА сельсин-приемник авторулевого 自动操舵器同步接受机

СПА спасательный подводный аппарат 水下救生器

СПА справочно-поисковый аппарат 资料咨询检索机构

СПАМ сборный пункт аварийных машин 损坏车辆搜集所

СПАРБ специализированная подвижная ремонтная база 专业化流动修理站

СПАС система предупредительной аварийной сигнализации 应急预告信号系统

СПАС склад путевого автомобильного снабжения 公路汽车运输供给库

спасо. спасательный 救生的

СПАСР служба поисковых и аварийно-спасательных работ 搜寻救生勤务

СПАТ сборный пункт аварийных танков 损坏坦克收拢站

спб санитарно противоэпидемический батальон 卫生防疫营

СПБ,СПб,СпБ Санкт-Петербург 圣彼得堡

СПБ скоростной пикирующий бомбардировщик 快速俯冲轰炸机

СПБ специальное проектное бюро 专业设计局

СПБ средства передового базирования 前进基地武器

СПБ станция (радиолокационных) помех бомбо-прицелов （雷达）轰炸瞄准干扰站

СПБ станция помех бомбоприцепа 轰炸瞄准具干扰（发射）台

СПБ станция помех радиолокационным бомбо-прицепа 无线电定位轰炸瞄准具干扰台

спб стрелково-пулеметный батальон 步兵机枪营

СПБ стрелково-пулеметная бригада 步兵机枪旅

СПБК сигнализатор подвесных баков крыльевой 机翼副油箱信号器

СПБН сердцевинная полоса по боковому направлению 方向散布密集界

СПБП стенд проверки блоков питания 供电部件检查台，电源部分检查台

СПБФ сигнализатор правого бака фюзеляжный 机身右油箱信号器

СПВ сборный пункт военнообязанных 征兵站；应征军人集中站

СПВ система параграфного ввода 节条输入系统

спв специальная дюймовая резьба Витворта 特种英制螺纹

СПВ стандартный полевой вискозиметр 野外标准粘度计

СПВ статистическое прослеживание волн 波的统计探测

СПВ стрелково-пушечное вооружение 射击军械，枪炮

СПВИ сверхпороговое временное искажение 超限暂时失真

СПВК Совместный постоянный военный комитет 联合常设军事委员会

СПВМИ Санкт-Петербургский военно-морской институт 圣彼得堡海军研究所

СПВП система проведения водных процедур 宇航轨道站的用水系统

СПВП стационарный пункт ветеринарной помощи 固定兽医救护站

СПВПЛ самолетный провод с виниловой изоляцией, покрытый пряжей и слоем лака 飞机用氯化乙烯胶绝缘纱包涂漆导线

СПВРД сверхзвуковой прямоточный воздушно-реактивный двигатель 超音速冲压式空气喷气发动机

СПГ самоходная пушка-гаубица 自行加（农）榴（弹）炮

СПГ система передачи газет 报纸传输系统

СПГ спецгрейдер 特种平路机

СПГ специальная патрульная группа 特种巡逻队

СПГ специальный полевой грейдер 特种野外平路机

СПГ станковый противотанковый гранатомет 重型反坦克火箭筒

СПГ станковый пулемет Горюнова 戈柳诺夫式重机枪

СПГ станция питания грелок 加热器供电站

C

СПГГ свободно-поршневый генератор газа 自由活塞式煤气发生炉

СПД сборный пункт донесений 报告收集站，情报收集站

СПД светосостав постоянного действия 永久性荧光粉

СПД свободно-поршневой двигатель 自由活塞式发动机

СПД сердцевинная полоса по дальности 距离散布密集界

СПД сеть передачи данных 数据传输网，数传网

СПД синтетическая поверхностно-активная добавка 表层活性合成添加剂

СПД система передачи данных 数据传输系统，诸元传递系统

СПД-2-57, СПД-6 тип станций поездной диспетчерской связи 列车调度通信站

СПДАО система показаний работы двигателя и аварийного оповещения экипажа 发动机工作显示和机组人员紧急报警系统

СПДБ связь производственно-диспетчерских бюро 各生产调度局之间的通信联络

СПДВ станция помех длинноволновой связи 长波通信干扰台

СПДГ свободно-поршневой двигатель с газовой турбиной 燃气涡轮自由活塞式发动机

СПДГ спасательная парашютно десантная группа 空降救护组，救生伞兵群

СПДИ система передачи дискретной информации 离散信息传输系统；数字信息传输系统

СПДК свободно-поршневой двигатель с компрессором 自由活塞式柴油压缩机

СПДК сторожевые и патрульно-дозорные корабли 警戒巡逻舰

СПДКК сеть передачи данных с коммутацией каналов 信道交换数据传输网

СПДКП сеть передачи данных коллективного пользования 公用交换数据传输网

СПДО связь производственно-диспетчерских отделов 各生产调度处之间的通信联络

СПДОП сеть передачи данных общего пользования 公用数据传输网

СПДОП/КП сеть передачи данных общего пользования с коммутацией пакетов 分组交换公用数据传输网

СПДП стойки передачи дистанционного питания 远距离供电输电架

СПДС система предъявления и доставки сообщений 信息呈报与传递系统

СПЕКА Специальная Программа ООН для экономик Центральной Азии 联合国中亚经济特别计划

СПЕКО специальный контрразведывательный отдел 反间谍特别处

спец. специальный ; специальный термин 专门的，专业的，特别的，特种的，专门术语

спец. корр. специальный корреспондент 特派记者，特约通讯员

спецвойска специальные войска 特种部队，专业队

спецдонесение специальное донесение 特种情报，专用情报

спецлаг специальный лагерь 特种（劳改）营

спецлагрункт специальный лагерный пункт 特种（劳改）营地

спецназ специальное назначение 特种任务，特种使命

спецотдел специальный отдел 保密室，机要室，保密科，机要科

спецподразделение подразделение специального назначения 特种分队

спецприменение специальное применение 特种用途，专门用途

спецпропуск специальный пропуск 特别通行证

спецрейс специальный рейс 专机航班

спецслужба специальная служба 专业勤务，专业勤务部门

СПЖ средняя продолжительность жизни 平均寿命

СПЗ сигнал подсвета знаков 标志照明信号

СПЗ система постановки завесы 遮障设置系统

СПЗ снайперский патрон Забелина 扎贝林阻击弹

СПЗ снайперский патрон разработки Забелина 扎别林改制式狙击弹

СПЗ средства (системы) передового базирования 前进基地器材系统

СПЗ схема переменной задержки 可变延迟电路

СПИ самолетный приемоиндикатор 飞机接收指示器

СПИ система передачи информации 信息传输系统

СПИ система подводной информации 水下信息系统

СПИ скорость передачи информации 信息传输速率

СПИП схема подавления импульсных помех 脉冲干扰抑制电路

СПИР системные проекты информатизации регионов 区域信息化系统方案

СПИС сверхбыстропроизводительная интегральная схема 超速效集成电路

СпИС специализированная информационная система 专业化信息系统

СПК самопрерывающийся контакт 自动断续接点

СПК самоспасатель кислородный 氧气自救器

СПК сверхпроводящая конструкция 超导结构

СПК сверхпроводящий кабель 超导电缆

СПК Северный полярный круг 北极圈

СПК сеть пакетной коммутации 分组交换网，包交换网

СПК солнечная параболоцилиндрическая кухня 抛物面柱形太阳能灶

СПК справочнопоисковая карта 查询卡片

СПК средства подготовки космонавта 宇航员训练设备

СПК средство передвижения космонавта 宇航员移动设备

СПК станционный полукомплект 台站半套设备

СПК станция передачи команд 传达命令站，命令发布台

СПК станция переливания крови 输血站

СПК станция подач команд 指令下达站

СПК стартовый и посадочный комплекс 全套起飞着陆设备，全套起降设备

СПК стрелковой поворотный крап (на железнодорожном ходу) 铁路旋臂式起重机型号

СПК стреловой поворотный кран 旋臂式起重机

СПК судовой плавучий кран 船用浮动起重机

СПК судоподъемный корабль 打捞船

СПК-4 тип пневматического копра 气压打桩机型号

СПКВ станция помех коротковолновой связи 短波通信干扰台

СПКМ специализированная передвижная механизированная колонна 流动专用机械队

СПЛ самолет плавающий 船式水上飞机

СПЛ связанная полосковая линия 耦合带状传输线

СпЛ спутниковая линия 卫星线路

СПЛ средство противодействия и ликвидации угроз 抵制和消除威胁的手段

СПЛ тип силовой установки 云图装置型号

СПМ сигнализатор падения давления масла 油压力差信号器；滑油压力下降信号器

СПМ спектральная плотность мощности 光谱功率密度，光谱强度

СПМ средняя прилипающая мина 中型粘着地雷

СПМ стабилизатор потребляемой мощности 消耗功率稳定器

СПМ стационарный пункт медицинской помощи 常设急救站，固定救护所

СПМ стойка переключения междугородных (линий) 长途线（路）中间配线架

СПМ сумка минера-подрывника 爆破手背包

СПМ счетно-перфорационная машина 穿孔计算机

СПМБМ специальное проектно-монтажное бюро машиностроения 特种机械设计安装局

СПМЛ стойка переключения междугородных линий 长途线路中间配线架

СПМО сознательно-практический метод обучения 自觉实践教学法

C

СПМШ спектральная плотность мощности шума 噪声功率谱亮度

СПН саперный пост наблюдения 工兵观察所

СПН система подледной навигации 冰下导航系统

СпН специального назначения 特种的

СПН стабилизатор постоянного напряжения 稳压器

СПН стабилизированный пост наблюдения 稳定观察部位

ССПН стабилизированный пост наводки (на корабле) （舰上）稳定瞄准部位

СПН стационарный пункт наблюдения 常设观测站，常设观测所

СПН стрела подъемная навесная 悬挂式起重臂

СПН суммарная орбитальная полезная нагрузка 总轨道有交载重

СПН-2 наземная станция мощных шумовых помех 大功率地面干扰台型号

СПО Секретно-политический отдел (КГБ) 秘密政治处（克格勃）

СПО система пожарного огнетушения 消防系统，灭火系统

СПО система предстартового обслуживания 起飞前（发动前）维护系统

СПО система предупреждения и опознавания 警报识别系统

СПО система программированного обучения 程序控制训练系统

СПО система программного обеспечения 软件系统

СПО система противоракетной обороны 反导防御系统

СПО специализированный процессор обмена 专门交换处理器

СПО специальное программное обеспечение 专用程序保障，专用软件

СпО специальный отряд 特战队

СПО специальный пожарный отряд 特种消防队

СПО спускоподъемные операции 升降作业

СПО станция ответных помех 应答式干扰台

СПО станция питания орудий 火炮弹药补给站

СПО станция подводной очистки 水下清理站

СПО станция предупреждения об излучении 辐射警告装置

СПОН станция предупреждения об облучении и наведении 照射与引导预警站

СПОП стандартная программа обслуживания прерываний 标准中断服务

спорт. спортивный 体育的

СПОС сильно пораженная ошибками секунда 产生严重错误的秒

СПОСА система приемки и отправки сообщений абонента 用户信息接收与发送系统

СПП самолет -постановщик помех 干扰施放（飞）机

СПП самолет-постановщик помех 机载干扰装置

СПП Санитарно-перегрузочный пункт 卫生转运站

СПП сборный пункт передачи 转接站

СПП сборный пункт пленных 俘虏收容所

СПП сборный пункт поврежденных боевых машин 损坏战车收拢站

СПП световое прожекторное поле 探照灯照射区，探照灯照射场

СПП сигнал превышения порога 超出阈门的信号

СПП силовой полупроводниковый прибор 半导体功率器件

СПП символ подтверждения приема 接口确认信号

СПП синхронно-следящий привод 同步随动传动装置

СПП синхронный принимающий прибор 同步接收机，联动接收机

СПП система пенного пожаротушения 泡沫消防系统

СПП система прерывания программ 程序中断系统

СПП Совет полномочных представителей 全权代表理事会（独联体）

C

СПП Совет Постоянных Представителей 常设代表理事会

СПП спасательный плот из пластмассы 塑料救生筏

СПП специальный подводный пистолет 专用水下手枪

СПП станция пассивных помех 无源干扰台

СПП страхующий парашютный прибор 降落伞保险设备

СПП схема построения походного порядка 行军队形编成要图

СППГ специализированный полевой подвижный госпиталь 移动式野战专业医院

СППЗУ стираемое программируемое постоянное запоминающее устройство 可删除程序式永久存储器

СППИ средства поражения, подавления и изоляции 杀伤压制和封锁兵器

СППМ сборный пункт поврежденных машин 被毁车辆收容站

СППМП стационарный пункт первой медицинской помощи 固定紧急医疗救护站

СППР система поддержки принятия решений 辅助决策系统，决策支持系统

СППТ стойка полупроводников преобразователей тока 变流机半导体架

СППУ стол перевязочно-полевой укладки 折叠式野战包扎台

СПР АБ станция помех радиовзрывателям артиллерийских боеприпасов 炮弹引信干扰台

СПР потенциометр самопишущий саморегулирующий 自动记录高速电位器

СПР сеть подвижной радиосвязи 移动无线电通信网

СПР система кондиционирования с переменным расходом воздуха 可变空气流量调节系统

СПР склад продовольственный 给养库，粮库

СПР сопротивление последовательного реле 串联继电器电阻

СПР сопротивление противовключения 反接电阻

СПР сотовая подвижная радиосвязь 蜂窝式无线电移动通信

СпР специальная разведка 特种侦察

СПР справочник по радио 无线电技术手册

СПР станция помех радиовзрывателям 无线电引信干扰台

СПР стереопроектор 立体投影仪

СПР стереопроектор Романовского 罗曼诺夫斯基立体投影仪

СПР счетчик пройденного расстояния 航程指示器

СПР(-) сверла пневматические ручные 手提风钻型号（例如：СПР-9）

СПРА специальный горизонтальный репродукционный аппарат 特种水平复制机

СПРВ сеть персонального радиовызова 个人无线寻呼网

СПРВД диспетчерская система персонального радиовызова 个人无线电寻呼调度系统

СПРД стартовый пороховой ракетный двигатель 固体燃料火箭起动发动机

СПРД стартовый пороховой реактивный двигатель 喷气式固体燃料起动发动机

СПРЛ станция помех радиолокации 雷达干扰台

СПРлС самолетная панорамная радиолокационная станция 飞机全景雷达

СПРН система предупреждения о ракетном нападении 导弹袭击预警系统

СПРП станция помех радиопеленгации 无线电测向干扰站，无线电定位干扰站

СПРРС станция помех радиорелейной связи 无线电中级通信干扰台

СПРС система передачи и распределения сообщений 信息传输与分发系统

СПРЯУ система предупреждения о ракетноядерном ударе 核导弹突击报警系统

СПС двустороннее Соглашение о партнерстве и сотрудничестве 伙伴关系与合作双边协议

СПС самолетная помеховая станция 机载干扰台

СПС сверхзвуковой пассажирский самолет 超音速客机

СПС сдув пограничного слоя 交界层吹散

СПС сельсинприемник счетчика 计数器同步接收机

СПС сельская первичная сеть 村镇一次通信网

СПС сеть подвижной связи 移动通信网

СПС система подвижной связи 移动通信系统

СПС система предупреждения столкновений самолетов в воздухе 飞机空中相撞警告系统

СПС система прямых соединений 直接连接系统

СПС слой с пониженной скоростью 低速层

СПС служба поиска и спасения (США) （美）搜索救生局

СПС Совместный постоянный совет 联合常设理事会

СПС Совместный постоянный совет Россия-НАТО 俄罗斯－北约常设联合理事会

СПС Соглашение о партнерстве и сотрудничестве 伙伴关系与合作协议

СПС сотовая подвижная связь 蜂窝式移动通信

СПС Социальнопсихологическая служба 社会心理局

СПС спасательное судно 救生船；打捞船

СпС специальная связь 专门通信，特种通信

СПС станция подводного судоремонта 水下船舶修理站

СПС судоподъемное судно 船只打捞船

СПСВ станция помех средневолновой связи 中波通信干扰台

СПСВУ Санкт-Петербургское суворовское военное училище 圣彼得堡苏沃洛夫军事学校

СПСЗМ сборный пункт сбора задержанных машин 查获车辆收容站

спт (искусственные) спутники （人造）卫星

СПТ синхронная передача трехпроводная 三线同步传动装置

СПТ служебная проверка телеграммы 电报业务检查

СПТ стойка приемников телеизмерения 遥测接收工作台

СПТ стробоскопический прибор телеграфный 电报频闪仪

СПТО стационарный пункт технического обслуживания 固定技术服务站，固定技术保养所

СПТРС станция помех тропосферной связи 对流层通信干扰台

СПУ самолетное переговорное устройство 机上通话装置，内话机

СПУ самоходная пусковая установка 自行式发射装置

СПУ синхронизатор с постоянным углом опережения 固定超前角同步器

СПУ системное периферийное устройство 系统外围设备

СПУ специальное переговорное устройство 专用通话设备

СПУ специальный пункт управления 特别指挥所，特种指挥所

СПУ спускоподъемное устройство 起降设备（船用）；起重机

СПУ станок с программным управлением 程序控制机床，程控机床

СПУ стационарный приемный узел 固定收信中心，固定收信枢纽部

СПУ стационарный пульт управления 固定式控制台，固定指挥所

СПУ счетно-пишущее устройство 计算引码装置

СПУ(-) самолетное переговорное устройство 机上通话装置，机内通话装置

СПУГ смешанная поисково-ударная группа 混成搜索突击群

СПУР система подготовки управленческих решений 指令准备系统

СПУС система повременного учета связи 通信定期登记制度

СПУСР система повременного учета стоимости разговоров 通话成本计算系统

СПУФ сигнальное переговорное устройство фоническое 语音信号通话设备

СПФ сигнал пропадания фазы 相位消失信号

СПФ склад полуфабрикатов 半成品仓库

СПЦ селекция подвижных целей (в радиолока-

C

ции) （雷达）活动目标选择

СПЦС стационарная первичная цифровая сеть 固定初级数字网

СПЦС стойка преобразования цифровых сигналов 数字信号变换架

СПЧ синхронная передача четырехпроводная 四线式同步传输

СПЧ схема поиска частоты интерференции 干扰频率搜索电路

СПЭ система первичного электропитания 起始电源系统

СПЭ судебно-психиатрическая экспертиза 司法心理测试

СПЭБ санитарно-противоэпидемическая бригада 卫生防疫旅，卫生防疫队

СПЭБА санитарно противоэпидемический батальон армии 集团军卫生防疫营

СПЭО санитарно-противоэпидемический отряд 卫生防疫队

СР самонаводящаяся ракета 自导导弹，自寻的导弹

СР сброс режимов 状态复位

СР связная радиостанция 通信（无线）电台，联络电台

СР сдвигающий регистр 移位寄存器

СР сеанс радиосвязи 无线电通信的一次联络

ср сейнер рыболовный 渔船，渔轮

СР селекционный регистр 〈计〉选择寄存器

СР серебро 银

ср серый 〈测〉灰色的

СР сигнал разрешения 允许信号

СР сигнальный револьвер 信号（手）枪

СР силы реагирования 快反部队

СР система регулирования 调节系统

СР сопровождение ракеты 导弹跟踪

СР сопротивление регулировочное 调节电阻

СР спутник-ретранслятор 卫星中继站，转播卫星，卫星转发器

СР средство разведки 侦察手段

СР срочная телеграмма 急报

СР стабилизирующий резонатор 稳定共振器

СР стандарты размера 尺寸规格，尺寸标准

СР станция разветвления 支线站

СР станция разделения 分路站

СР стартовая ракета 起飞加速火箭

СР старший разряд 高位

ср стерадиан 球面（角）度（立体角的单位），立体弧度

СР стратегическая ракета 战略导弹

СР ступенчатый регулятор 步进式电压调节器

СР судовая рация 船用无线电台

СР счетчик реактивной энергии 无效电力计，无效瓦特小时计

ср. сравнение 比较

ср. сравни 请比较

ср. среда 星期三

ср. средний 中

ср. сроком 期限，限期

ср. срочно 紧急地

ср. срочный 紧急的；定期的；期内的

Ср. Азия Средняя Азия 中亚（地区）

ср. волн. средневолновый 中波的

Ср. Восток Средний Восток 中东

ср. ск средняя скорость 平均速度

ср. сл. срочная служба (военнослужащий) 定期服役（现役军人），义务兵

СРА стратегическая разведывательная авиация 战略侦察航空兵

СРБ самолет-разведчик ближний 近程侦察机

СРБ светоразведывательная батарея 光侦察连

СРБ служба радиационной безопасности 辐射安全勤务；辐射安全部门

СРБ судовая ремонтная бригада 船舶修理队

СРБ счетно-решающий блок 计算判决单元，计算决定单元

СРБр сопряженное наблюдение бригады 旅交会观察

СРВ система реального времени 实时系统

СРВ система с разделением времени 时分制；分时系统

СрВ средние волны 中波

ср-во средство 方法；器材，材料；兵器

СРВП система разведки воздушного противника 空中之敌侦察系统，敌空中侦察系统

СРГ смешанная рабочая группа 混合工作组，联合工作组

СРГ специальная рабочая группа 专门工作组

СрГ средняя глубина 平均深度

СРГ срочная радиограмма 急报，紧急电报

СРД самолетный радиодальномер 机载无线电测距仪

СРД следственно-розыскные действия 刑事侦查

СРД служба регулирования движения (дорожного) （道路）交通监理

СРД солнечный реактивный двигатель 太阳能火箭发动机

СРД средство регистрации данных 数据记录设备

СРД станция радиодальномера 无线电测距站

СРД стартовый ракетный двигатель 火箭起动发动机

СРДВ средняя рабочая длина волны 平均工作波长

средаз··· среднеазиатский 中亚的

средизем. средиземноморский 地中海的

СРЗ самолетный радиозапросчик 飞机无线电询问器，机上无线电询问器

СРЗ самолетный радиолокационный запросчик 飞机雷达应答器

СРЗ самолетный радиолокационный запросчик-ответчик 载机雷达询答器，飞机雷达询答器

СРЗ сектор ручного захвата 手控截获扇区

СРЗ стандарт по радиационной защите 放射防护标准

СРЗ судоремонтный завод 船舶修理厂，修船厂

СРЗК средний разведывательный корабль 中型侦察舰

СРЗп строб разрешения записи 允许记录波门

СРЛ северная разграничительная линия 北方分界线（朝韩）

СРЛ средство радиолокации 雷达设备，测向器材

СРЛД самолет радиолокационного дозора 雷达巡逻飞机

СРЛДН самолет радиолокационного дальнего наведения 远程雷达制导飞机

СРМ судоремонтные мастерские 小型修船厂

СРМ судоремонтный материал 修船材料

СРМЗ судоремонтный машиностроительный завод 船舶修理制造厂

СРН система регионального нормирования (и контроля) 区域配给与监理制度

СРНК счетчик-регистр номера команды 〈计〉指令号码计数寄存器

СРНП способ регулируемого направленного приема 可调定向检波法，可调定向接收法

СРНС спутниковая радионавигационная система 卫星无线电导航系统

СРО самолетная радиостанция связи 飞机通信联络电台

СРО самолетный радиолокационный ответчик 飞机雷达应答器

СРО самолетный радиоответчик 机上无线电应答器

СРО саморегулирующая организация 自调节机构

СРО севастопольский район обороны 塞瓦斯托波尔防区

СРО система радиолокационного опознавания 雷达识别系统

СРОБСС Совет руководителей органов безопасности и специальных служб СНГ 独联体安全与特工机构领导人理事会

СРОп сигнал разрешения операции 允许操作信号

СРОТЕСОП среднерасчетная оперативно-тактическая единица степени огневого поражения 火力毁伤程度平均计算战役战术单位

сроч. «Срочно» (радиосигнальный код) “急报”（无线电通信代码）

СРП самолетный радиолокационный прицел 机载雷达瞄准具

СРП сборно-разборные приспособления 装拆

夹具

СРП сборщик/разборщик пакетов 打包与解包

СРП синхронный радиоприемник 无线电同步接收机，同步收讯机

СРП снаряд радиолокационных помех 雷达干扰弹

СРП Соглашение о разделе продукции 产品分配协议

СРП станция радиопомех 无线电干扰站，无线电干扰台

СРП станция радиотехнических помех 无线电技术干扰站，无线电技术干扰台

СРП строительно-ремонтный поезд 工程修理列车，修建列车

СРП судно рейдового плавания 趸船

СРП судовой радиопеленгатор 船舶无线电测向仪

СРП сцинтилляционный радиометр поисковый 搜索闪烁辐射计

СРП счетно-решающий прибор 解算器；计算机

СРП-1, СРП-5 марки судовых радиопеленгаторов 船舶无线电测向仪牌号

СРПВ скорость распространения пульсовой волны 脉动波传播速度

СРР система ручного регулирования (ядерного реактора) 手动调整系统（核反应堆）

СРР станция радиоразведки 无线电侦察站，无线电侦察台

СРС самолетная радиостанция 机载电台

СРС самолетная разведывательная станция 机载侦察台

СРС служебная радиостанция 勤务无线电台，常备无线电台

СРС служебная розыскная собака 值勤搜索犬

СРС служебно розыскная собака 搜索工作犬

СРС средства речевой связи 话频通信器材，话频通信设备

СРС станционная радиосвязь 台（站）无线电通信

СРС стационарная радиостанция 固定无线电台，固定电台

СРС стратегические ракетные силы 战略导弹兵力

СРСМБ стратегические ракетные силы морского (наземного) базирования 海基（陆基）战略导弹兵力

срсп стрелковая рота стрелкового полка 步兵团的步兵连

СРТ средний рыболовный траулер 中型拖网渔船

СРТ суммирующий расходомер топлива 燃油总耗量表，燃油总流量表

СРТМ средний рыболовный траулерморзильщик 中型拖网冷藏渔船

СРТР система радиотехнической разведки 无线电技术侦察系统

СРТУ Ставропольское радиотехническое училище 斯塔夫罗波尔无线电技术学校

СРУ счетно-решающее устройство 计算装置

СРУЗ система регулирования управления и защиты 调节控制保护系统

СРФ связь Российской Федерации 俄罗斯联邦通信

СРЦ станция разведки и целеуказания 〈炮〉搜索和目标指示雷达站

СРЦ станция разведки целей 目标侦察站

СРЦ счетно-решающий центр 计算中心；计算－决策中心

СРЧ спектр радиочастот 无线电频谱

СРЭП средство радиоэлектронного подавления 无线电电子压制设备

СРЯИ служба реагирования на ядерные инциденты (Директорат по реагировании на чрезвычайные ситуации Министерства 核事故反应部门（指美国国内安全部紧急情况反应局）

СС РЭБ силы и средства РЭБ 无线电电子战兵力兵器

СС ЗУР система стабилизации ЗУР 防空导弹稳定系统

СС самоизменяющаяся система 自行变化系统，自行调整系统

СС самолет-снаряд 飞航式导弹，巡航导弹

C

CC сеанс связи 一次通信联络（时间）

CC секретный сотрудник 特工人员

CC селективный сигнал 选择信号

CC селектор импульсов синхронизации 同步脉冲选择器

CC сержантский состав 军士

CC сетевая служба 网络服务

CC сетевая станция 网络站

CC сеть связи 通信网

CC символ синхронизации 同步符号

CC синее стекло 蓝玻璃（光学）

CC система самолетовождения 领航系统

CC система связи 通信系统；通信体制

CC система спасения 救援系统；（航天器）回收系统

CC система стабилизации 稳定系统

CC система счисления 计数制

CC скоростное судно 快船

CC следящая система 跟踪系统，随动系统，伺服系统

CC служба связи 通信服务；通信勤务，通信部门

CC служба снабжения 供给勤务；供给处

CC служба снабжения корабля 船舶补给勤务，船舶供应勤务

CC служебная связь 勤务通信

CC служебный символ 勤务符号

CC смеситель сигналов 信号混频器

CC смешанное сопровождение 混合跟踪

CC снаряд самонаведения 自制导导弹，自寻的导弹；自制导炮弹，自寻的炮弹

CC снаряд самонаводящийся 自导炸药

CC совершенно секретно (гриф на документах) 机密（文件密级符号）

CC согласование скоростей 匹配速度

CC сотовая сеть 蜂窝式通信网，移动通信网

CC специальный снаряд 特种弹

CC спиновый стабилизатор 旋转稳定器，自旋稳定器

CC способность связи 通信能力

CC спутник связи 通信卫星

CC спутниковая связь 卫星通信

CC средство синхронизации 同步设备

CC стартовая система 起飞系统；发射系统，发射装置

CC стартовый стол 发射台

CC старший стрелок 一等射手

CC старший стрелок (на схемах и условных обозначениях) 高级射手（图上标志符号）

CC стендовая стрельбы 碟靶射击

CC стратегические силы 战略部队；战略力量

CC существование сомнительное 疑存（海洋地图标记）

CC схема совпадения “与”电路，符合电路

CC схема сравнения 比较电路

CC(c/c) станция снабжения 供给站（铁路）

CC-1, CC-3 сельсин-приемник 〈无〉自动同步接收机；自动同步受感器（仪表）

CC-5 марка синего светофильтра 蓝色滤光镜牌号

CC-7 система сигнализации номер 7 7号信令系统

CCA системная сетевая архитектура 系统网络结构

CCA средство и систематизация автоматики 自动化设备与系统

CCAГПЗ Совет сотрудничества арабских государств Персидского залива 波斯湾地区阿拉伯国家合作委员会

CCAOД система сбора и автоматической обработки данных 数据收集与自动处理系统

CCAП станция создания активных помех 主动干扰发射台，有源干扰发射台

CCБ слово состояния запоминающего устройства команд ; регистр слова состояния ЗУК 指令存储器状态字；指令存储器状态字寄存器

CCБ стратегический склад боеприпасов 战略弹药库

CCБР Специальные силы быстрого развертывания СНГ 独联体快速展开特种力量

CCБУ-HO сеть связи боевого управления навигации и опознавания 导航与识别战斗指挥通

C

信网

ССВ система согласования и ввода 匹配和输入系统

ССВД система сглаживания волн давления 压力波平滑系统

ССГ ГО сводная спасательная группа гражданской обороны 民防混合救护组，民防联合救生组

ССГ служба снабжения горючим 油料供应勤务

ССГ Содружество славянских государств 斯拉夫国家共同体

ССД синхронная сеть данных 数据同步网

ССД система сбора данных 数据采集系统

ССД следящая система по дальности 距离跟踪系统

ССДД самолет-снаряд дальнего действия 远程巡航导弹

ССЗ свой самолет по заявке 根据飞行预报判定的己方飞机

ССЗ Совет сотрудничества Залива 海湾合作委员会

ССИ строчный синхроимпульс 行同步脉冲

ССК связанная система координата 机体坐标系统，弹体坐标轴系

ССК система стабилизации курса 航向稳定系统

ССК стойка соединительных кабелей 中继电缆架（电话）

ССК стойка сопряжения с каналами 通道连接柱，信道耦合台

ССК ГО сводная спасательная команда гражданской обороны 民防联合救生队

ССК1 словосостояние канала 1 通道 1 状态字

ССК2 словосостояние канала2 通道 2 状态字

ССКБ сигнал стабилизации компенсации и баланса 稳定、补偿和平衡信号

ССКМ слово состояния коммутатора 〈计〉转换器状态字，交换台状态字

ССЛ синхронный спутник Луны 月球同步卫星

ССл служебное слово 〈计〉勤务字

ССМО Секретариат Совета министров обороны 国防部长理事会秘书处

ССН сеть среднего напряжения 中压网

ССН сигнализатор скоростного напора 速压头信号器，动压头信号器

ССН система самонаведения 自导系统

ССН система синхронизации несущей 载频同步系统，载波同步系统

ССнаВ служба спасения на водах 水上救生勤务

ССНП Сокращение стратегических наступательных потенциалов (Договор США и России. 2002 г.) 裁减战略进攻能力协定（2002 美俄条约）

ССО светосигнальное оборудование (аэродромов) 光信号设备（机场）

СсО секунда с ошибками 产生错误的秒

ССО силы специальных операций 特种作战兵力

ССО совместное снижение опасности 共同减少危险

ССО специальные секретные операции (подразделение английской внешней разведки Ми-6) 特种保密战（英国对外情报部门下属机构）

ССО субкомплекс связи с объектом 目标通信全套辅助设备，与目标联络亚系统

ССОВ совершенно секретно особой важности 绝密

ССОД система связи и обмена данными 通信与数据交换系统

ССОИ система сверхбыстрой обработки информации 超高速信息处理系统

ССОИ стандарт систем отображения информации 信息显示系统标准

ССОИУ система сбора и обработки информации и управления 信息采集、处理与管理系统；情报收集、处理与控制系统

ССОП сеть связи общего пользования 公用通信网

ССОП система связи общего пользования 共用通信系统

ССОЯ Силы самообороны Японии 日本自卫队

ССП самосинхронизирующая синхронная передача 自同步传输

ССП самосинхронизурующая система передачи 自动同步传输系统，自同步传动系统

C

ССП световой сигнальный план 信号灯图

ССП светосигнальный план 闪光信号平面图，灯光信号平面图

ССП силовая следящая передача 动力跟踪传动，动力伺服系统，动力随动系统

ССП синхронно-следящая передача 同步跟踪传送，同步跟踪传动装置

ССП система сигнализации о пожаре 火警信号系统

ССП система стандартных подпрограмм 〈计〉标准子程序系统

ССП спутниковая система передачи 卫星传输系统

ССП станция скорой помощи 急救站，救护站

ССП0 словосостояние процессора нулевое；регистр слова состояния процессора нулевой 处理机“0”状态字；处理机“0”状态字寄存器

ССП1 словосостояние процессора первое；регистр слова состояния процессора первого 处理机“1”状态字；处理机“1”状态字寄存器

ССПД служебная сеть передачи данных 数据传输勤务网

ССПИ сигнал сопровождения первичной информации 源信息跟踪信号

ССПЛ судно-спасатель подводных лодок 潜艇搜救船

ССПМ смешанные силы по поддержанию мира 混成维和力量

ССПМВ средства специального программно-математического воздействия США 美国专用程序化数学作用设备

ССПО сеть связи с подвижными объектами 移动用户通信网

ССПО система совместного применения оружия 联合使用武器系统

ССПО совместная специальная пограничная операция 边防联合特种行动

ССПР система сухопутной подвижной радиосвязи 陆地移动无线电通信系统

ССПР сотовые системы подвижной радиосвязи 移动蜂窝通信系统

ССПРАП система сухопутной подвижной радиосвязи автономного пользования 自用陆地移动无线电通信系统

ССПРОП система сухопутной подвижной радиосвязи общего пользования 公用陆地移动无线电通信系统

ССПР-СП система сухопутной подвижной радиосвязи специализированного пользования 专用陆地移动通信系统

ССПС сеть сотовой подвижной связи 蜂窝移动通信网

ССПС система сухопутной подвижной связи 陆地移动通信系统

ССПС сотовая система подвижной связи 蜂窝移动通信系统

ССПСОП служба сухопутной подвижной связи общего пользования 陆地公用移动电话勤务

ССПТВ средства специального программно-технического воздействия 专用软件技术设备

ССПУ самонастраивающаяся система программного управления 自调整程序控制系统

ССР самый старший разряд 最重要单位

ССР система строгого режима 强制制度

ССРЗ судостроительно ремонтный завод 舰船修造厂

ССРЧС специальная служба реагирования на чрезвычайные ситуации 紧急情况应对部门

ССС сетевая служебная связь 网络勤务通信

ССС сеть служебной связи 勤务通信网

ССС сеть сопровождения спутника 卫星跟踪网

ССС синхронный спутник связи 同步通信卫星

ССС система секретной связи 秘密通信制；保密通信系统

ССС система спутниковой связи 卫星通信系统

ССС специальная сеть связи 专用通信网

ССС специальная система связи 专用通信系统

ССС станция спутниковой связи 卫星通信站

ССС стационарная сеть связи 固定通信网，常备通信网

ССС стойка служебной связи 业务联络台，勤务通信台，业务通信架

ССС стратегические силы сдерживания 战略遏制力量

СССА склад средств связи армии 集团军通信器材仓库

СССК склад средств связи корпуса 军通信器材仓库

СССНО система спутниковой связи на низких орбитах 低轨卫星通信系统

СССП синхронно-следящая силовая передача 同步跟踪动力传动装置

СССР Союз Советских Социалистических Республик 苏联

СССРЛ-760 пассажирский самолет 客机

СССФ склад средств связи фронта 方面军通信器材仓库

ССТ самолет сопровождения танков 坦克护航机

ССТ система смешанного типа 混合型系统

сст стантистокс 厘池，厘司（液体运动黏度单位）

ССТС космическая система наблюдения и слежения 太空侦察监视系统（英文 CCTC 的音译）

ССУ связь со статическим уплотнением 静电复用通信，静电压缩通信

ССУ седельно-сцепное устройство 座鞍牵引装置

ССУ слово состояния устройства 设备状态词

ССУ совместное снижение угрозы 共同降低威胁

ССУ средства сетевого управления 网管设备

ССУ судовая силовая установка 船舶动力装置

ССУК спутниковая система управления и контроля 卫星测控系统，卫星监控系统

ССУО1 словосостояние устройства обмена 1 交换器“1”状态字

ССУО2 словосостояние устройства обмена 2 交换器“2”状态字

ССХ служба судового хозяйства 船舶管理勤务；船舶管理部门

ССЦ следящая система цели 目标跟踪系统

ССЦ станция сопровождения цели 目标跟踪站

ССЦС сигнал сверхцикловой синхронизации 复帧同步信号

СТ порох со стабилизатором 含稳定剂的火药

СТ самонаводящаяся торпеда 自导鱼雷

СТ сверхтяжелый (военный мост) 超重型（军用桥梁）

СТ сигнал технический 技术信号

СТ сигнализатор температуры 温度信号器，温度信号装置

СТ сигнальная точка 信号点

СТ сигнальный телеграф 信号电报

СТ сигнальный трансформатор 信号变压器

СТ синхронный трехфазный 同步三相的

СТ скорость телеграфирования 电报速率

СТ служба тыла 后方勤务，后勤

СТ смазка (самолето моторная) 飞机发动机难熔黄油，飞机发动机耐热润滑油

СТ смазка самолетомоторная тугоплавкая 飞机发动机高熔点润滑油，飞机发动机耐热润滑油

СТ смесевое топливо 混合燃料

СТ соединительная трансляция 中继转播

СТ сотовый телефон 蜂窝式电话

СТ специализированный тренажер 专业训练器

СТ спиральная турбина 螺旋形涡轮机，螺旋涡轮

СТ средняя температура 平均温度

СТ средняя точка попадания 平均弹着点

СТ стабилизатор 稳定器；〈飞〉水面安定面；

СТ стабилизирующий трансформатор 稳定变压器，稳压器

СТ стандарт 标准，规格

СТ стартерный (свинцовый аккумулятор) 起动蓄电池（铅蓄电池）

СТ стартовая тележка 导弹发射车

ст степень 级，程度，阶段

ст стоке 斯（托克斯）

ст стокс 池，斯（液体运行黏度单位）

СТ струйное течение 〈气〉急流

СТ судовой термограф 船舶温度表，船舶温度自记器

СТ торцовый счетчик 端面计数器

ст. ставка 大本营

ст. стадия 阶段，时期

ст. сталь 钢

ст. станция 站

ст. старший 年长的，职位较高的，上级的

ст. старшина 准尉；司务长；（海军）军士

ст. статья 文章，条文，项（目）

ст. стойка （仪器）架

ст. столбец 栏，纵行，直行

ст. ступень 级；程序；阶段

Ст. З сторожевая застава 小哨，骑哨

ст. лейт. старший лейтенант 上尉

ст. мн старший мичман 海军高级准尉

ст. м-с старший матрос 上等水兵

ст. н. станция назначения 到达站

ст. н. с. старший научный сотрудник 主任研究员

Ст. О сторожевой отряд 前哨支队，巡逻队，警戒队

ст. от. станция отправления 始发站

ст. пом. старший помощник 副……长，……长助理

ст. прк старший прапорщик （陆军）高级准尉

ст. старший сержант 上士

ст. тех-к старший техник 主任技师，主任技术员

"СТ-1,СТ-2" сельсин-трансформатор 自动同步机变压器型号

СТ-10 телескопический прицел для 152-мм гаубицы пушки 152 毫米加（农）榴（弹）炮望远镜式瞄准具

СТ-151 тип сухогрузного теплохода 干货内燃机船型号

СТ-19 телескопический прицел для 122-мм пушки 122 毫米加（农）炮望远镜式瞄准具

СТ-5, СТ-35 сигнальный телеграфный аппарат 信号电报机型号

СТ-57, СТ-58 соединительная трансляционная (аппаратура) 中继转播设备型号（电话）

СТА средний торпедный аппарат 中型鱼雷发射器

СТА стандартный телеграфный аппарат 标准电报机

СтА стартерный аккумулятор 启动蓄电池

СтА стартовый аккумулятор 起飞蓄电池

СТА стыковочный агрегат 对接部件，对接装置

СТА(-) тип телеграфного аппарата 电报机型号

СТАБ стабилизация；стабилизатор；стабилизированный; стабильно 稳定；稳定器；稳定的，稳定

стал. сталелитейный завод 〈测〉铸钢厂

стан становление 〈测〉宿营地

стар. старый, старший 旧的，年长的；职位较高的，上级的

старком старший комиссар 职级高的政委

стармех старший механик 〈海〉机电业务长，轮机长

СТБ система тактического бомбометания 战术轰炸系统

СТБ средняя точка батареи 电池中点

СТБ строительно-технический батальон 建筑机械营

СТбП система телеграфии без проводов 无线电报系统

СТБр строительно-техническая бригада 建筑工程旅

СТВ система телевизоров 电视跟踪系统

СТВ служебное телевидение 勤务电视

СТВ спутниковое телевидение 卫星电视

СТВ стабилизация танкового вооружения 坦克武器稳定性

СТВ стабилизованный выпрямитель 稳压整流器

ств створный 〈测〉叠标线的，基准线的

СТВ стойка тонального вызова 音频振铃架（电话）

СТВ стрелковое танковое вооружение 步兵坦克武器

СТВВ спутник телевизионного вещания 电视广播卫星

СТВП самолет точечного взлета и посадки 垂直起降飞机，点起降飞机

СТГ генератор-стартер 起动发电机

СТГС система телеграфной связи 电报通信系统

СТД сеть телеобработки данных 远程信息处理网络，远程数据处理网络

СТД синхронный турбодвигатель 同步涡轮发动机

СТД система технического диагностирования

技术诊断系统

СТД средство технического диагностирования 技术诊断设备

СТД стереометр Дробышева 德罗贝舍夫立体测量仪

СТД строительно-техническая дивизия 建筑技术师

СТДМ средство технической диагностики машин 机器技术诊断设备

СТДУ стойка телефонного двухстороннего усилителя 双向电话增音机架

стелс стелс "隐形"

стенгазета стенная газета 墙报

стенкор корреспондент стенной газеты 墙报通讯员

СТЕП ФР степной фронт 草原方面军

стерео. стереоскопический 立体（镜）的

СТехП специальная техническая позиция 专用技术阵地；专用技术图位；专业技术项目

СТЗ сигнал токовой защиты 电流保护信号

СТЗИ сигнал токовой защиты импульсного источника 脉冲电源电流保护信号

СТЗЛО сигнал токовой защиты линейного источника отрицательного 负线性电源电流保护信号

СТЗЛП сигнал токовой защиты линейного источника положительного 正线性电源电流保护信号

СТИ система телепередачи информации 远距离信息传输系统

СТИ служба технической информации 技术情报勤务；技术情报业务；技术情报部门

СТИ-2 станок для пристрелки пистолета-пулемета 冲锋枪试射架

СТК сверхпроводящий точечный контакт 超导点接触

СТК система телеметрического контроля 遥测检查系统

СТК система технического контроля 技术检验系统

СТК склад технических средств 技术器材仓库

СТК склад топографических карт 地形图库

СТК служба технического контроля 技术检查勤务；技术检查部门

СТК служебный телеграфный канал 勤务报信道

СТК спортивно-технический комплекс 体育技术器材

СТК стойка тональной коммутации 音频交换架（电话）

СТКО стойка телекоммуникационная открытая 露天远距离通信架（用于标志，如："СТКО-19"-37U-T1）

СТКФ средняя температура кипения по фаренгейту 华氏沸点平均温度

СТКЦ средняя температура кипения по Цельсию 摄氏沸点平均温度

СТЛ воздушно-стрелковый тренажер летчика 飞行员空中射击练习器

СТЛ стрелковый тренажер летчика 飞行员射击练习器

СТМ сборник технических материалов 技术资料汇编

СТМ синхронный транспортный модуль 同步传输模式

СТМ счислитель 计算器

СТМ-N синхронный транспортный модуль N-го уровня N级同步传输模式

СТН система телекомандного наведения 电视指令制导系统

СтН старший начальник 上级首长

СТНТ самоходный телеуправляемый неконтактный трал 自动遥控非接触扫雷具

СТО санитарно-технический отдел 卫生技术设备处

СТО санитарно-техническое оборудование 卫生技术设备

СТО система технического обслуживания 技术维护系统；技术维护制度；技术保养制度

СТО станция технического обслуживания 技术维修站，技术保养站

СТО стационарная орбита 静止轨道；同步轨道

СТОА станция технического обслуживания ав-

C

томобилей　汽车技术维护站

СТОР　система технического обслуживания и ремонта　技术维修系统

СТОФ　Северная Тихоокеанская Флотилия　北太平洋区舰队

СТОЭ　система технического обслуживания и эксплуатации　工程维修与使用系统

СТП　стандарт предприятия (производства)　企业标准

СТП　стартовая площадка 〈箭〉发射场；〈空〉起飞场

СТП　стойка третичного преобразования　三次群路信号生成设备，三次群路信号形成设备

СТП　стрелково-тренировочный прибор　射击训练仪，射击练习仪

СТП　строительно-технический полк　建筑工程团

СТПИ　сектор технической помощи информации　信息技术援助局

СТПР　старший по номеру процессора　处理机号码的高位

СТР　самолет транспортный　运输机

СТР　санитарно-транспортная рота　卫生运输连

СТР　санитарный транспорт　卫生运输工具；伤员运输船

СТР　система терморегулирования　温度调节系统

СТР　станция радиодезинформации　虚拟无线电情报站，无线电情报欺骗台，无线电诱惑站

стр.　стрелковое оружие　轻武器

стр.　стрельба　射击

стр.　строящийся 〈测〉建筑的

стр. м.　завод, фабрика строительных материалов 〈测〉建筑材料厂

страгр　стратегическая авиационная группа　战略飞行群

стракр　стратегическое авиационное крыло　战略轰炸机编队

страт.　стратегический　战略的

СТРК　станция технического радиоконтроля　无线电技术监控站

Строб. ДИ АВТ　строб дальности и скорости в режиме АВТ　自动状态的距离和速度波门

СТРОБИР　стробирование　选通

строт　стрелковое отделение　步兵班

строт　стрелковый отдел　射击处

стрр　строительная рота　建筑连

СТРТ　смесовое твердое ракетное топливо　混合固体火箭燃料，混合固体火箭推进剂

СТС　санитарно-транспортное судно　卫生救护运输船

СТС　сверхзвуковой транспортный самолет　超音速运输机

СТС　сельская телефонная связь　农村电话通信

СТС　сельская телефонная сеть　农村电话网

СТС　система телекодовой связи　遥码通信系统

СТС　система термостабилизации　热稳系统

СТС　специальные технические средства　专门技术手段，专业技术器材

СТС　специальные транспортные средства　特种运输设备

СТС　стереотелевизионная система　立体电视系统

СТСУ　судовая турбинная силовая установка　船舶涡轮动力装置

СТТ　средние и тяжелые танки　中型和重型坦克

СТТС　система телефонно-телеграфной связи　电报电话通信系统

СТТТ　сварочный трансформатор для трехфазного тока　三相电流焊接变压器

СТУ　санитарно-техническое устройство　卫生技术设备，医疗救护器械

СТУ　снегоочиститель танковый универсальный　多用坦克除雪机

СТУ　специальное техническое условие　专用技术条件，专用技术规程

СТУ　стандарт технических условий　技术规程标准

СТУ　стартовый твердотопливный ускоритель　固定燃料起飞助推器

СТУ-2М　танковый снегоочиститель　坦克除雪机型号

СТУСНО　система телеуправления средствами навигационного оборудования　导航设备摇控系统

СТФС система телефонной связи 电话通信系统

СТЦ сопровождаемая трасса цели 目标被跟踪航迹

СТЧ стандарт частоты 频率标准

СТЭ сварочный трансформатор 焊接变压器

СТЭ система технической эксплуатации 技术维护系统

СТЭ служба технической эксплуатации 技术维护勤务；技术维护部门

СТЭ средства технической эксплуатации （导弹）技术使用设备

СТЭХР средства технической эксплуатации и хранения ракет 导弹技术维护与储存设备

СУ согласующие устройства 匹配装置

СУ секция управления 控制段

СУ селективный усилитель 选择放大器

СУ сетевой узел 网络枢纽

СУ сигнал уведомления 〈信〉通知信号

СУ сигнализатор уровня 水位信号器

СУ сигнальное устройство 信号装置，信号设备

СУ силовая установка 动力装置；动力厂

СУ синтезирующее устройство 合成器

СУ синхронизирующее устройство 同步装置

СУ система управления 控制系统；操纵系统；指挥系统；管理系统

СУ следственное управление 侦讯处，侦察局

СУ служебная команда 工作指令；执勤队

СУ совместное учение 联合演习

СУ согласующее устройство 匹配器；协调设备

СУ согласующий усилитель 匹配放大器

СУ сопротивление управляющее 控制电阻

СУ сорт смазочного масла 润滑油品种

СУ сосредоточенный удар 集中突击，集中打击

СУ спектральное уплотнение 频谱复用；光谱复用

СУ специальное управление 特种局

СУ сравнивающее устройство 比较器，校对机

СУ средство управления 控制设备；指挥设备；指挥手段

СУ стартовый ускоритель 起飞助推器，发射助推器

СУ степень упорядоченности 规整程度

СУ стоп-устройство 制动装置，挡弹装置

СУ Строевой устав 队列条令

СУ сушильная установка 干燥装置

СУ схема умножения 倍压电路

СУ счетное устройство 计算装置，计算器

СУ считывающее устройство 读出器，读出装置

СУ КТС система управления комплексом технических средств (корабля) （舰艇）全套技术设备控制系统

Су(-) Сухой (в маркировке самолетов)；самолет конструкции П.О. Сухого 苏 –（指苏霍伊设计的飞机型号）；苏霍伊设计的飞机

СУ-1 автоматическое сигнальное устройство 自动信号装置

СУ-100 самоходная установка с пушкой 100-мм 100 毫米自行加农炮

СУ-100У самоходно-артиллерийская установка 1940 式 100 毫米自行火炮

Су-2, Су-15 типы легкого сверхзвукового бомбардировщика (конструктор Сухой) （苏霍伊设计的）轻型超音速轰炸机型号

СУ-37 самоходная артиллерийская установка с 37-мм зенитной пушкой 37 毫米自行高射炮

СУА система управления антенной 天线控制系统

СУАО система управления антенны ответа 应答天线控制系统

СУАР Синьцзян-Уйгурский автономный район 新疆维吾尔自治区

СУАЦ система управления антенны цели 目标天线控制系统

СУБД система управления базами 数据库管理系统

СУБК система управления бортовыми комплексами 全套机载设备操纵系统

СУВ самописец уровня воды 水位自动记录器

СУВ сигнал управления и взаимодействия 控制与协调信号，指挥与协同信号

СУВ система управления вооружением 武器装备管理系统

СУВ системы управления войсками (силами)

С

军队指挥系统，军队指挥体系

СУВ скрытое управление войсками 军队隐蔽指挥

СУВ снаряженный упрощенный взрыватель 简易装填引信

СУВВ система управления вводомвыводом 输入输出控制系统

СУВД система управления воздушным движением 空中交通管理系统

СУВД служба управления воздушным движением 空中交通管理机构；空中交通管理勤务

СУВО система управления вооружением и обороной самолета 飞机武器装备与防卫管理系统

СУВП самолет укороченного взлета и посадки 短距起降飞机

СУВ-П система управления вооружением《воздух-поверхность》“空－地”武器控制系统

СУГМС Северное управление гидрометеорологической службы 北方水文气象局

СУГО стойка унифицированного генераторного оборудования 标准振荡器设备，统一振荡器设备

СУД селективный усилитель детектор 选择检波放大器

СУД система управления дистанционная 摇控系统型号

СУД система управления данными 数据管理系统

СУД система управления двигателем 发动机控制系统

СУД система управления движением (дорожным) 交通控制系统，交通管理系统

СУД система управления доступом 入网控制系统

СУД служба управления доступом 接入管理服务

суд. судоремонтный, судостроительный завод〈测〉修船的，造船的

СУДН система управления движением и навигации 飞行管理和导航系统

СУДС система управления движением судов 船舶航行管理系统

СУЗ система управления и защиты 控制和防护系统

СУЗ станция управления и защиты 控制和保护站

СУЗИК система управления, защиты и контроля 控制、防护和检查系统

СУК солнечный указатель курса 太阳航行指示器（飞机上的仪器）

СУКС система управления качеством связи 通信质量管理系统

СУЛ система управления лучом 射束控制系统

СУЛ согласовывающее устройство линейное 线路匹配装置

СУЛП система устранения ложных пеленгов 假方位消除系统

СУЛТ стабилизатор уровня ложных тревог 虚警电平稳定器

СУМ самописец уровня моря 海洋平面自动记录器

СУМ специализированная управляющая машина 专用指挥车，专用控制机

СУМ средний уровень моря 平均海面

СУМ сульфированное масло 磺化油

СУО система управления обслуживанием 保养控制系统；维护控制系统；服务管理系统

СУО система управления огнем 火控系统；射击指挥系统

СУО система управления оружием 武器控制系统

СУО средство управления оружием 武器控制装置；武器控制设备；武器操纵器材

СУОН спектральное уплотнение оптических несущих 光载频光谱复用

СУП система углекислотного пожаротушения 二氧化碳灭火系统

СУП стрелочный указатель пилота 飞行员指针式显示器

СУП Строевой устав пехоты 步兵队列条令

СУП схема ускоренного переноса 快速进位电路

СУПН станция управления приводами наведения 瞄准传动装置控制台

СУПР система управления поиском ракет 搜索

导弹操纵系统

СУПС система управления пограничным слоем 分界层控制系统

СУР северный укрепленный район 北方筑垒地域

СУР система управления и регулирования 控制与调节系统

СУР система уравнений равновесия 平衡方程系统

СУР Сургут 苏尔古特（航空站代码；俄罗斯城市）

СУРБД система управления реляционными базами данных 关系数据库管理系统

СУРН самоходная установка разведки и наведения 自动探测和导向装置

СУРРК схема управления режимами работы каналов 通道工作状态控制电路

СУс сектор усиления 加强扇区，加强地段

СУС система управления сообщениями 消息处理系统，消息管理系统

СУС система управления стартом 发射控制系统

СУС система управления стрельбой 射击指挥系统

СУС скрытое управление силами 兵力隐蔽指挥

СУС сложное условие существования 复杂生存条件

СУС специальное устройство согласования 专用匹配装置，专用匹配设备

СУС средство управления и связи 指挥和通信器材；指挥和通信工具

СУС стационарный узел связи 固定通信枢纽

Сут суточный （一）昼夜的

сут. сутки 一昼夜

СУТС система управления техническими средствами (корабля) 〈船〉技术设备管理系统

СУУ система улучшения устойчивости 稳定性完善系统

СУУ стойка универсальных усилителей 通用增音器架

сух. сухой колодец 〈测〉干井，枯井

СУХВ саратовское училище химических войск 萨拉托夫化学兵学校

СУЦП система управления цветовой палитрой 彩色管理系统

СУШ стрелочный указатель штурмана 领航员指针式指示器

СФ согласованный фильтр 匹配滤波器

СФ сброс строк формуляра 记录的横行清除

СФ светофильтр 滤光器

СФ сглаживающий фильтр 平滑滤波器

СФ Северный флот 北方舰队

СФ сигнальный фильтр 信号滤波器

СФ синхронный фильтр 同步滤波器

СФ слоговый фильтр 音节滤波器

СФ Совет Федерации （俄）联邦委员会

СФ-2 порошок для дегазации 消毒粉型号

СФВ сферический фронт волны 球面波锋

СФИ схема формирования импульсного 脉冲电压形成电路

СФК система функционального контроля 功能检查系统

СФО Сибирский федеральный округ 西伯利亚联邦区

СФО статическая фазовая ошибка 静态相位误差

СФП специальная физическая подготовка 专门物理准备；专业体能训练

СФП спортивная физическая подготовка 体能训练

СФП старто-финишная площадка 起飞降落场

СФПС станция фельдъегерско-почтовой связи 机要邮政通信站

СФР сметно-финансовый расчет 财务概算；财务概算书

СФС сетевая файловая система 网络文件系统

СФС сеть факсимильной связи 传真通信网

СФС система фазовой синхронизации 相位同步系统

СФС система факсимильной связи 传真通信系统

СФС средства факсимильной связи 传真通信设备

СФСИ схема формирования стробирующего импульса 门脉冲形成电路

СФФ скоростной фоторегистратор 快速自动记录照相机，快速摄影记录器

СФФ согласованный фазовый фильтр 匹配相位滤波器

СФЭ спектрометрия фотоэлектронов 光电子光谱测定法

СХ симметричная характеристика 平衡特性，对称特性

сх. схема 略图，提纲；电路

СХ схема хранения 存储电路，存储器，积分电路，积分器

СХЗ санитарно-химическая защита 卫生化学防护

СХЛ санитарно-химическая лаборатория 化学卫生实验室

СХО санитарно-химическая оборона 卫生化学防御

СХОС схема организации связи 通信组织图

СХППГ специализированный хирургический полевой подвижной госпиталь 外科野战流动医院

СХППГ специальный хирургический полевой подвижный госпиталь 特种机动野战外科医院

СХР специальная химическая разведка 专业化学侦察

СХР сумка химразведчика 化学侦察员背包

СХТ сигнал химической тревоги 化学警报信号

СЦ светосигнальный центр 光信号中心

СЦ ситуационный центр 局势中心

СЦ скользящее целеуказание 滑动式目标指示

СЦ согласующая цепь 匹配电路

СЦ сопровождение цели 目标跟踪

СЦ спасательный центр 救护中心，救援中心

СЦ специальная цистерна 专用贮罐

СЦ ступенчатое целеуказание 梯次式目标指示

СЦА серебряно-цинковый аккумулятор 银锌蓄电池

СЦАБ серебряная цинковая аккумуляторная батарея 银锌蓄电池（组）

СЦБ сигнализация, централизация и блокировка 信号集中和闭塞，信集闭（铁路）

СЦВ служебный центр видеотекса 可视图文业务中心

СЦВМ специализированная цифровая вычислительная машина 专用数字计算机

СЦД служба целостности данных 数据完整性服务

СЦИ синхронная цифровая иерархия 同步数字通信系列

СЦР станция целеуказания и разведки 侦察及目标指示雷达

СЦР станция цифровой регистрации 数字记录台

СЦС сверхцикловая синхронизация 复帧同步

СЦС серебряно-цинковая самолетная (батарея) 飞机用银锌电池

СЦС сигнал цветовой синхронизации 彩色同步信号

СЦС сигнал цикловой синхронизации 帧同步信号

СЦТЭ сетевой центр технической эксплуатации 网络技术调度中心

СЦУ система целеуказания 目标指示系统

СЧ "свой-чужой" (радиолокационный прибор опознания самолетов и кораблей) （飞机和舰艇）雷达敌我识别器

СЧ команда считывания ; считывание 读出指令，读出，读数

СЧ санитарная часть; санчасть 卫生部队，卫生部门，卫生所

СЧ северная часть 北部；北方部队

СЧ синтезатор частот 频率合成器

СЧ следственная часть 侦查部门，侦讯部门

СЧ собственная частота 自然频度，固有频率

СЧ средняя частота 中频

СЧ счет；счетчик 计算，计算器，计数器

СЧВ синтезатор частоты возбудителя 激励器频率合成器

СЧГ синтезатор частоты гетеродина 振荡器频率合成器

СЧЗ станция с чернильной записью 墨水记录声测站

СЧЗ счетчик числа занятий 占线次数计数器

СЧИТ., Счит. считывание 读出，读数

СЧК спускаемая часть капсулы 密封舱降落部分，密封舱回收部分

СЧК стабилизация частоты клистрона 速调管频率稳定

СЧК стойка четырехпроводной коммутации 四线制交换架（电话）

СчКК счетчик контрольных кодов 检验电码计数器

СЧМ светочувствительный материал 光敏材料

СЧМ система «человек-машина» 人机系统

СЧНП средства ядерного нападения противника 敌核袭击手段，敌核袭击兵器

СЧП средняя частота повторения 重复中频

СчП счетчик патронов 枪弹计数器，炮弹计数器

СЧПИ средняя частота повторения импульса 脉冲重复中频

СЧПО специальная часть пожарной охраны 专业消防部门

СЧС светочувствительный слой 光敏层

СчТ счетчик тактов 节拍计数器

СЧЦ счетчик числа циклов 〈计〉周期计量器

СШ отношение сигнала к шуму 信号噪声比，信噪比；〈雷〉信号杂波比

СШ самоходное шасси 自行底盘

СШ санитарная шлюпка 卫生舢板

СШ скоростной штурмовик 快速强击机

СШ служба штабов 参谋部勤务

СШ собственный шум 内部噪声，自生噪声

СШ средняя школа 中学

СШ стальной шлем 钢盔

СШ(-) типы спасательных шлюпок 救生舢舨型号（例如：СШ-1，СШ-3）

США Соединенные Штаты Америки 美国

СШБ саперно-штурмовой батальон 工兵突击营

СШД стандарт шифрования данных 数据加密标准

СШО секретно-шифровальный отдел 译电处，机要处

СШП сверхширокополоса 超宽带

СШП система шумопадавления 噪音抑制系统

СШУ-1 самоходная шпуровая установка для взрывных работ 爆破作业自行装药装置

сыр. сыроваренный завод 〈测〉干酪厂

СЭ световая энергия 光能

СЭ свободный электрон 自由电子，游离电子

СЭ сегнетоэлектрики 铁电体

СЭ сетевой элемент 网络单元

сэ сетка экранирующая 帘栅（极），屏栅（极）

СЭ сигнализатор электрический 电信号器

СЭ солидэхо 固定回波，固体回声

СЭ сопротивление экономическое 节电电阻

сэ стартовая эскадрилья 发射大队

СЭ статическое электричество 静电

СЭ структурный этаж 构造层

СЭ судовой экипаж 船舶乘员（组）

СЭ счетчик электроэнергии 电表，电度计

СЭ считывающий элемент 读出单元

СЭ80-2 электронная сортировочная машина 电子筛分机

СЭБ сортировочно-эвакуационная база 分类后送站

СЭБ спасательно-эвакуационная база 救护后送基地

сэб строительно эксплуатационный батальон 建设管理营

СЭБС станционно эксплуатационный батальон связи 台站维护通信营

СЭБС строительно эксплуатационный батальон связи 通信线路架设维护营

СЭВМ специализированная электронная вычислительная машина 专用电子计算机

СЭГ сортировочно эвакуационный госпиталь 分类后送医院

СЭГ спасательно-эвакуационная группа 救护疏散组

СЭГ спасательно-эвакуационная служба 卫生后送勤务，卫生后送部门

СЭЗ сигнальный электрический звонок 电警铃

C

СЭЗ специальная экономическая зона 经济特区

СЭЗ средства электризации заграждений 障碍物带电设备

СЭИ(-) счетчик электрических импульсов 电力脉冲计算器

СЭЛ, Сэл санитарно-эпидемиологическая лаборатория 卫生防疫检验所

СЭЛФ санитарно эпидемиологическая лаборатория фронта 方面军卫生防疫检验所

СЭМ самолетный электрический метеорограф 飞机电动气象仪

СЭМ сканирующий электронный микроскоп 电子扫描显微镜

СЭМИ спорадическое электромагнитное излучение 随机电磁辐射

СЭН санитарно эпидемиологический надзор, санэпидемнадзор 卫生防疫监督

СЭН средство электрических измерений 电子测量设备

СЭО санитарно-эвакуационный отдел 救护后送处

СЭО санитарно эпидемиологический отдел 卫生防疫部

СЭО санитарно эпидемиологический отдел (округа, армии) （军区、集团军）卫生防疫处

СЭОА санитарно эпидемиологический отряд армии 集团军卫生防疫队

СЭП сборный эвакуационный пункт 收集后送站；疏散集中站，后送集中站

СЭП система электропитания 供电系统

СЭП средство энергопитания 动力供应设备

СЭП стойка электропитания 供电系数

СЭПО служба контрразведки Швеции 瑞士反侦察机关（英文 CEPO 的音译）

СЭПП система электронных пилотажных приборов 电子驾驶仪表系统

СНЭПР система наземного электропитания ракеты 导弹地面供电系统

СЭПР система электропитания ракеты 导弹供电系统，火箭供电系统

СЭР система экстремального регулирования 极限调节系统

СЭРС станционно-эксплуатационная рота связи 台站维护通信连

сэрс строительно-эксплуатационная рота связи 通信线路架设维护连

СЭС санитарно-эксплуатационная служба 卫生防疫部门，卫生防疫勤务

СЭС санитарно-эпидемиологическая станция 卫生防疫站

СЭС солнечная электростанция 太阳能电站

СЭС средства электроснабжения 供电设备

СЭС станционно эксплуатационная служба （通信部门）台站维护勤务

СЭС судовые электрические системы 船上电力系统

СЭТ самолетный электрический тахометр 飞机电动转速表

СЭТ самолетный электрический топливомер 飞机电动油量表

СЭТ самонаводящаяся электрическая торпеда 电动自导鱼雷

СЭТИ Комитет содействия экспорту, транзиту и импорту 进出口及过境联运促进委员会

СЭТИ отдел по сбору эвакуированного и трофейного имущества 后送器材及战利品收集处

СЭТИ суммарный электрический топливомер с сигнализатором 信号指示式电动总油量表

СЭУ санитарно эпидемиологические учреждения 卫生防疫机关

СЭУ санитарно-эпидемиологическое управление 卫生防疫局

СЭУ солнечная энергетическая установка 太阳能动力装置

СЭХ сверхинтегрированный элемент хранения 超集成存储元件

СЭЦ санитарно эпидемиологический центр 卫生防疫中心

СЭЭУ судовая электроэнергетическая установка 船舶电力装置

СЯ случайное явление 随机现象，偶然现象

СЯН средства ядерного нападения 核袭击兵

С

器，核攻击兵器

СЯП стратегическая и ядерная программа 战略和核规划

СЯС стратегические ядерные силы 战略核力量

Т

Т танк 坦克

Т танковая разведка 坦克侦察

Т тахеометр 〈测〉视距仪，速测仪，准距仪

Т телефонист 有线电话员

Т температура 温度

Т тепловизионный 热视的，红外显像的，红外线透视的

Т термистор 热敏电阻，热变电阻；热控管

т тесла 忒斯拉，忒（磁束密度 MKS 单位）

т тонна 吨

Т топливо 燃料

Т тормоз 刹车，制动

Т торпедный завод, мастерская, склад 〈测〉鱼雷工厂，修理厂，仓库

Т транзистор 晶体管

Т транспорт 运输，运输工具，运输船

Т трассирующий снаряд 曳光弹

Т трансформатор 变压器，变量器；变换器，换算器

Т тревога 警报

Т тренировка 演练

Т триггер 触发器

Т триод 三极管

Т тротил 梯恩梯，三硝基甲苯

Т труба 小管，小筒，雷管

Т.Б. торпедная батарея 鱼雷发射器（海）

т. воспл. температура воспламенения 燃点，发火点

т.всп. температура вспышки 闪点，引火点

т.в.ч. ток высокой частоты 高频电流

т. ж. тысяч жителей 千居民（表示居民数量）

т. м. текущий месяц 本月

Т.Д тысячная дистанция 密位

Т.Н，тн технический надзор 技术监督

т.н.ч. ток низкой частоты 低频电流

Т.П. т.пл. точка плавления 熔点，溶解点

т/о телеграфное отделение 电报分局

т/с техническая служба 技术勤务

Т/Т телеграфно-телефонная (связь) 电话电报通信

т. тысяча 千

Т/Ф телефон/факс 传真/电话

Т-1 одноступенчатая тактическая ракета《земля-земля》"地对地"单级战术导弹

Т-12 тип противотанковой пушки 防坦克炮型号

Т-2 двухступенчатая тактическая ракета《земля-земля》"地对地"两级战术导弹

Т-24 танк типа 24 Т-24 型坦克

Т-26 легкий танк типа 26 Т-26 型轻型坦克

Т-27 танкетка типа 27 Т-27 型超轻型坦克

Т-28 средний танк типа 28 Т-28 型中型坦克

Т-3 дистанционная трубка 定时信管；定距套管

Т-34 средний танк типа 34 с пушкой 76-мм Т-34 型中型坦克的 76 毫米炮

Т-35 тяжелый танк типа 35 Т-35 型重型坦克

Т-37, Т-38 типы плавающих танков 水陆（两用）坦克型号

Т-40 плавающий танк типа 40 Т-40 型水陆（两用）坦克

Т-431 самолет с одним турбореактивным двигателем 单涡轮喷气发动机飞机型号

Т-45 трассирующая пуля 曳光弹型号

Т4-60 тип противорадиолокационной маскировки водных ориентиров 水标反雷达伪装型号

Т-5 топливо для воздушно реактивных двигателей 空气喷气发动机燃料型号

Т-6 двухступенчатая ракета《земля-воздух》"地对空"两级导弹

Т-6 дистанционная трубка двойного действия 两用定时引信

Т-60 тягач (мотовоз) （小型内燃机）牵引车型号

Т-80 транспортер 输送车型号

ТА тактическая авиация 战术航空兵

ТА телеграфный аппарат 电报机

ТА телефонный аппарат 电话机

ТА тепловой аккумулятор 热能蓄电池

ТА терминальный адаптер 终端适配器

ТА торговый автомат 自动售货机

ТА торпедный аппарат 鱼雷发射器

ТА транспортная авиация 运输航空兵

ТА турникетная антенна 绕杆式天线

ТА тяжелая артиллерия 重炮兵；重型火炮，重炮

ТАБ термитная авиационная бомба 铝热航空炸弹，航空铝热剂燃烧弹

ТАБ тяжелая авиационная бригада 重型航空兵旅

ТАБ тяжелая артиллерийская бригада 重炮旅

таб. таблица 表，表格，图表，统计表

табл. таблица；табличный 表格，表格的

Табс температура абсолютная 绝对温度

ТАВКР тяжелый авианосный крейсер 重型载机巡洋舰

ТАВКР(ТАВКр) тяжелый авианесущий крейсер 重型航空母舰

ТАВКР《Кузнецов》 тяжелый авианесущий крейсер《Адмирал Кузнецов》“库兹涅佐夫元帅”号重型航空母舰

ТАГ телеграфное агентство 通讯社，电讯社

ТАГ тральный автограф глубины 扫雷深度自动记录器，扫雷自动记深仪

ТАГр тактическая авиационная группа 战术航空兵群，战术机群

ТАД трансформатор азимута и дистанции 方位和距离换算器

ТАД тяжелая авиадивизия 重型航空兵师

тад тяжелый артиллерийский дивизион 重型炮兵营

ТАИВ телефонный аппарат с индукторным вызовом 手摇发电机振铃呼叫电话装置

ТАИС ВМН территориальная автоматизированная информационная система воздушно-морского наблюдения 地区性海空观察自动化信息系统

ТАК тактическое авиационное командование 战术空军司令部

так танкетка 超轻型坦克，小坦克

ТакВД тактический воздушный десант 战术空降；战术空降兵

такт. тактический, тактика 战术的，战术

ТАМ телефонный аппарат магнитный 磁石电话机

ТАМ телефонный аппарат мощный 大功率电话机

ТАМ тракторная армейская мастерская 集团军拖拉机修理所

там. таможня 海关

ТАН телефонный аппарат настольный 台式电话机

танб танковый батальон 坦克营

танг. тангента 按钮

танк. танковый 坦克的

танки НПП танки непосредственной поддержки пехоты 直接支援步兵的坦克

танковая группа ДД танковая группа дальнего действия 远程坦克群

танковая группа ДПП танковая группа дальней поддержки пехоты 远距离支援步兵坦克群

танр танковая рота 坦克连

ТАНР танковый резерв 坦克预备队

ТАОН тяжелая артиллерия особого назначения 特种重炮，特种重炮兵

ТАП телеграфный аппарат переприема 收发电报机

ТАП тренировочный авиационный полк 教练航空兵团

ТАП тяжелый авиационный полк 重型航空兵团

ТАП тяжелый артиллерийский полк 重炮兵团

ТАПВ трехфазное автоматическое повторное включение 三相自动重合闸

ТАПЛ транспортная атомная подводная лодка 核动力运输潜艇

ТАПО Ташкентское авиационное производственное объединение 塔什干航空企业集团

ТАПР СН тяжелый атомный подводный крейсер стратегического назначения 重型战略核动力潜艇

Т

ТАПС-52 телефонный аппарат постанционной связи 站间通信电话机型号

ТАР температурная автоматическая регулировка 直接检测温控

ТАРКр тяжелый авианесущий ракетный крейсер 重型载机导弹巡洋舰

ТАРКР тяжелый атомный ракетный крейсер 重型核导弹巡洋舰

ТАРУ температурная автоматическая регулировка уровня 温控自动电平调节，温控自动增益调节

ТАРЭ тяжелая авиационная разведывательная эскадрилья 重型侦察航空兵大队

ТАС тактическая антенная система 战术天线系统

ТАС телесигнализация аварийного состояния 遥控报警信号，远程报警信号

ТАС торпедный автомат стрельбы 鱼雷射击自动计算仪

ТАС торпедный аппарат стрельбы 鱼雷发射装置

ТАСР точное автоматическое сопровождение ракеты 导弹精确自动跟踪

ТАТ-Ф телефонный аппарат трубка (фонический вызов) 电话筒蜂音呼叫

ТАУ топографическая аэрофотоустановка 地形航摄设备

ТАФА топографический аэрофотоаппарат 地形航摄仪

ТАЭ транспортная авиационная эскадрилья 运输航空兵大队

ТАЭ тяжелая авиационная эскадрилья 重型航空兵大队

ТАЭК телеграфный аппарат эксплуатационного контроля 操作检查电报机

ТБ тактический бомбардировщик 战术轰炸机

ТБ танковая бригада 坦克旅

ТБ термитная бомба 铝热炸弹，铝热剂燃烧弹

ТБ техника безопасности 安全技术；安全技术设备

ТБ техническая база 技术基地，技术站；技术基础，技术设备

ТБ технический батальон 技术营

ТБ техническое бюро 技术局

ТБ точка бросания бомбы 投弹点

ТБ транспортный батальон 运输营

ТБ труба бинокулярная 双目望远镜

ТБ тыловая база 后方基地，后勤基地

ТБ тяжелый бомбардировщик 重型（远程）轰炸机

ТБ-1, Б-7 типы тяжелых бомбардировщиков Туполева 图波列夫重型轰炸机型号

ТБА тяжелая бомбардировочная авиация 重型轰炸航空兵

ТБА тяжелые бомбардировочные авиакрылья 重型轰炸机联队

ТБАБ тяжелая бомбардировочная авиабригада 重型轰炸航空兵旅

ТБАД тяжелая бомбардировочная авиационная дивизия 重型轰炸航空兵师

Тбаза топографическая база 测绘基地

ТБАК тяжелый бомбардировочный авиационный корпус 重型轰炸航空兵军

тбакр тяжелое бомбардировочное авиационное крыло 重型轰炸机联队

ТБАП тяжелый бомбардировочный авиационный полк 重型轰炸航空兵团

ТБатр техническая батарея 技术连

ТБАЭ тяжелая бомбардировочная авиационная эскадрилья 重型轰炸航空兵大队

ТББ тяжелая бомбардировочная бригада 重型轰炸机旅

ТБВА тактическая бомбардировочная воздушная армия 战术轰炸空军集团军

ТБВЗ транспортно-боевое вертолетное звено 运输战斗直升机中队

ТБВП транспортно-боевой вертолетный полк 运输战斗直升机团

ТБВЭ транспортно-боевая вертолетная эскадрилья 运输战斗直升机大队

ТБГ таблица боевой готовности 战斗准备表

ТБД табло боевых действий 战斗行动显示盘，战斗行动信号盘

ТБД театр боевых действий 战区

ТБДТ типовой банк данных АСУ тыла 后勤自动化指挥系统标准数据库

ТБЕПО тяжелый бронепоезд 重型装甲列车

ТБИ тяжелый бомбардировочный истребитель 重型轰炸歼击机

ТБМ телеуправляемый бомбардировщик-мишель 遥控轰炸靶机

ТБО техническая база оружия 武器技术基地

ТБР таблица для баллистического расчета 弹道计算表

ТБР тактическая баллестическая ракета 战术弹道导弹

ТБР тактический беспилотный разведчик 无人驾驶战术侦察机

ТБЧ термобарическая боевая часть снаряда, ракеты (Обеспечивает эффект объемного взрыва) 炮弹、导弹热压弹头（用于保障云爆效能）

ТБЭ тяжелая бомбардировочная эскадрилья 重型轰炸机大队

ТВ Танковые войска 坦克兵

ТВ танковый взвод 坦克排

ТВ театр войны 战争区

ТВ телевидение 电视

ТВ телевизионный 电视的

ТВ телевизионный видеосигнал 电视视频信号

ТВ телевизионный включатель 电视机开关

ТВ телевизир 电视瞄准器

ТВ телевключатель 遥控开关

ТВ термометр воздуха 空气温度表，大气温度表

ТВ товарный поезд 货物列车

ТВ токсическое вещество 毒物，毒品

ТВ тональный вызов 音频呼叫，音频振铃

ТВ точка взрыва 炸点

ТВ точка выброски 伞降点，空投点

ТВ точка начала выброски 开始空投点

ТВ траекторное взаимодействие 轨迹协同

ТВ трансформатор входной 输入变压器

ТВ трансформатор выпрямителя 整流变压器

ТВ тропический воздух 热带空气

ТВ тяжелая вода 重水

ТВА таблица высот и азимутов 高度方位表

ТВА тактическая воздушная армия 战术空军集团军

ТВА турбовентиляторный агрегат 涡轮通风机

ТВВ телевизионное вещание 电视广播

ТВВ топовычислительный взвод 测地计算排

ТВВОКУ Ташкентское высшее военное общевойсковое командное училище 塔什干合成高等军事指挥学校

ТВВЦ топографический военный вычислительный центр 军事测地计算中心

ТВГ термометр выходящего газа 排气温度表

ТВГ третичное временное группообразование 三次时分群路生成，三次群时分多路复用

ТВГД турбовальный газотурбинный двигатель 涡轮式汽轮发动机

ТВД тактический воздушный десант 战术空降兵

ТВД термовакуумная дегазация 热真空消毒

ТВД термовакуумный дегазатор 热真空消毒器

ТВД турбина высокого давления 高压涡轮（机）

ТВД турбовинтовой двигатель 涡轮螺旋桨式发动机

ТВЗ температура воздуха у земли 地面空气温度

ТВИ терминал визуальной информации 视频显示终端

ТВИМ тактовая временная импульсная модуляция 时钟脉冲调制，节拍脉冲调制

ТВК термометр воздуха в кабине 座舱温度表

ТВК торированный вольфрамовый катод 敷钍钨阴极

ТВЛ телевизионная линия 电视线路

ТВМ терминальная вычислительная машина 终端计算机

ТВМ тяжелый висячий мост 重型吊桥

ТВН танковое вождение ночью 坦克夜间驾驶

ТВН техника высоких напряжений 高电压技术；高电压工程

ТВН ток высокого напряжения 高压电流

ТВН трансформатор высокого напряжения 高压变压器

ТВО топовычислительное отделение 测地计算班

ТВоор танковое вооружение 坦克装备

ТВП телевизионная программа 电视节目

ТВП телевизионный передатчик 电视发射机

ТВП тепловизионный прибор 热视仪，红外线透视仪

ТВП точка встречи на момент пуска ракеты 导弹发射瞬间的遭遇点

ТВР телевизионная разведка 电视侦察

ТВР точка выхода из разворота 〈航〉退出转弯点

ТВРЗ Тамбовский вагоноремонтный завод 坦波夫车辆修理厂

ТВС телевизионная система 电视系统

ТВС телевизионный сигнал 电视信号

ТВУ тракт высшего уровня 高层通道

ТВФ террористическое вооруженное формирование 恐怖武装队伍

ТВФ техника воздушного флота 航空技术装备，空军技术装备

ТВЦ телевизионный центр 电视中心台

ТВЧ телевидение высокой четкости 高清电视

ТВЧ телефон высокой частоты 高频电话

ТВЭ тепловыделяющий элемент 释热元件，燃料组分

ТВЭ термометр воздуха электрический 电动空气温度表

ТГ канал телеграфный канал 电报信道

ТГ НПП танковая группа непосредственной поддержки пехоты 直接支援步兵坦克群

ТГ телеграфная связь 电报通信

ТГ тактовый генератор 线路振荡器

ТГ танковая группа 坦克群

ТГ тахогенератор 转速发电机；转速表传感器

ТГ телеграф 电报

ТГ термометр глубоководный 深水温度表

ТГ тормозной генератор 制动振荡器

ТГ тральная группа 扫雷群，扫雷组

ТГ транзисторный генератор 晶体三极管振荡器

ТГ третичная группа 三次群

ТГ турбогенератор 涡轮发电机，透平发电机

ТГ тыловая группа 后方组；后勤组

Т-Г триод-гептод 三极七极管

ТГА тяжелый гаубично-ариллерийский 重榴弹炮兵的

ТГаБатр тяжелая гаубичная батарея 重榴弹炮兵连

ТГАБр тяжелая гаубичная артиллерийская бригада 重榴弹炮兵旅

ТГАД тяжелый гаубичный артиллерийский дивизион 重榴弹炮兵营

ТГАП тяжелый гаубичный (артиллерийский) полк 重榴弹炮兵团

ТГБ тыловая госпитальная база 后方医院基地

ТГБатр топогеодезическая батарея 大地地形测量连（队）

ТГЗП термометр газов с заторможенным потоком 带气流减速装置的气体温度表

ТГК тиратрон с горячим катодом 热阴极闸流管

ТГЛ точечная газосветная лампа 聚光弧光放电管

ТГНО топогеодезическое и навигационное обеспечение 测地和航海保障

тго топогеодезический отряд 地形测绘大队

ТГО топогеодезическое обеспечение (боевых действий) （军事行动）测绘保障

ТГО топографический отдел 测绘处

ТГП точка начала горизонтального полета 〈航〉水平飞行起始点

ТгПрв триггер прерываний 中断触发器

ТГС телевизионная головка самонаведения 电视自导头，电视寻的头

ТГС телеграфная станция 电报站

ТГС тепловая головка самонаведения 电视自导头

т-гс триод-гексод 三极六极管

ТГСН тепловая головка самонаведения 自动导向红外线弹头

ТГТ третичный групповой тракт 三次群通道

ТГУ терапевтическая группа усиления 内科加强组

ТГУ тыловая группа усиления 加强后方群

тгф телеграфия 电报；电报学

ТГЦ телеграфный центр 电报中心

Т

ТГц терагерц 兆兆赫兹，吉赫兹

ТД танковая дивизия 坦克师

ТД танковый дальномер 坦克测距仪

ТД танковый десант 坦克搭载兵

ТД танковый дизель 坦克柴油机

ТД танко-десантный 坦克登陆的

ТД таходинамо 转速发电机，测速发电机

ТД термодефект 热缺失

ТД технологическая документация 工艺文件，工艺资料

ТД топогеодезические данные 大地测量数据

ТД точная дистанция 精确距离

ТД транзитный документ 过境证件

ТД триггер динамический 动态触发器

ТД туннельный диод 隧道二极管

ТД тыльный дозор 后方侦察群

ТДА термическая дымовая аппаратура 热发烟装置，热发烟器

ТДА транспортно-десантная авиация 空降运输航空兵

ТДАП транспортно-десантный авиационный полк 空降运输航空兵团

ТДД танк дальнего действия 远程坦克

ТДК транспортно-десантный корабль 登陆运输舰

ТДК тяжелый десантный корабль 重型登陆舰

ТДП танковый дегазационный прибор 坦克消毒器

ТДП танковый дымовой прибор 坦克发烟具

ТДПП танки дальней поддержки пехоты 远程支援步兵的坦克

ТДПС танкодесантное плавучее судно 坦克登陆船

ТДР танкодесантная рота 坦克登陆连

ТДРА танко-десантная рота автоматчика 自动枪手坦克登陆连

ТДСГ телефонный дальней связи голый 长途电话光皮电缆

ТДУ тормозная двигательная установка 制动装置

ТЕ термос-кухня 保温炊事车

тел телеметрия, телеизмерение 遥测，遥测术

тел. телефон 电话

Тео текущее обслуживание 日常维护，日常保养

тео технический отдел 技术处

терармия территориальная армия 本土部队

терсбор территориальный сбор 区域集训，本土集训

терслужба территориальная служба 本土勤务

терупр территориальное управление 本土指挥，区域控制，区域性管理，地区管理局

терчасть территориальная часть 地区性部队

тех. техника; технический 技术，技术的

тех.з. техническое замыкание 殿后技术保障

техбатр техническая батарея 工业（蓄）电池，技术连

технорук технический руководитель 技术监督员，技术领导

техо технический отряд 技术队

техобслуживание техническое обслуживание 技术维护，技术维修

Техперсонал технический персонал 技术人员

Техусловия технические условия 技术条件

Техуход технический уход 技术保养，技术勤务

техцентр центр технического обслуживания 技术中心，技术保养中心，技术维修中心

ТЗ тактическое занятие 战术作业，战术科目

ТЗ техническая зона 技术区域

ТЗ топливная заправка 填充燃料，加油

ТЗ три зла (терроризм, сепаратизм и экстремизм) 三股恶势力（指恐怖主义、分裂主义和极端主义）

ТЗ тыльная застава 后方哨

ТЗА турбозубчатый агрегат 汽轮齿轮机组

ТЗА тяжелая зенитная артиллерия 重型高射炮兵

ТЗ-А трехступенчатые стратегические ракеты《земля-земля》“地对地”三级战略导弹

ТЗАГ тактическое заграждение 战术障碍物

ТЗБ транспортно-заправочная база 运输加油基地

ТЗД триггер задержки 延时触发器

ТЗИМ тепло-звукоизоляционный материал 绝

Т

热隔音材料

ТЗК теплозащитный костюм 隔热服

ТЗК труба зенитная командирская 对空（射击）指挥镜

ТЗМ транспортно-заправочная машина 运输加油车

ТЗМ транспортно-запряжающая машина 运输装弹车辆

ТЗМ транспортно-заряжающая машина 运输充电车

ТЗМ труднозатопляемый материал 可漂浮物资

ТЗМ труднозатопляемый переправочный материал 难沉渡河材料，浮囊渡河材料，强浮渡河材料

ТЗО тактическая зона обороны 战术防御区

ТЗП теплозащитное покрытие 防热涂层，防热覆盖物

ТЗПИ труднозатопляемое переправочное имущество 浮囊渡水器材

ТЗС торпедо-загрузочные средства 鱼雷装载设备

ТЗС тракт зондирующего сигнала 探测脉冲通道

ТЗС тыловая зона связи 后方通信区

ТЗУ тактическое звено управления 战术指挥环节

ТЗУ тактическое звено управления измерений 战术测量指挥环节；战术测量指挥组

ТЗУ транспортно-заряжающее устройство 装弹运输设备

ТЗХ турбина заднего хода 倒车汽轮机，倒车涡轮（机）

ТИ таблицы информации 信息图表

ТИ тактический истребитель 战术歼击机

ТИ тактовый импульс 节拍脉冲

ТИ танковый институт 坦克专科学院

ТИ телеизмерение 远距离测量，遥测技术

ТИ теория информации 信息论

ТИ тепловой имитатор 热模拟器

ТИ термоизвещатель 热源探测器，热辐射自动引导头灵敏元件

ТИ техническая информация 技术情报

ТИ тип информации 信息类型

ТИ точный индикатор 精确显示器

ТИ2, ТиЗ импульсные трансформаторы 脉冲变压器型号

ТИАКр тактическое истребительное авиационное крыло 战术歼击航空兵联队

тиаэ тактическая истребительная авиаэскадрилья 战术歼击航空兵大队

ТИБ технико-информационный бюллетень 技术情报简讯

ТИВ техника инженерных войск 工程兵技术装备，工程兵战术

ТИГ трехфазный импульсный генератор 三相脉冲发生器

ТИИ танковый инженерный институт 坦克工程学院

ТиТБП，**Т.иТ.б.п.** телеграфия и телефония без проводов 电报和无线电话

ТИУС танковая информационно-управляющая система 坦克信息控制系统

ТК танковая коротковолновая (радиостанция) 坦克短波电台

ТК танковый корпус 坦克车体；〈史〉坦克军

ТК телекино 电视电影

ТК температурный коэффициент 温度系数

ТК техническая комиссия 技术委员会

ТК технический комплекс 综合技术设施

ТК технический контроль 技术检查

ТК технологическая карта 工艺卡片

ТК типографское качество 印刷质量

ТК тональные колебания 音频振荡

ТК торцовый контакт 端接触

ТК транзисторный ключ 晶体管开关

ТК транспортный корабль 运输舰

ТК трансформное кодирование 传输编码

ТК турбокомпрессор 涡轮压缩机

ТК тяжелый корабль 重型舰艇

ТК тяжелый крейсер 重型巡洋舰

ТКАОАЖБ телефонный кабель в алюминиевой облочке с алюминиевыми жилами, бронированный 铝心铝皮铠装电话电缆

ткап тяжелый корпусной артиллерийский полк 军重型炮兵团

ТКАСВМ торпедный катер сверхмалый 微型鱼雷艇

ТКБ торпедный катер большой 大型鱼雷快艇

ТКВРД турбокомпрессорный воздушно-реактивный двигатель 涡轮压缩式喷气火箭发动机，涡轮压缩器式空气喷气发动机

ТКЕ температурный коэффициент емкости 电容温度系数

ТКЗ，т.к.з. ток короткого замыкания 短路电流

ТКИ температурный коэффициент индуктивности 电感温度系数

ТКК телефонно-кабельная катушка 电话电缆盘

ТКК транспортный космический корабль 航天运输飞船

ТКК трубчатый керамический конденсатор 管形瓷介电容器

ТКЛР температурный коэффициент линейного расширения 线膨胀温度系数

ТКН температурный коэффициент напряжения 电压温度系数

ТКО точность калибровки прицела 瞄准具校准精度

ТКО труба кругового обзора 环视瞄准管，平面位置显示管

ТКО трубка кругового обзора 全向观察镜

ТКП термистор с косвенным подогревом 间接预热热敏电阻，间接预热热控管

ТКП тыловой командный пункт 后方基本指挥所

ТКПД，т. к. п.д. тепловой коэффициент полезного действия 热效率

ТКПИ телефонный кабель с полиэтиленовой изоляцией 聚乙烯被复线

ТКР тактическая крылатая ракета 战术巡航导弹

ТКР телефонно-кабельная рота 电话电缆连

ТКС температурный коэффициент сопротивления 电阻温度系数

ТКС транспортный корабль снабжения 补给输送船

ТКТ танковый комплексный тренажер 坦克综合练习器

ТКТ технический курс танков 坦克技术教程

ТКТ технический курс танковождения 坦克驾驶技术教程

ТКУ траншеекопатель универсальный 通用挖壕机

ТКЧ температурный коэффициент частоты 频率温度系数

ТКЧ топографическая картосоставительская часть 地形测绘制图队

ТЛ торпедолов 鱼雷打捞船，捞雷船

ТЛ тренажер летный 飞行练习器

ТЛ тренажер летчика 飞行员（地面）练习器

ТЛГ телеграф(ия) 电报；电报局；电报机

тлг телеграф；телеграфный 电报；电报局；电报机；电报的；电报局的；电报机的；

ТЛГ телеграфный сигнал 电报信号

ТЛЗ твердотельная линия задержки 固体延迟线

ТЛИ токораспределительный линейный искатель 终接器序轮机

ТЛП тяжелое летное происшествие 严重飞行事故

ТЛРС телефонная линия районной связи 区内通信电话线路

теф телефон；телефонный 电话；电话的

ТЛФ телефонный канал 电话通道

ТЛФ телефонный сигнал 电话信号

ТЛЦ тяжелая ложная цель 大型假目标

Тм местное гражданское время 当地时间，本地时间

ТМ таблица метеорологическая 气象表

ТМ тактическая маскировка 战术伪装

ТМ танковая мина 坦克地雷

ТМ телеметрия 遥测

ТМ телемеханизация 遥控机械化

ТМ теплая масса (воздуха) 暖气团，温气层

Тм термисторный мост 热变电阻电桥

ТМ товарищеский матч 友谊赛

ТМ тональная машина 声频发生器，音频发生器

ТМ тормозной магнит 制动电磁铁

ТМ торпедная мастерская 鱼雷检修所

ТМ транспортная машина 运输车辆

ТМ-35, ТМ-46 противотанковые мины 反坦克地雷型号

ТМБ противотанковая мина бумажная 纸壳反坦克地雷

ТМБ танковая мина бумажная 反坦克纸雷

ТМГ температурный магнитный гистерезис 热磁滞

ТМД тактический морской десант 战术海上登陆兵

ТМД танковая мина деревянная 木壳坦克雷

ТМДБ противотанковая мина деревянная брикетная 木壳反坦克地雷

ТМДБ танковая мина деревянная брикетная 木块状坦克地雷

тминбр тяжелая минометная бригада 重迫击炮旅

тминп тяжелый минометный полк 重迫击炮团

ТМК противотанковая мина кумулятивная 空心装药防坦克地雷

ТМК траншейная машина колесная 轮式挖壕机

ТМК тренажерно моделирующий комплекс 训练模拟系统

ТММ тяжелый механизированный мост 重型机械化桥

тммп тяжелый механизированный мостовой полк 重型机械化桥梁团

ТМН танковая мина неизвлекаемая 不可取出的坦克地雷

ТМН турбомасленный насос 汽轮滑油泵

ТМП тонкая магнитная пленка 薄磁膜

ТМП тяжелый мостовой парк 重型舟桥纵列

ТМРУ тихоокеанское морское региональное управление 太平洋海区管理局

ТМТ теоретическая модель транзистора 晶体管理论模型

ТМУ танк-мостоукладчик 架桥坦克

ТМУ танковый мостоукладчик 坦克架桥车

ТМУ трехфазный магнитный усилитель 三相磁放大器

ТМФП тонкая монокристаллическая ферритовая пленка 铁氧体单晶薄膜

ТМЭ термометр масла электрический 电气滑油温度表

Тн. ст телефонная станция 电话站，有线电话站

ТН тактическое назначение 战术级的

ТН танкер 油船

ТН точка наблюдения 观察点

ТН точка наводки （射击）瞄准点

ТН точка прицеливания 瞄准点，瞄准部位

ТН трансформатор напряжения 电压互感器

ТНА танковая навигационная аппаратура 坦克导航装置，坦克导航仪

ТНА топливонасосный агрегат 抽油机

ТНА турбонаддувочный агрегат 涡轮增压机组

ТНА турбонасосный агрегат 涡轮抽水机，涡轮泵，涡轮泵机组

ТНБ технико-нормировочное бюро 技术标准局

ТНБ тяжелый ночной бомбардировщик 夜航重型轰炸机

ТНБР тока начала боевого развертывания 开始战斗展开点，战斗展开起点

ТНВ тока начала выброски 开始空投点，开始伞降点

ТНГ теоретический нуль глубин 理论深度基准面

ТНД турбина низкого давления 低压汽轮机，低压涡轮

ТНК таблицы непотопляемости корабля 舰艇搞沉表

тнкр танкетная рота 超轻型坦克连

ТНМ точка начала маневра 机动点；转向点

ТНН ток низкого напряжения 低压电流

ТНН трубонефтяной насос 汽轮燃油泵

ТНОУ точка нулевого относительного уровня 相对电平零位点

ТНП ток наводки прицела 瞄准器的瞄准点

ТНП точка наводки и прицеливания 引导与瞄准点

ТНПО танковый наблюдательный перископ оп-

Т

тический 坦克光学潜望镜

ТНР точка начала разворота 〈空〉转弯起点

ТНР точка начала роспуска 〈航〉解散起点

ТНС точка начала снижения 降低起点，下降起点

ТНУ танковая навигационная установка 坦克导航设备

ТНУ тракт низшего уровня 底层通道

ТО МВД тюремный отдел МВД 内务部监狱处

ТО таблица огня 〈炮〉射击表

ТО тактическое ориентирование 战术方位判定；战术情况介绍

ТО танковый огнемет 坦克喷火器

ТО танковый отряд 坦克队

ТО телеобработка 远程数据处理

ТО телеобслуживание 远程监控，远程服务

То темп огня 发射速度，发射间隔

ТО теоретическая ошибка 理论误差

ТО термообработка 热处理

ТО термоотражение 热反射

ТО территориальная оборона 国土防御

ТО террористическая организация 恐怖组织

ТО техническое описание 技术说明书

ТО техническое обеспечение 技术保障

ТО ток отключающий 脱扣电流，断开电流

ТО торпедное оружие 鱼雷武器

ТО точный отсчет 精确读数

ТО транспортный отряд 运输队

ТО турбинное отделение 透平机舱

ТО тыловое охранение 后方警戒

ТО тыловой отряд 后队

ТО-1 первое техническое обслуживание 一级技术保养

ТО-1/ТО-3 виды технического обслуживания 技术保养等级

ТО-2 второе техническое обслуживание 二级技术保养

ТОА теоретические основы автоматизации 自动化理论基础

ТОБ территориальные органы безопасности 地区安全机关

ТОВ телевизионно-оптический визир 电视光学瞄准镜

ТОВВМУ Тихоокеанское высшее военно-морское училище 太平洋高等海军学校

ТОВМИ Тихоокеанский военно-морской институт (г. Владивосток) 太平洋海军学院（海参崴市）

ТОВЧК Транспортный отдел Всероссийской чрезвычайной комиссии 全俄紧急情况委员会运输处

ТОГ телевизионная оптическая головка 电视光学头

ТОЗ тульский оружейный завод 图拉兵工厂

ТО и Р техническое обслуживание и ремонт 技术保养和维修

ТО-К техническое обслуживание кузова 车体技术保养

ТОН танкоопасное направление 坦克危险方向

ТОП танковый оптический прицел 坦克光学瞄准具

ТОП типовая организация памяти 标准存储器体系

топ. топливо；топливный 燃料，燃料的

топ. топография；топографический 地形测绘，地形学，地形测绘（术）的，地形学的，地形的

топбатр топографическая батарея 〈炮〉测地连

топошкола военно-топографическая школа 陆军地形测量学校

ТОПТ тренажер огневой подготовки танкистов 坦克手射击训练练习器

ТОРУ Тихоокеанское региональное управление (федеральная пограничная служба РФ) 太平洋地区局（俄罗斯边防局）

ТОС танковый оптический стабилизированный (прицел) 坦克光学稳定瞄准镜

ТОС теоретические основы стрельбы 射击理论原理

ТОС техническое обеспечение самолетовождения 飞机驾驶技术保障

ТОС транспортно-обслуживающие суда 运输供应船

ТОС. тяжелая огнеметная система 重型喷火系统

ТОТИ Тигры освобождения《Тамилилам》 泰米尔伊拉姆猛虎解放组织（斯里兰卡分离主义者派别）

ТОУ телевизионное оптическое устройство 电视光学装置

ТОФ технический отдел флота 舰队技术部，船队技术处

ТОЦ табло оперативного циркуляра 作战通报信号盘，作战通报显示屏

точ... точный 精密的

ТОЭ теоретические основы электротехники 电工理论基础

ТОЭ техническое обслуживание и эксплуатация 技术服务与应用，技术维护与使用

ТП тактическая подготовка 战术训练

ТП танковая поддержка 坦克支援

ТП танковая пушка 坦克炮

ТП танковый полк 坦克团

ТП телеграфное подслушивание 电话截听，电话监听

ТП телефонная плотность 电话普及率

ТП телефонное подслушивание 电话监听，电话截听

ТП теодолитный пункт 经纬仪观察所

ТП теплопеленгатор 热力测向仪

ТП теплый период 暖机阶段，发射前准备阶段

ТП термометр-полуавтомат 半自动视距经纬仪

ТП термопара 热电偶，温差电偶

ТП термопредохранитель （水雷）低温断流器

ТП термоэлектрический преобразователь 热电变换器，热电转换器

ТП тестовая последовательность 测试顺序

ТП техническая позиция 技术阵地，技术状况，技术项目；

ТП технические правила 技术规程，技术规则

ТП техническое подразделение (береговое в ВМФ) （海军海岸）技术分队

ТП технологический процесс 工艺工程

ТП торговый порт 商港

ТП тормозной парашют 减速伞

ТП точка попадания （射击）命中点，弹着点

ТП точка присутствия 所在点

ТП транспортная прокуратура 交通运输检察院

ТП трансформатор питания 电源变压器

ТП трансформаторная подстанция 变电所

ТП триггер пункта 点触发器

Т-П триод-пентод 三极五极管

ТПА телепилотируемый аппарат 遥控飞行器

ТПА тяжелый пушечно-артиллерийский 重型加农炮的

ТПАБР тяжелая пушечная артиллерийская бригада 重型加农炮旅

ТПАД тяжелый пушечный артиллерийский дивизион 重型加农炮营

ТПБ трубопроводный батальон 管线营

тпбмм трубопроводный батальон машинного монтажа 机械化管道营

тпбр трубопроводная бригада 管线旅

ТПВ (ТР) тропическая пресноводная ватерлиния 热带（载重）淡水水线

ТПВР тепловизионная разведка 红外线透视侦察

ТПВУ телефонное переговорновызывное устройство 电报通信振铃装置

ТПГ транспортная группа 运输小组

ТПГ тыловой полевой госпиталь 后方野战医院

ТПГ тракт передачи данных 数据传输系统，数据传输通道

ТПД транспортный плавучий док 运输浮船坞

ТПДК танковый прицелдальномер 坦克瞄准测距仪

ТПДЛ таблица позывных должностных лиц 首长呼号表

ТПЕ тяговая подвижная единица (односекционный локомотив, секция многосекционного локомотива) 牵引车

ТПЗ точка предварения залпа 预备齐射点

ТПЗ тыловая походная застава 后方尖兵，后方行军警戒部队

ТПИ твердотельный преобразователь изображения 固态图像图象光电变换器

ТПК танки поддержки кавалерии 支援骑兵的坦克

Т

ТПК танковая группа поддержки конницы 支援骑兵的坦克群

ТПК танковый перископ командира 坦克车长潜望镜

ТПК тепловое поле корабля 舰船热场

ТПК транспортер переднего края 前沿运输（装甲）车，前沿运输车

ТПК транспортно-пусковой контейнер ракеты 导弹储运发射筒

ТПКУ телеграфное переговорно-контрольное устройство 电报通信监听装置

ТПЛ транспортная подводная лодка 潜水运输艇

ТПМ тяжелый понтонный мост 重型舟桥

ТПН танковый прицел ночной 坦克夜间瞄准具

ТПН тип полезной нагрузки 有效载荷类型

ТПО тепловизионный прибор обнаружения 热视侦察仪

ТПО тяжелый пехотный огнемет 重型步兵喷火器

ТПП тактический перевалочный пункт 战术转运站

ТПП танки поддержки пехоты 支援步兵的坦克

ТПП танковый полк прорыва 坦克突破团

ТПП точка приземления первого парашютиста 首跳伞兵着陆点

ТППГ терапевтический полевой подвижный госпиталь 流动野战内科医院

ТПР тонкопленочный резистор 薄膜电阻

ТПР трубопроводная рота 管道连，管线连

ТПРОТВД тактическая (противо)ракетная оборона театра военных действий 战区战术（反）导弹防御

ТПС телепеленгаторная станция 遥控测向站

ТПС теплопеленгаторная станция 红外测向站

ТПС точка предварения сбрасывания 预备投雷点

ТПС транзитный пункт сигнализации 信号中转站

ТПС тяговый подвижной состав 牵引车

ТПТ теория переменных токов 交流电理论

ТПТ тонкопленочный полевой триод 薄膜场效应晶体管

ТПТ трансформатор переменного тока 交流电变压器

ТПУ транспортно-пусковая установка 运送起动装置

ТПУ танковое переговорное устройство 坦克通话装置

ТПУ Тбилисское пехотное училище 第比利斯步兵学校

ТПУ территориальный предельный уровень 领土最大范围，地区（兵力）限额

ТПУ тиристорное питающее устройство 可控硅电源

ТПУ тракт предварительного усиления 前置放大线路，预放通道

ТПУ тыловой пункт управления 后方指挥所

ТПУ тяжелая понтонная установка 重型舟桥设备

ТПФ трансформатор полосового фильтра 带通滤波器变压器

ТПХ турбина переднего хода 正车涡轮（机）

ТПЧ тиристорный преобразователь частоты 闸流管变压器

ТР тактическая разведка 战术侦察

ТР тактическая ракета 战术导弹

ТР танкоремонтный 坦克修理的

ТР телерегулирования 远距离调节，遥控调节

ТР телефонная рота 电话连

ТР телефонное реле 电话继电器

ТР тензометр реостатный 变阻器张力计

ТР техническая разведка 技术侦察

ТР точность регулирования 可控精确度，调节精确度

ТР тральный 扫雷的

ТР транспортная рота 运输连

ТР тренировка расчета 战勤人员训练

ТР тренировочный режим 训练状态

ТР тропик Рака (северный) 北回归线

ТР трофейная рота 战利品收集连

ТР труба разведчика 侦察员望远镜，侦察管道

ТР трубчатый порох 管状火药

Т

ТР тяжелораненый 重伤员

ТР тяжелые ракеты 重型导弹

ТРА Театр Российской армии 俄罗斯军队剧院

ТРА техническо-распорядительный акт 技术管理细则

ТРА тяжелая реактивная артиллерия 重火箭炮兵

ТРАКР тактическое разведывательное авиакрыло 战术侦察机联队

тракр тактическое разведывательное авиационное крыло 战术侦察航空兵联队

трал. траловый 拖网的，扫雷的

Тралбаза База тральщиков 扫雷舰基地

Тралневод траловый невод 拖雷网

трам. трамвайный 电车的

ТРАОН траншейная артиллерия особого назначения 特种堑壕炮兵

траэ тактическая разведывательная авиаэскадрилья 战术侦察航空兵大队

ТРБД таблица распоряжений на боевые действия 战斗行动指令表

трбр трофейная бригада 战利品收集队

ТРВ температурное реле времени 热延时继电器，热定时继电器

ТРВ транспорт вооружения 军械运输；军械运输工具

ТРВ триммер руля высоты 升降舵调整片

ТРВКШ марка телефонного кабеля 电话电缆牌号

ТРГ техническая разведывательная группа 技术侦察组

ТРГК танковый резерв главного командования 总司令部坦克预备队，统帅部坦克预备队

ТРД технический разведывательный дозор 技术侦察群

ТРД тренировка радистов 报务员训练

ТРД турбореактивный двигатель 涡轮喷气发动机

ТРД тяжелый разведывательный дозор 重型侦察群

ТРДДФ турбореактивный двухконтурный двигатель с форсажной (камерой) 带加力室的双路式涡轮喷气发动机

ТРДФ турбореактивный двигатель с форсажной (камерой) 带加力室的涡轮喷气发动机

ТРДФ турбореактивный форсажный двигатель 涡轮喷气加力发动机

тремб Танко-ремонтный батальон 坦克修理营

ТРиСТ техника радио и слабого тока 无线电与弱电流技术

ТРК телефонный распределительный кабель 电话配电电缆

ТРК термостимулированный разряд конденсатора 电容器的热激放电

ТРЛ телеграфное реле линейное 电报线路继电器

ТРЛ тепловой радиолокатор 热力雷达

ТРЛ тропосферная линия 散射通信，对流层通信

ТРЛК трассовый радиолокационный комплекс 航线雷达设备，航线雷达综合体

ТРЛС тропосферная линия связи 散射通信线路，对流层通信线路

ТРМ танкоремонтная мастерская 坦克修理车，坦克修理所

ТРМ тяжелый разборный мост 重型拆卸式桥

ТРМ(-) танкоремонтные мастерские 坦克修理车型号

ТРМ-А танкоремонтная мастерская типа А A型坦克修理车

ТРН тиристорный регулятор напряжения 可控硅调压器

ТРО твердые радиоактивные отходы 固体辐射废料

трогн траншейный огнемет 堑壕火焰喷射器

ТРОСТ сигнал требования останова 要求停机信号

ТРП триммер руля поворота 转向舵调整片

ТРП тропосферные 散射干扰

ТРПКСН тяжелый ракетный подводный крейсер стратегического назначения 重型战略导弹潜艇

ТРПШ трансформатор регулируемый подмагничиванием шунтов 分路磁化可调变压器

Т

ТРР танко-ремонтная рота 坦克修理连

ТРС таблица радиосигналов 无线电信号表

ТРС телевизионная ретрансляционная станция 电视中继站

ТРС трансляционная радиостанция 无线电转播站

ТрС тропосферная связь 对流层通信，散射通信

ТРС тропосферная станция 散射电台，对流层通信电台

ТРС турбореактивный снаряд 涡轮喷气式火箭弹，涡轮喷气式导弹

ТРСА телевизионная ретрансляционная станция автоматическая 自动电视转播台，自动电视中继站

ТРТ транспорт для тяжелораненых 重伤员运输工具

ТрТ трансформатор тока 电流变压器

ТРТИ Таганрогский радиотехнический институт 塔甘罗格无线电工程专科学院

ТРФ таблица размещения файлов 文件配置表

ТРЦ телефонно-телеграфный радиоцентр 无线电报电话中心

ТРЦ точка разворота на цель 〈航〉转向目标点

ТРЧ таблица распределения полос частот 频率分配表

ТРЩ токораспределительный щит 配电盘

ТРЭК траншейный экскаватор 挖壕机

ТРЭП техника радиоэлектронного подавления 电子压制技术

ТС таблица связи 通信表

ТС таблица стрельбы 射表，射击表

ТС тактическая система 战术系统

ТС таможенная служба 海关部门，海关

ТС Танковое соединение 坦克兵团

ТС текстовое сообщение 报文正文

ТС телесигнализация 遥测信号，远距离信号设备

ТС телефон служебный 勤务电话

ТС телефонист старший 有线电话员组长

ТС терминальный символ 终端标志

ТС термометр сопротивления 电阻温度计

ТС термосопротивление 热敏电阻

ТС техническое средство 技术设备

ТС топливная система 燃料系统

ТС топографическая служба 地形测绘勤务

ТС торпедная стрельба 鱼雷射击

ТС транспортная сеть 运输网

ТС транспортная система 交通运输系统

ТС трансформатор сеточный 栅极变压器

ТС тренировка сигнальщиков 信号兵操练

ТС ВС топографическая служба Вооруженных сил 武装力量测地勤务，武装力量测绘局

ТС-2 теодолит 经纬仪型号

ТСАЛ терминал со сверхмалой апертурой луча 超小口径天线（卫星）终端

ТСАП транспортно-санитарный авиационный полк 运输救护航空兵团

ТСАП тяжелый самоходный артиллерийский полк 重型自行火炮团

ТСАЭ транспортно-санитарная авиационная эскадрилья 卫生运输航空兵大队

ТСБ танко-самоходный батальон 坦克自行火炮营

ТСБ тяжелый самоходный батальон 重（型）自行火炮营

ТСБГ транспортно-санитарная бронегруппа 运输救护装甲车组

ТСв техника связи 通信技术

ТСВ трансляционная сеть вещания 无线电广播转播网

ТСВУ Тверское суворовское военное училище 特维尔苏沃洛夫军事学校

ТСД турбина среднего давления 中压涡轮（机），中压汽轮机

ТСДП тыловой санитарно-дегазационный пункт 后方卫生消毒所

ТСЗ тактико-строевое занятие 战术队列作业

ТСИ технические средства информации 情报技术设备

ТСКСО телефонный станционный кабель в свинцовой облочке 局内电话铅皮电缆

ТСКШ телефонный станционный кабель в

шланге 局内电话软管电缆

ТСМ таблица стрельбы морская 〈炮〉海上射表

ТСМ таблица стрельбы на море 海上射击表

ТСМ третичный синхронный мультиплексор 三同步复用器，三次同步复用设备

ТСМО телекоммуникационная сеть МО 国防部电信网

ТСО технические средства обучения 教学技术设备

ТСП тактическая специальная подготовка 专业战术训练

ТСП танки сопровождения пехоты 步兵伴随坦克，护送步兵的坦克

ТСП，**тсп** танко-самоходный полк 坦克自行火炮团

ТСП текущее состояние программы 现时程序状态，当前程序状态

ТСП термостимулированная проводимость 热激发电导

ТСПОиХ техническое средство передачи, обработки и хранения “信息发射，处理与存贮技术设备”

ТСР телеграфно-строительная рота 永备线路架设连

ТСР телефонная станция ручная 人工电话站

ТСР технические средства разведки 技术侦察设备

ТСР транспортная система района 区域交通运输系统

ТСС территориальная сеть связи 地区通信网

ТСС территориальная система связи 地区通信系统

ТССТ технические средства служб тыла 后勤技术器材

ТСТ танко-стрелковая тренировка 坦克射击练习

ТСТ термостимулированный ток 热激发电流

ТСТО территориальная система тылового обеспечения 地区后勤保障系统，本土后勤保障系统

ТСЭР транспортная система экономического района 经济区域交通运输系统

ТТ теодолит-тахеометр 速测经纬仪，视距经纬仪

ТТ тональное телеграфирование 音频报

ТТ тональный телеграф 音频电报

ТТ тормозной трос 拦阻索

ТТ торпедная труба 鱼雷发射管

ТТ трафик телефонный 电话话务

ТТ трехфазный ток 三相电流

ТТ трехходовая трубка 三通管

ТТ тульский Токарева 图拉制造的托卡列夫式手枪

ТТ тяжелый танковый 重型坦克的

ТТ-1 переносный тестер танковых радиостанций 坦克电台轻便试验器

ТТ-17П тональные телеграфы 音频电报，话频载波电报型号

ТТ-2, ТТ-3 триангуляционные теодолиты 三角测量经纬仪型号

ТТ-33 пистолет тульский Токарева 1933 式 图拉制造的托卡列夫式手枪

ТТБ тяжелый танковый батальон 重坦克营

ТТБ телефонно-телеграфный батальон 电话电报营，报话营

ТТБа торпедно-техническая база 鱼雷技术基地

ттв тяжелый танковый взвод 重（型）坦克排

ТТВД тихоокеанский театр военных действий 太平洋战区

ТТД тактико-технические данные 战术技术诸元（数据），战术技术性能，战术技术规格

ТТД тяжелая танковая дивизия 重型坦克师

ТТЗ тактико-техническое задание 战术技术课题，战术技术任务书

ТТЛ «Тигры Тамила Лама» “泰米尔美洲虎”

ТТЛ транзисторно-транзисторная логика 晶体管–晶体管逻辑

ТТЛС транзисторно-транзисторные логические схемы 晶体管逻辑电路

ТТЛШ транзисторно-транзисторная логика с переходом Шотки 具有梭特加通道的晶体管，晶体管逻辑电路

Т

ТТМА телеграфно-телефонная мастерская армии 集团军电报电话器材修理所

ТТО танко-техническое обеспечение 坦克技术保障

ТТО танко-техническое обслуживание 坦克技术维护

ТТП танковый телескопический (прицел) 坦克望远瞄准具

ТТП тяжелый танковый полк 重坦克团

ТТР тяжелый танковая рота 重坦克连

ТТС телеграфно-телефонная станция 电报电话站

ТТСП тяжелый танко-самоходный полк 重型坦克自行火炮团

ТТТ тактико-техническое требование 战术技术要求

ТТУ Ташкентское танковое училище 塔什干坦克学校

ТТУ телеграфно-телефонное управление 电报电话局

ТТХ тактико-техническая характеристика 战斗技术性能

ТТЦ телевизионный технический центр 电视技术中心

ТТЦ телеграфно-телефонный центр 电报电话中心站

ТТЦ телефонно-телеграфный центр 有线电话电报中心

ТТЦО территориальный тыловой центр обеспечения 区内后勤保障中心

ТТЧМ-17 тональный телеграф частотной модуляции 调频音频电报

ТТЭ тактико-технические элементы 战术技术要素，战术技术诸元

ТТЭА тактико-технико-экономический анализ 战术技术经济分析

ТУ .ту технические условия 技术条件，技术规格，技术规程

ТУ тактическое учение 战术演习

ТУ танковое училище 坦克学校

ТУ телефонный усилитель 电话放大器

ТУ технические условия (документ стандартизации) 技术条件，技术规程（标准化文件）

ТУ техническое училище 技术学校

ТУ ток увлечения 吸动电流，引动电流

ТУ транзисторный усилитель 晶体管放大器

ТУ транзитный удлинитель 转接衰耗器

ТУ трансляционный усилитель 转播放大器，中继放大器

ТУА транспортировочно-установочный агрегат 传送安装机组

ТУАЛ техническое управление артиллерийских лагерей 炮兵营地技术局

ТУВ тональный усилитель-выпрямитель 音频整流放大器

ТУ ВМФ техническое управление военно-морского флота 海军技术局

ТУиН, ТУИН технические условия и нормы 技术条件和标准

ТУК теплоутилизационный контур 热利用电路

тум туманность 〈天〉浓雾；星云

ТУП таблица угловых параметров 角参数表

ТУП технические условия проектирования 设计的技术要求

ТУП тыльная укрепленная полоса 后方设防地带，后方筑垒地带

ТУР турельная установка 回转炮塔

ТУС таблица условных сигналов 约定信号表

ТУС телефонный узел связи 电话通信枢纽部

ТУС теплоуправляемое сопротивление 热控制电阻

ТУС территориатный узел связи 地区通信枢纽

ТУС тыловой узел связи 后方通信枢纽

ТУ-ТС телеуправленне-телесигнализация 遥控与遥信

ТУФ тканево-угольный фильтр 布炭滤水器

ТУФТ трансляционный усилитель для фототелеграфирования 传真电报中继放大器

ТУЭ термометр универсальный электрический 通用电气温度表

ТФ Тихоокеанский флот 太平洋舰队

ТФ топливный фильтр 燃料滤器，油滤

T

ТФ трансформатор фидерный 馈线变换器

ТФБ тыловая фронтовая база 方面军后方基地

ТФБД таблица фаз боевых действий 战斗行动阶段表

ТФКУ тракт формирования, коммутации и усиления 生成 / 切换及放大电路板

ТФКЦ тактический флагманский командный центр (НАТО) （北约）战术总指挥中心

ТФП-50 трансформаторы фидерные подземные 地下馈线变压器型号

ТФС телефонная станция 电话站

ТФТВН трансформатор тока на высокие напряжения 高压电流互感器，高压变流器

ТФЦ телефонный центр 电话中心

ТФЭ токовый функциональный элемент 电流型功能组件

ТХП труба холодного прицела 冷瞄准筒

ТХП трубка холодной пристрелки 射校矫正镜，校靶镜，校正管

ТХЭ трихорэтилен 三氯代乙烯

ТЦ таблица целеуказания 目标指示表

ТЦ тахометр центробежный 离心式转速表

ТЦ телецентр 电视中心

ТЦ тепловая цель 热目标

ТЦ торпеда циркулирующая 旋形鱼雷

ТЦ тренажная цель 练习目标

ТЦКК территориальный центр коммутации каналов 地区信道交换中心

ТЦККС территориальный центр коммутации каналов и сообщений 地区信道与信息综合交换中心

ТЦКС территориальный центр коммутации сообщений 地区信息交换中心

ТЦН турбоциркуляционный насос 汽轮循环泵

ТЦП торпеда циркулирующая с прямым ходом 先直后旋鱼雷

ТЦП третичный цифровой поток 三次群数字信号流

ТЦС третичный цифровой сигнал 三次群数字信号

ТЦСП третичная цифровая система передачи 三次群数字传输系统

ТЦТ термоэлектрический цилиндровый термометр 热电偶式汽缸头温度表

ТЦТ третичный цифровой тракт 三次群数字通道

ТЦУМС территориальный центр управления междугородной сети 国内长途网区域管理中心

ТЦУМС территориальный центр управления междугородными связями 长途通信区域控制中心

ТЦУФУ территориальный центр управления операторов федерального уровня 联邦级运营主体区域管理中心

ТЧ техническая часть 技术部门；技术部队

ТЧ тональная частота 音频

ТЧД танковая часть дивизии 师坦克部队

тчк. точка 点；句号

ТЧПУ тыловая часть, подразделение и учреждение 后勤部队、分队与机关

ТШ танковый шарнирный (прицел) 折连式坦克瞄准具

ТШ тон шум 杂波音调，噪声音调

ТШ тяжелый штурмовик 重型强击机

ТШ-15 танковый телескопический шарнирный прицел 坦克望远折连式瞄准镜

ТЩБ тральщик базовый 基地扫雷舰；停泊场扫雷舰

ТЩИ тральщик-искатель 扫雷艇（舰）

ТЩИМ тральщик-искатель мин 探雷扫雷舰

ТЩР тральщик рейдовый 停泊场扫雷艇，停泊场扫雷舰

ТЭ тахометр электрический 电动转速表

ТЭ тепловая энергия 热能

ТЭ термочувствительный элемент 热敏元件

ТЭ техническая эксплуатация 技术操作，技术使用

ТЭ техническая энциклопедия 技术百科全书

ТЭ триммер элерона 副翼调整片

ТЭ тыловой эшелон 后方梯队

ТЭ-3 тахометр танковый 坦克转速表型号

ТЭБ транспортно-экспедиционная база 运输后

送基地，后送基地

ТЭГ терапевтический эвакуационный госпиталь 内科后送医院

ТЭГ термоэлектрический генератор 温差发电器

ТЭДС термоэлектродвижущая сила 热电动势，温差电动势

ТЭЗ типовой элемент замены 标准更换元件

ТЭМ трансмиссионная электронная микроскопия 透射式电子显微镜

ТЭО технико-экономическое обоснование 经济技术状况

ТЭП термоэмиссионный преобразователь 热离子变换器

ТЭП технико-экономические показатели 技术经济指标

ТЭП тыловой эвакуационный пункт 后方后送站

ТЭП тыловой эшелон парков 车场后方梯队

тэр телеграфно-эксплуатационная рота 永备线路维护连

ТЭС тепловая электростанция 火力发电站，热电站

ТЭС точечная электросварка 点焊

ТЭХП тыловой эшелон химического парка 化学兵纵列后方梯队

ТЭЦ теплоэлектроцентраль 中央热电站，热电中心

ТЭЧ технико-эксплуатационная часть 技术维护部队，技术维护部门

ТЭЧАТЭ технико-эксплуатационная часть авиационно-технической эскадрильи 航空兵技术大队技术维护部门

ТЯО тактическое ядерное оружие 战术核武器

ТЯР термоядерный реактор 热核反应

ТЯЭС термоядерная электростанция 热核电站

У

У убежище 掩蔽部，蔽弹所

у узел 部件，组合件；节点；枢纽，中心站

у указание 批示；说明

У укрепление 工事，筑垒

У унитарный патрон 定装式炮弹

У управление 指挥；管理；部，局

У усовершенствованный 改进的，改良的

У устав 章程，规章，条例

У устройство 装置

У учебный 教学的，教导的，教练的

У учебный самолет 〈航〉教练机

У с укороченным стволом (автомат) 短杆冲锋枪

у.т. условное топливо 标准燃料

У-1 узел первого класса 一级枢纽

У-15 усилитель 放大器，增音机型号

У-2 узел второго класса 二级枢纽

УА ударная армия 突击集团军

УА управляющий автомат 自动控制机

УАБ управление артиллерийскими боеприпасами 炮兵弹药管理

УАБ управляемая авиабомба 可操纵航空炸弹，航空制导炸弹

УАБ управляемый артиллерийский боеприпас 制导弹药

уабр учебная артиллерийская бригада 炮兵教导旅

УАБТВ Управление автобронетанковых войск 汽车装甲坦克兵部

УАВ ударный авианосец 攻击型航母

УАВ установка артиллерийского вооружения 航空火炮装置

УАв Учебный авианосец США 教练航空母舰（美军）

УАВРП устройство автоматического включения резервного питания 备用电源自动接通装置

УАВТ ударный авианосец тяжелый 重型攻击航空母舰

уавтбр учебная автомобильная бригада 汽车教导旅

УАГ ударная авиационная группа 突击航空兵群

УАДД Управление авиации дальнего действия 远程航空兵局

УАК ударный армейский корпус 陆军突击军

УАМ удаленные абонентские мультиплексоры

远端用户复用设备

УАО устройство автоматического обнаружения 自动探测装置

УАО управление артиллерийским оружием 火炮控制

УАОИ и ЗИ Управление анализа оперативной информации и защиты инфраструктуры 作战信息分析与信息基础设施防护局

УАП управление автопилотом 自动驾驶仪控制

УАП уровень активных помех 有源干扰电平

уап учебный авиационный (артиллерийский) полк 航空兵（炮兵）教导团

УАПВ устройство автоматического повторного включения 自动重接通装置

УАПП универсальный асинхронный приемопередатчик 通用异步收发信机

УАПП учебный авиационно-планерный полк 滑翔机教导团

УАР устройство автоматического регулирования 自动调节装置

УАРВ устройство автоматического регулирования возбуждения 同步电机激励自动调节装置

УАРС управляемый авиационный реактивный снаряд 机载导弹，航空制导火箭武器

УАРС управляемый авиационный ракетный снаряд 机载导弹

УАС управляемый артиллерийский снаряд 制导炮弹

УАСК универсальная автоматическая система контроля 通用自动监控系统

УАС ПВО усовершенствованная автоматическая система ПВО 改进型自动防空系统

УАСС управляемый авиационный самолет-снаряд 机载巡航导弹

УАТ(UAT) Организация освобождения Уйгурстана 维吾尔斯坦解放组织

УАТ управляемая авиационная торпеда 航空兵制导鱼雷，机载制导鱼雷

УАТС учрежденческая автоматическая телефонная станция 机关自动电话局

УАЦ учебный авиационный центр 空军训练中心，航空训练中心

УАЦ ФПС учебный авиационный центр Федеральной пограничной службы РФ 俄联邦联邦边防局航空兵训练中心

уаэ учебная авиаэскадрилья 航空兵教导大队

УАЯ универсальный алгоритмический язык 通用算法语言

УБ ударная бригада 突击旅，突击队

УБ управляемая бомба 制导炸弹，定向炸弹

УБ уравнительный бачок 均压罐

УБ учебная батарея 〈炮〉教导连，实习连

УБ учебно-боевой 战斗训练的，作战训练的

УБ учебный батальон 教导营

УБВ усилитель с бегущей волной 行波放大器

УБЕКО управление безопасностью кораблевождения 舰艇驾驶安全管理

УБЗ учебно-боевые задачи 作战训练科目；作战训练任务

УБК универсальный Березина крыльевой (пулемет) 别列金式通用机翼机枪

УБК учебно-боевое крыло 战斗训练联队

УБКП унифицированный батарейный командирский пункт 炮兵连基本指挥所

УБМ Управление безопасности на море (пограничная морская служба Японии) 海上安全局（日本海岸部门）

УБМ учебно-боевая машина 教练作战车辆，教练战车

УБНОН Управление борьбы с незаконным оборотом наркотиков 缉毒局

УБО училище береговой обороны 海岸防御学校

УБОП Управление борьбы с организованной преступностью 打击有组织犯罪局

УБП устный боевой приказ 口述战斗命令

УБП учебно-боевая подготовка 军事训练，战斗训练

УБРВ устройство быстродействующей расфорсировки возбуждения 快速激励阻尼装置

УБС универсальный Березина синхронный (пулемет) 别列金式通用协调机枪

УБС управление, блокировка и сигнализация

У

控制、封锁与信号

УБС Устав боевой службы 战斗勤务条令

УБС учение с боевой стрельбой 实弹演习

УБСОВ учебно-боевое стойкое отравляющее вещество 持久性教练毒剂，训练用持久性毒剂

УБСОВ учебное боевое стойкое отравляющее вещество 持久性教练毒剂

УБТ универсальный Березина турельный (пулемет) 别列金式通用旋转机枪

УБТ Управление по безопасности на транспорте (Директорат охраны границ и безопасности на транспорте 运输安全局（交通运输工具内安全管理部门）

УБТИМВ Управление бронетанковых и механизированных войск 装甲兵坦克和机械化兵局

УБТИМВ Устав бронетанковых и механизированных войск 装甲坦克兵和机械化兵条令

УБУ Управление по расследованию бандитизма и убийств 暴力犯罪与谋杀案侦查局

УБФВ устройство быстродействующей форсировки возбуждения 快速强激磁装置

УБЭ учебно-боевая эскадрилья 教练机大队

УБЭП Управление борьбы с экономическими преступлениями 反经济犯罪局

УВ угол ветра 风向角，风角

УВ угол встречи 命中角，相遇角

УВ узкая вилка 窄夹叉

УВ универсальный взрыватель 通用引信，头尾两用引信

УВ упрощенный взрыватель 筒装引信

УВ усилитель воспроизведения 重现放大器；放音放大器（录音机）

УВ установленная высота 装定的高度，设定高度

УВ устройство вывода 输出装置

УВ учебные вопросы 演练问题

УВБ Управление внутренней безопасности США 国内安全局（美国）

УВВ Управление внутренних войск 内卫军局

УВВ Устав внутренних войск МВД 内务部内卫条令

УВВ устройство ввода-вывода 输入－输出设备

УВВ учет военного времени 战时统计

УВВКУС Ульяновское высшее военное командное училище связи 乌里扬诺夫通信指挥学校

УВВР Управление военно-восстановительных работ 军事修复工程局

УВВС Управление военновоздушных сил 空军局

УВВУЗ Управление высших военных учебных заведений 军事院校局

УВГС-2 установка для проверки ламповых вольтметров и генераторов стандартных сигналов 真空管伏特计和标准信号发生器检查设备

УВД Управление внутренних дел 内务局

УВД управление воздушным движением 空中交通管制

УВД управление воздушным движением (служба) 空中飞行管理

УВДВ Управление воздушно-десантных войск 空降兵局

УВДП усовершенствованный возимый дегазационный прибор 改良式车载消毒器

УВЗ Уральский вагоностроительный завод 乌拉尔车辆厂

УВЗ устройство воздушного запуска 空中启动装置

УВЗ Ухтомский вертолетный завод 乌赫托姆直升机制造厂

УВИ уведомление выдачи информации 信息发送通信

УВИ устройство ввода и индикации 输入和显示装置

УВИКО упрощенный выносной индикатор кругового обзора 简易外置平面位置显示器，简化分显示器

УВИС Управление военно -инженерного строительства 军事工程建设局

УВК СВР Управление внешней контрразведки (Служба внешней разведки РФ) 对外反侦察局（俄联邦对外情报机关）

УВК указатель высоты в кабине 机舱用高度指

У

示器

УВК унифицированный вычислительный комплекс 一体化计算机系统

УВК управляющий вычислительный комплекс 控制用计算系统

УВК устройство встроенного контроля 内置测试装置

УВК устройство выработки команд 指令处理装置

УВК устройство вычислительного комплекса 计算系统设备

УВКБ ООН Управление Верховного комиссара Организации Объединенных Наций по делам беженцев 联合国难民事务高级专员公署

УВКМ универсальный возимый комплекс минирования 通用车载扫雷系统

УВКР Управление военной контрразведки 军事反侦察局

УВМ универсальная вычислительная машина 通用计算机

УВМ управляющая воздушная мишень 可控空中靶

УВМ управляющая вычислительная машина 控制计算机

УВМС Управление военно-морских сил 海军局

УВМУЗ Управление военноморских учебных заведений 海军院校部

УВМЦ универсальная цифровая вычислительная машина 通用数字计算机

УВН угол вертикального наведения 高低瞄准角，垂直瞄准角，高低射角

УВО Управление вневедомственной охраны 超部门警卫局

УВО Управление внутренней охраны 内部警卫局，内部警卫部

УВО Управление военизированной охраны 武装警卫局

УВО Управление военного образования 军事教育局，军教局

УВО устройство визуального отображения 可视化显示单元

УВОСО Управление военными сообщениями 军事交通局

УВП Управление военных представительств Минобороны России 俄罗斯国防部军代表局

УВП укороченный взлетно-посадочный (самолет) 短距起落（飞机）

УВП умножитель частоты высокого порядка 高次倍频器

УВП управление взрывателем прутковое 棒状引信操纵器

увп учебный вертолетный полк 直升机教导团

УВПЗ ускоритель вычислений с плавающей запятой 浮点运算加速器

УВПО Управление военизированной пожарной охраны 军事化消防局

УВПП удлиненная взлетно-посадочая полоса 加长起飞着陆跑道

УВПС Управление военно-полевого строительства 野战军事建筑局

УВР Управление внешней разведки 对外侦察局

УВР Управление военной разведки 军事侦察局；军事情报局

УВР Управление по воспитательной работе 教育局

УВР ГШ Управление войсковой разведки Генерального штаба 总参部队侦察局，总参队属侦察局

УВС указатель воздушной скорости 空速表，风速指示器

УВС Управление вещевого снабжения 被服供应局

УВС Управление внешних связей 对外联络局，外事局

УВС Управление внешних сношений 对外联络局

УВС Управление военного сотрудничества 军事合作局

УВС усилитель видеосигналов 视频信号放大器

УВС Устав внутренней службы 内务条令

УВСГШ Управление военных сообщений генерального штаба 总参谋部军事交通局

УВСР Управление военного строительства и ре-

У

форм МО　国防部军队建设与改革局

УВСР　Управление военностроительская работ　军事建筑工程局

УВСС　Устав военно-санитарной службы　军事卫（生）勤（务）条令

УВСФ　Управление военных сообщений фронта　方面军军事交通局

УВТ　управляемый вектор тяги　可控牵引向量

УВУ　устройство выносного управления термин в войсках связи　遥控线装置

УВУМНЭО　управление по вопросам установки и монтажа надземного электронного оборудования　地面电子设备配置与安装咨询管理处（美国）

УВУЗ　Управление военно-учебных заведений　军事院校局

УВХС　Управление военно-хозяйственного снабжения　军需供给局

УВЦ　узловой вычислительный центр　枢纽计算中心

УВЧ　ультравысокочастотный　超高频；超高频的

УВЧ　усилитель высокой частоты　高频放大器

УВЧА　ультравысоко-частотная антенна　超高频天线

УГ　ударная группа　突击群，突击组，突击队

УГ　указатель горизонта　水平指示器

УГ　универсальный гальванометр　通用电流计

УГ　управляющая головка　控制头

УГ　управляющий генератор　控制振荡器

УГА　уголковая горизонтальная антенна　角形水平天线

УГА　Управление госпиталей армии　集团军医院管理局

УГА　усовершенствованный графический адаптер　增强图形适配器

УГА　центральная группа армий　中央集团军群

УГАИ　Управление государственной автомобильной инспекции　国家汽车管理局

УГБ　Управление госпитальных баз　医院基地管理局

УГБА　Управление госпитальной базы　армии　集团军医院管理局

УГББ　ударная группа ближнего боя　近战突击组，近战突击群

УГБФ　Управление госпитальной базы фронта　方面军医院基地管理局

УГВ　универсальный головной взрыватель　通用弹头引信

УГВС-2　учебная граната с вкладным стволом　插入式炮身教练手榴弹

УГГиМПП　Управление государственных границ и международных правовых проблемм　国家边界与国际法律问题局

УГГС　устройство громкоговорящей связи　扬声通信设备

УГД　угольная горизонтальная диапазонная антенна　角形水平宽频天线

УГДБ　ударная группа дальнего боя　远战突击组，远战突击群

УГЗ　участок главного заражения　主要染毒地段，主要沾染地段

УГиКС　Устав гарнизонной и караульной служб　卫戍勤务条令

УГК　указатель гироскопического курса　陀螺航向指示器

УГМ　универсальная горизонтальная маска　通用水平遮障

УГМ　усилитель группового модулятора　群调制器放大器

УГМС　Управление гидрометеорологической службы　水文气象局

УГНЯРБ Управление государственного надзора за ядерной и радиационной безопасностью Минобороны России 俄联邦国防部核与辐射安全国家监督局

УГН　угол горизонтального наведения　方向瞄准角，水平瞄准角；方向射界

УГО　условное графическое обозначение　预先约定图示标记

УГП　ударно-гидростатический прибор　撞击水压仪，水压衡击器

УГПСМ　государственная пожарная служба Москвы　莫斯科国家消防部门

У

УГПЭП Управление головного полевого эвакуационного пункта 先头野战后送站管理局

УГР указатель гиромагнитного радиокомпаса 陀螺磁无线电罗盘指示器

УГСТ универсальная глубоководная самонаводящаяся торпеда (на подводной лодке) （潜艇上的）通用深水自导鱼雷

УГТ универсальный головной тетриловый взрыватель 通用四硝基苯胺弹头信管，通用弹头特屈儿引信

УД уголовное дело 刑事案件，刑事诉讼

УД ударное действие 冲击作用，撞击作用

УД указатель дальности 距离指示器

УД управление деаэратора 除氧器控制

УД управляемый диод 可控二极管

УД усилитель детектора 放大检波器，放大探测器

УД устройство документирования 文件处理器

УД учебные дисциплины 学科

УД учебный дивизион 训练大队

уд. в. удельный вес 比重

Уд.вл удельная влажность 比湿

Уд.об. удельный объем 比容

уд.Р. удельная реактивность 单位电抗

УДАР устройство дозированного аэрозольного распыления 定量汽溶胶喷洒装置

УДВ ультрадлинная волна 超长波

УДВ управление движением 飞行指挥，飞行调度

УДВ установка добычи воды 取水设备

УДЗ ударно-дистанционный запал 远距击发导火索

УДИ услуги доставки информации 信息送达服务

УДК универсальная десятичная классификация 通用十进分类法

УДК универсальный десантный корабль 通用登陆舰

удл. удлинитель 延迟器，增长器

УДМ универсальная дорожная машина 通用修路机

УДМ-1М ультразвуковой дефектоскоп 超声波探伤器

УДО учебно-действующий образец 在用教学器材

УДОД устройство диалогового отображения данных 数据交互显示器

УДП универсальный дезинфекционный прицеп 通用消毒拖车

УДП Управление делами Президента 总统事务局

УДП устройство дистанционного питания 远供电源装置

УДП учебный дивизион подводных лодок 潜艇教练大队

УДП ГО и ЧС Управление делами по гражданской обороне и чрезвычайным ситуациям 民防与紧急情况事务局

УДС Управление духсторонийх сотрудничеств 双边合作局

УДС установка дезинфекционная самоходная 自动式消毒装置

УДСА усилитель демпфирующего сигнала азимута 方位阻尼信号放大器

УДЧ убежище для дежурной части 值班部队掩蔽所

УДШ унифицированная дымовая шашка 统一型发烟罐

УЕ условная единица 标准单位

УЖ укрытие жесткого типа 坚固型掩蔽所

УЖД узкоколейная железная дорога 窄轨铁路

УЖК универсальный железнодорожный контейнер 通用铁路集装箱

УЖРС управляемый жидкостный ракетный снаряд 液体燃料导弹

УЖС укрытая живая сила 隐蔽的有生力量

УЗ угол закрытия 遮蔽角

УЗ угол захода 〈空〉进入角

УЗ угроза заражения 沾染威胁

УЗ ударный защитник （水雷）防震器

УЗ удлиненный заряд 直列装药，爆破筒

УЗ узел защиты 保护部件

УЗ ультразвук；ультразвуковой 超声波；超声

波的

УЗ универсальный запал 通用发火管，通用起爆管

УЗ условный знак 暗号

УЗ устройство задержки 延迟装置

УЗ участок заграждения 障碍地带

УЗ участок заражения 沾染地段，染毒地段

УЗА угломер зенитной артиллерии 高射炮测角器，高射炮角度仪

УЗА ультразвуковой аппарат 超声波设备

узабатр учебная зенитно-артиллерийская батарея 高射炮兵教导连

УЗАП учебный запасной автомобильный полк 汽车教导预备团

УЗВ ультразвуковая волна 超声波

УЗВЧ ультразвук высоких частот 高频超声波

УЗГСКНШ Управление защиты государственных секретов Комитета начальников штабов 参谋长委员会国家机密保护局

УЗДА ультразвуковой диагностический аппарат 超声波诊断仪

УЗДМ уравнение закона действующих масс 质量作用定律方程式

УзЗ узел заграждений 障碍枢纽

УЗК усилитель задержанного канала 延迟波道放大器

УЗЛЗ ультразвуковая линия задержки 超声波延迟线

УЗО устройство «запрос-ответ» 应答器，应答装置

УЗО устройство автозапроса ошибок 自动纠错设备

УЗО устройство защиты от ошибок 防误差设备

УЗП удлиненный заряд плавучий 浮动爆破筒

УЗП узел замещения позиций 极性转换部件，极性替换部件

УЗП ультразвуковой приемник 超声波接收机

УЗП участок земной поверхности 地表地段

УЗП и РВ ПВО Управление заказов, поставок и ремонта вооружений ПВО 防空装备订购、供货与维修局

УЗПН ультразвуковое подводное наблюдение 超声波水下观察

УЗРГ унифицированный запал к ручным гранатам 手榴弹通用发火管

УЗРГМ универсальный запал ручной гранаты модернизированный 改进型手榴弹通用发火管

УЗРГМ универсальный запал ручной гранаты модифицированный 改进型手榴弹统一发火管

УЗС универсальный заточный станок 万能磨床，万能砂轮机

УЗС усилитель записи-считывания 读写放大器

УЗС условные знаки по связи 通信标号，通信图标

УЗСТОСУ Управление заказов по совершенствованию технической основы системы управления ВС РФ 俄联邦国防部武装力量指挥系统技术基础改进订货局

УЗТПП устройство защиты телефонных переговоров от прослушивания 电话防窃听装置

УЗТС учебная замкнутая телевизионная система 教学用闭路电视系统

УЗУ унифицированное запальное устройство 通用爆发器

УЗУ управление запоминающим устройством 存储器控制

УЗЧ ультразвуковая частота 超声频率

УЗЧ усилитель звуковой частоты 声频放大器

УИ указатель индукционный 感应指示器

УИ Управление информации 情报局

УИ устройство индикации 显示设备

УИАВСРФ Управление информатизации и автоматизации Вооруженных сил РФ 俄联邦武装力量信息与自动化局

УИЗП упреждающий импульс запуска передатчика 发射机启动前置脉冲

УИКР устройство измерения координат ракеты 火箭方位测量装置

УИКЦ устройство измерения координат цели 目标方位测量装置

УИ и ОС Управление информации и общественных связей 信息和社会联络局

У

УИЛ устройство идентификации личности 个人身份识别设备

УИМУ улучшенный интерфейс малых устройств 小型设备增强接口

УИН Управление исполнения наказаний 惩罚执行局

УИОАПР Управление информационного обеспечения Администрации Президента России 俄罗斯总统办公厅情报保障局

УИП универсальный источник питания 通用电源

УИС уголовно-исполнительная система 弹头执行系统

УИС узел исходящего сообщения 〈信〉呼出通信中心

УИС управление использованием спектра 频谱使用管理

УИС ВТС и ЭП ВВТ Управление интеллектуальной собственности, военно-технического сотрудничества и экспертизы поставок вооружения и военной техники Минобороны России 俄罗斯国防部知识产权、军事技术合作和武器及军事技术装备供货鉴定局

УИТМ-60 учебно-имитационная противотанковая мина 教学用模拟防坦克地雷

УИТС устройство информационно-технического сопряжения 数据技术匹配器

УИЭЭ универсальные источники электроэнергии 通用供电电源

УК угол карты 地图角

УК уголовный кодекс《刑法》

УК ударный контакт 冲击触点，触发触点

УК узел коммутации 交换枢纽

УК указатель компаса 罗盘指针

УК универсальный калибр 通用口径

УК универсальный контейнер 通用集装箱

УК уничтожение корпуса (боеприпасов) 销毁（弹药）壳体

УК Управление кадров 干部局，干部部

УК управление командами 指令控制

УК Управление кораблестроения 舰艇修造局

УК управляющая команда 控制指令

УК управляющий комплекс 控制综合体

УК усилитель корректора 校正放大器，修正放大器

УК усилительная киперная 加强布带

УК условный курс 假设航向

УК устройство коммутации 交换机，交换设备

УК устройство компаудирования 复激装置

УК устройство контроля 检测装置

УК Учебное командование (ВВС Японии) （日本空军）训练司令部

УК учебный корабль 教练舰

УКА учебный комплект аэроснимков 训练用成套航摄照片

УКБС узел контроля безопасности связи 通信安全监控枢纽

УКВ ударные космические вооружения 太空突击武器

УКВ ультракороткая волна 超短波

УКВ ультракороткие волны ; ультракоротковолновый 超短波，超短波的

УКВ ультракоротковолновый передатчик 超短波发射机

УКВП ультракоротковолновые 超短波干扰

УкВПП укороченная взлетно-посадочая полоса 缩短的起飞降落跑道

УКВР ультракороткий волнистый радиоприемник 超短波接收机

УКВР/С ультракоротковолновая радиостанция 超短波无线电台，步谈机

УКВРВ и ВТ ПВО Управление капитально-восстановительного ремонта вооружения и военной техники ПВО 防空兵武器技术装备大修局

УКВ-ЧМ ультракороткие волны с частотной модуляцией 调频超短波，调频超短波的

УКГ установка комбинированного группирования 联合分组装置

УК ВМФ Управление кораблестроения ВМФ 海军舰艇修造局

УКГБ уполномоченный Комитета государствен-

У

ной безопасности 国家安全委员会全权代表

УКД устройство кодирования и декодирования 编码和译码装置

УКЗ удлиненный кумулятивный заряд 直列聚能装药；直列空心装药

УКИ ультракороткий импульс 超短脉冲

УКИБ управление компьютерной и информационной безопасности 计算机与信息安全局，计算机与信息安全管理

УК и ВО Управление кадров и военного образования 干部与军事教育局

УКК узел коммутации каналов 信道交换枢纽

УКМ универсальная каркасная маска 通用骨架式遮障

УКМК Управление Коменданта Московского Кремля 莫斯科克里姆林宫警卫处

УКН усилитель канала настройки 调谐波导放大器

УКНПП Управление по контролю за наркотиками и предупреждению преступности (ООН) 毒品监督与预防犯罪署（联合国）

УКП укрепленный командный пункт 筑垒指挥所

УКП универсальная кухонная платформа 多功能炊事车

УКП устройство контролируемых пунктов 检查站装置

УКП учебно-консультационный пункт 教学咨询站

УКР Управление контрразведки 反侦察局，反间谍局

УКР Устав корабельной службы 舰艇勤务条令

УКРВА управление командующего ракетными войсками и артиллерии 导弹兵与炮兵司令部

Укрепрайон укрепленный район 工事区，筑垒地域

УКРО Управление контрразведывательных операций 反情报行动局

УКС Управление капитального строительства 基建局

УКС упрощенный кабельный станок 简易电缆架

УКС Устав караульной службы 警卫勤务条令

УКСФ училище командного состава флота 舰队指挥员学校

УКТК узел комплексного технического контроля 综合技术检测中心站

УКЦ управляемый канал сопровождения цели 目标跟踪控制通道

УЛ логичное устройство 逻辑装置

ул. улица 街道

УЛБСС устройство локального блокирования сотовой связи 蜂窝通信局部封闭装置

УЛО учебно-лабораторное отделение 教学实验科

УЛО учебно-летный отдел 飞行训练处

УЛС уровень ложных сигналов 假信号电平

УЛСПС углеродистое лакированное сопротивление повышенной стабильности 涂漆稳定炭质电阻

УЛУ усилительное логичное устройство 逻辑放大装置

УМ угол места 仰角

УМ универсальный мотор 通用电动机

УМ Управление милиции 警察局

УМ управляемая мина 制导鱼雷

УМ усилитель мощности 功率放大器

УМ участок механизации 机械化施工段

УМА Управление морской авиации 海军航空兵局

УМ-АС ударный механизм автоматического сигнала 自动信号击发装置

УМБ Управление международной безопасности 国际安全局

УМБ усиленный механизированный батальон 机械化加强营

УМБ учебная материально-техническая база 训练物资技术设备和器材，训练物资技术基地

УМВ Управление минометного вооружения 迫击炮武器装备局

УМВД Управление Министерства внутренних дел 内务部管理局

УМВЛ Управление международных воздушных линий 国际航线管理局

УМВС Управление международного военного сотрудничества 国际军事合作局

УМД учебный минный детонатор 教练雷引信

УМИ Управление морских исследований (США) 海洋调查局（美国）

УМИВ усовершенствованный высокочастотный миноискатель 改进型高频探雷器

УМК усилитель модулированных колебаний 已调波放大器

УММ Управление механизации и моторизации 机械化和摩托化局

УМНЧ усилитель мощности низкой частоты 低频功率放大器

УМО Управление материального обеспечения 物资保障局

УМП Управление мобилизационной подготовки 动员训练局

УМП управляемое минное поле 可控地雷场

УМП учебный минометный полк 迫击炮教导团

УМР усиленная механизированная рота 机械化加强连

УМРЗ узкая мгновенная равносильная зона 窄瞬时等强信号区

УМС ультразвуковой модулятор света 超声光调制器

УМС универсальная маскировочная станция 通用伪装站

УМС универсальная машинка снаряжательная 通用小型装填器

УМС Управления международного сотрудничества 国际合作局

УМС усилитель магнитной силовой 磁力放大器

УМС устройство модулирующих сигналов 信号调制设备

УМСВЧ усилитель мощности сверхвысокой частоты 超高频功率放大器

умсп учебный мотострелковый полк 摩步教导团

УМТС узловая междугородная телефонная станция 长途电话枢纽站

УМТС Управление материального технического снабжения 器材供应局

УМЦ угол места цели 目标高低角

УМЦ умножитель частоты 倍频器

УМЦ учебно-методический центр 教学法中心

УМШН управляющая машина широкого назначения 通用控制计算机

УМЭП Управление местных эвакуационных пунктов 地方后送站管理局

УН указатель напряжения 电压指示器

УН усилитель напряжения 电压放大器

УН условие нормировки 规定条件，标称环境

УН условные номера 代号

УН установка ноля 零位调整，调零

УНА Украинская национальная армия 乌克兰国家军队

УНА-И унифицированный телефонный аппарат с индукторным вызовом 磁石式两用电话机

УНАРТ Управление начальника артиллерии 炮兵主任局

УНБ Управление национальной безопасности （美）国家安全局

УНВ управляемое направленное возбуждение 可控定向激励

УНВРХБЗ Управление начальника войск радиационной, химической и биологической защиты ВС РФ 俄联邦武装力量辐射、化学和生物防护兵主任局

УНВРЭБ Управление начальника войск радиоэлектронной борьбы ВС РФ 俄联邦武装力量无线电电子斗争兵主任局

УНВЧ усилитель напряжения высокой частоты 高频电压放大器

УНГ угол наклона глиссады 下滑航迹倾斜角

УНГ уровень наклона глиссады 下滑轨迹倾斜率

УНГС Управление начальника гидрографической службы 〈海〉海（道）测（量）主任局

УНИБОС универсальная боевая система 多用作战系统

УНИВ ВС РФ Управление начальник инженерных войск ВС РФ 俄联邦武装力量工程兵主任局

УНИСМ Управление службы наблюдения и связи моря 海上观通局

УНК усилитель незадержанного канала 无延迟分路放大器

УНКС Управление начальника космических средств 航天器主任局

УННЧ усилитель напряжения низкой частоты 低频电压放大器

УНП указатель напряжения помех 干扰电压指示器

УНП универсально-наладочное приспособление 通用调整装置

УНПВ Управление начальника передвижения войск 军队移动主任局

УНПЧ усилитель напряжения промежуточной частоты 中频电压放大器

УНР Управление национальной разведки 国家侦察局

УН РВиА Управление начальника ракетных войск и артиллерии 导弹兵和炮兵主任局

УНС угол наклона стволов 炮身倾斜角

УНС Управление начальника снабжения 供应局

УНС ВС Управление начальника связи ВС 武装力量通信主任局

унт. унтер （旧俄）士官

УНТ Управление начальника тыла 后勤主任局

УНТА-Ф унифицированный (телефонный) аппарат с фоническим вызовом 蜂音呼叫两用电话机

УНФ универсальный носимый фильтр 携带式万能滤水器

УНХВ Управление начальника химических войск 化学兵主任局

УНЦ учебно-научный центр 教学科研中心

УНЧ ультразвук низких частот 低频超声波

УНЧ ультранизкая частота；ультранизкочастотный 超低频，超低频的

УНЧ усилитель низкой частоты 低频放大器

УНЧМИ усовершенствованный низкочастотный миноискатель 改良低频探雷器

УНЧ-ПТНВ усилитель низкой частоты и приемник тонального набора и вызова 低频放大器和音频拨号及振铃接收器

УНШ усилитель напряжения шумов 噪声电压放大器

УО угломер оптический 光学角度测量仪

УО угол ориентира 地标角，方位标角

УО ударный объем 打击范围

УО узел обороны 防御枢纽

УО управление огнем 射击指挥

УО управление оружием 武器控制，武器操纵

УО управляемый объект 受控对象

УО управляющий огнем 射击指挥员

УО уравнительная обмотка 平衡绕组

УО усилитель-ограничитель 限幅放大器

УО устройство обмена 交换装置

УО устройство объединения 合路设备，复接设备

УО устройство отображения 显像装置

УО учебный отряд 教导队；新兵训练队

УОАБ участок обработки аварийных боеприпасов 破损弹药处理地段

УОАПВ устройство однофазного автоматического повторного включения 单相自动接通装置

УОБП Управление оперативной и боевой подготовки 战役和战斗训练局

УОВ удушливое отравляющее вещество 窒息性毒剂

УОВИ устройство обработки видеоинформации 视频处理装置

УОГ Управление охраны государства (орган государственной безопасности Польша) 国家警卫局（波兰国家安全机关）

УОГМ Управление обеспечения горючесмазочных материалов 燃滑油料保障管理局

УОД устройство обмена данными 数据交换装置

УОД устройство обработки данных 数据处理装置

УОЗИ управляемая осколочно-заградительная мина 可控杀伤性地雷

УОИ устройство обмена информацией 信息交换装置

У

УОИ устройство обработки информации 信息处理装置，信息处理设备

УОИ устройство отображения информации 信息显示装置

УОК управляемый оптический канал 可控光波道

УОК устройство определения координат 坐标测定装置

УОКС СТ МВД Управление организации капитального строительства Службы тыла МВД России 俄罗斯内务部后勤基本建设组织局

УОКЭ устройство определения координат эхосигналов 回波信号坐标测定装置

УОНА управление огнем наземной артиллерии 地面炮兵射击指挥

УОО Управление особых отделов 特别行动局（克格勃）

УООИ устройство оптической обработки информации 光学信息处理装置

УООН Управление ООН （外交部）联合国局

УООП управление охраны общественного порядка 社会治安局

УОП Управление оперативной подготовки ВС РФ 俄联邦武装力量战役训练局

УОП устройство оперативной памяти 运算存储器

УОп участок оповещения 报知地段

уопп учебный отряд подводного плавания 潜水训练支队

УОПС устройство определения параметров сигналов 信号参数分析仪

УОР усилитель ошибки рассогласования 不匹配误差放大器

УОРС устройство объединения и разветвления сигналов 信号复接与分路设备

УОС узел обратной связи 反馈部件

УОС Управление оборонного строительства 国防建设局

УОС Управление оборонной связи 国防通信局

УОС учебная одиночная стрельба 单兵教练射击

УОСВ устройство обнаружения скрытых видеокамер 隐蔽摄像机探测器

УОСС сигнал обнуления регистра слова состояния 状态字寄存器回零信号

УОСС устройство обработки сложных сигналов 复杂信号处理装置

УОСС устройство обработки телемеханической информации 遥控信息处理装置

УОФ унитарный патрон с осколочно-фугасной гранатой 杀伤爆破榴弹

УП пусковое устройство 启动设备

УП угол падения 落角，入射角

УП угол планирования 下滑角

УП угол подхода 接近角，进入角

УП угрожаемое положение 危急状态，遇险状态

УП угрожаемое положение (сигнал ГО) 危险（民防信号）

УП ударный прибор 冲击器，电冲器；击发器；集中装置

УП узкая полоса 窄带

УП указатель поворота 转弯仪，转弯指示器

УП укрепленная полоса 筑垒地带，设防地带

УП универсальный переключатель 通用转换开关

УП управление полетами 飞行控制

УП управляемый пункт 被控端，被控点

УП усилитель промежуточный 中间放大器；中旬增音机

УП усилительная подстанция 增音站，放大站

УП усилительный пункт 增音站

УП устройство питания 电源装置

УП устройство подслушивания 监听设备

УП учебный полет 训练飞行

УП учебный полк 教导团

УП(Д) учетверенной плотности (диск) 四倍密度（盘）

УПАБ Управление полевой армейской базы 集团军野战基地管理局

УПАБ управляемая планирующая авиабомба 控制滑翔航空炸弹

УПАЗ унифицированный подвесной агрегат заправки 标准悬挂式加油机

УПАК установка для проверки авиационных компасов 航空罗盘检验装置

Упартснаб Управление артиллерийского снабжения 军械供给局

УПАСР Управление поисковых и аварийно-спасательных работ (ВМФ РФ) （俄联邦海军）搜索与防险救生

УПБ универсальная плавбаза 通用供应船，通用浮动基地

УПБ универсальная плавучая база 多用途浮动基地，多用途供应舰

УПБ управляемая реактивная бомба 火箭式导向炸弹

УПБП Управление пограничной безопасности и перевозок 边防安全与转运局

УПВ самолет с укороченной взлетно-посадочной полосой 短距起降飞机

УПВ ультразвуковая поверхностная волна 地面超声波

УПВ Управление пограничных войск 边防军局

УПВ Управление противолодочного вооружения 反潜装备局

УПВ упругая поверхностная волна 弹性表面波

УПВИ уведомление приемовыдачи информации 信息接收和发送通知

УПВО Управление пограничной военной охраны 边防军事警卫局

УПВО Управление пограничной и внутренней охраны 边防和内部警卫局

УПВО Управление противовоздушной обороны 防空局

упвосо Управление военными сооружениями 军事设施管理局

УПВОСО Управление военных сообщений 军事交通局

УПГ ударно-поисковая группа 突击搜索群

УПГ установка для проверки гидросистемы 液压系统检测装置

УПГССО установка для проверки генераторов стандартного сигнала и ослабителей 标准信号发生器和衰减器测试装置

УПД устройство подготовки данных 数据准备装置

УПДВ управление повседневной деятельности войск 军队日常工作管理，军队日常活动管理

УПЗ указатель положения закрылков 襟翼状况显示器，襟翼位置指示器

УПЗ устройство помехозащиты 抗干扰装置

УПЗУ управляющее постоянное запоминающее устройство 永久性主控存储器

УПИ уведомление приема информации 信息接收通知

УПИ Управление правительственной информации 政府信息局

УПИ упрощенный прибор индикации 简易指示器，简易毒品指示仪

упинж Управление инженерными частями 工程兵局

УПК указатель положения конуса 飞机拖靶位置指示器

УПК универсальный пушечный контейнер 通用炮箱

УПК Управление подготовки кадров 干部培训局

УПК упрощенная походная кухня 简易炊事车

УПК установка продольной компенсации 纵向补偿装置

УПК установщик прибора курса 航向设定仪

УПК ВМС Управление подготовки и укомплектования ВМС 海军训练与兵员补充局

УПЛ ударная подводная лодка 突击型潜艇

Упл. уплотнение （信号）压缩，复用，多路制

УПМ усиленный пункт медицинской помощи 加强救护所

УПМД-Б учебная противопехотная мина деревянная, большая 木壳大型防步兵教练雷型号

УПМИСП Управление перспективных межвидовых исследований и специальных проектов Минобороны России 俄罗斯国防部跨军种先期研究和特种项目局

УПН усилитель постоянного напряжения 直流

У

电压放大器

Упначвосо Управление начальника военных сообщений 军事交通主任局

УПО Управление пограничной охраны 边境警卫局

УПО Управление пожарной охраны 消防局

УПОИ устройство преобразования и обработки информации 信息处理和转换设备

УПОиВЗ Управление правового обеспечения и военных законов 法律保障与军事法律局

УПОК уровень помехи в основном канале 主通道中干扰程度

уполпред уполномоченный представитель 全权代表，特派员

УПОМЗ учебная противопехотная осколочная мина заграждения 防步兵破片障碍教练地雷

УПОМЗ(-) учебная противотанковая осколочная мина заграждения 防坦克杀伤障碍教练地雷

УПП универсальный пилотский парашют 飞行员通用降落伞

УПП Управление политической пропаганды 政治宣传局

УПП установка полевая проверочная 野外检验装置

УПП устройство поисково-пеленгаторное 方位检测器

УПП устройство постоянной памяти 不变存储器装置

УППЗО Управление Минобороны России по увековечению памяти погибших при защите Отечества 俄罗斯国防部缅怀保卫祖国牺牲者局

УППКСИ универсальный прибор проверки курсовой системы истребителя 〈空〉歼击机航向系统通用检测仪器

УППМ управляемое противопехотное минное поле 可控防步兵地雷场

УППНИР Управление перспективного планирования научно-исследовательских работ 科学研究工作远景规划局（美国）

УПР универсальный полевой радиометр-анализатор 野外通用辐射分析仪

упр. упражнение 练习，操练

управдел управляющий делами 办公厅主任；总务处长

управформ Управление формирования армии 军队编制局

УпрАЭР управление командующего аэромобильными войсками 空中机动力量司令部

упрвосо Управление военных сооружений 军事设施管理局

УПРМЗ-2 учебное противопехотное осколочное минное заграждение 训练用防步兵杀伤地雷障碍型号

упрначснабокр Управление начальника снабжения военного округа 军区供应主任局

УПРО Управление противоракетной обороны （美）导弹防御局，反导防御局

Упродснаб Управление одежного снабжения 被服供给局

Упрополквсевобуч управление полкового округа всеобщего военного обучения 普通军训团（管）区管理处

УпрСВО Управление главнокомандующего Силами воздушной обороны 空中防御力量总司令部

упрсвязи Управление связи 通信部，通信局

УПС управление пограничным слоем 边界层控制

УПС Управление пожарной службы 消防局

УПС Управление продовольственного снабжения 粮食供应局

УПС устройство первичного стыка 一次接口装置

УПС устройство преобразования сигналов 信号变换器，信号变换设备

УПС-2 пульт управления для тренировки ведения огня с бронетранспортера 装甲输送车射击练习操纵台

УПСО устройство передачи сигнала оповещения 报知信号发射装置

УПС-ТГ устройство преобразования телеграфных сигналов 电报信号转换装置

У

УПТ усилитель постоянного тока 直流放大器

УПТМ управляемое противотанковое минное поле 可控防坦克地雷场

УПТС устройство полуавтоматической телефонной связи 半自动电话通信装置

УПУ удаленный пункт управления 远距控制点，远距指挥所

УПУ узловой пункт управления 控制枢纽，控制中心

УПУ условный путевой угол 假定航迹角

УПУ устройства преграждающие управляемые 可控障碍装置，可控障碍设施

УПУКД устройство помехоустойчивого кодирования/декодирования 抗干扰编码解码器

УПУМ уводящие помехи по углу места 角度拖引干扰

УПФ узкополосный фильтр 窄带滤波器

УПЦ условно-полный цикл 额定充电周期

УПЧ усиление промежуточной частоты 中频放大

УПЧ усилитель промежуточной частоты 中频信号放大器

УПЭП управление полевого эвакуационного пункта 野战后送站指挥部

УПЭС указатель положения элементов самолетов 飞机构件位置指示器

УР угол разворота 转弯角，回转角

УР уголовный розыск 刑事侦察局

УР удерживающее реле 保持继电器

УР укрепленный район 筑垒地域，设防区，要塞区

УР Управление разведки 侦察局，情报局

Ур уравнительный рубеж 调整地区，取齐线

УР ур-ние уравнение 方程式

УР уровень 水平面，水位，程度

УР усилительное реле 放大继电器

УР установка разминирования 扫雷装置，扫雷器

УР установочный реостат 可调变阻器

УР устройство разделения 分离设备

УР устье реки 河口

УР учебный разведчик 教练侦察机

ур. урочище 独立自然区，自然界线（测绘）

ур. м. уровень моря 海平面

УР-4 марка усилителя развертки 〈无〉扫描放大器牌号

УРА управляемая на расстоянии авиабомба 遥控航空炸弹

УРА уральский 乌拉尔的

УРАВ Управление ракетноартиллерийского вооружения 军械局

УРБ укрепленный район батальона 营筑垒地域

УРВ указатель расхода воздуха 空气耗量指示器，气量表

УРВ управляемый ртутный выпрямитель 可控汞弧整流器

УРВ усилитель-распределитель видеосигнала 视频信号分配放大器

УРД управляющий ракетный двигатель 火箭控制发动机

УРД усиленный разведывательный дозор 加强侦察群

УРЗ угроза радиоактивного заражения 放射性沾染威胁

УРИ усилитель-распределитель импульсов 脉冲信号分配放大器

УРК узел радиоконтроля 无线电控制枢纽，无线电控制中心

УРК универсальный ракетный комплекс 通用导弹系统

УРК управляемый ракетный комплекс 导弹综合体

УРМ универсальная раздвижная маска 通用可伸缩遮障

УРМ универсальный ракетный модуль 通用火箭模件

УРМ унифицированное рабочее место 通用工作台

УРН угольный регулятор напряжения 炭精式电压调节器

УРО управляемое реактивное оружие 制导喷

У

气式武器

УРО устройство речевого ответа 语音回复单元

УРОС Управление региональных общественных связей 地区社会联系管理局

УРОС управляемый реактивный оперенный снаряд 尾翼式可控火箭弹

УРП ультракоротковолновой радиопеленгатор 超短波无线电定向仪，超短波无线电定向台

УРПО ФСБ Управление по разработке и пресечению деятельности организованных преступных формирований ФСБ 联邦安全局研究和制止有组织犯罪团伙活动局

УРР угол разворота развертки 〈空〉扫描回转角

УРРУ универсальный радиоактивный регулятор уровня 通用放射性水平调整器

УРС угломестная радиолокационная станция 测高雷达

УРС узел распределения сообщений 通报分类枢纽

УРС узловая радиорелейная станция 微波中继枢纽站

УРС универсальный регулятор скорости 通用调速器

УРС унитарное ракетное топливо 单元推进剂

УРС управляемая реактивная торпеда 喷气推进式制导鱼雷，火箭助飞鱼雷

УРС управляемый реактивный снаряд 可控火箭弹

УР СНБУ Управление разведки Службы национальной безопасности Узбекистана 乌兹别克斯坦国家安全局情报局

УРСОБ Управление расследований общественной безопасности (служба контрразведки Японии) 公共安全调查局（日本反情报部门）

УРСС управляемый реактивный самолет-снаряд 巡航导弹

УРТС узловая ручная телефонная станция 人工电话枢纽站

УРТС учрежденская ручная телефонная станция （机关）电话人工交换机

УРУ универсальная ручка управления 通用控制手柄

УРУ усилитель с распределенным усилением 分布式增益放大器

УРЧ усилитель радиочастоты 射频放大器

УСВБВС Управление службы войск и безопасности военной службы Минобороны России 俄罗斯国防部军队勤务和兵役安全局

УС ВГ узел связи военных городов 军事营区通信枢纽

УС ВзПУ узел связи воздушного пункта управления 空中指挥所通信枢纽

УС ВПУ узел связи вспомогательного пункта управления 辅助指挥所通信枢纽

УС ЗКП узел связи запасного командного пункта 预备指挥所通信枢纽

УС и ПИ узел связи и передачи информации 通信和情报发送枢纽

УС и РТО узел связи и радиотехнического обеспечения 通信与无线电技术保障枢纽

УС КНП узел связи командно-наблюдательного пункта 指挥观察所通信枢纽

УС КП узел связи командного пункта 基本指挥所通信枢纽

УС ПКП узел связи передового командного пункта 前进指挥所通信枢纽

УС ТКП узел связи тылового командного пункта 后方指挥所通信枢纽

УС ТПУ узел связи тылового командного пункта 后方指挥所通信枢纽

УС угол ската 斜面角

УС угол сноса 〈空〉偏流角

УС узел связи 通信枢纽

УС указатель скорости 速度指示器

УС указатель стека 堆栈指针

УС укрепленный сектор 筑垒地境；〈海〉设防分区

УС управление связью 通信指挥

УС управляемый снаряд 制导炮弹

УС управляющая система 控制系统

УС управляющие слова 〈计〉控制用语

УС управляющий сигнал 可控信号

УС　усилитель сигнала　信号放大器

УС　усилитель силовой　电源放大器

УС　усилитель считывания　读出放大器

УС　усилительная станция　增大站

УС　усилитель-смеситель　混频放大器

УС　услуги специальные　特种服务

УС　устав связи　通信条令

УС　установка сушильная　干燥设备

УС　установление соединения　接续

УС　устройство сопряжения　连接装置；跟踪设备

УС　учебная стрельба　教练射击

УС　учебное судно　教练船

УСАПП　универсальный синхронно-асинхронный приемопередатчик　标准同步–异步收发信机

Усб　угол сноса на боевом курсе　〈空〉战斗航向偏流角

УСБ　универсальный счетчик боеприпасов　通用弹药计数器

УСБ　унифицированная санитарнобарачная палатка　标准卫生帐篷

УСБ　Управление снабжения боеприпасами　弹药供应局

УСБ　Управление собственной безопасности（俄内务部）自身安全局，私人保安局

УСП　управляющие системы безопасности　安全控制系统

УСБ　учебный скоростной бомбардировщик　快速教练轰炸机

УСБ　учебный стрелковый батальон　步兵教导营

УСБО　укрепленный сектор береговой обороны　岸防分区

УСБП　унифицированная санитарно-барачная палатка　标准卫生帐篷

УСБР　учебная стрелковая бригада　步兵教导队

УСВ　Управление снабжения войск　军队供应局

УСВ и БВС　Управление службы войск и безопасности военной службы　军队勤务和兵役安全局

УСВБВС　ГШ　Управление службы войск и безопасности военной службы Генерального штаба　总参军队勤务与兵役安全局

УСВП　унифицированная стойка вторичного преобразования　标准二次群路（信号）生成设备，统一二次群路（信号）形成设备

УСВЧ　усилитель сверхвысокой частоты　超高频放大器

УСГ　Управление службы горючего　燃料局

УСГ　Управление снабжения горюче-смазочными материалами　油料供给局

УСГ(-)　тип автоматического синхронизатора　自动同步器型号

УсГНЧ　усилитель групповых несущих частот　群载频放大器

УСГШ　узел связи Генерального штаба　总参通信枢纽

УСДК　устройство сопряжения с дискретными каналами　离散信道连接装置

УСИ　узкий селекторный импульс　窄选择脉冲

УСИ　усилитель с индикатором　指示器放大器

УСИ　усилитель сигналов изображения　视频信号放大器，视频放大器

УСИ　устройство сбора информации　情报搜集设备，信息搜集设备

УСиАСУ　узел связи и автоматизированных систем управления (гарнизона)　通信与指挥自动化系统枢纽

УСК　указатель системы курса　航向系统指示器

УСК　унифицированный стартовый комплекс　标准发射系统，标准成套发射设备

УСКП　узел связи командного пункта　基本指挥所通信枢纽

Усл.об.　условное обозначение　图例，代号，符号

УСМ　ударно-спусковой механизм (в оружии)（枪械中的）击发发射机构，击发机构

УСНКО　Управление связи Народного Комиссариата обороны　国防人民委员部通信兵部

УСО　Управление специальных операций (разведывательный орган. Великобритания)　特种作战局（英国情报机关）

УСО　устройство сбора и обработки　收集和处理设备

У

УСО устройство связи с объектом 对目标通信设备

УСО устройство сервисного обслуживания 勤务设备

УСО устройство сопряжения и обмена 铰链和交换设备

УСО устройство сопряжения с объектом 目标连接设备

УСОкр Управление связи военного округа 军区通信局

УСОН узел связи особого назначения 特别通信枢纽

УСП универсальный стрелковый прибор 通用射击仪器

УСП Управление специальной пропаганды 特种宣传局

УСП Управление стратегических программ 战略规划局

УСП управляемое средство поражения 遥控杀伤手段

УСП управляемые средства поражения 制导杀伤兵器

УСП упрощенная система посадки 简易着陆系统

УСП учебный стрелковый полк 步兵教导团

УСП-О устройство съема и печати одноцветной информации 单色信息卸载和打印设备

УСПП универсальный синхронный приемопередатчик 通用同步收发信机

УСПП унифицированная стойка первичного преобразования 标准一次群路（信号）生成设备

УСП-Ц устройство съема и печати цветной информации 彩色信息卸载和打印设备

УСР Управление связи и радионавигации 通信和无线电导航局

УСР усилитель сигнала рассогласования 失配信号放大器

УСР усилитель строчной развертки 行扫描放大器

УСр устройства сравнения 比较器

УСР устройство сопровождения ракет 导弹跟踪装置

уср учебная стрелковая рота 步兵教导连

УСРМ устройство сопряжения с рабочими местами 作业点连接装置

УСРСПБЛА Управление строительства и развития системы применения беспилотных летательных аппаратов ГШ ВС РФ 俄联邦武装力量总参谋部无人机使用系统建设和发展局

УСС узел спецслужб 特工中心，特种勤务中心

УСС Управление стратегических служб （美）战略情报局

УСС устройство служебной связи 勤务通信设备

УСС участковая служебная связь 区段勤务通信信道

УССВ ударные силы сдерживания и возмездия 威慑和报复突击力量

УССЛК устройство соединения станционного и линейного кабеля 站与线路连接装置

УССН узел связи специального назначения 专用通信枢纽

УССО Управление специализированной службы охраны 特别警卫勤务局

УССО устройства синхронизации и совместной обработки 同步与联合处理装置

УСТ Управление снабжения техникой 技术装备供应局

УСТК устройство сопряжения с телеграфными каналами 电报信道连接装置

УСТОР Управление строительства тыловых оборонительных рубежей 后方防御地区建筑工程局

УСФ узел связи фронта 方面军通信枢纽

УСЦ устройство сопровождения целей 目标跟踪装置

УСЦР устройство сопровождения целей и ракет 目标和导弹跟踪装置

УСЧ ультразвук средних частот 中频超声波

УСЧ унифицированный синтезатор частот 标准频率合成器

УСЭ управляющая система электросвязи 电子通信管理系统

УСЭБ Управление сортировочно-эвакуационной

У

базы　分类后送基地管理局

УСЭВС　Управление стандартов по электронике вооруженных CHN　军用电子标准局（美国）

УТ　универсальный тренажер　通用训练器

УТ　управление триммером　调整片引信

УТ　упрежденная точка　提前位置，前置点

УТ　учебно-тренировочный　训练机，教练机

УТА　унифицированный телефонный аппарат　两用电话机

УТА　Управление тактической авиацией　战术航空兵局

УТА　Управление транспортной авиацией　运输航空兵局

УТА　Управление тыла армии　集团军后勤局

УТАП　учебно-тренировочный авиационный полк　航空兵教练团

УТАПВ　устройство трехфазного автоматического повторного включения　三相自动再接通装置

УТАЭ　учебно-тренировочная авиационная эскадрилья　航空兵教练大队

УТБ　учебно-тренировочный бомбардировщик　教练轰炸机

УТБР　учебная танковая бригада　坦克教导队

УТВ　Устав бронетанковых войск　装甲兵条令

УТВ　Устав танковых войск　坦克兵条令，坦克部队条令

УТВ　учебно-тренировочный вертолет　教学用教练直升机

УТД　унифицированный транспортный дизель　标准运输柴油机

УТИ　учебно-тренировочный истребитель　教练歼击机

УТК　Устав тактики кавалерии　骑兵战术条令

УТК　учебно-тренировочная карта　训练要图，训练卡片

УТК　учебно-тренировочный комплекс　教学训练综合设施；训练中心

УТМ(-)　универсальная тяжелая мишень　通用重型靶型号

УТМД　учебная противотанковая мина деревянная　木壳防坦克教练雷

УТМДБ　учебная противотанковая мина деревянная брикетная　木壳块状防坦克教练雷

УТН　универсальный трансформатор напряжения　通用变压器

УТО　ученбо-тренировочный отряд　〈空〉教练中队

УТО СВ　управление техническим обеспечением сухопутных войск　陆军技术保障指挥

УТОСФ　управление тыловым обеспечением сил флота　舰队后勤保障指挥

УТП　учебно-тренировочный полигон　演习训练靶场

утп　учебный танковый пол　坦克教导团

УТР　управляемый тонкопленочный резистор　可控薄膜电阻器

УТС　угон транспортного средства　交通工具爬行，车辆爬行

УТС　управление торпедной стрельбой　鱼雷射击操纵

УТС　учебно-тактические средства　战术教学器材

УТС　учебно-тренировочная станция　〈海〉教练站

УТС　учебно-тренировочные снаряды　教练弹

УТС　учебно-тренировочные средства　教练器材

УТС　учебно-тренировочный сбор　教练集训

УТС　учения и тренировки совместные　协同演习

УТС　учрежденческая телефонная станция　机关电话交换机

УТТ　универсальный тактический тренажер　通用战术训练器

УТТ(-)　универсальный трансформатор тока　通用变流器型号

УТУ　универсальный телефонный усилитель　通用电话增音器

УТЧ　усилитель тональной частоты　声频放大器，音频放大器

УТЭ　учебно-тренировочная эскадрилья　航空兵训练大队，航空兵教导大队

УУ　увеличительная установка　放大机

УУ　уплотняющее устройство　多工设备，多路传输设备

УУ управляющее устройство 控制装置

УУ усилительное устройство 放大装置

УУ усредняющее устройство 中和路，补偿路

УУИР унифицированный указатель информационного ресурса 统一信息资源标识

УУК унифицированный узел коммутации 统一规格交换组件，统一标准交换节点

УУК устройство управления кольцом 环路管理设备

УУН узел управления и наведения 指挥与引导枢纽

УУО устройство управления обменов 交换控制装置

УУО устройство управления отображения 显示控制装置

УУОВ устройство управления обработки и выдачи 处理和发送控制装置

УУР угловое упреждение разворота 转向提前角，转弯提前量

УУР угол управления разворота 转向控制角

УУР угол упреждения разворота 转弯提前角

УУР управление укрепленного района 筑垒地域指挥机关

УУС управляемый узел связи 可控通信枢纽

УУС упражнение учебных стрельб 射击练习

УУ СЧ устройство управления синтезатором частоты 频率综合器控制装备

УУТ указатель угла тангажа 俯仰角指示器

УФ убывающая функция 减函数

1УФ украинский фронт 1-й 乌克兰第 1 方面军

2УФ украинский фронт 2-й 乌克兰第 2 方面军

УФ ультрафиолет 紫外线

УФ ультрафиолетовый 紫外线的

УФ усилитель фототоков 光电流放大器

УФ усилитель-формирователь 脉冲成形放大器

Уф устройство формирования (управляющих импульсов) 脉冲形成放大器

УФБ Управление фронтовой базы 方面军基地管理局

УФД унифицированная форма документов 统一文件格式

УФЗ утренняя физзарядка 晨练，早上体育锻练

УФИ ультрафиолетовое излучение 紫外线辐射

УФЛ ультрафиолетовая лампа 紫外灯

УФО ультрафиолетовое облучение 紫外线照射

УФО ультрафиолетовое освещение 紫外线照明灯

УФПС Управление физической подготовки и спорта ВС РФ 俄联邦国防部武装力量体能训练和运动局

УФПС узел фельдъегерско-почтовой связи 机要通信枢纽

УФС угла фазового сдвига 相移角

УФСК Управление Федеральной службы контрразведки 联邦反间谍局

УФСНП Управление федеральной службы налоговой полиции 联邦税警局

УФСП устройство формирования сигналов передатчика 发射机信号形成装置

УФСС устройство формирования сигналов синхронизации 同步信号生成器

УФЭП Управление фронтового эвакуационного пункта 方面军后送站管理局

УХБРиЯР Управление химического, бактериологического, радиологического и ядерного реагирования 化学、生物、辐射与核威胁快速反应局

УХЗ Управление химической защиты 防化学部

уц учебный центр 训练中心

УЦ БП и БПр учебный центр боевой подготовки и боевого применения 战斗培训与战斗使用训练中心

уцбпр учебный центр боевого применения 战斗使用训练中心

уцбпрва учебный центр боевой подготовки ракетных войск и артиллерии 导弹兵与炮兵战斗训练中心

уцвСпН учебный центр войск специального назначения 特种兵训练中心

уцсрто учебный центр войск связи и радиотехнического обеспечения 通信与无线电技术保障兵训练中心

У

уцждв учебный центр железнодорожных войск 铁道兵训练中心

УЦЗТП устройство цифровой защиты телефонных переговоров 数字式通话保密装置

УЦИ устройство цифровой индикации 数字显示装置

уцив учебный центр инженерных войск 工程兵训练中心

уцма учебный центр морской авиации 海军航空兵训练中心

уцрэб учебный центр радиоэлектронной борьбы 无线电电子战训练中心

УЦС устройство цифрового сопряжения 数字匹配装备

уцс учебный центр связи 通信训练中心

УЦ СВ учебный центр сухопутных войск 陆军训练中心

УЦСИО узкополосная цифровая сеть интегрального обслуживания 窄带综合业务数字网

УЦУ устройство центрального управления 中央控制设备

УЦУ-Ф узловой центр управления федерального уровня 联邦级指挥中心

УЦУ-З узловой центр управления зонного уровня 区域指挥中心

УЦУ-Р узловой центр управления регионального уровня 地区指挥中心

УЧ уравнитель частот 均频器

уч-к участок 地段，区段

учкомбинат учебный комбинат 综合培训中心

учлет ученик-летчик 飞行学员

УЧМ узкополосная частотная модуляция 窄带调频

учорг участковый организатор 地段组织者

УЧПУ устройство с числовым программным управлением 数字程序控制，数字程控装置

УЧС учет численного состава 人员统计

УЧФ узкополосная частотная фильтрация 窄带频率滤波

УШ указатель шасси 起落架指示器

УШ указатель штурмана 领航员指示器

УШВ указатель шага винта 螺距指示器

УШП ударно-штурмовой полк 突击强击团

УЭ управляющий электрод 控制电极

УЭ управляющий элемент 控制元件

УЭ усилитель элемента, усилительный элемент 放大元件

УЭА уголковый эквивалент антенны 角形等效天线

УЭА универсальный эквивалент антенны 通用等效天线

УЭБ ВС РФ Управление экологической безопасности Вооруженных Сил РФ 俄联邦武装力量生态安全局

УЭМ Управление экологической милиции 生态警察局

УЭС удельное электрическое сопротивление 比电阻，电阻率

УЭЦВМ универсальная электронная цифровая вычислительная машина 通用电子数字计算机

УЭЦУ условный эталонный цифровой участок 假定的标准数字段

Ф

Ф градус по Фаренгейту 华氏度数，华氏温度

Ф фазовращатель 移相器，换相器

Ф фазорегулятор 调相器，相位调整器

Ф факс 传真；传真通信；传真（通信）号码

Ф фарада 法拉（电容单位）

Ф фильтр 滤波器，过滤器

Ф флот 海军；舰队；船队

Ф флотилия 区舰队

Ф формирователь 形成器，生成器

Ф форт 堡垒，炮台

Ф фот 辐透，厘米烛光（照度单位）

Ф фоторазведка 照相侦察

Ф фронт 前沿，前线；〈气〉锋，锋面；〈军〉方面军

Ф фугасный 地雷的，爆破的

Ф фундамент 基础，基座

Ф фюзеляж 机身

Ф.И.О. фамилия, имя и отчество 姓、名和父称

ф./пр фугасные препятствия (мины) 地雷爆破障碍

Ф-1 ручная осколочная граната 杀伤手榴弹型号

Ф-1 флагманский штурман （编队、联合编队的）航海业务长

Ф-12, Ф-20 марка флотского мазута 船用重油牌号

Ф-2 флагманский артиллерист （编队、联合编队的）枪炮业务长

Ф-3 флагманский минер （编队、联合编队的）鱼雷业务长

Ф-4 флагманский связист （编队，联合编队的）观（察）通（信）业务长

Ф-5 флагманский механик （编队、联合编队的）机电业务长

Ф-7 флагманский химик （编队、联合编队的）化学业务长

Ф-853 фугасная мина 160-мм миномета 160 毫米爆破迫击炮弹

ФА фотоаппарат 摄影机，照相机

ФА фронтовая авиация 前线航空兵

ФАВ факультет авиационного вооружения 航空军械系

ФАГ фронтовая артиллерийская группа 方面军炮兵群

ФАГБ Федеральное агентство государственной безопасности 国家安全联邦署

ФАДД фронтовая артиллерия дальнего действия 方面军远程炮兵

ФАИ Международная авиационная федерация (FAI) 国际航空联合会

ФАК флагманский командный пункт 总指挥所，旗舰指挥所

ФакС факсимильная связь 传真通信

ФАКСПС Федеральная авиационно-космическая служба поиска и спасения 联邦航空航天搜救局

ФАНК фазовая автоматическая настройка контуров 回路相位自动调谐

ФАП фазовая автоподстройка 相位自调谐；锁相

ФАПИ фотоэлектрический анализатор поляризованного излучения 偏振辐射光电分析器

ФАПС Федеральное агентство правительственной связи 政府通信联邦署

ФАПСИ Федеральное агентство правительственной связи и информации(при Президенте РФ) （俄联邦总统直属）政府通信与信息联邦署

ФАПЧ фазовая автоматическая подстройка частоты 频率自动相位调节

ФАПЧ фазовая автоподстройка частоты 相位－频率自动微调，频率相位自动调谐

ФАПЧ фильтр автоматической подстройки частоты 自动调频滤波器

ФАПЭ факультет автоматики и полупроводниковой электроники 自动学和半导体电子学系

ФАР фазированная антенная решетка (пассивная) 相控阵天线（被动式）

ФАР фазированная решетка 相控阵

фарв. фарватер 〈测〉航道

ФАРМ фронтовая авиаремонтная мастерская 方面军航空修械所

ФАРМ фронтовая артиллерийская ремонтная мастерская 方面军军械修理所

ФАС Федеральная авиационная служба 联邦航空局

ФАС фронтовой артиллерийский склад 方面军军械库

ФАС-Б фронтовой артиллерийский склад боеприпасов 方面军军械弹药库

ФАСР Федеральная авиационная служба России 俄罗斯联邦航空局

ФАТС фронтовой автотракторный склад 方面军汽车拖拉机库

ФАТХ движение освобождения Палестины 巴勒斯坦解放运动（英文 FATX 的音译）

ФАЧ фазовая абсолютная чувствительность 相位绝对灵敏度

ФАЧС Федеральное агентство по чрезвычайным ситуациям 联邦紧急情况署

ФБ фронтовая база 方面军基地

Ф

ФБ фугасная бомба 爆破（炸）弹

ФБА фронтовая бомбардировочная авиация 方面军轰炸航空兵，前线轰炸航空兵

ФБД формализованный боевой документ 制式战斗文书

ФБИП флагманский боевой информационный пост 舰队司令战斗情报室，旗舰战斗情报室

ФБК фонарь бортовой красный (левый) 船上（左旋）红灯

ФБМ функциональные базовые модели 基础功能组件

ФБП фильтр боковой полосы 边（频）带滤波器

ФБР Федеральное бюро расследований (США) 联邦调查局（美国）

ФВ фазовый выравниватель 相位调整器，相位补偿器

ФВ фазочувствительный выпрямитель 相敏整流器

ФВ фронт волны 波峰

ФВА фильтровентиляционный агрегат 滤毒通风器

ФВАД фронтовая военно-автомобильная дорога 方面军军用汽车路

ФВБ фонарь висячий белый 〈海〉白色吊灯

ФВВ фильтровый выравниватель верхнего 上端滤波均衡器

ФВВЧ фазовращатель высокой частоты 高频移相器

ФВИР форма видовой инструментальной разведки США 美国特种仪器侦察形式

ФВК фарватер военный контролируемый 军用已检航道，军管航道

ФВК фильтровентиляционная камера 通风过滤室，滤毒通风室

ФВК фильтровентиляционный комплект 通风过滤系统，滤毒通风系统

ФВК фонарь висячий красный 〈海〉红色吊灯

ФВК формантные вокодерные кодеки 幅面，声码器编码，声频译码器编码

ФВК фильтровентиляционный комплект 成套滤毒通风设备，通风过滤成套设备

ФВКП фильтровентиляционный комплект полевой 全套野战滤毒通风设备

ФВЛ фронтовой ветеринарный лазарет 方面军兽医院

ФВНЧ фазовращатель низкой частоты 低频移相器

ФВО факультет военного обучения 军事教育系

ФВО фарватер военный опасный 军事危险航道

ФВР фиктивный воздушный репер 虚拟对空试射点

ФВС фарватер военный сомнительный 可疑军事航道

ФВС фонарь висячий синий 〈海〉蓝色吊灯

ФВС формирователь видеосигналов 视频信号发生器

ФВС фронтовой вещевой склад 方面军被装库

ФВУ фильтровентиляционная установка 通风过滤装置

ФВЧ фильтр верхних частот 高通滤波器

ФГ фильтр гармоник 谐波滤波器，谐波抑制器

ФГБ фронтовая госпитальная база 方面军医院基地

ФГБ функционально-грузовой блок 功能负载部件；功能货仓；实用吊货滑车

ФГБатр фотограмметрическая батарея 摄影测量连

ФГЛР фронтовой госпиталь для легкораненых 方面军轻伤医院，前线轻伤医院

ФГНТ фильтр группового несущего тока 群载波电流滤波器

ФГО формат графического обмена 图形交换格式

ФД фазовая демодуляция 相位解调

ФД фазовое детектирование 相位检波

ФД фазовый детектор 鉴相器

ФД фазовый дискриминатор 鉴相器，相位区分器

ФД флоппи-дисковод 软驱

ФД фонарь дежурный 执勤灯

ФД фотодетектор 光检则器，光探则器，光检波器

Ф

ФД фотодиод 光电二极管，光敏二极管，光控二极管

ФД фугасное действие 爆破作用；爆破效力

ФДП фильтр дистанционного питания 远程供电滤波器

ФДС фильтр дополнительной селекции 附加选择滤波器

ФДС фронтовая дорога снабжения 方面军供给道路

ФЖРО флотские жидкие радиоактивные отходы 舰队液体放射性废料

ФЗАБ фугасно-зажигательная авиационная бомба 航空爆破燃烧炸弹

ФЗАГ фронтовая зенитная артиллерийская группа 方面军高射炮群

ФЗК фильтр зеркального канала 镜频信道过滤器，镜频电路过滤器

Фзрбр фронтовая зенитная ракетная бригада 方面军防空导弹旅

ФЗС фотоматрица с зарядовой связью 电荷耦合光电矩阵

ФЗСП фронтовой запасной стрелковый полк 方面军预备役步兵团

ФЗТ фотографическая зенитная турба 摄影天顶望远镜，摄影天顶仪

ФИ фазовое искажение 相位失真

ФИ фазоинвертор 倒相器

ФИ формирователь импульсов 脉冲形成器

ФИА формирователь интервалов анализа 分析脉冲形成器

ФИА фронтовая истребительная авиация 前线歼击航空兵

ФИВ формирователь импульсов выборки 取样脉冲整形器

фиг. фигура 图，示意图

физ. физика 物理学

физ. физический 物理学的

ФИЛ фотоимпульсная лампа 光控脉冲管

ФИМ фазово-импульсная модуляция 脉冲相位调制

ФИМО Французский институт международных отношений 法国国际关系学院

ФИМ ЧМ фазоимпульсная модуляция и частотная манипуляция 相位脉冲调制与调频

ФИНЧ фильтр измерительный нижних частот 低通测试滤波器，低频测试滤波器

ФИПУ фактический истинный путевой угол 实际真航迹角

ФИС фазоинверторная ступень 倒相级

ФИС формирование импульсов счета 计数脉冲的形成

ФИТ фотоиндуцированный ток 光致电流

ФИУ формирование импульсов управления 控制脉冲的形成

ФК космическая фотография 太空照相

ФК флагманский корабль 旗舰

ФК фонарь кильватерный 〈海〉单纵阵灯

ФК формирователь кода 码元生成器

ФК фотокамера 照相机

ФК фототелеграфный канал 传真电报信道

ФК функциональный контроль 功能控制

ФКА формирователь кода адреса 地址码生成器

ФКБИ фильтровый кабель с бумажной изоляцией 纸绝缘滤波电缆

ФКИ формирователь кодовых импульсов 代码脉冲形成器

ФКК фазокорректирующий контур 相位校正回路

ФКК факсимильный канал 传真通信信道

ФКМ фазово-кодовая манипуляция 相位－码键控

ФКНО фронтовая контрнаступательная операция 方面军反攻战役

ФКП факторы космического полета 航天飞行因素

ФКП флагменский командный пункт （舰艇）总指挥所

ФКП фотокинопулемет 照相枪

ФКПУ фактический компасный путевой угол 实际罗盘航迹角

ФКР фронтовая крылатая ракета 前线巡航导弹；前线飞航式导弹

Ф

ФКШУ фронтовое командно-штабное учение 方面军首长参谋部演习

ФЛ фидерная линия 馈线

ФЛ фотолюминесценция 光致发光，光激发光

ФЛ функция Лагранжа 拉格朗日函数

фл. флаг 旗，旗帜

фл.эк. Флотский экипаж 海军兵站

ФЛА фокусировка луча антенны 天线波束聚焦

ф-ла формула 公司

флагврач флагманский врач 〈海〉卫生业务长

флагинт флагманский интендант 总军需官，军需业务长

флаград радиостанция флагманского корабля 旗舰电台

флагсвязи флагманский офицер связи （编队、联合编队的）联络官

флагхим флагманский химик 〈海〉化学业务长

ФЛАК фибра листовая авиационная конструкционная 结构钢板纸

ФЛИ фокусировка лазерного излучения 激光辐射聚焦

флот. флотский 船队的，舰队的，海军的

ФлПЛ флотилия подводных лодок 潜艇区舰队

ФлРС флотилия разнородных сил 多兵种区舰队

ФлРчК флотилия речных кораблей 江河区舰队

ФЛС физическая линия связи 通信物理线路

ФМ фазовая модуляция 相位调制，调相

ФМ фазовый манипулятор 相控器

ФМ фазовый модулятор 相位调制器，调相器

ФМ ферромарганец 锰铁，铁锰合金

ФМ флуорометр 荧光计，氟量计

ФМ фотометр 光度计

ФМ ШПС фазоманипулированный широкополосный сигнал 宽带调相信号

ФМн фазовая манипуляция 相位键控

ФМПУ фактический магнитный путевой угол 实际磁航迹角

ФМР ферромагнитный резонанс 铁磁共振

ФМР фиктивный морской репер 虚拟对海试射点

ФМРВ фронтовая мастерская ракетного вооружения 方面军导弹武器修理厂

ФМС фронтовой медтко-санитарный склад 方面军医药卫生器材库

ФМУ фотомагнитный усилитель 光磁放大器

ФМЭ фотомагнитный эффект 光磁效应

фМЭ фотомагнитоэлектрический эффект 光磁电效应

ФН физический номер 物理号码

ФН формирователь напряжения 电压生成器

ФНЛЦ фильтр низко-летящих целей 低空飞行目标滤波器

ФНО фронт национального освобождения 民族解放阵线

ФНО фронтовая наступательная операция 方面军进攻战役

ФНЧ фильтр нижних частот 低频滤波器

ФНЯРБ Федеральный надзор по ядерной и радиационной безопасности РФ 俄罗斯联邦核安全与辐射安全监督局

ФО фильтр-ограничитель 滤波－限振幅

ФО финансовый отдел 财务处

ФО фланговый огонь 侧射火力，侧射

ФО фундамент под оборудование 设备基座

ФОБ федеральные органы безопасности 联邦安全机关

ФОВ фосфорсодержащее отравляющее вещество 含磷毒剂

ФОВНПД фосфорсодержащие отравляющие вещества нервно-паралитического действия 含磷失能性毒剂

ФОГ фугасный огнемет 爆破式喷火器

ФОИ формирователь острых импульсов 尖脉冲滤波器

ФОК фрезерный окопокопатель 旋转式战壕挖掘机

ФОО фронтовая оборонительная операция 方面军防御战役

Формштаокр отдел формирования войск при штабе военного округа 军区参谋部所属军队编成处

Ф

форп форпост 前哨，前哨阵地

форт. фортификация 筑城

ФОС фазовая обратная связь 相位反馈

ФОС фильтр однополосного сигнала 单边带信号滤波器

ФОС фокусирующеотклоняющая система 聚焦－偏转系统

ФОС фосфорорганическое соединение (отравляющее вещество) 含磷有机化合物（毒剂）

ФОТАБ фото-авиационная бомба 夜间航射照相闪光弹

ФОТАБ фотографическая авиабомба 航空照相炸弹

ФОТАБ фотографическая осветительная термитная авиационная бомба 航空摄影铝热照明（炸）弹

ФОТАБ(-) фотоавиабомба 航空摄影（炸）弹

фоторазведка фотографическая разведка 摄影侦察

ФОШ Федеральный оперативный штаб 联邦作战参谋部

ФП помехоподавляющий фильтр 干扰压制滤波器

ФП Федеральная погранслужба 联邦边防局

ФП ферритовая память 铁氧体存储器

ФП фиксатор потенциала 电压箝位电路

ФП фильтр-поглотитель 过滤吸收器，滤毒罐

ФП флуктуационная помеха 起伏噪声

ФП фотополупроводник 光电半导体

ФП фотоприемник 光电探测器，光敏接收器，传真接收机

ФП фотопроводимость 光电导

ФП фотопроводник 光电导体

ФП функциональный преобразователь 函数变换器，函数发生器

ФП-1 МН фиксатор попаданий 〈炮〉弹痕定位器

ФПАРМ фронтовая подвижная артиллерийская ремонтная мастерская 方面军移动炮兵修理所

ФПАРМ фронтовая походная артиллерийская ремонтная мастерская 方面军流动修械所

ФПБ фонарь подпалубный флагманский 旗舰舱顶灯

ФПБ фронтовая передовая база 方面军前进基地

ФПВСГ фильтр подавления высших составляющих гармоник 谐波抑制滤波器

ФПК физическое поле корабля 船舶物理场

ФПМ функция передачи модуляции 调制传递函数

ФПРТБ фронтовая подвижная ракетно-техническая база 方面军机动导弹技术基地

ФПС фельдъегерско-почтовая связь 机要邮政通信

ФПС фронтовой продовольственный склад 方面军给养库

ФПС-Главкомат Федеральная пограничная служба-Главное командование Пограничных войск Российской Федерации 俄联邦联邦边防局边防军总司令部

ФПСП формирователь псевдослучайной последовательности 伪随机系列生成器

ФПС РФ Федеральная пограничная служба РФ 俄联邦联邦边防局

ФПСУ Федеральное поисково-спасательное управление （俄）联邦搜索救援局

ФПУ фактический путевой угол 实际航迹角

ФПУ физический путевой угол 物理航迹角

ФПУ фотоприемное устройство 光电接收机，光电探测器

ФПХС фронтовой передовой химический склад 方面军前进化学仓库

ФР фара рулежная 滑行灯

ФР форсированный режим 强化状态，强迫状态

ФР фоторезистор 光敏电阻器

ФР фрегат 巡航舰；护卫舰；驱逐领舰

ФР функция распределения 分布函数

ФРА фронтовая разведывательная авиация 前线侦察航空兵

ФРБр фронтовая ракетная бригада 方面军导弹旅

ФРВБ ремонтно-восстановительная база фронта 方面军修复基地，方面军大修基地

ФРИБ фронтовая ремонтная инженерная база

方面军工程修理基地

ФРЛ фоторекомбинационный лазер 光电复合激光器

ФРМ фазово-разностная манипуляция 相差动键控

ФРМ фазоразностный модулятор 等差相位调制器，移相调制器，相差调制器

ФРМ фронтовая ремонтная мастерская 方面军修械所

ФРНС фазовая радионавигационная система 相位比较无线电导航系统

ФРП фронтовой распорядительно-перевалочный порт 方面军转运调度站

ФРПОД фронтовое подчинение 方面军隶属关系

ФРПП фронтовой распорядительно-перевалочный порт 方面军调度转运港

ФРС фиксированная радиостанция 固定电台

ФРС фронтовая распорядительная станция 方面军调度站

ФРУРО фрегат управляемого ракетного оружия 导弹护卫舰（英国）

ФРЭ физический рентген-эквивалент 物理伦琴当量

ФС фара самолетная 飞机着陆灯

ФС фильтр сетевой 网络滤波器

ФС фильтр сжатия 压缩过滤器

ФС фильтрация сигнала 信号过滤

ФС формуляр самолета 飞机的履历表

ФС фортификационное сооружение 筑城工事

ФС фотосопротивление 光阻，光敏电阻

ФС фугасный снаряд 爆破弹

ФС-5 фиксированный ослабитель 固定衰减器型号

ФСА фокусированная синтезированная апертура 聚焦的合成口径

ФСАГ фронтовые специальные артиллерийские группы 方面军特种炮兵群

ФСБ Федеральная служба безопасности РФ 俄联邦安全总局

ФСБ Федеральный совет безопасности 联邦安全会议

ФСБ Форум по сотрудничеству в области безопасности 安全合作论坛

ФСБТИ фронтовой склад бронетанкового имущества 方面军装甲坦克器材库

ФСВВ фронтовой склад взрывчатых веществ 方面军炸药库

ФСВВ фронтовой склад инженерных боеприпасов и взрывчатых веществ 方面军工程弹药和炸药库

ФСВТ Федеральная служба воздушного транспорта 联邦空运局

ФСВТС Федеральная служба по военно-техническому сотрудничеству 联邦军事技术合作局

ФСГ фронтовой склад горючего 方面军油库

ФСД фильтр смещенного действия 综合滤波器

ФС ЖДВ Федеральная служба железнодорожных войск 联邦铁道兵部

ФСИ фильтр сосредоточенной избирательности 集中选择性滤波器

ФСИ формирователь синхронизирующих импульсов 同步脉冲形成器

ФСК РФ Федеральная служба контрразведки. РФ 俄联邦联邦反间谍局

ФСН ферромагнитный стабилизатор напряжения 铁磁稳压器

ФСНП Федеральная служба налоговой полиции РФ 俄联邦联邦税务警察局

ФСО Федеральная служба охраны （俄）联邦警卫局

ФСОВ федеральная сеть обнаружения вторжения (обеспечивает безопасность в информационной сфере США) 国家防入侵搜索网（美国用于保障信息安全的网络）

ФСР фронтовой склад ракет 方面军导弹库

ФСРиКВП федеральная система разведки и контроля воздушного пространства 联邦空中侦察与监视系统

ФС РФ федеральное Собрание РФ 俄罗斯联邦会议

ФСС фиксированная спутниковая связь 定点卫星通信

ФССК флагманский специалист соединения кораблей 舰船编队业务长

ФСТК фронтовой склад топографических карт 方面军地形图库

ФСУ фазосдвигающее устройство 移相器，相移网络

ФСУ фазоуправляемое согласующее устройство 相控匹配装置

ФСЧ формирователь сетки частот 频谱形成器

ФСЭЛ фронтовая санитарно-эпидемиологическая лаборатория 方面军卫生防疫实验室

ФСЭМ функция следования элементов массива 模单元跟踪函数

ФТ фазовый трансформатор 相位变换器

ФТ фильтр трактовый 通道滤波器

ФТ фототелевизионный 电视传真的

ФТ фототелеграф 传真电报

ФТ фототранзистор 光电晶体管

ФТ(-) тип фототриода 光电三极管型号

фт. фут 英尺

ФТА фототелеграфный аппарат 传真电报机

ФТБ фототрансформатор большой 大型纠正仪

ФТБ фронтовая техническая база (зенитных управляемых ракет) 方面军防空导弹技术装备基地

ФТИ формирователь тактовых импульсов 节拍脉冲形成器

ФТЛГ фототелеграфия 传真

ФТМ фототрансформатор малый 小型纠正仪

ФТМ фототрансформатор полевой 野外纠正仪

ФТОП фильтр тока отрицательной последовательности 逆序电流滤波器

ФТП фарадеево темное пространство 法拉第暗区

ФТП формирователь типового потока 标准数据流生成器

ФТПУ фронтовой тыловой пункт управления 方面军后方指挥所

ФТС фильтр точной селекции 精选滤波器

ФТС флотский тыловой склад 舰队后方仓库

ФТС формат текста сообщения 通信文本格式

ФТС фототелевизионная система 电视传真系统

ФТТ фазосдвигающий трансформатор тока 移相变流器

ФТХС фронтовой тыловой химический склад 方面军后方化学仓库

ФТЭ фрагмент тактического эпизода 战术情节片断

ФТЯ феррит-транзисторная ячейка 铁氧体－晶体管单元

ФУ фазовый угол 相角，相位角

ФУ фильтрующее устройство 过滤装置；滤波装置

ФУ Финансовое управление (Внутренних войск МВД РФ) （俄内务部内卫部队的）财务局

ФУ формирующее устройство 整形装置

ФУНИС Федеральное управление накопительно-ипотечной системы жилищного обеспечения военнослужащих 联邦军人住房保障抵押贷款管理局

ФУОКПС Федеральное управление авиационно-космического поиска и спасения при Министерстве обороны РФ 俄联邦国防部航空航天搜救局

ФУОС Фронтовое управление оборонительных сооружений 前线防御工事构筑管理局

ФУП функция управляющего приложения 管理实施功能

ФФОТД формат файлов для обмена табличными данными 数据交换文件

ФФПН ферритовый фильтр переменной настройки 可调谐铁氧体磁芯滤波器

ФХС фронтовой химический склад 方面军化学仓库

ФЦ ферритовый циркулятор 铁素体循环器，铁质旋转多路连接器

ФЦ формуляр цели 目标的履历表

ФЦ фронт цели 目标正面

ФЦАТ Федеральный центр авиационного тренажеростроения 联邦航空教练器制造中心

ФЦРБ фронтовая центральная ремонтная база 方面军中央修理基地

Ф

ФЦРКИ Федеральный центр реагирования на компьютерные инциденты (Директорат анализа и защиты инфраструктуры) 国家计算机事件应急中心（属信息基础设施分析与保护部）

ФЦРМ фронтовая центральная ремонтная мастерская 方面军中央修理厂

ФЧ фиксированная частота (частоты) 定频

ФЧВ фазо-чувствительный вольтметр 相敏伏特表

ФЧД фазочувствительный детектор 相敏检波器，检相器

ФЧИ фазо-частотные искажения 相位频率失真

ФЧР фильтр частотной развязки 频率交叉滤波器

ФЧУ фазо-чувствительный усилитель 相敏放大器

ФЧХ фазо-частотные характеристики 相位频率特性

ФЧЭ фоточувствительный элемент 光敏元件

ФШ фиксатор шага 桨距固定器，桨距定位器

ФШ фиксированный шаг 定距

ФШ фильтр шумов 噪音滤波器，消音器

ФЭ физический эквивалент 物理等效

ФЭ фокусирующий электрод 聚焦电极

ФЭ фотоэлемент 光电管，光电元件

ФЭ функциональная эквивалентность 功能等效性

ФЭ функциональный элемент 功能组件

ФЭБ функциональный электронный блок 功能电子块，功能器件

ФЭГ фронтовой эвакуационный госпиталь 方面军后送医院

ФЭДС фотоэдс 光电动势

ФЭИ фотоэлементные импульсы 光电管脉冲

ФЭК фотоэластический коэффициент 光弹性系数

ФЭК фотоэлектрический колориметр 光电式比色计

ФЭОУ фотоэлектрооптический усилитель 光电式光放大器

ФЭП фотоэлектропирометр 光电高温计

ФЭП фронтовой эвакуационный пункт 方面军后送站

фэр физический эквивалент рентгена 物体伦琴当量

ФЭС физическая эквивалентная схема 实际等效电路

ФЭС финансово-экономическая служба 财经局，财经部门

ФЭСС фотоэдетрическая следящая система 光电随动系统

ФЭСС фотоэлемент сернистосеребряный 硫化银光电管

ФЭУ фотоэлектрический усилитель 光电管放大器

ФЭУ фотоэлектронный умножитель 光电倍增器，光电倍增管

ФЭФ фотоэлектрический флюк-сметр 光电磁通计

ФЭЭ фотоэлектрический эффект 光电效应

Х

Х порох для холостых патронов 空包弹火药

Х сведение, полученное химической разведкой 化学侦察情报

Х характеристика 特征；鉴定；数据

Х химический 化学的

Х химический завод 化学工厂

х холм 小山丘，丘陵，丘阜

х хутор 庄园，农庄；小村庄

х. с. ход сообщения 交通壕

х/ч хозяйственная часть 总务处，总务部门

ХАБ химическая авиационная бомба 航空化学炸弹，化学航空炸弹

ХАМАС Исламское движение сопротивления 哈马斯，伊斯兰抵抗运动

ХАН Ханой 河内（航空站代码；越南首都）

ХАНО хвостовой аэронавигационный огонь 尾部航行灯

ХАПУ Харьковское артиллерийское подготовительное училище 哈尔科夫炮兵预备学校

Х

ХАС Ханты-Мансийск 汉特－曼西斯克（航空站代码；俄罗斯城市）

ХАФ хлорацетофенон 苯氯乙酮

ХБ химический батальон 化学兵营

ХБГЧ химическая боевая головная часть 化学弹头

ХБК химическая бомбовая кассета 化学集束炸弹

ХБО химическое и биологическое оружие 化学生物武器

хбр. химическая бригада 化学兵旅

ХБР химическое, биологическое и радиологическое (оружие) 化学、生物及放射性的（武器）

ХБЧ химическая боевая (головная) часть 化学火箭弹头部

ХБЧ химическая боевая часть 化学战斗部，化学弹头

хв химический взвод 化学兵排

ХВАИВУ Харьковское высшее авиационно-инженерное военное училище 哈尔科夫高等航空工程军事学校

ХВАКУ Хмельницкое военно-артиллерийское командное училище 赫梅利尼茨基炮兵指挥学校

ХВЗД химический взрыватель замедленного действия 延时化学引信

ХВИ ФПС РФ Хабаровский военный институт Федеральной пограничной службы Российской Федерации 俄罗斯联邦联邦边防局哈巴罗夫斯克军事专科学院

ХГВЗ характеристика группового времени замедления 群时延特性

ХГВЗ характеристика группового времени запаздывания 群路延迟特性

ХГВП характеристика группового времени прохождения 群（路）通过时间特性

ХГУ хирургическая группа усиления 外科加强组

ХД химическая дегазация 化学消毒

ХЖК холестерический жидкий кристалл 胆甾醇型液晶

ХЗ химическая защита 对化学防护，防化，防毒；防毒设备

ХЗ химическое заражение 化学沾染

ХЗВ химическое заражение воды 水源化学沾染

ХЗП химическое заражение почвы 土壤化学沾染

ХИМ склад химического имущества 化学器材库

хим. химия；химический 化学，化学的

хим. ср. химическое средство 化学器材；化学药剂；化学兵器

хим.тв.топл. химия твердого топлива 固体燃料化学

химбаклаб химикобактериологическая лаборатория 化学细菌实验室

химбомба химическая бомба 化学炸弹，毒气炸弹

химд химический дозор 化学侦察群

хими химический миномет 化学迫击炮

химоборона химическая оборона 化学防御

химобстрел обстрел химическими гранатами и минами 化学榴弹和化学迫击炮弹射击

химоружие химическое оружие 化学武器

химр химическая рота 化学兵连

химразведка химическая разведка 化学侦察

химслужба химическая служба 化学勤务

химснаряд химический снаряд 化学炮弹，毒气炮弹

химтревога химическая тревога 化学警报

химфугас химический фугас 化学地雷

ХИП хаотическая импульсная помеха 随机脉冲干扰

ХИП хаотическая импульсная последовательность 连序脉冲序列

ХИТ химический источник тока 化学电源

ХКБД Харьковское конструкторское бюро двигателей 哈尔科夫发动机设计局

ХКБМ Харьковское конструкторское бюро машиностроения 哈尔科夫机械制造设计局

ХКУКС химические курсы усовершенствования командного состава 指挥员防化培训班

ХЛ химический лазер 化学激光器

ХМ химическая служба корабля 舰上化学勤务，舰上化学部门

Х

ХМ ходовая мастика 驾驶台

ХМ холодная масса (воздуха) 冷气团

ХМБ химический минометный батальон 化学迫击炮营

ХМТ хвостовой магнитный трал 磁性尾索扫雷具

ХМУ Хозяйственноматериальное управление 物资管理局

ХН характеристика направления 方向特性（波束）

ХН характеристика направленности 指向特征

ХН химическое нападение 化学袭击

ХНОС химическое наблюдение оповещение и связь 化学观察、报知及通信

ХНП химический наблюдательный пункт 防化观察哨

ХО хвостовой огонь 尾灯

ХО хозяйственный отдел 总务科，管理科

хоб хозяйственное отделение батальона 营给养班

хозвзв хозяйственный взвод 司务排

хозкоманда хозяйственная команда 后勤小分队，给养队

хозо хозяйственнный отделение 司务班

хозорган хозяйственный орган （事务）管理机关

хозорганизация хозяйственная организация 管理机构

хозпомещение хозяйственное помещение 总务室

ХОЗУ хозяйственное управление 经营管理；总务部门

ХОЗУ Хозяйственное управление Министерства обороны 国防部总务局

хозутаокр хозяйственная часть штаба военного округа 军区参谋部总务部

ХОЛ характеристика обнаружения приемника 接收器检测特性

хол-к холодильник 冰箱，冷藏箱，冷却装置

ХОО химически опасный объект (промышленности) 化学危险设施

ХП холодная прокрутка 冷转运

ХПИ химический поглотитель известковый 氧化钙化学吸收剂

ХПЛ химическая полевая лаборатория 野战化学实验室

ХПП характер переходного процесса 通行过程特性，转换过程特性

ХППГ хирургический полевой подвижной госпиталь 野战外科移动医院

ХППГиТППГ хирургический и терапевтический полевой подвижной госпиталь 外科与内科野战流动医院

ХППз хорда плоской поражаемой зоны обстрела 平面对空杀伤射界弦

ХПУ характеристика передачи уровней 电平传输特性

хр. хребет （精密）测时针；天文表

ХРГ Хургада 胡尔加达（航空站代码）

ХРГК химический резерв главного командования 统帅部化学兵预备队

ХРД химический ракетный двигатель 化学燃料火箭发动机

ХРЗ Харьковский радиозавод 哈尔科夫市无线电厂

Хрк Харьков 哈尔科夫（乌克兰城市）

ХРР химическая и радиационная разведка 化学与辐射侦察

ХРТ химическое ракетное топливо 火箭用化学燃料

ХС хвостовой свет 尾灯，尾光

ХС химическая служба 化学勤务

ХС хлористый сульфит (дегазирующее средство) 氯化亚硫酸盐（消毒剂）

ХС хранилище сообщений 信息仓库

ХСО тип химического снаряда 化学炮弹型号

ХС ФТБ химический склад фронтовой тыловой бригады 方面军后勤旅化学仓库

ХТ характерная точка 特征点

ХТ химическая техника 化学技术装备

ХТ химический танк 化学坦克

ХТ химическая тревога 化学警报

ХТБ химический танковый батальон 化学坦克营

ХТО хранилище твердых отходов 固体废料仓库

ХФ химический фугас 化学地雷

ХФ холодный фронт 冷锋

ХХ холостой ход 空转，无载运转，空行程；惰速；绝气冲

ХЧ хвостовая часть (самолета) （飞机）尾部

ХЧ хвостовая часть торпеды （鱼雷）雷尾

ХЧ химчистка 化学去垢；干洗

ХЧФ хвостовая часть фюзеляжа 后机身，机身后部

ХЭГ хирургический эвакуационный госпиталь 外科后送医院

ХЭМ Харакат эль-Моджахедин 圣战者运动（恐怖组织）

Ц

Ц градус Цельсия 摄氏度数，摄氏温标

Ц для целеуказания 用于目标指示的

Ц попадание в цель 〈炮〉命中目标

Ц температура по Цельсию 摄氏温度

Ц цель 目标，目的

Ц центнер 公担（等于 100 公斤）

Ц цикл 循环，周期

Ц цистерна 槽，罐；油罐，水柜；（油）槽车，（油）罐车，运水车

ц. цена 价格，成本

ц. центр 中心

ц. центр ; центральный 中心，中央；中心的，中央的

ц. цифра 数

ц\м цветомер 比色计，色度计

ЦА целевая аппаратура 专用设备

ЦА Центральная Азия 中亚

ЦА центральная аппаратная 中心机房，中心机械室

ЦА центральный аэродром 中央机场

ЦА цилиндрическая антенна 圆柱形天线

ЦА цифровой автомат 数字自动机，数字自动装置

ЦАБ центральная автобаза 中央汽车场

ЦАБП цементная авиационная бомба практическая 水泥航空演习（炸）弹

ЦАБ-П цементная авиационная бомба практическая 泥（制）航空演习炸弹

ЦАВК цифроаналоговый вычислительный комплекс 数字模拟计算机组

ЦАГ центральный авиационный госпиталь 空军总医院

ЦАГИ Центральный аэрогидродинамический институт 中央空气液体动力研究所

ЦАГИ Центральный аэрогидродродинамический институт 中央流体动力研究所

ЦАЕ Центральная Азия и Евразия 中亚和欧亚

ЦАИ центр анализа информации 情报（信息）分析中心

ЦАК централизованный автоматический контроль 集中自动控制

ЦАК цифровая аудиокассета 数字语言盒

ЦАКБ Центральное артиллерийское конструкторское бюро 炮兵部设计局

ЦАМК Центральный автомотоклуб 中央汽车俱乐部

ЦАМО Центральный аэромабильный отряд 中央空中机动队

ЦАМО Центральный аэромобильный спасательный отряд (МЧС России) （俄罗斯紧急情况部）中央空中机动救援队

ЦАМС Центральная авиаметеорологическая станция 中央航空气象台

ЦАНС Центральная аэронавигационная станция 中央导航站，中央航空站

ЦАО Центральная аэрологическая обсерватория 中央高空观象台

ЦАО Центральный административный округ 〈俄〉中央行政区

ЦАОД Центр автоматической обработки данных 数据自动化处理中心

ЦАП центральный артиллерийский пост （舰上）枪炮中央位置

ЦАП цифро-аналоговый преобразователь 模数转换器

ЦАПД цифровой адаптер для подключения аппаратуры передачи данных 连接数据传输装置的数字转接器

ЦАР центрально-азиатский район 中亚地区

ЦАРИКЦ Центрально-азиатский региональный информационно-координационный Центр 中亚地区信息协调中心

ЦАС центральный авиационный склад 中央航空器材库

ЦАС центральный автомат стрельбы 〈海〉(舰上）中央射击自动计算仪

ЦАС центральный автомат управления артиллерийской стрельбой 中央火炮射击自动指挥仪

ЦАС центральный артиллерийский склад 中央军械库

ЦАС цифровая автоматическая система 数字自动系统

ЦАС цифровой анализатор спектра 数字频谱分析仪

ЦАСИ и Т центр стратегических исследований и технологий 战略研究与技术中心

ЦАСР цифровая автоматизированная система регулирования 数字自动化调节系统

ЦАТ цифровой абонентский терминал 数字用户终端

ЦАТ цифровой автомат управления 数字自动控制器

ЦАТ цифровой телефонный аппарат 数字电话机，数字电话设备

ЦАТС Центральная автоматическая телефонная станция 中央自动电话局

ЦАУ цифро-аналоговый умножитель 数字模拟倍增器

ЦАФАР цифровая адаптивная фазированная антенная решетка 数字式自适应相控阵天线

ЦБ цементобетон 水泥混凝土

ЦБ центральная база 中央基地，中央仓库基地

ЦБ центральная батарея 供电电池

ЦБ центральное бюро 中央局

ЦБ цепь безопасности 安全电路

ЦБ цепь блокировки 闭塞电路

ЦБАТ центральная база автомобильной техники 汽车技术中心基地

ЦБНТИ Центральное бюро научно-технической информации 中央科技情报局

ЦБО Центр боевых операций (служба на авианосцах США) 作战中心（美军航母作战勤务部门）

ЦБП центр боевого применения 战斗使用中心

ЦБП центр боевой подготовки 战斗训练中心

ЦБП Центральное бюро погоды (прогнозов) 中央天气预报局

ЦБП цистерна быстрого погружения (на подводной лодке) 〈潜〉(潜艇上的）速潜水柜，快潜水舱

ЦБП и ПЛС центр боевого применения и переучивания летного состава 飞行员战斗训练和复训中心

ЦБПРВСРХБЗ центральная база производства и ремонта вооружений и средств радиационной, химической и биологической защиты “三防”装备与器材生产维修中心基地

ЦБР центральное бюро ремонта 中心维修局

ЦБРВ центральная база резерва вертолетов 中央直升机储备基地

ЦБРВВВС центральная база ремонта вооружений ВВС 空军武器修理中央基地

ЦБРВиВТ центральная база ремонта вооружения и техники 中央武器装备维修基地

ЦБРТ центральная база резерва танков 中央坦克储备基地

ЦБС центр бокового сопротивления 〈海〉侧面阻力中心

ЦБС цифробуквенное сообщение 数字通信

ЦБТИ центральная база технического имущества 技术物资中心基地

ЦБТИ Центральное бюро технической информации 中央技术情报局

ЦБУ центр боевого управления 作战指挥中心，战斗指挥中心

ЦБУ централизованное боевое управление 集中作战指挥

ЦБУ Центральное броневое управление 中央

Ц

装甲兵部

ЦБУ ВА центр боевого управления воздушной армии 空军集团军战斗指挥中心

ЦБУ ИА ВА центр боевого управления истребительной авиацией воздушной армии 空军集团军歼击航空兵战斗指挥中心

ЦБХАТиИ центральная база хранения автомобильной техники и имущества 中央汽车技术装备和物资储存基地

ЦБХОВДТ центральная база хранения и обслуживания воздушно-десантной техники 中央空降技术装备储存维修基地

ЦБХР центральная база хранения и ремонта 中央维修储存基地

ЦБХРСИВ центральная база хранения и ремонта средств инженерного вооружения 中央工程器械维修储存基地

ЦБХРТ центральная база хранения и резерва техники 中央技术装备保管储备基地

ЦВ центр величины 〈海〉浮（力中）心

ЦВ центр водоизмещения 〈海〉浮（力中）心，排水量中心

ЦВ цифровой вольтметр 数字电压表

ЦВ-50 водоцистерна 水罐车型号

ЦВ-50, ЦВ-59 малокалиберные целевые винтовки 小口径专用步枪型号

ЦВАС центральный военноаптечный склад 中央军用药库

ЦВБ цистерна вспомогательного балласта 辅助柜油罐，辅助舱油罐，辅助（压载）水柜

ЦВВ цифровые входы-выходы 数字输入输出

ЦВВК МО центральная военно-врачебная комиссия Министерства обороны РФ 国防部中央军事医疗委员会

ЦВГ центральный военный госпиталь 中央医院，军队总医院

ЦВГМО центральная высотная гидрометеорологическая обсерватория 中央高空水文气象台

ЦВД ц.в.д. цилиндр высокого давления 高压汽缸

ЦВДО Центральный военный дом отдыха Министерства обороны РФ 俄国防部中央军人之家

ЦВЕ Центральная и Восточная Европа 中欧和东欧

ЦВЗ цифровая видеозапись 数字式电视录像

ЦВК центральный вычислительный комплекс 全套中央计算设备

ЦВК цилиндр выверки курса 航行校准动作筒

ЦВК цифровой вычислительный комплекс 全套数字计算设备，数字计算机

ЦВКГ центральный военный клинический госпиталь 中央临床医院

ЦВКГ Центральный военный Краснознаменный госпиталь им. П.В.Мандрыка 红旗曼德雷卡中央军事医院

ЦВКС Центральный военно-клинический санаторий Министерства обороны РФ 俄国防部中央疗养院

ЦВКУ цветное видеоконтрольное устройство 彩色视频监控装置

ЦВЛ центральная военная лаборатория 中央军事实验室，中心军事实验室

ЦВМ цифровая вычислительная машина 数字计算机

ЦВМА центральный военно-морской архив 海军核心档案

ЦВМБ Центральная военно-морская библиотека, г. С.-Петербург 海军中央图书馆（圣彼得堡市）

ЦВМК центральный военно-морской клуб 海军中央俱乐部

ЦВМКГ центральный военно-морской клинический госпиталь 海军中心临床医院

ЦВМУ Центральное военно-морское управление 中央海军部

ЦВМФ цифровой видеомагнитофон 数字磁带录像机

ЦВН многоцелевой авианосец с ядерной силовой установкой 核动力多用途航空母舰

ЦВО Центральный военный округ 中部军区

ЦВО МО центральный военный оркестр МО 国防部中央军乐队

Ц

ЦВП цифровой видеопроцессор 数字视频处理机

ЦВС централизованная вакуумная система 集中真空系统

ЦВС Центральный военный совет （中国）中央军事委员会

ЦВС цифровая вычислительная система 数字计算机系统

ЦВСИ Центр военностратегических исследований Генерального штаба Вооруженных Сил РФ 俄联邦武装力量总参谋部军事战略研究中心

ЦВТ цифровая вычислительная техника 数字计算技术

ЦВУ Центральное вещевое управление 中央被装局

ЦВЦ центральный вычислительный центр 中央计算中心

ЦВЭИ центральный ветроэнергетический институт 中央风动力科学研究所

ЦГА Центральная группа армий 中央集团军集群

ЦГА ВМФ центральный государственный архив Военно-морского Флота 海军中央国家档案馆

ЦГАЗО центральная государственная авиазенитная оборона 中央国家对空防御

ЦГБ цистерна главного балласта (на подводной лодке) 〈潜〉主压载水舱（舱）

ЦГБ цистерна(ы) главного балласта 主柜油罐，主舱油罐

ЦГВ центральная гировертикаль 主垂直陀螺仪

ЦГВ центральная группа войск 中央军队集群

ЦГВИА МО РФ центральный государственный военно-исторический архив 俄联邦国防部中央军事历史档案馆

ЦГИ цветная графическая информация 彩色图表信息

ЦГИРД центральная группа изучения реактивного движения 中央反作用运动研究小组

ЦГМБ Центральное гидрометеорологическое бюро 中央水文气象局

ЦГМТС центральная групповая межгородная телефонная связь 中央群路长途电话通信，中心群路长途电话通信

ЦГО центр гражданской обороны 民防中心

ЦГР центр группы разрывов 炸点群中心

ЦГСС центральный генератор стандартных сигналов 中央标准信号发生器

ЦГУ Центральное гидрографическое управление 中央水文地理局

ЦГФ цифровой гребенчатый фильтр 数字梳状滤波器

ЦД центр давления 〈海〉压力中心

ЦД центральная диспетчерская 中央调度室，总调度室

ЦД центробежный датчик 离心式传感器

ЦДА центральный диспетчерский аэропорт 中央调度航空站

ЦДА цифровой дифференциальный анализатор 数字式微分分析器

ЦДБ центральное диспетчерское бюро 总调度室

ЦДК центр давления крыла 机翼压力中心

ЦДК центр дозиметрического контроля （放射性）剂量检查中心

ЦДКС Центр дальней космической связи 深层空间联络中心，航空通信中心

ЦДМ центральная дуговая магистраль 中心弧形干线

ЦДН цифровое запоминающее устройство 数字存储器

ЦДП Центральный диспетчерский пункт 总调度站

ЦДС центральная диспетчерская служба 中央调度勤务

ЦДС центральная диспетчерская станция 总调度室，中央调度室

ЦДУ Центральное диспетчерское управление 中央调度局

ЦЕ центральная Европа 中欧

ЦЕГАЗО центральная государственная авиационная зенитная оборона 中央国家对空防御，中央国家航空高射防御

Ц

Центразбат Центрально-азиатский батальон (独联体) 中亚维和营

ЦЕНТРОБАЛТ Центральный комитет Балтийского флота 波罗的海舰队中央委员会

Центроводолазбаза центральная водолазная база 中央潜水站

ЦЕНТРОКАСПИЙ Центральный комитет Каспийской военной флотилии 里海区舰队中央委员会

ЦЕГАЗО Центральный пост авиационной обороны 对空防御中央哨

ЦЕПМО центральный пост местной обороны 地方性防御中央哨，局部防御中央哨

ЦЕ ТВД Центрально Европейский театр военных действий 中欧战区

ЦЖ центр жесткости 刚度中心

ЦЗ (регулируемая) цепь задержки 可调节的延迟电路

ЦЗ цифровая запись 数字记录法

ЦЗЖ центр по заболеваниям животных 动物疾病中心

ЦЗЗ цифровая звукозапись 数字录音

ЦЗЛ центральная заводская лаборатория 工厂中央实验室

ЦЗС централизованная заправка самолетов 飞机集中加油

ЦЗС центральная земная станция 中心地面站

ЦЗТ централизованная заправка топливом 集中加油

ЦЗУТВ цифровое значение установки трубки взрывателя 引信装置数值

ЦИ центр инверсии 反转中心，反演中心

ЦИ центр информации 信息中心

ЦИ цифровая информация 数字信息

ЦИ цифровой индикатор 数字显示器

ЦИБ центральная инженерная база 工程兵中心基地

ЦИБ Центральное информационное бюро 中央情报局

ЦИД цифровой измеритель диаметральных размеров 直径数字测量仪

ЦИИН Центральный информационный институт 中央情报所

ЦИЛ центральная измерительная лаборатория 中央量具检验室，中央测量实验室

ЦИНТИ Центральный институт научно-технической информации 中央科技情报所

ЦИП центральный институт прогнозов 中央天气预报研究所

ЦИП цифровой измерительный прибор 数字测量仪器

Цирк циркуляр 通知，通告

ЦИС центральный институт связи 中央通信研究所

ЦИС цифровая измерительная система 数字测量系统

ЦИС цифровая интегральная схема 数字集成电路

ЦИСО центр информации и связей с общественностью 信息和公共关系中心

ЦИТИ центральный институт технической информации 中央技术情报所

Цифр цифровой 数字式

ЦК Центральный Комитет 中央委员会

ЦК центровочная катушка 定中心线图

ЦК циклический код 循环码

ЦК цифровой код 数字电码

ЦК цифровой коммутатор 数字交换设备

ЦКВО центр координации воздушных операций 空战协调中心

ЦКВП центр контроля воздушного пространства 领空控制中心

ЦКДК центр концентрации данных и каналов 数据与信道集中中心

ЦКИ центр контроля и измерения 控制与测量中心

ЦКК центр коммутации каналов 信道交换中心

ЦКМ цель-командир-миномет 目标－指挥员－迫击炮（迫击炮射击角度的指示）

ЦКО угол «цель командир орудие» 目视炮角

ЦКО центр каналообразования 信道生成中心

ЦКО центральный контроллер обмена 中央交

Ц

换控制器，中心交换控制室

ЦКОП центр координации огневой поддержки 火力支援协调中心

ЦКОС центр космической связи 卫星通信中心

ЦКП центр коммутации пакетов 分组交换中心

ЦКП центр коммутации подвижной 移动交换中心

ЦКП центр координации полетами 飞行协调中心

ЦКП центральный командный пост 中央指挥所，总指挥所

ЦКП РВСН центральный командный пункт ракетных войск стратегического назначения 战略导弹兵中央指挥所

ЦКПС центральный командный пункт связи 通信总指挥所

ЦКПУКГ центральный командный пункт управления космической группировкой 太空轨道集团中央指挥所

ЦКС цветовая координатная система 彩色坐标系

ЦКС центр коммутации сообщений 信息转换中心

ЦКС централизованный контроль системы 系统集中控制

ЦКС центральная коммутаторная станция 中央电话交换台

ЦКС цифровой канал связи 数字信道

ЦКС цифровая коммутационная станция 数字交换站

ЦКСВиОИД Центр по контролю за сокращением вооружений и обеспечению инспекционной деятельности при МО 国防部军备裁减监督与视察活动保障中心

ЦКТн угол между целью, командирским наблюдательным пунктом и точкой наводки 目标与指挥员观察点以及瞄准点之间的夹角

ЦКУ цифровой кроссовый узел 数字跨接枢纽

ЦКУТС центр комплексного управления техническими средствами 技术设备综合控制中心

ЦКФ цветоконтрастный фильтр 颜色对比滤光镜

ЦЛ центр люминесценции 发光中心，荧光中心

ЦЛ центральная лаборатория 中央实验室，中心实验室

ЦЛА центральная лаборатория автоматики 中央自动化设备实验室

ЦЛАМ центральная лаборатория автоматики и механизации 中央自动化和机械化设备实验室

ЦЛП целочисленное линейное программирование 整数线性规划

ЦЛТ цифровой линейный тракт 数字线路系统

ЦМ центр массы 质心

ЦМ центральная машина 中央计算机

ЦМ цилиндрическая мина 筒形地雷

ЦМБО центр моделирования боевой обстановки 战斗情况模拟中心

ЦМ ВВС центральный музей военно-воздушных сил 空军中央博物馆

ЦМВС центральный музей Вооруженных Сил 武装力量中央博物馆

ЦМД цилиндрический магнитный домен 圆柱形磁区域，圆柱形磁畴

ЦМК центр мобильной коммутации 机动交换中心

ЦМК центральный морской клуб 中央航海俱乐部

ЦМК цифровая модель контуров 〈测〉等高线数字模型

ЦМК цифровой междугородный коммутатор 长途数字交换台

ЦМКБ Центральное морское конструкторское бюро 海军中央设计局

ЦММ центральная механическая мастерская 总机械修理所，中心机械修理所

ЦММ цифровая модель местности 地形数字模型

ЦМО Центральный мобилизационный отдел 中央动员部（处）

ЦМО Центральный мобилизационный отряд 中央动员队

ЦМП цифровая модель проекций 〈测〉投影数字模型

Ц

ЦМР цена младшего разряда 低位值

ЦМР циклотрон-магнитный резонанс 回旋加速磁子共振

ЦМС центральная метеостанция 中央气象台，中央气象站

ЦМС центральный материальный склад 中央器材库，材料总库，器材总库

ЦМС цифровая мобильная связь 数字移动通信

ЦМСА центральный музей Советской Армии (теперь Центральный музей вооруженных сил СССР 苏军中央博物馆（现为：苏联武装力量中央博物馆）

ЦМТн цель-миномет-точка наводки 目标－迫击炮－瞄准点（迫击炮射击角度的指示）

ЦМТО Центр материально технического обеспечения 物质技术保障中心

ЦМТС центральная междугородная телефонная станция 中央长途电话局

ЦМУЗ цифровая модель условных знаков 〈测〉图例数字模型，符号数字模型

ЦМФ центробежный масляный фильтр 离心式滑油过滤器

ЦМЭ цифровой магнитный элемент 数字磁性元件

ЦН пост центральной наводки на военных кораблях 军舰发射瞄准哨

ЦН центральная наводка 中央瞄准

ЦН центробежный нагнетатель 离心式增压器

ЦНАП центр непосредственной авиационной поддержки 航空火力直接支援中心

ЦНД центр низкого давления 低压中心

ЦНД цилиндр низкого давления 低压汽缸

ЦНИ цифровой нуль-индикатор 数字式零位指示器

ЦНИАГ центральный научноисследовательский авиационный госпиталь 空军中央科学研究医院

ЦНИИ центральный научноисследовательский институт 中央科学研究所

ЦНИИИИ МО РФ центральный научно-исследовательский испытательный институт Министерства обороны РФ 俄联邦国防部中央科研试验研究所

ЦНИИС центральный научно исследовательский институт связи 中央电信科学研究所

ЦНПК циркуляционный насос первого контура 〈海〉一次回路循环

ЦНС центральная нервная система 中枢神经系统

ЦНС центробежный насос 离心泵

ЦНТБ центральная научнотехническая библиотека 中央科学技术图书馆

ЦНТЛ центральная научнотехническая лаборатория 中央科学技术实验室

ЦО центр обучения 教学中心

ЦО центральный орган 中央机关，中心机构

ЦО цикл обмена 交换周期

ЦО цифровая обработка 数字处理

ЦОВАТ центр обслуживания и восстановления авиационной техники 航空设备维修中心

ЦОВАУ ВС РФ центральные органы военного управления ВС РФ 俄联邦武装力量中央军事指挥机关

ЦОВВО центральный отдел всеобщего воинского обучения 中央公共军事教育处

ЦОВЗ центральный отдел военных заготовок 中央军事采购处

ЦОГ центр обеспечения горючим 燃料保障中心

ЦОД центр обработки данных 数据处理中心

ЦОИ центр оборонной информации 国防信息中心

ЦОИ центр обработки информации 情报整编中心，信息处理中心

ЦОК цепной охранитель корабля 舰艇链式自卫具

ЦОМО центральный орган Министерства Обороны 国防部中央机关

ЦОПИ центр обобщения и передачи информации 信息综合传输中心

ЦОПУПС центральный отдельный полевой центр правительственной связи РФ 俄联邦中央独立野战政府通信中心

Ц

ЦОРД центр обеспечения реализации договора о сокращении вооружений 武器裁减条约实施保障中心

ЦОРИ центр обработки радиолокационной информации 空情处理中心，雷达信息处理中心

ЦОС ФСБ центр общественных связей Федеральной службы безопасности РФ 俄联邦安全局公共事务联络中心

ЦОС центр обработки сообщений 报文处理中心

ЦОС центр общественных связей 社会联络中心

ЦОС центр общественных связей (силовых ведомств) 公共联络中心（俄各强力部门）

ЦОС цифровая обработка сигналов 信号数字处理

ЦОСАБ цветная ориентирносигнальная авиационная бомба 彩色航空示位信号炸弹，彩色信号定位式航空炸弹

ЦОСИ центр обработки специальной информации 专门信息处理中心，特种信息处理中心

ЦОСИ центр оперативностратегических исследований 战役战略研究中心

ЦОТК центральный отдел технического контроля 中央技术检查处

ЦОТн цель-орудие-точка наводки 〈炮〉目标 – 火炮 – 瞄准点

ЦОТУС центр оперативно-технического управления связью 通信作战技术控制中心

ЦОУ центр оперативного управления 业务管理中心

ЦОУ цифровое отсчетное устройство 数字示数装置

ЦОХР Центральное управление охраны 中央警卫局

ЦОЭ центральный обрабатывающий элемент 中央处理单元

ЦП цветной пирометр 彩色高温计

ЦП центр парусности 〈船〉帆面受风中心，风压中心

ЦП центр переподготовки 继续教育中心，再培训中心

ЦП центр плавучести (судна) 〈船〉浮力中心

ЦП центральный полигон 中央靶场，中心靶场

ЦП центральный пост （舰艇的）中央部位;〈潜〉中央舱

ЦП центральный прибор 中央仪

ЦП центральный процессор 中央处理机，中央信息处理器

ЦП центральный пункт 总站，中心站

ЦП циклическое прерывание 周期性中断

ЦП цифровой поток 数字信号流

ЦП цифровой преобразователь 数字转换器

ЦП цифровой принтер 数字打印机

ЦП цифровой процессор 数字处理机

ЦПАВ цифровой преобразователь аналоговой величины 数字模拟转换器

ЦПАНИ центр проверки и анализа национальной инфраструктуры 国家基础设施检查分析中心

ЦПАТ центр показа авиационной техники 航空技术装备展示中心；航空技术展示中心

ЦПБ центральная политехническая библиотека 中央综合技术图书馆

ЦПВНО центральный пост воздушного наблюдения, оповещения и связи 对空情报总站，对空监视、通报及通信联络总站

ЦПГ цифровой построитель графиков 数字绘图仪

ЦПД центр приема данных 数据接收中心

ЦПИ центр политической информации 政治新闻中心

ЦПК центр по предотвращению конфликтов 防止冲突中心

ЦПКБ центральный пост контроля безопасности 中央安全检查站

ЦПКБ цифровой пилотажнонавигационный комплекс 数字化领航驾驶成套设备

ЦПКБ-4 центральное проектноконструкторское бюро автоматической радиоаппаратуры 中央无线电自动装置设计局

ЦПКО центральный проектноконтрольный отдел 中央设计检查处

ЦПКУ центральный пункт контроля и управления 中央监控站

ЦПО целесообразность поражения объекта 合理毁伤目标

ЦПОС цифровой процессор обработки сигналов 信号数字处理机

ЦПП цветной пиротехнический порох 有色焰火火药

ЦПП цель под прикрытием помех 干扰掩护下的目标

ЦПП цель-постановщик помех 干扰机目标

ЦПП центральный пожарный пост 消防总站

ЦППС центральный пункт пожарной связи 消防总通信站

ЦПС центр правительственной связи 政府通信中心

ЦПТС центральная пригородная телефонная станция 市郊中心电话站，市郊电话总站

ЦПУ централизованный пост управления 集中控制台

ЦПУ центральный пост управления 中央指挥所；中央操纵台

ЦПУ центральный пульт управления 中央操纵台，中央控制台

ЦПУ центральный пункт управления 中央指挥所，中央操纵所

ЦПУ цифровое программное управление 数字程序控制

ЦПУ цифровое программное устройство 数字程序设备

ЦПУ цифропечатающее устройство 数字打印装置，数字打印机

ЦПУА центральный пост управления авиации 中央航空操纵台；中央航空管理站

ЦПФ цифровой полосовой фильтр 数字带通滤波器

ЦПЭБ центральное проектноэкспериментальное бюро 中央实验设计局

ЦР целераспределение 目标分配

ЦР цель регулирования 调整电路

ЦР центр ремонта 维修中心

ЦРБ центральная ремонтная база 中央修理基地，中心修理站，修理总站

ЦРБРЛВ центральная ремонтная база радиолокационного вооружения 雷达装备修理中心基地

ЦРВ цифровое радиовещание 数字无线电广播

ЦРЗ центральный ремонтный завод 中央修理厂，中心修理厂

ЦРК центральная распределительная коробка 中央分配箱，中央配电盒，中央分线盒

ЦРК Центральная ревизионная комиссия 中央监察（检查）委员会

ЦРК центральный радиоклуб 中央无线电俱乐部

ЦРЛ центральная радиолаборатория 中央无线电实验室

ЦРЛ цифровая радиолиния 数字无线电线路

ЦРЛС цифровая радиорелейная линия связи 数字无线电中继通信线路

ЦРМ центральная ремонтная мастерская 中心修理所，总修理所

ЦРП центральная распределительная подстанция 中央配电变电站

ЦРП центральный распределительный пункт 中央配电站

ЦРР центр радиолокационной разведки 雷达侦察中心

ЦРРЛ цифровая радиорелейная линия 数字无线电中继线路

ЦРРС цифровая радиорелейная станция 数字无线电中继站

ЦРС центр радиосвязи 无线电通信中心

ЦРС центр разрывов снарядов 炮弹炸点中心；散弹中心

ЦРС центр рассеивания снарядов 射弹散布中心

ЦРС центральная распорядительная станция 中央调度站

ЦРС цифровая радиостанция 数字无线电站，数字无线电台

ЦРСП цифровая радиорелейная система передачи 数字式无线电中继传输系统

ЦРСУ цифровая рассредоточенная система управления 分散式数字控制系统

ЦРТУ центральный радиотрансляционный узел

Ц

中央无线电转播枢纽

ЦРУ Центральное разведывательное управление (Служба внешней разведки США) 中央情报局（美国对外情报机关）

ЦРУ центральное распределительное устройство 中央配电装置，中心配电盘

ЦРУБОП центральное региональное управление борьбы с организованной преступностью 打击有组织犯罪地区总局

ЦРЩ центральный распределительный щит 中央配电盘

ЦРЭР центр радиоэлектронной разведки 无线电电子侦察中心

ЦРЯ центральный распределительный ящик 〈炮〉中央配电箱

ЦС цель стрельбы 射击目标

ЦС центр связи 通信中心

ЦС центр сектора 扇形区中心

ЦС центр сопротивления 抵抗中心，阻力中心

ЦС централизованная сигнализация 集中信令系统

ЦС центральная (телефонная) станция 中央电话站

ЦС центральная станция 中心站，总站

ЦС центральный склад 中央仓库，总库

ЦС цепь связи 耦合回路，耦合电路

ЦС цикловая синхронизация 循环同步

ЦС цифровая система 数字系统

ЦС цифровое сообщение 数字通信，数字报文

ЦС цифровой сигнал 数字信号

ЦСАУВ центр средств автоматизированного управления войсками 军队指挥自动化设备中心

ЦСБ цепь стрельбы бомбами 深弹发射电路

ЦСБД централизованная система без данных 集中式无数据系统

ЦСГД центральный склад готовых деталей 备件总库

ЦСГП центральный склад готовой продукции 成品总库

ЦСД цилиндр среднего давления 中压汽缸

ЦСД цифровой сигнал данных 数字数据信号

ЦСИ центр статической информации 静态信息中心

ЦСИ-ГЗ центр стратегических исследований гражданской защиты 公民保护战略研究中心

ЦСИО цифровая сеть интегрального обслуживания 综合业务数字网

ЦСИС цифровая сеть с интеграцией служб 综合数字服务网

ЦСК цифровая система коммутации 数字交换系统

ЦСКА Центральный спортивный клуб армии 中央军队体育俱乐部

ЦСЛ цифровая соединительная линия 数字连接线

ЦСН ФСБ Центр специального назначения Федеральной службы безопасности 联邦安全局特种行动中心

ЦСО ФСБ Центр специальных операций Федеральной службы безопасности 联邦安全局特战中心

ЦСП центр стратегического планирования 战略规划中心

ЦСП централизованная система планирования 统一计划体系，统一计划制度

ЦСП центральный сборный пункт 采集总站，中心采集站，中心取样站

ЦСП цифровая система передачи 数字传输系统

ЦСПВ центральная станция проводного вещания 有线广播中心站

ЦСПС цифровая сотовая система персональной связи 个人通信数字蜂窝系统

ЦСПУ центральный совместный пункт управления 中央联合指挥所

ЦСС центральная станция связи 中央通信站，通信总站

ЦСС цикловой синхросигнал 周期（帧）同步信号

ЦСС цифровая сеть связи 数字通信网

ЦСС цифровая следящая система 数字跟踪系统

ЦССК центральный стрелковоспортивный клуб 中央射击运动俱乐部

ЦССОИДУ центральная система сбора и обработки информации и управления 信息收集、处理与管理中心系统

ЦССОП цифровая сеть связи общего пользования 公用数字通信网

ЦССП цифровая статистическая система передачи 数字传输统计系统

ЦССР цифра самого старшего разряда 最重要数位

ЦССС цифровая спутниковая система связи 数字卫星通信系统

ЦСТК цифровые статистические транскодеки 数字统计码转换（器）

ЦСУ Центральное статистическое управление 中央统计局

ЦСФ цифровой сглаживающий фильтр 数字平滑滤波器

ЦСФС цифровая система фазовой синхронизации 相位同步数字系统

ЦСЧ цифровой синтезатор частот 数字频率合成器

ЦСЭ централизованное снабжение электроэнергией 集中供电，电力集中供应，电力统一供应

ЦСЯ центральный соединительный ящик 主接线盒

ЦТ центр тяжести 重心

ЦТ центральное телевидение 中央电视台

ЦТ центральный телеграф 中央电报局

ЦТ цифровой тракт 数字通道

ЦТА центральный технологический архив 总工艺资料室，中心工艺资料室

ЦТВ цветное телевидение 彩色电视

ЦТИ центр технической информации 技术情报中心

ЦТО центр технического обслуживания 技术维护中心

ЦТО центр тылового обеспечения 后勤保障中心

ЦТО централизованное техническое обслуживание 集中技术维护，集中技术保养

ЦТО циклическая теплосеть 中央供热网

ЦТО циклическая термообработка 循环热处理

ЦТП центральный торпедный пост 〈海〉鱼雷中央部位

ЦТРА центральный театр Российской Армии 俄军中央剧院

ЦТРК центр технического радиоконтроля 无线电技术检查中心，无线电技术监测中心

ЦТС центральная телефонная станция 中央电话局，电话总局

ЦТС центральная точка связи 中央通信台

ЦТС цепь торпедной стрельбы 鱼雷发射电路

ЦТСПИ центральная техническая станция передачи информации 中央信息传输技术站

ЦТУ Центральное техническое управление 中央技术局

ЦТФ цифровой таксофон 数字式自动收费电话

ЦТЭТО центр технической эксплуатации и технического обслуживания 技术使用与维护中心

ЦУ целеуказание 目标指示

ЦУ цель управления 控制电路，控制目标

ЦУ ценное указание 重要指示

ЦУ центр управления 管理中心；指挥中心；控制中心，操纵中心

ЦУ Центральное управление 中央管理局，中央局；中央控制

ЦУ центральный узел 中心接点，中心枢纽

ЦУ цепь управления 〈航〉操纵电路，控制电路

ЦУ цикл управления 指挥周期

ЦУ цифровое устройство 数字装置

ЦУ цифровой указатель 数字指示器

ЦУА центр управления авиацией 航空指挥中心；航空控制中心；（空军）航空兵指挥中心

ЦУБДА центр управления боевыми действиями авиации 空军作战指挥中心

ЦУБТ центр усовершенствования борьбы с терроризмом 反恐训练中心

ЦУБД ТА центр управления боевыми действиями тактической авиации 战术航空兵作战指挥中心

ЦУВД центр управления воздушным движением 空中交通管制中心，空中交通指挥中心

Ц

ЦУВД центр управления воздушным движением (на авианосце) （航空母舰）舰载机飞行指挥中心

ЦУВО центр управления воздушными операциями 空中战役指挥中心

ЦУВОСО Центральное управление военных сооружений 中央军事建筑局

ЦУВС Центральное управление военных сообщений 中央军事交通局，中央军事交通部

ЦУГА центр управления тактической авиацией 战术空军指挥中心

ЦУК блок центрального управления командами 指令中央控制部件

ЦУК центральное управление командами 指令中央控制

ЦУКС цифровая узловая коммутационная станция 数字枢纽交换站，数字枢纽交换站

ЦУЛР МД центр управления ликвидацией ракет малой дальности 短程导弹销毁指挥中心

ЦУМ цифровая управляющая машина 数字控制机

ЦУМС Центральное управление магистральных связей 中央干线通信局

ЦУО ТА центр управления и оповещения тактической авиации 战术航空兵指挥与报知中心

ЦУО центр управления и оповещения 指挥和报知中心

ЦУО центр управления огнем 火力控制中心，射击指挥中心

ЦУОД центр управления огнем дивизиона 炮兵营火力指挥中心

ЦУП центр управления перевозками 运输指挥中心，运输管理中心

ЦУП центр управления полетом 飞行指挥中心，飞行控制中心

ЦУПАА центр управления полетами армейской авиации 陆军航空兵飞行指挥中心

ЦУПВОЗ Центральное управление военных заготовок 中央军事采购局

ЦУПВОСО Центральное управление военных сообщений 中央军事交通局

ЦУПОхр Центральное управление пожарной охраны 消防总局

ЦУР центр управления разведкой 侦察指挥中心

ЦУРП центральное управление помехами 干扰控制中心

ЦУРФ Центральное управление радиофикции 中央无线电伪装局

ЦУС центр управления сетью 网络控制中心；网络管理中心

ЦУС центральная усилительная станция 中心增益站

ЦУС центральный узел связи 主要通信枢纽；中央通信枢纽部，中心通信枢纽

ЦУСКА Центральное управление связи Красной Армии 红军中央通信部

ЦУСС центр управления системой связи 通信系统控制中心，通信系统管理中心

ЦУСФПС центральный узел фельдъегерско-почтовой связи 中央机要邮政通信枢纽部

ЦУУ центр управления услугами 服务管理中心

ЦУУ центральное устройство управления 〈计〉中央控制器

ЦУУО центральное управление устройства обмена 交换器中央控制

ЦУФПС центральный узел фельдъегрско-почтовой связи 机要邮政通信中心枢纽

ЦУЦП целеуказание по целям и пеленгам 按目标和梯次进行目标指示

ЦУЧС центр управления чрезвычайными ситуациями 故障处理中心

ЦУЭС центр управления элементами сети 网络管理中心

ЦФ целевая функция 目标函数

ЦФ центральный фронт 中央方面军

ЦФ цифровой фильтр 数字滤波器

ЦФА цифровой факсимильный аппарат 数字传真机

ЦФА цифровой фотоаппарат 数字照相机，数码照相机

ЦФО Центральный федеральный округ 中央联邦区

ЦФ ПВО центральный флот противовоздушной обороны 中央防空舰队

ЦФР циклотрон-фононный резонанс 回旋加速声子共振

ЦФСУ цифровое фазосдвигающее устройство 数字式移相器

ЦФТА цветная фототелеграфная аппаратура 彩色传真电报设备

ЦХБ центральная химическая база 中央化学基地

ЦХС центральный химический склад 中央化学仓库

ЦЦР цех центрального ремонта 总修车间，大修车间

ЦЧ центральная частота 中心频率

ЦЧ цифровой частотомер 数字式频率计，数字式频率计表

ЦШО Центральный шифровальный отдел 中央机要局

ЦШП центральный штурманский пост (на корабле) （舰上的）中央航海部位，中央海图室

ЦШПД центральный штаб партизанского движения 游击运动中央参谋部

ЦЭ центр эксплуатации 操作中心，运转中心，维护中心

ЦЭП центр электропитания 供电中心

ЦЭРС центр эллипса рассеивания снаряда 射弹散布椭圆中心

ЦЭС центральная электростанция 中心发电厂，中心发电站

ЦЭС центральный электротехнический совет 中央电气技术委员会

ЦЭСС центральная электрическая самолетная станция 机上总电源设备

Ч

ч час 时，小时

Ч час атаки 冲击时间

Ч частый огонь 快射

Ч чужая 敌机，非我机

ч.д.а. чистый для анализа 纯分析用的

Ч/З чтение/запись 读 / 写

ЧА частотный анализ 频率分析

ЧАБ частотная автоматическая блокировка 频率自动封锁

ЧАП частотная автоподстройка 频率自动微调

ЧАРЛ частотно-адаптированная радиолиния 频率自适应无线电线路

ЧАСТ частота 频率

Части РЭБ Части радиоэлектронной борьбы 无线电电子战部队

Части РЭР Части радиоэлектронной разведки 无线电电子侦察部队

ЧБС частная боевая задача 局部战斗任务；个别战斗任务

ЧВА частотно-временной анализ 频率时间分析

ЧВАИ Челябинский военный автомобильный институт 车里雅宾斯克军事汽车学院

ЧВВАУЛ Черниготовское высшее военно-авиационное училище летчиков 切尔尼戈夫高等航空学校

ЧВВИУРЭ Череповецкое высшее военное инженерное училище радиоэлектронники 切列波维茨高等军事无线电电子工程学校

ЧВВМУ Черноморское высшее военно-морское училище имени П.С. Нахимова 黑海纳西莫夫高等海军学校

ЧВВТКУИ Чирчикское высшее военное танковое командноинженерное училище 奇尔奇克高等军事坦克指挥学校

ЧВГ четверичное временное группообразование 四次时分群路生成，四次群时分多路复用

ЧВД часть высокого давления 高压部分，高压部件

ЧВИИР Череповецкий военный инженерный институт радиоэлектроники 切列波维茨无线电电子工程专科学院

ЧВМ часовой механический взрыватель 钟表机械引信

ЧВМГ ОВ Черноморская военно-морская группировка оперативного взаимодействия 黑

Ч

海海军战役协同集团

ЧВО часть военной охраны 军事警卫部队

ЧВС частотно-временная селекция 频率时间选择

ЧВС член военного совета 军事委员会委员

ЧВС Чрезвычайные вооруженные силы (ООН)（联合国）紧急部队

ЧВСА член военного совета армии 集团军军事委员会委员

ЧВСК Чрезвычайная военно санитарная комиссия 特设军事卫生委员会

ЧВЧ чрезвычайно высокая частота 极高频

ЧГ часовой на участке государственной границы 国境警卫哨

ЧГ часовой по охране границы 边界警卫哨

ЧГ частота гетеродина 外差振荡器频率

ЧГК чрезвычайная государственная комиссия 国家紧急委员会，国家非常委员会

ЧГТ четверичный групповой тракт 四次群通道

ЧД частотноедетектирование 频率检波

ЧД частотный детектор 频率检波器

ЧД частотный дискриминатор 鉴频器

ЧДИ чистовые доводочные испытания (вооружения и военной техники)（武器技术装备的）精修整试验

ЧДК частотный диспетчерский контроль 频率式调度监督，频率式区段遥信

ЧД-КИМ система с частотным делением каналов и кодово-импульсной модуляции 波道频率划分与脉码调制系统

ЧДП частотно-диспетчерский пункт 频率调度站

ЧДС частотно диспетчерская служба 频率调度部门，频率调度勤务

ЧДС частотно-диспетчерская служба 频率调度勤务

ЧЗ режим частичного затемнения （灯火管制的）部分灯光伪装制

ЧЗ часовой замыкатель 钟表引信

ЧЗ часовой пограничной заставы 边防哨所哨兵

ЧЗ частотное зондирование 频率测探，频率探测

ЧЗ число заявок 申请单数目

ЧЗ чувствительность к задержке 延迟灵敏度

ЧЗК число занятых каналов 占用信道数

ЧЗП числовой закон поражения 数量毁伤定律

ЧИ частотная избирательность 频率选择

ЧИ частотные искажения 频率失真，频率畸变

ЧИ чувствительность к искажениям 失真灵敏度

ЧИМ частотно-импульсная модуляция 脉冲频率调制

ЧИМ частотно-имупульсный модулятор 脉冲频率调制器，脉冲调频器

ЧИМ число-импульсная модуляция 脉冲密度调制，脉冲数目调制

ЧИП частотно-импульсный преобразователь 脉冲频率变换器

ЧИС частотно-имупульсная система 频率脉冲系统

ЧИС часть интендантской службы 军需部队；军需部门

ЧИСС частотно-избирательная сейсмическая станция 选频地震站

ЧИУ частоизбирательное устройство 频率选择装置

ЧК частотный канал 频率通道

ЧК четверной кран 四通开关

ЧК чрезвычайная комиссия 特别委员会，非常委员会

ЧКД чертежно-констрrкторская документация 图样设计资料

ЧКП частный контрольный пункт 部分检查点，副检查点

ЧКС частотный канал связи 频率信道，通信频道

ЧКХ частотно-контрастная характеристика 频率对比特性，频率相对性曲线

ЧЛГУ челюстно-лицевая группа усиления 颌面外科加强组

член.кор. член-корреспондент 通信院士

ЧМ частомер 频率计

ЧМ частотная модуляция 频率调制，调频

ЧМ частотно-манипуляция 频率键控

Ч

ЧМ частотно-модулированный 调频的

Ч-МАУ человеко-машинный аппарат управления 人机控制设备

ЧМВ часовой минный взрыватель 地雷钟表引信

ЧМВГ ОВ Черноморская военно-морская группа оперативного взаимодействия 黑海海军协同作战组

ЧМГ частотно-модулированный генератор 调频振荡器

ЧМД частотно-модулированный домен 调频域

ЧМД частотный многостанционный доступ 频分多址

ЧМд частотный модулятор 频率调制器

ЧМ-ДЧТ частотный модулятор двухканального частотного радиотелеграфирования 无线电双路载波通报调频器，双路无线电报载波调频器

ЧМЗ час минимальной загрузки 最小负载时间

ЧМИ частотноманипулированный импульс 频率键控脉冲

ЧМО части материального обеспечения 物资保障部队

ЧМП частотный модуляционный приемник 调频信号

ЧМСГ частотно-модулированный сигнальный генератор 调频信号发生器

ЧМТ частотно-модулированный тракт 〈信〉调频通道，频率调制信道

ЧНА частотно-независимая антенна 定阻抗天线

ЧНД **ч. н. д.** часть низкого давления 低压部分，低压部件

ЧНЗ час наибольшей загрузки 最大负载时间

ЧНН **ч.н.н.** час наибольшей нагрузки 〈信〉最大负荷小时，最忙小时

ЧНН час наибольшего напряжения 最为紧张的时间

ЧНО час начала операции 作战开始时间

ЧО чрезвычайная обстановка 紧急情况，非常局势

ЧОН части особого назначения 特别任务部队，特遣部队

ЧОССС четырехпроводная оконечная станция связи совещаний 四线通信终端站

ЧП «Черные пантеры» Радикальная националистическая организация США “黑豹”美国激进组织

ЧП часовой проектор 警卫用反射镜

ЧП частотное присвоение 频率分配

ЧП часы палубные 测天表，航海钟，天文钟

ЧП чрезвычайное происшествие 严重事故，重大事故

ЧПВ частично поляризованная волна 部分极化波，部分偏振波

ЧПГ часть повышенной готовности (боевой) 进入高等级战备状态的部队

ЧПИ частота повторения импульсов 脉冲重复频率

ЧПИ чередование полярности импульсов 脉冲极化交替

ЧПК череспериодная компенсация 超期补偿费

ЧПН частота питающего напряжения 供电电压频率

ЧПО части позиционной обороны 阵地防御部队

ЧПО части пограничной охраны 边防部队

ЧПОБ частная программа обеспечения безопасности 部分安全保证程序

ЧПОБП частичное подавление одной боковой полосы 部分抑制单边带

ЧПП частотно-пеленговая панорама 频率方位全景显示

ЧПР чувствительное поляризованное реле 灵敏极化继电器

ЧР частный разбор 局部讲评

ЧР частотная расстройка 频率失调

ЧР чрезвычайный режим 非常工作状态

ЧР чувствительность регулирования 可控灵敏度，调节灵敏度

ЧР-ВР частотное и временное разделение 频分与时分

Чрезвин чрезвычайный инспектор 特派检查员

Чрезвком чрезвычайный комиссар 特派委员

ЧРК канал с частотным разделением 波道频分

ЧРК частотное разделение каналов 信道的频率分配

ЧРК ЧМ частотное разделение каналов и частотная модуляция 频分信道及频率调制

ЧРС частотное разделение сигналов 频分信号

ЧРТС частная ручная телефонная станция 人工接续制小电话站

ЧРУ частотно-разделительное устройство 频分器

ЧС 《Черный сентябрь》 Террористическая исламистская организация "黑色九月"伊斯兰恐怖组织

ЧС частный сектор 私营部分，局部地区

ЧС частота связи 通信频率；耦合频率

ЧС частотный сектор 选频器

ЧС части связи 通信部队

ЧСЗ частотное сейсмическое зондирование 地震频率探测

ЧСЗИ частота следования зондирующих импульсов 探测及冲跟踪频率

ЧТ частотная телеграфия 频率电报

ЧТ частотное телеграфирование 频率电讯，移频电报，频率通报

ЧТП частотно-территориальный план 频率地区计划；频率地区平面图

ЧТП частотно-территориальный разнос 频域分割

ЧТС частная телефонная станция 电话小交换机

ЧТС частные телефонные сети 私人电话网；局部电话网；专用电话网

ЧТС часть технического снабжения 技术器材供应部门

ЧУ частотное уплотнение 频分多路

ЧУ чрезвычайный уполномоченный 特派全权代表

ЧУЗ частная учебная задача 局部演习任务

Чуснабарм чрезвычайный уполномоченный по снабжению армии 军队供应事务全权代表

ЧФ Черноморский флот 黑海舰队

ЧФАП частотно-фазовая автоподстройка 频率相位电动微调

ЧФД частотно-фазовый детектор 频率相位检波器

ЧФС частотноферродинамическая система 频率铁磁电动系统

ЧХ частотная характеристика 频率特性，频率特性曲线

ЧХЗ частотная характеристика затухания 频率衰耗特性

ЧЦП части центрального подчинения 中央直属部队

ЧЦП четверичный цифровой поток 四次群数字信号流

ЧЦС четверичный цифровой сигнал 四次群数字信号

ЧЦСП четверичная цифровая система передачи 四次群数字传输系统

ЧЦТ четверичный цифровой тракт 四次群数字通道

ЧЧ частота чередования 交替频率

ЧЧЭ частотно-чувствительный элемент 频率敏感元件

ЧШ черное шоссе 黑色碎石路

ЧЭ чувствительный элемент 敏感元件

ЧЭ-4 электронно-счетный частотомер 电子计数器频率计型号

ЧЭМЗ частотное электромагнитное зондирование 频率电磁探测

ЧЭП часовой электропереключатель 钟表式电气转换开关

Ш

Ш Шавров В.Б. (в маркировке самолетов) 沙-(指沙夫罗夫设计的飞机)

Ш широта 纬度

Ш шифр 密码，代号

Ш штурмовик 强击机

Ш шум 噪音，杂质，杂波

Ш04 тип полупроводникового триода 半导体

三极管型号

Ш-1, Ш-2 шунтовая (обмотка) 分路绕组

ША шкаф автоведения 自动管理箱，自动驾驶舱

ША штурмовая авиация 强击航空兵

ША штыревая антенна 鞭状天线；杆状天线

ШАБ шариковая авиабомба (разновидность осколочной бомбы) 球形航空炸弹（杀伤弹的变形）

ШАБ штурмовая авиационная бригада 强击航空兵旅

ШАД штурмовая авиационная дивизия 强击航空兵师

ШАК штурмовой авиационный корпус 强击航空兵军

ШАЛ ширина антенного луча 天线波束的宽度

ШАМ школа авиационных механиков 航空机械员学校

ШАМА широкополосная активная магнитная антенна 宽频带有源磁性天线

ШАП широкополосная активная помеха 宽频带有源干扰

ШАП штурмовой авиационный полк 强击航空兵团

ШАП шумовая активная помеха 有源杂波干扰

ШАП(-) шланговый водолазный аппарат 软管式潜水用具

ШАР-П обработка информации посадочного радиолокатора 着陆雷达信息处理

ШАРУ шумовая автоматическая регулировка усиления 噪音自动增益调节，噪音自动增益控制

шас штурмовое авиационное соединение 强击航空兵兵团

ШАУ широкополосный антенный усилитель 宽频带天线放大器

ШАЭ штурмовая авиационная эскадрилья 强击航空兵大队

ШБ штурмовая бригада 强击旅

ШБО штаб береговой обороны 〈海〉海岸防御参谋部

ШБТР шестиногий бронетранспортер (т. е. таракан) 六轮装甲运兵车（即“蟑螂”；陆军用语）

ШВ шкала времени 时间标度

ШВ шум вантования 量化噪声

ШВАК ШпитальныйВладимиров авиационный крыльевой (пулемет) 什皮塔利内－弗拉基米尔式航空机枪

ШВАК Шпитальный Волков авиационная крыльевая (пушка) 皮塔利内沃尔科夫式航空机翼机关炮

ШВАТ школа военных автотехников 军事汽车技术员学校

ШВГ ширина, высота, глубина (правильно -Ш x В x Г) 宽度、高度、深度

ШВД шина ввода данных 数据输入总线

ШВДД штурмовая воздушнодесантная дивизия 强击空降师

ШВЛП школа высшей летной подготовки 高等飞行训练学校，高等航校

ШВП шаровой вытяжной парашют 球形引导伞

ШВРС широковещательная радиостанция 无线电广播电台

ШВУ широкополосное входное устройство 宽带输入设备

ШГ штурмовая группа 突击组，突击群

ШГ шумовой генератор 噪声发生器，噪音发生器

ШГО штаб гражданской обороны 民防司令部

ШД шаговый двигатель 步进电动机

ШД штурманские данные 航海数据

ШД шум дискретизации 离散化噪声，数字化噪声

ШДА широкодиапазонная антенна 宽波段天线

ШДН ширина диаграммы направленности 方向图宽度

ШДНА ширина диаграммы направленности антенны 天线方向图宽度

ШДС шифратор-дешифратор сигналов 编码译码信号

ШДУ шифрирующедешифрирующее устройство 编码译码装置

Ш

ШДУКВСГ широко-диапазонный ультра-коротковолновой сигнал-генератор 宽频带超短波信号发生器

ШЗ шар-зонд 探测气球，探空气球

ШЗ шлемофон зимний 冬季用头盔

ШИ шаговый искатель 步进制选择器

ШИ шумовое излучение 噪声辐射

ШИВ штаб инженерных войск 工程兵司令部

ШИВАС шаровой имитатор взрывов артиллерийских снарядов 球状炮弹爆炸模拟器

ШИВАС шашка имитации взрывов артиллерийских снарядов 炮弹爆炸模拟罐

ШИЗО штрафной изолятор 惩戒室，禁闭室

ШИМ широтно-импульсная модуляция 脉宽调制，宽脉冲调制

ШИМ широтно-импульсный модулятор 脉冲宽度调制器

ШИМ-АМ широтноимупульсная и амплитудная модуляция 脉冲宽度和幅度调制

шир ширина 宽

ШИР широтно-импульсное регулирование 脉冲宽度调节

шир. широтно-импульсный регулятор 脉冲宽度调节器

ШИРАС шаровой имитатор разрывов артиллерийских снарядов 炮弹爆炸球状模拟器

ширас шашка имитации разрывов артиллерийских снарядов 炮弹爆炸模拟药块

ШИС штатная испытательная станция 制式试验台

ШИСБ штурмовой инженерно-саперный батальон 强击工程工兵营

ШИСБр штурмовая инженерно-саперная бригада 强击工程工兵旅

ШИСР штурмовая инженерно-саперная рота 强击工程工兵连

Шифр. шифратор 编码器

ШК широкий канал 宽信道

ШК шит контрольный 检测板

ШК шлюзовая камера 脱险闸舱，紧急舱

ШК штаб командования 司令部参谋部

ШК штаб-квартира 参谋部；总部，本部，大本营

ШК штабной корабль 参谋部舰

ШК шунтирующий контакт 分路接点

ШК шунтовая коробка 分路接线盒

ШКАС ШпитальныйКомарницкий авиационный скорострельный (пулемет) 什皮塔利内科马尔尼茨基航空速射机枪

ШКВС штаб по координации военного сотрудничества (государств-участников СНГ) （独联体国家）军事合作协调参谋部

ШЛ широкие лучи 宽波束

ШЛ шлемофон летний 季（用）通信头盔；夏季（用）带耳机飞行帽

ШЛИ школа летчиков-испытателей 试飞员学院

ШМ широкая модуляция 宽（脉冲）调制

ШМ шлем-маска 头盔式面罩

ШМ штабная машина 指挥车，参谋部车

ШМАС школа младших авиаспециалистов 初级航空专业人员学校

ШМО Одесская мореходная школа 奥德萨航海学校

ШМО школа мореходного обучения 航海训练学校

ШМРЗ широкая мгновенная равносигнальная зона 宽瞬时等强信号区

ШМУ школа морского ученичества 海员学校

ШН штык-нож 刺刀

ШО шифровальное отделение (отдел) 译密码科（处）

ШО шифровальный отдел 机要处，译电处，密码科

ШО шкаф оружейный 器柜（用于标志，如：ШО-1；ШО-3）

ШО шлейфовый осциллограф 回线示波器

ШО шлюзовой отсек 〈船〉消毒隔离舱；气塞密封舱

ШО штурмовой отряд 强击队，强击支队；强击机队

ШО шум ограничения 限幅噪声

Ш

ШО шунтовая обмотка 分流线圈

ШОАБ шариковая авиационная бомба 航空钢珠炸弹

ШОВС Штаб Объединенных Вооруженных Сил 联合武装力量参谋部

ШОМ шпуровой отбойный молоток 炮眼风镐

ШОН шаровой орган наведения 球形瞄准装置

ШОН штурмовик особого назначения 特种强击机

ШОП шаровой осветительный прибор 环形照明器

ШОС Шанхайская организация сотрудничества 上海合作组织

ШОУ широкая полоса-ограничение–узкая полоса 宽频带 – 限制 – 窄频带

ШП шаг прицела （陆军炮兵射击的）表尺修正率；（陆军炮兵射击的）距离表尺梯距

ШП шар-пилот 测风气球

ШП широкая полоса 宽带

ШП широкополосный приемник 宽频带接收机

ШП шкаф проводов 引线箱，配线箱

ШП шланговый провод 软管包导线型号

ШП шумовые помехи 噪声干扰

ШП шумопеленгатор 声定位计，声定向计

ШП шумопелентование 噪声测向

ШПА широкополосная антенна 宽频带天线

ШПЗ шлем пулестойкий с забралом 带护面的防弹头盔

ШПП ширина полосы помех 干扰频带宽

ШПП ширина полосы пропускания 通带宽度

ШПС широкополосная сеть 宽频带网

ШПС широкополосный сигнал 宽带信号

ШПС шумопеленгаторная станция 声定位计站

ШПС шумоподобный сигнал 类噪声信号，似干扰信号

ШПУ шахтная пусковая установка 井式发射装置

ШП УНВЧ широкополосный усилитель напряжения высокой частоты 高频电压宽频带放大器

ШПЧ ширина полосы частот 频带宽度

ШР шаговый распределитель 步进式分配器

Шр штабная рота 内勤连

ШР штепсельный разъем 插塞接头

ШР шунтирующее реле 分路式继电器

ШР шунтирующий реактор 分路电抗器

ШР шунтовой регулятор 分路调节器，并联稳压器

ШР шунтовой реостат 分路变阻器，分激变阻器

ШРА тип штепсельного разъема 插塞接头型号

ШРА-200 штепсельный разъем для переменного тока 交流电插塞接头型号

ШРАП штепсельный разъем аэродромного питания 机场供电插塞接头

ШРБ шино-ремонтная база 轮胎修理站

ШРВ шунтовой реостат возбудителя 激磁分路变阻器

ШРГ штепсельный разъем герметичный 密封插塞接头

ШРД ширина рабочего диапазона 工作波段宽度

ШРМ шино-ремонтная мастерская 轮胎修理所

ШРО штаб руководства операциями 作业指挥部

ШРПС шкаф радиопоездной связи 行车无线电通信箱

ШРПС шкаф радиопроводной связи 有线无线通信柜（架）

ШРС шнекороторный сгнегочиститель 螺旋转子式扫雷机

ШРУ шаровая ручка управления 球形控制机构

ШС шинка сигнализации 信号母线，信号总线

ШСА штурманская служба авиации 航空兵领航勤务

ШСИ широкий селекторный импульс 宽选择脉冲

ШСУ шина сигнала управления 信号控制天线

ШСУ широкополосное согласующее устройство 宽带匹配器

ШСЭР шпиль судовой электроручной 电动手操锚机

шт. штат 定员，员额，编制；（某些国家的）州，邦

шт. штольня 水平坑道，平巷；〈测〉通道

Ш

шт. штука 件，个，只

ШТАБАОН штаб артиллерии особого назначения 特种炮兵参谋部

Штабобм штаб береговой охраны Балтийского моря 波罗的海海岸警卫参谋部

штаокр штаб военного округа 军区参谋部

ШТАМОР штаб военно-морских сил 海军参谋部

Штаб МТО Штаб материально-технического обеспечения Вооруженных Сил Российской Федерации 俄联邦武装力量物资技术保障参谋部

ШТВ шнур телефонный витой 扭铰式电话绳

ШТКА школа торпедных катеров 鱼雷艇学校

ШТОО шнур телефонный в общей оплетке 普通包皮电话软线

ШТОРА-1 станции оптикоэлектронного противодействия “窗帷 –1”光电对抗台型号

ШТП шнур телефонный плетеный 纺织式电话绳

Штраб штабной работник 参谋人员

ШТССТ штормовая сигнальная станция 风暴信号台

ШТТ школа танковых техников 坦克技师学校

ШТУ широкополосный транзисторный усилитель 宽带晶体管放大器

ШТУМ широкополосный транзисторный усилитель мощности 宽频带晶体管功率放大器

ШУ шаг угломера 方向修正器，测角仪进器

ШУ широкополосный усилитель 宽频带放大器

ШУКС Школа усовершенствования командного состава 指挥人员进修学校

ШУ МБР шахтная установка МБР 洲际弹道导弹井式发射装置

ШУНС школа усовершенствования начальствующего состава 领导干部进修学校

ШУП штилевой угол прицеливания 无风瞄准角；无风投弹瞄准角

ШУС шифратор удлиненных сигналов 延时信号编码器

ШУУ шестерня угловой установки 角度设定齿轮

ШФ широкоформатный 宽幅的

ШФ штаб фронта 方面军参谋部

ШЦСИО широкополосная цифровая сеть интегрального обслуживания 宽带集成数字网

ШЧФ Штаб черноморского флота 黑海舰队参谋部

ШШС штабная шифровальная служба 机要工作，机要勤务

ШЭ штабная эскадрилья 指挥部（航空）大队

ШЭ штурмовая эскадрилья 强击机大队

ШЭ шунтирующий элемент 分路元件

Щ

Щ подводная лодка серии《Щука》“狗鱼”型潜水艇

Щ щит 靶

Щ. щебень 〈测〉碎石

Щ./уб щель (убежище) 〈测〉掩蔽壕

ЩА щелевая антенна 裂缝天线；缝隙天线；槽式天线

ЩАР щелевая антенная решетка 缝隙天线网

ЩАРН щит автоматического регулирования напряжения 电压自动调节板

ЩБ щитовой блок 配电盘段；控制房

ЩВ щит ввода 接线板

ЩВП щит вспомогательных приборов 辅助仪表盘

ЩГ щит генераторный 发电机配电盘

ЩДА щит дополнительных аккумуляторов 补充蓄电池配电板

ЩДУ щит дальнего управления 远距离操纵盘，遥控盘

ЩЕ самолет конструкции С.О.Щербакова 谢尔巴科夫设计的飞机

щет. щеточный 刷子的，电刷的

ЩК щит коммутации 交换板

Щ-код международный код двухсторонней радиосвязи 国际双向无线电通信电码

ЩМС щит местной сигнализации 地区信号装

置配电盘

ЩНП щиток наземной подготовки 地面准备控制板

ЩОП цит оперативного питания 操作配电盘，作业配电盘

ЩП щит питания 配电板，配配电盘

ЩПТ щит постоянного тока 直流电控制盘，直流电控制板

ЩР щиток распределительный 配电板

ЩУ щит управления 操纵盘，控制盘

ЩЭД щит электродвижения 电动挡板

Э

Э ускоряющий электрод 加速电极

Э экватор 赤道

Э эквивалент 当量，等值，等效

Э экипаж 乘员（组）；机组，船员

Э экскаватор 挖土机，挖掘机

Э электрон 电子

Э электропривод 电传动；电力驱动装置

э эрг 尔格（能或功的单位）

Э эскадра 分舰队

Э эскадрилья 大队；（英美空军）中队

Э этап 阶段；兵站；分站；后送站

э/дв электродвигатель 电动机

э.е. электростатическая единица 静电单位

э.е.д. электронная единица 电子单位

э.л.с. эффективная лошадиная сила 有效马力

э.м.е. электромагнитная единица 电磁单位

э.п. электрическое поле 电场

Э.С. энергия связи 结合能，键能

Э+П видеосигналы ЭХО и пеленга на условной дальности 规定距离上的雷达信息视频信号和方位信号

ЭА эквивалентные антенны 等效天线

ЭА электроагрегат 发电机组，电源车

ЭА эшелон атаки 冲击梯队

ЭАВМ электронная аналоговая вычислительная машина 电子模拟计算机

ЭАК электронная аппаратура контроля 电子检测设备

ЭАКП энергия активации кристаллическим полем 结晶区活化能

ЭАП электрический автопилот 电气自动控制器，电气自动调节装置

ЭАП электро-акустический преобразователь 电声变换器

ЭАС сигнал активизации комплектов 〈信〉全套激活信号

ЭАСО экспедиционный аварийно-спасательный отряд 急救援勘察队

ЭАТС(-) электронная автоматическая телефонная станция 电子自动电话交换机

ЭАУС электронная агрегатная унифицированная система 电子单元组合统一系统

ЭАХ экспоненциальная амплитудная характеристика 指数振幅特性曲线

ЭБ электронный блок 电子组件

ЭБ эффект близости 邻近效应

ЭБА эскадрилья беспилотных аппаратов 无人驾驶机大队

ЭБД эталонная база данных 标准数据库

ЭБД этап боевых действий 战斗行动阶段，作战阶段

ЭБМП экспедиционный батальон морской пехоты (США) （美）海军陆战队远征营

ЭБП электроагрегат бесперебойного питания 不间断供电的发电机组

Эбпла эскадрилья беспилотных летательных аппаратов 无人机大队，无人驾驶飞行器大队

ЭБР эквивалент борта ракеты 导弹载重当量

ЭБР электронное боевое расписание 电子战斗部署表

ЭБР эскадренный броненосец 舰队装甲舰

ЭБР эскадрилия ближней разведки 近程侦察机大队

Эбрмп экспедиционная бригада морской пехоты 海军陆战队远征旅

Эбср эскадрилья беспилотных самолетов-разведчиков 无人侦察机大队

ЭВ экваториальный воздух 赤道空气

ЭВ электровзрыв 电爆

ЭВ электровоспламенитель 电导管，电点火管道，电爆管

ЭВ электролиния воздушная 架空线

ЭВ электромагнитная волна 电磁波

ЭВ электромагнитное реле (времени) 电磁式时间继电器

эв электрон-вольт 电子伏特

ЭВ электронный визир индикатора 指示器的电子准线

ЭВ электронный выстрел 电子射击

ЭВ электронный вычислитель 电子计算机

эв/атом электронвольт на атом 电子伏原子

ЭВ-80-3 электронная цифровая машина 电子数字计算机型号

Эвак. эвакуационный 后送的，疏散的

Эвако эвакуационный отдел 后送处

эвакт электровакуумная техника 电子真空技术；电真空仪器，电子管

эв-барн электронвольт барн 电子伏靶恩

ЭВГ экскаватор вскрышной на гусеничном ходу 居民疏散站

ЭВГ эллиптический волновод гофрированный 椭圆波纹状波导管

ЭВЗРУ Энгельское высшее зенитное ракетное командное училище 恩格斯高等防空地空导弹指挥学校

ЭВЛ эвакуационный ветеринарный лазарет 后送兽医所

ЭВЛ электронно-волновая лампа 电子波放大器

ЭВН электростанция высокого напряжения 高压（发）电站

ЭВП электровакуумный прибор 电真空设备，电真空器件

ЭВП электровзрывпакет 电动引爆包

ЭВП электронная вычислительная приставка 电子计算机附件

ЭВС экспериментальная вычислительная сеть 实验性计算网络

ЭВТ электронно-вычислительная техника 电子计算技术；电子计算技术设备

ЭВУ экранирующее вентиляционное устройство 屏蔽式通风装置

ЭВЦ электронный вычислительный центр 电子计算中心

ЭВЦМ электронная вычислительная цифровая машина 数字电子计算机

ЭГ эвакогоспиталь 后送医院

ЭГ эвакуационная группа 后送队

ЭГ эталонный генератор 标准振荡器

ЭГК электрогидроклапан 电动液压活门

ЭГМ эвакуационная гусеничная машина 后送履带式车辆

ЭГП электрический гребной привод 电力推进驱动装置

ЭГП электро-гидрослический преобразователь 电液压转换器

ЭГСМ электрогазосварочная мастерская 电焊气焊车间

ЭД эксплуатационная документация 使用文件

ЭД электрический долбежник 电凿

ЭД электродетонатор 电雷管，电起爆管

ЭД электродиализ 电渗析

ЭД электродинамический (прибор) 电动式仪表

ЭД элемент данных 数据单元，数据项目

ЭД эллинг для дирижабля 飞艇站

ЭДА электронный дифференциальный анализатор 电子微分分析仪

ЭДВАК электронная вычислительная машина с дискретными переменными 电子数据计算机

ЭДЗ элемент динамической защиты 动态保护单元

ЭД-ЗД электродетонатор замедленного действия 延时电雷管

ЭДК электронно-дырочные капли 电子－空穴对

ЭДКУ эвакуациионнодегазационное контрольное устройство 消毒后送检查装置

ЭДМП экспедиционная дивизия морской пехоты 海军陆战队远征师

ЭДМУ электрический дистанционный манометр унифицированного типа 标准式电动远距压力表

ЭДО электронная доска объявлений 电子公告牌

ЭДС электродвижущая сила 电动势

ЭДСУ электродистанционная система управления 电子遥控系统

ЭДЦ элементы движения цели 目标运动诸元，目标运动要素

ЭЗ электризуемое заграждение 电气障碍物

ЭЗ электрическая заградительная (мина) 电障碍鱼（水）雷

ЭЗ электрическая загранительная (машина) 电发障碍雷

ЭЗ электронная защита 电子防护

ЭЗ электронное заглушение 电子干扰，电子对抗

ЭЗ электронный захват 电子俘获

ЭЗ элемент запаздывания 延迟元件

ЭЗ эхозаградитель 回声抑制器

ЭЗИ электролюминесцентный знаковый индикатор 电荧光符号指示器

ЭЗМД электрозапал маршевого двигателя 〈箭〉续航发动机点火管

ЭЗОШ электрозажигатель огнепроводного шнура 缓燃导火索电点火装置

ЭЗП электрозажигатель патрона 电点火管

ЭИ электрическая изоляция 电绝缘

ЭИ электроимпульсатор 电子脉冲发生器，电脉冲发生器

ЭИ электроинтегратор 电动积分器

ЭИ элемент изображения 像元

ЭИ эхо-интегратор 回波积分器

ЭИБ эскадрилья истребительных бомбардировщиков 歼击轰炸机大队

ЭИИ электронный измеритель искажений 电子失真测量器

ЭИИМ эквивалентная изотронно-излучаемая мощность 有效各向同性辐射功率

ЭИМ экспериментальная информационная машина 实验数据处理机

ЭИМ электроизоляционный материал 电绝缘材料

ЭИС электроимпульсный счетчик 电脉冲计数器

ЭИС электротехнический индикатор ситуаций 〈海〉电子位置指示器

ЭИС электротехнический институт связи 电信技术专科学院

ЭИ-С электроинтегратор специальный 特种电积分器

ЭИТ электронная испытательная таблица 电子试验图表

ЭИШК электронный исходящий шнуровой комплект 电子去话塞绳装置

ЭК калорийный эквивалент 热当量

ЭК эвакуационный коридор 后送走廊

ЭК электрокар 电瓶车

ЭК электромагнитные колебания 电磁振动

ЭК электромагнитные краны 电磁开关

ЭК электронная книга 电子图书

ЭК электронный ключ 电子开关

ЭК электронный коммутатор 电子转换器，电子交换器；电子开关

ЭК электронный контакт 电子接触

ЭК электрохимическая коррозия 电化腐蚀

ЭК элемент контроля 检查元件

ЭК энергетический комплекс 〈海〉动力系统，成套动力设备

ЭК эхокомпенсатор 回声消除器

ЭК(-) тип электролитического конденсатора 电介质电容器型号

ЭКВ эквивалент нагрузки 等效负载

ЭКВ электрокапсюльная втулка 电发底火，电火雷管

экв.ед. эквивалентная единица 等效开关

ЭКГ электрокардиограмма 心电图

ЭКДП-1 прибор, регистрирующий физиологические функции летчика в полете 飞行员飞行生理机能记录器

Экз экземпляр 份

ЭКЗ электронный кодовый замок 电子密码锁

ЭКИ электрокимограмма 电动描记图

ЭКИ электрокимография 电动描记法

ЭКЛ экспертнокриминалистическая лаборатория 犯罪侦查鉴定实验室

ЭКО экспертнориминалистический отдел 犯罪侦查鉴定处

ЭКО эффективный коэффициент отражения 有效反射系数

Эковузд экономическое (потребительское) общество военно учебных заведений 军事院校经济（消费）学会

ЭКОМОГ（英 语） западно африканские миротворческие силы 西非维和部队

ЭКП эквивалентный канал передачи 等效传输信道

Экр экранный 屏蔽的，隔离的

ЭКР экспериментальная крылатая ракета 试验性飞航式导弹

ЭКР электромагнитный кран разжижения 电磁稀释开关

ЭКР электронный корректирующий регулятор 电子校正调节器

экс. эскиз 蓝图；略图

ЭКСП экспедиция 收发室

ЭКСР электрифицированная кассета сигнальных ракет 电动信号枪；电气化信号弹箱

ЭКУ Экспертнокриминалистическое управление 犯罪侦查鉴定局

ЭЛ экранированная лампа 屏蔽灯，屏蔽管

ЭЛ электролюминесценция 电致发光，场致发光，电荧光

ЭЛ электронная лампа 电子管

ЭЛ электронная лупа 电子放大镜

эл. в электрон-вольт 电子伏（特）

эл. электрический 电的，电气的

эл. электричество 电

эл.-графич. электронно-графический 电子绕射的，电子衍射的

эл.-магн. электромагнитный 电磁的

эл.-опт. электронно-оптический 电子光学的，光电的

ЭЛА экспериментальный летательный аппарат 试验飞行器

ЭЛБ электробалансер 电平衡器

ЭЛВ электронно-лучевой вентиль 电子束管

ЭЛД электролюминесцентный диод 电致发光二极管

ЭЛИ электронно ламповый интегратор 电子管积分器

ЭЛИ электронно лучевой индикатор 电子射线指示器

ЭЛИН электронная система отображения информации 电子信息反射系统，电子信息反馈系统

ЭЛИР электронно-ионный регулятор для электропривода 电力驱动（装置），电离子调节器

эл-од электрод 电极

ЭЛП электронно-лучевая проводимость 电子束导电性

ЭЛП электронно-лучевой прибор 电子发射设备，电子射线设备

ЭЛПУ электронно-лучевой параметрический усилитель 电子束参数放大器

ЭЛС электрическая станция 发电站

ЭЛТ электроннолучевая трубка 电子射线管，阴极射线管，光电管

ЭЛТ-15 электронно-лазерный тир 电子激光射击场

эл-хим электрохимия 电化学

ЭЛЯР электроядерный реактор 核电反应堆

ЭЛЯУ электроядерная установка 核电装置

ЭМ электрическая машина 电机

ЭМ электрический манометр 电气压力表

ЭМ электромагнит 电磁

ЭМ электромеханический манометр 电动压力器，电动压力表

ЭМ электронный микроскоп 电子显微镜

ЭМ энергический модуль 动力模型

ЭМ эскадренный миноносец 驱逐舰

ЭМ УРО эскадренный миноносец с управляемым ракетным оружием 导弹驱逐舰

ЭМБ электромагнитная безопасность 电磁安全

ЭМВ электромагнитное влияние 电磁干扰

ЭМГ электромашинный генератор 发电机

ЭМГ электромиограмма 肌动电流图

ЭМД электромагнитный двигатель 电磁发动机

ЭМД электронный мост, дистанционный 遥测

Э

电子电桥

ЭМЗ электромагнитная защита 电磁防护

ЭМИ электрический моторный индикатор 发动机电指示器

ЭМИ электромагнитное излучение 电磁辐射

ЭМИ электромагнитный импульс 电磁脉冲

ЭМИ электромагнитный индикатор 电磁式指示器

ЭМИ-3 электромеханический трехстрелочный моторный индикатор 机电式三针发动指示器

ЭМИД электромагнитный индуктивный дефектоскоп 电磁感应探伤器

ЭМИТ электромагнитный измеритель течений 电磁测流器

ЭМК электролитический миниатюрный конденсатор 小型电解质电容器

ЭМК электромагнитный компенсатор 电磁补偿器

ЭМК электромагнитный корректор 电磁调准器

ЭМК электромеханический коммутатор 机电式转换器

ЭММ экономико-математическая модель 经济数学模型

ЭММ электромагнитная муфта 电磁离合器

ЭМН электромасленный насос 电动滑油泵

ЭМО электромагнитная обстановка 电磁情况，电磁态势

ЭМО электромагнитное оружие 电磁武器

ЭМО электромагнитный осциллограф 电磁示波器

ЭМП электрические и магнитные поля 电场和磁场

ЭМП электромагнитное поле 电磁场

ЭМП электромеханическая передача 电动传动装置

ЭМПК электромагнитное поле корабля 舰船电磁场

ЭМРВ электромагнитное реле времени 电磁式时间继电器

ЭМРД электромагнитный ракетный двигатель 电磁式火箭发动机

ЭМС электромагнитная связь 电磁耦合

ЭМС электромагнитная система 电磁系统

ЭМС электромагнитная совместимость 电磁兼容性，电磁相容性

ЭМС электромагнитный соленоид 电磁螺线管

ЭМСН электромагнитный стабилизатор напряжения 电磁稳压器

ЭМСР электромагнитное сигнальное реле 电磁信号继电器

ЭМТ электромагнитный трал 电磁扫雷具

ЭМТЩ электромагнитный тральщик 电磁扫雷舰

ЭМУ электромагнитная установка 电磁装置

ЭМУ электромагнитное устройство 电磁设备

ЭМУ электромашинный усилитель 电机放大器

ЭМУ электронная моделирующая установка 电子模拟中心

ЭМУ-5 электронная малогабаритная установка (линейных дифференциальных уравнений) 小型电子装置型号

ЭМФ электромеханический фильтр 电子机械滤波器

ЭМФМ электромагнитный фарад-метр 电磁法拉计

ЭМЧЗ электромагнитное частотное зондирование 电磁频率探测法

ЭМЧФ электромеханический частотный фильтр 机电式频率滤波器

ЭМШ эквивалентная мощность шума 等效噪声功率

ЭН электромагнит наведения 瞄准电磁铁

ЭН элемент настройки 调谐元件

ЭНН электронефтяной насос 电动燃油泵

ЭНП электронавигационные приборы 电（动）航（海）仪（表）

ЭНТАК Французский телеуправляемый противотанковый реактивный снаряд 法国遥控反坦克导弹

ЭО эвакуационное отделение 后送班

ЭО эвакуационный отряд 后送分队

ЭО электронный осциллограф 电子示波仪

ЭО электрооборудование 电气设备

ЭО-АГТ электрооборудование и автопилот 电机设备和自动驾驶仪

ЭОВ экскаватор одноковшовый войсковой 军用单斗挖掘机

ЭОД электронная обработка данных 电子数据处理

ЭОД электронный обмен данными 电子数据交换

ЭОН экспедиция особого назначения 特种勘察队

ЭОП электронно-оптический преобразователь 光电变换器

ЭОП эффективная отражающая площадь 有效反射面积

ЭОП эффективная отражающая поверхность 有效反射面

ЭОПУ электронно-оптическое прицельное устройство 光电瞄准装置

ЭОС экспедиционное океанографическое судно 海洋考察船

ЭОС электронно-оптическая система 电子光学系统

ЭОУ электронное охранное устройство 电子防护装置

ЭОУС электронная отметка фарватера 航道电子标志

ЭП эвакуационный премник 后送收容所，后送接收站

ЭП эвакуационный пункт 后送站

ЭП эксплуатационный приемник 后送接收站，后送收容所

ЭП эксплуатационный показатель 运用指标

ЭП электролиния подземная 地下线路

ЭП электромагнитный пускатель 电磁起动器，电磁起动机

ЭП электронная почта 电子信箱

ЭП электронное поглощение 电子吸收

ЭП электронный потенциометр 电子电位计，电子电势计

ЭП электронный поток 电子流

ЭП электропитания 电源，供电

ЭП элемент памяти 存储元件

ЭП элементарное преобразование 初等变换，初等运算

ЭП этапный пункт 兵站，中途站

ЭП эхо-пеленгование 回声测向

ЭПГ экскаватор на потонно-гусеничном ходу 水上履带式挖泥机

ЭПД электронное подавление 电子抑制

ЭПД электронные противодействия 电子反作用

ЭПДС электронный перевод денежных средств 电子货币传输设备

ЭПЗУ энергозависимое постоянное запоминающее устройство 能量依赖型贮存器

ЭПИ предохранительноисполнительный элемент 预执行元件

ЭПК экспертно-проверочная комиссия 鉴定检查委员会

ЭПК электрическое поле корабля 舰船电场

ЭПК электропневматический клапан 电动气动阀

ЭПК электропневмоклапан 电动气压活门

ЭПКР электропневматический кран 电力气动开关

ЭПЛ эскадренная подводная лодка 舰队潜艇

ЭПМ электрическая погрузочная машина 电动装载机

ЭПО электропередаточный пост оконечный 终端输电站

ЭПО эффективная поверхность рассеяния 有效散射面

ЭПП экстренная психологическая помощь 紧急心理救护

ЭПП электронный пневматический прибор 电力气动转换器

ЭППЗУ электрическое перепрограммируемое постоянное запоминающее устройство 电子可改写只读（永久）存贮器

ЭПР электронный парамагнитный резонанс 电子顺磁共振

ЭПР эффективная площадь рассеяния 有效散

Э

射面积

ЭПРОН экспедиция подводных работ особого назначения 水下特种作业队

эпряу эскадрилья предупреждения о ракетно-ядерном ударе 导弹核袭击预警大队

ЭПС электрическая пожарная сигнализация 电动火警信号设备，电动火警信号装置

ЭПС электрическая пусковая система 电动启动系统；电动发射系统

ЭПТ электропневматический тормоз 电气闸

ЭПУ электронный преобразователь-усилитель 电子管变换放大器

ЭПУ электропитающая установка 电源设备

ЭПУ электро-пусковое устройство 电动发射装置

ЭПЦ эпицентр 中心投影点

ЭР эвакуационная рота 后送连

ЭР экскаватор роторный 转子电铲，斗轮式挖掘机

ЭР электронная развертка 电子扫描

ЭР электронная ракета 电子导弹

ЭР электростатический разряд 静电放电

ЭР эллипс рассеивания 散布椭圆

ЭР эхорезонатор 回波谐振器，回波共振器

ЭРА электрорадиоаппаратура 无线电设备

ЭРАЗ экспериментальный авторемонтный завод 汽车试验与修理工厂

ЭРВ электронное реле времени 电子式时间继电器

ЭРГ эвакуационно-ремонтная группа 后送与修理组

ЭРГ электроретинограмма 网膜电图

эрг/сек эрг в секунду 尔格 / 秒

эрг/эв эрг на электровольт 尔格 / 立方厘米

ЭРД электрический ракетный двигатель, электрореактивный двигатель 电动火箭发动机

ЭРД электростатический ракетный двигатель 静电火箭发动机

ЭРД электротермический ракетный двигатель 热电火箭发动机

ЭРН электронный регулятор напряжения 电子调压器

ЭРО эксплуатационно-ремонтный отдел 维修处

ЭРП эшелон развития прорыва 发展突破梯队

ЭРР эвакуационно-ремонтная рота 后送维修连

ЭРР электрическое резонансное реле 谐振继电器

ЭРС эжкторное реактивное сопло 喷射器的尾喷管

ЭРС эксплуатационноремонтное сооружение 维修设施

ЭРЦ электроремонтный цех 电气修理车间

ЭРЭ электронный радиоэлемент 无线电元器件

ЭРЭС реактивные снаряды 火箭弹，导弹

ЭС экспертная система 鉴定系统，评审系统

ЭС электрический сигнализатор 电动信号器

ЭС электронный счетчик 电子计算器

ЭС элемент синхронизации 同步元件

ЭС элемент сравнения 比较元件

ЭС эскадрилья самолетов 飞机大队，飞行大队

ЭС эскадрилья спецопераций 特种航空兵大队

ЭСБ эскадрилья средних бомбардировщиков 中型轰炸机大队

ЭСБ-2ВО электростанция в инженерных войсках 工程兵用发电机型号

ЭСБР электрический сбрасыватель 电动投弹器；电动投雷器

ЭСВ эскадрилья связи 通信（飞行）大队

ЭСД электростатический двигатель 静电发动机

ЭСДУ электронная система динамической устойчивости 动态稳定电子系统

ЭСК электроэнергетическая система корабля 舰艇电气动力系统

ЭскМДС эскадра морских десантных сил 海军陆战队分舰队

Эск ПЛ эскадра подводных лодок 潜艇中队

ЭскРС эскадра разнородных сил 混成中队，混编中队

ЭСЛ эмиттерно-связанная логика 发射极耦合逻辑

ЭСМ экономико-статистический модель 经济统计模型

ЭСМИ электронные средства массовой информации 电子媒体

ЭСО электрическое специальное оборудование 特种电气设备

ЭСОД электронная система обработки данных 电子数据处理系统

ЭСП элекгроследящий привод 电随动系统

ЭСП электроспуск пулемета 机枪电击发装置

ЭСП электросиловой привод 电瞄

ЭСПП электрическая стираемая программируемая память 电子可擦除记忆

ЭСПУ электрический сигнальный прибор управления 电气信号操纵器

ЭСР электронный спиновой резонанс 电子自旋共振

ЭСУ электронная система управления 电子控制系统

ЭСУ электронный сигнализатор 电子电平信号器

ЭСУ(-) электронный сигнализатор уровня 电平电子信号器型号

ЭСЦ эхо-сигнал цели 目标的回波信号

ЭСЧТ(-) электронно-счетный частомер 电子计数频率计，电子计数频率计型号

ЭТ экстраполированная точка 外推点

ЭТ экстраполированная трасса 外推航线；外推弹迹

ЭТ электротележка 电力搬运车

эт. эталон 尺度，标准

ЭТ эхотракт 回波通信

ЭТАМ электротермоанемометр 电热式风速计

ЭТБ электротехнический батальон 电工技术营，电工营

ЭТД электротермический двигатель 电加热式发动机

ЭТД электротехнический дивизион 电工技术营

ЭТМ экскаватор траншейный модернизированный 现代化挖壕机

ЭТО эксплуатация технического обслуживания 维护技术设备，技术设备维护

ЭТО электротермическое оборудование 电热装置

ЭТП электротеллурическиое поле 大地电场

ЭТП электротепловой прибор 热电仪表

ЭТР экскаватор траншейный роторный 转轮式挖壕机，多斗式挖壕机

ЭТС эксплуатационно-техническая рота 技术维护连

ЭТР электротехническая рота 电子技术连

ЭТС ОВН электротехнические средства общевойскового назначения 合成部队用电子技术设备

ЭТС эксплуатационно-техническая служба 技术管理勤务

ЭТУ экскаватор траншейный универсальный 通用多功能挖壕机

ЭТУ энерготехнологическая установка 动力技术装置

ЭТУС эксплутационно-технический узел связи 通信操作技术枢纽

Этщ эскадренный тральщик 舰队扫雷舰

ЭУ экспериментальная установка 试验装置

ЭУ экспонометрическое устройство 测光装置

ЭУ электронное усиление 电子放大

ЭУ электронное устройство 电子装置

ЭУ энергетическая установка 动力装置

ЭУ эффективность управления 指挥效能

ЭУМ электронная управляющая машина 电子控制机

ЭУП электрический указатель поворота 电动转变指示器，转向灯

ЭУПМ электрическая установка для проверки манометров 压力表电动检验装置

ЭУУ экстремальное устройство управления 极值控制设备

ЭФ экстремум функции 函数极值

ЭФЛ эмиттерно-функциональная логика 发射极功能逻辑

ЭФ СМО эффективность функционирования 大众服务系统功用

ЭХВ электрохимический взрыватель 电化学引信

ЭХГ электрохимический генератор 电气化学振荡器

ЭХЗ электрохимическая защита 〈海〉电化学

Э

防护

ЭХЗ электрохимический замыкатель 电化学闭合器

ЭХИ электрохромный индикатор 电化学显示器

ЭХЛ электрохемилюминесценция 电化学发光，电化学荧光

ЭХО видеосигналы радиолокационной информации 雷达信息视频信号

ЭХО электрохимическая обработка 电化学处理

ЭХО этапно-хозяйственный отдел 兵站管理科

ЭХП электрохимический предохранитель 电化学保险器

ЭЦ НПС электронный центр научной подготовки специалистов 专业人才科学训练电子中心

ЭЦ электрическая цепь 电路

ЭЦ электронная цель 电子目标

ЭЦА электронно-цифровой аттенюатор 电子数字衰减器

ЭЦАП электронно-цифровой аттенюатор подстроечный 微调电子数字衰减器

ЭЦП электронная цифровая подпись 电子数字签名

ЭЦЧ электронный цифровой частомер 电子数字频率计

ЭЧ электрический частомер 电气频率计

ЭЧБЗ элемент частной боевой задачи 局部战斗任务的组成部分

ЭЧВ эталон частоты и времени 频率和时间标准

ЭЧЗ электрическое частотное зондирование 电频探测

ЭЧИМ электромеханический частотно-импульсный модулятор 机电式频脉冲调制器

ЭШ эффект Штарки 斯塔克效应

Эш эшелон 梯队；军用列车

ЭШО электрошоковое оружие 电休克武器

ЭЭВ элементарный электрический вибратор 基础电振子，单元电振子

ЭЭВ энергия электронных волн 电波能量

ЭЭГ электроэнцефалограмма 脑电图

ЭЭГ электроэнцефалография 脑电图描记术

ЭЭД электронная эксплуатационная документация 电气设备使用文书

ЭЭД эффективная эквивалентная доза 有效等值剂量

ЭЭР электронный экстремальный регулятор 电子极值调节器

ЭЭУ электрохимическая энергоустановка 电化学动力装置

ЭЭЭ экзоэлектронная эмиссия 外激电子发射

ЭЭЭ электростатическая электронная эмиссия 静电电子发射

ЭЯРД электроядерный ракетный двигатель 核电子火箭发动机

Ю

Ю буква на погонах юнг (ВМФ) （海军）少年水兵肩章符号

Ю военно-юридическая служба 军事司法勤务，军法勤务

Ю юг 南，南方，南部

Ю Южный 南方的，南部的

Ю.В. юго-восточный 东南的

ЮБК южный берег Крыма 克里米亚南岸

ЮВ юго-восток 东南

ЮВ юго-восток；юго-восточный 东南；东南的

ЮВА Юго-Восточная Азия 东南亚

ЮВВ юго-восток-восток 东南偏东

ЮВЕ Юго-Восточная Европа 东南欧

ЮВО Южный военный округ 南部军区

ЮВРУ Юго-Восточное региональное управление Федеральной пограничной службы РФ 俄联邦联邦边防局东南局

ЮГА Южная группа армий 南方集团军群

ЮГВ Южная группа войск 南方军队集群

ЮГВ Южная группировка войск 南方军；南部军队集团

юго-вост. юго-восточный；юго-восточнее 东南的，偏东南；……东南

юго-зап. юго-западный；юго-западнее 西南的，偏西南；……西南

ЮГРОСТА Южное отделение Российского телеграфного агентства 俄罗斯通讯社南方分社

ЮЕТВД Южно-Европейский театр военных действий 南欧战区

южкортопотдел южный отдел управления корпусом военных топографов 军事地形测绘队南方管理处

южн. южный; южнее 南方的，南部的；偏南；……以南

южокрвоендор южный военножелезнодорожный округ 南部铁路军管区

ЮЖСИБ Южно-Сибирская магистраль 南西伯利亚铁路干线

ЮЖХ Южно-Сахалинск 南萨哈林斯克（航空站代码；俄罗斯城市）

ЮЗ Штаб Юго-Западного фронта 西南方面军参谋部

ЮЗ юго-запад; юго-западный 西南；西南的

ЮЗА Юго-Западная Африка 西南非洲

ЮЗЖД Юго-Западная железная дорога 西南铁路

ЮЗЗ юго-запад-запад 西南偏西

ЮЗСН Юго-Западное стратегическое направление 西南战略方向

ЮКО Юго-Казахстанская область 南哈萨克斯坦州

ЮМРУ МЧС КР Южное межрегиональное управление МЧС КР 吉尔吉斯斯坦紧急情况部南部跨地区管理局

ЮНИ Юнайтец Ньюс оф Индия (телеграфное агентство Индии) 印度联合新闻社

ЮОК Южное оперативное командование Вооруженных Сил Украины 乌克兰武装力量南部战役司令部

ЮПИ Юнайтед Пресс Интернейшнл (информационное агентство США) （美国）合众国际社

ЮСИС Информационная служба США 美国新闻处

ЮУОЗ южный участок отрядов завесы 屏障军南线防区

ЮФО южный федеральный округ 南部联邦区

ЮШ южная широта 南纬

ЮЮВ юго-юго-восток 东南偏南

ЮЮЗ юго-юго-запад 西南偏南

Я

Я явка-место встречи агентов 特务秘密接头地点

Я якорь 锚，地锚

Я Якутия 雅库特

я/к явочная квартира 秘密接头住所

Я-1, Я-2 обмотки якорные 电枢绕组型号

Яб явочная база 秘密接头地点

ЯБЗ ядерный боезаряд 核发射药，核战斗装药

ЯБП ядерный боеприпас 核弹药

ЯБЧ ядерная боевая часть 核战斗部

ЯВ ядерный взрыв 核爆炸

ЯВ ядовитое вещество 毒物，毒品，毒剂

ЯВЗРКУ ПВО Ярославское высшее зенитное ракетное командное училище противовоздушной обороны 雅罗斯拉夫尔高等防空导弹指挥学校

явпункт явочный пункт 集合地点；秘密接头点

ЯВТУ Ярославское военнотехническое училище 雅罗斯拉夫军事技术学校

ЯГ ядерное горючее 核燃料

ЯГ якорь генератора 发电机电枢

ЯГАС якорная гидроакустическая станция 锚系式声纳（站）

ЯГО ячейка группового оборудования 系列设备单元，群设备单元

ЯГР ядерный гамма-резонанс 核伽玛共振

ЯД ядерный двигатель 核能发动机

ЯД ядовито-дымный пуск 毒烟施放

ЯД ядовито-дымовая завеса 有毒烟幕

ЯД ядовитый дым 毒烟

ЯД ядовитый дымообразвоатель 有毒发烟剂，毒烟剂

яд.ед. ядерная единица 核单位

ЯД2 двухвесельный ял 双桨舰载小艇

ЯД4 четырехвесельный ял 四桨舰载小艇

ЯДГ ядовитая дымовая граната　毒气弹

ЯДГ ядовито-дымная граната　毒烟榴弹

ЯДЖ　ядовитая жидкость　毒液

ядов.　ядовитый　毒的，有毒的

ЯЗ　язык　语言

ЯЗОД　язык операторской деятельности　操作员语言

ЯЗРИ ПВО　Ярославский зенитно-ракетный институт противовоздушной обороны　亚罗斯拉夫防空导弹专科学院

ЯИ　яркость изображения　显示的亮度

Як-　тип самолетов конструкции А. С. Яковлева　雅克（指雅科夫列夫设计的飞机型号）

ЯКА　японская Квантунская армия　日本关东军

ЯКР　ядерный квадрупольный резонанс　核四级共振

ЯКТ　Якутск　雅库茨克（航空站代码；俄罗斯城市）

ЯЛВ　ячеисто-ленточный водоподъемник　斗链式扬水器

ЯЛС　язык логических схем　逻辑电路语言

ЯМ　ядерная мина　核地雷

ЯМ　якорная мина　锚雷

ЯМ　ящичная мина　箱形雷，小型锚雷

ЯМ-5М, ЯМ-10　противотанковые ящичные мины　反坦克箱型雷型号

ЯМБ　морская быстроходная яхта　海上快速游艇

ЯМВР　язык моделирования виртуальной реальности　虚拟现实仿真语言

ЯМД　язык манипулирования данными　数据操作语言

ЯМД　язык манипуляции данных　数据控制语言

ЯМЗ　ядерно-минное заграждение　核地雷障碍

ЯМПВУ　язык микро программирования высокого уровня　高级微程序设计语言

ЯМР ядерный магнитный резонанс　核磁共振

ЯНВ.　январь　一月

ЯО　ядерное оружие　核武器

ЯО　ядерные отходы　核废料

ЯОД　язык обмена данными　数据交换语言

ЯОД　язык описания данных　数据描述语言

ЯОД　язык определения данных　数据定义语言，数据识别语言

ЯОЧМ　язык обмена человек-машина　人机交互语言

ЯП　язык программирования　程序设计语言

ЯП　язык-посредник　中间语言

ЯПВУ　язык программирования высокого уровня　高级程序设计语言

ЯПР　ядерный парамагнитный резонанс　核子顺磁共振

ЯР　ядерный реактор　核反应堆

ЯРД　ядерный ракетный двигатель　核能导弹发动机，核能喷气发动机

ярд　ярд　码

ЯРМ　якорная речная мина　锚（定）江河水雷

ЯРП　ярусность радиолокационного поля　雷达网的层次

ЯС　якорная стоянка　锚地

ЯС　якорные связи　锚式支撑

ЯС　ящик сопротивления　电阻箱

ЯУ　ядерный удар　核打击

ЯУЗ　язык управления заданиями　任务控制语言

Яч　ячейка　散兵坑，掩体

ЯЭРД ядерно-электрический ракетный двигатель　核能－电力火箭发动机

ЯЭУ ядерная энергетическая установка　核发电装置

附　　录

一　俄罗斯联邦武装力量主要机构名称

中文名	俄文缩略语	俄文全称
武装力量	ВС	Вооружённые Силы
俄罗斯国防部	МО РФ	Министерство обороны Российской Федерации
武装力量总参谋部	ГШ ВС РФ	Генеральный Штаб Вооружённых Сил Российской Федерации
总参作战总局	ГОУ	Главное оперативное управление ГШ ВС РФ
总参情报总局	ГУ	Главное управление ГШ ВС РФ
总参组织动员总局	ГОМУ	Главное организационно-мобилизационное управление ГШ ВС РФ
武装力量通信总局	ГУС	Главное управление связи ВС РФ
国家防务指挥中心	НЦУО	Национальный центр управления обороной Российской Федерации
武装力量电子对抗兵主任局	УНВРЭБ	Управление начальника войск радиоэлектронной борьбы ВС РФ
总参军事测绘局	ВТУ	Военно-топографическое управление ГШ ВС РФ
总参第八局	8 У	Восьмое управление ГШ ВС РФ
武装力量战役训练局	УОП	Управление оперативной подготовки ВС РФ
总参无人机建设和发展局	УСРСПБЛА	Управление (строительства и развития системы применения беспилотных летательных аппаратов) ГШ ВС РФ
武装力量档案局	АС	Архивная служба ВС РФ
总局	ГУ	ГЛАВНЫЕ УПРАВЛЕНИЯ
武装力量战斗训练总局	ГУБП	Главное управление боевой подготовки ВС РФ
国防部军事警察总局	ГУВП	Главное управление военной полиции Минобороны России

续表

中文名	俄文缩略语	俄文全称
国防部干部总局	ГУК	Главное управление кадров Минобороны России
国防部国际军事合作总局	ГУМВС	Главное управление международного военного сотрудничества Минобороны России
武装力量装备总局	ГУВ	Главное управление вооружения ВС РФ
国防部汽车装甲坦克总局	ГАУ	Главное автобронетанковое управление Минобороны России
国防部军械总局	ГРАУ	Главное ракетно-артиллерийское управление Минобороны России
国防部铁道兵主任局	ГУНЖВ	Главное управление начальника Железнодорожных войск Минобороны России
国防部军事医疗总局	ГВМУ	Главное военно-медицинское управление Минобороны России
国防部科研和先进工艺跟踪（创新研究）总局	ГУНИДТ	Главное управление научно-исследовательской деятельности и технологического сопровождения передовых технологий (инновационных исследований) Минобороны России
国防部监督和监察总局	ГУКНД	Главное управление контрольной и надзорной деятельности Министерства обороны Российской Федерации
武装力量军事政治总局	ГВПУ	Главное военно-политическое управление Вооруженных Сил Российской Федерации
局		УПРАВЛЕНИЯ
武装力量三防兵主任局	УНВРХБЗ	Управление начальника войск радиационной, химической и биологической защиты ВС РФ
武装力量工程兵主任局	УНИВ	Управление начальника инженерных войск ВС РФ
国防部军队勤务和兵役安全局	УСВБВС	Управление службы войск и безопасности военной службы Минобороны России
国防部核与辐射安全国家监督局	УГНЯРБ	Управление государственного надзора за ядерной и радиационной безопасностью Минобороны России
武装力量运动和体能训练局	УФПС	Управление физической подготовки и спорта ВС РФ
国防部军代表局	УВП	Управление военных представительств Минобороны России
缅怀保卫祖国牺牲者局	УППЗО	Управление Минобороны России по увековечению памяти погибших при защите Отечества

续表

中文名	俄文缩略语	俄文全称
国防部履约监督局（国家减少核危险中心）	НЦУЯО	Управление Минобороны России по контролю за выполнением договоров (Национальный центр по уменьшению ядерной опасности)
联邦军人住房保障抵押贷款管理局	ФУНИС	Федеральное управление накопительно-ипотечной системы жилищного обеспечения военнослужащих
国防部知识产权、军事技术合作和武器装备列装鉴定局	УИС ВТС и ЭП ВВТ	Управление интеллектуальной собственности, военно-технического сотрудничества и экспертизы поставок вооружения и военной техники Минобороны России
国防部跨军种先期研究和特别计划局	УПМИСП	Управление перспективных межвидовых исследований и специальных проектов Минобороны России
武装力量指挥系统订货局	УЗСТОСУ	Управление заказов по совершенствованию технической основы системы управления ВС РФ
国防部国家鉴定委员会	ГЭМО	Государственная экспертиза Минобороны России
武装力量军事科学委员会	ВНК	Военно-научный комитет ВС РФ
装备发展科学技术委员会	НИК	Научно-технический комитет (развития вооружений)
司		ДЕПАРТАМЕНТЫ
武装力量物资技术保障参谋部	Штаб МТО	Штаб материально-технического обеспечения Вооруженных Сил Российской Федерации
国防部运输保障司	ДТО МО	Департамент транспортного обеспечения Минобороны России
国防部军队设施计划和协调司	ДПКОВ МО	Департамент планирования и координации обустройства войск (сил) Минобороны России
国防部建设司	ДС МО	Департамент строительства Минобороны России
国防部住房保障和住房基金管理司	ДЖО и УЖФ МО	Департамент жилищного обеспечения и управления жилищным фондом Минобороны России
国防部军用物资司	ДВИ МО	Департамент военного имущества Минобороны России
国防部财务保障司	ДФО МО	Департамент финансового обеспечения Минобороны России
国防部财务预算司	ДФП МО	Департамент финансового планирования Министерства обороны Российской Федерации
国防部社会保障司	ДСГ МО	Департамент социальных гарантий Министерства обороны Российской Федерации
国防部机关和部队公共设施使用维护与保障司	ДЭС и ОКУ	Департамент эксплуатационного содержания и обеспечения коммунальными услугами воинских частей и организаций Минобороны России

续表

中文名	俄文缩略语	俄文全称
国防部信息与大众传媒司	ДИМК	Департамент информации и массовых коммуникаций Минобороны России
国防部法律司	ПД МО	Правовой департамент Минобороны России
国防部礼宾司	ПКД МО	Протокольно-координационный департамент Министерства обороны Российской Федерации
国防部国家国防采购司	ДГЗ МО	Департамент государственных закупок Минобороны России
国防部国家国防订货保障司	ДОГОЗ МО	Департамент Министерства обороны Российской Федерации по обеспечению государственного оборонного заказа
国防部军事经济分析司	ДВЭА МО	Департамент военно-экономического анализа Министерства обороны Российской Федерации
国防部国家合同审计司	ДАГК МО	Департамент аудита государственных контрактов Министерства обороны Российской Федерации
国防部部门财务监督和审计司	ДВФКА МО	Департамент ведомственного финансового контроля и аудита Министерства обороны Российской Федерации
国防部国家国防订货财务监控司	ДФМГОЗ МО	Департамент финансового мониторинга государственного оборонного заказа Минобороны России
国防部文化司	ДК МО	Департамент культуры Минобороны России
国防部信息系统司	ДИС МО	Департамент информационных систем Министерства обороны Российской Федерации
国防部心理工作司	ДПР МО РФ	Департамент психологической работы Министерства обороны Российской Федерации
局		СЛУЖБЫ
武装力量航空飞行安全局	СБПА	Служба безопасности полетов авиации ВС РФ
武装力量军乐局	ВОС ВС	Военно-оркестровая служба ВС РФ
武装力量军事徽章局	ВГС ВС	Военно-геральдическая служба ВС РФ
武装力量水文气象局	ГМС ВС	Гидрометеорологическая служба ВС РФ
军种		ВИДЫ вооружённых сил
陆军	СВ	Сухопутные войска
摩步兵	МСВ	Мотострелковые войска
坦克兵	ТВ	Танковые войска
导弹兵和炮兵	РВиА	Ракетные войска и артиллерия

续表

中文名	俄文缩略语	俄文全称
防空兵	ПВО	Войска противовоздушной обороны
侦察兵	РВ	Разведывательные войска
工程兵	ИВ	Инженерные войска
三防兵	РХБЗ	Войска радиационной, химической и биологической защиты
空天军	ВКС	Воздушно-космические силы
空军	ВВС	Военно-воздушные силы
航天兵	КВ	Космические войска
反导防御兵	ПРО	противоракетная оборона
空天防御兵	ВКО	воздушно-космическая оборона
海军	ВМФ	Военно-морской флот
海岸部队	БВ	Береговые войска
水面舰艇兵	НС	Надводные силы
潜艇兵	ПС	Подводные силы
海军航空兵	МА	Морская авиация
海军陆战队	МП	Морская пехота
联合舰队	ОФ	Объединение флота
波罗的海舰队	БФ	Балтийский флот
黑海舰队	ЧФ	Черноморский флот
太平洋舰队	ТФ	Тихоокеанский флот
里海区舰队	КФ	Каспийская флотилия
战略导弹兵	РВСН	Ракетных войск стратегического назначения
空降兵	ВДВ	Воздушно-десантные войска
空降师	ВДД	Воздушно-десантные дивизии
空降突击师	ДШД	десантно-штурмовые дивизии
军区	ВО	Военный Округ
西部军区	ЗВО	Западный военный округ
南部军区	ЮВО	Южный военный округ
中部军区	ЦВО	Центральный военный округ
东部军区	ВВО	Восточный военный округ
北方舰队	СФ	Северный флот
联合战略司令部	ОСК	Объединенного стратегического командования

二 汉俄拼音对照表

A

a	а
ai	ай
an	ань
ang	ан
ao	ао

B

ba	ба
bai	бай
ban	бань
bang	бан
bao	бао
bei	бэй
ben	бэнь
beng	бэн
bi	би
bian	бянь
biao	бяо
bie	бе
bin	бинь
bing	бин
bo	бо
bu	бу

C

ca	ца
cai	цай
can	цань
cang	цан
cao	цао
ce	цэ
cen	цэнь
ceng	цэн
cha	ча
chai	чай
chan	чань
chang	чан
chao	чао
che	чэ
chen	чэнь
cheng	чэн
chi	чи
chong	чун
chou	чоу
chu	чу
chua	чуа
chuai	чуай
chuan	чуань
chuang	чуан
chui	чуй
chun	чунь
chuo	чо
ci	цы
cong	цун
cou	цоу
cu	цу
cuan	цуань
cui	цуй
cun	цунь
cuo	цо

D

da	да
dai	дай
dan	дань
dang	дан
dao	дао
de	дэ
dei	дэй
den	дэнь
deng	дэн
di	ди
dian	дянь
diao	дяо
die	де
ding	дин
diu	дю
dong	дун
dou	доу
du	ду
duan	дуань
dui	дуй
dun	дунь
duo	до

E

e	э
ei	эй

en	энь
er	эр

F

fa	фа
fan	фань
fang	фан
fei	фэй
fen	фэнь
feng	фэн
fo	фо
fou	фоу
fu	фу

G

ga	га
gai	гай
gan	гань
gang	ган
gao	гао
ge	гэ
gei	гэй
gen	гэнь
geng	гэн
gong	гун
gou	гоу
gu	гу
gua	гуа
guai	гуай
guan	гуань
guang	гуан
gui	гуй
gun	гунь
guo	го

H

ha	ха
hai	хай
han	хань
hang	хан
hao	хао
he	хэ
hei	хэй
hen	хэнь
heng	хэн
hong	хун
hou	хоу
hu	ху
hua	хуа
huai	хуай
huan	хуань
huang	хуан
hui	хуй
hun	хунь
huo	хо

J

ji	цзи
jia	цзя
jian	цзянь
jiang	цзян
jiao	цзяо
jie	цзе
jin	цзинь
jing	цзин
jiong	цзюн
jiu	цзю
ju	цзюй
juan	цзюань
jue	цзюе
jun	цзюнь

K

ka	ка
kai	кай
kan	кань
kang	кан
kao	као
ke	кэ
ken	кэнь
keng	кэн
kong	кун
kou	коу
ku	ку
kua	куа
kuai	куай
kuan	куань
kuang	куан
kui	куй
kun	кунь
kuo	ко

L

la	ла
lai	лай
lan	лань
lang	лан
lao	лао
le	лэ
lei	лэй
leng	лэн
li	ли

lia	ля
lian	лянь
liang	лян
liao	ляо
lie	ле
lin	линь
ling	лин
liu	лю
long	лун
lou	лоу
lu	лу
lü	люй
luan	луань
lüe	люе
lun	лунь
luo	ло

M

ma	ма
mai	май
man	мань
mang	ман
mao	мао
mei	мэй
men	мэнь
meng	мэн
mi	ми
mian	мянь
miao	мяо
mie	ме
min	минь
ming	мин
miu	мю
mo	мо
mou	моу
mu	му

N

na	на
nai	най
nan	нань
nang	нан
nao	нао
ne	нэ
nei	нэй
nen	нэнь
neng	нэн
ni	ни
nian	нянь
niang	нян
niao	няо
nie	не
nin	нинь
ning	нин
niu	ню
nong	нун
nou	ноу
nu	ну
nü	нюй
nuan	нуань
nüe	нюе
nuo	но

O

o	о
ou	оу

P

pa	па
pai	пай
pan	пань
pang	пан
pao	пао
pei	пэй
pen	пэнь
peng	пэн
pi	пи
pian	пянь
piao	пяо
pie	пе
pin	пинь
ping	пин
po	по
pou	поу
pu	пу

Q

qi	ци
qia	ця
qian	цянь
qiang	цян
qiao	цяо
qie	це
qin	цинь
qing	цин
qiong	цюн
qiu	цю
qu	цюй
quan	цюань
que	цюе
qun	цюнь

R

ran	жань
rang	жан

rao	жао
re	жэ
ren	жэнь
reng	жэн
ri	жи
rong	жун
rou	жоу
ru	жу
ruan	жуань
rui	жуй
run	жунь
ruo	жо

S

sa	са
sai	сай
san	сань
sang	сан
sao	сао
se	сэ
sen	сэнь
seng	сэн
sha	ша
shai	шай
shan	шань
shang	шан
shao	шао
she	шэ
shei	шэй
shen	шэнь
sheng	шэн
shi	ши
shou	шоу
shu	шу
shua	шуа
shuai	шуай
shuan	шуань
shuang	шуан
shui	шуй
shun	шунь
shuo	шо
si	сы
song	сун
sou	соу
su	су
suan	суань
sui	суй
sun	сунь
suo	со

T

ta	та
tai	тай
tan	тань
tang	тан
tao	тао
te	тэ
teng	тэн
ti	ти
tian	тянь
tiao	тяо
tie	те
ting	тин
tang	тун
tou	тоу
tu	ту
tuan	туань
tui	туй
tun	тунь
tuo	то

W

wa	ва
wai	вай
wan	вань
wang	ван
wei	вэй
wen	вэнь
weng	вэн
wo	во
wu	у

X

xi	си
xia	ся
xian	сянь
xiang	сян
xiao	сяо
xie	се
xin	синь
xing	син
xiong	сюн
xiu	сю
xu	сюй
xuan	сюань
xue	сюе
xun	сюнь

Y

ya	я
yan	янь
yang	ян

yao	яо
ye	е
yi	и
yin	инь
ying	ин
yo	ио
yong	юн
you	ю
yu	юй
yuan	юань
yue	юе
yun	юнь

Z

za	цза
zai	цзай
zan	цзань
zang	цзан
zao	цзао
ze	цзэ
zei	цзэй
zen	цзэнь
zeng	цзэн
zha	чжа
zhai	чжай
zhan	чжань
zhang	чжан
zhao	чжао
zhe	чжэ
zhei	чжэй
zhen	чжэнь
zheng	чжэн
zhi	чжи
zhong	чжун
zhou	чжоу
zhu	чжу
zhua	чжуа
zhuai	чжуай
zhuan	чжуань
zhuang	чжуан
zhui	чжуй
zhun	чжунь
zhuo	чжо
zi	цзы
zong	цзун
zou	цзоу
zu	цзу
zuan	цзуань
zui	цзуй
zun	цзунь
zuo	цзо

三 俄汉译音表

辅音			б	п	д	т	г	к	в	ф	з дз	с	ж	ш	дж	ч тч дч	щ сч	ц дц тц дс тс цс	х	м	н	л	р
罗马字母转写			b	p	d	t	g	k	v	f	z dz	s	zh z	sh s ch（法）	dzh Jdz	Ch（英） tch c	sc scch	ts c	Kh ch	m	n	l	r
元音	罗马字母转写	汉字	布	普	德	特	格	克	夫（弗）	夫（弗）	兹	斯	日	什	季	奇	希	茨	赫	姆	恩	尔（勒）	尔（勒）
а	a	阿	巴（芭）	帕	达	塔	加	卡	瓦（娃）	法	扎	萨	扎	沙（莎）	贾	恰	夏	察	哈	马（玛）	纳（娜）	拉	拉
я	ia ya ja 'a	亚（娅）	比亚	皮亚	佳	佳	吉亚	基亚	维亚	菲亚	贾	夏	扎	沙（莎）	贾			齐亚	希亚	米亚	尼亚	利亚	里亚
э/эй	ei ej	埃	贝	佩	代（黛）	泰	盖	凯	韦	费	泽	塞	热	舍	杰	切		采	海\黑（亥）	梅	内	莱	雷（蕾）
е	ie ye je e	耶（叶）	别	佩	杰	捷	格	克	韦	费	泽	谢	热	舍	杰	切	谢	采	赫	梅	涅	列	列
ы/ый	y/yi yy yj	厄	贝	佩	德	特	格	克	维	菲	济	瑟	日	希	吉	奇		齐	黑	梅	内	雷（莉）	雷（蕾）
и ий ьи ь	i ij iy'	伊	比	皮	季	季	吉	基	维	菲	济	西（锡）	日	希	吉	奇	希	齐	希	米	尼（妮）	利（莉）	里（丽）
о	O	奥	博	波	多	托	戈	科	沃	福	佐	索	若	绍	焦	乔	晓	措	霍	莫	诺	洛	罗（萝）
ё йо	io yo jo 'o	约	比奥	皮奥	焦	乔	吉奥	基奥	维奥	菲奥	焦	肖	若	绍	焦	乔	晓		晓	苗	尼奥	廖	廖
у	U	乌	布	普	杜	图	古	库	武	富	祖	苏	茹	舒	朱	丘	休	楚	胡	穆	努	卢	鲁
ю ью	yu iu ju(u)	尤	比尤	皮尤	久	秋	久	丘	维尤	菲尤	久	休（秀）	茹	舒	久	丘	休	秋	休	缪	纽	柳	留
ай аи	ai ay aj	艾	拜	派	代（黛）	泰	盖	凯	瓦伊	法伊	宰	赛	扎伊	沙伊	贾伊	柴	夏伊	采	海（亥）	迈	奈	莱	赖

续表

辅音			б	п	д	т	г	к	в	ф	з дз	с	ж	ш	дж	ч тч дч	щ сч	ц дц тц дс тс цс	х	м	н	л	р
		罗马字母转写	b	p	d	t	g	k	v	f	z dz	s	zh z	sh s ch（法）	dzh Jdz	Ch（英） tch c	sc scch	ts c	Kh ch	m	n	l	r
元音	罗马字母转写	汉字	布	普	德	特	格	克	夫（弗）	夫（弗）	兹	斯	日	什	季	奇	希	茨	赫	姆	恩	尔（勒）	尔（勒）
ау ао	au ao	奥	包	保	道	陶	高	考	沃	福	藻	绍	饶	绍	焦	乔	肖	曹	豪	毛	瑙	劳	劳
уй	ui uj	维	布伊	普伊	杜伊	图伊	圭	奎	维	富伊	祖伊	绥	瑞	舒伊	朱伊	崔	休伊	崔	惠	穆伊	努伊	卢伊	鲁伊
ан-ань	an-an'	安	班	潘	丹	坦	甘	坎	万	凡	赞	桑	然	尚	占	昌	先	灿	汉	曼	南（楠）	兰	兰
ян-янь	Yan-'an ian-'an	扬	比扬	皮扬	江（姜）	强	吉扬	基扬	维扬		江（姜）	相	让	尚	江（姜）	强			希扬	米扬	尼扬	良	良
ен-ень	en-en'	延	边	片	坚	坚	根	肯	文	芬	津	先	任	申	真（珍）	琴	先	岑	亨	缅	年	连	连
эн-энь ын-ынь	en-en' yn-yn.	恩	本	彭	登	滕	根	肯	文	芬	曾	森	任	申	真（珍）	琴	欣	岑	亨	门	嫩	伦	伦
ин-инь	in-in'	因	宾	平	金	京	金	金	温	芬	津	辛	任	申	金	钦	辛	钦	欣	明	宁	林（琳）	林（琳）
он-онь	on-on'	翁	邦	蓬	东（栋）	通	贡	孔	翁	丰	宗	松	容	雄	忠	琼	雄	聪	洪	蒙	农	隆	龙
ун-унь	un-un'	温	本	蓬	敦	通	贡	昆	文	丰	尊	孙	容	顺	准	春	逊	聪	洪	蒙	嫩	伦	伦
юн-юнь	yun	云			久恩	琼	久恩	穹			久恩	雄							雄	敏	纽恩	柳恩	留恩

说明：1. м 在 б 和 п 前按 н 译写。2. 以 -его,-ого 结尾的形容词、代词和序数词，его，ого 中的 -го 按“沃”译写。3. 辅音组 чт 中 ч 发 ш 的音，译作“什”，辅音组 гк 中 г 发 х 的音，译作“赫”。4. -ей 和 -ой 分别按 е 行汉字和 о 行汉字加“伊”译写。5. 词首的 р 和 л 后面跟着辅音时，р 和 л 译“勒”。6. н 的双拼，词干以 -н 结尾，其后缀又以元音开头，为保持汉语译名的系统性，н 按双拼处理。其他情况下，н 不按双拼处理。7.（栋）（楠）（锡）用于地名开头，（亥）（姜）用于地名结尾。8.（娅）（芭）（玛）（娜）（莉）（丽）（莎）（娃）（蕾）（秀）（妮）（琳）（珍）（萝）（黛）等用于女性姓名。9.（叶）（弗）用于人地名开头。10. ya (ua)，oa (oa) 译“瓦（娃）”。11. 几个固定词尾：-город“哥罗德”，-град 格勒，-поль“波尔”，-цов“佐夫”。

俄语字母与拉丁字母转写对照

（一）俄语字母→拉丁字母

俄语字母	拉丁字母
А	A
Б	B
В	V
Г	G
Д	D
ДЖ	J
ДЗ	Z
Е	E, IE, JE 或 YE
Ё	IO, JO 或 YO
Ж	J 或 ZH
З	Z
И	I 或 J
ИЙ	I 或 J
ИО	IO, JO 或 YO
Й	I 或 J
К	K 或 C
КС	X
Л	L
М	M
Н	N
О	O
П	P
Р	R
С	S
СЬ	S

Т	T
У	U
УЙ	UI
Ф	F
Х	H 或 KH
Ц	C 或 TS
Ч	CH, CT 或 TCH
Ш	SH 或 CH
Щ	SC, SCH, SHCH, STCH 或 SHTCH
Ъ	不译
Ы	Y
ЫЙ	Y
Ь	J 或不译
Э	E
ЭЙ	EI
ЭКС	X
ЭН 或 ЭНЬ	EN
Ю	IU, JU 或 YU
Я	IA, JA 或 YA

（二）拉丁字母→俄语字母

拉丁字母	俄语字母
A	А
B	Б
C	К 或 Ц
CH	Ч 或 Ш
CT	Ч
D	Д
E	Е 或 Э
EI	ЭЙ
EN	ЭН 或 ЭНЬ
F	Ф
G	Г
H	Х

I	И, Й 或 ИЙ
IA	Я
IE	Е
IO	Ё 或 ИО
IU	Ю
J	Ж, ДЖ, И, Й 或 ИЙ
JA	Я
JE	Е
JO	Ё 或 ИО
JU	Ю
K	К
KH	Х
L	Л
M	М
N	Н
O	О
P	П
R	Р
S	С 或 СЬ
SH	Ш
SC, SCH, SHCH, STCH, SHTCH	Щ
T	Т
TCH	Ч
TS	Ц
U	У
UI	УЙ
V	В
X	КС 或 ЭКС
Y	Ы 或 ЫЙ
YA	Я
YE	Е
YO	Ё 或 ИО
YU	Ю
Z	З 或 ДЗ
ZH	Ж

略语表

（一）语法修辞标注略语

【方】方言
【复】复数
【古】古语
【集】集合名词
【旧】旧词，旧称
【口】口语
【俚】俚语
【俗】俗语

（二）专业分类标注略语

〈测〉测绘、大地测量
〈船〉舰船
〈弹〉枪弹、炮弹，炸弹
〈地〉地理、地质
〈电〉电学、电气
〈垫〉气垫船
〈对抗〉电子对抗
〈发〉发动机
〈防化〉防化兵
〈飞〉飞机构造、飞行技术
〈高炮〉高射炮
〈海〉海军、航海
〈航〉航空、航空兵
〈航发〉航空发动机
〈航母〉航空母舰
〈航炮〉航空机关炮
〈航仪〉航空仪表
〈轰〉轰炸
〈后〉后勤
〈机〉机械
〈计〉计算机
〈技〉技术
〈箭〉火箭、导弹及其发射
〈桨〉螺旋桨
〈交〉交通运输
〈空〉空军、航空
〈雷〉雷达
〈榴炮〉榴弹炮
〈炮〉炮兵、火炮
〈骑〉骑兵
〈气〉气象
〈潜〉潜艇、潜水技术
〈枪〉枪械
〈伞〉伞兵和降落伞
〈射〉射击
〈摄〉摄影
〈水〉水文
〈雷〉水雷
〈史〉历史
〈天〉天文

〈铁〉铁道兵

〈无〉无线电

〈心〉心理学

〈生〉生物

〈信〉通信、电信

〈仪〉仪器仪表

〈翼〉水翼船

〈直〉直升机

参考文献

[1] 董文周主编．俄汉军事缩略语词典［M］．北京：军事谊文出版社，2002.2.

[2] 俄汉军事大词典［M］．北京：解放军出版社，1990.

[3] 封敏主编．俄汉军事大词典［M］．上海：上海外语教育出版社，2006.

[4] 封敏主编．新俄汉缩略语词典［M］．西安：陕西科学技术出版社，1998.

[5] 贾靖宏主编．俄汉新闻词典［M］．北京：商务印书馆，1983.

[6] 军事技术图解词典［M］．沈阳：辽宁人民出版社，1980.

[7] 刘云，谢燕生主编．实用俄汉航空技术词典［M］．北京：军事谊文出版社，1993.

[8] 李夜主编．俄汉缩略语词典［M］．北京：商务印书馆，1993.

[9] 潘国民，卜云燕主编．新编俄汉缩略语词典［M］．北京：商务印书馆，2005.

[10] 张汉宽，张洋主编．俄汉军事缩略语大词典［M］．北京：中央编译出版社，2008.